Klaus-Jürgen Bruder, Christoph Bialluch, Bernd Leuterer (Hg.)
Macht – Kontrolle – Evidenz

Die Reihe SUBJEKTIVITÄT UND POSTMODERNE bietet ein Forum für avancierte Arbeiten über psychologische Phänomene der »Postmoderne«. Dabei werden sowohl theoretische Arbeiten vorgestellt, als auch Arbeiten, die auf der Grundlage empirischer Untersuchungen einen Beitrag zur theoretischen Reflexion leisten.

In theoretischer Perspektive wird eine Rezeption poststrukturalistischer Positionen in den Diskurs der Psychologie vorgeschlagen. Die Gegenstände des psychologischen Diskurses existieren nicht unabhängig von diesem. Unser Fühlen und Denken, unser Wahrnehmen und Begehren, unsere Angst, unsere Trauer, unsere Freude, unsere Leidenschaft, unser Handeln, selbst unser Ich, kurz das Psychische wird durch unsere Rede darüber nicht nur geformt, sondern konstituiert.

Das Paradigma der Empirie ist deshalb das der »qualitativen« Forschung: die narrative Rekonstruktion der Geschichte von Subjekten im Rahmen der Beziehung zwischen Forscher und befragtem – sich selbst – befragendem Subjekt.

Die Situation der »Postmoderne« ist dadurch gekennzeichnet, dass dem Subjekt für diese Rekonstruktion kein verbindlicher Rahmen mehr zur Verfügung steht, wie ihn die alten Meta-Erzählungen noch geliefert hatten: jene der Wissenschaft, Religion, Philosophie, Kunst, Politik usw. Sie sind als Fiktionen durchschaut, beliebig geworden. Sie tragen die Erzählung der Geschichte des Subjekts nicht mehr.

Aber es werden immer wieder neue erfunden (Baudrillard). Unsere Erzählungen sind voll davon: Gespräche über den letzten Film, das neueste Buch, die ultimativen Events. Sie verbergen die Sehnsucht nach der Geschichte, in der wir eine Rolle spielen, unserer Geschichte und verleugnen zugleich die Angst vor ihr.

Die Arbeiten dieser Reihe versuchen, diese Situation des Subjekts in ihren konkreten Äußerungsformen nachzuzeichnen und damit zugleich in die allgemeine Diskussion einzubringen.

Forschung Psychosozial

Subjektivität und Postmoderne
Herausgegeben von Klaus-Jürgen Bruder

Klaus-Jürgen Bruder, Christoph Bialluch,
Bernd Leuterer (Hg.)

Macht – Kontrolle – Evidenz

Psychologische Praxis und Theorie in den gesellschaftlichen Veränderungen

Eine Publikation
der Neuen Gesellschaft für Psychologie (NGfP)

Mit Beiträgen von Christoph Bialluch,
Klaus-Jürgen Bruder, Almuth Bruder-Bezzel,
Markus Brunner, Niklas Alexander Chimirri, Martin Dege,
Angelika Ebrecht, Uwe Findeisen, Miriam Anne Geoffroy,
Stefanie Girstmair, Thomas Goes, Kathrin Groninger,
Katharina Hametner, Jürgen Hardt, Erich Kirchler,
David-Léon Kumrow, Cécile Loetz, Vanessa Lux, Claudia Luzar,
Emilio Modena, Klaus Mucha, Stephan Mühlbacher,
Jakob Müller, Knuth Müller, Maja Tintor, Daniel Weigl,
Michael Wolf und Markus Wrbouschek

Psychosozial-Verlag

Bibliografische Information der Deutschen Nationalbibliothek
Die Deutsche Nationalbibliothek verzeichnet diese Publikation
in der Deutschen Nationalbibliografie; detaillierte bibliografische Daten
sind im Internet über http://dnb.d-nb.de abrufbar.

Originalausgabe
© 2012 Psychosozial-Verlag
Walltorstr. 10, D-35390 Gießen
Fon: 06 41 - 96 99 78 - 18; Fax: 06 41 - 96 99 78 - 19
E-Mail: info@psychosozial-verlag.de
www.psychosozial-verlag.de
Alle Rechte vorbehalten. Kein Teil des Werkes darf in irgendeiner Form
(durch Fotografie, Mikrofilm oder andere Verfahren)
ohne schriftliche Genehmigung des Verlages reproduziert
oder unter Verwendung elektronischer Systeme verarbeitet,
vervielfältigt oder verbreitet werden.
Umschlagabbildung: Michelangelo Merisi da Caravaggio:
»Hl. Matthäus und der Engel«, 1602
Umschlaggestaltung & Layout: Hanspeter Ludwig, Wetzlar
www.imaginary-art.net
Satz: Andrea Deines, Berlin
Druck: CPI book GmbH, Leck
Printed in Germany
ISBN 978-3-8379-2168-7

Inhalt

Vorwort der Herausgeber 9

Macht – Kontrolle – Evidenz 13
Vorstellung des Themas
Klaus-Jürgen Bruder

Die Aufgabe der Psychotherapie in unserer Zeit 33
Jürgen Hardt

Von der betrüblichen Gesundheitsförderung
zum Betrieblichen Gesundheitsmanagement 55
Meilensteine, Spurensuche und Visionen
Klaus Mucha

Teil I

Gesellschaftliche Anforderungen
oder neoliberale Zumutungen?

Arbeitslose: Parias wider Willen 81
Politisch-psychologische Anmerkungen zum Staatsrassismus
des Neoliberalismus
Michael Wolf

Inhalt

Prekarisierung unserer Lebensverhältnisse 99
Ihre Auswirkungen auf unsere Identitäten, das politische Klima
und auf die psychoanalytische Theorie und Praxis
Almuth Bruder-Bezzel

Prekarisiert, individualisiert, gespalten? 117
Die Moralische Ökonomie prekarisierter Lohnabhängiger
als Katalysator von Protestrohstoff und Solidaritätspotenzialen
Thomas Goes

Beschäftigte: Kostenfaktor oder Humankapital? 137
Gesundheitspolitik während betrieblicher Veränderungsprozesse
Maja Tintor

Die »unternehmerischen Armen« 159
Der neoliberale Entwicklungsdiskurs und die Totalisierung
des »unternehmerischen Selbst«
Stefanie Girstmair

Zum Verhältnis von Macht und Angst 171
Eine Skizze am Beispiel neoliberaler Restrukturierung
David-Léon Kumrow

Krise und Sozialabbau:
Der Psychoanalytiker/die Psychoanalytikerin
als »Bourgeois(e)« und als »Citoyen(ne)« 189
Emilio Modena

Ausbruch aus der hegemonialen Lesart, oder:
Wie kann die alltägliche Nutzung von Massenmedien
gedacht werden? 209
Niklas Alexander Chimirri

Theorien und Modelle des Steuerverhaltens 229
Erich Kirchler & Stephan Mühlbacher

Anerkennung und Einsicht 247
Martin Dege

Teil II

Widerstreit, Perspektiven

Werde hysterisch! 269
Christoph Bialluch

›Gesprengte Institution‹ unter Kontrolle? 289
Miriam Anne Geoffroy

**Widersprüche der Jugendkultur –
vom Leistungsranking zum Anerkennungsranking** 311
Uwe Findeisen

Der ›gute‹ und der ›böse Orientale‹ 329
Zu Funktionalität und Wandelbarkeit des »KurdInnen-Problems«
im EU-Beitrittsdiskurs der Türkei
*Stefanie Girstmair, Katharina Hametner, Markus Wrbouschek
& Daniel Weigl*

Konflikte in der Einwanderungsgesellschaft 343
Eine psychosoziale und konfliktorientierte Evaluation am Beispiel
eines Zirkusprojektes
Kathrin Groninger & Claudia Luzar

**Verschiebungen im biologischen Determinismus: Aufwertung
des Psychischen und Renaturalisierung des Sozialen** 359
Vanessa Lux

Auf dem Weg zur freudlosen Wissenschaft? 375
Möglichkeiten einer kritischen Alternative in der Psychologie
Cécile Loetz & Jakob Müller

Psychologie und gesellschaftlich-emanzipatorische Praxis 395
Zur Aktualisierung einer interventionistisch ausgerichteten
politischen Psychologie in postfordistischen Zeiten
Markus Brunner

»Woher, in aller Welt, der Trieb zur Wahrheit!«? 419
Zur Problematik von Wahrheit, Wahrhaftigkeit und Lüge
in der Psychoanalyse
Angelika Ebrecht

In the Line of Duty? 433
Die »Psychoanalytic Community« und US-amerikanische
Geheimdienststellen – Ein Werkstattbericht
Knuth Müller

Autorinnen und Autoren 451

Vorwort der Herausgeber

Zunehmende Armut aufgrund von Arbeitslosigkeit, prekären Beschäftigungsverhältnissen bei gleichzeitig sich vergrößernder Kluft zwischen Arm und Reich, zunehmende Unsicherheit der Lebensperspektive für einen immer größer werdenden Kreis der Bevölkerung, immer weiter eingeschränkte Teilhabe am kulturellen und politischen Leben, die einen Verlust an Demokratie und Partizipation bedeutet, Veränderung der Zugangswege zu interessanteren und besser bezahlten Berufen, die für einen immer größer werdenden Teil der Bevölkerung einer Verringerung der Chancen gleichkommt, solche Berufspositionen zu erreichen, Veränderung der Berufe selbst, Zunahme der Belastung, Abnahme der selbst erfüllenden Anteile, Veränderungen in der Arbeitsteilung der Geschlechter, überwiegend zulasten der Frauen, Zurückschrauben emanzipativer Perspektiven und Handlungsräume, Veränderungen im Bildungsbereich, Ausbildung, Erziehung, Verringerung der Zugangschancen für wachsende Bevölkerungsteile, Veränderungen der Gesundheitssysteme, Gesundheitspolitik, Familienpolitik, Altersarmut, Intergenerationenbeziehungen, Migration und Integration, zunehmende Militarisierung des Lebens, permanente Kriegsdrohung bzw. Ausweitung der Bedrohung durch die Kriege überall usw.

Diese gesellschaftlichen Veränderungen wirken sich zugleich auf die Arbeit der Psychologen aus, stellen eine Herausforderung für die praktisch arbeitenden Psychologen dar, sie schlagen sich in der Zunahme psychischer Problemlagen und nicht mehr zu bewältigender Störungen der psychischen Selbstregulation nieder.

Zugleich handelt es sich bei den genannten Veränderungen nicht um die Auswirkung und Folgen bloßer – vielleicht notwendiger – Umstellungsprozesse, an die »der Mensch« sich vielleicht »anpassen« müsste, vielmehr sind diese Veränderungen »politisch« hergestellt. Die »Verarmung« des Staates ist nicht die Folge einer nachlassenden Wirtschaftskraft, sondern der Senkung der staatlichen Einnahmen durch Verminderung der Besteuerung der wirtschaftlichen Erträge. Und die Verarmung trifft nicht alle Teile der Bevölkerung gleichmäßig, sondern wird ungleich verteilt. Und diese Verarmung wird weiter gesteigert, indem nach demselben Mechanismus die ärmeren Bevölkerungsteile die »Löcher« im Staatshaushalt wieder zu füllen herangezogen werden.

Welche Rolle übernimmt die Psychologie in dieser Lage? Welches Menschenbild entsteht in dieser Zeit, wird propagiert? Welche Strukturen werden gefördert und welche Kompetenzen gefordert?

Die Menschen, die in die bedrohlichen Zonen der Veränderung geraten, sind überfordert und zugleich alleingelassen – nicht nur, sondern zusätzlich belastet durch Stigmatisierung und Schuldzuweisung. Das neue Menschenbild der neoliberalen Steigerung der Ungleichverteilung überträgt ihnen die Verantwortung für das, was die gesellschaftlichen Veränderungen ihnen zumuten, abverlangen.

Und: Welche Feindbilder werden als negative Gegenidentifikation angeboten, den Enttäuschten und Gedemütigten vorgeworfen? Durch die Medien, durch die Politik selbst, durch die Ökonomie und die Militarisierung und Verrohung des Alltags.

Wie verhält sich die Psychologie zu diesen Veränderungen, Entwicklungen und Folgen? Nimmt sie diese überhaupt wahr? Ist sie in der Lage, Antworten zu geben oder auch nur zu suchen, die diesen Bedrohungen und Realitäten einigermaßen gewachsen sind? In welchen Widersprüchen befinden sich die praktisch arbeitenden Psychologinnen und Psychologen? Sind die psychologischen Einrichtungen, Institutionen, Arbeitsmittel, Aufgabenstellungen, Arbeitsplatzbeschreibungen in der Lage, offen genug, solche notwendigen Antworten zu finden (oder schränken sie die Möglichkeit eher ein)? Welche Alternativen zur bisherigen Praxis, Haltung, Arbeit der Psychologie gibt es, sind zu entwickeln und durchsetzbar? Können kritische Haltungen in der Praxis bewahrt, vertreten, kritische Inhalte umgesetzt werden?

Wir danken Benjamin Lemke, Carolin Güßfeld, Hans Peter Mattes, Lisa Schönberg, Martin Dege, Matteo Bruni, Norman Rühl, Sebastian Ruppel und Viktoria Bergschmidt für die umfangreiche Vorbereitung und tatkräftige Mitarbeit.

Klaus-Jürgen Bruder, Christoph Bialluch & Bernd Leuterer

Macht – Kontrolle – Evidenz

Vorstellung des Themas

Klaus-Jürgen Bruder

I. Veränderungen im Feld der psychologischen Praxis

Das Thema unseres Kongresses sind die Veränderungen im Feld der psychologischen Praxis in den letzten Jahren, vor allem die einschneidenden Veränderung im Gesundheitswesen, vor dem Hintergrund der Veränderungen außerhalb: nämlich der politischen und ökonomischen Krise.

Wir machen die Veränderungen im Feld der psychologischen Praxis in den letzten Jahren zum Thema. Damit bewegen wir uns im Rayon der NGfP: dem der Vermittlung von Theorie und Praxis.

Dieser Kongress ist der erste Versuch, das Projekt der NGfP wieder aufzugreifen, einer größeren Öffentlichkeit vorzustellen, mit Ihnen zusammen weiterzuentwickeln – nach dem Frühjahrsseminar vor einem Jahr zu Bologna, Bachelor, Privatisierung und Studiengebühren.

Wenn wir uns um Vermittlung zwischen Theorie und Praxis bemühen, denken wir Praxis nicht als bloße »Anwendung« von Theorie – im Gegenteil: Theorie kann selbst Ergebnis von Praxis sein. Theorie hat hier im Feld der Praxis eher eine Hilfsfunktion für die Reflexion der Praxis, kann Anregung sein, den Blick lenken.

Und umgekehrt kann Theorie selbst Ergebnis von Praxis sein, von kritisch reflektierter Praxis – so wie Freud dieses Verhältnis idealiter formuliert hatte in seinem sogenannten »Junktim von Heilen und Forschen«.

Die Felder der Praxis der Psychologie sind vielfältig, also haben wir nicht nur eine einzige Theorie vor Augen. Vielmehr steht »Theorie« für den Anspruch, die theoretischen Diskussionen auszurichten, und zwar auf die Reflexion der Praxis, sie soll sich der Reflexion der Praxis zur Verfügung stellen. Wir verstehen dies im Sinne einer kritischen Haltung jenseits des Mainstreams – und zwar wissenschaftlich und politisch. Sicher gehört die Psychoanalyse dazu, aber auch sie kann nicht beanspruchen, die Einzige zu sein; wenn sie auch – innerhalb der psychotherapeutischen Praxis und weit darüber hinaus – eine prominente Rolle spielt.

Dieses Feld der psychologischen Praxis existiert nicht im luftleeren Raum,

➤ nicht unabhängig von (psychologischer) Forschung und Theorie,
➤ aber auch nicht unabhängig von Ereignissen, Diskussionen, außerhalb dieses Feldes, nicht unabhängig vom gesellschaftlichen Umfeld.

Und deshalb gehen auch andere Faktoren in die psychologische Praxis ein: als psychologische Diskurse oder Theorien im eigentlichen Sinne, nämlich: Ereignisse, Meinungsäußerungen, Ansichten, Urteile und Vorurteile aus dem gesamten Umfeld, in das die psychologische Praxis eingebettet ist. Und deshalb können auch andere Theorien als psychologische Theorien im eigentlichen Sinne für die psychologische Praxis hilfreich sein.

Diese Veränderungen haben wir in das Netz der Begriffe Macht – Kontrolle – Evidenz gestellt.

II. Macht – Kontrolle – Evidenz

Der Begriff der »*Evidenz*« steht im Mittelpunkt des Diskurses der Veränderung. Evidenz-basierte Methode ist eines seiner wichtigsten Zauberwörter.

Evidenz-basiert: eine Forderung an die Praxis. Unmittelbar gefolgt von Kontrolle: in Gestalt von »Qualitätskontrolle«.

Der Begriff »Evidenz« ist verwirrend, als mit ihm das Gegenteil dessen gefordert wird, was man – zumindest im Deutschen – darunter versteht: Evidenz-basiert ist nicht eine psychologische Praxis oder ein therapeutisches Vorgehen, das offensichtlich naheliegt oder sich von selbst versteht, sondern eines, dessen Wirksamkeit empirisch nachgewiesen ist.[1]

---

1 In dem (wahrscheinlich von »Deutsches Netzwerk Evidenzbasierte Medizin [DNEbM e.V.], Deutsches Cochrane-Zentrum, Universität Witten/Herdecke: Links Medizin und EbM, Universität Witten/Herdecke: Online-Tutorial zur Evidenzbasierte Medizin« geschriebenen Wikipedia-Beitrag wird die folgende Definition gegeben: »Evidenzbasierte Medizin (EbM, von englisch evidence-based medicine ›auf Beweismaterial gestützte Heilkunde‹) ist eine jüngere Richtung in der Medizin, die verlangt,

Erstaunlich, dass die Forderung nach Evidenz-Basierung erst jetzt gestellt wird, so als ob psychologische Praxis bisher vollkommen ahnungslos und unbeschwert von empirischer Überprüfung gewesen wäre.

Dann käme die Durchsetzung dieser Forderung einer Revolution gleich: Wozu die Medizin einen Zeitraum von mehreren Jahrhunderten gebraucht hat, das schaffen die Psychotherapeuten in einem einzigen Akt (um nicht zu sagen: Gewalt-Akt).

Betrachtet man allerdings die tatsächlich durchgeführten empirischen Wirksamkeitsprüfungen, so stellt man fest, dass die Methoden der Überprüfung der Komplexität psychotherapeutischer Prozesse in keiner Weise/Hinsicht gerecht werden und nur sehr allgemeine Dimensionen/ Parameter in sehr undifferenzierter Weise/geringer Breite erfassen (Sasse 2010; s.a Helle 2006).

Was bedeutet das, was liegt hier vor, wenn die Methoden der Überprüfung überhaupt nicht das Niveau des zu Überprüfenden erreichen und gleichzeitig diese Prüfung zur Voraussetzung für die Anerkennung einer therapeutischen Praxis und ihrer Zulassung gemacht wird?

Ist die Absenkung des Niveaus der Praxis das Ziel, das durch die Forderung nach »empirischer Überprüfung« nur vernebelt wird?

In wessen Interesse geschieht das bzw. wird das gefordert? Deklariertermaßen im Interesse des Patienten/der Patientin. Geschähe es tatsächlich im Interesse der Patienten, bräuchte man es nicht zu vernebeln. Geschähe es im Interesse der Therapeuten, bräuchte man es nicht von ihnen zu fordern (und dieser Forderung durch Sanktionen Nachdruck verleihen).

Das ganze Unternehmen ist ja auch nicht aus den Bedürfnissen und Erfordernissen der Praxis heraus entstanden, sondern von außen an diese herangetragen, ihr zugemutet worden. Es ist nicht (nicht entscheidend) des Ergebnis des psychologischen Diskurses, sondern auch von »außerhalb der Psychologie« in dieses Feld der Praxis hineingetragen. Und so erscheint es vielen als aufgezwungen, dem Feld der Psychologie äußerlich, oder fremd, wenn nicht gar kontra-indiziert.

---

dass bei jeder medizinischen Behandlung patientenorientierte Entscheidungen ausdrücklich auf der Grundlage von empirisch nachgewiesener Wirksamkeit getroffen werden.« (Die Bezeichnung Evidenz wird in diesem Zusammenhang also auf das Begriffsfeld von »evidence« im Englischen bezogen, welches nicht mit dem von »Evidenz« im Deutschen übereinstimmt; was klar ersichtlich wäre, bedürfte keiner Nachweise.)

Das Verhältnis von innen und außen wird zugleich als ein Verhältnis von Über- und Unterordnung sichtbar, von Forderung und Erfüllung der Forderung (oder Nichterfüllung), also als ein hierarchisches Verhältnis. Das macht der zweite Begriff klar: »*Kontrolle*«.

Natürlich muss jede Handlung kontrolliert werden, ob sie auch das Ergebnis bringt, das von ihr erwartet wird. Das gilt für PT nicht weniger als für andere. Aber wieder muss gefragt werden: Was wird kontrolliert, soll kontrolliert werden, durch wen, in wessen Interesse?

In wessen Interesse ist dabei die zentrale Frage – zugleich aber die am schwersten zu beantwortende.

Bei Psychotherapie müsste es eigentlich heißen: im Interesse des Patienten – und so wird es auch für die Q-Kontrolle behauptet. Erinnert man sich aber dessen, was über Evidenz (Evidenz-basiert) gesagt werden kann – dass nämlich die Methoden der empirischen Überprüfung der Wirksamkeit von Psychotherapie der Komplexität psychotherapeutischer Prozesse in keiner Weise gerecht werden –, so kann man den Gedanken nicht abweisen, dass auch die Kontrolle der Praxis der Psychotherapie diese Komplexität psychotherapeutischer Prozesse nicht auf ihre Qualität hin überprüfen kann (s. a. Sasse 2010).

Betrachtet man in einem dieser Qualitätsmanagement-Manuale den Katalog der Fragen, so handelt es sich entweder um Selbstverständlichkeiten oder Banalitäten, Überflüssiges, wenn nicht sogar störende Eingriffe in den therapeutischen Prozess, dem persönlichen Stil des Therapeuten vorbehaltene Entscheidungen, auf jeden Fall zusätzlichen Zeitaufwand erfordernde, die dem therapeutischen Prozess eher abträglich sind, also nicht im Interesse des Patienten liegen können.

Aus denselben Gründen kann eine derartige Kontrolle auch nicht im Interesse des Therapeuten sein – und das nicht, weil der Therapeut sich gegen Kontrolle wehrte. Im Gegenteil: Er hatte immer schon die Qualität seiner Praxis einer Überprüfung unterzogen. Diese Überprüfung war – zumindest was die Psychoanalyse anlangt – auf vielfältige Weise angelegt und sichergestellt,

➤ beginnend mit der Ausbildung in staatlich anerkannten Instituten,
➤ in deren Zentrum die »Lehr«analyse der Auszubildenden stand,
➤ mit differenzierten gutachterlichen Antragverfahren,
➤ Supervision und Weiterbildung,

also einem kontinuierlichen Prozess der Kontrolle und Verfeinerung der Qualität der Arbeit und zwar im Sinne dessen, was Richard Sennett das

»Handwerkliche« nennt: das »Streben nach Qualität«, »etwas um seiner selbst willen gut machen wollen« (2005, S. 9, 84), aber auch auf etwas Gelerntem aufbauen und auf es zurückgreifen können (ebd., S. 79f.). Dieses Handwerkliche wird vernachlässigt oder verkommt, wenn die Überprüfung die Gewichte anders setzt, wenn, wie gesagt, die Werkzeuge der Überprüfung das Niveau der zu überprüfenden Praxis verfehlen. Wenn statt qualitativer Verfeinerung dessen, was der Therapeut in mehrjähriger Ausbildung erworben hat, die quantitative Akkumulation immer weiterer »Techniken«, zusammenhangloser »zusätzlicher Kompetenzen« gefordert wird, als Spezialisierungen deklariert, der Forderung nach Störungsspezifik entsprechend oder als Forderung nach Multikompetenzen, mit dem Zwang verbunden, verschiedene Verfahren im Angebot zu haben.

Dies erfordert sicher »mobile Problemlösungsfähigkeiten« (ebd., S. 100), sich nicht intensiv mit einer Sache zu beschäftigen; langfristig aufgebaute Erfahrungen sind nicht mehr gefragt, Qualifikationen werden nicht vertieft und müssen rasch wieder aufgegeben werden.

Man kann einräumen, muss einräumen: das alles ist auch leichter zu kontrollieren. Nur: Was bringt die leichtere Kontrollierbarkeit – von sinnlosem Ballast? Und wieder: Wem bringt sie etwas? Den Kontrolleuren und denen, die die Kontrolleure eingesetzt haben und in deren Interesse sie arbeiten. Nichts den Patienten und auch den Therapeuten nichts.

Es ist ja auch nicht aus der Praxis heraus erwachsen, sondern greift von »außerhalb« des Feldes der Praxis in dieses Feld ein. Diesem »Außen« möchte ich nun genügend Aufmerksamkeit schenken: der Quelle des Eingriffs in das Feld der (psychologischen) Praxis. Für dieses Außen haben wir den dritten Begriff in unserer Triade reserviert, den Begriff der »*Macht*«.

Auch der Begriff der Macht hat die Doppeldeutigkeit, die die anderen beiden Begriffe besitzen. Auch hier müssen wir fragen: Wessen Macht wird gestärkt, wessen Macht geschwächt, wenn die therapeutische Praxis am Maßstab einer Evidenz sich auszurichten gezwungen wird, die weit unterhalb des Niveaus der bisherigen Praxis angesetzt ist?

➢ Die Macht der Therapeuten?
➢ Der Patienten?
➢ Oder die Macht derer, die diese Forderungen aufgestellt haben?
➢ Sicher auch: die Macht der durch diese Reform zu schaffenden und inzwischen geschaffenen Einrichtungen zur Überprüfung der Qualifizierung und Qualität,

> aber in erster Linie die der Krankenkassen und ihr Interesse:
> die »Kosten« der Leistungen für die Versicherten zu senken.

Die Begriffe der Evidenz und der Qualitätskontrolle sind – »Deck-Erinnerungen«. Die theoretischen Konzepte von Evidenz und Qualität, Qualifizierung und Kompetenz verschweigen die Auskunft darüber, in wessen Interesse wer kontrolliert werden soll.

Sie lenken davon ab, indem sie die Assoziation von Wissenschaftlichkeit erwecken, verbunden mit dem Pathos von Notwendigkeit, innerer Notwendigkeit, und dem Versprechen von Möglichkeit, so als müsse und könne die Qualität psychotherapeutischer Verfahren mit etwas nachgewiesen werden, was von außerhalb des psychotherapeutischen Feldes an dieses angelegt wird, gleichsam als ein Regiment, das zu errichten wäre über ein besetztes Land – der unkontrollierten Willkür und der Freiheit.

Es ist (aber) die Macht, die zu ihrer Aufrechterhaltung der Kontrolle (der unterworfenen Subjekte)[2] bedarf.

Weil diese Kontrolle aber die Subjekte als Subjekte achten muss, sie berücksichtigen, Rücksicht auf sie nehmen, auf ihre Empfindlichkeiten, braucht sie »Argumente« – für den Einsatz der Kontrollinstrumente: als Rationalisierung der Kontrolle, als Beschönigung. Deshalb »Evidenz« als Argument.

III. Rückkehr der Macht in die Regelung der zwischenmenschlichen Verhältnisse

Alles macht den Eindruck als sei das, was wir im Feld der Praxis der Psychologie, der Therapie und des Gesundheitswesens beobachten, ein Moment der allgemeinen Rückkehr der Macht in die Regelung der zwischenmenschlichen Verhältnisse – nach einer Zeit des zumindest scheinbaren Rückzugs der *Macht*, ihrer sogenannten »Liberalisierung« (in den Jahren nach 68).

In dieser Zeit konnte sich auch die Psychotherapie in großer Lebendigkeit entfalten, frei von Anforderungen der »Einrichtungen der öffentlichen Kontrolle«, frei von Behinderungen und Fesseln des Regimes

---

2 Nach Foucault eine Verdoppelung der Bedeutung von »Unterwerfung«.

der universitären Wissenschaftsordnung und Disziplin, orientiert an den Problemen der Praxis und den Erwartungen der Klienten, die ihre Interessen selbstbewusst artikulierten.

Die Macht kehrt zurück in ihre verwaisten Gefechtsstände, zieht die Zügel wieder an, erobert verlorenes Terrain zurück. Sie macht sich breit, sie dringt in alle Bereiche des Alltags, der Gesellschaft (wieder) ein, forsch auftretend, anmaßend, von einem Kriegsminister schneidig in Szene gesetzt – und das wird sich auch mit Guttenbergs Abgang nicht ändern: denn es wird weiterhin notwendig sein, die Gesellschaft daran zu gewöhnen, dass Krieg ihr zentrales Anliegen sein wird.

Krieg an den verschiedensten Fronten? Krieg nicht nur am Hindukusch. Ebenso Krieg im Inneren (gegen die Bevölkerung): Arbeitslosigkeit, Intensivierung der Arbeit, Lohnabbau, Verschlechterung der Infrastruktur, Unsicherheit, Prekarisierung des Lebens, Individualisierung.

Dieser Krieg gegen die Bevölkerung bedeutet zugleich Schwächung der »Zivilgesellschaft« – gegenüber der gestärkten Macht und dadurch Stärkung der Macht. Die dreiste Missachtung der Zivilgesellschaft durch den falschspielenden Baron war kein Ausrutscher, sondern Symptom der moralischen Verkommenheit der »politischen Klasse«, gerade weil sie ihn zu verteidigen suchte, und wie sie ihn verteidigte. Gerade dadurch zeigt sie die Bedenkenlosigkeit, die die gesamte Geschichte des Neoliberalismus von Schröder und Fischer an kennzeichnet.

Die Macht entzieht sich der Kontrolle durch die Bürger. Sie emanzipiert sich von der Zivilgesellschaft. Und tatsächlich: in seinem Beitrag vom 19. Februar 2011 in der *FAZ* bediente sich einer der Herausgeber, Georg Paul Hefty, des berüchtigten Satzes von Carl Schmitt, des staatsrechtstheoretischen Wegbereiters des Faschismus[3]: »Souverän ist, wer über den Ausnahmezustand entscheidet«[4], und konzedierte Guttenberg: »Wie man ihn [diesen Satz, diese Regel] in der gewöhnlichen Politik anwendet, das beherrscht der CSU-Politiker zu Guttenberg zurzeit wie kein Zweiter in der Bundesrepublik Deutschland.«[5]

---

3 Hefty nennt ihn den »Plettenberger Staatsrechtslehrer und Philosophen«.
4 Carl Schmitt: *Politische Theologie*, 3. Auflage 1979, S. 11.
5 »Die Art, ungeachtet der gleichzeitig tagenden Bundespressekonferenz, der Versammlung der ›Hauptstadtjournalisten‹, als Herr im eigenen Haus, im geschichtsträchtigen Bendler-Block, am Amtssitz des Bundesverteidigungsministers, vor ›ausgewählten Medienvertretern‹ Stellung zu nehmen zum Ausnahmezustand im eigenen politischen Lebenslauf«, zeuge »von einer unheimlichen Souveränität«.

IV. Die psychischen Folgen der Rückkehr der Macht

Diese Stärkung der Macht – auf Kosten (nämlich: durch die) Schwächung der »Zivilgesellschaft« – bedeutet nicht nur, dass die Macht immer rücksichtsloser ihre Politik gegen den Willen der Bevölkerung durchsetzt (die dieser Politik in Meinungsumfragen immer wieder mit überwältigender Mehrheit ihre Absage erteilt: beim Krieg in Afghanistan; bei Stuttgart 21). Sie bedeutet auch, dass sie (die Bevölkerung) die Folgen dieser Politik tragen muss – die Umgangsweisen werden immer rüder, die »soziale Kälte« (Heitmeyer) nimmt zu – und dass diejenigen, die dabei überfordert sind, krank werden. Die Zunahme »psychischer Krankheiten« wird regelmäßig dokumentiert (vgl. z. B.: www.sozialpolitik-aktuell.de).

Einer am 15. Februat 2011 in Berlin vorgestellten Studie der DAK zufolge machten Depressionen oder andere psychische Erkrankungen im vergangenen Jahr gut 12 Prozent des gesamten Krankenstandes aus und spielten damit eine beinahe doppelt so große Rolle wie noch 1998.

Gegenüber dem Vorjahr war die Zahl der Fehltage wegen psychischer Erkrankungen um 13,5 Prozent angestiegen. Dies sei umso alarmierender, als der Krankenstand insgesamt auf niedrigem Niveau stabil geblieben sei (AFP/jW).

Der Zusammenhang zwischen »psychischen Problemen und Krankheiten« und den gesellschaftlichen Strukturen wird selbst von der *FAZ* nicht verschwiegen – vorzugsweise im Feuilleton nicht. So z.B. in einer wohlwollenden Rezension des Buches *Gleichheit ist Glück* oder: *Warum gerechte Gesellschaften für alle besser sind* von Richard Wilkinson & Kate Pickett[6] (*FAZ* vom 24. Februar 2010) stimmt Wolfgang Kersting der Darstellung der Autoren zu und führt eine ganze Reihe »sozialer Krankheitsherde« im Einzelnen auf, die eine ungerechte, weil ungleiche Gesellschaft produziert, wie: soziale Desintegration, psychische Erkrankungen, gesundheitliche Mängel und sinkende Lebenserwartung, wachsende Unbildung, Anstieg von Gewalt und Drogenkonsum, Überbelegung der Gefängnisse, mangelnde soziale Mobilität, fehlende Möglichkeit sozialen Aufstiegs, Zukunftsverlust und lebensethische Apathie.

---

6 Richard Wilkinson & Kate Pickett: *Gleichheit ist Glück. Warum gerechte Gesellschaften für alle besser sind*. Aus dem Englischen von Edgar Peinelt u. Klaus Binder. Tolkemitt Verlag bei Zweitausendeins.

Die Frage, »warum gerechte Gesellschaften für alle besser sind«, wird inzwischen auch von Ökonomen gestellt. So hat eine Langzeitstudie von mehr als 150 Wissenschaftlern aus 14 Ländern ergeben: Der Staat hat in Sachen Sozialpolitik offenbar einen größeren Gestaltungsspielraum, als es Ökonomen bislang vermutet haben. Die positiven Effekte zeigen sich aber nicht sofort, sondern oft erst nach Jahrzehnten – und sie manifestieren sich nicht in höherem Einkommen der Menschen, sondern in erster Linie in besserer Gesundheit und einer höheren Lebensqualität (www.sozialpolitik-aktuell.de)[7].

Die »sozialen Krankheitsherde« und die psychischen Folgen sind also nicht – unvermeidbare – Folgen technologischer usw. Notwendigkeiten, sondern politisch hergestellt: Konsequenz(en) politischer Entscheidungen – ohne Rücksicht auf deren Folgen.

Die Manifeste häufen sich: Stéphane Hessels *Indignez-vous!*, das *Manifeste d'économistes atterrés* von Philippe Askenazy, André Orléan, Henri Sterdyniak und Thomas Coutrot, die unverzichtbaren Bücher des großen Jean Ziegler. Der Zusammenhang zwischen drastisch gestiegener Einkommensungleichheit und gegenwärtiger Finanzkrise wird immer offener zugestanden.

Und (trotzdem) wird diese Politik unverändert fortgesetzt. Der Anfang Dezember veröffentlichte Verteilungsbericht des Wirtschafts- und Sozialwissenschaftlichen Instituts (WSI) der Hans-Böckler-Stiftung des DGB stellt fest: Die »Lohnquote« sinkt weiter bei gleichzeitig steigendem Gewinnanteil (Schäfer 2010)[8].

Also sind für die »psychischen Folgen« der »sozialen Krankheitsherde« die Psychotherapeuten zuständig.

---

7 http://www.sozialpolitik-aktuell.de/sozialpolitik_aktuell_startseite.html [letzter Zugriff 12.12.2011].
8 Danach ging die Bruttolohnquote auf 65,5 Prozent zurück, nachdem sie 2009 bei gut 68 Prozent gelegen hatte. Die Bruttogewinnquote stieg hingegen auf 34,5 Prozent, das waren knapp drei Prozentpunkte mehr als im Vorjahr. Netto, nach Abzug von Steuern und Abgaben, sank die Lohnquote von 40,9 Prozent im Jahr 2008 und 41,1 Prozent im Jahr 2009 auf 39,4 Prozent im ersten Halbjahr 2010. Die Nettogewinnquote stieg zwischen 2009 und dem ersten Halbjahr 2010 von 32,6 auf 34 Prozent. Damit nähert sie sich wieder dem vom letzten Aufschwung geprägten Rekordjahr 2008, als es 34,9 Prozent waren. Vor 1990 erreichte die Nettolohnquote jahrzehntelang noch ein Niveau von über 50 Prozent, die Nettogewinnquote lag zwischen den 1960er und dem Beginn der 1990er Jahre unter 30 Prozent.

Die Frage: Kann man das als Psychotherapeut so einfach hinnehmen, den Auftrag annehmen – ohne gleichzeitig sich gegen die Ursachen der »sozialen Krankheitsherde« zu wenden? Die Internationale Ärzteorganisation gegen die Atomkriege (die IPPNW) hat das getan: Sie widersprach der Forderung der Bundeswehr, sich an der Behandlung von Soldaten aus Afghanistan-Einsätzen zu beteiligen, mit der Begründung: »Therapie ohne kritische Hinterfragung des politisch-militärischen Kontextes ist mit unserem Verständnis psychotherapeutischer Arbeit nicht vereinbar.«[9]

V. Verleugnung der gesellschaftlichen Ursachen der »psychischen Folgen«

Wie schafft der Psychologe es (trotzdem?), dafür zuständig zu sein, dass er die Folgen einer krankmachenden Politik repariert, mildert, damit aussöhnt? Indem er die Augen davor verschließt, dass er es tut. Indem er das außer Acht lässt, was den »Folgen« vorausgeht, wovon die Folgen Folge sind: indem er die Ursachen, Verursacher, die Auslöser, Anlässe, Veranlasser, die Gründe, ausschließt – bereits aus seiner Theorie, in dem er sie »unbewußt macht«, wie Erdheim (1982) sagt.

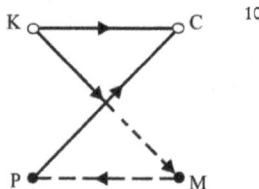 [10]

Die abstrakten Verhältnisse der Macht (K – M), die sich in die konkrete Beziehung (P – C) zwischen den Individuen hineindrängen: das Verhalten der Individuen bestimmen – ohne dass sie sich dessen bewusst sind, die also »unbewusst« sind, kann man ja auch als »das Unbewusste«

---

9 International Physicians for the Prevention of Nuclear War. In ihrem offenen Brief an Bundesverteidigungsminister Franz Josef Jung vom 31. August 2009 schrieben sie: »Psychotherapeuten werden angeworben [....], damit der Krieg führbar bleibt« (aus: »Wir lassen uns nicht für den Krieg instrumentalisieren«; www.ippnw.de, 31.08.2009; s.a. Deutsches Ärzteblatt/PP/Heft 9/September 2009, S. 390.
10 Zur Entwicklung dieses Schemas siehe Klaus-Jürgen Bruder (2010, 2011).

reifizieren (und ins Individuum verlegen: das Unbewusste der Psychoanalyse) – und damit die »äußere« Macht dahinter vergessen machen oder verstecken.

Dies könnte man als die große Aufgabe der Psychoanalyse innerhalb des Diskurses der Macht bezeichnen, bereits von Freud an. Die Theorie, sagen wir besser: Theorien – in ihrer überwiegenden Mehrheit – berücksichtigen nicht: die »äußere« Realität – das sei die Aufgabe der Soziologie, wird man beschieden. Nun gut! Nur: funktioniert diese Arbeitsteilung nicht in dem Sinn, dass die Soziologen den Psychologen abnehmen, sich gegen die Funktion, die der Psychologie zugeschrieben, zur Wehr zu setzen. (Das ist ja auch nicht der Sinn dieser Arbeitsteilung, sondern: gerade solche Bereiche aus der gesellschaftskritischen Reflexion herauszulösen.) Und: durch die Trennung von Psychologie und Soziologie und damit das Herauslösen der Psychologie aus der gesellschaftskritischen Reflexion wird auch die Soziologie nicht richtig, wird sie mit dem spiegelbildlich entsprechenden Fehler belastet: soziale Phänomene als von den Subjekten unabhängigen Gesetzen bestimmt darzustellen und zu untersuchen (s. Brückner).

Die äußere (gesellschaftliche) Realität aus der Theorie auszuschließen hat aber nicht nur Konsequenzen für die Theorie, sondern auch für die Praxis. Und zwar nicht nur für die Praxis im weiteren Sinne politischer Praxis, einer denkbaren politischen Praxis des Psychologen als Bürgers, der in die politische Debatte einzugreifen versucht, Stellung nimmt, sondern durchaus für die psychologische Praxis im engeren Sinne.

Durch den Ausschluss der »äußeren« Realität aus der Psychologie wird nicht nur die Theorie einseitig, »subjektivistisch«, psychologisierend und damit eine politische Stellungnahme des Psychologen unmöglich/unnötig, sondern auch seine psychologische Praxis selbst ist davon betroffen: Sie wird unvollständig, bleibt auf halbem Wege stecken.

Für Paul Parin war klar, dass die Psychologie/PA sich öffnen müsse gegenüber der äußeren gesellschaftlichen Realität (in der Therapie) und zwar bereits aus therapieimmanenten Gründen selbst. Die Therapie, jedenfalls die analytische Therapie – es gilt auch für andere Psychotherapierichtungen –, sei nicht abgeschlossen, wenn nicht die gesellschaftlichen Ursachen, die Bedingungen der Abwehr und des Widerstands bearbeitet worden seien. Die Abstinenz gegenüber den außertherapeutischen, gesellschaftlichen, politischen, ökonomischen Einflüssen wäre danach nicht mehr haltbar, weil sie die Ergebnisse/Erfolge dieser Praxis selbst gefährdet.

Und das gilt in noch größerem Maße angesichts der Tatsache, dass sich die »gesellschaftliche Realität« selbst in die Therapie hineindrängt – und zwar eine andere äußere Realität als die des Patienten.

Die »gesellschaftliche Realität« selbst drängt sich in die Therapie durch Qualitätsmanagement, Zertifizierung, restriktivere Bewilligung, Manipulation der Diagnose-Vergabe usw. – also die »äußere Realität« der Macht.

Sie (diese äußere Realität) wartet nicht, bis wir uns ihr öffnen.

Als Psychologen bewegen wir uns aber nicht dort – im Hof der Macht –, wo die großen politischen Debatten geführt, die Entscheidungen getroffen werden. Wir haben es eher mit den Folgen dieser Entscheidungen und Debatten zu tun, den Folgen der Macht-Wirkungen – auf der Ebene, auf der sie bei den Einzelnen ankommen und diese in Schwierigkeiten bringen.

Der Psychologe bewegt sich nicht dort, obwohl die politischen Debatten und vor allem das, was wir von ihnen in den Medien vorgeführt bekommen, auf Psychologie nicht verzichten, ja geradezu ein durch und durch psychologischer, psychologisierter Diskurs ist.

Aber wir – als Psychologen – haben keine Vorstellung davon, wie es dort – im Hof der Macht – zugeht, auch wir bekommen nur die Auswirkungen mit, die von dort herkommen, und diese auch nur aus den Erzählungen unserer Klienten, Analysanden, also in der Dyade des Redens zwischen Zweien (Freud 1926, S. 213).

Und so neigen wir dazu, das, was wir von der Macht mitkriegen, nach dem Modell der Dyade zu denken, nämlich als Kampf zwischen Zweien (so wie wir die analytische Situation erleben mögen).

Und so erscheint es dem Psychologen ganz fraglos, die Macht, die Macht des Staates, die »äußere« Macht als innere zu denken: vergleichbar den »idealisierten Elternimagines« – wenn er sie nicht mit diesen gleichsetzt. Es liegt ihm fern, die »innere« Macht als »verinnerlichten Staat« wahrzunehmen (Brückner 1978, S. 141).

Das um so leichter, als die Struktur der Macht(-Verhältnisse)

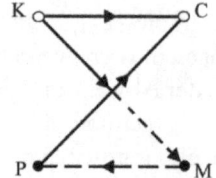

(sogar) die Struktur des Sprechens zu sein scheint, und als solche das Feld der Psychologie von Anfang an charakterisiert (Lacan). »Wir behaupten nicht, daß der gesamte soziale Zusammenhang dieser Ordnung [der Sprachspiele] zugehört. Aber Sprachspiele stellen das Minimum an Beziehungen dar, das für das Bestehen einer Gesellschaft erforderlich ist« (Lyotard 1979, S. 56).

VI. Unbewusst gemacht durch die Macht selbst

Neben der, der Psychologie immanenten Verleugnung der äußeren (gesellschaftlichen) Realität, gibt es aber zugleich auch die politisch motivierte, die sich der Psychologie bedient: »Psychologisierung« der gesellschaftlichen Verhältnisse von Macht und Herrschaft, die Personalisierung von politischen Ereignissen, Prozessen und Entscheidungen. Es seien die Individuen, die Persönlichkeit, die persönlichen Vorzüge und Eigenschaften der großen Einzelnen, die entscheidend seien für die geschichtlichen Entwicklungen.

Dabei ist es tagtäglich mit den Händen zu greifen, wie leicht der Einzelne seine Persönlichkeit, sein Denken, seine Eigenschaften verliert, sobald er – wie Lyotard gesagt haben würde – »auf Posten gesetzt« ist: Immer von neuem ein trauriges Beispiel: die Linken, sobald sie in der Regierung sind, z.B. in Berlin: Sie lügen und täuschen ihre Wähler genauso wie die anderen. Zwei Tage vor dem Volksentscheid zur Offenlegung der Verträge zur Teilprivatisierung der Berliner Wasserbetriebe erhält das Anliegen der Initiative neue Relevanz. Aus einem Dokument, das der Nachrichtenagentur dapd vorliegt, geht hervor, dass der Senat doch nicht alle Verträge veröffentlicht hat. Ein Bericht der Wirtschaftsprüfungsgesellschaft KPMG aus dem Jahr 1999 führe neben dem bislang veröffentlichten Konsortialvertrag noch fünf weitere Verträge aus dem Jahr 1999 auf, die bis zum heutigen Tag nicht offengelegt worden sind. Wirtschaftssenator Harald Wolf (Die Linke) hatte erst am Donnerstag den 10. Februar 2011 in einem Interview mit der rbb-Welle *Radio Eins* gesagt: »Die Verträge sind offengelegt. Sie sind im Internet vollständig nachzulesen.« Der Senat hatte sich am Freitag bis Redaktionsschluss nicht zu den Vorwürfen geäußert (dapd/jW 12. Februar 2011, S. 1).

»Das Selbst ist [wenig, aber es ist] nicht isoliert«, wie Lyotard feststellt:

> »es ist in einem Gefüge von Relationen gefangen ... ist es immer auf ›Knoten‹ des Kommunikationskreislaufes gesetzt, auf Posten gesetzt, die von Nachrichten verschiedener Natur passiert werden ... die es durchqueren, indem sie ihm die Stelle entweder des Senders oder des Empfängers oder des Referenten zuordnen.
> [Denn ...] selbst seine Verschiebung hinsichtlich dieser Wirkungen der Sprachspiele ist zumindest in bestimmten Grenzen tolerierbar und sogar durch die Regulierungen und vor allem durch die Wiederanpassungen hervorgerufen, deren das System sich zur Verbesserung seiner Leistung versieht« (Lyotard 1979, S. 55).

VII. Die zentrale Rolle der Psychologie in den Sprachspielen ...

Die Verleugnung dieser »Gefangenschaft« – wie Lyotard sich ausdrückt – ist die für den Diskurs der Macht zentrale Verleugnung (der Macht). Sie kann sich der Psychologie bedienen, sie in Dienst nehmen. Von daher erklärt sich die zentrale Rolle der Psychologie (nicht der Psychologen) *im Diskurs der Macht* (Talkshow usw.). Nicht die Psychologie (der Universitäten und Praxen), sondern die Macht, der Diskurs der Macht ist das Subjekt, der Autor der Psychologisierung.

Immer wird das Individuum in den Fokus der Aufmerksamkeit gestellt, die Struktur, das »Gefüge von Relationen« (wie Lyotard sagt) wird in den Hintergrund gerückt. Ja, so weit in den Hintergrund gerückt, dass die Strukturen nicht mehr zu sehen sind, nicht mehr wahrnehmbar. Das entstandene Vakuum wird mit einer anderen Theater-Figur ausgefüllt (verdeckt), die nicht weniger problematisch ist als die des großen Einzelnen, aber für diesen der angemessene Widerpart, nämlich »die Masse«, das Volk als Masse.

Das ganze Ausmaß dieser obszönen Inszenierung können wir jetzt, im Fall Guttenberg, wieder einmal auskosten. Der Fall Guttenbergs ist eigentlich ein Fall der Medien, ein Absturz der Medien aus ihrer eigenen »kollektiven Besoffenheit«, wie sie von Lucke (1. März 2011 im WDR: *Politikum – das Meinungsmagazin*) dem »Volk« unterstellt: Aufwachen aus ihrer eigenen Lügenorgie, ihrer fantastischen Märchenstunde. Denn

Guttenberg war der Liebling von niemand anderem als den Medien – nicht nur von *Bild*, sondern bis in die öffentlich-rechtlichen Sender und die bürgerlichen Dünkelblätter *(Die Zeit)*. Sie haben die Lichtgestalt aus ihm gemacht, die sie jetzt verhöhnen.

Nicht »das Volk« hat diese Gestalt erfunden! Wer hat ihn denn als überragend intelligent, gebildet, offen, prinzipientreu und charakterfest uns angedient – wer denn sonst, wenn nicht die Medien. »Das Volk« hatte doch nie Kontakt mit ihm, es hatte doch keine andere Erfahrung mit ihm, als die, die die Medien ihm zubereiteten, das, was diese verbreiteten, nichts anderes konnte »das Volk« selber sagen.

Kaum ist den Medien die Lichtgestalt auf wundersame Weise abhandengekommen, wird sie schon wieder als Phantasma des Volkes beschworen, als die »Hoffnung auf die charismatische Führergestalt« dem Volk angedichtet. Als ob sich die Geschichte immer wiederholen müsste: Die entscheidende Frage sei jetzt, behauptet von Lucke: »Wie konnte ein derartiger Blender zu einer regelrechten Heilsgestalt werden, der die überwältigende Mehrheit des Volkes schier zu Füßen lag – und ein nicht ganz kleiner Teil wohl noch immer liegt?«

Die Antwort fällt nicht weit vom Stamm: der ungeheure und ungeheuer schädliche Einfluss der Medien. Und diese Medien dieses Einflusses sind es, die jetzt klammheimlich aus der Verantwortung entlassen werden sollen, indem man »dem Volk« die Verantwortung zuschiebt. Als Alfred Adler in seiner Schrift *Die andere Seite* 1919 das Volk gegen den Vorwurf verteidigte, es habe mit seiner Kriegsbegeisterung die Schuld am Krieg auf sich geladen, waren es die selben Herren, die diese Begeisterung vor dem Krieg zu entfachen gewusst hatten.

»Das Land« dürfte davon »kuriert sein«, orakelt von Lucke. Doch die populistische Versuchung bleibt bestehen, behauptet er zugleich. Den Grund sagt er nicht: denn es ist die populistische Versuchung der Medien-Leute – und deshalb bleibt sie wohl bestehen.

Aber auch die den (Mainstream-)Medien gegenüber kritisch eingestellten Institutionen sind nicht völlig frei von den Verführungen ihrer Diskurse.

So stellt die Friedrich-Ebert-Stiftung in ihrer am 13. Oktober 2010 vorgestellten Studie fest: Die Ausländerfeindlichkeit unter Deutschen nimmt zu. Inzwischen sei ein Viertel (1/4) der Bevölkerung fremdenfeindlich eingestellt. 2008 sei es noch ein Fünftel der Bürger gewesen. Besonders ausgeprägt sie die Feindseligkeit gegenüber dem Islam.

Und als Erklärung dieses Anstiegs (der Feindseligkeit gegenüber Ausländern und vor allem gegenüber dem Islam) bieten die Autoren an: Besonders Menschen, die von »Abstiegsängsten« betroffen seien, neigten zu fremdenfeindlichen und antidemokratischen Einstellungen. (So jedenfalls stellt es die Nachrichtenagentur dapd dar).[11]

Da werden Dinge kausal miteinander verbunden, die erst einmal überhaupt nichts miteinander zu tun haben, wenn man die Vermittlung, die zu ihrer Verbindung notwendigen Verknüpfungen weglässt, unterschlägt, die für jeden aufmerksamen Zeitgenossen auf der Hand liegen: die ununterbrochene, immer massiver verbreitete Agitation bestimmter, nämlich der Meinungsführenden – Medien und Politiker – gegen Ausländer, besonders gegen Mitglieder des Islam, denen Sarrazin noch kräftig nachgetreten hat.

Nicht »Abstiegsängste« als solche führen von sich aus zur Neigung zu »fremdenfeindlichen und antidemokratischen Einstellungen«. Vielmehr ist es die fremdenfeindliche und islamdiffamierende Agitation der Politiker und Medien, die ihr Echo in den »Einstellungen der Bevölkerung« wiederfindet (s. a. Heitmeyer-Studie: Langzeitstudie »Deutsche Zustände«, »Rohe Bürgerlichkeit und soziale Vereisung«).

Kommen wir also zu den Medien.

VIII. Medien

Die Struktur des Sprechens ist zwar nicht die Struktur der Macht, aber die Struktur der Macht(-Verhältnisse) zeigt sich in der Struktur des Sprechens, in der Ordnung der Sprachspiele (Lyotard 1979, S. 56) des Diskurses der Macht.

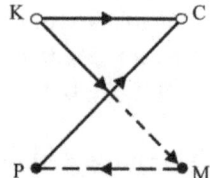

---

[11] Siehe allerdings auch NDS, 18. Oktober 2010: [Friedrich Ebert Stiftung Ausländer- und Islamfeindlichkeit nimmt stark zu.doc]

In der gesellschaftlichen Realität sind die Subjekte – der Macht – (K) unserem Blick eher entzogen, durch Stellvertreter (M), die ihren Platz besetzen, Darsteller der Macht, die uns zugleich als Stellvertreter unserer eigenen Eltern, unseres Vater und unserer Mutter nahegebracht werden – dank der Vermittlung der Medien.

Die Medien inszenieren paradigmatisch die Darstellung der Strukturen gesellschaftlicher Verhältnisse, Macht und Herrschaft als Beziehungen zwischen Personen, als persönliche, familiäre, freundschaftliche, kollegiale Beziehungen und Konflikte (wie das Theater seit der griechischen Antike). Nur kommt im Unterschied zum Theater diese Inszenierung zu uns, drängt sich in unser Wohnzimmer, die Akteure sitzen bei uns am Tisch: »Pseudo-Freunde« (Bühl).

Deshalb nehmen auch die »Medien« eine derart zentrale Stelle in der Personifizierung der Macht (in ihren Vertretern) ein: Sie geben uns die Inszenierung mitsamt den Schauspielern vor. Die Medien sind der *Ort*, an dem dieser Diskurs (der Psychologisierung gesellschaftlicher Verhältnisse und Zusammenhänge) geführt wird oder sagen wir besser: aufgeführt wird, veröffentlicht wird.

Kann es die Aufgabe der Psychologie, der Psychoanalyse sein, Komplize der Medien zu sein, der Vermittler des herrschenden Diskurses? Und die Psychologisierung (der gesellschaftlichen Verhältnisse) durch die/in den Medien zu affirmieren, mit dem psychoanalytischen Ausschluss der gesellschaftlichen, der äußeren Realität zu ergänzen, zu verdoppeln?

Freud. Psychoanalyse ist Sprechen zwischen Zweien und zum Sprechen befreit werden soll (in der PA) das, was daran gehindert worden ist (und wird),

➤ sei es durch das Verbot zu sprechen,
➤ sei es durch Sprechen über anderes, das »leere« Sprechen (Lacan), durch den Diskurs der Macht.

IX. Das Unbewusste bewusst machen

Und die Aufgabe, die wir von Freud angefangen dieser Psychoanalyse gestellt haben und stellen: das »Unbewusste bewusst machen«, ist durchaus die, auch angesichts des Diskurses der Macht nötige und von Freud so apostrophierte »Trockenlegung der Zuydersee« (Freud 1933, S. 86). Das Unbewusste bewusst machen? – Was kann das dann heißen?

Die Psychologie, die wir zu verteidigen haben, ist das Feld der psychologischen Praxis – angesichts gesellschaftlicher Entwicklungen, die immer mehr psychische »Krankheiten« produzieren.

Es ist notwendig, die Laufrichtung umzukehren (Thomas Bernhard). Psychologie, die erklärt, was die Verhältnisse den Individuen antun, was sie aus ihnen gemacht haben, aus ihren Hoffnungen, aus ihren Wünschen und damit das leidende, ausgebeutete, entfremdete, entrechtete, missbrauchte Individuum zu verstehen versucht.

Das Feld der Psychologie ist gleichzeitig ein sehr sensibles, sehr irritierbar durch Eingriffe von außen. Wir müssen es verteidigen.

Dabei ist klar, dass wir dieses Feld (der therapeutischen Begegnung zwischen zweien) jener anderen Praxis: der Begegnung zweier Menschen miteinander in der Dimension des Leids und der Hilfe, nicht halten können, wenn wir nicht gegen diese gesellschaftlichen Entwicklungen (außerhalb unseres Feldes) uns zur Wehr setzen (siehe die IPPNW, die sich ihrer Instrumentalisierung für die Therapie von Soldaten, die in Afghanistan Opfer ihres eigenen Krieges geworden waren, widersetzte).

Das bedeutet wiederum, den Blick zu öffnen auf das weitere Feld der gesellschaftlichen, politischen Erfahrung.

Also nicht nur Berufspolitik, sondern Politisierung des Berufs, der Verantwortung des Psychologen für die Verteidigung der Menschlichkeit gerecht werden.

Stützen können wir uns dabei auf die wachsende Zahl der kritischen Stimmen, die sich gegen die herrschende Politik erheben, auf die wachsende Empörung angesichts der Arroganz der Macht.

Literatur

Askenazy, Philippe; Orléan, André; Sterdyniak, Henri & Coutrot, Thomas (2011): Manifeste d'économistes atterrés. http://economistes-atterres.blogspot.com/2010/09/manifeste-des-economistes-atterres.html (letzter Zugriff: 12.12.2011).

Bernhard, Thomas (1976): »Der Keller. Eine Entziehung«.

Brückner, Peter (1978): Versuch, uns und anderen die Bundesrepublik zu erklären. Berlin (Wagenbach).

Bruder, Klaus-Jürgen (2010): »... wirst Du mich dreimal verleugnen« – Skizze zur Politischen Psychologie. Journal für Psychologie 18(1). URL: http://www.journal-fuer-psychologie.de/jfp–1–2010-07.html (letzter Zugriff: 12.12.2011).

Bruder, Klaus-Jürgen (2011): Sprache? Sprechen! Diskurs. Journal für Psychologie 19(1). URL: http://www.journal-fuer-psychologie.de/jfp-1-2011-07.html (letzter Zugriff: 12.12.2011).
Bühl, Walter: (2000): Das kollektive Unbewußte in der postmodernen Gesellschaft. Konstanz (Universitätsverlag).
Derrida, Jacques (1993): Spectres de Marx. Paris. Dt. (1995): Marx' Gespenster: Der verschuldete Staat, die Trauerarbeit und die neue Internationale. Frankfurt/M. (Fischer).
Erdheim, Mario (1982): Die gesellschaftliche Produktion von Unbewußtheit. Frankfurt/M. (Suhrkamp).
Freud, Sigmund (1926): Die Frage der Laienanalyse. GW XIV.
Freud, Sigmund (1933): Neue Folge der Vorlesungen zur Einführung in die Psychoanalyse, XXXI. GW XIV.
Hardt, Jürgen & Müller, Ulrich (2009): Die Aufgabe der Psychotherapie in der Gesundheitswirtschaft. Psychotherapeutenjournal (3/2009), 271–277.
Heitmeyer, Wilhelm (2010): Deutsche Zustände. Folge 9. Berlin (Suhrkamp).
Helle, Mark (2006): Leitlinien im Spannungsfeld von Wissenschaft, Ökonomie und therapeutischer Praxis. In: Hardt, Jürgen (Hg.): Gesellschaftliche Verantwortung und Psychotherapie. Gießen (Psychosozial-Verlag), S. 209–219.
Hessel, Stéphane (2011): »Indignez-vous!«. Montpellier (Editions Indigène).
Lacan, Jacques (1953): Funktion und Feld des Sprechens und der Sprache in der Psychoanalyse. Bericht auf dem Kongreß in Rom am 26. und 27. September 1953. Dt. Übers. von Klaus Laermann. In: Lacan, Jacques (1986): Schriften I. Weinheim (Quadriga), S. 71–169.
Lacan, Jacques (1969–70): Das Seminar, Buch XVII. Die Kehrseite der Psychoanalyse. Dt. Übers. von Gerhard Schmitz. 1997.
Lyotard, Jean-Francois (1979) : La condition postmoderne. Paris (Editions de Minuit). Dt. (1982): Das postmoderne Wissen. Wien (Böhlau)
Lyotard, Jean-Francois (1983): Le Differend. Paris (Editions de Minuit). Dt. (1987): Der Widerstreit. München (Fink).
Meyer, Thomas & Kampmann, Martina (1998): Politik als Theater. Die neue Macht der Darstellungskunst. Berlin (Aufbau-Verlag).
Parin, Paul (1975): Gesellschaftskritik im Deutungsprozess. Psyche 29(2), 97–117.
Parin, Paul (1977): Das Ich und die Anpassungs-Mechanismen. Psyche 31(6), 481–515.
Sasse, Heiner (2010): Kritische Studie zum Modellvorhaben der Techniker Krankenkasse: »Qualitätsmonitoring in der ambulanten Psychotherapie«. Eine fach-wissenschaftliche Stellungnahme für eine humane, patientenbezogene Qualitätssicherung in der Richtlinienpsychotherapie und zur Prüfung der wissenschaftlichen Qualität des Modellvorhabens sowie zur Aussagekraft seiner Ergebnisse.
Schäfer, Claus (2010): Zukunftsgefährdung statt Krisenlehren. WSI-Verteilungsbericht 2010. WSI-Mitteilungen (12/2010).
Sennett, Richard (2005): Die Kultur des neuen Kapitalismus. Berlin (Berlin-Verlag).
Ziegler, Jean (2005): L'Émpire de la honte. Paris (Fayard). Dt.: Das Imperium der Schande. Der Kampf gegen Armut und Unterdrückung. München (Bertelsmann).

Die Aufgabe der Psychotherapie in unserer Zeit

Jürgen Hardt

Das Psychotherapeutengesetz und seine Folgen

Die Verabschiedung des Psychotherapeutengesetzes (PTG) ist ein bedeutungsvoller Schritt in unserer Kulturentwicklung. Zwar wurde schon vorher Psychotherapie praktiziert, aber Psychotherapie spielte nur am Rande der anerkannten Heilkunde eine Rolle.

Die Regelung, was unter Psychotherapie zu verstehen ist, wer sie neben Ärzten straffrei ausüben darf, welche Qualifikation für die Ausübung erforderlich ist und wie Ausbildung organisiert werden soll, war ein Schritt staatlicher Anerkennung. Natürlich muss man im Auge behalten, welchen Einfluss die Anerkennung auf das psychotherapeutische Projekt hat (vgl. Freud 1926, GW XIV, S. 209).

Der Verabschiedung des PTG ging ein langes Ringen voraus. Dass Psychotherapie geregelt werden musste, war bekannt. Der Bedarf an psychotherapeutischer Krankenbehandlung konnte nicht von Ärzten alleine gedeckt werden. Aber die Ausübung der Psychotherapie war an die ärztliche Approbation gebunden und ohne diese unter Strafe gestellt oder mit der seltsamen, aus den Launen des Dritten Reiches entstammende, Heilpraktikerzulassung unter Aufsicht der Gesundheitsämter und nicht im »Umherziehen gestattet«.

Psychotherapeutisch tätige Ärzte spielten innerhalb ihrer Organisationen eine marginale Rolle. Sie wurden meist nicht als richtige Ärzte angesehen und »Psychologen« tituliert. Wegen der geringeren Verdienstmöglichkeiten war Psychotherapie keine attraktive Wahl für aufstrebende Mediziner, deswegen trafen sich Idealisten, manche vom Medizinbetrieb enttäuschte Kolleginnen und Kollegen in diesem Fach. Nicht verwunderlich, dass diese wenig Einfluss auf das politische Spiel der ärztlichen Standesorganisationen hatten.

Um den Bedarf an Psychotherapie zu decken, waren Psychologen und andere Akademiker mit psychotherapeutischen, hauptsächlich psychoanalytischen und tiefenpsychologischen, Ausbildungen in Krankenhäusern und ambulant tätig. Größtenteils hatten sie ihre Ausbildungen zusammen mit Ärzten durchlaufen und ihre Lehrer waren von ärztlicher oder nicht-ärztlicher Profession. So war den Kollegen oft nicht bekannt und von ihnen oft auch nicht zu erkennen, ob jemand vom Grundberuf Arzt oder Nicht-Arzt war.

Die rechtliche Situation dieser informell gleichen Gruppen war aber völlig unterschiedlich, weil die selbstständige Ausübung der Psychotherapie als Heilkunde an die ärztliche Approbation gebunden war. Deswegen mussten Hilfskonstruktionen geschaffen werden, damit sich psychotherapeutisch tätige Nicht-Ärzte in der Ausübung ihres Berufes nicht strafbar machten.

Innerhalb ärztlich geleiteter Institutionen war das oft kein Problem und hing von Beziehungen, von Vertrauen und Anerkennung zwischen den in der Institution Tätigen ab. Aber Psychotherapie war rechtlich nur von einem Arzt zu verantworten und wurde im strengen Sinne »Heilhilfspersonen« unter ärztlicher Aufsicht gestattet. Das hinderte nicht daran, dass Nicht-Ärzten verantwortungsvolle Aufgaben mit Weisungsbefugnis übertragen wurden. Aber es gab keine verbindliche Regelung. So waren die Verhältnisse in den Institutionen recht unterschiedlich.

Schwieriger waren die Verhältnisse in der ambulanten psychotherapeutischen Versorgung. Weil die flächendeckende Versorgung eine gesetzlich vorgeschriebene Aufgabe der Kassenärztlichen Vereinigungen ist, Psychotherapie aber von Ärzten nicht ausreichend geleistet (»angeboten«) werden konnte, wurden Hilfskonstruktionen für den Zugang von Nicht-Ärzten zur Kassenleistung geschaffen. Private Versicherungen und die Beihilfe sahen meist kein Problem darin, ausgebildete Nicht-Ärzte als Psychotherapeuten anzuerkennen. Die gesetzlichen Krankenkassen waren zwar aufgeschlossen, aber an die Kassenärztlichen Vereinigungen gebunden, ärztliche Organisationen, die nicht zulassen konnten, dass das ärztliche Behandlungsmonopol aufgebrochen wurde. Also wurde ein neuer subsidiärer Status für Nicht-Ärzte zur Beteiligung an der ärztlichen Versorgung geschaffen. Psychotherapeutische Behandlung wurde unter Verantwortung eines Arztes an Nicht-Ärzte »delegiert« oder, solange sie in Ausbildung waren, wurden sie mit der Durchführung von Psychotherapien »beauftragt«.

Die Kapazität, die so geschaffen wurde, reichte nicht aus. Neben der von den Kassenärztlichen Vereinigungen regulierten Versorgung entstand ein graues Feld von Psychotherapie. Die Kassenbehandlung ließ nur anerkannte psychotherapeutische Verfahren zu, daneben gab es eine Fülle von psychotherapeutisch tätigen Psychologen, die den Titel »nicht-ärztliche Psychotherapeuten« perhorreszierten und viele Patienten mit nicht anerkannten Verfahren behandelten. Deswegen machten die Krankenkassen – je nach Belieben – das Angebot, psychotherapeutische Leistungen außerhalb der kassenärztlichen Versorgung zu »erstatten«.

Diese Situation mit Grauzonen und Ungerechtigkeiten war auf Dauer nicht zu tolerieren und so wurde unter weitgehender Berücksichtigung der vielfältigen unterschiedlichen Interessen das Psychotherapeutengesetz gegen alle Erwartung doch verabschiedet. Damit sollte die straffreie Ausübung der Psychotherapie ohne ärztliche Approbation geregelt und der Zugang zur gesetzlich geregelten Krankenversorgung ermöglicht werden.

Die neuen freie Berufe

Weil die Ausübung der Heilkunde an eine staatliche Zulassung, Approbation, gebunden ist, musste neben der ärztlichen eine weitere, auf Psychotherapie eingeschränkte Approbation geschaffen werden. Damit entstanden zwei neue freie Heilberufe, Psychologische Psychotherapeuten und Kinder- und Jugendlichen-Psychotherapeuten, die ich im Folgenden zwar als einen Beruf behandeln werde, deren beider Erhalt mir aber äußerst wichtig ist.[1]

Mit der Freiberuflichkeit der neuen Heilberufe hat es eine besondere

---

1 Ich befürchte, dass der ausschließliche Zugang von Psychologen zur Psychotherapie und die Zusammenführung der beiden Berufe zu einer weitgehenden Medizinarisierung der Psychotherapie führen wird. Das heißt, der bruchlose Anschluss eines Psychologiestudiums, das auf klinische Inhalte konzentriert ist, an eine konsekutive psychotherapeutische Ausbildung birgt die Gefahr in sich, dass der gesellschaftskritische Gehalt außerärztlicher Psychotherapie verloren geht.

Bewandtnis, die oft nicht erkannt wird, weil Freiberuflichkeit mit wirtschaftlicher Selbstständigkeit verwechselt wird. Freiberuflichkeit bedeutet, dass die berufliche Tätigkeit von Berufsmitgliedern selbst, also den fachlich Gebildeten, reguliert und verantwortet wird. Freiberuflichkeit ist eine demokratische Errungenschaft, denn die freien Berufe werden, obwohl sie öffentliche Aufgaben wahrnehmen, nicht von staatlichen Institutionen, sondern von Kammern überwacht (vgl. Tettinger 1997). Die Kammer untersteht zwar der formalen Aufsicht der Fachministerien, ist aber eine kollegiale Organisation, der die Überwachung der Berufspflichten, das Erlassen von Ordnungen u. ä. m. aufgetragen ist, weil freie Berufe als mündig und fachlich qualifiziert angesehen werden, ihre Angelegenheiten selbst zu regeln.

Darüber hinaus gibt es zwei weitere Besonderheiten. Jemand, der einen freien Beruf ausübt, wird als jemand anerkannt, der entscheiden kann, was fachlich geboten ist, trägt die Verantwortung selbst. Das ist eine ethische Forderung, die mit der Freiberuflichkeit übernommen wird. Weil aber freie Berufe öffentliche Aufgabe übernehmen, sind sie zugleich dem Gemeinwohl verpflichtet.

Mit dem Psychotherapeutengesetz entstanden folglich zwei neue freie Heilberufe, deren Aufgabe es ist, psychotherapeutische Behandlungen anzubieten. Die neuen Berufe sind als freie Berufe dem therapeutischen Ethos und dem Gemeinwohl verpflichtet, d. h., sie müssen ihre Tätigkeit im Sinne der Gemeinschaft gewissenhaft, ohne Schaden anzurichten und um Schaden abzuwehren, verrichten.

Die neuen Leistungserbringer in der GKV

Das Psychotherapeutengesetz hatte, was vielen wichtiger erschien – neben der berufsrechtlichen eine sozialrechtliche Konsequenz. Psychologische Psychotherapeuten wurden als selbstständige »Leistungserbringer« in die GKV aufgenommen. D.h. sie erwarben das Recht, psychotherapeutische Behandlungen als Kassenleistungen zu erbringen. Zugleich wurden sie Mitglieder der Kassenärztlichen Vereinigungen, der kollegialen Verwaltung der Kassenärzte mit öffentlichen Aufgaben. Das war die sozialrechtliche Konsequenz des Psychotherapeutengesetzes.

Mit diesem Schritt traten die Psychologischen Psychotherapeuten in eine, ihnen bis dahin verschlossene und unbekannte Welt ein, die von der therapeutischen völlig verschieden ist, diese aber dominiert. Eine Welt mit eigener Sprache und eigenartiger Logik, weit ab von dem, was Psychotherapeuten aus Leben und Beruf vertraut ist. So war es schwer, sich in dieser Welt zurechtzufinden, denn man wurde mit einer Fülle von Abkürzungen überfallen, die schwer zu entschlüsseln waren: GKV, BGA, HPC und HBA, QS und QM, DMP und DRG, WSG, ICD-10 und MorbiRSA.

Außerdem war alles im ständigen Umbruch. Immer neue »Reformen« des Gesundheitswesens zwangen zum ständigen Umlernen. Die Flut der neuen Regelungen machte es schwer, das im Auge zu behalten, wofür Psychotherapeuten angetreten waren. Das Erstaunlichste war, dass Honorare auf einem Markt ausgehandelt und nicht nach fachlicher Notwendigkeit entschieden wurden. Das gesamte von Verteilungsgesichtspunkten bestimmte System war äußerst befremdlich.

Psychotherapeuten sind zu »Leistungserbringern« geworden – für wen? Wenn es heißt, Leistungserbringer für leidende Menschen, wäre das eigenartig, aber noch verständlich. Leistungserbringer meint aber, dass Leistungen an Kunden für »Kostenträger« zu erbringen sind. Patienten sind zu Kunden geworden und sollen als Kunden von Leistungserbringern »behandelt« werden (Hardt 2007a, b). Langsam realisierten sie, dass sie auf einem Markt gelandet waren, der sich um »Gesundheit« dreht. Gesundheit, das normalerweise Verborgene und nur erfahrbar, wenn sie fehlt (Gadamer, H.-G. 1993), ist in dieser Welt zum Produkt und zur Ware geworden, die hergestellt, bewirtschaftet und gehandelt wird.

Glaubten die Psychologischen Psychotherapeuten anfangs, sie seien in ein solidarisch verpflichtetes Gesundheitswesen eingetreten, so mussten sie feststellen, dass sich daran Grundsätzliches verändert hatte. Sie befanden sich in einer wettbewerblichen Gesundheitswirtschaft, in der es schwer war, sich zurechtzufinden und durchzusetzen. Sie wurden – weil neue »Anbieter« auf dem Gesundheitsmarkt – als lästige Mitbewerber um die zu verteilenden Ressourcen angesehen.

Die zum Wettbewerb gehörende Einstellung eines rücksichtslosen Egoismus führte zu Spannungen mit dem therapeutischen Ethos. Darüber hinaus fühlten sie sich in der therapeutischen Freiheit oft beschnitten und mussten sich Einschränkungen und Regelungen gefallen lassen, aus denen es kein Entrinnen gibt.

Ein Schritt in diese Richtung war, dass sie, um die »Leistungserbringungsberechtigung« zu erhalten, Fortbildung nachweisen sollten, obwohl sie als Freiberufler verpflichtet sind, sich auf dem wissenschaftlichen Stand ihres Faches zu halten.[2] Ihre Praxis wurde darüber hinaus »Industrie«-Normen (DIN) unterworfen, um die Qualität ihrer Berufsausübung nachweisbar zu sichern, obwohl sie verpflichtet sind, ihre Tätigkeit nach bestem Gewissen und nach kollegial vereinbartem Stand durchzuführen. Ihre fachliche Diagnostik, die eine Indikation für Psychotherapie begründet, wurde verwaltungsgerecht umgeformt und verlor alle fachliche Prägnanz (ICD-10). Ihre Tätigkeit wurde zunehmend mit fremden Maßstäben bewertet. Schließlich sollen sie Leitlinien berücksichtigen und werden belohnt, wenn sie Patienten in festgelegten Programmen (DMPs) »erfolgreich« behandeln.

Wesentlich war am Psychotherapeutengesetz also ein Zweifaches: Es entstanden zwei neue Heilberufe, die in Freiberuflichkeit entlassen wurden und damit ethische Verpflichtungen anzunehmen hatten, und zweitens traten diese beiden Heilberufe als neue Leistungserbringer in die gesetzliche Krankenversorgung (GKV) ein. Dadurch entstand eine Spannung, der sich die Berufe stellen mussten. Weil sie eine dezentrierte Position in der GKV hatten und im Kreis der anerkannten Heilberufe am Rande standen, war es ihnen möglich, Absonderlichkeiten und Unstimmigkeiten in der gesetzlich geregelten Heilkunde zu entdecken und zu formulieren, was von den anderen Heilberufen zuerst erstaunt, dann mit immer zunehmendem Interesse zur Kenntnis genommen wurde. Der Kreis der Heilberufekörperschaften des Landes Hessen, »Heilen und Helfen«, hat auf Anregung der Psychotherapeutenkammer eine Arbeitsgemeinschaft gegründet (Hardt 2007c; www.heilenundhelfen.de), die gegen die zunehmende Entmündigung der Heilberufe antritt. Sie macht die Überfremdung der therapeutischen Belange durch Gesundheitsökonomie und Gesundheitsadministration öffentlich und versucht, durch politische Aktionen diese Überfremdung abzuwehren.

Wenn Psychotherapeuten ihre Verpflichtung ernst nehmen und die Zulassung zur Heilkunde nicht nur als Einnahmequelle verstehen, dann müssen sie nicht nur für die bestmögliche Behandlung der ihnen anvertrauten Menschen sorgen, sondern sie müssen für Umstände und gesellschaftlichen Institutionen, in denen sie tätig sind, Verantwortung

---

2 Nicht die Kammer verlangte den Fortbildungsnachweis, sondern die Kassenärztliche Vereinigung. Die Kammern übernahmen im Sinne einer »Amtshilfe« die Abwicklung der Fortbildungsnachweise.

übernehmen. Das Befremden und der Widerspruch zwischen freiberuflicher Therapeutik und der Leistungserbringung in der GKV führt in ein ethisches Dilemma. Ein Widerspruch tut sich auf.
Dazu eine erste These.

In den sogenannten Reformen des Gesundheitswesens bestätigt sich die Voraussage von Jürgen Habermas, dass sinnhafte lebensweltliche Einrichtungen unserer Kultur, wie z. B. die solidarische Behandlungseinrichtung, vom funktionalistischen System der Verwaltung und Wirtschaft überformt und überwältigt werden (Habermas 1985). Sinnhaftes, lebensweltliches Denken wird vom Berechnen verdrängt. Bei genauerem Hinsehen erscheint dieser Gegensatz zwischen den zwei verschiedenen Vernunftformen aber nicht als ein Widerspruch, der mit kommunikativen Mitteln – wie Habermas hoffte – geklärt und beigelegt werden könnte. Der konfliktuöse Gegensatz ist eher als ein Widerstreit im strengen Sinne von Jean-François Lyotard zu verstehen (Lyotard 1987).

Das bedeutet für Psychotherapeuten, weil sie dem Ethos und ihren Patienten verpflichtet sind, müssen sie parteiisch den Übergriffen auf die therapeutische Welt entgegentreten, sie müssen der unterdrückten Lebenswelt Wort und Stimme verleihen. Darüber hinaus haben Psychotherapeuten gegenüber den grundlegenden Kultureinrichtungen der Behandlung eine ernste Verpflichtung, sie müssen den Sinn dieser Einrichtung zu ihrem Schutze öffentlich erinnern und vor weiterem Schaden bewahren. Das ist im ersten Umriss die »Aufgabe der Psychotherapie in unserer Zeit«.

Der Patient Gesundheitswesen

Das heißt, wir müssen das Gesundheitswesen als Patienten annehmen und psychotherapeutisch »die Krankheit des Gesundheitswesens« (Krämer 1989) behandeln. Stellen Sie sich vor, das Gesundheitswesen sucht therapeutische Hilfe (zum Folgenden siehe Krämer 1989; Oberender et al. 2006).

Ein Anruf, in dem klar wird, dass der Anrufer mit psychotherapeutischen Usancen vertraut ist. Bitte um einen schnellen Termin, eine Identitätsverwirrung mit suizidalen Tendenzen, der psychische Kollaps droht. Eine lange Vorgeschichte.

Das weckt den Ehrgeiz jedes Psychotherapeuten! Das Gesundheitswesen kommt zum Erstgespräch: unbestimmtes Wesen, unbestimmtes Geschlecht und Alter, Brüche im Erscheinungsbild. Klagen: Erschöpfung, Entfremdungserlebnisse, chronische Überbelastung, Orientierungslosigkeit. Seit Jahren doktert man an ihm herum, ohne Erfolg. Es sei ständig bemüht, es allen recht zu machen: zu viele und widerstrebende Interessen. Es leide an einem Burn-out. Jetzt sei es am Ende, wisse nicht mehr weiter und erkenne sich selbst nicht mehr.

Vor über 30 Jahren habe jemand gemeint, der Erfolg sei meine Krankheit, die medizinische Versorgung sei in die »Fortschrittsfalle« getappt. Weil die Medizin so gut sei, werde die Bevölkerung älter und kränker, das mache sie auf Dauer unbezahlbar. Die Medizin habe den früher oft »geraden Weg zum Friedhof« umgeleitet, was große Kosten verursache. Die schlechteste medizinische Versorgung sei nun mal die billigste, weil teure Kranke einfach sterben, ohne Kosten zu verursachen. Außerdem sei allen immer alles versprochen worden. Jeder Kranke konnte sich nach Belieben bedienen, die Mittel schienen unerschöpflich.

Gesundheitsökonomen stellten gravierende Mängel an mir fest. Falsche Anreize, weil ich Freibiermentalität und Selbstbedienung befördere. Außerdem böte ich Krankenbehandlung an, was negativ klinge. Das müsse in Gesundheitsversorgung umbenannt werden, zeitgemäß und marktgerecht. Damit sollte der Missbrauch abgestellt werden. Früher haben sich viele bei der Krankenbehandlung schamlos bereichert. Heute tun das andere – und es fügt hinzu in einer fast anbiedernden Weise – in ganz anderem Ausmaß, im Geheimen und als Fortschritt kaschiert.

So wurden mir ökonomische Kuren, sogenannte Reformen, auferlegt. Kostendämpfung und Umverteilung. Darüber hinaus wurden Kontrollen eingeführt. Leistungen sollten besser kontrolliert werden, um die Selbstbedienung von Kunden und Leistungserbringern einzudämmen. Unbemerkt hatte ich mich dadurch verändert, redete nicht mehr vom kranken Menschen und vom Therapeuten, der Kranke fachkundig begleitet, sondern übernahm die Handels- und Verwaltungssprache, in der über Kunden und Leistungsbringer, so wie Waren und Produkte geredet wird.

Meine Kuren wurden aggressiver; am Ende war ich mir fremd. In der letzten Zeit ist es ruhiger geworden, vielleicht weil eine gewisse Resignation eingetreten ist oder weil viele Verantwortliche ihren Gewinn aus meiner Misere ziehen. Nach dem sogenannten »Gesundheitsmodernisierungsgesetz« – als sei es je darum gegangen, Gesundheit zu modernisieren – folgte das Wettbewerbsstärkungsgesetz, »Sie haben sicher davon gehört«, setzt es vertraulich hinzu, »das ging an meine Substanz. Jetzt weiß ich nicht mehr weiter.

Ich bin von einer Einrichtung zum Wohle aller, solidarisch getragen, zu einem Markt geworden, dem man alle Fesseln ablegen will. Trotzdem versuche ich, meinem ursprünglichen Auftrag treu zu bleiben. Helfen Sie mir! Sie verstehen, was vom Leben und scheuen sich nicht, über die Dinge des Lebens zu reden, über die andere verschämt schweigen. Meine ökonomischen Therapeuten verstehen nur etwas vom Geld aber nichts vom Leben.

Außerdem haben Sie sich schon engagiert! Sie haben gegen meine invasive Umwandlung protestiert. In meiner Verwirrung weiß ich aber Ihre letzte Aktion gegen die AKR [= allgemeine Kodierrichtlinie für Diagnosen] nicht zu beurteilen. Ich dachte, Sie seien dafür, dass das Solidaritätsprinzip in der GVS erhalten bleibt und dass ich dem allgemeinen Nutzen dienen soll. Und da wenden Sie sich gegen eine detaillierte Kodierung, die doch das Solidaritätsprinzip über die Finanzierung der Krankenkassen wieder einzuführen soll. Das hat mich verwirrt. Ich verstehe nichts mehr, wenn Sie sich gegen die AKR und den Morbi-RSA wenden.«

Dieser plötzliche Angriff verdutzt mich. Dachte ich doch, das Gesundheitswesen komme, weil es in seiner Vergangenheit befangen ist und versucht, mit vergangenen Werten Gegenwärtiges zu verstehen. Jetzt bemerke ich, dass es auf der Höhe der Zeit ist. Ich dachte, es leide nur an Reminiszenzen. Es leidet aber offensichtlich an einer akuten Begriffsverwirrung. Ich entschließe mich, die Behandlung zu übernehmen und beginne fachgerecht mit einer gründlichen Anamnese.

Eine psychoanalytische Geschichte von der Kultur

Um eine tiefere Analyse der Problematik zu beginnen, müssen wir die Vorstellung von einem Gesundheitswesen verlassen. Die Vorstellung von der GKV als eigenständiges Wesen verstellt den Blick auf die eigentliche Pathologie, ist selbst schon eine pathologische Bildung. Das Gesundheitswesen ist keine Institution an sich, was es sich jedoch anmaßt zu sein, um sich autonomer Gesundheitsmarkt oder freie Gesundheitswirtschaft zu nennen. Das Gesundheitswesen ist eine kulturelle Einrichtung, von uns gemacht, von allen zu unserem Vor- und Nachteil zu verantworten. Es hat im Laufe der modernen Ausdifferenzierung der Gesellschaften ein gewisses Eigenleben angenommen. Wir müssen es wieder in das gesamtgesellschaftliche Interesse einbinden und als Kulturgut wiederbeleben.

Wenn es »von Menschen gemacht, aber diesem gegenüber verselbständigt [ist]. Das heißt dem Menschen fremd [geworden ist]«, dann ist es nicht nur »komisch«, sondern es ruft dazu auf, sich »zu erinnern und zu besinnen, um was es ursprünglich ging« (Bruder/Voßkühler 2009). Gesellschaftliche Institutionen sind von allen zu verantworten. Was ist der Sinn des Gesundheitswesens, was seine Daseinsberechtigung? Es ist eine »kulturelle« Einrichtung!

Dass Kultur von Menschen gemacht ist, steht im Mittelpunkt der kulturpsychologischen Auffassung Freuds, die ich kurz nacherzähle. Meine Kritik besteht darin, dass ich im Gegensatz zu Freud den Beitrag der Frau zur Kulturentwicklung anders einschätze. Des Weiteren halte ich seiner einseitigen Betonung der asozialen Triebhaftigkeit die prosoziale entgegen und meine, dass Freud die prosozialen Bindungstriebe nicht richtig eingeschätzt hat. Das führt zu einer anderen Bilanz in der Prognose des »Kulturprozesses«. Wenn man die Kräfte im Kulturprozess anders einschätzt als Freud, erlaubt dies eine optimistischere Prognose (Hardt 2009).

Freud sieht die Kulturbildung in der Schwäche und Hilfsbedürftigkeit des einzelnen Menschen gegenüber den Gewalten der Natur begründet. Nach ihm kann kein Mensch für sich alleine existieren. Das ist eine entschiedene Absage an den liberalen Individualismus, der aus einer unbewussten narzisstischen Fantasie herrührt.[3] Um das Überleben jedes Einzelnen zu sichern, geben sich die Menschen ein Solidaritätsversprechen und sichern sich gegenseitige Hilfe in der Not zu (Freud 1912, 1930).

Auf der vernünftig vereinbarten Basis der Kultur beruht Freuds fast unerschütterlicher Glaube an die Vernunft, den er mit Mitgliedern des Wiener Kreises teilte. Freud meinte, die Stimme der Vernunft sei zwar leise, aber sie ruhe nicht, bis sie sich durchgesetzt habe. Einen ähnlichen Glauben findet man bei Otto Neurath, der entschlossen und kompromisslos auf die vernünftige Planbarkeit des Zusammenlebens setzte

---

3 Der Neoliberalismus will die Menschen glauben machen, Menschen seien im Grunde nur auf Nutzen aus und sehen die anderen als Konkurrenten, die bestenfalls in einem fairen Spiel miteinander umgehen und notwendigen Regeln freiwillig folgen.

(Neurath 1919). In einer aufgeklärten wissenschaftlichen Zeit schien es ihm möglich, auf wissenschaftlicher Basis gemeinsam die Utopie einer vernünftigen und gerechten Gesellschaft zu verwirklichen (Carnap/Hahn/ Neurath 1929). So waren sich, bei allen sonstigen Gegensätzen, Freud und Neurath einig im unerschütterlichen Glauben an die Vernunft.

Bei aller Gleichheit im Ansatz unterscheiden sich die Ausführungen einer gerechten Gesellschaft. Während Neurath eine auf Gleichheit und Brüderlichkeit basierende, durch Vernunft geplante Gesellschaft vorschwebte, blieb Freud im platonischen Traum einer Diktatur der Vernunft befangen. Beide waren noch Anfang der 30er Jahre vom Glauben an und von der Hoffnung auf die Vernunft der Menschen beseelt. Freud wurde allerdings zunehmend skeptischer. »Aber wer kann den Erfolg und den Ausgang voraussehen?« (Freud 1931)

Ein weiterer Unterschied zwischen Neurath und Freud bestand darin, dass sich Neurath gegenüber dem politischen Geschick engagierte, während Freud sich dem kulturellen Prozess eher ausgesetzt fühlte. Neurath glaubte an die Möglichkeit, gesellschaftliche Prozesse in Gang zu setzen und zu einem glücklichen Ende zu führen.

Freuds Erzählung von der Kulturentstehung erschöpft sich nicht in Solidarversprechen aus vernünftiger Einsicht in die Ohnmacht und Hilfsbedürftigkeit der Menschen, es gibt eine zweite Wurzel der Kultur im solidarischen Gewaltverzicht. Die Geschichte dazu klingt abenteuerlich, aber ihre unbewusste Dynamik und Problematik ist nicht zu verleugnen, da sie allenthalben zu beobachten ist.

Es ist die Geschichte von der Urhorde mit dem ausschließlichen Recht des Stärksten (des Vaters), dem Sturz (Vatermord) des Diktators und der Begründung einer Gemeinschaft der Gleichen (Brüderhorde), die sich in einem solidarischen Versprechen Gewaltverzicht zusichert, damit die Geschichte von Diktatur und Mord sich nicht ewig wiederholt. Um der Wiederholung Einhalt zu bieten, wird ein Triebverzicht verlangt, der zum ständig bedrohlichen Unbehagen in der Kultur führt und diese gefährdet. Deswegen braucht nach Freud Kultur einen vernünftigen »Führer«, der den Bestand des inneren Friedens sichert. Dem vernünftigen solidarischen Triebverzicht alleine traute er nicht.

Freuds Hoffnung auf die Diktatur eines Führers wurde enttäuscht. Die Vernunft war gegen sein Lebensende zum Verstand der Herrenrasse geworden, der nicht mehr der Gerechtigkeit und Wahrheit sowie der Überlebenssicherung aller verpflichtet war, sondern die Ausbreitung der Herrenrasse und die Vernichtung unwerten Sklavenlebens betrieb. Platons Staat war in vergröberter, aber perfektionierter Form auferstanden. Der leibhaftig erschienene Führer hatte die Vernunft usurpiert und pervertiert.

Nach dem Kriegsende waren die aus Wien stammenden Entwicklungserzählungen von Kultur desavouiert. Sie hatten auf Vernunft gesetzt, die sich als ohnmächtig gegen triebhafte Motive erwiesen hatte. Die Vernunft war verkommen, in Unvernunft umgeschlagen. Vielleicht, weil sie ausschließlich auf das vernünftige Solidarversprechen gesetzt und die primärprozesshafte Triebgeschichte der Solidarität nicht einberechnet hatte. Die Denker des Wiener Kreises zogen sich in die Wissenschaftstheorie, die Psychoanalytiker in die klinische Praxis zurück.

Wir sind jetzt vom Gesundheitswesen abgekommen und drohen uns in allgemeinen Kulturbetrachtungen zu verlieren. Es ist festzuhalten: Die gemeinsame Krankenversorgung ist eine basale Kultureinrichtung und hat an der Dynamik des Kulturprozesses teil. In diesem Zusammenhang ist die zweifache Wurzel der Kultur in der Solidarität bedeutsam: vernünftiges sekundäres Beistandsversprechen und erzwungener solidarischer Gewaltverzicht sowie Einschränkung des grenzenlosen Egoismus. Diese beiden zusammen ergeben eine labile Mischung und sind insofern gefährdet, als Kulturerrungenschaften verloren zu gehen. Hauptsächlich wegen der relativen Schwäche sekundärer/vernünftiger Motivationen im Vergleich zur Gewalt primärer Triebhaftigkeit, der Vernunft im Kulturprozess abgerungen werden muss. Eine kultivierte Gesellschaft muss das einberechnen, will sie nicht an der konstitutionellen Widersprüchlichkeit zugrunde gehen. Wegen der Vernachlässigung der zweiten Wurzel der Kultur bezeichnete Freud das »kommunistische Experiment« als psychologisch blind (Freud 1930, S. 472ff.) und war seinem Ausgang gegenüber skeptisch.

Die ökonomistische Heilslehre

Nach dem Krieg beginnt der langsame und stetige Aufstieg eines weiteren Denkers aus Wien, der ungeheuren Erfolg in seinem beruflichen Leben hatte: Friedrich August von Hayek (zum Folgenden siehe Hennecke 2000; Plickert 2008; Walpen 2004). Seine Ideen sind in aller Munde. Als Autor ist er nur wenigen bekannt. Hayek war ursprünglich an psychologischen Fragen interessiert, studierte Nationalökonomie, blieb aber seinen sozialpsychologischen, sozialphilosophischen Neigungen sein Leben lang treu. Mit seinen Ideen hat er Weltgeschichte geschrieben.

Nach seinem kurzen Ausflug in die Psychologie wandte Hayek sich mit Abscheu gegen die Psychoanalyse. Seine besondere Abneigung galt den positivistischen, gesellschaftskritischen Momenten des Wiener Kreises, deren Idee, eines vernünftigen Planens, um Gleichheit und Gerechtigkeit herzustellen, er widerlegen wollte. Jegliches Planen war für ihn »eine Anmaßung« des Wissens (Hayek 1996), die das Individuum in seiner Freiheit beschränkt. Jedes Kollektiv galt es ihm zu bekämpfen, weil es unweigerlich »zur Knechtschaft« führe (Hayek 1971). Statt kollektiver Arbeit und Zusammenarbeit propagierte er kompromisslos den »freien Markt« als Ideal von Wissenschaft und Gesellschaft sowie als Garant der Freiheit.

Aus einer kurzfristigen Kooperation mit Karl Popper[4], übernahm er dessen Kritik an der »geschlossenen Gesellschaft« (Popper 1944). Popper hatte geplante Gesellschaften nach dem Muster des platonischen Staates als Unterdrückungsinstrumente entlarvt und propagierte eine Freiheit, wie sie nur auf dem Markt zu finden sei, dort also, wo Sokrates in Athen die Menschen über sich und ihr Unwissen aufgeklärt hatte.

Nach Hayek bringt der freie Markt, nicht die platonische Diktatur der Vernunft, durch den unbehinderten Austausch für jeden das Richtige. Dort entsteht wahre Gerechtigkeit. Geplante soziale Gerechtigkeit und Solidarität sind für Hayek vermessene, meist jugendliche Illusionen und im besten Falle ein Atavismus (Hayek 1976 in 1996), in primitiven Gesellschaften berechtigt, heute aber kontraproduktiv. Solidarität und Kollektiv kennzeichnen Gesellschaften, in denen verwandtschaftliche Beziehungen herrschen. Für einen freien Markt, der als einziger Motor von Fortschritt und Freiheit angesehen wird, sind kollektives Denken und Solidarität Fesseln, deren es sich zu entledigen gilt.

Eine weitere Figur kennzeichnet Hayeks Denken: Das moderne und das ökonomisch relevante Wissen ist nie bei einem Einzelnen versammelt, es ist verstreut (Hayek 1959, 1975 in 1996 und 1982 in 1996). Nur der Markt kann das verstreute Wissen bündeln und zum Nutzen aller verwenden.

---

4 Popper hat es Hayek zu verdanken, dass er Neuseeland verlassen konnte und an der London School of Economics unterkam.

Jeglicher Eingriff in das freie Spiel des Wissens und jegliche Planung maßt sich an, es besser zu wissen, scheitert aber gegenüber den zwar blinden aber deshalb dennoch weisen Kräften eines freien Marktes.

So wird der planwirtschaftliche Denker Otto Neurath, der Hayek persönlich äußerst zuwider war, zum »Gott sei bei uns« seiner Schriften. Er ist überall gegenwärtig, wird aber nicht beim Namen genannt (siehe Hennecke 2000, S. 47ff.).

Die Schriften Hayeks werden im Laufe der Zeit propagandistischer, was daran abzulesen ist, dass er häufiger ein beschwörendes »wir« verwendet es gegen unbestimmte »Andere« setzt. Die »Anderen« sind Faschisten, Nationalsozialisten, Sozialisten und Kommunisten, alle Kollektivisten, die sich anmaßen zu wissen und die Gesellschaft zwangsläufig ins Unheil führen.

Hayek ist nicht nur als Autor sondern auch als Organisator einer Vereinigung Gleichgesinnter äußerst erfolgreich. Direkt nach dem Krieg versammelt er vom Totalitarismus entsetzte Intellektuelle, die gemeinsame Anstrengungen unternehmen wollen, die freie Gesellschaft zu erhalten und vor totalitärer Knechtschaft zu bewahren. In dieser Gesellschaft findet sich anfänglich Karl Popper als Philosoph, aber in erster Linie führende Nationalökonomen sowie vielversprechende politische Talente: u. a. der spätere Wirtschaftsminister und Bundeskanzler Ludwig Erhard. In weiser Voraussicht lehnt Hayek es ab, der neuen Gesellschaft einen programmatischen Namen zu geben und sie damit als politische Institution erkennbar zu machen. Sie nennt sich nach dem Ort ihres erstens Treffens: Mont Pélerin Society. Schnell wird sie zum Knotenpunkt vielfältiger Netzwerke, die die ganze Welt umspannen (siehe Walpen 2004 sowie Plickert 2008 und Hennecke 2000). Die Verbreitung seines »neoliberalen« Gedankengutes überlässt Hayek den sogenannten »second-hand intellectuals«, den Politikberatern und besonders den Journalisten.

Ich kann diese weitgehend unbekannte Geschichte des politischen Einflusses von Friedrich August von Hayek und der Mont Pélerin Society (www.montpélerin.org) nicht fortsetzen, obwohl in ihr illustre Gestalten auftreten: Ronald Reagan, George Bush, Margret Thatcher und Augusto Pinochet, Führungskräfte der CDU/CSU und der FDP, die meist als Herausgeber der Schriften Hayeks fungieren. Daneben finden sich konservative Altmitglieder der SPD sowie der Grünen, die als ausgewiesene Politikkenner ihr Meinungsgeschäft in Talkshows betreiben. In Deutschland ist die der Mont Pélerin Society nahe Aktionsgemeinschaft Soziale Marktwirtschaft publizistisch erfolgreich tätig (siehe Walpen 2004, S. 402).

Die neoliberalen ökonomistischen Politikberater sind keine Dunkelmänner, sie agieren im grellen Licht der Öffentlichkeit; locker vernetzt, im Geist vereint und aufeinander abgestimmt wirken sie auf das öffentliche Selbstverständnis ein, so sehr, dass ihre Positionen weitgehend als zwangsläufig, natürlich und hinzunehmend gelten.

Die Wirkung der Mont Pélerin Society ist »klammheimlich«, eine langsame Beeinflussung der öffentlichen Meinung, sodass ihre Thesen, die widerlegt wurden, wenn sie getestet worden sind, zu unauffälligen Selbstverständlichkeiten wurden. So ist die »Globalisierung« angeblich alternativlos und selbstverständlich, dass gegen sie aufzubegehren einem Protest gegen ein Naturereignis gleichkommt. Oder der Abbau moderner Errungenschaften wie z. B. die Privatisierung der Bahn und der Post werden von Politikern dieses Geistes als Modernisierung gepriesen.

So ist der ökonomistische Umbau des Gesundheitswesens in die entfesselte Gesundheitswirtschaft für dieses Denken eine Notwendigkeit der Modernisierung, um den hohen Stand therapeutischer Versorgung für alle zu erhalten. Wer dagegen protestiert, muss Angst haben, als weltfremd oder als linker Utopist zu gelten. Damit würde er sich automatisch aus dem herrschenden politischen Diskurs herauskatapultieren, aus einem Diskurs, der von neoliberalen Denkmustern usurpiert worden ist.

»Modernisierung« ist angesagt und das heißt nicht mehr wie ursprünglich, in Gemeinschaftskontrolle zu überführen, sondern zu deregulieren, zu privatisieren, das Allgemeingut zu verkaufen und dem Wettbewerb auszusetzen. Der freie Markt wird es richten, wenn man ihn nur lässt. Er richtet angeblich alles zum Besten und zum Wohle aller.

In einer Diskussion über die Entwicklungen des Gesundheitswesens zieht sich der smart-intellektuelle Staatssekretär und derzeitige Bundesgesundheitsminister Daniel Bahr immer wieder darauf zurück, dass eine neue Deregulation deswegen nicht den erwünschten Erfolg gebracht habe, weil sie noch nicht weit genug gegangen sei. Man müsse gegen soziale Sentimentalitäten entschlossener vorgehen. Ihm zufolge gilt es, die Reste kollektiver Rücksichten auszuräumen, erst dann könne der »freie Markt« seine wohltätige Wirkung voll entfalten. Die Geschäftsführerin der forschenden Pharmaindustrie pflichtet ihm begeistert bei. Gemeinsam schlagen sie vor, dass man doch das – allen Führungskräften bekannte – Spiel »Planet Venus« auch auf dem Gesundheitsmarkt spielen solle. Dann könne und müsse man von Null anfangen, das heißt ganz von vorne, ohne Beschränkung durch Tradition und Vorurteil. So könne man sich aller kollektivistischen Fesseln und jeder Solidaritätsverpflichtung entledigen und einen völlig freien Markt errichten; dann klappe es auch, zum Wohle aller.

Das ökonomistische Heilsversprechen findet seine einzige Behinderung im sentimentalen Festhalten an einer angeblich unsinnigen und nicht einzulösenden Solidarität, die nicht Wohltätigkeit mit sich bringt, die sie verspricht, sondern im Gegenteil letztlich allen schadet.

Weil aber Solidarität in zweifacher Weise die Wurzel aller Kultur ist, bedeutet die entfesselte Markttheorie des Ökonomismus einen Angriff auf Kultur selbst. Die Grundlagen gemeinschaftlicher Gesundheitsversorgung werden ausgehöhlt, wenn sie zu Wirtschaftsunternehmen umgebaut und auf den freien Markt geworfen werden.

Was ist aus der planenden Vernunft in unserer Zeit geworden? Zuerst schien es, als würden Wirtschaft und Verwaltung einfach zusammenarbeiten, diesen Eindruck kann man bei der Lektüre von Habermas kommunikativer Vernunft gewinnen und dann den Widerstreit von System – also Verwaltung gemeinsam mit Wirtschaft und Lebenswelt – bewirken, den ich öfter festgestellt habe.

Nach genauerer Lektüre der Schriften Hayeks bekam ich den Eindruck, man könne Wirtschaft und Verwaltung nicht im System zusammenwerfen, weil sie unterschiedlicher, ebenfalls widerstreitender Logik folgen: Planwirtschaft und Marktwirtschaft. Ich dachte, wegen der ebenfalls widerstreitenden Logik von Verwaltung und Wirtschaft, werde die Lebenswelt von einem in sich widersprüchlichen System mit unterschiedlichen immanenten Logiken in die Zange genommen. Aber auch dies stimmt nicht: Verwaltung und Planung sind in der Gesundheitswirtschaft selbst zu einem Wirtschaftsbereich geworden. Mit spätmodernen Verwaltungsinstrumenten wird viel Geld verdient, wie man am Qualitätsmanagementwesen, an der Gesundheitskarte und dem Heilberufeausweis sehen kann. Die Krankenkassen, ehemals Verwalter der Beiträge ihrer Mitglieder, sind zu Wirtschaftsunternehmen geworden, die auf dem Gesundheitsmarkt in einen scharfen Wettbewerb stehen. Sie konkurrieren um »gute Risiken«, d. h. um möglichst gesunde Mitglieder, und sie verwalten nicht mehr nur das Geld ihrer Versicherten, sondern sie spekulieren damit. Die Solidarverpflichtung ist zum gesetzlich regulierten Finanzausgleich der Kassen für »schlechte Risiken«, das heißt für Kranke, die viel Geld kosten, geworden: der oben erwähnte MorbiRSA (Morbiditätsorientierter Risikoausgleich). Das nenne ich die vollendete ökonomistische Transformation der solidarischen Kultureinrichtung.

Unter Ökonomismus verstehe ich die Ideologie des entfesselten Marktes, der angeblich alles zum Guten wendet, wenn man ihn nur lässt. Diese Ideologie bezeichnet sich aber zu Unrecht als »liberal«, als »Hüterin« der Freiheit. Mit ihrem Angriff auf kollektives Denken und Solidarität greift sie die Grundlagen jeder Kultur an. Sie behauptet, jegliche Forderung nach Gleichheit und Gerechtigkeit sei der »Weg zur Knechtschaft«. Es ist aber festzustellen, dass der entfesselte Markt der Weg in Barbarei und Unfreiheit ist, weil er Aufhebung aller Kultur bedeutet. Der Ökonomismus vergisst, dass menschliche Freiheit nicht naturgegeben, sondern ein Kulturprodukt ist und nur mittels Triebbeherrschung und -verzicht zu haben ist.

Dass der Ökonomismus zu einer Entkulturation führt, haben wir jüngst mitbekommen. Der globale und nicht zu regulierende Finanzmarkt hat ein solches Ausmaß an Unverantwortlichkeit, Unvernunft und Gier freigesetzt, dass wir am Rande einer globalen Krise stehen: So ist die Welt, wenn sie zu einem entfesselten Markt geworden ist. Nicht das versprochenen Heil sondern Chaos und Unglück treten ein.

Die *Aufgabe* der Psychotherapie

Als Psychotherapeuten tragen wir Mitverantwortung für den Kulturbereich, in dem wir tätig sind (vgl. Hardt/Müller 2009). Wir können nicht tatenlos zusehen oder bereitwillig mitmachen, wenn zentrale Kultureinrichtungen ökonomistisch transformiert, d.h. zugrunde gerichtet werden. Wir müssen uns für den Sinn dieser lebensweltlichen Einrichtungen engagieren. Wir müssen der Therapeutik zum Wort verhelfen. Wir müssen der im Widerstreit unterlegenen lebensweltlichen gemeinschaftliche Krankenversorgung Sprache verleihen und den psychologisch blinden, als Antiideologie maskierten Ökonomismus als aggressive Heilslehre entlarven, um die basalen Kultureinrichtungen davor zu bewahren, auf dem Markt getragen und meistbietend verkauft zu werden.

Dass Hölderlin hier recht behalten werde, »wo aber Gefahr, wächst das Rettende auch« (Friedrich Hölderlin: *Patmos*), ist zu bezweifeln, eher unwahrscheinlich, weil viel Geld im Spiel ist, und da herrschen andere Gesetze als einem Schöngeistigen in seiner privaten Welt Verlorenen zu gelten schienen. Hier geht es um nüchterne Realität und um eine Logik, die unbelehrbar ist. Eine Logik, die nicht ruht, bevor sie nicht alles ihrem Gesetz unterworfen, d. h. zugrunde gerichtet hat. Dann wird sie die Berechtigung haben, wie im »Spiel Venus«, das Leben neu zu erfinden. Wir werden uns engagieren müssen, sonst wird der unheilvolle Prozess seinen Lauf nehmen.

Die Zukunft des Gesundheitsmarktes

Zum Schluss kommt noch einmal das Gesundheitswesen zu Wort. Es geht um Entwicklungen, die Gesundheitsstrategen für die nächste Zukunft planen. In der Umsetzung befindet sich schon das größte IT-Projekt aller Zeiten, die elektronische Gesundheitskarte und der Heilberufeausweis. Das ist ein riesiges elektronisches (»Gesundheits«-)Projekt, das schon gewaltige Summen verschlungen hat. Experten halten den medizinischen Nutzen für gering, die datenschutzrechtlichen Probleme sind ernsthaft und nicht behoben. Betrieben wird das Projekt von einer Firmengruppe, die sich mit ihrem Namen als Gesundheitsproduzenten ausweist: Better-IT-for-better-health, abgekürzt »Bet-IT4health«. Unter diesem Label verbergen sich potente Player der Gesundheitsindustrie wie IBM, SAP, die Internet-Component-Ware und ORGA-Kartensysteme. Sie sollen zur besseren Gesundheitsversorgung die Voraussetzungen für die bundesweite Einführung der elektronischen Gesundheitskarte vorbereiten.

Aber dem Gesundheitswesen besteht noch mehr bevor (Gesundheit 3.0 o. J.). Das Informationsblatt *Marketing und Trendinformation* im Verlag der deutschen Wirtschaft könnte 2020 melden (www.marketing&trendinformationen.com): »*Die globale Gesundheitswirtschaft boomt weiter. Der Gesundheitsstandort Deutschland ist für das global agierende Kapital interessant, weil Investitionshemmnisse abgebaut sind, es herrschen optimale Marktbedingungen. Die deutsche Gesundheitslandschaft hat sich aller Fesseln entledigt: Solidareinrichtungen sind weitgehend geschleift, ethische Bedenken erfolgreich besiegt.*«

Wie sieht die Gesundheitslandschaft 2020 nach der Prognose der Deutschen Wirtschaft von 2007 (Edition Marketing & Trendinformationen o.J.: Gesundheit 3.0) aus?

Gesundheit ist nach wie vor Megatrend. Sie hat sich zum Lifestyle entwickelt. Wir sind in der Health Society angekommen.

Die Grenzen zwischen Health und Wellness sind geschleift. Gesundheit ist zum Konsumprodukt geworden. Weil Wellness zu Selfness wurde, lautet die neue Losung effiziente und marktgerechte Selbstveränderung, statt nur Wohlfühlen. Die Stunde der Psychotherapeuten als Dienstleister in der Selfnessworld hat geschlagen.

Die Entwicklung vom Patienten zum Kunden ist abgeschlossen. Damit beginnt die Ära der Selbstverantwortung. Gesundheit ist wieder eine persönliche Sache geworden. Jeder ist für seine Gesundheit zuständig, kann präventiv für seine Fitness sorgen. Dazu braucht es keine staatliche Fürsorge, die nur entmündigt und den Markt behindert.

Wohlbefinden ist käuflich wie Lebensmittel und Autos. Therapeuten liefern Gesundheit und behandeln schon längst nicht mehr Kranke. Das Wort Krankheit ist weitgehend ausgemerzt.

Krankenhäuser machen fit fürs Leben. Ihr Zentrum ist die perfekte Informationsvernetzung. Überall gibt es Info-Kioske, um jederzeit auf alle Daten Zugriff zu haben. Dadurch entsteht eine zweite Wirklichkeit (virtuelles Krankenhaus) mit ungeahnten Entwicklungsmöglichkeiten. In der zweiten Wirklichkeit geschieht das Entscheidende.

Das Krankenhaus ist mit einem Wellnesshotel verbunden und wird von einem Gewerbepark Gesundheit umfasst. Der ganze Komplex bietet Sport- und Fitnessangebote sowie Mietpraxen für individuelle Dienstleister, aber besonders für hochprofessionelle Multiversorgungszentren (MVZ). In besonderen Minute-Clinics werden alltägliche Erkrankungen wie Hals-, Blasen-, Ohren- und Augenentzündungen von Nurse-Practisioners behandelt. Es handelt sich dabei um die Behandlung von bloßen Wehwehchen, wenn das nicht reicht, muss der Facharzt ran.

Weil der Kunde König ist und sich die Therapie nach seinem Geschmack richten muss, gibt es kaum noch schmerzhafte therapeutische Eingriffe, die sanfte Chirurgie ist angesagt. Auch bittere Medizin ist verschwunden. Stattdessen gibt es einen Trend zum Neuro-Enhancement – Doping für das Gehirn. Weil die Arbeitsbelastung für wenige noch im Arbeitsprozess Befindlichen gestiegen ist, muss das Schlafbedürfnis medikamentös reduziert und mit der Überbelastung verbundene Gereiztheit behandelt werden. Gedächtnispillen und Stimmungsaufheller haben große Nachfrage. Auch im Urlaub steht Health im Mittelpunkt. High-End-Wellness wird als gesunder Eskapismus angeboten: eine Symbiose aus Philosophie, Schönheit, Fitness, Gesundheit und kulinarischen Erlebnissen. Der Kurort ist längst zum Wellness-Hot-Spot geworden.

Die Prognosen der Wirtschaftsberatungsfirma *Ernest & Young* für 2020:
Gesundheit ist völlige Privatsache. Der Staat hat sich aus dem Gesundheitssystem zurückgezogen. Angebot und Nachfrage bestimmen ausschließlich den Markt. Mit Gesundheit Geld zu verdienen, hat seinen Hautgout verloren.

Die aktuelle Krankenversicherung funktioniert wie eine Autoversicherung mit der Absicherung von Grundrisiken wie bei der Kfz-Haftpflicht.

Nach dem Motto »Der Arzt bin ich« nehmen die Menschen ihre Gesundheit selbst in die Hand. Der mündige Kunde nutzt das Internet und alle Wissensdienste zur Selbstdiagnose, im Zweifelsfall wendet er sich an TÜV-geprüfte Spezialisten. Weil Gesundheit Statussymbol und Investitionsobjekt geworden ist, sorgt jeder für sich selbst. Der Arzt ist längst nicht mehr Lebensretter, er ist »Health-Coach«, seine Wahl ist bedeutungsvoller als die der Automarke. Die Ärzte haben ihre Bedeutung verloren, weil die meisten therapeutischen Tätigkeiten sowieso von Gesundheitsrobotern erledigt werden, deren Tätigkeit ist schließlich wegen der Ausschaltung menschlicher Mängel viel sicherer.

Die von der Firma *Ratiopharm* vorhergesagten Schlüsseltrends haben sich ebenfalls erfüllt:
Körpernahe Chips ermöglichen ein Monitoring. *Dadurch wird es vorstellbar, dass Arbeitgeber den Gesundheitszustand ihrer Mitarbeiter schon beim Gang durch die Bürotür scannen und entsprechend der Ergebnisse die Arbeitsbelastung und das Gehalt darauf abstimmen.*

Körperfunktionen werden permanent überprüft. *Den Routine-Arztbesuch ersetzen künftig Diagnose-Sensoren zu Hause – Ultraschall im Laptop-Format, Blutbild-Update per E-Mail oder die automatische Urinanalyse beim Toilettengang.*

Prävention wird technisiert: *Statt Pillen werden wir dann z. B. eine gentechnisch veränderte Möhre mit genau dem Vitamingehalt zu uns nehmen, der uns von unserem Computer empfohlen wird.*

Ernährungsberatung wird individualisiert: Vorstellbar ist der Gang in die Kantine, bei dem ich zuerst meine Hand auflege und dann ein Essen erhalte, dessen Nährwerte und gentechnisch veränderten Wirkstoffe so zusammengesetzt sind, dass sie auf meine ganz persönlichen Bedürfnisse reagieren können.

Die schöne neue Welt, der mächtigen Gesundheitsplayer: grenzenlose Freiheit und ewige Gesundheit! Schon jetzt sind weitere Gesundheitsplayer wie Google mit auf dem Megamarkt Gesundheit unterwegs, Lifestyle-Marketing und iPhone tun das Übrige.

Am Ende eines langen Weges hoffe ich, Sie überzeugt zu haben, dass auf dem Gesundheitsmarkt mehr auf dem Spiel steht, als die Ausübung einer Berufstätigkeit. Es geht um gemeinsame Verantwortung und politische Arbeit, um gesellschaftliche Aufklärung über Prozesse, die sich als naturnotwendig tarnen, aber von Menschen gemacht und von Menschen beeinflussbar sind, wenn sie sich ihrer bewusst werden.

Literatur

Bruder, Klaus-Jürgen & Voßkühler, Friedrich (2009): Lüge und Selbsttäuschung. Göttingen (V&R).
Carnap, Rudolf, Hahn, Hans & Neurath, Otto (1929): Wissenschaftliche Weltauffassung – der Wiener Kreis. Nachdruck in: Hubert Schleichert (Hg.)(1975): Logischer Empirismus – der Wiener Kreis. München (W. Fink Verlag).
Gadamer, Hans-Georg (1993): Über die Verborgenheit der Gesundheit. Frankfurt/M. (Suhrkamp).
Freud, Sigmund (1912): Totem und Tabu. GW IX.
Freud, Sigmund (1926): Die Frage der Laienanalyse – Unterredungen mit einem Unparteiischen. GW XIV.
Freud, Sigmund (1930): Das Unbehagen in der Kultur. GW XIV./
Freud, Sigmund (1931): Das Unbehagen in der Kultur. Stud. A., Bd. IX.
Gesundheit 3.0 (o. J.): Warum der Megamarkt Gesundheit unsere Gesellschaft verändert und zum Wachstumsmarkt der Zukunft wird: www.marketing&trendinformationen. com, Verlag der deutschen Wirtschaft.
Habermas, Jürgen (1981): Theorie des kommunikativen Handelns, Bd. 2. Frankfurt/M. (Suhrkamp).
Hardt, Jürgen (2007a): Gesundheitsadministration versus Krankenbehandlung: Therapeutisches Ethos gefährdet. DÄB, PP Ausgabe 6(1), 15–16.
Hardt, Jürgen (2007b): Das »Unwort« Krankheit in der Gesundheitswirtschaft. Frankfurter Rundschau 2. Januar 2007.

Hardt, Jürgen (2007c): »Heilen und Helfen«, Info.doc. (KVH) Nr. 6 und DHZ (LZÄKH) Nr. 12.
Hardt, Jürgen (2008): Gesundheitspolitisches Engagement als Psychoanalytische Kulturarbeit. In: Kongressmaterialien DPV Hamburg. Frankfurt/M.
Hardt, Jürgen (2009): Kulturtheorie *nach* Freud. In: Kongressmaterialien DPV Bad Homburg. Frankfurt/M.
Hardt, Jürgen & Müller, Ulrich (2009): Die *Aufgabe* der Psychotherapie in der gesundheitswirtschaft. Psychotherapeutenjournal 3/2009.
Hayek, Friedrich August von (1959): Missbrauch und Verfall der Vernunft. Frankfurt/M. (F. Knapp Verlag)
Hayek, Friedrich August von (1976a): Der Atavismus »sozialer Gerechtigkeit«. In: Hayek (1996).
Hayek, Friedrich August von (1976b): Die Illusion der sozialen Gerechtigkeit. In: Hayek (1996).
Hayek, Friedrich August von (1978): Zwei Arten des Denkens. In: Hayek (1996).
Hayek, Friedrich August von (o. J.): Zur Bewältigung von Unwissenheit. In: Hayek (1996).
Hayek, Friedrich August von (1996): Die Anmaßung von Wissen. Hg. von Wolfgang Kerber. Tübingen (Mohr).
Hayek, Friedrich August von (2009): Der Weg zur Knechtschaft. (1. Aufl. 1946). München (Olzog).
Hennecke, Hans Jörg (2000): Friedrich August von Hayek – die Tradition der Freiheit. Düsseldorf (Verlag Wirtschaft und Finanzen).
Krämer, Walter (1989): Die Krankheit des Gesundheitswesens – die Fortschrittsfalle der modernen Medizin. Frankfurt/M. (S. Fischer).
Lyotard, Jean-Francois (1987): Der Widerstreit. München (Fink).
Neurath, Otto (1919): Die Utopie als gesellschaftstechnische Konstruktion, in Wissenschaftliche Weltauffassung, Sozialismus und logischer Empirismus. Hg. von Rainer Hegselmann. Frankfurt/M. (Suhrkamp).
Oberender, Peter O.; Hibborn, Ansgar & Zerth, Jürgen (2006): Wachstumsmarkt Gesundheit. Stuttgart (Lucius & Lucius).
Plickert, Philip (2008): Wandlungen des Neoliberalismus – eine Studie zu Entwicklung und Ausstrahlung der Mont Pélerin Society. Schriftenreihe der Aktion Soziale Marktwirtschaft. Stuttgart (Lucius & Lucius).
Popper, Karl R. (1980): Die offene Gesellschaft und ihre Feinde. 6. Aufl. München (Francke).
Tettinger, Peter J. (1997): Kammerrecht. München (Beck).
Walpen, Bernhard (2004): Die offenen Feinde und ihre Gesellschaft. Hamburg (VSA).

Von der betrüblichen Gesundheitsförderung zum Betrieblichen Gesundheitsmanagement

Meilensteine, Spurensuche und Visionen

Klaus Mucha

Zusammenfassung

Im folgenden Beitrag wird von den Höhen und Tiefen berichtet, die es wahrzunehmen bzw. zu durchleiden gilt, wenn man als wissenschaftlich ausgebildeter und erfahrener Praktiker mit beruflichen und gewerkschaftlichen Ansprüchen als Psychologe versucht, solchen Maßstäben treu zu bleiben, und sich mit individuellen Überforderungen aufseiten der Beschäftigten vertraut machen und von politischen Machtentscheidungen von Verantwortlichen befremden lassen muss.

Um die emanzipatorischen Ansprüche nicht völlig verloren gehen zu lassen, gilt es, trotz oder besser wegen der gesellschaftlichen Krisenerscheinungen von Kapitalismus und Demokratie, auch als PsychologInnen wie »Partisanen der Freiheit« (Krofdorfer Manifest: »Thesen zur gesellschaftlichen Funktion der Psychologen« [1968], zit. n. Adorno et al. 1970, S. 127[1]) immer wieder Wahrheiten auszusprechen (vgl. Foucault 1996), um Benachteiligten/Hilfesuchenden Orientierung zu geben und politisch oder administrativ Entscheidende nicht aus der Verantwortung zu entlassen.

Neben der nüchternen Einschätzung der realen Machtverhältnisse am Arbeitsplatz eines Psychologen werden auch Meilensteine des Ent-

---

1 »Partisanen der Freiheit« (siehe auch Longo 1958, Kap. 2) ist ein Begriff, der in Manuskripten und Veranstaltungen in den Anfangsjahren der Kritischen Psychologie bei der Formulierung des Anspruchs der emanzipatorischen Relevanz von Psychologie und Wissenschaft im Allgemeinen durch Klaus Holzkamp, Peter Mattes, Irmingard Staeuble oder Frieder Otto Wolf verwandt wurde.

wicklungsweges des Betrieblichen Gesundheitsmanagements (BGM), insbesondere im Non-profit-Bereich Öffentlicher Dienst in Deutschland, in Erinnerung gerufen. Spuren eigener Bemühungen Betriebliches Gesundheitsmanagement im Land Berlin voranzubringen und in der eigenen Verwaltung aufzubauen und hoffentlich nachhaltig abzusichern werden skizziert. Dabei wird u. a. aus einem Kooperationsprojekt mit der AOK Berlin und der Unfallkasse Berlin berichtet, das erfolgreich über mehrere Jahre durchgeführt werden konnte (vgl. Westermayer/Mucha 2008; Mucha/Heimlich 2009).

Abschließend werden Visionen entwickelt, wie es mit dem Betrieblichem Gesundheitsmanagement als einem bedeutenden Tätigkeitsfeld praktischer Arbeitspsychologie weiter gehen könnte.

1 Ausgangslage

1.1 Gesellschaftliche Rahmenbedingungen

1.1.1 Krise des Kapitalismus

Die Krise des Kapitalismus ist weltweit zu beobachten. In Europa tobt der Kampf der Banken und kapitalistischen Systeme gegen die Bevölkerung. Von hilflosen Regierungen aufgespannte Rettungsschirme, unter die Banken schlüpfen, um ihre Euros zu retten, die vorher arm gemachten Ländern und deren steuerzahlenden Menschen aus der Tasche gezogen wurden, lassen eben diese Bevölkerung im Regen stehen und die Zeche zahlen.

1.1.2 Systematisches Erhöhen von Gesundheitsgefährdungen

»Die Art und Weise, wie eine Gesellschaft die Arbeit und die Arbeitsbedingungen organisiert, sollte eine Quelle der Gesundheit und nicht der Krankheit sein« (Ottawa-Charta der WHO 1986). Zu beobachten ist genau das Gegenteil.

Massenarbeitslosigkeit, Mangel an qualifizierten Fachkräften, prekäre Beschäftigungsverhältnisse, Umverteilen von unten nach oben, Armut, Arbeitsverdichtung durch Reduzieren des Personals bei gleichzeitiger

Erhöhung von Arbeitszeiten und Arbeitsanforderungen; Schuldzuweisungen, über die Verhältnisse gelebt zu haben; als Liberalisieren und Flexibilisieren mit Freiheit in Verbindung gebrachtes Deregulieren (organisierte Verantwortungslosigkeit, Verantwortungsdiffusion) und damit Reduzieren ganzheitlichen Gesundheitsschutzes passieren nicht zufällig, sondern mindestens sehenden Auges, wenn nicht sogar vorsätzlich.

Als »Riskante Arbeitswelt« betiteln Haubl und Voß (2011) Ihre Studie »zur Wirklichkeit von Beschäftigten und deren beruflichem Handeln in Organisationen«. Es stellt »ein empirisch fundiertes Gutachten über die psychosoziale Situation von Arbeitnehmerinnen und Arbeitnehmern« dar, in dem Belastungen festgestellt und Belastungsgrenzen ausgelotet werden. Weniger als 20% der befragten SupervisorInnen schätzen ein, »dass die Beschäftigten eigene professionelle Standards in ihrer Arbeit wahren können« (Handrich 2011, S. 14). Fast 60% bestätigen sogar eine »zunehmende Aushöhlung professioneller Standards« (ebd.).

1.1.3 (Wieder-)Anstieg (psychischer) Erkrankungen

Identitäts- und Sinnverlust, mangelnde Identifikation mit der Arbeit, Ausbrennen, Dauerstress, Depression, Tod (Suizid nicht nur bei der France Télécom, Karoshi bzw. Karojisatsu in Japan) sind die Folgen systematischen Erhöhens von Gesundheitsgefährdungen. Rau (2009, S. 72ff.) analysiert zutreffend die Folgen von Leistungsdruck, Erschöpfung und Verzweiflung bis hin zu psychischen Leiden und warnt davor, dass die ganze gesellschaftliche Situation »erschöpfte Subjekte« produziere und »arbeitsbedingte Depression, an deren Ende ein Suizid stehen kann« (vgl. auch Mields 2009; Seeßlen 2010; Sennett 1998). Beschäftigte suchen auch in Berlin unter Tränen Hilfe und berichten von Suizidgedanken. (Tragisch-»erfolgreiche« Handlungen sind leider längst zu beklagen.)

Seit dem sogenannten historischen Tiefstand der Krankenquote 2006 mit 3,3%, steigen die Quoten wieder an. Das kann man unter anderem in den jährlichen Fehlzeitenreports nachlesen (Badura et al. 2010). Eklatant steigen Langzeiterkrankungen, was zu erwarten war. In meiner Dienststelle (knapp 2.000 Beschäftigte) ist ein Ansteigen von 2009 nach 2010 um ca. ein Drittel zu beklagen. Aufgrund von Präsentismus am Arbeitsplatz (fälschlicherweise als niedriger Krankenstand fehlinterpretiert) haben Chronifizierungen stattgefunden, die jetzt deutlich werden. In Branchen wie dem öffentlichen Dienst, die aufgrund rigorosen Stellenabbaus nahezu vergreisen, wiegt diese hausgemachte demografische Entwicklung zusätzlich schwer. Auf welch wackeligem Boden die Fixierung auf Krankenstände taumelt, zeigt Reusch (2011, S. 37f.), wenn er auf den »healthy-worker-Effekt« hinweist. Durch herausselektierte gesundheitliche Risikopersonen oder -gruppen aus dem Betrieb/Arbeitsleben oder aus Statistiken erscheinen diese gesünder. Diese Beschönigungen haben natürlich nichts mit tatsächlichen Krankenständen zu tun.

Psychische Erkrankungen sind inzwischen bundesweit die vierthäufigste Erkrankungsart, nachzulesen in Gesundheitsberichten verschiedener Krankenkassen (bspw. AOK, DAK, TK). In dieser Dekade sind sie weiter auf dem Vormarsch. Von den zehn am häufigsten empfundenen Belastungen am Arbeitsplatz beziehen sich 70% auf psychische Gründe (WIdO 2010, Abb. 2). Die Weltgesundheitsorganisation erwartet bis zum Jahr 2020, dass psychische Erkrankungen, insbesondere Depressionen, hinter ischämischer Herzkrankheit vor allen anderen Erkrankungen auf dem zweiten Platz der wichtigsten Ursachen krankheitsbedingter Kosten liegen werden (Murray/Lopez 1996, zit. n. Weltgesundheitsorganisation Regionalbüro für Europa 1999, S. 50). Vorsichtig sprechen Sockoll und Kramer (2010, S. 113) von einer zumindest gefühlten »Epidemie des 21. Jahrhunderts«. Für Berlin-Brandenburg liefert der erste länderübergreifende Gesundheitsbericht von AOK und Barmer/GEK entsprechend alarmierende Zahlen (BGF 2009). Die in den öffentlichen Verwaltungen Beschäftigten sind starken (psychischen) Belastungen ausgesetzt, was sich in einem deutlich höheren Anteil an psychischen Erkrankungen äußert (BGF 2009, S. 11, 76, 79, 89).

Es ist zu erwarten, dass der Anteil von Frühberentungen bzw. -pensionierungen wegen psychischer Erkrankungen entsprechend steigen wird (vgl. Bürger 2008). Seit 2004 sind psychische Erkrankungen der Hauptgrund für Frühberentungen (Hien 2011, S. 5). Kroll et al. (2011, S. 5) berichten von einem Anstieg dieses Anteils von 33% auf 38% zwischen 2006 und 2009.

In der öffentlichen Verwaltung gehen 11,2% krankheitsbedingter Fehlzeiten auf psychische Erkrankungen zurück (Macco/Schmidt 2010, S. 277). Keine Branche hat einen alarmierenderen Wert (vgl. ebd., S. 314). Es handelt sich vor allem um affektive Störungen, neurotische, Belastungs- und somatoforme Störungen sowie psychische und Verhaltensstörungen durch psychotrope Substanzen (vgl. ebd., S. 319).

Ähnliche Erfahrungen kann ich aus meiner Dienststelle berichten: Während die klassischen Beratungsanfragen wegen Suchtproblemen am

Arbeitsplatz relativ unverändert vorkommen, dominieren inzwischen längst Fragestellungen zu Stress, Burn-out, Depression, Resignation, Identitäts- und Identifikationsverlust, Ängste, Kommunikationsprobleme/Konflikte, Mobbing etc. Wenn berufliche Identität als mehr oder weniger bedeutsamer Teil persönlicher Identität in Gefahr gerät oder verloren geht, droht Ich-Entfremdung und der ganze Mensch kommt ins Wanken (siehe *Homo Faber* von Max Frisch, 1957, aber auch aktuelle Suizide bei France Télécom). Werden Menschen ihrer beruflichen Identität beraubt, geht ihr beruflicher Sinn verloren und damit die Möglichkeit der Sinnerfüllung im Beruf (vgl. Kick 2009; Mucha 1989, 1998; Westermayer/Mucha 2008). Selbst aus neurobiologischer Sicht ist »Sinn stiftende« Arbeit (Hüther 2009, S. 168) zu fordern und zu begründen (auch im Sinne einer »Potentialentfaltung«; ebd.), wenn der Affe zum Menschen werden will bzw. Mensch bleiben will (Hüther 2009).

Welche Ausmaße (auch volkswirtschaftlich) dieser Verlust emotionaler Bindung arbeitender Menschen an ihre Arbeit und ihren Betrieb haben, macht auch die jüngste Gallup-Studie deutlich (vgl. Gallup 2011). Nach dem Gallup-Engagement-Index 2010 für Deutschland haben nur 13% der Befragten eine hohe emotionale Bindung zum Unternehmen, 21% haben gar keine Bindung. Üblicherweise »gesteht sich kaum jemand gerne ein, für den Arbeitgeber im Grunde unbedeutend und austauschbar zu sein oder gar Dinge von letztlich doch recht zweifelhaftem Nutzen betreiben zu müssen« (Lenhardt 2007, S. 39). Umso alarmierender müssen solche Daten zu Denken und Anlass zu konsequentem Handeln geben. Fehlende Bindung geht u. a. mit höheren Fehlzeiten einher, wodurch allein ca. 3,7 Milliarden Euro an Kosten entstehen (Gallup Pressemitteilung, 9.2.2011). Booz & Co. (2011) beziffern sogar den jährlichen Bruttowertschöpfungsausfall für die deutsche Volkswirtschaft auf 225 Milliarden Euro.

1.2 Lokale Kräfteverhältnisse

1.2.1 Global denken, lokal Handeln: Von der (Un-)Möglichkeit, den Pelz nicht nass zu machen, ihn aber dennoch zu waschen

Nie darf man sich auf einer Insel der Glückseligkeit in Sicherheit wähnen, wenn global Finanzblasen platzen, noch hoffnungslos möglicherweise hilfreiche Strohhalme ignorieren, selbst wenn die neoliberale Deregulierungsideologie am Kabinettstisch dominiert. Man muss sich dieser temporären makropolitischen Erscheinungen bewusst sein und lokal Kurs halten. Es gibt leider immer noch EntscheiderInnen, die Betriebliches Gesundheitsmanagement zum Nulltarif haben wollen. Es soll zwar der Krankenstand gesenkt werden (das ist meist das vorrangige Ziel), aber entsprechende Maßnahmen sollen möglichst nichts kosten und auch sonst nicht wehtun. Insbesondere denken öffentliche Arbeitgeber nur von Wahltag zu Wahltag und nehmen nachhaltige Entwicklungen nicht wahr und Evaluationsstudien nicht ernst, die beachtliche Returns on Investment bis zu 1 : 16 feststellen (so Booz & Co. 2011). Zu Recht warnt Hien (2011, S. 37) vor Missbrauch des Betrieblichen Gesundheitsmanagements als Anpassungstraining und fordert ebenso richtig, »dass die Beschäftigten selbst ihre Haltung und ihr tägliches Verhalten ändern« (ebd.).

An dieser Stelle soll besonders positiv hervorgehoben werden, dass 2009 bundesweit der erste »Tarifvertrag zur betrieblichen Gesundheitsförderung im Sozial- und Erziehungsdienst« durch Streik der KollegInnen erkämpft wurde. Jede/r Beschäftigte hat danach »einen Anspruch darauf, dass einmal jährlich und bei wesentlicher Änderung der Arbeitsumstände die mit ihrer/ seiner Arbeit verbundene physische und psychische Gefährdung ermittelt wird« (§53 Änderungstarifvertrag Nr. 2 TVöD BT-B). Jetzt kommt es darauf an, diesen sogenannten Gesundheitstarifvertrag mit Leben zu füllen. Deshalb schickt die Gewerkschaft ver.di neuerdings im Rahmen eines fünfjährigen Projekts in Rheinland-Pfalz, Sachsen, Nordrhein-Westfalen, Baden-Württemberg und Bayern Hauptamtliche an die Basis, um dem Tarifvertrag »auf die Sprünge zu helfen« (ver.di 2011).

Genauso wie vor Ort aufgeklärt und mobilisiert werden muss, um einen Tarifvertrag mit Leben zu füllen, ist es erforderlich, arbeitspsychologischen Erkenntnissen zum Durchbruch zu verhelfen. Hier ist noch viel arbeitspsychologische Kärrnerarbeit an der Basis zu leisten. Ein Fallbeispiel, neben dem eigenen, in diesem Beitrag dargestellten, kann in diesem Buch bei Maja Tintor aus der Branche der Produktionsunternehmen nachgelesen werden.

2 Meilensteine der Entwicklung zum Betrieblichen Gesundheitsmanagement

Neun Meilensteine sollen hier als Spuren gesichert werden (Ginzburg 1988), weil sie mit dazu beigetragen haben, wo wir heute stehen und insofern auch den Stand Betrieblichen Gesundheitsmanagements widerspiegeln (Diagnose). Unter welchen Bedingungen eine erfolgversprechende Prognose abgeleitet werden kann, hängt u. a. auch von der Bereitschaft und Fähigkeit ab, Spuren zu lesen.

2.1 Spurensuche 1 (retrospektiv): Von betrüblicher Gesundheitsförderung zu Betrieblichem Gesundheitsmanagement

1. Als ersten Meilenstein kann man den Vorschlag ansehen, »in jedem Betrieb eine psychologische Beratungsstelle einzurichten«, wegen der Bedeutung psychischer Belastung, formuliert auf dem 1. Weltkongress über die Verhütung von Arbeitsunfällen in Rom 1955 (Ludborzs 2008, S. 31).
2. Das staatliche Programm »Humanisierung des Arbeitslebens (HdA)«, das 1974–1989 bestand und zu Amtszeiten von Bundesforschungsminister Hans Matthöfer (SPD) initiiert wurde und darauf abzielte, »die taylorisierten, inhumanen Arbeitsbedingungen zu verbessern« (Greifenstein/Weber 2007, S. 1).
3. Die 1. Internationale Konferenz zur Gesundheitsförderung der Weltgesundheitsorganisation WHO in Ottawa 1986, auf der die Ottawa-Charta beschlossen wurde, in der wegen des entscheidenden Einflusses der Arbeitsbedingungen auf die Gesundheit gefordert wird, sie sollten eine Quelle der Gesundheit und nicht der Krankheit sein.
4. Das 1996 verbesserte Arbeitsschutzgesetz, das auch die Beurteilung psychischer Gefährdungen vorsieht.
5. Die Luxemburger Deklaration zur betrieblichen Gesundheitsförderung in der Europäischen Union, die 1997 mit Unterstützung der Europäischen Kommission von den Mitgliedern des »Europäischen Netzwerks für betriebliche Gesundheitsförderung« (ENWHP) unterzeichnet wurde. Zu den wenigen Unterzeichnenden aus Berlin gehören die Bezirksämter Friedrichshain-Kreuzberg und Tempelhof-Schöneberg.
6. Der institutionalisierte Beginn des Betrieblichen Gesundheitsmanagements in der Berliner Verwaltung erfolgte 1999 durch das Einrichten der »Zentralen Stelle Gesundheitsmanagement« bei

der Senatsverwaltung für Inneres und den Abschluss der Gesamt-Vereinbarung zur Verwaltungsreform und Beschäftigungssicherung (VBSV 2000), die im Abschnitt IV Vereinbarungen zum Gesundheitsmanagement in der Berliner Verwaltung enthielt. 2000 fand dann die offizielle »Start-Tagung« im Alten Stadthaus, dem Sitz der Senatsverwaltung für Inneres, statt.

7. In aller Bescheidenheit sei auch der »Meilenstein« für das Bezirksamt Tempelhof-Schöneberg erwähnt, der 2003 erfolgte. Das sechsköpfige Bezirksamtsgremium der (politisch gewählten) Stadträtinnen/-räte (DezernentInnen) fasst den Beschluss, den Bereich Betriebliches Gesundheitsmanagement einzurichten und direkt beim Bezirksbürgermeister anzusiedeln (Mucha 2004).

8. Für Berlin war der Abschluss der Rahmen-Dienstvereinbarung zum Betrieblichen Gesundheitsmanagement in der Berliner Verwaltung (DV Gesundheit) 2007 ein qualitativer Sprung (s. u., 2.1.2) im Vergleich zu der 2004 ausgelaufenen VBSV 2000 (s. o.), obwohl der Wunsch der Beschäftigten und ihrer Gewerkschaften nach einem Tarifvertrag erhoben worden war, was aber von der Senatsverwaltung für Inneres abgelehnt wurde.

9. Deshalb ist der 2009 bundesweit gewerkschaftlich durch Streik erkämpfte »Tarifvertrag zur betrieblichen Gesundheitsförderung im Sozial- und Erziehungsdienst« als Meilenstein geradezu sensationell und soll hier noch einmal als solcher explizit gewürdigt werden (s. o., 1.2.1).

In den letzten Jahrzehnten hat sich quasi am Wegesrand dieser Meilensteine sowohl bundesweit als auch berlinweit ein respektables Niveau an Betrieblichem Gesundheitsmanagement entwickelt.

Bundesweit zeugen davon insbesondere die Tagungen und Aktivitäten im Rahmen des Deutschen Netzwerks Betriebliche Gesundheitsförderung (DNBGF). Das Bielefelder Projekt »Bestandserhebung zur Situation des Betrieblichen Gesundheitsmanagements in den kommunalen Kernverwaltungen Deutschlands« (von der Hans-Böckler-Stiftung gefördert) gibt einen aktuellen Überblick und zieht u. a. das Fazit, es fehlten »Machtpromotoren« (Badura/Steinke 2009).

In einzelnen Bundesländern gibt es hochwertige Initiativen, die sich nachhaltig für Gesundheit am Arbeitsplatz engagieren. Als vorbildlich sei GESA (Gesundheit am Arbeitsplatz) des Ministeriums für Soziales,

Gesundheit, Familie, Jugend und Senioren des Landes Schleswig-Holstein hervorgehoben, das im Sommer 2009 eine ihrer interessanten Tagungen durchführte (vgl. Mucha 2009). Auch das Land Niedersachsen betreibt seit Jahren erfolgreiches »Betriebliches Gesundheitsmanagement in öffentlichen Verwaltungen«. Unter diesem Titel ist ein Leitfaden für die Praxis von der Landesvereinigung für Gesundheit und Akademie für Sozialmedizin Niedersachsen (LVG & AFS) erarbeitet worden (Landesvereinigung 2009). Es gibt engagierte KollegInnen in Nordrhein-Westfalen (insbesondere Dortmund, Unna, Aachen), in Rheinland-Pfalz, in München (die Liste ist unvollständig).

Die Berliner Initiative Gesunde Arbeit (BIGA) versteht sich selbst als wichtigstes Netzwerk zum Arbeitsschutz in Berlin, steckt allerdings noch in den Kinderschuhen (ist quasi die kleine Hauptstadt-Cousine von GESA aus Schleswig-Holstein). Gesundheit Berlin-Brandenburg e. V. darf an dieser Stelle nicht unerwähnt bleiben, deren AktivistInnen seit Jahren (damals noch auf Berlin begrenzt) u. a. den Arbeitskreis Betriebliche Gesundheitsförderung betreiben, in dem 2009 »Qualitätskriterien für Betriebliche Gesundheitsförderung« erarbeitet wurden (Gesundheit Berlin-Brandenburg, 2009).

Das Land Berlin als Arbeitgeber hat für seine Beschäftigten im öffentlichen Dienst seit dem Startschuss für Betriebliches Gesundheitsmanagement 1999/2000 (s.o., 6. Meilenstein) eine Zentrale Servicestelle, die bei der Senatsverwaltung für Inneres angesiedelt ist und immer mehr an Qualität gewinnt. So wie einer einen Friedensnobelpreis bekommt und sich selbst über Vorschusslorbeeren wundert, ist auch Berlin bereits 2002 noch sehr jungfräulich im Rahmen des Europäischen Netzwerkes für betriebliche Gesundheitsförderung in Barcelona »ausgezeichnete Leistung durch hervorragende empfehlenswerte Projekte im Bereich der Gesundheitsförderung am Arbeitsplatz« beurkundet worden. Seit 2003 werden dezentrale Maßnahmen zur Betrieblichen Gesundheitsförderung mit kleinen finanziellen Mitteln gefördert. Inzwischen werden regelmäßig Gesundheitsforen veranstaltet (Bonn/Mucha 2005; Westermayer/Mucha 2008). Eine Handreichung »Geschlechtersensible Gestaltung des Betrieblichen Gesundheitsmanagements in der Berliner Verwaltung« wurde erarbeitet und 2006 veröffentlicht, ein Rahmenkonzept Konfliktmanagement (gegen Mobbing) folgte 2009. Es finden kontinuierlich immer bessere Ausbildungen von sogenannten GesundheitskoordinatorInnen und Fortbildungen für die bereits Ausgebildeten an der Verwaltungsakademie Berlin statt. Die Servicestelle wird außerdem immer mehr auch zu einer Info-Börse. Im Laufe der Jahre ist in einigen Bereichen der Berliner Verwaltung Großes beim Aufbau Betrieblichen Gesundheitsmanagements geleistet worden.

2.1.1 Aktionismus aus dem Bauch heraus, Rückenschulen, Gesundheitstage, Bezuschussung von Bürostühlen etc.

In den Anfängen des Betrieblichen Gesundheitsmanagements wurden aktionistisch Maßnahmen ohne vorhergehende Analyse durchgeführt. Man verzichtete auf Daten, aus denen zielgerichtete Interventionen abgeleitet wurden. So gab es (und gibt es teilweise leider immer noch) Gesundheitsangebote oder Gesundheitstage, die eher den Charakter von temporären Supermarktangeboten haben, denn von Nachhaltigkeit und Systematik zeugen. Dazu passte damals auch die relativ kriterienarme Förderung (z.B. von Bürostühlen) mit finanziellen Mitteln durch die Senatsverwaltung in Berlin. Diese betrübliche Gesundheitsförderung gehört im Prinzip der Vergangenheit an.

2.1.2 Dienstvereinbarung zum BGM in der Berliner Verwaltung

Wie oben erwähnt, ging der DV Gesundheit die VBSV 2000 voraus. Ein Tarifvertrag war nicht durchsetzbar. In einem mehrere Jahre dauernden Prozess innerhalb der Gewerkschaft ver.di und in Verhandlungen des Hauptpersonalrats mit der Senatsverwaltung konnte dann endlich die Dienstvereinbarung 2007 abgeschlossen werden, die insbesondere für die KollegInnen eine verbindliche Argumentations- und Handlungsgrundlage darstellt, in deren Verwaltungen bisher gar nichts oder lediglich betrübliche Gesundheitsförderung betrieben wurde. Zum ganzheitlich-integrativen Ansatz der Dienstvereinbarung, die auch Arbeitsschutz und Betriebliches Eingliederungsmanagement (§84 SGB IX) einschließt und insbesondere Priorität auf verhältnisorientierte Ansätze vor verhaltensorientierten legt, gehören auch die Handlungsfelder Gender Mainstreaming und Diversity Management, altersgerechte Arbeitsgestaltung (demografische Entwicklung) und Vereinbarkeit von Familie und Beruf, ergonomisch gesunde Arbeitsplatzgestaltung, Abbau psychischer Fehlbelastungen, Anti-Mobbing-Strategien und Suchtberatung.

Der Prozess des nachhaltigen Verankerns des Betrieblichen Gesundheitsmanagements u.a. durch den Aufbau von Strukturen dauert an.

2.2 Eigene Versuche: BGM-Projektbeispiel in einer öffentlichen Verwaltung

Sich zu präsentieren gehört mit zu dem Konzept des Betrieblichen Gesundheitsmanagements, das hier propagiert wird. Damit verbunden ist, sich öffentlicher Kritik auszusetzen, gemeinsam zu lernen, sowohl best als auch bad (wenn nicht gar worse oder worst) practice mitzuteilen.

Es darf sicher als vorbildlich gelten (deshalb auch oben als 7. Meilenstein aufgelistet), dass das Bezirksamt Tempelhof-Schöneberg 2003 das BGM zur Chefsache machte und als Stabsstelle direkt dem Bezirksbürgermeister zuordnete. Die Zuständigkeit erstreckt sich auf das eigentliche Betriebliche Gesundheitsmanagement, Betriebliche Suchtprävention (inzwischen erweitert auf »Kollegiale Beratung« zu vielfältigen Fragestellungen), die zentrale Zuständigkeit für die ergonomische Gestaltung der Arbeitsplätze und 2003 bis 2005 die Koordination der arbeitsmedizinischen Betreuung der damals ca. 4.000 Beschäftigten. Die Ausstattung des BGM-Bereichs besteht aus einer Vollzeitstelle für den Beauftragten des Bezirksbürgermeisters und bis 2011 einer Vollzeitstelle für eine Schreibkraft. Darüber hinaus gelang es, bis zu zwei weitere temporäre MitarbeiterInnen und auch kurzzeitig Praktikantinnen zu engagieren. Leider gibt es keine/-n Stellvertreter/-in und auch kein eigenes Budget.

Bis Ende 2003 beschränkte sich das Betriebliche Gesundheitsmanagement auf eine immerhin regelmäßig tagende Arbeitsgemeinschaft, die von einem Beamten der Personalabteilung geleitet wurde. Für die Suchtprävention gab es eine Vollzeitstelle, die von einer Verwaltungsangestellten bis zur Berentung besetzt war, für Ergonomie war noch ein weiterer Verwaltungsmitarbeiter der Bauabteilung nebenamtlich zuständig, die Koordination der Arbeitsmedizin hatte faktisch nicht stattgefunden. Das Erbe bestand u. a. aus mehreren Umzugskartons mit Altpapier, dessen Inhalt nicht mit der ungepflegten elektronischen Datei überfälliger Augenuntersuchungs- bzw. Impftermine übereinstimmte. Im Teilbereich der Betrieblichen Suchtprävention konnte der Suchtbeauftragte, der gleichzeitig der Beauftragte für BGM ist, 2004 am unproblematischsten die bisherige Arbeit fortsetzen. Hier gab die sehr anspruchsvolle Dienstvereinbarung Sucht Sicherheit. Das Einbetten der Kollegialen Beratung in das Betriebliche Gesundheitsmanagement ist weitestgehend abgeschlossen, das (insbesondere qualifikatorische) Hineinwachsen in Fragestellungen über Suchtprävention hinaus (z. B. Mobbing/Konflikte, Burn-out, Resignation/Sinnverlust/Depression) noch nicht. Kollegiale BeraterInnen sind derzeit fünf KollegInnen, die sich freiwillig zur nebenamtlichen Mitarbeit in der Betrieblichen Suchtprävention bereit erklärt haben. Voraussetzung ist u. a. das erfolgreiche Absolvieren einer entsprechenden Zusatzqualifikation. Im Teilbereich Ergonomie galt es, 2004 die Rahmenregelung zur ergonomischen Gestaltung der Arbeitsplätze zum Abschluss zu bringen, was zügig gelang. Dieses Papier konnte in den Folgejahren nur teilweise mit Leben erfüllt werden. Die Dienststellenleitung hatte es sich einfach gemacht, indem sie mit der Übertragung ihrer Verantwortung nach dem Arbeitsschutzgesetz auf den zentralen Ergonomiebeauftragten, der gleichzeitig der Beauftragte für das Betriebliche Gesundheitsmanagement ist, glaubte, ihrer Pflicht genüge getan zu haben. Dem ist jedoch nicht so. Entscheidend ist auch im Bereich Ergonomie, dass – von der Spitze angefangen – die Inhalte aktiv auf die eigenen Fahnen geschrieben und (vor-)gelebt werden müssen, wenn sich glaubwürdig die gewünschten Wirkungen einstellen sollen. Auf den hierarchisch darunter liegenden Ebenen vollzog sich ein ähnliches Geschehen: Auch dort sind selbstverständlich die Führungskräfte für die Gesundheit ihrer MitarbeiterInnen verantwortlich. Die Abteilungs- und Amtsleitungen (Leitungen der Dezernate, der Leistungs- und Verantwortungszentren und Service-Einheiten) benannten fast 30 dezentrale Ergonomiebeauftragte, die nebenamtlich vor Ort nach der erwähnten Rahmenregelung tätig sein sollen und mit dem zentralen Ergonomiebeauftragten zusammenarbeiten. Auch das kann nur im Sinne der Gesundheit der MitarbeiterInnen funktionieren, wenn aus dem Strauß an Feigenblättern wertgeschätzte BeraterInnen sowohl der Führungskräfte wie auch der Beschäftigten werden. Ergonomische Mindeststandards dürfen nicht als lästige Behinderung der Arbeit ignoriert werden. Arbeitsbedingungen sind den Menschen anzupassen, nicht umgekehrt. Im Bereich Ergonomie ist noch viel Überzeugungsarbeit zu leisten, bis auch in die letzten Köpfe arbeitswissenschaftliche Erkenntnisse vorgedrungen sind. Vom Kopf zur Hand(lung) ist dann ohnehin noch eine Wegstrecke zurückzulegen. 2010 ist die IT-Ergonomie-Rahmenregelung überarbeitet worden und 2011 fanden Schulungen für MitarbeiterInnen, für die dezentralen Ergonomiebeauftragten und für Führungskräfte statt.

2.2.1 Analyse vor Aktion: Transparenz, Beteiligung, Evaluation

Für das Betriebliche Gesundheitsmanagement im eigentlichen Sinn, also die große Querschnittsaufgabe, die über Betriebliche Suchtprävention und Ergonomie hinausgeht, war 2004 das Jahr des Orientierens und Zielfindens: Ausgehend von den Vorarbeiten, die in der AG Gesundheitsmanagement gemacht worden waren, steuerten die Diskussionen sehr zielstrebig darauf zu, sich zuallererst einen Überblick über den Gesundheits- bzw. Krankheitszustand des Bezirksamts Tempelhof-Schöneberg zu verschaffen. Der einfachste Weg war, sich dabei der Daten von Krankenkassen zu bedienen, bei denen Beschäftigte versichert waren. Es fanden mehrere Termine mit verschiedenen Vertretern von Krankenkassen und/oder deren Vertragsfirmen statt, die ihre jeweiligen Gesundheitsberichte bzw. Konzepte präsentierten, wie sie sich eine Zusammenarbeit mit uns im Sinne der Prävention vorstellten. Die AG Gesundheitsmanagement entschied sich für die Gesundheitskasse AOK Berlin mit der Gesellschaft für Betriebliche Gesundheitsförderung (BGF GmbH). Ausschlaggebend war die wissenschaftlich fundierte Präsentation und Konzeption, die arbeits- und organisationspsychologische Qualifikation und entsprechende Erfahrung in Betrieben und Verwaltungen und deren Evaluation auch durch Publikation, die immer auch eine Form ist, sich öffentlicher Rezeption und Kritik zu stellen. Dass wir mit der Entscheidung für die BGF zufällig einen Kleinbetrieb auswählten, der seinen Firmensitz im Bezirk hat, ist ein glücklicher Umstand und ein Beitrag zur kommunalen Wirtschaftsförderung. Nachdem diese externe Kooperationspartnerin gefunden war, lag es auf der Hand, die Unfallkasse Berlin (UKB) als den gesetzlichen Unfallversicherungsträger für das Land Berlin mit ins Boot zu holen, die eine aktive Abteilung Prävention mit einem vorbildlich kooperativen Leiter hat. Diese weichenstellenden Entscheidungen sollten sich in den Folgejahren als sehr fruchtbar herausstellen. In enger Abstimmung zwischen dem Beauftragten des Bezirksbürgermeisters, der AG Gesundheitsmanagement, der AOK/BGF und der Unfallkasse wurde ein längerfristiger Projektplan entwickelt, der keinen Gesundheitstag oder isolierte Gesundheits-Verhaltens-Kurse enthielt, sondern durch Analyse vor Aktion gekennzeichnet war.

Ausgehend von einem durchschnittlich hohen Krankenstand der Beschäftigten und den damit verbundenen unproduktiven Lohnfort-

zahlungskosten (jährlich ca. 10 Millionen Euro), wurden Projektziele formuliert, von denen der Bezirksbürgermeister als Dienststellenleiter überzeugt werden musste und konnte. Projektziele waren:
1. Verbessern von Arbeitsmotivation, Arbeitsfreude, Identifikation mit der Arbeitsaufgabe,
2. Anbieten, Unterstützen von Stressmanagement (bedarfs- und bereichsspezifisch angepasst),
3. Erhalten der Arbeitsfähigkeit älterer MitarbeiterInnen und Nutzen des Erfahrungswissens,
4. Prävention psychischer Erkrankungen,
5. Ermöglichen eines gesunden Umgangs mit Veränderungsprozessen,
6. Aufbau eines Krankenstandscontrollings,
7. Sichern der Nachhaltigkeit über das Schaffen bzw. Optimieren notwendiger Strukturen.

Mit dem so erhaltenen grünen Licht von oben galt es im nächsten Schritt, die mittlere Führungsebene zur Mitarbeit einzuladen und für die Mitarbeit zu gewinnen. Dazu führten wir Ende 2004 einen Startworkshop durch, an dem sämtliche relevanten Führungskräfte und AkteurInnen teilnahmen. Zusätzlich zu den Kooperationspartnern AOK/BGF und der Unfallkasse nahm auch der Leiter der Rehabilitationsabteilung der damaligen Bundesversicherungsanstalt für Angestellte (jetzt Deutsche Rente) teil. Wichtig war, die Führungskräfte zu motivieren, zu überzeugen, ja zu begeistern, sich für das Projekt zu öffnen und es mehr als nur zu tolerieren, nämlich es zu unterstützen und sich davon selbst Entlastung und Nutzen für sich, die MitarbeiterInnen und die Arbeit zu erhoffen. Die Veranstaltung war ein voller Erfolg. Es gab niemanden, der Skepsis oder gar Ablehnung äußerte. Erste Freiwillige signalisierten Bedarf bzw. Bereitschaft, mit ihrer Organisationseinheit als Pilotbereich ins Projekt einsteigen zu wollen. Hauptinhalte des Auftaktworkshops waren Zusammenhänge zwischen Arbeit und Gesundheit, das Modell der AOK/BGF und dessen Philosophie (vgl. Westermayer/Stein 2006), der Gesundheitsindikatoren- bzw. Gesundheitspotenzial-Ansatz, einschließlich des methodischen Vorgehens. Der nächste wichtige Schritt war das Konstituieren des Projekt-Steuerkreises am 25. April 2005 mit allen relevanten AkteurInnen (von Beschäftigtenvertretungen über den Datenschutzbeauftragten bis zum Steuerungsdienst u. a. m.), um die MitarbeiterInnen-Befragung mit dem leicht angepassten BGF-Fragebogen »Diagnose Betrieblicher Gesundheit«, der ursprünglich von Ducki (2000) entwickelt wurde, zu planen und vorzubereiten, die dann noch vor der Sommerpause 2005 durchgeführt wurde (vgl. Bonn/Mucha 2005). Dank unserer wellenartigen Kampagne für die Befragung erreichten wir 48% Rücklauf der Fragebögen. Zum Erfolg des Gesamtprojekts trug bei, dass Ergebnisse immer zeitnah präsentiert wurden und als Handlungsprinzip Transparenz galt.

Aufgrund der Ergebnisse der Gesamtbefragung wurde aus der dort eingesetzten Langfassung des Fragebogens ein Kurzfragebogen empirisch gewonnen, mit dem die Wirkungen der Maßnahmen gemessen wurden (Evaluation). Angestrebte Verbesserungen konnten nachgewiesen werden und sind veröffentlicht. Selbst in der Gesundheitsquote lässt sich dieser Nachweis erbringen (vgl. Mucha/Westermayer 2010).

2.2.2 Aufbau nachhaltiger Strukturen

Die inzwischen aufgebauten Strukturen lassen sich am besten durch die Abbildung (Abbildung 1) des Organigramms des Betrieblichen Gesundheitsmanagements veranschaulichen.

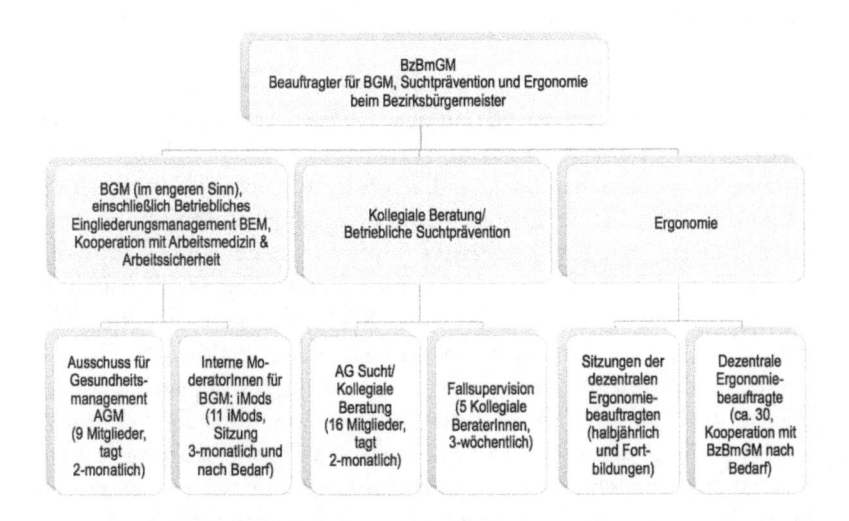

Abbildung 1: Organigramm des Betrieblichen Gesundheitsmanagements

2.2.3 Diagnose betrieblicher Gesundheit

Ergebnisse der MA-Befragung waren:
1. Arbeitsfreude und Selbstvertrauen sind ausbaufähig.
2. Identifikation hat den größten Einfluss auf Arbeitsfreude und Selbstvertrauen (zur Bedeutung von Identifikation als Gesundheitspotenzial in Zusammenhang mit Stress siehe Westermayer/ Mucha 2008; Mucha 2009).
3. Information und Beteiligung werden als nicht zufriedenstellend empfunden. Wenn Führungskräfte MitarbeiterInnen nicht einbinden, entsteht kaum Bindung/Identifikaton (vgl. Gallup 2011).
4. Anerkennung ist teilweise wenig vorhanden.
5. Kombination von Zeitdruck und unerwünschten Unterbrechungen fällt auf.
6. Entwicklungschancen haben keinen messbar signifikanten Einfluss auf Gesundheitsindikatoren. Sie werden als am wenigsten vorhanden wahrgenommen!
7. Die Beschäftigten befanden sich im Stadium der Erschöpfung, das dem der Gereiztheit folgt und nach dem Erkrankungen auftreten, wenn nicht gegengesteuert wird. Für Rau »produziert« die ganze »gesellschaftliche Situation [...] ›erschöpfte Subjekte‹« und »arbeitsbedingte Depression, an deren Ende ein Suizid stehen kann« (2009, S. 74).

Zunächst begannen wir mit zwei Pilotbereichen, einem mit auffällig problematischen Ergebnissen und dem mit den besten Werten. Jährlich kamen weitere Bereiche hinzu, bis es schließlich 11 waren. In chronologischer Reihenfolge handelt es sich um folgende Bereiche, die auch die Vielfalt des öffentlichen Dienstes deutlich machen: Stadtbibliothek mit ihren Zweigstellen; Grundsicherung, Hilfe zum Lebensunterhalt, Wohnungswesen des Sozialamts; Standplanungsamt, einschließlich Baugenehmigungsamt und Denkmalschutz; Städtische Senioren-Pflegeeinrichtungen; JobCenter; Jugendamt (Regionaler Sozialdienst); Gruppe Außendienst des Ordnungsamts; Tiefbauamt; Sozialpsychiatrischer Dienst; Bürgeramt mit seinen Bürgerbüros; Straßenverkehrsbehörde.

In jeweils ganztägigen MitarbeiterInnen- bzw. Führungskräfte-Workshops wurden bereichsspezifische Lösungsideen erarbeitet und Maßnahmen vereinbart, die dann umzusetzen waren. Zielführend waren Treiberanalysen (multivariate statistische Verfahren), die genau die

Gesundheitsgefahren bzw. -potenziale offenbarten, die im jeweiligen Bereich den größten Einfluss auf Gesundheit hatten.

2.2.4 Maßgeschneiderte Interventionen

Die entsprechend maßgeschneiderten Interventionen waren u. a.:
1. Steigerung der Wertschätzung u. a. auch durch ergonomische Maßnahmen für weit unten in der Hierarchie Stehende;
2. Bewusstmachen des Teufelskreises aus quantitativer Überlastung, Reduzierung von fachlichen Kommunikationen, Häufung von Fehlern, mehr Widersprüche von Antragstellern, noch mehr Arbeit, Sinken der Gesundheitsquote usw.;
3. »mehr Herzlichkeit« im Umgang miteinander;
4. Optimieren von Arbeitsabläufen;
5. Stressmanagement im Umgang mit Kunden;
6. Supervision;
7. Teamentwicklung;
8. Stärkung der Identifikation mit der Arbeit;
9. Image-Kampagne;
10. Verbesserung von Information und Beteiligung;
11. Erkennen von Qualifizierungsbedarf und Unterstützung von In-house-Schulungen auch zur Verbesserung der Teamentwicklung;
12. Unterstützung beim Umgang mit Umstrukturierungen.

An dieser Stelle können nicht die erfolgreichen Ergebnisse ausgebreitet werden. Sie sind in diversen Veröffentlichungen nachzulesen (zuletzt Mucha 2011).

Hier sollen die Prinzipien deutlich werden, die die Grundvoraussetzung für erfolgreiches Betriebliches Gesundheitsmanagement sind.

3 Visionen

3.1 Spurensuche 2 (im Sinne: Loipe spuren, prospektiv)

Die Forderung der beiden österreichischen Berufsverbände der Psychologinnen (Gesellschaft kritischer Psychologinnen & Psychologen und Berufsverband Österreichischer PsychologInnen), ArbeitspsychologInnen verpflichtend als dritte Präventivkraft im Arbeitsschutzgesetz zu verankern (Gesellschaft kritischer Psychologen & Psychologinnen 2011), sollte vom Berufsverband Deutscher Psychologinnen und Psychologen und von der Neuen Gesellschaft für Psychologie forciert auf die Agenda gesetzt werden. Neben klassischem Arbeitsschutz und neben Arbeitssicherheit muss endlich aktiv Betriebliches Gesundheitsmanagement betrieben werden (vgl. Greifenstein/Weber 2007, S. 3).

3.1.1 Wege entstehen dadurch, dass man sie geht!

An dieser Stelle soll ein Beispiel für Wege, die man gehen kann und die dann auch nachhaltig Spuren hinterlassen, hervorgehoben werden: Das BGM des Bezirksamts Tempelhof-Schöneberg von Berlin ist 2010 mit dem CORPORATE HEALTH AWARD in der Branche Öffentliche Verwaltung ausgezeichnet worden, weil es bundesweit Maßstäbe gesetzt habe (vgl. EuPD Research 2010).

BGM darf sich weder als Feigenblatt auf verhaltensorientierte Rückenschule etc. beschränken (lassen) und so eine Schmieröl-Funktion für verschlissene Knochen übernehmen noch einen Maulkorb akzeptieren, wenn es darum geht, Analysedaten zu präsentieren, mögliche Gesundheitsgefährdungen beim Namen zu nennen und als Konsequenz verhältnisorientierte Maßnahmen abzuleiten.

BGM sollte wie ein »Partisan der Freiheit« Solidarität mit Gesundheitsgefährdeten zeigen (dürfen): Nicht derjenige ist abzumahnen, der auf Missstände hinweist, sondern die Verantwortlichen, die sie dulden oder gar bedingen, sind zu gesundem Leitungshandeln aufzufordern. Rau vermisst »eine Sprache des Leidens, die am Arbeitsplatz gesprochen wird« (2009, S. 75). Auch diese Funktion könnte BGM zeitweise haben, allerdings mit dem Ziel, Arbeitende zu ermutigen, ihre Stimme zu erheben. Das würde auch zu »einer veränderten Optik« (Sloterdijk 2009, S. 14) führen und »zur Explizitmachung von Verhältnissen« (ebd., S. 17). Das sei der wahre Fortschritt: »Unthematisches thematisch machen, noch Unbekanntes ans Licht bringen und nur dunkel Mitgewußtes in ausdrücklich Gewußtes umwandeln« (ebd., S. 18). So lange es Menschen gibt, die als »einziges Vermögen« ihre Arbeitskraft haben, die sie verkaufen müssen, um zu (über)leben, gilt immer noch, was Marx schon vor 150 Jahren im Kapitel »Die Grenzen des Arbeitstags« schrieb, dass »Gesundheit und

Frische« geschützt werden müssen (Marx 1973, S. 248). Richter (2010) warnt davor, dass Unternehmen Menschen »verschrotten« (Paneldiskussion »Prekäre Arbeit und Gesundheit« auf der zitierten Tagung).

3.2 Essentials für Nachhaltigkeit

Die Dominanz politischer Kleinkariertheit, die oft nur bis zum nächsten Wahltermin denkt, wirkt sich leider nicht nur persönlich demotivierend und kränkend aus, sondern auch gesundheitspolitisch-volkswirtschaftlich Ressourcen verschleißend bzw. verschwendend.

An ihre Stelle muss endlich personelle, strukturelle und finanzielle Absicherung treten!

Systematisches Erhöhen von Gesundheitsgefährdungen durch hilflose Politik (z. B. Stellenstreichungen bei gleichzeitiger Fallzahlerhöhung und Reduzierung von Dienstbesprechungen entgegen vereinbarter Maßnahmen) muss beendet werden.

In dem Ausmaß, in dem betriebswirtschaftliche Prinzipien aus privatwirtschaftlich-kapitalistischen Organisationen im Non-profit-Bereich öffentlicher Dienst um sich greifen, wird auch das kapitalistische Prinzip der Ausbeutung des Menschen durch den Menschen mit all seinen brutalen Konsequenzen in Kauf genommen (Doping am Arbeitsplatz, Präsentismus).

Unabdingbare Voraussetzungen für Gesundheitssicherung am Arbeitsplatz sind: Betriebliches Gesundheitsmanagement darf nicht als eines von vielen Themen innerhalb des Personalmanagements oder gar dem Steuerungsdienst untergeordnet und damit auf betriebswirtschaftliches Denken beschränkt werden. BGM muss als selbstverständliche Querschnittsaufgabe gelebt werden! BGM muss als Chefsache immer einbezogen werden, wenn die Gesundheit der MitarbeiterInnen berührt sein könnte. Elke/Schwennen fordern »die Integration von BGF in den Alltag (z. B. BGF als TOP jeder Führungsbesprechung)« (2008, S. 42).

In der Gemeinsamen Deutschen Arbeitsschutzstrategie[2] von Bund, Ländern und Unfallversicherungen ist unter 3.2 »Veränderungen in der Arbeitswelt« nachzulesen:

---

2 Alle zitierten Dokumente sind über das GDA-Internetportal zugänglich: http://www.gda-portal.de

»Die Wirtschaft hat auf zunehmenden Konkurrenzdruck, ausgelöst von globalisierten Märkten, zu reagieren. Die Folgen dieser Veränderungen für die Beschäftigten sind vielfältig: Einerseits verlieren physische Beanspruchungen bedingt durch den technologischen Wandel an Bedeutung, andererseits führen erhöhter Zeit- und Verantwortungsdruck, Über- und Unterforderung oder auch die Angst um den Arbeitsplatz zunehmend zu psychischen Fehlbelastungen. Zudem verändert sich der Charakter der arbeitsbedingten Belastungen durch den beschleunigten Innovationsdruck und damit verbundene schnelle Technologiewechsel. Diese Entwicklung erhöht insgesamt den Stellenwert der Prävention arbeitsbedingter Gesundheitsgefährdungen« (GDA 2008, S. 4).

Folgerichtig bekommen das Erfassen psychosozialer Belastungen und die Förderung psychischer Gesundheit höchste Priorität (GDA-Fachkonzept 2007, Anlagen 3a und insbesondere 5) und fordert die GDA das Verringern psychischer Fehlbelastungen.

Im Arbeitsprogramm »Gesund und erfolgreich arbeiten im Büro« geht es um das Etablieren und Stärken einer Präventionskultur in Büro-Betrieben zur Reduktion des Einflusses physischer und psychosozialer Risikofaktoren auf Muskel-Skelett-Belastungen und -Erkrankungen (MSE) und um die Förderung der Gesundheitskompetenz von Führungskräften und Beschäftigten durch das Entwickeln zielgruppen- und tätigkeitsspezifischer Schulungsangebote (vgl. GDA-Arbeitsprogramme 2008–2012, 2010, S. 19).

All das macht Mut und gilt es so umzusetzen: »Gesundheit in alle politischen Fragen einzubauen (Health in all policies)« (Kuhn 2010, S. 49) und mit der Entwicklung einer »Kultur der Prävention […] einen Beitrag für menschenwürdige Arbeitsbedingungen zu leisten« (ebd.).

Schließlich sollte es auch ein Essential sein: Wenn man Gutes tut, ist es für alle sinnvoll und hilfreich, darüber zu reden (vgl. Mucha 2004).

3.2.1 Wechselwirkungen: Menschenwürdige Arbeitsbedingungen, gesunde KollegInnen, hochwertige Arbeit, gesellschaftliche Veränderungen

Peter Richter (2009) warnt vor den Auswirkungen verstärkter Anpassung und »bedingungsloser Bereitschaft« zu prekären Arbeitsbedingungen und ruft zu gesünderem »Aufbegehren« auf. Kick (2009, S. 160ff.) macht sich für eine gesunde Balance zwischen verschiedenen

Wertebereichen stark, in denen Erfolg und Leistung nicht fluchtartig verabsolutiert werden dürften.

Hochwertige Arbeit leisten zu wollen oder – in Sennetts Worten (2008) – die Motivation zu haben, eine Sache möglichst gut machen zu wollen, diese Quelle der Gesundheit gilt es wieder zu befreien und zum Sprudeln zu bringen.

Es bedarf gemeinsamer Anstrengungen, um das anfangs (Kapitel 1.1.2) beschriebene Szenario im Sinne der Ottawa-Charta der WHO zu überwinden. Die Welt nur zu interpretieren, aber nicht zu verändern, wäre ein weiteres Beispiel bequemer Verantwortungsdiffusion und stünde im Gegensatz zu gern behaupteter ganzheitlicher eigener Praxis.

Literatur

Adorno, Theodor Wiesengrund; Holzkamp, Klaus; Marcuse, Herbert; Reich, Wilhelm et al. (1970): Kritische Psychologie. Berlin (Raubdruck).

Badura, Bernhard & Steinke, Mirko (2009): Betriebliche Gesundheitspolitik in der Kernverwaltung von Kommunen. Düsseldorf (Hans-Böckler-Stiftung).

Badura, Bernhard; Schröder, Helmut; Klose, Joachim & Macco, Katrin (Hg.)(2010): Fehlzeiten-Report 2009. Arbeit und Psyche: Belastungen reduzieren – Wohlbefinden fördern. Heidelberg (Springer).

BGF – Gesellschaft für Betriebliche Gesundheitsförderung mbH (2009): Gesundheitsbericht Berlin-Brandenburg. Berlin. URL: http://www.healthcapital.de/fileadmin/download/2010/Publikationen/01_2010_Laenderuebergreifender_Gesundheitsbericht.pdf (Stand: 15.07.2011).

Bonn, Verena & Mucha, Klaus (2005): Mitarbeiter/innenbefragung im Bezirksamt Tempelhof-Schöneberg. In: Busch, Rolf & Senatsverwaltung für Inneres Berlin (Hg.): Gesundheitsforum 2005. Schriftenreihe des Weiterbildungszentrums der Freien Universität Berlin. Bd. 4. Berlin (FU Berlin), S. 170–181.

Booz & Company (2011): Vorteil Vorsorge. Die Rolle der betrieblichen Prävention für die Zukunftsfähigkeit des Wirtschaftsstandortes Deutschland. Düsseldorf/München. Zu beziehen unter http://www.booz.com/de/home/Presse/Pressemitteilungen/pressemitteilung-detail/49542837 (Stand: 15.11.11).

Bürger, Wolfgang (2008): Stufenweise Wiedereingliederung zu Lasten der Gesetzlichen Rentenversicherung. Häufigkeit, Indikationsstellung, Einleitung, Durchführung, Bewertung und Ergebnisse. Abschlussbericht. Karlsruhe. Forschung und Beratung im Gesundheitswesen. URL: http://forschung.deutsche-rentenversicherung.de/ForschPortalWeb/ressource?key=STW_Abschlussbericht.pdf (Stand: 15.07.2011).

Ducki, Antje (2000): Diagnose gesundheitsförderlicher Arbeit. Eine Gesamtstrategie zur betrieblichen Gesundheitsanalyse. Zürich (vdf Hochschulverlag).

Elke, Gabriele & Schwennen, Christian (2008): Stand und Perspektiven der betrieblichen Gesundheitsförderung (BGF). In: Schwennen, Christian; Elke, Gabriele; Ludborzs, Boris; Nold, Helmut; Rohn, Stefan; Schreiber-Costa, Sabine & Zimolong, Bernhard (Hg.): Psychologie der Arbeitssicherheit und Gesundheit. Kröning (Asanger), S. 39–42.

EuPD Research (2010): Deutschlands gesündeste Unternehmen ausgezeichnet. Pressemitteilung vom 24.11.10. URL: http://www.eupd-research.com/view/PressRelease/document/101124_dp_PM_Gewinner_CHA.pdf (Stand: 14.07.2011).

Foucault, Michel (1996): Diskurs und Wahrheit. Berlin (Merve).

Frisch, Max (1957): Homo Faber. Frankfurt/M. (Suhrkamp).

Gallup Consulting (2011): Gallup Engagement Index. URL: http://eu.gallup.com/Berlin/118645/Gallup-Engagement-Index.aspx (Stand: 10.07.2011).

GDA (2008): Gemeinsame Deutsche Arbeitsschutzstrategie. URL: http://www.gda-portal.de (Stand: 15.07.2011).

Gesellschaft kritischer Psychologen & Psychologinnen (2011): Psychische Belastungen steigen – Betriebe brauchen Unterstützung! Online-Petition. URL: http://www.psychologieundarbeit.com(Stand: 02.07.2011).

Gesundheit Berlin-Brandenburg (2009): Qualitätskriterien für Betriebliche Gesundheitsförderung. URL: http://www.gesundheitberlin.de/download/Qualitaetskriterien_Arbeitskreis_Betriebliche_Gesundheitsfoerderung_final.pdf (Stand: 11.07.2011).

Ginzburg, Carlo (1988): Spurensicherung. Der Jäger entziffert die Fährte, Sherlock Holmes nimmt die Lupe, Freud liest Morelli – die Wissenschaft auf der Suche nach sich selbst. In: Ginzburg, Carlo: Spurensicherungen. Über verborgene Geschichte, Kunst und soziales Gedächtnis. München (Deutscher Taschenbuch Verlag), S. 78–125.

Greifenstein, Ralph & Weber, Helmut (2007): Vom Klassiker »Humanisierung der Arbeit« zum Zukunftsprogramm »Gute Arbeit«. WISO direkt (ohne Jahrgangsnummer), September-Heft, 1–4.

Handrich, Christoph (2011): Professionalität und Qualität der Arbeit. In: Haubl, Rolf & Voß, Günter (Hg.): Riskante Arbeitswelt im Spiegel der Supervision. Göttingen (Vandenhoeck & Ruprecht), S. 11–17.

Haubl, Rolf; Voß, Günter (Hg.)(2011): Riskante Arbeitswelt im Spiegel der Supervision. Eine Studie zu den psychosozialen Auswirkungen spätmoderner Erwerbsarbeit. Göttingen (Vandenhoeck & Ruprecht).

Hien, Wolfgang (2011): Arbeitswelt und seelische Gesundheit. Gute Arbeit 7(5), 37–39.

Hüther, Gerald (2009): Der Anteil der Arbeit an der Menschwerdung des Affen aus neurobiologischer Sicht. In: Hänsel, Markus & Matzenauer, Anna (Hg.): Ich arbeite, also bin ich? Sinnsuche und Sinnkrise im beruflichen Alltag. Göttingen (Vandenhoeck & Ruprecht), S. 165–171.

Kick, Hermes (2009): Was ist Glück? Von der Arbeit, dem Sinn und der neuen Balance. In: Hänsel, Markus & Matzenauer, Anna (Hg.): Ich arbeite, also bin ich? Sinnsuche und Sinnkrise im beruflichen Alltag. Göttingen (Vandenhoeck & Ruprecht), S. 157–164.

Kroll, Lars; Müters, Stephan & Dragano, Nico (2011): Arbeitsbelastungen und Gesundheit. GBE kompakt 2(5), 1–7.

Kuhn, Karl (2010): Psychische Gesundheit am Arbeitsplatz aus europäischer Sicht. In: Badura, Bernhard; Schröder, Helmut; Klose, Joachim & Macco, Katrin (Hg.): Fehl zeiten-Report 2009. Arbeit und Psyche: Belastungen reduzieren – Wohlbefinden fördern. Heidelberg (Springer), S. 41–51.

Landesvereinigung für Gesundheit und Akademie für Sozialmedizin Niedersachsen (2009): Betriebliches Gesundheitsmanagement in öffentlichen Verwaltungen. Hannover (Unidruck).

Lenhardt, Uwe (2007): Arbeitsbedingungen in Deutschland: Nichts für schwache Nerven. Gute Arbeit 3(3), 36–39.

Ludborzs, Boris (2008): Tätigkeit von Sicherheits- und Gesundheitspsychologen in der Unfallversicherung. In: Schwennen, Christian; Elke, Gabriele; Ludborzs, Boris; Nold, Helmut; Rohn, Stefan; Schreiber-Costa, Sabine & Zimolong, Bernhard (Hg.): Psychologie der Arbeitssicherheit und Gesundheit. Kröning (Asanger), S. 31–36.

Macco, Katrin & Schmidt, Jana (2010): Krankheitsbedingte Fehlzeiten in der deutschen Wirtschaft im Jahr 2008. In: Badura, Bernhard; Schröder, Helmut; Klose, Joachim & Macco, Katrin (Hg.): Fehlzeiten-Report 2009. Arbeit und Psyche: Belastungen reduzieren – Wohlbefinden fördern. Heidelberg (Springer), S. 275–423.

Marx, Karl (1973): Das Kapital. Bd. 1 (MEW 23). Berlin (Dietz).

Mields, Just (2009): Entgrenzungserleben und Entgrenzung von Arbeit. Hamburg (Verlag Dr. Kovac).

Mucha, Klaus (1989): Sinn, Sinnverlust, Sinnfindung und -erfüllung im Beruf. In: Holodynski, Manfred & Jantzen, Wolfgang (Hg.): Studien zur Tätigkeitstheorie V. Persönlicher Sinn als gesellschaftliches Problem. Bielefeld (Universität), S. 176–199.

Mucha, Klaus (1998): Kränkung. In: Heinrich, Peter & Schulz zur Wiesch, Jochen (Hg.): Wörterbuch der Mikropolitik. Opladen (Leske + Budrich), S. 144–147.

Mucha, Klaus (2004): Gesundheitsmanagement in einer Berliner Bezirksverwaltung. Es gibt nichts Gutes, außer man tut es. Oder: Auf der Suche nach der archimedischen Spirale. In: Busch, Rolf & AOK Berlin (Hg.): Unternehmensziel Gesundheit. Betriebliches Gesundheitsmanagement in der Praxis – Bilanz und Perspektiven. München (Hampp), S. 242–249.

Mucha, Klaus (2009): Diagnose von Gesundheitsgefahren und Gesundheitspotenzialen in der Arbeit unter besonderer Berücksichtigung von Stress und Identifikation. URL: http://www.gesa.schleswig-holstein.de/documents/Dr_Mucha_Elmshorn_Vortrag.pdf (Stand: 11.07.2011).

Mucha, Klaus (2011): Betriebliches Gesundheitsmanagement im Öffentlichen Dienst. In: Bamberg, Eva; Ducki, Antje & Metz, Anna-Marie (Hg.): Gesundheitsförderung und Gesundheitsmanagement in der Arbeitswelt. Göttingen (Hogrefe), S. 581–593.

Mucha, Klaus & Heimlich, Julie (2009): Gesundheit, Gerechtigkeit und Organisationsveränderung am Beispiel des Bezirksamtes Tempelhof-Schöneberg. In: Gesundheit Berlin-Brandenburg (Hg.): Dokumentation 14. Kongress »Armut und Gesundheit«, CD-ROM. ISBN 978–3–939012–09–2.

Mucha, Klaus & Westermayer, Gerhard (2010): Steigender Krankenstand trotz wirtschaftlicher Flaute: Was kann man tun? Erfolgreiche Projekte in der Verwaltung. Präsentation auf der 4. Fachkonferenz für Personalmanagement im Öffentlichen Dienst des Praxisforums Personal im Ernst-Reuter-Haus in Berlin-Charlottenburg am 29.4.2010. URL: http://development.praxisforum-personal.de/sites/default/files/node-files/PP_D_Mucha_Westermayer.pdf (Stand: 14.07.2011).

Rau, Alexandra (2009): Suizid und neue Leiden am Arbeitsplatz. Widerspruch 29(56), 67–77.
Reusch, Jürgen (2011): Immer mehr Beschäftigte leiden an psychischen Störungen. Gute Arbeit 7(3), 36–39.
Richter, Peter (2009): Aufbegehren ist gesünder. Interview in der Frankfurter Rundschau. FR-online, 30.4.2009. www.fr-online.de oder URL: http://fr-aktuell.gbi.de/webcgi?WID=87322–8960581–61968_2 (Stand: 15.07.2011).
Richter, Peter (2010): Allzeit zu allem bereit? Wenn flexible Arbeit prekär wird. Vortrag auf der Tagung der Friedrich-Ebert-Stiftung »Arbeit von morgen – gerecht verteilt und gesund?!« in Berlin am 23.06.2010. URL: http://www.fes.de/integration/pdf/100623_Richter.pdf (Stand: 15.07.2011).
Seeßlen, Georg (2010): Karoshi für alle! Oder: Totarbeiten als neuer Extremsport in der Mittelschicht. Ein Bericht aus der Hölle. Konkret 37(1), 42–45.
Sennett, Richard (1998): Der flexible Mensch. Die Kultur des neuen Kapitalismus. Berlin (Berlin Verlag).
Sennett, Richard (2008): Handwerk. Berlin (Berlin Verlag).
Sloterdijk, Peter (2009): Du mußt dein Leben ändern. Frankfurt/M. (Suhrkamp).
Sockoll, Ina & Kramer, Ina (2010): Heute Stress im Job, morgen Depression? Die BKK 100(2), 112–118.
Ver.di (2011): Kita-Projekt. Standort (ohne Jahrgangsnummer), Juli-Heft, 14.
Weltgesundheitsorganisation Regionalbüro für Europa (1999): Gesundheit 21. Das Rahmenkonzept »Gesundheit für alle« für die Europäische Region der WHO. Europäische Schriftenreihe »Gesundheit für alle«. Nr. 6. Kopenhagen (WHO).
Westermayer, Gerhard & Mucha, Klaus (2008): Identifikation als Gesundheitspotenzial. Erfolgreiche Organisationsentwicklung mit dem »3 I's Konzept«. In: Busch, Rolf & Senatsverwaltung für Inneres und Sport Berlin (Hg.): Gesundheitsforum 2007. Dokumentation der 4. Tagung zum Betrieblichen Gesundheitsmanagement in der Berliner Verwaltung vom 12. November 2007. Berlin (Weiterbildungszentrums der Freien Universität Berlin), S. 65–99.
Westermayer, Gerhard & Stein, Bertolt (2006): Produktivitätsfaktor Betriebliche Gesundheit. Göttingen (Hogrefe).
Wissenschaftliches Institut der AOK (WIdO)(2010): Termin- und Leistungsdruck nimmt zu. WIdO-Analyse betrieblicher Mitarbeiterbefragungen. Pressemitteilung vom 1.11.10. Berlin, S. 1–4. URL: http://www.wido.de/fileadmin/wido/downloads/pdf_pressemitteilungen/wido_pra_pm_mab_1110.pdf (Stand: 15.07.2011).

Teil I

Gesellschaftliche Anforderungen oder neoliberale Zumutungen?

Arbeitslose: Parias wider Willen

Politisch-psychologische Anmerkungen
zum Staatsrassismus des Neoliberalismus[1]

Michael Wolf

I

Die seit Mitte der 1970er Jahre auftretenden ökonomischen Krisenerscheinungen haben in der Bundesrepublik Deutschland, unter anderem vermittelt über die seither anhaltend hohe Massenarbeitslosigkeit, zu einer »Krise der Staatsfinanzen« (*Groth* 1978) geführt, die schon die seinerzeitige Bonner sozial-liberale Bundesregierung unter Helmut Schmidt veranlasste, eine »Sozialpolitik der mageren Jahre« (*Windhoff-Héritier* 1983) zur Sanierung des Staatshaushalts und zur Kostenbegrenzung des Wohlfahrtsstaats einzuleiten. Diese mündete in einer Reihe von Maßnahmen, deren Höhepunkt in der sogenannten »Haushaltsoperation '82« (vgl. hierzu etwa *Hickel* 1981) bestand, die dem »langsamen Siechtum des sozialdemokratischen Keynesianismus ein abruptes Ende« (*Esser/Fach* 1982, S. 434) bereitete und sich als »Signal für eine *strukturelle* Tendenzwende« (ebd.) in der Haushaltspolitik erwies, insofern sie auf eine »Umsichtung der nationalen Finanzressourcen von den konsumtiven zu den produktiven Zwecken« (ebd., S. 442) abstellte. Damit war der Anfang gemacht für eine Entwicklung, die sich fortsetzte über das berühmt-berüchtigte Lambsdorff-Papier von 1982 mit dem Titel »Konzept für eine Politik zur Überwindung der Wachstumsschwäche und zur Bekämpfung der

---

1 Der Beitrag fußt zu großen Teilen auf einem Artikel, der in der Internetzeitschrift *Kritiknetz* unter dem Titel »Die Organisierung des sozialen Krieges: zur staatspolitischen Dimension der Hartz-IV-Reform« am 6. Juli 2009 veröffentlicht worden ist.

Arbeitslosigkeit«, das verfasst worden war von dem späteren Bundesbankchef und heutigen Kuratoriumsvorsitzenden der Initiative Neue Soziale Marktwirtschaft, Hans Tietmeyer, und mit dem nicht nur das Ende der sozial-liberalen Koalition besiegelt, sondern auch der neoliberale Umbau der bundesdeutschen Gesellschaft eingeleitet wurde.

Das Lambsdorff-Papier enthielt ebenso wie die politisch-inhaltlich daran anschließenden und teilweise darüber hinausgehenden »Zehn Thesen zum Problem der Arbeitslosigkeit« des ehemaligen niedersächsischen Ministerpräsidenten (und Vater der derzeitigen Bundesarbeits- und Sozialministerin Ursula von der Leyen – honi soit qui mal y pense) Ernst Albrecht, einen Forderungskatalog von sozialpolitischen Rohheiten, den die konservativ-liberale Bundesregierung unter Helmut Kohl in den Folgejahren peu à peu umzusetzen versuchte und der sich dadurch auszeichnete, dass er in erster Line gegen die abhängig Beschäftigten und sozial schwachen Transfereinkommensbezieher gerichtet war und soziale Ungleichheit zur Produktivkraft erklärte. Seit dieser Zeit wird ein »dreißigjährige[r] Feldzug gegen den Sozialstaat« (*Hengsbach* 2004, S. 21) geführt, der allerdings zwischenzeitlich die Form eines Bürgerkriegs der hegemonialen Elite gegen die eigene Bevölkerung, insbesondere die Arbeitslosen und Armen, angenommen hat.

Dies zeigt sich beispielsweise an dem vermehrten Einsatz von solchen ›geistigen Brandsätzen‹, wie sie in jüngster Zeit von gesellschaftspolitischen Hasardeuren etwa vom Schlage Sarrazins', Sloterdijks oder Heinsohns gezündet worden sind, die mit eindeutig rassistisch konnotierten Begründungen großen Teilen der Bevölkerung den Staatsbürgerstatus vorenthalten und hierdurch besonders scharfen Ausbeutungsformen unterwerfen möchten. Im Kern zielt der hegemoniale Diskurs der »Denker der Ungleichheit« (*Lucke* 2009, S. 61) auf die Herstellung von Denk-, Wahrnehmungs- und Affektgewohnheiten, sprich einer »Mentalität« (*Brückner* 1978, S. 66f.), der der »Wille zur Macht« (*Nietzsche* 1988a, passim) eigen ist und der in der »Herrenmoral« der Mächtigen (der Elite: der »Herrenrasse«) sich verkörpert, die der »Sklavenmoral« der Schwachen und Bedürftigen (der Masse: der »Herde«) (vgl. *Nietzsche* 1988b, passim) entgegengesetzt ist.

Dass zwischen dem Propagieren von Ungleichheit und deren politisch-administrativer Umsetzung, zwischen Mentalität und Tat- beziehungsweise Gewaltbereitschaft oftmals nur ein kleiner Spalt klafft, wird bei einem genaueren Blick auf die ökonomische und politische Situation der Bundesrepublik Deutschland der Gegenwart nachdrücklich klar. Betrachtet man zum Beispiel die in den letzten Jahren geführte sozialpolitische Missbrauchsdebatte, so lässt sich diese durchaus interpretieren als Bestandteil einer psychologischen Kriegsführung im Rahmen eines sozialen Krieges, der vom bundesrepublikanischen Staat und dessen hegemonialen Eliten gegen die zum innerstaatlichen Feind erklärten Arbeitslosen geführt wird. Diese These mag womöglich manch einen etwas martialisch anmuten, aber sie reflektiert lediglich, dass die Figur des »Sozialschmarotzers« aus dem Geiste eines »Staatsrassismus« (*Foucault* 2001, passim) stammt, also eines Rassismus, den »die Gesellschaft gegen sich selber« (ebd., S. 81) kehrt und bei dem soziale Gruppen, hier die Arbeitslosen, entlang sozialer Marker als Normabweichler, Gegner oder Feind mit dem Zweck konstituiert werden, diese zu bekämpfen und auszugrenzen.

Zur Plausibilisierung vorgenannter These sind fünf Schritte vorgesehen. Der *erste* Schritt will mit einer groben Skizze der letzten Missbrauchsdebatte in die Thematik einführen (II). Der *zweite* Schritt versteht sich gewissermaßen als Zwischenbemerkung, und zwar insofern, als er sich nicht der politischen Funktion des Schmähworts »Sozialschmarotzer«, sondern der Vokabel selbst zuwendet (III). Der *dritte* Schritt befasst sich mit dem Sachverhalt, dass zwischen der Realität des Sozialleistungsmissbrauchs und seiner öffentlichen Thematisierung eine erhebliche Diskrepanz existiert (IV). Hat man diese Diskrepanz erst einmal als Ausdruck einer Inszenierung und Dramatisierung erkannt, wirft dies nahezu zwangsläufig die Frage auf nach dem Warum beziehungsweise dem Cui bono der Dramatisierung des Sozialleistungsmissbrauchs. Gewöhnlich wird dieser Frage auf der Ebene der ›Oberflächenstruktur‹ nachgegangen, was hier dem *vierten* Schritt vorbehalten sein soll (V). Da Wissenschaft bei der Analyse des in Rede stehenden Problems sich damit allerdings nicht begnügen darf, soll im *fünften* und letzten Schritt versucht werden, zu dessen ›Tiefenstruktur‹ vorzudringen, das heißt, es soll aufgezeigt werden, dass sich hinter der in den letzten Jahren erneut aufgeflammten Kampagne gegen Arbeitslose mehr verbirgt als eine der üblichen und in Konjunkturen verlaufenden Debatten über Sozialleistungsmissbrauch: nämlich der »Wille zur Macht« als Wille zur gesellschaftlichen Ausgrenzung, ja, selbst zur Vernichtung all jener, die nach der Logik kapitalistisch-marktwirtschaftlicher Rationalität als mehr oder weniger überflüssig erscheinen – der »Unproduktiven« (*Sarrazin* 2009), der »Transfermassennehmer« (*Sloterdijk* 2009), der (ausländischen) »Niedrigleister« (*Heinsohn* 2010).

II

Schon immer ist Arbeitslosigkeit Gegenstand politischer Kämpfe und öffentlicher Dispute gewesen – und dies hinsichtlich wenigstens zweier Momente. Das *erste* Moment ist bezogen auf die Frage nach der Existenz von Arbeitslosigkeit, es fragt also danach, was unter Arbeitslosigkeit zu verstehen ist und von wem Arbeitslosigkeit verursacht wird, den Käufern oder den Verkäufern von Arbeitskraft. Das *zweite* Moment hingegen ist normativer Art, indem es die Frage nach der Bewertung von Arbeitslosigkeit aufwirft. Von zentraler Bedeutung ist hier, ob Arbeitslosigkeit als positiv oder negativ betrachtet und damit als ein Problem begriffen wird, das gesellschaftlich und politisch als inakzeptabel gilt und deswegen beseitigt oder doch zumindest entschärft werden soll. Dieser recht triviale Sachverhalt, dass Arbeitslosigkeit eigentlich nicht ›an sich‹ existiert, sondern sozial konstruiert und definiert wird, führt dazu, dass erst im politischen Prozess festgelegt wird, ob überhaupt und in welcher Art und Weise Arbeitslosigkeit auf der politischen Agenda als Gegenstand erscheint.

Vor diesem Hintergrund wird verständlich, dass je nach Zeitgeist nicht nur Arbeitslosigkeit, sondern auch die Arbeitslosen selbst unterschiedlich wahrgenommen und beurteilt werden. Als Mitte der 1970er Jahre die Arbeitslosigkeit in der Geschichte der Bundesrepublik Deutschland erstmals die Millionengrenze überschritt und sich ihre Verstetigung auf hohem Niveau abzuzeichnen begann, galten die meisten Arbeitslosen als »echte Arbeitslose mit einem schweren Schicksal« (*Uske* 1995, S. 216). Gut 30 Jahre später hat sich der Blick auf Menschen ohne Arbeit gewandelt. Waren damals die ›unechten‹ Arbeitslosen, das heißt die Arbeitslosen, von denen angenommen wird, dass sie eigentlich arbeiten könnten, es aber nicht wollten und stattdessen lieber Transfereinkommen beziehen, eine Minderheit, der die ›echten‹ Arbeitslosen gegenüberstanden, rücken nunmehr in Politik, Medien und Wissenschaft die Arbeitslosen als Menschen in den Vordergrund, denen es angeblich nicht an Arbeit fehlt, sondern die etwas erhalten, das ihnen an und für sich nicht zusteht: nämlich staatliche Unterstützungsleistungen. Die Folgen hiervon seien unheilvoll, weil sie, so das Argument, bei den Betroffenen Passivität fördere und Eigenaktivität mindere, so dass diese sich letztlich mit ihrer Situation abfänden und eine Art und Weise der Lebensführung herausbildeten, mit der der ›anständige‹ Bürger nichts zu tun haben wolle, weil sie unzivilisiert sei und eine Bedrohung der bürgerlichen Werteordnung darstelle.

Dass die veränderte Wahrnehmung der Arbeitslosen in der seit etwa 2004 forciert geführten Debatte über die »neue Unterschicht« (vgl. *Kessl et al.* 2007) kulminierte, verwundert daher nicht. Ganz im Gegenteil. Liest man diese Debatte als ein diskursives Element des Projektes der neoliberalen Rekonstruktion der Gesellschaft, so lässt sie sich mühelos begreifen als klassenpolitische Komplementärdebatte zur sozialpolitischen Missbrauchsdebatte, die vom seinerzeitigen Bundeskanzler *Gerhard Schröder* im April 2001 angezettelt wurde mit den Worten: »Wer arbeiten kann, aber nicht will, der kann nicht mit Solidarität rechnen. Es gibt kein Recht auf Faulheit in unserer Gesellschaft!« (*Schröder* 2001) Ihren vorerst letzten traurigen Höhepunkt fand diese Debatte im Mai 2005, als in einem vom damaligen Wirtschafts- und Arbeitsminister Wolfgang Clement zu verantwortenden Arbeitsmarktreport Arbeitslose pauschal der »Abzocke« (*BMWA* 2005, passim) bezichtigt und expressis verbis als »Parasiten« (ebd., S. 10) bezeichnet wurden.

Unter Berufung auf den BMWA-Report hetzte sodann im Herbst des gleichen Jahres zunächst das Boulevardblatt *Bild* unter der Überschrift »Die üblen Tricks der Hartz-IV-Schmarotzer! ... und wir müssen zahlen« gegen hilfebedürftige Arbeitslose. Eine Woche später griff der *Spiegel* in einer Titelgeschichte das Thema auf in dem für ihn typischen ›seriösen Stil‹ für ›gehobene Leserschichten‹. Seither hat die Thematik auf der Tagesordnung der Medien einen prominenten Stellenwert eingenommen. Hierfür spricht neben der TV-Serie »Sozialfahnder« die im Frühjahr und Herbst des Jahres 2008 erneut von *Bild* inszenierte Hetze gegen Arbeitslose, mit der diese nicht nur für ihr Schicksal, arbeitslos zu sein, selbst verantwortlich gemacht, sondern auch pauschal bezichtigt wurden, sich »vor der Arbeit zu drücken«, sprich ›arbeitsscheu‹ zu sein, und den »Staat zu bescheißen«.

III

Man ist stets gut beraten, einen kritisch reflektierten Umgang mit Sprache zu pflegen, das heißt, sich der Mühe des zweiten Blicks zu unterziehen. Dies gilt auch in Bezug auf die Vokabel ›Schmarotzer‹, bei der es sich, wie Sie wohl wissen, um eine Verdeutschung von ›Parasit‹ handelt. Dann zeigt sich nämlich, dass a) ›Parasit‹ ursprünglich eine neutrale Bedeutung besaß, dass b) es kein Leben ohne Parasiten gibt und dass c) es eine Frage der Perspektive ist, wer eigentlich ein Parasit ist und wer nicht.

Ad a) Ursprünglich, das heißt zu Zeiten der attischen Demokratie, bezeichnete man mit ›Parasit‹ einen von der Gemeinde gewählten hochgeachteten Beamten, der an der Seite (pará) des Priesters am Opfermahl teilnahm und mit diesem gemeinsam Speisen (sītos) einnahm. Erst später erhielt die zunächst wertfreie Bedeutung ›Tischgenosse‹ (parasitus) einen abwertenden Beigeschmack: Aus dem wegen seiner Verdienste um das Gemeinwesen auf Staatskosten gespeisten Mann wurde die Figur des ungebetenen Gastes, der sich als Schmeichler auf Kosten seines Wirtes eine freie Mahlzeit zu verschaffen suchte (vgl. *Enzensberger* 2001). Im Sinne des ›auf Kosten anderer leben‹ wird die Vokabel bis heute gebraucht. So tritt sie uns etwa in der Figur des »Sozialschmarotzers« entgegen, der im Allgemeinen begriffen wird als eine Person, die sich Einkommensvorteile dadurch verschafft, dass sie wohlfahrtsstaatliche Unterstützungsleistungen bezieht, ohne selbst entsprechende Gegenleistungen erbracht zu haben.

Ad b) Spätestens mit dem Einzug des Begriffs des Parasiten in die Naturwissenschaften zeigte sich, dass es kein Leben ohne Parasiten gibt. Im biologischen Sinne ist ein Parasit ein Lebewesen, das sich bei seinem Wirt aufhält, mit diesem allerdings nicht zum gegenseitigen Nutzen lebt, ihn aber auch nicht wie ein Raubtier tötet und verzehrt, sondern sich von ihm nur auf eine Art und Weise ernährt, die sicherstellt, dass dieser nicht, zumindest nicht kurzfristig, zugrunde geht. Mit anderen Worten: Ein Parasit schädigt seinen Wirt, ohne ihn in der Regel zu töten. Es gibt Parasiten unter den Bakterien, den Pflanzen, den Tieren – und selbstredend auch unter den Menschen. In Anspielung auf *Thomas Hobbes'* »Der Mensch ist des Menschen Wolf« (*Hobbes* 1966, S. 59) veranlasste dies *Michel Serres* zu dem Bonmot: »Der Mensch ist des Menschen Laus« (*Serres* 1987, S. 14). Bedauerlicherweise hat die Erkenntnis, dass es kein parasitenfreies Leben gibt, kaum die Einsicht befördert, dass die Verwirklichung des Traums von absoluter Reinheit etwas Totalitäres an sich hat und letztlich den Tod allen Lebens nach sich zieht – obwohl dies eigentlich jedem klar sein müsste seit dem Aufkommen der nationalsozialistischen Idee von der Reinheit der Rasse und deren barbarischen Folgen.

Ad c) Wenn menschliche Parasiten als Personen betrachtet werden, die von den Früchten anderer schmarotzen, dann ist unklar, wer eigentlich von dieser Charakterisierung betroffen ist. Im massenmedial geprägten Bild der öffentlichen Meinung sind es zumeist diejenigen, die ein Einkommen beziehen, ohne hierfür arbeiten zu müssen, nämlich die ›unechten‹

Arbeitslosen: also die »Arbeitsunwilligen«, »Drückeberger«, »Faulenzer«, »Müßiggänger«, die »Sozialschmarotzer« eben. Für *Saint-Simon* und viele andere in seiner Nachfolge stellte dieses Bild jedoch eine »verkehrte Welt« dar, weil diejenigen, die damit betraut sind, die öffentlichen Angelegenheiten zu verwalten, die eigentlichen, die wirklichen Parasiten seien. Denn sie beraubten die am »wenigsten Begüterten eines Teiles des Notwendigsten«, um den Reichtum der Reichen zu vermehren. Und sie seien beauftragt, die »kleinen Vergehen gegen die Gesellschaft unter Strafe zu stellen«. Mit einem Wort: Die »unmoralischsten Menschen sind berufen, die Bürger zur Tugend zu erziehen, und die großen Frevler sind bestimmt, die Vergehen der kleinen Sünder zu bestrafen« (*Saint-Simon* 1970, S. 162). So gesehen dienen projektive Parasitenvorwürfe, etwa nach dem Motto »Haltet den Dieb!«, auch dem Verschleiern der Frage, wer eigentlich wen ausnutzt und missbraucht.

Wenn also Vorsicht geboten und Nachdenken angezeigt ist beim Aufscheinen der Vokabel ›Parasit‹ im politischen Sprachgebrauch, dann gewinnt unter Umständen auch der »Sozialschmarotzer« und das Ausmaß des ihm von Politik und Medien angelasteten Sozialleistungsmissbrauchs eine etwas andere Kontur. Vor diesem Hintergrund möchte ich mich im nächsten Schritt der Empirie des Sozialleistungsmissbrauchs etwas detaillierter zuzuwenden.

IV

Obwohl der vorhin erwähnte »Report« des BMWA keine Angaben enthält über den Umfang des Sozialleistungsmissbrauchs, wird von diesem in der Öffentlichkeit durch unzulässige und tendenziöse Verallgemeinerung besonders spektakulärer Fälle der Eindruck erweckt, eine große Anzahl der Arbeitslosengeld-II-Bezieher, jeder fünfte, so *Wolfgang Clement*, würde zuviel oder zu Unrecht Sozialleistungen erhalten. Wenn ich hier den Konjunktiv gebrauche, heißt dies nicht, dass es keinen Sozialleistungsmissbrauch gäbe. Aber *erstens* ist nicht alles Missbrauch, was Missbrauch genannt wird, wie etwa das Ausschöpfen eines Rechtsanspruchs zum eigenen Vorteil. Auch sogenannte Mitnahmen stellen keinen rechtswidrigen Leistungsbezug dar; sie sind allenfalls unter dem Aspekt der moralischen Legitimität zu bewerten. Zudem ist, *zweitens*, zu vermerken, dass Sozialleistungsmissbrauch

auch infolge administrativen Fehlverhaltens seitens der Leistungsträger auftreten kann. Dieses liegt beispielsweise dann vor, wenn es zu Überzahlungen kommt, die vom Leistungsträger verschuldet wurden aufgrund von Fehlberechnungen oder Verzögerungen im Verwaltungsablauf. Allerdings tritt Missbrauch seitens der Leistungsträger nicht bloß als Folge von Fahrlässigkeit auf, sondern auch aufgrund vorsätzlichen Handelns. Dies ist dann der Fall, wenn die Leistungsträger ihren Informations-, Beratungs- und Unterstützungspflichten nicht nachkommen und Rechtsvorschriften missachten, und zwar in der Absicht, hilfebedürftige Arbeitslose aus dem potentiellen wie aktuellen Leistungsbezug »auszufördern«, wie es im Behördenjargon unverblümt heißt.

Dass der in der Öffentlichkeit erweckte Eindruck, der Missbrauch von Sozialleistungen sei ein Massenphänomen, mit der Realität nicht im geringsten übereinstimmt, belegen sowohl ältere international vergleichende wie auch neuere nationalstaatlich fokussierte empirische Untersuchungen. Die Größenordnung des Missbrauchs bewegt sich hier in einer Schwankungsbreite von einem bis zehn Prozent. Im Durchschnitt geht man von drei Prozent aus. Selbst die Bundesagentur für Arbeit kommt auf der Grundlage des von ihr durchgeführten Datenabgleichs zu dem Ergebnis, dass Sozialleistungsmissbrauch bei noch nicht einmal drei Prozent aller Arbeitslosengeld-II-Fälle vorkomme und dass bei knapp 40 Prozent der drei Prozent, also bei lediglich 1,2 Prozent der Verdacht bestehe, es liege eine Ordnungswidrigkeit oder Straftat vor.

Mit anderen Worten: Sozialleistungsmissbrauch kommt zwar vor, aber er ist verschwindend gering und rechtfertigt in keiner Weise, hilfebedürftige Arbeitslose pauschal dem Verdacht auszusetzen, skrupellose Betrüger zu sein. Die Berechtigung dieser Aussage wird vor allem dann deutlich, wenn man den Sozialleistungsmissbrauch in Beziehung setzt zur »verdeckten Armut«. So weisen Daten für die Bundesrepublik Deutschland aus, dass etwa nur 50 Prozent der Anspruchsberechtigten tatsächlich Leistungen in Anspruch nehmen (vgl. *Becker* 1996, S. 6; *Henkel/Pawelka* 1981, S. 67; *Becker/Hauser* 2005, S. 16ff.). Vergleicht man überdies den durch Sozialleistungsmissbrauch angerichteten monetären Schaden mit dem von anderen Missbrauchstatbeständen wie zum Beispiel Subventionsbetrug oder Steuerhinterziehung, der nur etwa sechs Prozent hiervon beträgt (vgl. *Lamnek et al.* 2000, S. 69), dann erscheint dieser noch marginaler und ist insofern lächerlich gering.

V

Dass der Sozialleistungsmissbrauch von den politisch Verantwortlichen so dramatisiert wird, obwohl diesen das tatsächliche Missbrauchsausmaß hinlänglich bekannt ist, hat seinen tieferen Grund. Hierbei ist gewissermaßen zwischen zwei Schichten zu unterscheiden: zwischen der Sinnschicht der Oberfläche und der dem unmittelbaren Zugriff verschlossenen Sinnschicht der ›Tiefenstruktur‹. Setzt man an der ›Oberflächenstruktur‹ an, so ist allem voran selbstverständlich zu nennen, dass den Gegnern des Wohlfahrtsstaats jedes Mittel recht ist, diesen insgesamt als ›zu teuer‹, ›zu ineffizient‹, als im Grunde ›überflüssig‹ zu diskreditieren, um dadurch die gesellschaftliche Akzeptanz für ihn zu minimieren. Vor dem Hintergrund der durch die Massenarbeitslosigkeit mitbedingten höchst prekären Finanzlage der öffentlichen Haushalte zielt die Missbrauchskampagne mit ihrer Begründung, den Wohlfahrtsstaat nicht abschaffen, sondern durch Modernisierung sichern zu wollen, insbesondere darauf ab, Zustimmung zu erheischen für die Durchsetzung restriktiverer Kontrollmaßnahmen und für ein weiteres Zurückschneiden wohlfahrtsstaatlicher Leistungen.

Vermutlich nicht minder bedeutsam, ist das Bemühen der politisch Verantwortlichen, sowohl von den wirklichen Ursachen und Verursachern der Arbeitsmarktkrise als auch vom eigenen Versagen, das heißt von den Misserfolgen in der Arbeitsmarktpolitik abzulenken. Erinnert sei hier nur an das uneingelöste Versprechen der damaligen rot-grünen Bundesregierung, die Anzahl der Arbeitslosen in drei Jahren um zwei Millionen zu verringern. Indem die Arbeitslosengeld-II-Bezieher als »Müßiggänger« bezeichnet werden, wird zudem von deren ärmlicher Lage abgelenkt, die sich mit der Zusammenlegung von Arbeitslosen- und Sozialhilfe nicht verbessert, sondern verschlechtert hat, sieht man von Ausnahmen ab, und zwar um bis zu 18 Prozent (vgl. *Becker/Hauser* 2006).

Gleichsam spiegelbildlich zur Dethematisierung der arbeitsmarktpolitischen Misserfolge stellt die Missbrauchskampagne schließlich darauf ab, hilfebedürftige Arbeitslose als Subjekte ohne jeglichen Sinn für Verantwortung darzustellen. Denn die Opfer der Arbeitsmarktkrise werden zu Tätern umdefiniert, indem man ihnen vorhält, sie allein trügen Schuld an ihrer Situation, weil ein jeder, der Arbeit suche, auch welche finde. Das heißt, Arbeitslosigkeit wird nicht als durch die kapitalistischen Ausbeutungs- und Aneignungsverhältnisse verursacht angesehen, sondern begriffen als Resultat einer moralischen Fehlhaltung: nämlich dem mangelnden Willen zur Arbeit. Ein im Grunde völlig absurdes Argument, das allein schon durch die seit drei Jahrzehnten existierende Massenarbeitslosigkeit Lügen gestraft wird.

Zu Tätern werden die Arbeitslosen aber auch dadurch gemacht, dass ihnen unterstellt wird, sie verhielten sich durch ihr Handeln verantwortungslos und gemeinschaftsschädlich, weil die von ihnen beanspruchten Unterstützungsleistungen im Rahmen der globalisierten Standortkonkurrenz zu einem kostspieligen Wettbewerbsnachteil führen würden. Hier kommt der Missbrauchskampagne die Funktion zu, von den Arbeitslosen ein Feindbild zu produzieren, mit dem die Bevölkerung gespalten wird in eine herrschende Majorität und eine diskriminierte Minorität: die ›Leistungsbürger‹ auf der einen Seite, die ›Anspruchsbürger‹ auf der anderen. Ein derartiges Klima ist geeignet, Aggressionsbarrieren zu schwächen und Tatbereitschaften aufzubauen und abzurufen. Deswegen bedarf es auch keiner schriftlich fixierten Dienstanweisung mehr, um die Mitarbeiter der Arbeitsverwaltung auf den Grundsatz zu verpflichten, die soziale Ausgrenzung der gemeinwohlschädigenden Arbeitslosen voranzutreiben.

VI

Mit dem letztgenannten Punkt ist die Schnittstelle zwischen ›Oberflächenstruktur‹ und ›Tiefenstruktur‹ ins Blickfeld geraten, und zwar insofern, als die in den letzten Jahren erneut entfachte Missbrauchskampagne gegen Arbeitslose eine neue Qualität signalisiert. Denn hinter ihr verbirgt sich mehr als eine der üblichen Debatten über Sozialleistungsmissbrauch. Sie ist, so meine These, Ausdruck eines sozialen Krieges, der von den hegemonialen Eliten gegen die zum innerstaatlichen Feind erklärten Arbeitslosen geführt wird. Dies erschließt sich einem, wenn man danach fragt, was es heißt, die Form eigne sich Inhalte und Ziele an. Mit Blick auf die Dramatisierung des Sozialleistungsmissbrauchs fällt dann nämlich auf, dass diese auf zwei Ebenen erfolgt: zum einen auf der *Inhaltsebene*, insofern das Missbrauchsausmaß maßlos übertrieben wird, und zum anderen auf der *Formebene*, insofern die angeblichen Missbrauchstäter als »Parasiten« entmenschlicht und zu innerstaatlichen Feinden verfremdet werden.

In diesem Sachverhalt der Charakterisierung von hilfebedürftigen Arbeitslosen als »Parasiten« verdichten sich Vorstellungen, die weit über den Rahmen der bisherigen Missbrauchskampagnen hinausweisen, insofern sie an das politische Denken des profaschistischen Staatsrechtlers *Carl Schmitt* anknüpfen, der den Normalfall des Staates als Ausnahmezustand zu erklären sucht und hierbei der spezifisch politischen »Unterscheidung von *Freund* und *Feind*« (*Schmitt* 1963, S. 26) eine existentielle Bedeutung zumisst. Ein Gedanke, den *Gorgio Agamben* radikalisiert, indem ihm nicht, wie Schmitt, das Freund-Feind-Schema als Leitidee des Politischen gilt, sondern die Trennung zwischen dem »nackten Leben« und der »politischen Existenz« eines Menschen, sprich: zwischen dessen natürlichem Dasein und seinem rechtlichem Sein (vgl. *Agamben* 2002, passim). Auf diese Weise kommt *Agamben* eine Entwicklung in den Blick, vor der auch Demokratien nicht gefeit sind: der Ausnahmezustand wird zum »herrschende[n] Paradigma des Regierens« (*Agamben* 2004, S. 9). Hierdurch gerät die ursprüngliche Struktur des Politischen zunehmend in eine »Zone irreduzibler Ununterscheidbarkeit« (*Agamben* 2002, S. 19), und an die Stelle des Rechts tritt der soziale Krieg.

Schmitts »Begriff des Politischen« beruht auf der Überlegung, dass es Aufgabe jedes normalen Staates sei, »*innerhalb* des Staates und seines Territoriums vollständige ›Ruhe, Sicherheit und Ordnung‹ herzustellen«. In »kritischen Situationen« führe dies dazu, dass der »Staat als politische Einheit von sich aus [...] auch den ›innern Feind‹« bestimmt. In allen Staaten gebe es deshalb »in irgendeiner Form justizförmig wirksame, offene oder in generellen Umschreibungen versteckte Arten der Ächtung, des Bannes, [...] mit einem Wort: der innerstaatlichen *Feinderklärung*« (*Schmitt* 1963, S. 46f.). Da nun der Ausnahmezustand jener Zustand sei, in dem die prinzipiell permanent vorhandene Gefahr abgewendet werden muss, wird folgerichtig der Ausnahmezustand zum Normalfall des Staates und die innerstaatliche Feinderklärung für den Staat schlechthin konstitutiv. Deswegen kann auch ein jeder, das heißt alle Welt, zum »gewollte[n] Feind« (*Papcke* 1985, S. 113) werden.

Analysiert man mit dieser kognitiven Analyse- und Deutungsfolie die jüngere deutsche Geschichte im Hinblick auf ihre »gewollten Feinde«, so waren dies in der Zeit des Nationalsozialismus vornehmlich die Juden, während der sogenannten »Rekonstruktionsperiode« (vgl. *Abelshauser* 2005, passim) nach dem Ende des Zweiten Weltkriegs hauptsächlich die Kommunisten und in der Phase der keynesianischen Globalsteuerung ab 1967 vor allem die ›Neue Linke‹. Und heute, das heißt seit dem Ende des »kurzen Traum[s] immerwährender Prosperität« (*Lutz* 1984) und der sich seit den 1980/90er Jahren vollziehenden neoliberalen Restrukturierung der Gesellschaft? Heute sind es nicht mehr die Juden, sind diese doch seit dem Holocaust als Israelis Freunde geworden. Es sind auch nicht mehr die Kommunisten, da diese nach dem Zerfall der staatssozialistischen Gesellschaften zu veritablen Geschäftspartnern avancierten. Und die ›Neue Linke‹ ist es erst recht nicht, seit sie nach ihrem »Marsch durch die Institutionen« *(Dutschke)* in den Sesseln der Macht Platz genommen hat. Heute sind es jene, die sich angeblich »sozialschädlich« oder »gemeinschaftsgefährdend« verhalten. Es sind die auf Transferleistungen angewiesenen hilfebedürftigen Arbeitslosen, deren Makel nicht darin besteht, dass sie ohne Arbeit sind, sondern dass sie es sind oder unterstelltermaßen sein wollen, obwohl sie es sich nicht leisten können wie etwa aristokratische, couponschneidende oder ruhestandsversetzte Rentiers. Damit schädigen sie, wie der »Report« des BMWA Glauben machen will, die Gemeinschaft der Steuern und Sozialabgaben zahlenden Bürger, der »Anständigen« (*BMWA* 2005), die »Vorrang« (ebd.) genießen und ein Anrecht darauf haben, dass der Staat sie vor »Drückebergern«, »Faulenzern« und »Sozialschmarotzern« schützt.

Mit anderen Worten: Heutzutage gilt in der Bundesrepublik Deutschland derjenige als Feind, von dem angenommen wird, dass er sich dem Erwerbsleben abwende und durch seine Verweigerung zu arbeiten, sich außerhalb der Gemeinschaft stelle. Denn er setze so an die Stelle der Werteordnung der »anständigen« Bürger seine eigene, ein Verhalten, das von diesen als nicht hinnehmbar angesehen wird, und zwar insbesondere dann, wenn man die Bürger im Rahmen einer psychologischen Kriegsführung von der angeblichen Sozialschädlichkeit der Arbeitslosen zu überzeugen vermochte. Aus diesem Grund kann die innerstaatliche Feinderklärung auch nicht auf »propagandistische Vorbereitung und Begleitung« (*Brückner/Krovoza* 1976, S. 61) verzichten. So wird denn auch begreiflich, warum es, *erstens*, nicht zufälligerweise im Vorfeld der »Hartz-Gesetzgebung« zu einer Missbrauchskampagne kam und warum man sich hierbei, *zweitens*, eines Vokabulars bedient, von dem man sich verspricht, es könne das Problem der »propagandistischen Präparierung der Feinderklärung« lösen: nämlich »die Sichtbarmachung und [...] Versinnlichung der Teilpopulation, die ausgegrenzt und ausgebürgert werden soll« (ebd.).

Um zur ›Tiefenstruktur‹ der Missbrauchskampagne vordringen zu können, mit der die Arbeitslosen pauschal als parasitäre Existenzen diffamiert und diskriminiert und gegen den Arbeitsfleiß und die Ordentlichkeit der übrigen Bevölkerung gesetzt werden, hat man sich zu vergegenwärtigen, worauf das Projekt der neoliberalen Rekonstruktion der Gesellschaft zielt: Es geht um eine Neudefinition sowohl des Verhältnisses von Staat und Ökonomie als auch um eine des Sozialen. Was heißt dies? Es heißt *einerseits*, dass im Unterschied zur klassisch-liberalen Rationalität der Staat die Freiheit des Marktes nicht länger definiert und überwacht, sondern eine Entwicklung fördert und exekutiert, mit der der Markt selbst zum organisierenden und regulierenden Prinzip des Staates wird und bei der die Regierung zu einer Art Unternehmensleitung mutiert, deren Aufgabe in der Universalisierung des Wettbewerbs und der Generalisierung des Ökonomischen besteht. Mit anderen Worten: In der neoliberalen Konzeption von Gesellschaft ist das Ökonomische nicht mehr wie im Frühliberalismus ein fest umrissener und eingegrenzter gesellschaftlicher Bereich mit spezifischer Rationalität, Gesetzen und Instrumenten, sondern das Ökonomische umfasst nunmehr prinzipiell alle Formen menschlichen Handelns. Folgerichtig avanciert von daher auch der Bürger vom Arbeitskraftbesitzer zum »Arbeitskraftunternehmer« (*Voß/Pongratz* 1998) beziehungsweise zum »unternehmerischen Selbst« (*Bröckling* 2007), das nicht bloß seine Arbeitskraft, sondern seine ganze Persönlichkeit auf dem Markt als Ware gewinnbringend feilbieten soll. Dies erfordert, sich selbst als Unternehmen zu begreifen und entsprechend zu führen, das heißt, den gesamten eigenen Lebenszusammenhang aktiv an betriebswirtschaftlichen Effizienzkriterien und unternehmerischen Kalkülen auszurichten. Eng verbunden mit dem veränderten Verhältnis von Staat und Ökonomie ist *andererseits* die völlige Neudefinition des Sozialen, nach der *erstens* als sozial nur noch das gilt, was Arbeit schafft, nach der *zweitens* jede Arbeit besser ist als keine und nach der *drittens* der Staat berechtigt ist, gegen all jenes vorzugehen, das es einem Arbeitskraftbesitzer erlauben würde, nicht zu arbeiten, ohne dies sich leisten zu können. Deswegen wird im Umkehrschluss auch davon ausgegangen, dass gemeinwohlschädigendes, weil auf Transferleistungen angewiesenes Verhalten sich nur durch eine Verpflichtung zur Arbeit bekämpfen lasse, das heißt durch ein bedingungsloses Akzeptieren der Kauf- und Anwendungsbedingungen von Arbeitskraft.

Da die neoliberalen Konzeption von Staat und Gesellschaft also auch vorsieht, dass der Staat seine Bürger legitimerweise zu marktkonformen Verhalten zwingen könne, hat ein Deutungsmuster hegemonialen Rang erlangt, das als gegeben annimmt, die Verwirklichung des Neoliberalismus als politisches Projekt könne nur herbeigeführt werden durch einen Abbau von ungerechtfertigten Leistungen und ebensolchen Ansprüchen an den Wohlfahrtsstaat sowie durch eine Umorientierung von amoralischen Verhaltensweisen auf Eigenverantwortung und Gemeinschaftlichkeit. Dies erklärt auch die strategische Schlüsselstellung, die dem Wohlfahrtsstaat beziehungsweise dessen Umbau zum Workfare State in diesem Zusammenhang zukommt. Mit diesem wohlfahrtsstaatlichen Paradigmenwechsel nimmt der Staat Abstand von der ihm einst zugewachsenen Verpflichtung, die Sicherung der Existenz seiner Bürger zu gewährleisten. Stattdessen erhebt er subjektive Unsicherheit und Verunsicherung zur Grundlage der von ihm geforderten Eigenverantwortung.

Worum es den in Politik und Verwaltung Verantwortlichen für die Reform der Arbeits(markt)- und Sozialpolitik mithin geht, ist *ordnungspolitisch* die Aufrechterhaltung und Stärkung einer arbeitsethischen Gesinnung, *fiskalpolitisch* die Entlastung des Haushalts durch Ausgabenreduktion, *arbeitspolitisch* die Etablierung und Förderung des Niedriglohnsektors und *sozialpolitisch* die Etablierung eines Workfare-Regimes. Übersehen wird bei der Problematisierung der genannten Reform aber durchweg deren *staatspolitische* Dimension. Diese gerät allerdings in den Wahrnehmungshorizont, wenn man mit *Michel Foucault*, dem »Politik die Fortsetzung des Krieges mit anderen Mitteln ist« (*Foucault* 2001, S. 32), bereit ist anzuerkennen, dass »unterhalb der Formel des Gesetzes« (ebd., S. 74) das Geschrei des Krieges sich wiederfinden lässt, der unsere Gesellschaft durchzieht und zweiteilt in einen Krieg der Rassen: »hier die einen und dort die anderen, die Ungerechten und Gerechten, die Herren und jene, die ihnen unterworfen sind, die Reichen und die Armen, die Machthaber und jene, die nur ihre Arme haben« (ebd., S. 92).

Betrachtet man in diesem Licht den BMWA-Report, mit dem Lunte gelegt wurde für eine von den Medien geführte Hetze gegen Arbeitslose, so lässt sich dies ohne größere Schwierigkeit deuten als Bestandteil einer psychologischen Kriegsführung gegen die zu innerstaatlichen Feinden erkorenen Arbeitslosen. Feinde, die gefährlich sind für den Bestand dieser Gesellschaft, was allein schon durch die Verwendung der Vokabel ›Parasit‹ zum Ausdruck gebracht wird. Denn Parasiten gelten als Ungeziefer, als

Schädlinge, die Krankheiten und Seuchen mit sich bringen und denen nur beizukommen ist, indem man sie radikal ausmerzt. Mit der öffentlichen Darstellung der Arbeitslosengeld-II-Bezieher als »Parasiten« werden diese und mit ihnen alle ›normalen‹ Arbeitslosen, weil potentielle Arbeitslosengeld-II-Bezieher, in diffamierender und diskriminierender Absicht zu einer Spezies hergerichtet, die ihre Umwelt schädigt, weil sie dieser etwas entzieht, ohne dafür etwas zu leisten. Deswegen ist sie aus Sicht der gesellschaftlichen Majorität auch ein Fremdkörper in der Gesellschaft ohne irgendeine nützliche Funktion. Mehr noch: Ihre ›Verderbnis‹ besteht nicht nur darin, dass sie von den Früchten anderer schmarotzt, sondern auch darin, dass sie als schlechtes Beispiel die »anständigen« Bürger infiziert und die »wirklich Bedürftigen« in ein schlechtes Licht setzt. Da die Arbeitslosen unterstelltermaßen weder willens noch fähig sind, den von den Vertretern der herrschenden sozialen Ordnung propagierten Normalitätsvorstellungen zu entsprechen, treten sie mithin als gemeinschaftsunfähig und -schädlich in Erscheinung, so dass gegen sie mit aller Härte und ›Null-Toleranz‹ (vgl. *Hansen* 1999) vorzugehen ist, selbst wenn sie hierbei Schaden an Leib und Seele nehmen. Und dies ist nicht nur völlig legitim, sondern zur Sicherung der Konkurrenzfähigkeit des Standorts Deutschland schlechterdings erforderlich.

Aufgrund der sich geradezu reflexartig einstellenden assoziativen und affektiven Kopplung des Begriffs des Parasiten mit der Idee des Ausmerzens heißt dies im schlimmsten Falle, die unter Generalverdacht des Leistungsmissbrauchs gestellten Arbeitslosen zu biologisieren, womit ihnen das Lebensrecht in der menschlichen Gemeinschaft bestritten wird. Im minder schlimmen Falle werden die Arbeitslosen ›bloß‹ kriminalisiert, was es erlaubt, sich mit ihren berechtigten Ansprüchen auf wohlfahrtsstaatliche Unterstützung nicht ernsthaft auseinandersetzen zu müssen, so dass die Hemmschwelle sinkt, sie als mit Rechten ausgestattete Personen wahrzunehmen und zu behandeln. Und dies vor allem deswegen, weil die Arbeitslosen zum Feind der herrschenden Ordnung nicht aufgrund spezifischer äußerer Merkmale werden, sondern aufgrund einer markierten Position, die sie gemäß den Annahmen der neoliberalen Eiferer durch eigenen Entschluss beziehen. Mit anderen Worten: Das sozialpolitische Feindbild des »Sozialschmarotzers« lässt den zum Feind gemachten Arbeitslosen keine Wahl zwischen Freundschaft und Feindschaft; es legt sie fest auf die Rolle des Feindes, weil sie sind, was sie sind: Arbeitslose, die Transfereinkommen beziehen. Hier zeigt sich, dass die Arbeitslosen zu einem greif- und angreifbaren Symbol jenes von der »politischen Existenz« getrennten »nackten Lebens« avanciert sind, das der Kapitalismus notwendigerweise in seinem Inneren schafft und dessen Gegenwart er in keiner Weise mehr tolerieren will und kann (vgl. *Agamben* 2006, S. 35), so dass deren »nacktes Leben« jederzeit in Frage steht. Die Konsequenz: An die Stelle der Unterscheidung zwischen Bourgeois und Citoyen tritt die Reduzierung des politischen auf den biologischen Körper, das heißt die Behandlung der arbeitslosen Individuen als überflüssige Körper durch den Staat. Deswegen kann so jemand wie der vormalige DaimlerChrysler-Vorsitzende *Robert J. Eaton* auch wieder unverblümt sagen, was ein Zelot des reinen Marktes denkt: »Die Schwachen müssen sich verändern oder sterben« (*Eaton* 1999) – Worte, die ob ihrer schlichten Klarheit keiner Interpretation mehr bedürfen, aber Handeln erfordern, soll der Fehdehandschuh aufgegriffen werden, um die Neoliberalismus genannte »›graue Wolke‹, [...] die den Tod der Geschichte, das Verschwinden der Utopie, die Vernichtung des Traums verordnet« (*Freire* 1997, S. 9), vom Himmel zu vertreiben.

Literatur

Abelshauser, Werner (2005): Deutsche Wirtschaftsgeschichte seit 1945. Bonn (Bundeszentrale für politische Bildung).
Agamben, Giorgio (2002): Homo sacer. Die Souveränität der Macht und das nackte Leben. Frankfurt/M. (Suhrkamp).
Agamben, Giorgio (2004): Ausnahmezustand. (Homo sacer II.1). Frankfurt/M. (Suhrkamp).
Agamben, Giorgio (2006): Mittel ohne Zweck. Noten zur Politik. 2. Aufl. Zürich, Berlin (diaphanes).
Becker, Thomas (1996): Armut in Deutschland: Das Märchen vom Sozialmißbrauch. Sozialcourage 2(2), 4–8.
Becker, Irene & Hauser, Richard (2005): Dunkelziffer der Armut. Ausmaß und Ursachen der Nicht-Inanspruchnahme zustehender Sozialhilfeleistungen. Berlin (edition sigma).
Becker, Irene & Hauser, Richard (2006): Verteilungseffekte der Hartz-IV-Reform. Ergebnisse von Simulationsanalysen. Berlin (edition sigma).
BMWA [Bundesministerium für Wirtschaft und Arbeit] (2005): Vorrang für die Anständigen – gegen Missbrauch, »Abzocke« und Selbstbedienung im Sozialstaat. Ein Report vom Arbeitsmarkt im Sommer 2005. URL: http://www.harald-thome. de/media/files/Gesetzestexte%20SGB%20II%20+%20VO/Gesetzestexte%20 SGB%20XII%20+%20VO/Seminare/Clement/Sozialmissbrauch_Bericht_BMWA. pdf (Stand: 21.12.2005).

Bröckling, Ulrich (2007): Das unternehmerische Selbst. Soziologie einer Subjektivierungsform. Frankfurt/M. (Suhrkamp).

Brückner, Peter & Krovoza, Alfred (1976): Innerstaatliche Feinderklärung in der Bundesrepublik Deutschland. 2. Aufl. Berlin (BRD) (Wagenbach).

Brückner, Peter (1978): Versuch, uns und anderen die Bundesrepublik zu erklären. Berlin (BRD) (Wagenbach).

Eaton, Robert J. (1999): »Die Schwachen müssen sterben«. junge Welt vom 08.07.1999.

Enzensberger, Ulrich (2001): Parasiten. Ein Sachbuch. Frankfurt/M. (Eichborn).

Esser, Josef & Fach, Wolfgang (1982): Sparen und Herrschen. Über den Zusammenhang von fiskalischer Knappheit und autoritärer Politik. In: Hartwich, Hans-Hermann (Hg.): Gesellschaftliche Probleme als Anstoß und Folge von Politik. Wissenschaftlicher Kongreß der DVPW. 4.–7. Oktober 1982 in der Freien Universität Berlin. Tagungsbericht. Opladen (Westdeutscher Verlag), S. 433–446.

Foucault, Michel (2001): In Verteidigung der Gesellschaft. Vorlesungen am Collège de France (1975–76). Frankfurt/M. (Suhrkamp).

Freire, Paulo (1997): Erziehung und Hoffnung. In: Bernhard, Armin & Rothermehl, Lutz (Hg.): Handbuch Kritische Pädagogik. Weinheim (Deutscher Studien Verlag), S. 7–10.

Groth, Klaus-Martin (1978): Die Krise der Staatsfinanzen. Systematische Überlegungen zur Krise des Steuerstaats. Frankfurt/M. (Suhrkamp).

Hansen, Ralf (1999): Eine Wiederkehr des ›Leviathan‹? Starker Staat und neue Sicherheitsgesellschaft. ›Zero Tolerance‹ als Paradigma ›Innerer Sicherheit‹? Kritische Justiz 32(2), 231–253.

Heinsohn, Gunnar (2010): »Sozialhilfe auf fünf Jahre begrenzen«. Frankfurter Allgemeine Zeitung vom 16.03.2010.

Hengsbach, Friedhelm (2004): Das Reformspektakel. Warum der menschliche Faktor mehr Respekt verdient. Freiburg, Basel, Wien (Herder).

Henkel, Heiner & Pavelka, Franz (1981): Nur 97 Prozent sind anständig – Zur Mißbrauchsdebatte sozialer Leistungen. Soziale Sicherheit 30(3), 65–70.

Hickel, Rudolf (1981): »Haushaltsoperation '82«. Politisch-ökonomische Hintergründe. Blätter für deutsche und internationale Politik 26(9), 1062–1078.

Hobbes, Thomas (1966): Vom Menschen. Vom Bürger. 2. Aufl. Hamburg (Meiner).

Kessl, Fabian & Reutlinger, Christian & Ziegler, Holger (Hg.)(2007): Erziehung zur Armut? Soziale Arbeit und die ›neue Unterschicht‹. Wiesbaden (Verlag für Sozialwissenschaften).

Lamnek, Siegfried & Olbrich, Gaby & Schäfer, Wolfgang J. (2000): Tatort Sozialstaat: Schwarzarbeit, Leistungsmissbrauch, Steuerhinterziehung und ihrer (Hinter) Gründe. Opladen (Leske + Budrich).

Lucke, Albrecht von (2009): Propaganda der Ungleichheit. Sarrazin, Sloterdijk und die neue »bürgerliche Koalition«. Blätter für deutsche und internationale Politik 54(12), 55–63.

Lutz, Burkart (1984): Der kurze Traum immerwährender Prosperität. Frankfurt, New York (Campus).

Nietzsche, Friedrich (1988a): Sämtliche Werke. Kritische Studienausgabe in 15 Einzelbänden. München, Berlin, New York (dtv/de Gruyter).

Nietzsche, Friedrich (1988b): Zur Genealogie der Moral. Eine Streitschrift. In: Nietzsche, Friedrich: Sämtliche Werke. Kritische Studienausgabe. Band 5. München, Berlin, New York (dtv/de Gruyter), S. 244–412.

Papcke, Sven (1985): Der gewollte Feind. Zum Weltbild bei Carl Schmitt. In: Guha, Anton-Andreas & Papcke, Sven (Hg.): Der Feind, den wir brauchen oder: Muß Krieg sein? Königstein/Ts. (Athenäum), S. 110–132.

Saint-Simon, Henri de (1970): Die Parabel. In: Vester, Michael (Hg.): Die Frühsozialisten 1789–1848. Bd. I. Reinbek (Rowohlt), S. 160–163.

Sarrazin, Thilo (2009): Klasse statt Masse. Von der Hauptstadt der Transferleistungen zur Metropole der Eliten. Lettre International 12(86), 197–201.

Schmitt, Carl (1963): Der Begriff des Politischen. Text von 1932 mit einem Vorwort und drei Corollarien. Berlin (BRD) (Duncker & Humblot).

Schröder, Gerhard (2001): »Es gibt kein Recht auf Faulheit!«. Interview. Bild vom 06.04.2001. URL: http://www.nadir.org/nadir/periodika/jungle_world/_2001/23/15a.htm (Stand: 21.04.2008).

Serres, Michel (1987): Der Parasit. Frankfurt/M. (Suhrkamp).

Sloterdijk, Peter (2009): Aufbruch der Leistungsträger. Ein exklusives Manifest zum Zeitgeist. Cicero 5 (11), 94–107.

Uske, Hans (1995): Das Fest der Faulenzer. Die öffentliche Entsorgung der Arbeitslosigkeit. Duisburg (DISS).

Voß, G. Günther & Pongratz, Hans J. (1998): Der Arbeitskraftunternehmer. Eine neue Grundform der Ware Arbeitskraft? Kölner Zeitschrift für Soziologie und Sozialpsychologie 50(1), 131–158.

Windhoff-Héritier, Adrienne: Sozialpolitik der mageren Jahre. Politik- und verwaltungswissenschaftliche Aspekte des Sparprozesses. In: Mäding, Heinrich (Hg.): Sparpolitik. Ökonomische Zwänge und politische Spielräume. Opladen (Westdeutscher Verlag), S. 77–99.

Prekarisierung
unserer Lebensverhältnisse

Ihre Auswirkungen auf unsere Identitäten, das politische Klima
und auf die psychoanalytische Theorie und Praxis

Almuth Bruder-Bezzel

Vorbemerkung

Wir leben seit 2008 in einer ökonomischen, politischen und sozialen Krise. In ihr nimmt die Gruppe der sozial Schwachen quantitativ und qualitativ zu, die Lasten werden ganz auf sie umverteilt. Wir bewegen uns zu auf einen »autoritären Kapitalismus« mit einer »schleichenden Verrottung des demokratischen Systems«, in dem sich eine zynische, verächtliche Sprache breitmacht, Privilegien verteidigt werden und sogenannte »Kernnormen wie Solidarität, Fairness und Gerechtigkeit erodieren«. Waren bisher rechtspopulistische, menschenfeindliche Denkweisen in den unteren Soziallagen angesiedelt, haben diese nun ganz besonders bei den Wohlhabenden, Gutverdienenden, also bei der sogenannten Elite zugenommen und sind salonfähig geworden. Das ist, kurzgefasst, die Analyse der »Deutschen Zustände« 2010 (Folge 9) der Forschergruppe um den Bielefelder Soziologen Wilhelm Heitmeyer.
Berlin ist bekanntlich die Hauptstadt des Prekariats, und so ist ein großer Teil meiner PatientInnen (in analytischer Praxis) irgendwie von der prekären Arbeitsmarktlage betroffen, bei meist guter Ausbildung oder abgeschlossenem Studium. Das wird in anderen therapeutischen Praxen ähnlich sein, zumindest in den großen Städten.
Zu prekären Lebensverhältnissen rechne ich die Situation als arbeitsloser Hartz-IV-Empfänger, Vollbeschäftigung im Niedriglohnsektor (Aufstocker), ungesicherte und niedrig bezahlte, befristete, meist nicht sozialversicherte Arbeitsverhältnisse wie Mini-, Midi-Jobs, Ich-AG,

Leiharbeit, Scheinselbstständigkeit, Freelancer und Job-Nomaden oder unbezahlte Praktika. Sehr viele arbeiten nicht ihrer Qualifikation entsprechend, so z.B. Akademiker als Taxifahrer, Fahrradkurier, Kellner, Filmvorführer, Putzfrau.

Im Winter 2010 wurden 6,5 Millionen Hartz-IV-Empfänger angegeben – und das bedeutet Armut, Ausschluss, Zwang und Kontrolle. Und: »Einmal Harzt IV, immer Hartz IV, trotz permanenter Jobsuche« heißt ein Artikel in der *Süddeutschen*, der das Scheitern der Hartz-IV-Ziele mit den Parolen »Fördern und Fordern« behandelt (20.2.2011). So ist »Prekariat überall«, wie dies Pierre Bourdieu bereits 1997 ausdrückte: »Die Prekarität ist Teil einer neuartigen Herrschaftsform, die auf der Errichtung einer zum allgemeinen Dauerzustand gewordenen Unsicherheit fußt und das Ziel hat, die Arbeitnehmer zur Unterwerfung, zur Hinnahme ihrer Ausbeutung zu zwingen« (Bourdieu 1998, S. 100).

I. Die existenziellen Zumutungen

Prekarisierung des Lebens ist ein Leben auf dem schwankenden Boden einer ungesicherten Existenz, der Arbeitslosigkeit, dem Wechsel zwischen Beschäftigung und Arbeitslosigkeit und langfristiger mangelhafter finanzieller Absicherung.

Prekarisierung heißt als erstes eine menschenunwürdige materielle Lage, ob mit Hartz IV oder mit Niedriglohn.

Die Armut steigt, derzeit betrifft sie 11,5 Millionen Menschen = 14% der Bevölkerung (die derzeite Armutsgrenze liegt bei ca. 930 Euro/Monat). Arm sind vor allem junge Erwachsene, auch kinderreiche Familien und Alleinerziehende. Das bedeutet z.B. schlechte Ernährung, ja sogar geringere Kalorienzufuhr. Nicht zufällig wächst die Zahl der »Tafeln« (etwa die Hälfte aller Tafeln ist in der Hand der Kirchen hund at 40.000 ehrenamtliche Mitarbeiter; jw, 22.4.2010).

Armut ist auch Ausschluss von der Teilnahme an sozialen Kontakten, Kultur, Bildung. Kleine Spontaneitäten oder langfristige Anschaffungen oder Reparaturen sind nicht drin. Verzicht auf allen Ebenen. Da das dann nicht immer durchzuhalten ist – angesichts des Mangels und vor allem angesichts des überquellenden Konsumangebots, der Konsumverführungen – beginnen die Ratenzahlungen und die Kette der Verschuldungen.

Die neoliberalen Umbauten betreffen natürlich auch den Arbeitsbereich selbst, von ihnen sind sehr viele Arbeitsplätze bedroht oder betroffen, so u. a. durch den Abbau von Kündigungsschutz, Verlängerung der Probezeiten, befristete Arbeitsverträge, Ausdehnung von Praktikantentätigkeiten, eine geradezu irrwitzige Verlängerung der Wochen- und der Lebensarbeitszeit (Rente mit 67).

Dazu kommt die Privatisierung und Individualisierung aller Lebensrisiken wie Gesundheit, Altersvorsorge, Bildung, Weiterqualifizierung und Arbeitsplatzsuche. Dabei sind diese selbst, Altersvorsorge und Gesundheit, privatisierten Institutionen und somit den Marktmechanismen ausgesetzt. Mit dieser Vermarktlichung und dem Ende des Solidarprinzips ist das stete Gefühl der Unsicherheit als Begleiter des Lebens verbunden.

Neben den materiellen und kulturellen Einschränkungen und Verunsicherungen wirken zusätzlich die Trommelfeuer der Propaganda und die Drohungen mit weiteren ökonomischen Katastrophen, wie wir sie in den Medien und endlosen Talkshows erleben, ängstigend: Die Bevölkerung, die Arbeitslosen müssten Opfer bringen, ihren Solidarbeitrag leisten, die Schere der Einkommen klaffe in Deutschland noch gar nicht so weit auseinander. Es gäbe keine Wahl, keine Alternative, Politik sei machtlos.

In aller Härte wurde die Zuspitzung der Lage angekündigt und angedroht. Die Massenentlassungen, der Finanzcrash und viele andere Ereignisse scheinen die Drohungen ja zu bestätigen. All das fördert Resignation und Apathie, aber auch Wut und Verzweiflung.

Gleichzeitig wird Arbeitslosigkeit – obwohl Massenphänomen – als individuelles Versagen und als Aufgabe individueller Verantwortung und damit als Schuld dargestellt, indem Vorurteile gegen die »Sozialschmarotzer« in der »sozialen Hängematte« mobilisiert werden. So wird Armut und Arbeitslosigkeit mit der Beeinträchtigung des Selbstwerts, mit Gefühlen von Schuld, Schande, Scham verbunden. Dabei wird die Abwertung von Arbeitslosen zunehmend offener von den oberen Einkommensgruppen ausgesprochen, die sich selbst am Leitbild des »unternehmerischen Selbst« orientieren und ihre Privilegien legitimieren. So hat der »neue Jargon der Verachtung (v. Lucke 2010, S. 257) gegen sozial schwache Gruppen, die »elitäre Menschenfeindlichkeit«, für die Elite die Funktion, ihren sozialen Status diskursiv zu behaupten (Heitmeyer/ Groß, 2010, S. 242), und ist ein Kampf gegen Egalitarismus, gegen das Gleichheits- und Gerechtigkeitsgebot (v. Lucke 2010, S. 264), und das bedeutet eine Entmoralisierung und Entsolidarisierung.

Von der Politik alleingelassen zieht man sich enttäuscht zurück – was als sogenannte »Politikverdrossenheit« auffällt.

Umfragen zeigen stets große Unzufriedenheit und Unsicherheit in der Bevölkerung. Nach einer Emnid-Umfrage vom Sommer 2010 wünschte sich eine deutliche Mehrheit der BRD-Bevölkerung eine »neue Wirtschaftsordnung«: 88% der Befragten fanden, dass »das derzeitige System [...] weder den ›Schutz der Umwelt‹, noch den ›sorgsamen Umgang mit den Ressourcen‹ oder den ›sozialen Ausgleich in der Gesellschaft‹ genügend« berücksichtige (Die Zeit, Nr. 34/2010, S. 21).

Höchste Zeit, diese Unzufriedenheit auf Feinde zu lenken, »gruppenbezogene Menschenfeindlichkeit«, Rassismen verschiedener Art zu entwickeln – vom Sozialrassismus zum Ethnorassismus bis zum Religionsrassismus und Sexismus. Am gefährlichsten ist hier die von oben inszenierte Islamhetze, in deren Namen schließlich seit 2001 die Kriege geführt werden. Diese Kriege gehören nun bereits zum Normalbetrieb in diesem Lande, sie werden weitergehen. Eine der Ausprägungen und Höhepunkte der Islamhetze, verbunden mit Sozialrassismus, waren z. B. die Sarrazin-Kampagnen im Herbst 2009 (kleine Kopftuchmädchen) und 2010 (Aussterben der Deutschen). Sarrazin hat Verkaufsrekorde. Sarrazin und mit ihm auch einige andere »Vordenker« und »Brandstifter« wie Sloterdijk, Karl Heinz Bohrer, Gunnar Heimsohn (v. Lucke 2010, S. 258ff.) erzeugen und schüren mit ihren Pamphleten Ressentiments und machen sich zugleich bestehende Ressentiments auch zunutze. Um die 50% sind in Europa z. B. der Meinung, dass der Islam eine Religion der Intoleranz ist, dass es zu viele Muslime gäbe (Zick/Küpper/Wolf 2010, S. 50).

Gerade an Sarrazin kann man zeigen, dass dem in der Elite nun salonfähigen »Jargon der Verachtung« eine entsprechende Politik vorausging, die von dieser Klasse getragen wurde und als strukturelle Gewalt lange gewirkt hatte, und dass solchen Kampagnen dann auch eine entsprechende Gesetzgebung folgt, wie dies nun mit den Integrationsgesetzen geschieht.

II. Die Ausbildung neuer Identitäten

Die veränderten Anforderungen und Erwartungen an berufliche Qualifikationen, der Wechsel in den biografischen Abläufen, die existenziellen Unsicherheiten, das niedrige Einkommen und vieles andere mehr greifen natürlich ein in die psychischen Strukturen, wirken sich aus auf die Formen der Lebensbewältigung, auf Meinungen und Werte und prägen alle sozialen Beziehungen. Sie wirken sich auch aus auf die Entwürfe von Identität, Kontinuität, Kohärenz und Autonomie.

Gemeinsam sind diesen neuen Identitäten sicher ihre Diskontinuität und vor allem Ängste, existenzielle Ängste vor der Zukunft, soziale Ängste in Teams, Ängste zu versagen etc.

Boltanski, Sennett, Keupp u. a. haben solche veränderten Bedingungen, die zu veränderten Identitäten, Lebensstilen und Denkstrukturen führen, beschrieben und analysiert, wovon ich ein paar Facetten und Aspekte nennen möchte:

1. Die neue Arbeitsmarktlage wird begleitet von weitreichenden und harten Prozessen der Selektion und Exklusion bei Einstellungen und Entlassungen. Zu den Selektionskriterien gehört ganz besonders die »psychologische Eignung«. Das meint Sekundärfunktionen wie Kontaktfähigkeit, Kommunikationsfähigkeit, Einsatzbereitschaft, Anpassungsfähigkeit, Bereitschaft zur Mehrarbeit, Teamfähigkeit, Formbarkeit (Boltanski 2003, S. 281ff.) –bemerkenswerterweise alles nicht im engeren Sinn fachliche Kriterien.

2. In den Arbeitsorganisationen spielen die Parolen der Individualisierung, Eigenverantwortlichkeit, Flexibilität eine große Rolle. Gefordert wird der Einsatz aller Kräfte, also die Intensivierung der Arbeit, strenge Selbstkontrolle bei steigender Mitarbeiterkontrolle und Überwachung durch Teamarbeit. Es gibt das Versprechen und den Zwang zur Kreativität, zur (Schein-)Freiheit, zur Selbstverwirklichung und Selbstregulation, zur radikalen Selbstvermarktung. Die Aufhebung der Trennung von Arbeit und Leben kann und soll das Gefühl von Autonomie, Authentizität, Emanzipation von Zwängen vermitteln, das heißt: Es sind die Formen der Entfremdung und Fremdbestimmtheit, die sich somit verändert haben. Gerade bei prekären Arbeitsverhältnissen, Selbstständigen oder virtuellen Organisationen ist höchster Einsatz verlangt, erkauft durch Verlust an Sicherheit, der Drohung der Selektion und Exklusion (vgl. Kocyba 2000; Boltanski 2003, S. 449ff.; Sennett 2005).

3. Für Boltanski entsteht durch den Zwang zu Flexibilität, Individualität und Authentizität eine Identität, die sich in der Spannung zwischen der Forderung nach dauerhaftem Ich *und* dem Freisein von Dauerhaftigkeit bewegt: sich voll engagieren *und* disponibel

für neue Projekte sein; authentisch sein *und* sich anpassen; sich binden im Ungewissen (Boltanski 2003, S. 499ff.). Und ungewiss ist auch die Zukunft, sie ist nicht planbar, die Zukunft – nicht nur die Vergangenheit – muss verdrängt werden (Bourdieu 1998, S. 97; Vogel 2006, S. 84f.).

Es entsteht ein Zwang zu unablässiger Anpassung und Willfährigkeit, der Zwang, sich stets zu beweisen und verfügbar zu sein, in einem ständigen individuellen Wettbewerb zu stehen und soziale Beziehungen zu funktionalisieren. Noch in der harmlos geschilderten luftigen Form der Beschreibung von »networken« in der *taz* wird dieses Sich-unterwerfen-Müssen sichtbar – und zugleich verleugnet: Networken ist, durch zwanglose Kommunikation beruflichen Vorteil erlangen, Aufträge ergattern, Zwanglosigkeit vortäuschen, sich immer mal blicken lassen, Fähigkeiten zu Small Talk, höflich, lässig, Fingerspitzengefühl. Aber man darf keine Hemmung vor Selbsterniedrigung haben und braucht überdimensionales Selbstbewusstsein (taz, 14./15.10.06, K. Reinhardt).

Es geht hier, mit Sennett, um »bindungslose Flexibilität«, bei der alles dem sozialen Aufstieg, auch soziale Kontakte, den Nutzungskalkülen untergeordnet ist.

4. Insgesamt führt diese Entwicklung dazu, dass improvisierte Biografien und die Entkoppelung von Ausbildung und Beruf vorherrschend werden. Bildung zu haben schafft noch keinen neuen Arbeitsplatz bzw. führt vorerst allenfalls dazu, dass nieder Qualifizierte verdrängt werden. Von den Beschäftigten im Niedriglohnsektor (zwischen drei und sieben Euro/Stunde), auch bei anspruchsvollen Arbeiten, sind heute mehr als die Hälfte gut ausgebildet. Unsichere Erwerbsbiografien, Vielberuflichkeit, Wechsel der Berufe mehrmals im Leben gehören heute zur Normalität.

Das bedeutet, worauf Heiner Keupp seit Jahren verwiesen hat, das Ende stabiler Identität, Einheit und Kontinuität zugunsten einer Patchwork-Identität (Keupp 2006).

Patchwork–Identität ist mit psychoanalytischen Vorstellungen von einem »Kern« oder von »Kohärenz« nicht vereinbar. Modena nannte dies Icheinschränkung, Ichverarmung bis zur Diffusion (2002, S. 419). (Der Topos ist allerdings nicht ganz neu, siehe H. Marcuse: *Das Veralten der Psychoanalyse* (1963), weil ihr Gegenstand, das Individuum, veraltet sei.)

5. Die Kurzfristigkeit von Arbeitsverhältnissen, der erzwungene Wechsel in der beruflichen Laufbahn erfordert eine Flüchtigkeit der Interessen und der Qualifizierung. Das Interessengebiet oder das Studienfach muss sich in seiner Auswahl und Ausrichtung dem Markt anpassen – siehe auch die Verkürzung und Verschulung des Studiums (Bachelor). Zugleich verlieren »die Erfahrungen und Ressourcen der Vergangenheit an Wert« (Vogel 2006, S. 84f.)

Richard Sennett beschreibt diese Seite so, dass die »handwerkliche Einstellung«, also das »Streben nach Qualität«, »etwas um seiner selbst willen gut machen wollen« (2005, S. 9, 84), aber auch auf etwas Gelerntes zurückgreifen zu können (ebd., S. 79f.), langfristig aufgebaute Erfahrungen nicht mehr gefragt sind und stattdessen Qualifikationen nicht vertieft und rasch wieder aufgegeben werden müssen. Man soll oder kann sich nicht intensiv mit einer Sache beschäftigen, soll in kurzer Zeit die bestmögliche Lösung bringen und das bedeutet Druck, Wettbewerb, Angst zu versagen, soziale Angst im Team

Die Kurzfristigkeiten, Flüchtigkeiten könnten sich auch in den privaten Beziehungen niederschlagen und somit auch für die lockeren, wechselnden Partnerbeziehungen, die hohe Scheidungsrate, Auflösung der Familien zu Patchworkfamilien mitverantwortlich sein.

Umgekehrt ergibt sich für Richard Sennett aus der erzwungenen Bindungslosigkeit eine Tendenz zur regressiven Suche nach Gemeinschaft, dort Bindung und Tiefe zu suchen – der Weg zu Fundamentalismen aller Art (Sennett 2000, S. 187f.).

In den Studien um Heitmeyer wird aufgezeigt, dass diese »bindungslose Flexibilität« zur Erosion des Prinzips der Gleichwertigkeit und zur Billigung von Gewalt gegen die sogenannte »überflüssige« Bevölkerung beiträgt (Gross/Mansel/Krause 2010, S. 158, 164).

6. Es ist nicht zu übersehen und zu leugnen, dass diese neuen »Freiheiten« in ihren verschiedenen Formen von manchen Betroffenen auch gepriesen werden – von der »digitalen Boheme« bis hin zur Vereinigung der »glücklichen Arbeitslosen« – als Freiheit vom Angestelltenverhältnis, Selbstermächtigung, Lust am Kreativen, Lust am Networken, und Lob des Müßiggangs. Das mag vielleicht für manche Prekär-Kreative zutreffen – wenn man die Verleugnung der Schattenseiten (Unsicherheit und massive Konsumeinschränkung) hinnimmt –, für die Mehrheit ist dies ganz sicher nicht der Weg zur Freisetzung von Kreativität und Glück (siehe Grundeinkommen).

III. Arbeitslosenforschung

Arbeit hat für die Bildung von Identität, Stärkung des Ichs und des Selbstwerts eine hohe individuelle Bedeutung, im positiven und im negativen Sinn. Der erzwungene Wegfall von Arbeit hat Folgen für die Identitätsentwürfe und bedeutet eine Deprivation einer Reihe von Bedürfnissen, so, mit Emilio Modena ausgedrückt, den materiellen, narzisstischen, sozialen, ethischen (Modena 2002, S. 418f.), zuweilen auch Bedürfnissen nach Spiel, Kreativität und Sublimierung. (Bei diesem Thema kann das Leiden unter der Arbeit, vor allem unter den entfremdeten, sozialen Bedingungen der Arbeit, leicht »vergessen« werden – soll es aber nicht.)

Die negativen Auswirkungen von Arbeitslosigkeit sind durch viele Ergebnisse der empirischen psychologischen Arbeitslosenforschung belegt, die in der Tradition der klassischen Arbeitslosenstudie Marienthal 1933 steht und heute in Deutschland in Bremen, in Leipzig und Halle angesiedelt ist.

Arbeitslosigkeit ist Risikofaktor ersten Ranges, psychisch oder körperlich/psychosomatisch krank zu werden oder krank zu bleiben. Unter den erhobenen psychischen Problemen dominieren Depressionen, Ängste, schamvoller Rückzug, Ängstlichkeit, Schlaflosigkeit, Reizbarkeit, Grübeln über soziale Ungerechtigkeit und über das eigene Versagen. Suizidversuche kommen bei Arbeitslosen 20 Mal so häufig vor (Kieselbach 1998, S. 38, 41). Die permanente Unsicherheit und die materiellen Einschränkungen von Arbeitslosen führen zu einem beängstigenden, beschwerlichen Leben, permanent bedroht von der Angst, noch weiter abzusinken. Das Selbstwertgefühl zerbricht, es gibt kein Gefühl, nützlich und unersetzbar zu sein. So kommt es zu Schwankungen in Stimmung und Verhalten, zu einem Auf und Ab von Hoffen und Panik, von Schuldzuweisungen, von Verleugnen und Verdrängen. Dieser (statistisch) kausale Zusammenhang (Kausalfaktor) ist in allen Untersuchungen zur Arbeitslosenforschung zweifelsfrei nachgewiesen.

Es gibt aber auch den umgekehrten Fall, den »Selektionseffekt«, dass psychische Probleme für den Eintritt von Arbeitslosigkeit oder für die lange Dauer von Arbeitslosigkeit oder die Nicht-Wiedervermittlung verantwortlich sein können. Dieser Zusammenhang gilt natürlich nicht z. B. bei Massenentlassungen oder in bestimmten Regionen oder Branchen (Paul/Moser 2001, S. 106f.). Sicher, wenn und weil es weniger Stellen gibt, ziehen Menschen mit labilen psychischen Verfassungen oder mit besonderen Eigenarten den Kürzeren (Selektion und Exklusion). Aber Vorsicht, der sogenannten »Selektionseffekt« wird gern missbraucht, indem der Eindruck erweckt wird, psychische Probleme (ebenso wie geringe Bildung), damit irgendwie auch individuelles Versagen des Betroffenen, sei der eigentliche Grund für Arbeitslosigkeit. So heißt es z. B. im *Deutschen Ärzteblatt* (PP, H. 12, S. 545) im Dezember 2010: »Wieder selbstbestimmt am (Erwerbs-)Leben teilnehmen – für viele Hartz IV Bezieher bleibt dieses Ziel unerreichbar. Denn psychische Belastungen und Arbeitslosigkeit beeinflussen sich gegenseitig.«

Die empirische Forschung nennt die belastenden Prozesse »Viktimisierungsprozesse« und »Entfremdungsprozesse«, womit verschiedene Erscheinungen zusammengefasst werden: u. a. neben dem Verlust an ökonomischer Sicherheit, Aufhebung der Strukturierung der Zeit, Verlust von Anerkennung und Verlust an sozialer Einbindung. Langzeitarbeitslose fühlen sich von Ämtern kontrolliert und ihnen ausgeliefert. Mit der Zeit können sie ihre Fähigkeiten nicht mehr anwenden, verlieren ihre Kompetenzen, sodass es ihnen auch nicht mehr sinnvoll erscheint, neue Kompetenzen zu erwerben. Schließlich sind sie Schuldzuweisungen, der Stigmatisierung als Versager oder Faulenzer ausgesetzt (Kieselbach 1998, S. 46f.; 2001, S. 383).

In der Forschung werden typische Verläufe, Phasen der Bewältigung von Arbeitslosigkeit beschrieben, wie sie bereits in der Marienthaler Studie vorgelegt wurden. Meist werden vier (Barwinski Fäh, Mohr), zuweilen auch bis zu sechs Phasen (Kirchler/Kirchler 1993, zit. n. Broutschek et al. 1999, S. 73) genannt, andere (Kieselbach/Wacker 1995) unterscheiden bestimmte »Teufelskreise«.

Das Phasenmodell, so muss man einschränkend sagen, geht von Arbeitslosigkeit durch Kündigung aus, was heute für einen großen Teil von Arbeitslosen nicht mehr zutrifft (die noch gar keinen regulären Arbeitsplatz hatten).

Die grobe Linie ist eine Wellenbewegung vom Schock zur Resignation oder Fatalismus. Die Kündigung wirkt wie ein »Schock«, als »seelische Katastrophe«, als Zusammenbruch der Existenzsicherheit, der von Angst, Wut, Depression, Schlafproblemen gekennzeichnet ist. Vorübergehend stellt sich dann Erleichterung ein, vor allem wenn der Kündigung die Drohung den Arbeitsplatz zu verlieren oder mobbing vorausging. Zu einer Symptomzunahme kommt es dann in den ersten sechs Monaten:

Angst und Wut werden von Verzweiflung und Resignation abgelöst (Mohr 2001, S. 120). Nach etwa einem Jahr kommt es eher zu einer Beruhigung, zu einer »stilleren Symptomatik« (Huth 2004, S. 114). Die geäußerten depressiven Reaktionen nehmen zwar nicht weiter zu, aber es stellt sich resignative Anpassung, auch Verbitterung ein – vor allem auch bei vielen Bewerbungen, die zum Misserfolg geführt haben. Aus Resignation und Hoffnungslosigkeit heraus kommt es häufig vor, dass zu unüberlegt und ungeprüft ein Job angetreten wird, was dazu führt, dass 3/4 aller Wiederbeschäftigten nach vier Jahren erneut arbeitslos werden (Mohr 2001, S. 112, 123f.) – aus dem Kreislauf der Dauerempfänger und Armut ist nicht herauszukommen. Am Ende scheint ein Gleichgewicht hergestellt um den Preis des Rückzugs vom Arbeitsmarkt, der sozialen Distanzierung vom Leben Berufstätiger, des Kaschierens und Vermeidens (Huth 2004, S. 114–117).

IV. Erklärungen der psychischen Auswirkungen von Arbeitslosigkeit

Wir wissen also sicher, dass eine unsichere, zwangsweise arbeits- und einkommenslose Existenz schädigend, neurotisierend wirkt. Wie aber wird die schädigende Wirkung erklärt?

In der psychoanalytischen Diskussion werden drei Modelle angeboten: das klassische Konfliktmodell, die individualpsychologische Variante und das Traumamodell.

Während das Traumamodell die Wirksamkeit der Realität zulässt, neigt das klassische Konfliktmodell dazu, (pathologische) Entwicklungen durch (nur) innere Erlebnisse und Konflikte in der Kindheit zu erklären. Es ist natürlich sinnvoll, beide Modelle miteinander zu verbinden, sie zu ergänzen, was theoretisch allerdings eine Relativierung, eine Entdogmatisierung der jeweiligen Position voraussetzt.

Das »Traumamodell« ist vielleicht auch das griffigere, mit dem Vorteil, die pathogene Wirkung gegenwärtiger Belastung oder Verletzung, fassen zu können.

Von Rosemarie Barwinski wird das Traumamodell bei Erwerbslosigkeit schon seit den 90er Jahren vertreten. Sie arbeitet jetzt im Umfeld der Psychotraumatologen um Gottfried Fischer. Deren Zeitschrift, die *Zeitschrift für Psychotraumatologie, Psychotherapiewissenschaft, Psycho-*

logische Medizin, die sie mit herausgibt, widmete 2010 diesem Thema ein ganzes Heft und zuletzt (2011) hat Rosemarie Barwinski einen instruktiven Sammelband herausgegeben. Langzeitarbeitslosigkeit wirke als »kumulatives Trauma«. Das sind über längere Zeiträume hinweg immer wieder belastende Erfahrungen, verknüpft mit einer Vielzahl von täglichen »Mikrotraumen«, Verlusterlebnissen, Misserfolgen und Kränkungen« (Barwinski 1992, S. 312; 2011, S. 25ff.).

Barwinski fand, der traumatischen Wirkung entsprechend, ein posttraumatisches Belastungssyndrom in abgeschwächter Form. Zu diesem gehören: 1. unfreiwillige Erinnerungsbilder, Alpträume (hier über Kündigung;), 2. Verleugnung/Vermeidung: reduzierter emotionaler Bezug zur Außenwelt, vermindertes Interesse bis zu Fatalismus, 3. Erregung: Hypervigilanz, Schlafstörung, Konzentrationsstörung (Barwinski 2010, S. 46f.).

Traumen werden natürlich unterschiedlich erlebt und verarbeitet, und so spielen die vorherigen Erfahrungen und Ressourcen eine Rolle. Hier kann eine psychoanalytische Erklärung die Auswirkung der Traumatisierung etwas komplexer betrachten bzw. kann das unterschiedliche Ausmaß erklären. So sind die Beziehungen in der frühen Kindheit Weichensteller für späteres Erleben und Verarbeiten. So können wir das Traumamodell übernehmen, ohne die Kindheit zu vergessen. Die gegenwärtigen Schädigungen wirken selbst neurotisierend – sie mobilisieren entsprechende Abwehrsysteme, sie führen zu einem Realitätsverlust, zu Icheinschränkung, Gefühlen von Sinnlosigkeit, Schuldgefühlen und Aggressionen, wie dies z. B. Modena beschrieben hat (2002, S. 417, 419). Bei entsprechender Vorschädigung kann es unter solchen Bedingungen auch zur Reaktivierung neurotischer Konflikte kommen oder zum »Entgleisen« eines »labilen narzisstischen Gleichgewichts« (Modena).

Die Individualpsychologie als Variante der Psychoanalyse würde es so ausdrücken: Arbeitslosigkeit oder Prekarisierung bewirkt eine Verschärfung, Vertiefung des Unterlegenheitsgefühls, wodurch die Balance zwischen Minderwertigkeitsgefühl und Kompensation zusammenbricht, sodass es entweder zur Erstarrung in Angst und Depression kommt oder/und dies umschlägt zur Überkompensation, die das Ohnmachtsgefühl leugnet, oder sich zu Omnipotenzposen aufbläht und darin gefangen bleibt. Dieser Mechanismus kann die Neigung zum Rechtsradikalismus als überkompensierender, die eigene Unterlegenheit leugnender Sozialhass miterklären, der ja, unter der Erfahrung von Ungerechtigkeit und

Ungleichheit und unter der Anleitung von »Vordenkern«, mit Recht als eine der politischen Konsequenzen der Prekarisierung und Arbeitslosigkeit gelten kann (siehe auch Heitmeyer-Studie 2010).

Bei allen drei Erklärungsansätzen fällt allerdings doch auf, dass sie noch relativ undifferenziert und vage sind und mit wenig empirischen Fallmaterialien veranschaulicht werden (was ja sonst bei Psychoanalyse üblich ist). Das hängt zweifellos mit dem Konzept Psychoanalyse zusammen.

Die Beschäftigung mit der Arbeitswelt ist bei Psychoanalytikern immer noch viel zu selten, sie beziehen im Allgemeinen nicht ein, dass Ängste und Depressionen, Bindungslosigkeit und Affektisolierung durch die Arbeitssituation oder Arbeitslosigkeit ausgelöst oder verstärkt worden sind. Sie überbetonen weiterhin die Kindheit und haben keinen Begriff von der Bedeutung von Arbeit und Geld für das Selbstwertgefühl. Peter Brückner hatte dazu geschrieben: »Freuds Blick« entgingen »die Konsequenzen der Lohnarbeit für die Konstituierung von Bewusstsein, Verhalten, Triebstruktur, von Alltäglichkeit« (Brückner 1972, S. 369). Psychoanalytiker neigen auch dazu, in uns immer die Kinderaugen zu vermuten (via Übertragung), für die die Welt weiterhin in der Familie, in Papa und Mama besteht, der Arbeitgeber als Familienvater gesehen werde. Psychoanalyse – wie natürlich alle anderen bürgerlichen Psychologien auch – kennt eben keine Klassen.

Umgekehrt besteht im Traumamodell die Gefahr, die vorherigen Schädigungen aus Kindheit und Jugend oder auch Schädigungen durch entfremdete Arbeit zu übersehen. Beides, die psychoanalytische Erklärung und das Traumamodell, sind Blickverengungen, die etwas verharmlosen, einmal die Auswirkung des prekären Lebens (der Arbeitswelt überhaupt), zum anderen die Schädigungen aus anderen Quellen. Das wird sich auch in der Praxis niederschlagen.

So wirken Traumatologen (aus dem Umfeld von Barwinski), die nur die Arbeitslosigkeit im Blick haben, eher an kurzfristigen Beratungen und Coachings mit und an Interventionen, wie sie von der Bundesagentur für Arbeit angeboten werden. Eine Autorin in dem Sammelband von Barwinski, Doreen Merkel, räumt zwar ein, dass die entsprechenden Interventionen, nämlich Arbeitsbeschaffungsmaßnahmen, Qualifizierung und Verbesserung der Bewerbungskompetenz, für den Wiedereinstieg ins Arbeitsleben nachweislich wirkungslos sind (Merkel 2011, S. 153f.). Dann aber bietet sie »psychosoziale Beratung« an, »zur Reduktion akuter Stresssymptome« und »zum Erreichen nachhaltiger Veränderungen«, die – als Schnellverfahren – verhaltenstherapeutisch fokussiert mit vielen Vorgaben, Ratschlägen und psychoedukativen »Aufklärungen« durchsetzt ist – ganz sicher (längerfristig) ebenso wirkungslos wie die anderen Interventionsangebote. Solche Beratungen verharmlosen eher die Situation und vermitteln selbst das Gefühl, beim Bewerben versagt zu haben, oder die Illusion, dass es an der mangelnden Qualifikation läge. Geradezu zynisch erscheint es mir, wenn es hier heißt, dass man den Arbeitslosen von seiner Orientierung an bezahlter Arbeit abbringen soll – es gäbe ja auch viele unbezahlte Tätigkeiten (Merkel 2011, S. 162f.). Allerdings: Dieser Zynismus liegt in der Sache selbst, denn zu Recht geht die Autorin ganz realistisch davon aus, dass der Langzeitarbeitslose keine (angemessene) Arbeit mehr bekommen wird. »Einmal Hartz IV, immer Hartz IV.«

V. Überlegungen zur analytisch orientierten Therapie mit prekär Beschäftigten oder Arbeitslosen

Mich interessieren hier Überlegungen zu Verläufen und Problemlagen in ambulanten tiefenpsychologischen oder psychoanalytischen Therapien mit Menschen, die neben anderem auch arbeitslos sind oder prekär leben. Sowohl die Anlässe zur Therapie als auch die Hintergründe der Arbeitssituation sind allerdings sehr unterschiedlich.

Welche Bedeutung die prekäre Lebenslage oder Arbeitslosigkeit im konkreten Kontext für Einzelne hat, ist zunächst häufig schwer einzuschätzen, auch für den/die PatientIn. Sicher kommen in eine analytische Praxis eher solche Menschen, deren vorher schon bestehende Probleme durch die Arbeitssituation reaktiviert, verstärkt oder prolongiert wurden. Ob eine Therapie angezeigt ist und welche Art von Therapie, hängt von Kriterien ab, die auch sonst gelten. Arbeitslosigkeit, auch wenn eine (Wieder-)Einstellung eher aussichtslos ist, ist keine Kontraindikation, auch nicht für Psychoanalyse.

Gleichwohl beeinflusst eine prekäre Lebenssituation den Therapieverlauf und das Therapieziel und sie kann wie ein stetiges Störfeuer in der Therapie wirken, kann den ruhigen Fluss der Therapie oder Psychoanalyse stören oder unterbrechen – was allerdings bei verschiedenen anderen Lebenslagen auch vorkommt (z. B. bei Krankheiten, Schichtdiensten, Schwangerschaften, jungen oder alleinerziehenden Müttern).

Zu rechnen ist vor allem mit vermehrten, aus der sonstigen Situation heraus nicht direkt »verstehbaren« Stimmungsschwankungen, einem Wechsel von Passivität und Panik, Ratlosigkeit und Resignation, von Hoffnungen und Ängsten, aber auch mit Absagen von Terminen durch gehäufte Krankheiten oder durch notwendige Ausweitung der Arbeitszeiten bei Freelancern, Fortbildungen, neuen Verdienstquellen, bis hin zu Ortswechseln durch eine neue Stelle.

Anlässe zu Stimmungsschwankungen oder Panik sind verspätete Zahlungen, Bewerbungen, Arbeitsversuche, ein Bescheid vom Jobcenter oder Termine dort, aber auch einfach unbeglichene Rechnungen, die Bezahlung der Fixkosten, ein leeres Konto am Monatsende. Das also sind die »Mikrotraumen«.

Es schwankt bei meinen Patienten, ob sie aktiv werden, sich umhören, sich bewerben, sich eine Nische suchen, um zu Job oder Geld zu kommen – oder abwarten, voller Angst. Manche verstehen Therapie erstmal als Schonzeit, als Hoffnung und Möglichkeit erst einmal ihr »Leben« neu zu ordnen, sich von anderen Problemen, vom Alp der Vergangenheit zu befreien.

Die Häufigkeit und Art, ob und wie sie das Thema in der Therapie ansprechen, ist bei den verschiedenen Patienten unterschiedlich und geschieht vielfach phasenweise. Es wechseln Zeiten von – zumindest scheinbar – relativ sorgloser Gelassenheit oder fatalistischer Starre – wo sie nicht darüber sprechen – mit Zeiten von Angstschüben bis Panik, wo es zum Thema wird. Dann wird auch deutlich, dass sie sich auf irgendeine Weise eigentlich täglich damit beschäftigen, aber in der Therapie dieses Thema aus Angst oder Schamgefühl vermeiden oder verdrängen, allenfalls nur andeuten, um wenigstens in der Therapie davon frei zu sein.

Für mich als Therapeutin sind diese Erscheinungen, das Schwanken, die Anstrengungen, die Ausweglosigkeit (auch angesichts der Entwicklung auf dem Arbeitsmarkt), sehr belastend. Es vermitteln sich mir Gefühle von Ohnmacht, ich schwanke mit zwischen Hoffen und Bangen, fürchte um illusionäre Hoffnungen – die aber zugleich nötig sind, um handeln zu können. Ich bange um das Durchhalten bei den Bemühungen der Patienten oder werde auch ungeduldig oder enttäuscht, wenn sie passiv bleiben oder Chancen – oder vermeintliche Chancen – verstreichen lassen, sich nicht mit Nachdruck bemühen oder sich ungeschickt anstellen oder gar im entscheidenden Moment psychosomatisch reagieren. Wie lange kann eine Schonzeit sein, wie lange stehen andere Fragen wohlweislich so im Vordergrund, wann gerät ein Schweigen darüber zu einer fatalen Vermeidung und Verleugnung der Realität, wann wird Therapie zu einer Folie à deux?

Aus meiner eigenen therapeutischen Erfahrung und den Kenntnissen der Forschung will ich erste Orientierungslinien für die Therapie formulieren, bezogen auf diesen Problembereich.

1. Die Kenntnisse aus der soziologischen und psychologischen Forschung zur Identitätsentwicklung in der Gesellschaft, zu den Entfremdungs- und Viktimisierungsprozessen Arbeitsloser, den phasenhaften Schwankungen und der spezifischen Problemsituationen, sind nötig, um den Patienten besser zu verstehen, die Einflussfaktoren zu sehen und zu erklären und (auch für den Therapeuten) ertragen zu lernen.
2. Wichtig ist, den Zusammenhang zwischen der Befindlichkeit, des Selbstbewusstseins, der Umgangsweise mit sich und der Realität und den sozialen Beziehungen mit der Arbeitslosigkeit zu sehen, die »Phasen« und »Teufelskreise« im Blick zu haben und auch für den Patienten bewusst zu machen – auch dann, wenn der Arbeitslosigkeit »nur« ein verstärkender Faktor zukommt.
3. Das Thema prekäre Lebenssituation, diese Ängste und Hoffnungen, müssen zur Sprache kommen können, der Therapeut muss dafür ein Klima herstellen, ein Ohr dafür haben und sich solidarisch, ohne Schuldzuweisung, auf seine Seite stellen. Es darf nicht etwas sein, was nicht hierher gehört, weil es zu banal oder oberflächlich ist. Gegebenenfalls muss der Analytiker dies selbst ansprechen – Psychoanalytikern liegt das nicht sehr nahe.
4. Es ist wichtig, eine realistische, kritische Sicht auf den Arbeitsmarkt und auf Aussichten für einen Job zu gewinnen, wozu neben Sachkenntnis auch die Einschätzung der Kräfte des Patienten gehört. Nur darüber kann der Therapeut für sich angemessene Erwartungen entwickeln und gegebenenfalls entsprechende Signale setzen.
5. Ansonsten ist die bewährte psychoanalytische Haltung der wohlwollenden Abstinenz und des Abwartens auch hier richtig, auch um nicht (auch gegen die eigene Ungeduld des Therapeuten) in ein »Bewerbungsfieber« zu verfallen, oder vorzeitig, vor dem Erreichen einer gewissen Stabilisierung, die Berufsfrage zu forcieren und damit Druck auszuüben oder dazu aufzufordern, eben irgendetwas zu nehmen. Das führt nur zur Resignation durch Misserfolge und zu späterem Scheitern.

6. Das Therapieziel kann – da Arbeitslose keine homogene Gruppe sind – nicht einheitlich sein und ist in erster Linie von der strukturellen Problematik insgesamt bestimmt, sei es als Bearbeitung des neurotischen Konflikts, der Traumata oder der Strukturdefizite. In Bezug auf Arbeitslosigkeit kann es, unter den gegebenen objektiven Umständen als Ziel nicht um die Wieder- oder Ersteinstellung gehen – die zwar wünschenswert ist, die aber ohnehin außerhalb des Einflusses des Therapeuten liegt. Vielmehr kann Therapie bei der Bewältigung der Situation, auch der Arbeitslosigkeit helfen. Ziel wäre es, die Viktimisierungs- und Entfremdungsprozesse zu entschärfen, die Schuld- und Schamgefühle zu mäßigen, aus dem resignativen Arbeitslosen einen aktiven Arbeitslosen werden zu lassen, der seine Zeit neu strukturieren lernt, seine Fähigkeiten mobilisieren wird, seine Kompetenzen entdeckt, seine sozialen und kreativen Möglichkeiten reaktiviert.

Nach meinen bisherigen Erfahrungen haben sich im längeren Verlauf der Therapie die resignativen Tendenzen gemildert. Die PatientInnen wurden mutiger, aktiver, kreativer, risikofreudiger – was noch nicht heißt, dass sie einen Job bekommen, vielleicht aber entdecken manche neue Wege, Auswege, Nischen.

Trotzdem bin ich mir, längerfristig gedacht, über den Erfolg nicht so sicher, und es fällt mir, einer gut verdienenden, mit ihrem Beruf zufriedenen Psychoanalytikerin, schon schwer, sich vorzustellen, wie es gehen soll, in dieser Lage über eine längere Zeit hinweg eine innere Balance zu finden, zu so etwas wie einer Selbstverwirklichung oder Selbstkohärenz zu gelangen.

Ein Arbeitsloser braucht Arbeit, nicht Therapie, meinte Marie Jahoda (zit. n. Barwinski 2010, S. 46) – ja natürlich, Arbeit, aber das ist nicht die Alternative zur Therapie.

Selbst Freud hatte wohl angesichts des Elends nach dem Ersten Weltkrieg die Augen nicht verschlossen und gewisse Zweifel an der Wirksamkeit einer alleinigen Psychoanalyse geäußert, wenn er 1919 schreibt, dass »wir oft nur dann etwas leisten können, wenn wir seelische Hilfeleistung mit materieller Unterstützung [...] vereinigen können« (1919, S. 193).

Und viele Jahre vorher antwortete Freud in einem fiktiven Dialog mit einem Patienten, der gegen die »Kur« einwendet, dass sein »Leiden wahrscheinlich mit seinen Verhältnissen und Schicksalen zusammenhängt«:

»[A]ber Sie werden sich überzeugen, daß viel damit gewonnen ist, wenn es uns gelingt, ihr hysterisches Elend in gemeines Unglück zu verwandeln. Gegen das letztere werden Sie sich mit einem wieder genesenen Seelenleben besser zur Wehre setzen können« (1895, S. 311f.).
Hoffen wir es.

Literatur

Barwinski Fäh, Rosmarie (1992): Arbeitslosigkeit. Trauma oder Konfliktreaktivierung. Forum der Psychoanalyse 8, 311–326.
Barwinski, Rosmarie (2010): Zur Wechselwirkung zwischen sozialer Situation und intrapsychischen Veränderungen am Beispiel von Langzeit-Erwerbslosigkeit. Zeitschrift für Psychotraumatologie, Psychotherapiewissenschaft, Psychologische Medizin (ZPPM). Hg. von E. Brähler & Y. Stöbel-Richter. 8(2), 45–57.
Barwinski, Rosmarie (Hg.)(2011): Erwerbslosigkeit als traumatische Erfahrung. Psychosoziale Folgen und traumatherapeutische Interventionen. Kröning (Asanger).
Boltanski, Luc & Chiapello, Eve (2003): Der neue Geist des Kapitalismus. Konstanz (UVK Verlagsgesellschaft).
Bourdieu, Pierre (1998): Gegenfeuer. Konstanz (UVK Universitätsverlag)
Broutschek, Beatrix; Schmidt, Sabine & Dauer, Steffen (1999): Macht Arbeitslosigkeit krank oder Krankheit arbeitslos? In: Dauer, S. & Hennig, H. (Hg.): Arbeitslosigkeit und Gesundheit. Halle (Mitteldeutscher Verlag), S. 72–92.
Bruder-Bezzel, Almuth (2008): Prekarisierung unserer Lebensverhältnisse. Die veränderten Bedingungen von Identität und Psychotherapie. Z. f. Individualpsychol. 33, 316–331.
Brückner, Peter (1972): Marx, Freud. In: Gente, Hans-Peter (Hg.): Marxismus, Psychoanalyse, Sexpol, Bd. 2. Frankfurt/M. (Fischer), S. 360–395.
Freud, Sigmund (1919): Wege der psychoanalytischen Therapie. GW XII, S. 183–194.
Freud, Sigmund (1895): Studien über Hysterie. GW I.
Groß, Eva; Mansel, Jürgen & Krause, Daniela (2010): In: Heitmeyer (Hg.)(2010), S. 158–173
Heitmeyer, Wilhelm (Hg.)(2010): Deutsche Zustände, Folge 9. Frankfurt/M. (Suhrkamp).
Heitmeyer, Wilhelm & Groß, Eva (2010): Anknüpfungspunkt: Eliten. In: Heitmeyer (Hg.) (2010), S. 241f
Hirsch, Mathias (Hg.)(2000): Psychoanalyse und Arbeit. Kreativität, Leistung, Arbeitsstörungen, Arbeitslosigkeit. Göttingen (Vandenhoeck & Ruprecht).
Huth, Wolfgang (2004): Arbeitslosigkeit & Psychotherapie. Kann die Psychotherapie Arbeitslosen helfen? psychosozial 98, 107–119.
Jahoda, Marie, Lazarsfeld, Paul, Zeisel, Hans (1975): Die Arbeitslosen von Marienthal (1933). Frankfurt/M. (Suhrkamp)
Keupp, Heiner (2006): Identitätskonstruktionen in der spätmodernen Gesellschaft. Riskante Chancen bei prekären Ressourcen (Vortrag am 3.11.2006, unveröffentlicht)
Kieselbach, Thomas (1998): Arbeitslosigkeit und Entfremdung. Journal für Psychologie 6, 38–52.

Kieselbach, Thomas (2001): Sozialer Konvoi und nachhaltige Beschäftigungsfähigkeit: Perspektiven eines zukünftigen Umgangs mit beruflichen Transitionen. In: Zempel/Bacher/Moser (Hg.)(2001), S. 381–396.
Kieselbach, Thomas & Wacker, Alois (Hg.)(1995): Bewältigung von Arbeitslosigkeit im sozialen Kontext. Weinheim (Beltz).
Kocyba, Hermann (2000): Die falsche Aufhebung der Entfremdung. Über die normative Subjektivierung der Arbeit im Postfordismus. In: Hirsch (Hg.)(2000), S. 13–26.
Lucke, Albrecht von (2010): Eindringende Eiszeiten. Der neue Jargon der Verachtung. In: Heitmeyer (Hg.)(2010), S. 257–266.
Marcuse, Herbert (1963): Das Veralten der Psychoanalyse. In: Marcuse, Herbert: Kultur und Gesellschaft 2. Frankfurt/M. 1967 (Suhrkamp), S. 85–106.
Merkel, Doreen (2011): Leitlinien für die Beratung und Therapie: Welche psychosozialen Interventionen machen Sinn? In: Barwinski (Hg.)(2011), S. 151–167.
Modena, Emilio (2002): Dreimal verflucht: ArbeiterIn, arbeitslos, arbeitsunfähig. In: Modena, Emilio (Hg.): »Mit den Mitteln der Psychoanalyse ...« Gießen (Psychosozial-Verlag), S. 417–426.
Mohr, Gisela (2001): Langzeiterwerbslosigkeit. In: Zempel/Bacher/Moser (Hg.)(2001), S. 111–131.
Paul, Karsten & Moser, Klaus (2001): Negatives psychisches Befinden als Wirkung und als Ursache von Arbeitslosigkeit: Ergebnisse einer Metaanalyse. In: Zempel/Bacher/Moser (Hg.)(2001), S. 83–110.
Sennett, Richard (2000): Der flexible Mensch. Berlin (Siedler).
Sennett, Richard (2005): Die Kultur des neuen Kapitalismus. Berlin (Berlin Verlag).
Vogel, Berthold (2006): Sicher-Prekär. In: Lessenich, Stephan & Nullmeier, Frank (Hg.): Deutschland – eine gespaltene Gesellschaft. Frankfurt/M. (Campus).
Zempel, Jeannette; Bacher, Johann & Moser, Klaus (Hg.)(2001): Erwerbslosigkeit. Ursachen, Auswirkungen und Interventionen. Opladen (Leske + Budrich).
Zick, Andreas; Küppers, Beate & Wolf, Hinna (2010): Wie feindselig ist Europa? Ausmaße Gruppenbezogener Menschenfeindlichkeit in acht Ländern. In: Heitmeyer (Hg.) (2010), S. 39–60.

Prekarisiert, individualisiert, gespalten?

Die Moralische Ökonomie prekarisierter Lohnabhängiger als Katalysator von Protestrohstoff und Solidaritätspotenzialen

Thomas Goes

Einleitung

In der Prekarisierungsforschung dominiert ein Bild, in dem Prekarisierte als schwer, wenn nicht gar kaum für solidarisches Interessenhandeln zu mobilisieren dargestellt werden.[1] Als Ursachen gelten die sozial disziplinierenden und entsolidarisierenden Auswirkungen von Prekarisierungsprozessen (vgl. kritisch: Choi 2010, S. 50). Im Zentrum des folgenden Beitrags steht eine kritische Auseinandersetzung mit derartigen Annahmen, die auf ersten – schlaglichtartigen – Ergebnissen eines laufenden empirischen Forschungsprojektes zu Solidaritäts- und Mobilisierungspotenzialen in den sozialen Deutungsmustern prekarisierter Beschäftigter beruht.

---

1 Unter Prekarisierung verstehe ich einen Prozess, im Zuge dessen einerseits objektiv durch arbeitsmarktpolitische Deregulierungen sowie dem Aufbau strafend-aktivierender Sozialstaatlichkeit der Druck zur Lohnarbeit erhöht (vgl. Gruppe Blauer Montag 2008, S. 66) und/oder aus der Perspektive von Lohnabhängigen erreichte Schutz- und Teilhabestandards erodiert werden. Prekarität hingegen ist eine soziale Situation, in der Menschen geraten können, wenn es ihnen nicht gelingt, ein Arbeitsverhältnis zu erreichen, das die entsprechenden Schutz- und Teilhabeformen gewährt. Einen breiten Überblick über die deutsche Diskussion gibt der von Robert Castel und Klaus Dörre herausgegebene Sammelband *Prekarität, Abstieg, Ausgrenzung* (2009). Wissenschaftliche Beiträge, die einen politisch eingreifenden Charakter haben, bietet der Sammelband *Prekarität – Neoliberalismus – Deregulierung* (Klautke/Oehrlein 2007).

Beispiel – Robert Castel: Negativer Individualismus, Spaltung und Ressentiments
Eine Diagnose der sozialen Folgen von Prekarisierungsprozessen, die vermuten ließe, dass prekarisierte Beschäftigte kaum zu organisieren oder für solidarische Interessenpolitik zu mobilisieren sind, findet sich in den Arbeiten des Sozialhistorikers Robert Castel, der wohl zu den einflussreichsten Stichwortgebern der gegenwärtigen Prekarisierungsdebatte zählen dürfte. Castel zeichnet in seinen Studien einen Verfall der Lohnarbeitsgesellschaft nach, im Zuge dessen – als zwei Seiten derselben sozialen Entwicklung, die seit den 1970er Jahren zu beobachten ist – sich Formen eines »negativen Individualismus« einerseits, eine Dreiteilung des sozialen Raumes in eine Zone der Integration, der Verwundbarkeit und der Entkopplung andererseits herausbilden. In seiner Diagnose, in der er die Zerstörung von Arbeitskollektiven und die Anrufung der Beschäftigten als eigenverantwortliche Individuen hervorhebt, die sich dem Wettbewerb stellen sollen, kombiniert er so Ausgrenzungstheorie und Individualisierungsthese: Individuen müssen sich im Wettbewerb bewähren – scheitern sie, droht ihnen die Erwerbslosigkeit, der soziale Abstieg und damit die soziale Ausgrenzung. Dieser Prozess sei eingebunden in weitreichende Versuche politischer Akteure und Unternehmen, den Warencharakter der Arbeit wieder stärker zur Geltung zu bringen. So schiebe sich zwischen diejenigen, die im Wettbewerb bestehen und sozial integriert bleiben, und jene, die als Verlierer aus ihm hervorgehen, die prekär Beschäftigten (vgl. Castel 2007, S. 16). Die Folge seien »eine hybride Zone zwischen Arbeit und Nichtarbeit, Absicherung und Unterstützung, Integration und Entkopplung« (Castel 2011, S. 24). Was aber bedeutet ein derartiger Befund für die (interessen)politische Handlungsfähigkeit von Lohnabhängigen, für ihre Fähigkeit, solidarisch Gegenmacht zu organisieren? Wenngleich Castel diese Frage selbst kaum ausführlich erörtert, scheinen seine theoretischen Überlegungen und gelegentlichen Randbemerkungen zu implizieren, dass es darum schlecht bestellt ist. Mit Blick auf die Veränderungen der Arbeitsorganisation spricht Castel z. B. von einer Atomisierung der Beschäftigten, die zueinander in Konkurrenz gesetzt werden (Castel 2009, S. 26); mit der sogenannten Destabilisierung der Lohnarbeitsgesellschaft entstehe ebenfalls ein »bindungsloses, entblößtes Individuum« (Castel 2007, S. 17), das vollkommen ausgeliefert sei; der

Konflikt zwischen Kapital und Arbeit verschwinde zwar nicht, »artikuliert sich aber zu einem guten Teil durch die Konkurrenz verschiedener Arbeitnehmerschichten« (Castel 2011, S. 297). Und schließlich würden sich im Zuge der Ausbreitung von prekären Arbeitsverhältnissen und von Erwerbslosigkeit innerhalb der Arbeiterschaft neue Ungleichheiten abzeichnen, die die gruppeninterne Solidarität zerstören (vgl. ebd., S. 301–302), eine Spaltung der Lohnabhängigen sei die Folge (vgl. ebd., S. 306). An anderer Stelle setzt er Prekarisierung in Verbindung mit dem Aufstieg des rechtsextremen Front National in Frankreich, attestiert er (oder legt es nahe) den sogenannten Modernisierungsverlierern Ressentiments gegenüber anderen Teilen der Bevölkerung, die vom gesellschaftlichen Wandel profitieren (vgl. Castel 2005, S. 70–71). Für prekarisierte Menschen, die sich ihre neue Lage zu erklären suchen, dienen Ausländerhass und Rassismus dabei als Quellen eigener Aufwertung (ebd., S. 73–74).

Diese Diagnosen sind durchaus plausibel, zumindest sind fragmentierende, verunsichernde und auch disziplinierende Effekte von Prekarisierungsprozessen mittlerweile auch in der bundesdeutschen Debatte anhand einiger (weniger) empirischer Studien (vgl. Brinkmann et al. 2007; Dörre 2011) nachgewiesen worden. Andererseits sind Castels Überlegungen auch zu linear, wie empirische Untersuchungen aus dem Bereich der Rechtspopulismusforschung zeigen – z.B. lässt sich kein notwendiger Zusammenhang zwischen autoritär-ausgrenzenden Verarbeitungsweisen und steigender Unsicherheit nachweisen (vgl. Flecker/Kirschenhofer 2007, S. 149). KritikerInnen machen darüber hinaus, trotz der empirischen Plausibilisierung von Individualisierungs- und Spaltungstendenzen darauf aufmerksam, dass eine zu starke Fokussierung auf diese Aspekte Widersprüche innerhalb der subjektiven Verarbeitungsweisen prekärer Arbeit unterschätzen und damit mögliche Widerstandspotenziale aus den Augen verlieren könnten (vgl. Candeias 2004). Wohlgemerkt, es geht dabei nicht um ein Entweder-oder. Von den disziplinierenden, partiell individualisierenden und daher entsolidarisierenden Potenzialen, die durch die Prekarisierung der Arbeitsgesellschaft entstehen, ist durchaus auszugehen; darüber hinaus sollten allerdings zugleich *»kognitive Mobilisierungspotenziale«* untersucht werden, die sich möglicherweise mit den entsolidarisierenden Verarbeitungsformen kombinieren.

Forschungsprojekt: Prekarisierte Beschäftigte im Großhandel

Im Folgenden werde ich ein entsprechendes Forschungsprojekt vorstellen, das sich für emanzipatorische Elemente in der subjektiven Verarbeitungsweise prekär und »normal« Beschäftigter interessiert. Im Zentrum meines Beitrages steht die Frage, in welchem Ausmaß AktivistInnen an sogenannten »*kognitive Mobilisierungspotenziale*«[2] bei prekarisierten Beschäftigten (siehe unten) anknüpfen könnten, um für solidarisches Interessenhandeln zu mobilisieren, das auf alle abhängig Beschäftigten zielt.[3] Befragt wurden darin Beschäftigte aus zwei Großhandelsbetrieben[4], in denen während der vergangenen Jahre die betriebliche Leistungspolitik intensiviert wurde und das Management Personalstrategien entwickelte, die auf untertariflicher Bezahlung und prekären Arbeitsverhältnissen basieren. Zusammengenommen vermittelt dies den Eindruck einer sich in beiden Unternehmen normalisierenden Prekarität einerseits und einer Prekarisierung der Normalarbeit andererseits. Für die Beschäftigten werden Anpassungsdruck, die Unterwerfung unter Optimierungszwänge sowie Strategien der Kostenreduzierung auch in der Personalpolitik als andauernde und krisenhafte Normalität erfahrbar. Vor diesem Hintergrund verstehe ich die Mitglieder der Kernbelegschaft als »prekarisierte Normalbeschäftigte«.

---

2 Unter »kognitiven Mobilisierungspotenzialen« verstehe ich subjektive Deutungsweisen, die kollektive Mobilisierungsprozesse ermöglichen. Ich orientiere mich dabei am sogenannten Framingansatz innerhalb der Sozialbewegungsforschung. Unabhängig davon wofür und von wem mobilisiert wird, interessieren sich Framinganalysen für bestimmte Dimensionen und Ausprägungen der Rahmen: z. B. für die Wahrnehmungen von Ungerechtigkeiten, von kollektiven Identitäten und Gegnerschaften oder von Akteuren der Veränderung (siehe dazu Kern 2008).

3 Die empirische Basis bilden fünf Gruppendiskussionen und 17 Einzelinterviews, die ich mit prekär Beschäftigten, prekarisierten Normalbeschäftigten und Betriebsräten geführt habe. Ausgewertet werden die Transkripte im systematischen Fallvergleich und mithilfe der formulierenden und reflektierenden Interpretation.

4 In beiden Belegschaften verläuft eine Spaltungslinie zwischen fest und prekär Beschäftigten, die zum Teil viele Monate in den Betrieben arbeiten. Die Beschäftigten, die länger im Betrieb arbeiten, verfügen zwar über nützliche Kenntnisse, die den betrieblichen Arbeitsablauf erleichtern – da die Tätigkeiten an sich aber sehr schnell erlernt werden können, sind sie jedoch leicht austauschbar. Die Arbeitsmarktmacht der Festbeschäftigten ist daher nur gering. Unterschiedlich entwickelte sich in beiden Betrieben die Kernbelegschaft: Während sie bei »Lieferfix« jüngst relativ konstant blieb und durch Leiharbeiter vorrangig saisonal ergänzt wurde, wurde der »Stamm« der »Traumburg« in den vergangenen Jahren stark reduziert und ausscheidende ArbeiterInnen durch LeiharbeiterInnen ersetzt.

Analysezugang und These

Vor diesem betrieblichen Hintergrund ließe sich in Anlehnung an die skizzierten Überlegungen Robert Castels die These entwickeln, dass sich die verschärften Konkurrenzbedingungen und neuen Ungleichheiten innerhalb der Belegschaften entsolidarisierend in Form einer konkurrenzgetriebenen Individualisierung auswirken. Durch mein empirisches Material ließe sich diese Annahme durchaus erhärten – allerdings erschöpfen sich die Verarbeitungsweisen der interviewten Personen darin nicht. Mithilfe des geschichtswissenschaftlichen Konzeptes der »Moralischen Ökonomie« (vgl. Geiling 1985), das der Sozialhistoriker Edward P. Thompson in den 1970er Jahren entwickelte, lassen sich darüber hinausgehende ambivalente subjektive und sozial geteilte Verarbeitungsweisen freilegen, an die Mobilisierungsversuche anknüpfen könnten.

Analysezugang »Moralische Ökonomie«

Mithilfe des »Moralische-Ökonomie-Konzeptes« lässt sich zum einen danach fragen, wie angesichts von Prozessen der kapitalistischen Landnahme, des Eindringens von Prinzipien des Warentauschs in zuvor nicht warenförmig organisierte gesellschaftliche Felder Ungerechtigkeitsgefühle und somit *Protestrohstoffe* entstehen, und zum anderen thematisieren, wie sich diese (interessen)politisch artikulieren (vgl. Barker 2006, S. 20ff.). Das Interessante an diesem Konzept für die heutige Prekarisierungsforschung ist, dass es in historischen Studien über gesellschaftliche Transformationsprozesse entwickelt wurde: Phasen, in denen – vergleichbar dem Wandel der vergangenen Jahrzehnte in den kapitalistischen Zentren – gewohnte Formen der Lebensführung und die Ausübung von Herrschaft infolge der Ausweitung kapitalistischen Warentausches und entsprechender Steuerungsformen zerstört oder in einer Weise herausgefordert wurden, durch die sowohl die sozialen und politischen Errungenschaften der »Unterschichten« als auch deren gewohnten Verhaltensweisen und Orientierungsmuster infrage gestellt wurden.

Wenngleich Thompson keine systematische Abhandlung über die Entstehung von Protestrohstoffen und Protestursachen hinterlassen hat, wurden im Rahmen der an ihn anknüpfenden Sozialgeschichtsforschung mehrere Faktoren herausgearbeitet, die als mögliche Verursacher gelten können: Auslöser des »Grolls der kleinen Leute« (Parisius 1985) können veränderte (politische) Steuerungs- und Konfliktbearbeitungsformen, neue Verhaltensweisen gesellschaftlicher Eliten gegenüber subalternen Bevölkerungsgruppen oder neue Zumutungen/Anforderungen an deren Lebensführung (inklusive Arbeitswelt) sein. Gerade die Veränderungen von Herrschaftsformen und Elitenverhalten rücken dabei aus der Perspektive der »Unterschichten« selbst bzw. der für sie damit einhergehenden Zerstörung von traditionellen sozialen Garantien und Errungenschaften in den Blick. Nicht Herrschaft oder Elitenverhalten an sich, sondern die damit verbundenen sozialen und politischen Zugeständnisse an subalterne Bevölkerungsgruppen werden als mögliche Quelle von Unmut rekonstruierbar (vgl. Geiling 1985, S. 12). Allgemeiner gefasst wirkt ein Set an »Normalitäts- und Sittlichkeitserwartungen«, über das die von Kommodifizierungs- oder Vermarktlichungsprozessen betroffenen Menschen verfügen, als eine Art Interpretationsfilter. Kern dieses Interpretationsmusters ist laut Heiko Geiling ein tradierter kultureller Konsens über angebrachte Formen des Lebensunterhaltes und der Lebensführungen einerseits, gültiger Prinzipien der Bedarfsdeckung andererseits (vgl. ebd., S. 26). Proteste beruhen laut Thompson auf weitverbreiteten und geteilten Ansichten darüber, was auf Märkten, in Produktionsstätten usw. als gerecht- und ungerechtfertigt gilt. Zugrunde liegt dem eine fest umrissene und tradierte Auffassung »von sozialen Normen und Verpflichtungen und von den angemessenen wirtschaftlichen Funktionen mehrerer Glieder innerhalb des Gemeinwesens« (Thompson 1979, S. 16). Dieses Set an Grundannahmen bildet die »sittliche Ökonomie« der Unterschichten. Politisch sei diese, weil sie auf »leidenschaftlich vertretenen« Gemeinwohlvorstellungen basiere (vgl. ebd.)[5].

Mit Blick auf Konflikt- und Mobilisierungspotenziale lassen sich mit Thompson vier Grundüberlegungen unterscheiden:
1) Vergangene Phasen gesellschaftlicher Entwicklung lassen sich als Kontrastfolien thematisieren, vor deren Hintergrund die Gegenwart interpretiert und bewertet wird. Die den Menschen verfügbaren »Urteilsmaßstäbe« bzw. »Klassifikationsschemata« sind abhängig von Traditionen und Gewohnheiten.

---

5 Aus derartigen Abweichungen von Normalitäts- und Sittlichkeitserwartungen folgen keineswegs automatisch Formen kollektiven Handelns. Ungerechtigkeitsempfindungen verstehe ich in Anlehnung an Ergebnisse der Sozialprotestforschung als notwendige aber nicht einzige Möglichkeitsbedingung von Mobilisierungsprozessen.

2) Diese Deutungsmuster beziehen sich darauf, wie sich gesellschaftliche Eliten gegenüber Untergebenen zu verhalten haben. Sie legitimieren Formen, in denen Herrschaft und Ausbeutung ausgeübt werden können, legen aber auch Erwartungen darüber nahe, welche Verpflichtungen Eliten im Sinne eines vorgestellten Gemeinwohls zu erfüllen haben.
3) Damit verbunden informieren sie darüber, welche gerechtfertigten Ansprüche für die Formen und Standards der eigenen Lebensführung (inklusive Arbeit) es gibt, was mithin als »normal« gelten darf.
4) Außerdem legen sie nahe, welche Formen der Konfliktverarbeitung legitim sind und verweisen auf dafür angemessene Handlungsrepertoires. Diese geben an, welche Mittel legitim und überhaupt denkbar erscheinen, um Dissens zu artikulieren und eigene Interessen durchzusetzen. Mit Bezug auf die empfundenen Ungerechtigkeiten ist entscheidend, was als deren Ursache(n) bzw. dafür verantwortliche Instanz(en) wahrgenommen wird – zum einen mit Blick darauf, ob Verhältnisse als veränderbar wahrgenommen werden, zum anderen mit Blick darauf, wer die Adressaten von Unmut werden (vgl. Gamson 2002, S. 7, 113).

Ich werde diese Aspekte in der Darstellung der empirischen Schlaglichter unten inhaltlich wieder aufgreifen. Anders als in der Diagnose Robert Castels lassen sich mithilfe des Konzeptes der Moralischen Ökonomie eigensinnige Verarbeitungsformen von Prekarisierungserfahrungen rekonstruieren, die möglicherweise kombiniert mit Varianten der negativen Individualisierung, der Ausbildung von Ressentiments und der sozialen Spaltung vorhanden sind. Analytisch schärft es die Aufmerksamkeit für ambivalente und widersprüchliche Verarbeitungsformen, in denen neben demobilisierenden Faktoren auch kognitive Potenziale für solidarisches Interessenhandeln aufscheinen können.

These

Auf der Basis dieses Konzeptes und erster empirischer Ergebnisse lässt sich folgende These formulieren: Aus der Konfrontation zwischen den Anforderungen betrieblicher Flexibilisierungs- und Profitsteigerungsstrategien sowie einer stärkeren Marktsteuerung der Gesellschaft einerseits, der »sittlichen Ökonomie« der befragten Beschäftigten andererseits, entstehen Legitimationsprobleme betrieblicher und gesellschaftlicher Entwicklungen, die von prekär Beschäftigten, prekarisierten Normalbeschäftigten und Betriebsräten geteilt werden. Das Marktregime diszipliniert und individualisiert nicht nur, sondern produziert permanent konservativ anmutenden Protestrohstoff. Aus dieser »sittlichen Ökonomie« speisen sich jedoch nicht nur Protestrohstoffe, sondern auch eine »gebrochene Loyalisierung« mit betrieblichen und staatlichen Autoritäten, Ohnmachtsgefühle und rudimentäre Formen von Kollektividentität, die ausgrenzenden (interessen-)politischen Verarbeitungsformen Auftrieb geben könnten, jedoch nicht müssen.

Empirische Schlaglichter

Im Folgenden zeichne ich Umrisse von Ungerechtigkeitsempfindungen[6], der die Ungerechtigkeiten erklärenden Ursachen- und Verantwortungsdiagnosen sowie der damit verbundene Handlungsorientierungen nach, wie sie von Beschäftigten vor ihrem jeweiligen betrieblichen Erfahrungshintergrund erlebt wurden. Obwohl ich gelegentlich auf Unterschiede zwischen den Beschäftigtengruppen hinweise oder bemerkenswerte Besonderheiten hervorhebe, liegt der Fokus in der Darstellung auf den Gemeinsamkeiten zwischen prekären LeiharbeiterInnen und prekarisierten Normalbeschäftigten.

Ungerechtigkeitsempfinden

In der bisherigen Datenauswertung zeichnen sich drei Ebenen ab, auf die sich Ungerechtigkeitsempfindungen von prekarisierten Beschäftigten beziehen: Auf die ungerechte »gesellschaftliche Benachteiligung«, auf ungerechte Anforderungen in der Arbeitswelt durch neue Steuerungsformen des Betriebes sowie Ungerechtigkeit bezogen auf konkrete individuelle Erfahrungen[7].

---

6   Einen Überblick über Konzepte und theoretische Überlegungen der (Un-)Gerechtigkeitsforschung bietet Sylvia Terpe (vgl. Sachweh 2010; Terpe 2009).
7   Differenzen zwischen den Beschäftigten scheinen sich am stärksten auf der dritten Ebene geltend zu machen.

Eine von allen Beschäftigten geteilte Leitidee ist, dass harte Arbeit durch verschiedene Formen der Leistungsanerkennung honoriert werden sollte[8]. Leiharbeit wird in diesem Kontext nicht grundsätzlich abgelehnt; in fast allen Gruppendiskussionen und Interviews tauchen Sequenzen auf, in denen sie als ein »im Prinzip« sinnvolles Instrument beschrieben wird. Geurteilt wird dabei aus der Perspektive des als legitim erachteten betrieblichen Flexibilisierungsbedarfs, der es sinnvoll erscheinen lässt, Auftragsspitzen durch Leiharbeit abzudecken. Diese Argumente finden sich nicht nur bei »normal«, sondern auch bei prekär Beschäftigten. An die Stelle dieser prinzipiellen Zustimmung tritt aber bei prekär Beschäftigten und bei Festbeschäftigten heftige Kritik, sobald es um die konkreten Formen der im eigenen Betrieb erfahrbaren Leiharbeit geht. In der Regel werden sie als ungerechte Zumutung empfunden. Im Zentrum stehen dabei insbesondere die Lohnhöhe und die mangelnde Anerkennung der erbrachten Leistungen vonseiten des Managements. LeiharbeiterInnen werden aber auch – von Festbeschäftigten und von LeiharbeiterInnen selbst – variantenreich als Arbeiter zweiter Klasse beschrieben. In einer Gruppendiskussion mit LeiharbeiterInnen brachten diese es in einer Selbstbeschreibung als »Verbrauchs- oder Wegwerfprodukt« auf den Punkt. Die Legitimationsprobleme, soweit sie von prekär beschäftigten LeiharbeiterInnen, prekarisierten Normalbeschäftigten und Betriebsräten geteilt werden, erstrecken sich dabei jedoch nicht nur auf Lohn und Anerkennung. Einigend wirkt auch ein Gefühl der eigenen grundsätzlichen Ersetzbarkeit. Dabei bleibt ein feiner – möglicherweise betrieblich bedingter – Unterschied zwischen den Befragten: Während in den Erzählungen von Festbeschäftigten der »Traumburg« sich ein tiefes und akutes Bedrohungsgefühl ausdrückt, artikulieren es Stammbeschäftigte von »Lieferfix« auf einer Reflexionsstufe, auf der prinzipiell ökonomische und arbeitsweltliche Unsicherheiten der Gegenwartsgesellschaft verhandelt werden – die Wahrnehmung gesellschaftlicher Ungleichheiten und Arbeitsmarktprobleme verunsichert zwar in erheblichem Maße, durch die eigenen betrieblichen Erfahrungen fühlen sie sich jedoch nicht bedroht. Dieser Befund bestätigt einerseits die von der Prekarisierungsforschung hervorgehobene disziplinierende Wirkung von Prekarisierung, die aus der Konfrontation von Beschäftigten mit den Unsicherheiten der

---

[8] Siehe auch vergleichbare Befunde in *Die populistische Lücke* (Flecker/Kirschenhofer 2007).

Arbeitsmärkte folgt. Über diese Disziplinierung hinaus produziert sie andererseits auch Unmut darüber, dass trotz Leistung und Leistungsbereitschaft Sicherheit und »guter Lohn« nicht zu haben sind. Als Kitt der sich abzeichnenden »moralischen Ökonomie« fungiert das eingeforderte Tauschverhältnis von Leistung gegen Anerkennung (durch Lohn, durch möglichen Aufstieg und symbolische Würdigung) – in Gänze lässt sich diese Forderung jedoch meines Erachtens nur verstehen, wenn entschlüsselt wird, was Beschäftigte genau unter der von Unternehmern berechtigterweise einforderbaren Leistung bzw. der Leistungspflicht von Lohnabhängigen verstehen. So bekräftigen z. B. Normalbeschäftigte, Betriebsräte und LeiharbeiterInnen zwar ebenso beharrlich wie allgemein das Leistungsprinzip und grenzen sich auf dessen Basis von (angeblich) müßiggängerischen Erwerbslosen ab; durch die Schilderung konkreter Erfahrungen mit Erwerbslosigkeit oder mit leistungsschwachen KollegInnen werden diese Orientierungen jedoch gebrochen. Die Anwendung der in vorhergehenden Textsequenzen noch bestärkten Leistungsprinzipien wird relativiert. Das legt die Vermutung nahe, dass allgemein behauptete Orientierungen und im eigenen Nah- und Erfahrungsbereich geltende Beurteilungsmaßstäbe keineswegs identisch sein müssen. Nicht ein »Survival-of-the-fittest-Prinzip« deutet sich in solchen Diskussions- und Interviewsequenzen an, sondern das Plädoyer für eine Art »bedarfsgerechte Leistungsbelastung«, bei der nicht Output, sondern die Bemühung nach den jeweils gegebenen Fähigkeiten entscheidendes Urteilskriterium ist. Die kühle Orientierung an und die Beurteilung von ArbeiterInnen nach ihrer Outputleistung wird hingegen als »unmenschlich« bezeichnet. Ein guter Kollege ist in den Augen der Beschäftigten, wer sich nach besten Kräften bemüht. Was zunächst wie eine lineare Anwendung kapitalistischer Leistungsnormen durch die Arbeitskräfte selbst aussah, scheint auf den zweiten Blick – aufgrund der eigensinnigen Interpretationen der Beschäftigten, was eigene Rechte, Pflichte und Ansprüche sind, sowie angesichts täglich zu bewältigender Arbeitsbelastungen – ebenfalls Elemente einer »leistungsbasierten Alltagssolidarität« zu enthalten: einer Alltagssolidarität allerdings – vor Illusionen sollte man sich hüten – aus der (vermeintlich) Leistungsunwillige ausgeschlossen bleiben.

Diese Ungerechtigkeitsgefühle scheinen mit Erwartungshaltungen gegenüber den unternehmerischen Eliten verwoben zu sein: Reine zweckmittel-rationale Umgangsweisen des Managements mit den Beschäftigten werden zum Teil heftig kritisiert. Zwar werden die personalpolitische

Verfügungsgewalt und die Autorität des Managements keinesfalls angezweifelt und das Leistungsprinzip nachdrücklich bejaht; Beispiele, in denen Manager nach reinen Marktgesichtspunkten zum Nachteil einzelner KollegInnen geurteilt und gehandelt haben, werden allerdings – in einer schärferen Kritikvariante – als »unmenschlich« missbilligt. Hier kristallisieren sich meines Erachtens Verhaltenserwartungen, die sich an der »instrumentellen Vernunft« kapitalistischen Wirtschaftens brechen, sobald diese in reiner Form vollzogen wird. Aus der Perspektive der Beschäftigten bricht sich diese »instrumentelle Marktrationalität« an einer »menschlichen Sichtweise«, die soziale und persönliche Bedürfnisse der Arbeitskräfte berücksichtigt. Diese Ansprüche an das Verhalten von Managern – die Einforderung eines »Gegenseitigkeitsverhältnisses« zwischen Kapital und Arbeit, bei der moralisch an die solidargemeinschaftliche Pflicht von Wirtschaftseliten appelliert wird, lassen sich als weiteres Kernelement der zu rekonstruierenden »moralischen Ökonomie« ausmachen – ein Kernelement, das einen Appell an die Gemeinschaftspflichten der unternehmerischen Eliten enthält.

Die beschriebene Frustration kombiniert sich mit der Einschätzung, die Gesellschaft teile sich zunehmend in zwei Lager, während es eine Mitte kaum noch gäbe. Das in Medien und politischen Auseinandersetzungen präsente Bild der schwindenden Mittelschicht, der sich alle Befragten – trotz geringer Löhne – zurechnen oder einstmals zugehörig fühlen, findet sich bei fast allen Interviewten. Diese Problembeschreibung scheint bei vielen Beschäftigten durch die eigenen betrieblichen Erfahrungen sogar noch bestätigt zu werden. Sowohl Betrieb als auch Gesellschaft erscheinen in derartigen Deutungen als Orte der sozialen Ungerechtigkeit, härterer Konkurrenz und verschärfter Unsicherheit. Gleichwohl bleibt der Betrieb ein positiver Bezugspunkt, ein Sozialraum, an dem mit anderen KollegInnen zusammengearbeitet und einer befriedigenden Arbeitstätigkeit nachgegangen wird. Allem Anschein nach wird dadurch aber nicht das grundsätzliche Gefühl gemindert, man sei sozial bedroht. Die Angst vor der Erwerbslosigkeit und der daraus womöglich folgenden Deklassierung bricht sich in einzelnen Diskussions- und Interviewsequenzen offen Bahn. Gerade bei den in der »Traumburg« beschäftigten LeiharbeiterInnen und Normalbeschäftigten scheinen sich diese Wahrnehmungen zu einer Frustration alter fordistischer Leistungsnormen, der normativen Orientierung am Interessenausgleich zwischen Kapital und Arbeit sowie der Befürwortung einer gleichförmigeren Verteilung des gesellschaftlichen

Reichtums zu verdichten. In solchen Erzähl- und Diskussionssequenzen wirkt der jeweils »eigene« Betrieb zwar wie der Spatz in der Hand, hier zu arbeiten sei besser, als arbeitslos zu sein; vor allem bei den Beschäftigten der »Traumburg« bilden die gefühlte Arbeitsplatzunsicherheit, die mangelnde Anerkennung und die vom Management enttäuschten Verhaltenserwartungen aber zugleich einen Unruheherd, der tief in das persönliche Leben hineinzuwirken scheint.

Eine für die Ungerechtigkeitsempfindungen weiter zu analysierende Rolle spielen vielfältige Bezüge auf die Vergangenheit. Sie speisen sich entweder aus eigenem Erleben, aus mündlichen Überlieferungen oder medialen Vermittlungen. Die in den allermeisten Fällen idealisierte Vergangenheit scheint dabei einerseits die Funktion einer »konkreten Utopie« zu spielen, durch die die eigenen gegenwärtigen Ansprüche und Wünsche gerechtfertigt und als realistisch ausgegeben werden können. Die Vergangenheit wirkt dann als Kronzeugin und zeigt, dass es auch anders ginge. Zugleich heben solche Vergangenheitsbezüge auch hervor – als mythische Kontrastfolie –, in welchem Maße Verschlechterungserfahrungen gemacht bzw. wahrgenommen werden. Das teilweise schemenhafte persönliche Wissen darum, wie einfach es z. B. einst war, neue Arbeitsstellen zu finden, wie viel größer die Konsumchancen früherer Beschäftigtengenerationen waren, in welchem Maße früher bereits soziale Gerechtigkeit erreicht wurde – all das hebt Entwicklungstrends scharf ins Bewusstsein, die zu einem Mehr an Konkurrenz, Unsicherheit und Ungleichheit führen.

Diese Befunde lassen sich zu konservativ anmutenden Legitimationsproblemen[9] verdichten, die kapitalismuskritische Elemente enthalten. Diese Kritik ist verbal um so radikaler, je weniger von betrieblichen Erfahrungen gesprochen wird. Angeprangert werden in solchen Passagen Profitgier und die Steuerung »der Politik« durch »die Wirtschaft«. Brisanter für die persönliche Lebensführung – darauf deutet die Ausführlichkeit hin, mit der in den Diskussionen und Interviews darüber gesprochen wurde – scheinen jedoch die Erfahrungen in der eigenen betrieblichen Lebenswelt zu sein. Der Betrieb scheint von einer Mehrheit der Befragten als ein Ort wahrgenommen zu werden, an dem als legitim empfundene Erwartungen an Lohn- und Arbeitsbedingungen enttäuscht und soziale

---

9 Konservativ bezieht sich dabei auf die normativen Fluchtpunkte der Kritik – überwiegend handelt es sich um Referenzen auf Vorstellungen von der »alten« sozialen Marktwirtschaft.

Missachtungserfahrungen gemacht werden. Es wirkt so, als würden sich Gesellschafts- und betriebsbezogene Ungerechtigkeitsempfindungen insbesondere bei den Beschäftigten der »Traumburg« gegenseitig verstärken: Die eigenen betrieblichen und lebensweltlichen Erfahrungen scheinen die Gesellschaftsdiagnose zu untermauern; die wahrgenommenen gesellschaftlichen Ungerechtigkeiten und Ungleichheiten eine »Kleine-Mann-Perspektive« in den betrieblichen Auseinandersetzungen zu bestärken. Zwei Aspekte, die hier jedoch nur angedeutet werden können, sind dabei besonders interessant: Erstens mutet es so an, als seien mit diesen betriebs- und gesellschaftsbezogenen Deutungen latente Selbstidentifizierungen als – wie es in den Interviews heißt – »kleines Volk« bzw. »kleiner Mann« verbunden. Diese identitäre Grenzziehung ist klassenpolitisch integrativ, da sie prekär und nicht-prekär Beschäftigte gleichermaßen umfasst. Zweitens gründen die skizzierten Kritiken häufig auf Argumentationsfiguren, die von einem erstrebenswerten betrieblichen und/oder gesellschaftlichen Allgemeinwohl ausgehen.

Ursachendiagnosen, Verantwortungszuschreibungen und identitäre Grenzziehungen

Durch wen oder was werden in den Augen der Beschäftigten diese als ungerecht beurteilten Verhältnisse verursacht? Wem oder was wird die Verantwortung für diese Entwicklungen zugeschrieben? Die Antworten auf diese Fragen lassen nicht nur ansatzweise auf das jeweilige Gesellschaftsverständnis der Beschäftigten schließen, sondern haben handlungs(de)motivierende Folgen: Je stärker die Verhältnisse den Betroffenen als unvermeidliches Schicksal oder als von menschlichem Handeln unabhängige Bürden verstanden werden, desto schwieriger lassen sich Formen kollektiven Handelns bzw. solidarischer Mobilisierung verwirklichen (vgl. Terpe 2009, S. 115–128).

Zwei Punkte fallen bei der Analyse der Ursachendiagnosen und Verantwortungszuschreibungen auf. Zum einen verbinden Beschäftigte ihre Vermutungen überwiegend mit Äußerungen, die ihre eigene Ratlosigkeit bezüglich der Ursachen und ihr eigenes Unverständnis gegenüber den Entwicklungen signalisieren. Zum anderen dominieren in ihren sich dennoch anschließenden Deutungsversuchen personalisierende Zuschreibungen (Schuld ist z. B. das lokale Management), die zum Teil mit der Thematisierung struktureller Zwänge (z. B. Profitinteressen) und differenzierter Vermutungen über die Interessen der Akteure (z. B. von LeiharbeiterInnen) kombiniert werden.

Dabei verblüfft die *direkte Staatsorientierung*, sobald – meist von den Gesprächspartnern selbst und nicht auf Nachfragen oder Anreiz durch den Interviewer – mögliche Akteure thematisiert werden, die empfundene Probleme lösen und Ungerechtigkeiten beseitigen könnten. Nicht selten mündet dies in Forderungen wie, »die Politik« müsse »die Wirtschaft« kontrollieren und ihr Grenzen setzen. Als möglicher Problemlöser wird »der Staat« allerdings zugleich zum potenziellen Problemverursacher, stünde es ihm bzw. seinen Akteuren doch frei, die Dinge zum Besseren zu wenden. Politik erscheint in entsprechenden Formulierungen allerdings als etwas, das von der eigenen Lebenswelt weit entfernt wirkt, partiell werden Politiker einem gesellschaftlichen »Oben« zugeordnet. Anreiz- und Konfrontationsfragen, die differenziertere Erzählungen zu politischen Kräften ermöglichen sollten, wurden nur selten aufgegriffen. Nur in Ausnahmefällen deuten sich eigene Auseinandersetzungen mit konkreten Parteien an – eine Mehrheit der Beschäftigten scheint »der Politik« eher distanziert gegenüberzustehen. Es wäre meines Erachtens jedoch ein Missverständnis, darin eine Art apolitisches Denken zu erkennen: Angesichts der (kritisch) thematisierten Macht »der Wirtschaft« lassen sich sehr wohl rudimentäre Elemente eines Bewusstseins gesellschaftlicher Interessengegensätze ausmachen. Deren Umrisse werden insbesondere dann sichtbar, wenn versucht wird, das Ausbleiben gewünschter Maßnahmen (z. B. Verbot von Leiharbeit) zu erklären, teilweise durch Verweis auf die Macht der Wirtschaft, die Deutschland regiere, zum Teil durch die direkte Wirkung von Lobbypolitik. Mit Blick auf die »Moralische Ökonomie« wird der Staat so zwar als legitimer Adressat gewählt, eine Haltung, in der sich einerseits Loyalität und Zutrauen in das Politische System auszudrücken scheint; komplementär erwachsen daraus allerdings auch Legitimationsprobleme, die partiell bei den Beschäftigten tiefe Zweifel an der Funktionstüchtigkeit von Staat und Politik nähren. Dieses Phänomen lässt sich meines Erachtens als »gebrochene Loyalisierung« verstehen – gebrochen, weil die an die wirtschaftlichen und politischen Eliten gerichteten Erwartungshaltungen wiederholt enttäuscht werden. Gerade weil die Beschäftigten PolitikerInnen (und Manager) als legitime Problemlöser adressieren, wächst der Frust über den Output politischen Handelns. Möglicherweise verbirgt sich dahinter eine komplizierte Enttäuschungsdynamik, die von den Versuchen politischer Akteure genährt wird, sich als handlungsfähige Problemlöser darzustellen. Die »gebrochene Loyalisierung« verbindet sich zudem mit einer fehlenden oder nur geringen alltagsweltlichen Bindung an politische Akteure – etwas, das sich als »Entpolitisierung des Alltagslebens« deuten ließe, wodurch aber politische Erwartungshaltungen und Ansprüche nicht verschwinden, im Gegenteil. Die spürbare Frustration entzündet sich so weniger an konkreten politischen Vorhaben, sondern verdichtet sich zu einer Art »politischer Gesamtunzufriedenheit«.

Bemerkenswert ist außerdem, wer *nicht* als Verursacher der empfundenen Ungerechtigkeiten wahrgenommen wird. Aus der Sicht der Festbeschäftigten sind es zum einen nicht in erster Linie die LeiharbeiterInnen, die zwar – so in der »Traumburg« – durchaus als Bedrohung wahrgenommen, nicht aber für diese verantwortlich gemacht werden. Das ist ein wichtiger Unterschied. Trotz Spannungen und gegenseitiger Abwertungsversuche zeigen fest Beschäftigte durchaus Verständnis für die Situation und Interessen von Leihkräften. Dadurch werden weder wahrgenommene Probleme aus der Welt geräumt, noch lassen sich Spannungen leichthändig entschärfen – LeiharbeiterInnen werden aber nicht als deren Ursachen ausgemacht. Es sind zum anderen auch nicht »die Ausländer« oder Fremde, die zu Sündenböcken gemacht werden, wenngleich die Gruppendiskussionen und Einzelinterviews nicht frei sind von Argumenten und Untertönen, an die rechtspopulistische Projekte anknüpfen könnten. Diese Feststellung gilt auch für die Beschäftigten der »Traumburg«, in der zeitweise eine große Zahl rumänischer KollegInnen bei einem Subunternehmen arbeitete. Zwar lassen sich deutliche symbolische Abwertungen in den Interviews nachzeichnen – so sprechen Deutsche, wenn sie sich auf die rumänischen KollegInnen beziehen, mal von den Russen, den Polen oder den Tschechen[10] –, feindseelige Argumente im Sinne eines »Die Ausländer nehmen uns die Arbeit weg« wurden jedoch nicht vorgebracht. Auch wenn die fest Beschäftigten insbesondere den Einsatz osteuropäischer ArbeiterInnen ablehnend gegenüberstehen, machen sie für die von ihnen wahrgenommenen Probleme nicht die rumänischen ArbeiterInnen selbst verantwortlich, sondern rechtfertigen auf der Basis der eigenen Leistungsethik deren Motivation, den eigenen Lebensunterhalt durch Erwerbsarbeit zu bestreiten. Das dennoch kaum zu leugnende Problem, dass rumänische Arbeitskräfte sich bereitwilliger

---

10 Die symbolische Grenzziehung verläuft hier zudem deutlich anders, als im Fall »deutscher LeiharbeiterInnen«, mit denen die Identifizierung leichter zu fallen scheint.

für weitaus geringere Löhne von ansässigen Unternehmen ausbeuten lassen und so einen erheblichen Lohndruck ausüben, findet gleichwohl Eingang in Problembeschreibungen, die zwar nicht offensiv fremdenfeindlich sind, die aber »anrufbar« sind für einen Protektionismus für sogenannte deutsche ArbeiterInnen.

Ähnliches gilt für ihr Verhältnis zu den »deutschen LeiharbeiterInnen«. Dieses Verständnis hebt zwar das strukturell gegebene Konkurrenzverhältnis nicht auf, könnte aber ein Ansatzpunkt für ihre politische Vermittlung sein. Dabei könnte es sich durchaus günstig auswirken, dass Prekäre, Normalbeschäftigte und Betriebsräte gleichermaßen – sobald die betriebliche bzw. unternehmerische Ebene angesprochen wird – Fehlverhalten des Managements und die Profitinteressen der Unternehmen, die auf Kosten der Beschäftigten verfolgt werden, als wichtige Ursachen der wahrgenommenen Probleme kritisieren.

Scharf grenzt sich hingegen eine Mehrzahl der Befragten von Erwerbslosen ab, soweit diese als leistungs- und arbeitsunwillig deklariert werden können. Die damit verbundenen Abwertung scheint auf einer Interpretation zu beruhen, der zufolge Erwerbslose sich einer gemeinsam zu schulternden Last entziehen, sich gewissermaßen weigern den Beitrag zu einer »leidenden Leistungsgemeinschaft« zu erbringen. Aber ebenso wenig wie die oben erwähnte Befürwortung des Leistungsprinzips ist diese abwertende Grenzziehung ungebrochen. Das wird insbesondere in den Gruppendiskussionen deutlich. Eigene Erfahrungen mit oder Berichte aus dem eigenen Nahbereich (Familie, Freunde, Bekannte) über Arbeitslosigkeit oder die Behandlungen durch Sozialstaatsinstanzen relativieren die Abwertung. Teilweise deutet sich gar in den Ausführungen von Beschäftigten, die zuvor schroff angeblich müßiggängerische Erwerbslose verurteilten, Verständnis für sogenannte »Hartzis« an.

Handlungsorientierung

Ein wichtiger Befund betrifft die Handlungsorientierungen der befragten Beschäftigten[11]: Zwar wurde mehrheitlich von LeiharbeiterInnen und Normalbeschäftigten unterstrichen, dass die eigene Leistungs-

---

11 In den Diskussionen und Interviews habe ich durch Konfrontationsfragen leistungsindividualistische Auswege aus den beschriebenen Situationen nahegelegt.

fähigkeit wichtig ist; vor dem Hintergrund biografischer und betrieblicher Erfahrungen erwartet aber nur eine Minderheit die eigene Situation durch mehr oder höherwertige eigene Leistung verbessern zu können. Dahinter verbirgt sich kein plötzlicher Bruch mit der eigenen Leistungsethik, sondern vermutlich eher ein nüchterner Realitätssinn: Man gibt ja bereits sein Bestes – ohne damit Erfolg gehabt zu haben. Sicherlich darf dieses Schlaglicht nicht in dem Sinne missverstanden werden, dass individualistische Problemlösungen für die Beschäftigten undenkbar werden – eher können solch ernüchternde Einschätzungen Anknüpfungspunkte sein, um die kritisierten Missstände kollektiv zu verändern. Nur: Wenngleich Gewerkschaften insgesamt durchaus positiv gesehen werden, scheinen erfolgversprechende und anregende Beispiele für ein solches Vorhaben zu fehlen. Bei einzelnen prekären LeiharbeiterInnen und prekarisierten Normalbeschäftigten finden sich durchaus Hinweise darauf, dass Gewerkschaften für sie ein wichtiger Gegenmachtfaktor sind – oder sein sollten. Ohnmachtsgefühle und eine anhaltende Skepsis, Zweifel daran, dass und ob durch eigenes und gemeinsames Engagement Dinge zum Besseren verändert werden können, aber bleiben. Zusammen mit der angedeuteten »gebrochenen Loyalisierung« Eliten gegenüber, von denen Abhilfe erwartet wird, kann die Ernüchterung auch passive Haltungen und Ohnmachtsgefühle verstärken. Zugespitzt formuliert: Nur eine Minderheit der »gewerkschaftsaffinen« Interviewten sieht im eigenen Engagement einen vielversprechenden Weg. Dominanter scheint eine delegierende Orientierung zu sein, die sich von vernünftig agierenden wirtschaftlichen und politischen Akteuren eine Verbesserung der eigenen und gesellschaftlichen Situation verspricht – eine Orientierung allerdings, die durch die oben beschriebenen Enttäuschungen nachhaltig irritiert wird.

Schlussfolgerung

Die Frage nach den »kognitiven Mobilisierungspotenzialen« in den untersuchten Betrieben ist beim gegenwärtigen Stand der Auswertung nur behutsam zu beantworten. Deutlich wird bereits jetzt, dass Diagnosen, die ausschließlich für Individualisierungs- oder Spaltungsprozesse sensibilisieren, zu kurz greifen. Prekarisierte sind keinesfalls paralysierte Opfer, die zu Gegenwehr nicht in der Lage sind.

Die Verarbeitungsweisen, die hier skizziert wurden, sind vielschichtiger: Im gleichen Atemzug, in dem sich ein stabil wirkender Kern von Ungerechtigkeitsempfindungen abzeichnet, die von LeiharbeiterInnen und Normalbeschäftigten geteilt werden, macht sich eine »gebrochene Loyalisierung« gegenüber staatlichen und wirtschaftlichen Eliten und ein damit verbundenes latentes antagonistisches Interessenbewusstsein bemerkbar. Gegenseitige Abwertungen zwischen den Beschäftigtengruppen lassen sich zwar nachzeichnen, allem Anschein nach spielen sie aber keine dominante Rolle. Wenngleich sich Konkurrenzverhältnisse zwischen LeiharbeiterInnen und prekarisierten Normalbeschäftigten nicht ausschließen lassen, kristallisieren sich angesichts wahrgenommener betrieblicher sowie gesellschaftlicher Ungerechtigkeiten Elemente einer Kollektividentität des – eher sozial als national definierten – von Arbeitsbelastungen gebeutelten »kleinen Volkes« heraus.

Dieser Gleichklang von geteilten Ungerechtigkeitsempfindungen, antagonistischem Interessenbewusstsein und »gebrochener Loyalisierung« ist konfliktsoziologisch brisant, schließlich werden konservativ anmutenden Legitimationsprobleme, die sich aus geteilten Sittlichkeits- und Normalitätserwartungen speisen, gemeinsam mit einem latenten »Wir-hier-unten-Bewusstsein«, einer rudimentären Zuschreibung von Verantwortungen für empfundenes Unrecht an Unternehmer, »die Wirtschaft« und »die Politiker« artikuliert. Prekär und prekarisierte Normalbeschäftigte nehmen ihre Situation demnach keineswegs als selbstverschuldet (z. B. aufgrund fehlender Qualifikation) oder als Resultat unvermeidlicher Entwicklungen (z. B. wirtschaftlicher Notwendigkeiten) wahr – es gäbe Alternativen zum Status quo, wenngleich diese in den Diskussionen und Interviews nur selten ausführlich erörtert werden. Nicht zuletzt der Verweis auf die Errungenschaft der »alten Bundesrepublik« scheint zu bekräftigen, dass von Unausweichlichkeit keine Rede sein kann. Eine wichtige Voraussetzung kollektiver Mobilisierung, die Überwindung fatalistischer Sichtweisen, ist also erfüllt (vgl. Terpe 2009, S. 97–102, 115–128). Und auch wenn sich die Beschäftigen nicht offensiv und positiv auf »Kollektividentiäten« beziehen, und die eigene Leistungsbereitschaft und -fähigkeiten unterstreichen, sind sie doch ebenso weit davon entfernt, Ungerechtigkeiten und Herausforderungen als Individualschicksale zu begreifen.

Die im empirischen Material aufscheinenden alltäglichen Enttäuschungen als legitim erachteter Erwartungen und das allgemeine Gefühl sozialer

Verschlechterung und Verunsicherung schüren so einen Protestrohstoff, der von LeiharbeiterInnen, prekarisierten Normalbeschäftigten und Betriebsräten weitgehend geteilt wird, wenngleich diese Feststellung nicht dazu verleiten sollte, individuelle, betrieblich bedingte und aus der jeweiligen Position in den Zonen der Prekarität und Integration resultierende Unterschiede aus den Augen zu verlieren. Obwohl Prekarisierung also tatsächlich verunsichert, diszipliniert und die Konkurrenz intensiviert, liegt im skizzierten Protestrohstoff ein Anknüpfungspunkt für kollektive Mobilisierungen. Vor dem Hintergrund weiterhin wahrgenommener Arbeitsmarktunsicherheiten und verbreiteter Ohnmachtserfahrungen – die nicht nur, aber auch durch gewerkschaftliche Betriebspolitik beeinflusst werden – könnten gerade diese Mobilisierungspotenziale allerdings durch die starke Orientierung der Beschäftigten an Problemlösungen durch staatliche bzw. politische Eliten blockiert werden. Die hier umrissenen Normalitäts- und Sittlichkeitserwartungen der prekarisierten Beschäftigten wirken sich derart auf eine paradoxe Art und Weise aus: Sie speisen zwar vielschichtige Legitimationsprobleme betrieblicher und gesellschaftlicher Entwicklungen und erzeugen derart kognitive Mobilisierungspotenziale; zugleich sieht es jedoch so aus, als würden die in der rekonstruierten »moralischen Ökonomie« enthaltenen Handlungsrepertoires zugleich Ohnmachtsgefühle stützen und Passivität stärken – Haltungen, die aufgrund der empirischen Schlaglichter allerdings nicht mit Apathie, Fatalismus oder interessenpolitischer Atomisierung verwechselt werden dürfen.

Literatur

Barker, Colin (2006): Ideology, Discourse, and Moral Economy. Atlantic Journal Of Communication 14, S. 7–27.
Bourdieu, Pierre (2007): Lohn der Angst. Flexibilisierung und Kriminalisierung in der ›neuen Arbeitsgesellschaft‹. Konstanz (UVK).
Brinkmann, Ulrich et al. (2007): Prekäre Arbeit. Bonn (FES-Stiftung).
Candeias, Mario (2004): Prekarisierung der Arbeit und Handlungsfähigkeit. Das Argument. Zeitschrift für Philosophie und Sozialwissenschaften. Nr. 256, S. 398–413.
Castel, Robert (2005): Die Stärkung des Sozialen. Leben im neuen Wohlfahrtsstaat. Hamburg (Hamburger Edition).
Castel, Robert (2007): Der Zerfall der Lohnarbeitsgesellschaft. In: Bourdieu, Pierre (Hg.): Lohn der Angst. Flexibilisierung und Kriminalisierung in der ›neuen Arbeitsgesellschaft‹. Konstanz, S. 14–21 (UVK).

Castel, Robert (2009): Die Wiederkehr der sozialen Unsicherheit. In: Castel, Robert & Dörre, Klaus (Hg.): Prekarität, Abstieg, Ausgrenzung. Die soziale Frage am Beginn des 21. Jahrhunderts. Frankfurt/M., S. 21–35 (Campus Verlag).
Castel, Robert (2011): Die Krise der Arbeit. Neue Unsicherheiten und die Zukunft des Individuums. Hamburg (Hamburger Edition).
Castel, Robert & Dörre, Klaus (2009): Prekarität, Abstieg, Ausgrenzung. Die soziale Frage am Beginn des 21. Jahrhunderts. Frankfurt/M (Campus Verlag).
Choi, Hae-Lin (2010): Die Organisierung der Unorganisierbaren. Bochum. Unveröffentlichte Dissertation.
Dörre, Klaus et al. (2009): Krise ohne Krisenbewusstsein? PROKLA 157, 39(4), 559–577.
Dörre, Klaus et al. (2011): Guter Betrieb, schlechte Gesellschaft? In: Koppetsch, Cornelia (Hg.): Nachrichten aus den Innenwelten des Kapitalismus. Wiesbaden, S. 21–50 (VS-Verlag)
Flecker, Jörg & Kirschenhofer, Sabine (2007): Die populistische Lücke. Wien (Edition Sigma).
Gamson, William A. (2002 [1992]): Talking politics. Cambridge (Campridge University Press).
Geiling, Heiko (1985): Die moralische Ökonomie des frühen Proletariats. Frankfurt/M (Materialis Verlag).
Gruppe Blauer Montag (2008): Risse im Putz. Autonomie, Prekarisierung und autoritärer Sozialstaat. Hamburg (Assoziation A).
Kern, Thomas (2008): Soziale Bewegungen. Wiesbaden (VS-Verlag).
Klautke, Roland & Oehrlein, Brigitte (Hg.)(2007): Prekarität – Neoliberalismus – Deregulierung. Beiträge des ›Kritischen Bewegungsdiskurses‹. Hamburg (VSA).
Parisius, Bernhard (1985): Vom Groll der kleinen Leute zum Programm der kleinen Schritte. Arbeiterbewegung im Herzogtum Oldenburg 1840–1890. Oldenburg (Holzberg Verlag).
Sachweh, Patrick (2010): Deutungsmuster sozialer Ungleichheit. Frankfurt/Main (Campus Verlag).
Terpe, Sylvia (2009): Ungerechtigkeit und Duldung. Konstanz (UVK).
Thompson, Edward P. (1979): Die ›sittliche Ökonomie‹ der englischen Unterschichten im 18. Jahrhundert. In: Puls, Detlev (Hg.): Wahrnehmungsformen und Protestverhalten. Frankfurt/M., S. 13–81 (Suhrkamp).

Beschäftigte:
Kostenfaktor oder Humankapital?

Gesundheitspolitik
während betrieblicher Veränderungsprozesse

Maja Tintor

Einleitung

Die Gesellschaft für deutsche Sprache wählt jährlich das »Unwort des Jahres« und beschreibt damit im Jahresrückblick, was die Bevölkerung bewegt hat und wie dieses Thema in die Sprache aufgenommen wurde. 2005 wählte die Jury das Wort »Entlassungsproduktivität« mit der Begründung, es verschleiere die Mehrbelastung der verbleibenden Beschäftigten und verberge die schädlichen Folgen der Arbeitslosigkeit bzw. den volkswirtschaftlichen Schaden insgesamt (vgl. Klein 2009, S. 11f.). Fraglich bleibt darüber hinaus, ob Entlassungen tatsächlich produktiv sind, denn schon 1990 stellte Henkoff fest, dass 74% der befragten Manager sowohl den Verlust der Arbeitsmoral und des Vertrauens als auch Produktivitätsrückgänge beklagen (vgl. von Baeckmann 1998, S. 7). Arbeitsmoral und Leistung lassen dort am stärksten nach, wo am häufigsten umstrukturiert wird, so von Baeckmann (vgl. ebd., S. 9). Mit Restrukturierung ist eine Neugestaltung bestehender Geschäftsprozesse und betrieblicher Strukturen gemeint. Es handelt sich um betriebliche Veränderungsprozesse, deren Teilkomponente Personalabbau sein kann (Kieselbach et al. 2009, S. 7).

Die vorliegende empirische Forschungsarbeit handelt von einem Restrukturierungsprozess mit Personalabbau und dessen Wirkung auf verbleibende Erwerbstätige eines Fallunternehmens. Das Promotionsprojekt begann mit und endete nach einem Personalabbau. Es stellen sich Fragen nach möglichen gesundheitlichen Effekten des Personalabbaus und den daraus resultierenden Konsequenzen für die praktizierte betriebliche

Gesundheitspolitik im Fallunternehmen. Diese Fragen sind relevant, da zum einen die Bedeutung betrieblicher Gesundheitspolitik aufgrund des wirtschaftlichen und gesellschaftlichen Wandels steigt und zum anderen Veränderungsprozesse auch zukünftig zum betrieblichen Alltag gehören dürften und damit weniger als versehentliche »Unfälle« betrachtet werden können (vgl. Beermann 2010, S. 68).

2004 wurde »Humankapital« zum Unwort des Jahres gekürt. Die Jury war der Ansicht, der betriebswirtschaftliche Begriff entwerte Arbeitskräfte bzw. Menschen (vgl. Klein 2009, S. 12). Im Vergleich zu anderen betriebswirtschaftlichen Personalbegriffen (»Mannjahre«, »Betriebsgröße«) ist »Humankapital« im gesundheitswissenschaftlichen Kontext jedoch positiv konnotiert und wird aufgrund dessen, dass das vorliegende Projekt im Unternehmen angesiedelt ist, mit dieser positiven Bedeutung im Beitrag eingesetzt (vgl. Badura 2009, S. 128). Mit »Humankapital« sind laut Gary Becker (1975) die Fähigkeiten, das Wissen und die Gesundheit Beschäftigter gemeint, die wiederum als wertvolle Ressource eines Unternehmens gelten (vgl. Badura 2008, S. 50).

Gesellschaftlicher und wirtschaftlicher Wandel

Unternehmen sind einem externen Druck ausgesetzt, der zu ständigen Turbulenzen und Wandlungsprozessen auf den Märkten und zu einer ansteigenden Wettbewerbsintensität führt (Bertelsmann Stiftung/ Hans-Böckler-Stiftung 2004, S. 13). Bedingt durch globalisierte Märkte, Deregulierung und Liberalisierung des Handels, schnellen technologischen Veränderungen und der Umstellung von einer Industrie- hin zu einer wissens- und informationsbasierten Wirtschaft dürften Turbulenzen auch zukünftig bestehen bleiben (vgl. Kieselbach/Jeske 2007, S. 90). Unternehmen reagieren auf diese veränderten Bedingungen mit erhöhter Flexibilität, Innovation, Qualität und kostengünstigeren Produkten bzw. Dienstleistungen (vgl. Rump 2008, S. 9). Diese Unternehmensziele sind stark an die Belegschaft gekoppelt (vgl. Doppler/Lauterburg 2008, S. 12). Damit verändert sich deren Arbeit (vgl. Loebe/Severing 2010, S. 5): Auch in Industriebetrieben spielt zusehends Kopfarbeit eine übergeordnete Rolle. Maschinen können weitestgehend den Menschen an körperlich beanspruchenden Arbeitsplätzen ersetzen. Diese müssen jedoch von Menschen beaufsichtigt werden. Zudem ist ein Trend hin zu komplexer Arbeit ersichtlich, die gemeinsame Problemlösungen im Team erfordert. Das heißt: Unternehmensziele können nicht mehr hauptsächlich durch Maschinen, sondern primär durch Mitarbeiter erreicht werden. Dennoch werden in der heutigen Alltagspraxis Maschinen weiterhin aufgerüstet, Einsparungen bei der Weiterbildung und Gesundheitsprogrammen (»soziale Zusatzleistung«) vorgenommen, Personalkosten neben Sachkosten reduziert. Der Hintergrund hierfür ist, dass Mitarbeiter oftmals als reiner Kostenfaktor betrachtet werden.

Anzumerken ist, dass der demografische Wandel ebenfalls die Arbeit beeinflussen wird: Menschen müssen zukünftig länger arbeiten (vgl. Statistisches Bundesamt 2006, S. 5). Von ihnen wird auch im höheren Alter die gleiche Leistung erwartet. Gleichzeitig wird es weniger junge Fachkräfte geben. Unternehmen werden mit einer alternden Belegschaft dieselben oder sogar bessere Ergebnisse erzeugen müssen, um wettbewerbsfähig zu bleiben.

Gesundheit Erwerbstätiger

Die Fehlzeitenstatistiken der letzen Jahre zeigen, dass der Krankenstand konstant gesunken ist (Abbildung 1). Die Entwicklung verleitet zu der Annahme, dass deutsche Arbeitnehmer gesünder denn je sein müssten.

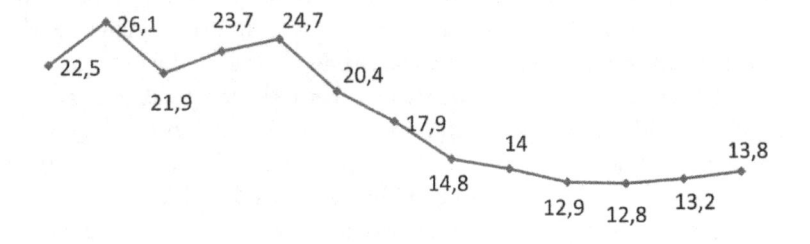

```
      26,1  23,7  24,7
22,5
      21,9         20,4
                       17,9
                            14,8   14          13,8
                                 12,9  12,8  13,2

1976 1980 1984 1988 1991 1994 1997 2000 2002 2004 2006 2007 2008
```

Abbildung 1: Fehlzeiten am Beispiel der Arbeitsunfähigkeitstage/ Mitglied der BKK (vgl. BKK BV 2009, S. 13)

Werden die Krankenquoten allerdings nach Erkrankungsart aufgeteilt, zeigt sich, dass die Krankenstandzahlen aufgrund psychischer Erkrankungen seit Jahren kontinuierlich ansteigen.

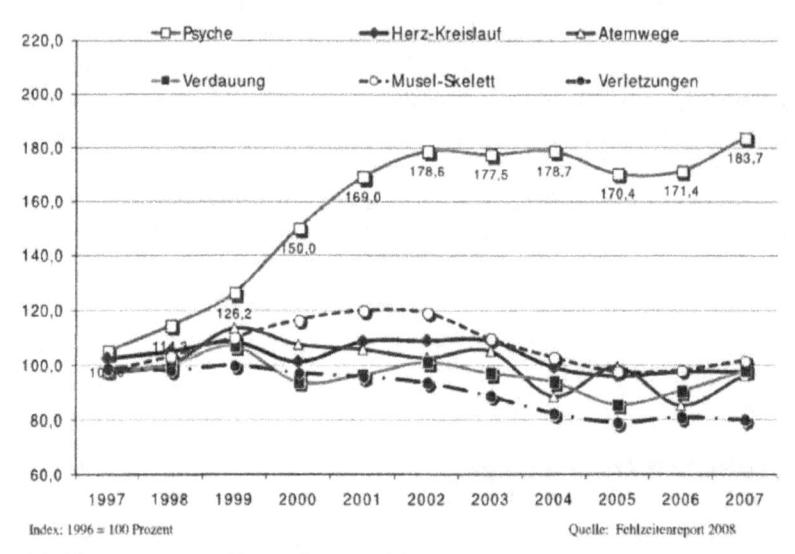

Abbildung 2: Entwicklung der Krankheitsarten anhand von AU-Fällen (vgl. Badura et al. 2009, S. 233)

Es handelt sich um einen enormen Kostenfaktor für unser Gesundheitssystem (vgl. Robert Koch Institut 2006, S. 29). Psychische Erkrankungen sind mittlerweile der häufigste Grund für Frühberentung. Auswirkungen auf andere körperliche Krankheiten (z.B. Rückengesundheit und Herz-Kreislauf-System, Krebs) sind gut belegt (vgl. Barmer Ersatzkasse 2009, S. 44ff.). Experten der WHO gehen davon aus, dass in den nächsten Jahren in hoch entwickelten Industrieländern ein enormer Anstieg psychosomatischer Erkrankungen, die durch Depressionen und Angst bedingt sind, zu verzeichnen sein wird (vgl. Storch et al. 2010, S. 76).

Nach der Norm DIN EN ISO 10075-1:2000 werden unter »psychisch« menschliche Vorgänge des Erlebens und Verhaltens, d.h. kognitive (wie Denken, Lernen, Gedächtnis), informative (z.B. Sinneseindrücke, Wahrnehmung) und emotionale Vorgänge (z.B. Gefühle, Empfindungen, Antriebe) im Menschen, subsumiert. Das psychische Befinden hat

Einfluss auf die Selbstwahrnehmung, das Erleben der Umwelt und auf Leistungsfähigkeit bzw. -bereitschaft. Umso beunruhigender ist die derzeitige Entwicklung (vgl. Badura 2010, S. 10f.). Vielfach wird in Publikationen als Ursache für die ansteigenden psychosozialen Probleme der wirtschaftliche und gesellschaftliche Strukturwandel betrachtet. Die gewandelten Bedingungen führen demnach nicht nur zu veränderten Zielen und anderer Arbeit, sondern tragen insgesamt zu einem neuen bzw. erweiterten Krankheitsspektrum bei:

1. Ältere Arbeitnehmer sind insgesamt länger arbeitsunfähig, da chronische Erkrankungen – insbesondere muskulo-skelettale und Herz-Kreislauf-Beschwerden – wesentlich häufiger auftreten. Chronische Erkrankungen sind allerdings keine Alterserscheinungen, sondern hängen vom individuellen Lebensstil und den Arbeitsbelastungen ab, die das Risiko frühzeitiger physischer, psychischer und mentaler Verschleißerscheinungen erhöhen (vgl. Loebe/Severing 2010, S. 9). Folglich muss in allen Lebensphasen auf Gesundheit geachtet werden. Problematisch erweist sich dies in Hinblick auf die gewandelten Bedingungen am Arbeitsplatz.
2. In den letzten Jahren ist die Arbeitsbelastung deutlich angestiegen. Die veränderten Arbeitsbedingungen erfordern nicht selten hohe Mobilität, Flexibilität, weniger Sicherheit und Erholungszeit. Viele Erwerbstätige sind überfordert, werden allerdings weitestgehend mit diesen Schwierigkeiten alleingelassen. Stress durch Leistungsanforderungen in einem sich permanent verändernden Arbeitsumfeld und Auswirkungen auf das Privatleben spielen mittlerweile eine große Rolle (Abbildung 3).

Restrukturierungen führen immer häufiger zu neuen und erhöhten Arbeitsansprüchen, wodurch sich die Arbeit verdichtet. Erhöhter Leistungs-, Verantwortungs- und Zeitdruck bei wachsender Arbeitsplatzunsicherheit bedroht zusätzlich die Gesundheit und Belastbarkeit der alternden Belegschaften. Dennoch wird »Gesundheit« in vielen Unternehmen als ein reines Luxusthema für gute wirtschaftliche Zeiten betrachtet. Dabei wird ignoriert, dass physische, psychische und soziale Gesundheit zum Erreichen der betrieblichen Unternehmensziele zwingend erforderlich ist und in Zusammenhang zur geleisteten Arbeit steht (vgl. Sennett 2000, S. 177).

[Angst vor Arbeitsplatzverlust]

[Permanente Veränderungen]

[Doppelbelastung durch Arbeit und Familie]

[Zunehmende Komplexität der Arbeitsaufgaben]

[Entgrenzung des Berufslebens]

[Wachsende Verantwortung]

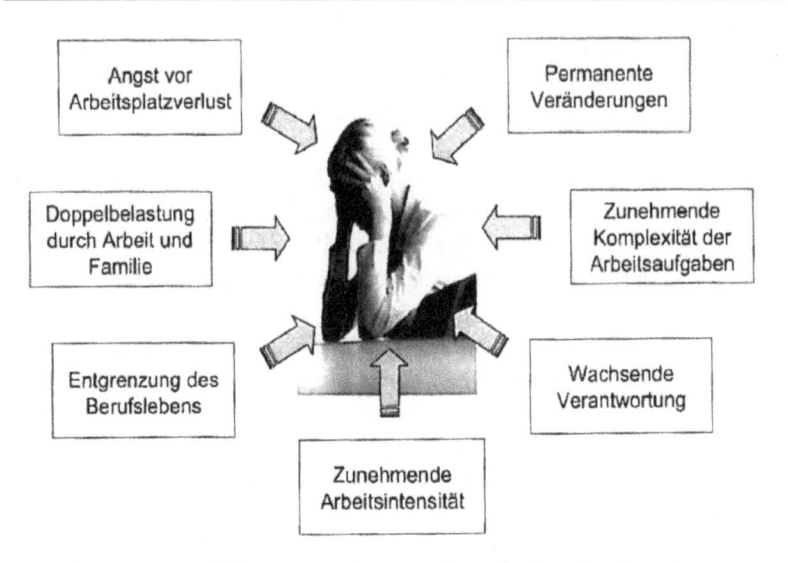

[Zunehmende Arbeitsintensität]

Abbildung 3: Stressfaktoren moderner Arbeit (vgl. Loebe/Severing 2010, S. 10)

Betriebliche Gesundheitspolitik

Mittlerweile gibt es eine steigende Anzahl von Unternehmen, die auf genannte Herausforderungen mit betrieblicher Gesundheitspolitik reagieren: Sie investieren in den Aufbau Betrieblicher Gesundheitsförderung (BGF) bzw. Betrieblichen Gesundheitsmanagements (BGM) (vgl. Bellmann et al. 2007, S. 1).

Grundsätzlich haben Industriebetriebe eine lange Tradition bezüglich der Auseinandersetzung mit körperlicher Gesundheit durch den Arbeits- und Gesundheitsschutz. Arbeitsbedingte Unfälle und Berufserkrankungen sollen dadurch vermieden werden. Beschäftigte werden vor Risikofaktoren (Chemikalien, Hitze/Kälte, schweren Lasten etc.) geschützt und im Notfall (durch den [Werks-]Arzt) »repariert«. In diesem Gesundheitsverständnis gilt der Mensch als ein passives Opfer oder ein zu schützendes Wesen, um dessen Gesundheit sich Experten kümmern, insbesondere deswegen, weil hohe Fehlzeiten mit hohen Kosten verbunden sind. Doch heute ist bekannt, dass Kosten nicht nur durch Absentismus entstehen, sondern ebenso durch Präsentismus:

Menschen gehen auch dann zur Arbeit, wenn sie nicht hundertprozentig leistungsfähig und gesund sind (vgl. Schmidt/Schröder 2010, S. 93f.). Gesundheits- und Arbeitsschutz haben neben der Arbeitserleichterung durch technische Hilfsmittel dazu beigetragen, dass der Krankenstand insgesamt konstant bzw. rückläufig ist. Doch neue Erkrankungsformen, die sich insbesondere auf das psychische Befinden beziehen, können durch gängige Instrumente nicht beseitigt werden. Damit kommt der betrieblichen Gesundheitspolitik eine hohe Bedeutung zu. Mit der Ottawa Charta (1986) und der Luxemburger Deklaration (1997) wurde Individuen mehr Eigenverantwortung bezüglich der persönlichen Gesundheit zugesprochen. Dabei gilt, dass jeder Einzelne sich um seine eigene Gesundheit in allen Lebensphasen kümmern muss, wobei Experten Hilfestellung leisten. Daraus entwickelte sich die Betriebliche Gesundheitsförderung. Viele Unternehmen sehen allerdings die eigene Verantwortung darin, Gesundheitskurse zur Verhaltensoptimierung einzelner Mitarbeiter zu finanzieren, jedoch nicht darin, die betrieblichen Bedingungen zu optimieren.

Seit einigen Jahren verdeutlichen Forschungsergebnisse den Zusammenhang zwischen der sozialen Umwelt und der individuellen Gesundheit. Dadurch ist ein Unternehmen als soziales System in den wissenschaftlichen Fokus geraten. Dies führte zur Einführung Betrieblichen Gesundheitsmanagements (SCOHS 2010). Gemeint ist eine systemische, ganzheitliche Gesundheitsbetrachtung. BGM berücksichtigt die Wirkung von Unternehmenskultur, Führungsverhalten und sozialem Miteinander auf die Gesundheit der Belegschaften. Obwohl die Bereitschaft der Unternehmen steigt, sich mit betrieblicher Gesundheitspolitik stärker auseinanderzusetzen, ist dennoch zu betonen, dass es immer noch wenige Betriebe gibt, die eine ganzheitliche Gesundheitspolitik praktizieren. Hinzu kommt, dass diese »sozialen Zusatzleistungen« meist reduziert werden, sobald ein Unternehmen in die Krise gerät. Unternehmen übersehen, dass »sich weder Krisen noch die darauf folgenden Aufschwungphasen ohne aktives, belastbares Personal erfolgreich bewältigen lassen« (Loebe/Severing 2010, S. 5). Es bleibt deswegen unklar, was betriebliche Gesundheitspolitik unter schwierigen Bedingungen leisten kann. Diese Frage ist jedoch relevant, wenn davon ausgegangen wird, dass Restrukturierungen wiederkehren und das Thema »Gesundheit am Arbeitsplatz« immer bedeutsamer wird.

Personalabbau und Effekte auf die Mitarbeiter

Die Anzahl und Häufigkeit der betrieblichen Veränderungen ist in den letzten Jahren gestiegen und ihre Bedeutung gewachsen, denn von ihrem Erfolg hängt oftmals die organisationale Existenz ab. Erfolgreiche Unternehmen müssen in der Lage sein, sich an alle neuen Bedingungen anzupassen oder innovativ zu werden (vgl. Greif et al. 2004, S. 20). Seit einigen Jahren gehören Restrukturierungen zur unternehmerischen Alltagspraxis mit dem Ziel, Kosten zu senken (vgl. Kholodova 2009, S. 3). Gemeint ist ein organisationaler Wandel, der wesentlich umfassender ist als die alltäglichen Veränderungsprozesse und beispielsweise Personalabbau, Outsourcing oder Fusionen beinhalten kann (Kieselbach et al. 2009, S. 14). Auslöser sind meist Krisen (vgl. Klein 2009, S. 26). Personalabbau meint die Reduzierung von Personal, Stellen oder eines Unternehmensbereiches (vgl. Weiss 2004, S. 18). Obwohl damit Unternehmensergebnisse verbessert werden sollen, scheitern über 60% der Restrukturierungen (vgl. Tabelle 1; vgl. auch Greif et al. 2004, S. 20f.).

Mit der Personalreduktion verfolgtes Ziel	Geplant in % der Firmen	Erreicht in % der Firmen
Kostenreduktion	> 90	< 50
Produktivitätssteigerung	75	22
Erhöhung des Cash Flow	> 50	< 25
Bürokratieabbau	> 50	15

Tabelle 1: Vergleich von Zielen und Ergebnissen beim Personalabbau in US-amerikanischen Unternehmen nach Robert Tomasko (Ulich/Wülser 2005, S. 296)

Kurzfristig sind Erfolge im Hiblick auf schnelle Kostensenkung, Effizienzsteigerung und besserer Konkurrenzfähigkeit zu verzeichnen. Auf Dauer jedoch zeigen sich oftmals negative Auswirkungen, die sehr stark mit den übrig gebliebenen Arbeitnehmern zu tun haben und nicht zur Profitsteigerung führen (vgl. Weiss/Udris 2001, S. 105, 140). Studien von DeMeuse et al. (2004, 1994) zeigen, dass 85% der Unternehmen, die entlassen, etwa zwei Jahre später erneut Personal abbauen, da die erhofften Effekte nicht eintreten (vgl. Klein 2009, S. 14).

Als ursächlich für das Misslingen gilt die negative Reaktion der verbleibenden Beschäftigten (vgl. Weiss 2004, S. 125). Meist wird unterstellt, Verbleibende seien die »Glücklichen«, die bleiben dürfen. Sie gehen nach einem Personalabbau allerdings nicht unbeeindruckt zur Tagesordnung über. Die psychische Bewältigung als Anpassungsprozess an die veränderten Bedingungen gelingt bei vielen Beschäftigten nicht, da die Veränderungsprozesse nicht als Chance, sondern als Bedrohung wahrgenommen und infolgedessen nicht mitgetragen werden (vgl. Berner 1999, S. 86; Sennett 2000, S. 63). Es handelt sich um ein emotional bedeutsames Ereignis sowohl für Entlassene als auch für Verbleibende. Häufig sorgen sich Unternehmen um die Entlassenen, selten jedoch um die Verbleibenden (vgl. Kholodova 2009, S. 3). Verwunderlich ist, dass die negativen Reaktionen der Verbleibenden weitestgehend unbeachtet bleiben, obwohl gerade für Unternehmen in schwieriger Situation effektive Arbeit umso bedeutsamer sein müsste (vgl. Weiss 2004, S. 16). Die Verbleibenden erleben häufig anhaltende Unsicherheit und müssen sich neuen Arbeitsumständen anpassen (vgl. Kieselbach et al. 2009, S. 39). Personalabbau zieht oft eine Arbeitsintensivierung nach sich: Nicht selten wird mit weniger Personal die gleiche oder sogar mehr Arbeit innerhalb geringerer Zeit verrichtet (vgl. ebd., S. 29). Es bleibt die Angst vor Entlassung, die verbunden ist mit Zukunftsangst (vgl. Weiss/Udris 2001, S. 105). Brockner äußert, dass häufig Veränderungen bezüglich der Emotionen, Einstellungen und Verhaltensweisen entstehen (vgl. Berner 1999, S. 14). Restrukturierung kann insgesamt laut Kieselbach als ein besonderes gesundheitliches Risiko gelten, das die Gesundheit aller Beschäftigten beeinflusst (vgl. Kieselbach et al. 2009, S. 99). Die Auswirkungen auf die Verbleibenden werden häufig ignoriert und unterschätzt. Restrukturierungen können gesundheitsgefährdend sein, insbesondere als Ergebnis lang anhaltender Phasen von Stress (vgl. ebd., S. 30).

Unternehmen, die die Veränderung der Gesundheit registrieren, gehen häufig von einem momentanen Zustand aus. Studien deuten allerdings eher darauf hin, dass es langfristige Effekte gibt, die sich negativ auf das Betriebsergebnis auswirken können. Im Laufe der Zeit verschwinden negative Gefühle nicht, sondern verstärken sich: Resignation, Erschöpfung, Depression, Kontrollverlustgefühle und hohe Belastungen sind die Folge (vgl. Baeckmann 1998, S. 70f.). Cascio konnte auch fünf Jahre nach dem Downsizing nachweisen, dass stressbezogene Störungen zu vermehrten medizinischen Anträgen führten, die psychische Störungen, Substanzmittelmissbrauch, hohen Blutdruck und andere kardiovaskuläre Störungen betrafen (vgl. Kieselbach 2009, S. 38). Neben den individuellen Veränderungen treten auch gruppenspezifische Auswirkungen auf, die insbesondere das Betriebsklima betreffen. Das soziale Klima zwischen Führungskräften und Mitarbeitern verschlechtert sich (vgl. von Baeckmann 1998, S. 236f.). Das Führungsverhalten während schwieriger Phasen wird oftmals negativer: autoritärer, weniger mitarbeiterfreundlich, mehr Sanktionen (vgl. ebd., S. 73). Es kommt zum geringeren Informationsaustausch und weniger Innovation. Information dient der Unsicherheitsverminderung, die aus Sicht der Führungskräfte ausreicht, aus Sicht der Mitarbeiter nicht (vgl. ebd., S. 236f.).

Zusammenfassend besagen die meisten Studien, dass die menschliche Dimension, nicht die Strategie, für Fehler bei Restrukturierungen verantwortlich ist. Der größte Fehler des Managements bei Veränderungsprozessen liegt dabei darin, die Bedeutung von Menschen nicht zu verstehen (vgl. Kieselbach et al. 2009, S. 119).

Empirische Forschungsarbeit

Eine Restrukturierung ist kein seltenes Ereignis, es ist mit großer Unsicherheit verbunden und stellt eine große Belastung für alle dar. Der Einfluss auf Verbleibende wurde in der deutschsprachigen wirtschaftspsychologischen Forschung kaum untersucht, obwohl von Verbleibenden erwartet wird, dass sie mit weniger Ressourcen gleichermaßen erfolgreich sind (vgl. Klein 2009, S. 15). »Es verwundert, dass der Personalabbau – jenseits von Ursachen, rechtlichen Rahmenbedingungen oder instrumentellen Aspekten – kaum in den Wirtschaftswissenschaften thematisiert wird« (vgl. Marr/Steiner 2003, S. 38f.). »Die volkswirtschaftliche Betrachtung des Forschungsfeldes Personalabbau reduziert menschliches Verhalten auf eine einfache Produktionsfunktion unter restriktiven Verhaltensannahmen. Gerade beim Personalabbau tritt aber die irrationale Seite des Menschen noch stärker als unter normalen Umständen in den Vordergrund« (ebd., S. 35). Die Sozialwissenschaften interessieren sich seit der Weltwirtschaftskrise der 1930er Jahre primär für die Entlassenen: Mit der Marienthalstudie wurde die Arbeitslosenforschung begründet. Erst seit wenigen Jahren wurde das Forschungsfeld um die Phase des Übergangs von Arbeitsplatzsicherheit zur Arbeitsplatzunsicherheit und der Antizipation des Verlustes erweitert (vgl. ebd., S. 36). Restrukturierungen und Gesundheit werden bislang in der Forschung insgesamt stark vernachlässigt. Verbleibende bilden seit etwa zehn Jahren ein neues Forschungsfeld (vgl. Kieselbach et al. 2009, S. 7, 15). Selten gibt es Personalentwicklungsmaßnahmen für Verbleibende während der Umstrukturierungszeit (vgl. Bertelsmann Stiftung/Hans Böckler Stiftung 2004, S. 4ff.). Gleichzeitig wird von Arbeitnehmern mehr Flexibilität, Innovation, hohe Leistung und Selbstverantwortung verlangt (vgl. Weiss 2004, S. 22).Es stellen sich daher folgende Fragen:

➢ Welche Wirkung hat ein Personalabbau auf die Mitarbeiter in einem Fallunternehmen?
➢ Welche Handlungsansätze ergeben sich daraus?

Sample

Bei dem Fallunternehmen handelt es sich um ein mittelständisches Familienunternehmen aus dem Produktionssektor mit 680 Beschäftigten. Zur Belegschaft lässt sich sagen, dass es sich überwiegend um Männer handelt, die verheiratet, im Durchschnitt 41 Jahre alt und als Schichtarbeiter oder Büroangestellte im Unternehmen tätig sind.

Das Unternehmen befindet sich seit Ende 2007 in der Krise (vgl. Tabelle 2). Zu diesem Zeitpunkt kündigte ein langjähriger Großkunde die Geschäftsbeziehungen auf, um günstiger produzieren zu lassen. Dieses unerwartete Ereignis führte – neben anderen Schwierigkeiten (technologische Beschleunigung, Preisdruck, Kartellverfahren) – zu umfangreichen Restrukturierungen: 2008 folgte ein Maschinenumbau in der Produktion und Personalabbau. Gleichzeitig wurde nach innovativen Produkten und neuen Märkten gesucht.

2009 wurde aufgrund von Auftragsmangel Kurzarbeit praktiziert. Da kreditgebende Institute ein klares Gewinnkonzept für die nächsten zwei Jahre forderten, um weitere Investitionen zu ermöglichen, erfolgte 2010 ein kompletter Organisationsumbau, der einen weiteren Personalabbau zur Folge hatte.

Jahr	bis 2007	2007	2008	2009	2010	2011
Kontext	stabiles Unternehmen	Großkunde kündigt → Beginn der Krise	Suche nach neuen Produkten	Auftragsmangel	Neuorientierung	Bankkredite → Kosten sparen
Unternehmensaktivität		Personalabbau	Maschinenumbau	Kurzarbeit	Organisationsumbau	Personalabbau

Tabelle 2: Betriebliche Situation im Zeitverlauf

Methodik

Im Rahmen der betrieblichen Gesundheitspolitik wurden klassische BGF-Instrumente angewendet:

2006/2007 begann der Aufbau Betrieblicher Gesundheitsförderung mit einer Mitarbeiterbefragung zur subjektiven Gesundheit im Sinne einer Bestandsanalyse. Es handelte sich um eine Vollerhebung in den Produktionsabteilungen. Von 450 Mitarbeitern haben sich 225 beteiligt. Die Erhebung fand vor dem Krisenbeginn statt.

2008 wurden drei Gesundheitszirkel in der Produktion aufgebaut. Mitarbeiter haben in sieben Sitzungen durch Gruppenarbeit bedarfsgerechte Maßnahmenideen auf Grundlage der Fragebogenergebnisse entwickelt. Jeder Gesundheitszirkel hatte fünf bis acht Teilnehmer. Es handelte sich um Schichtarbeiter und Meister.

Die Gesundheitszirkel arbeiteten in dem Zeitraum, als der Maschinenumbau stattfand.

2009/2010 wurden alle Mitarbeiter des Unternehmens im Sinne einer Detailanalyse zu Gesundheit, Führungsverhalten, Unternehmenskultur und sozialem Miteinander befragt. Schichtarbeiter und Angestellte wurden in zwei Etappen befragt. Insgesamt haben daran von 720 Mitarbeitern 411 teilgenommen.

Die Erhebung fand während der Phase der Kurzarbeit und vor dem zweiten Personalabbau statt.

Jahr	2006/2007	2008	2009/2010	2011
Methode	Fragebogen-aktion (Produktion, n = 225)	3 Gesundheits-zirkel (Produktion)	Fragebogen-aktion (alle Mitarbeiter, n = 411)	
Kontext		Personal-abbau	Maschi-nenumbau	Kurzarbeit, Organisations-umbau	Personal-abbau

Tabelle 3: Methoden im zeitlichen und betrieblichen Kontext

Ergebnisse

Die Ergebnisse aus drei BGF-Aktivitäten (Bestandsanalyse, Gesundheitszirkel, Detailanalyse) werden in zeitlicher Abfolge nacheinander kurz dargestellt. Anschließend erfolgt eine Ergebniszusammenfassung und Diskussion.

Befragungsergebnisse

In allen Produktionsabteilungen wurde das Führungsverhalten (Menschenführung, Personalarbeit, Rückmeldung: Lob/sachliche Kritik, Partizipation), der Informationsfluss (von oben nach unten undurchlässig) und die Wertschätzung der Mitarbeiter bzw. Anerkennung der Leistung durch das Unternehmen (Kontakt der Geschäftsleitung mit den Beschäftigten) bemängelt. Während im Nachgespräch zu den Befragungsergebnissen Mitarbeiter diese Themen als sehr relevant für die eigene Gesundheit betrachteten, wurden sie von den Entscheidungsträgern weitestgehend ignoriert *(»Führungskräfte haben gerade andere Dinge zu tun.«)* und der Schwerpunkt der betrieblichen Gesundheitspolitik auf die körperliche Gesundheit der Produktionsbeschäftigten gelegt.

Gesundheitszirkel

Die gesamten Ergebnisse der Befragung zur physischen, psychischen und sozialen Gesundheit wurden in Gruppenarbeiten diskutiert. In diesen Diskussionen wurde deutlich, dass sich die bereits genannten Themen durch die betrieblichen Bedingungen verschärft hatten: Während und nach dem Personalabbau empfanden die Mitarbeiter die Informationsweitergabe bzw. Transparenz und Orientierung als noch geringer. Die jahrzehntelang eingehaltene Arbeitsplatzsicherheit wurde mit dem Personalabbau vom Unternehmen aufgehoben, ohne Aussagen über die Zukunft zu machen. Da langjährige Betriebszugehörige entlassen wurden und Outsourcing lange im Gespräch war, entwickelten viele Mitarbeiter Zukunftsängste und waren verunsichert. Druck durch Führungskräfte wurde als Wertschätzungsdefizit empfunden, Stress durch den Maschinenumbau und Qualifizierungsmaßnahmen im Sinne von Mehrarbeit wurden ebenfalls genannt. Das Betriebsklima verschlechterte sich. Es kam zur stärkeren Vereinzelung der Mitarbeiter. Obwohl es sich um männliche Schichtarbeiter und Meister handelte, standen in den Sitzungen psychosoziale Themen durchgehend im Mittelpunkt. Dennoch wurden diese von betrieblichen Entscheidungsträgern weiterhin ignoriert *(»Haben wir hier nicht; brauchen wir nicht.«)*.

Detailbefragung

Hintergrund der Detailbefragung waren die Gesamtergebnisse der bisherigen Analysen und eine Grundsatzdiskussion mit den Entscheidungsträgern über die Entwicklung der weiteren betrieblichen Gesundheitspolitik. Da die Standards zum BGM von einer ganzheitlichen Gesundheitsdefinition ausgehen, würde der weitere Ausschluss psychosozialer Themen zu einer starken Reduzierung einer ernst gemeinten Gesundheitsauseinandersetzung führen. Zudem wurden immer wieder identische Themen von unterschiedlichen Mitarbeitergruppen thematisiert, die als Kernprobleme des Unternehmens bereits vor der Krise vorhanden waren und sich mit der Krise verschärft hatten: Kommunikation, Führungsverhalten, Unternehmenskultur, Miteinander.

Es stellte sich zum einen die Frage, welche Rolle Führungskräfte im Unternehmen haben und welches Menschenbild im Unternehmen (tatsächlich) existiert. Die Wahrnehmung der Mitarbeiter an der Basis wich sehr stark von der der oberen Führungskräfte ab. Während Mitarbeiter an der Basis durchgängig von einem Zusammenhang zwischen

Personalabbau und Gesundheit sprachen, erschien insbesondere den oberen Führungskräften die Thematik eher als unbedeutend. Sie sahen die betriebliche Krisensituation als eine »besonders motivierende Herausforderung« an.

Die Detailbefragung sollte klären, ob in der gesamten Belegschaft Gesundheitsbeschwerden durch die Unternehmenskultur, das Miteinander und Führungsverhalten sowie die Betriebssituation gesehen wurden oder ob es sich lediglich um Einzelmeinungen handelte.

Die Ergebnisse verdeutlichen, dass sowohl Angestellte als auch Schichtarbeiter die durch Personalmangel bedingte Mehrarbeit, welche zu Stress und Überlastung führte, und die fehlende Arbeitsplatzgarantie, welche Ängste und Verunsicherung förderte, bemängelten. Die Unternehmenskultur mit Wertschätzungs- und Anerkennungsmangel, der suboptimale Führungsstil und mangelhafte Kommunikation trugen zur psychosozialen Belastung bei. Im Vergleich zum Jahr 2006 hatte zum Zeitpunkt der Erhebung (2009/10) der Druck durch Vorgesetzte und die Arbeitsbelastung zu-, die empfundene Wertschätzung abgenommen.

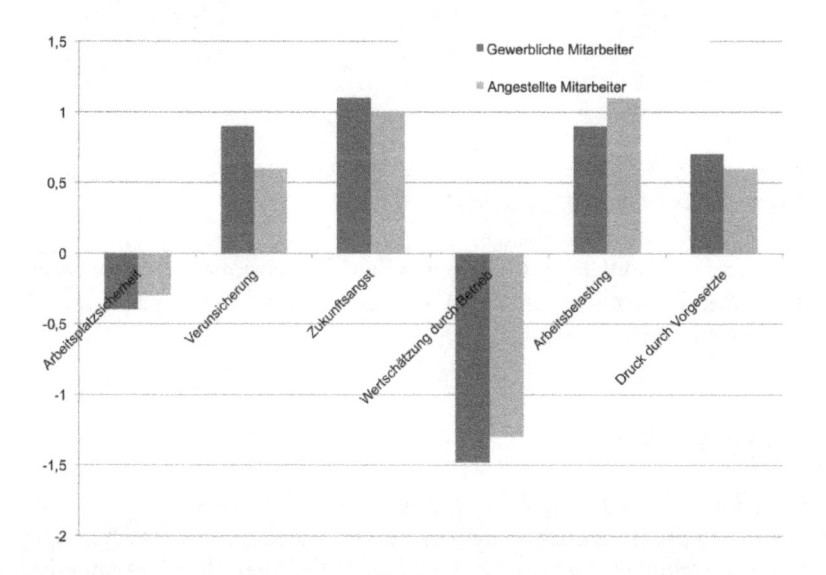

Abbildung 4: Mittelwerte nach Gruppen – retrospektive Befragung, Skala -2 (Abnahme) bis +2 (Zunahme)

Im Vergleich zum Jahr 2006 hat sich zum Erhebungszeitpunkt der Informationsbedarf erhöht, Gerüchte bildeten sich vermehrt und Neid unter den Mitarbeitern entstand häufiger.

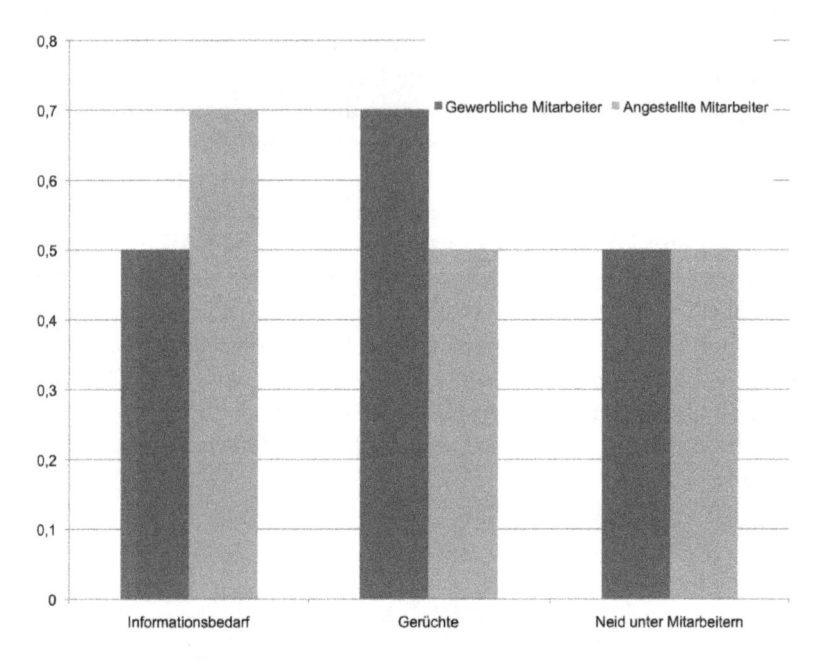

Abbildung 5: Mittelwerte nach Gruppen – retrospektive Befragung, Skala -2 (Abnahme) bis +2 (Zunahme)

Bei den Gesundheit mitbestimmenden Dimensionen (Miteinander, Führung, Unternehmenskultur) schnitt die Unternehmenskultur am schlechtesten ab.

Ergebnisdiskussion

Zusammenfassend lässt sich sagen, dass Kernprobleme des Unternehmens sich durch negative betriebliche Veränderungen verschärfen. Die wahrgenommene Unternehmenskultur spielt bei der individuellen Gesundheit eine Rolle. Hierbei wird insbesondere die Wertschätzung der Mitarbeiter bemängelt, die ungenügende Informationsweitergabe,

Transparenz und Ehrlichkeit der Geschäftsleitung. Im Vergleich zum Jahr 2006 hat sich zum Erhebungszeitpunkt der Informationsbedarf erhöht, wurde allerdings vom Unternehmen nicht gestillt. Dadurch suchen sich Mitarbeiter informelle Kanäle. Es entstehen Gerüchte und Neiddiskussionen. Diese wiederum haben zur Folge, dass eine Vereinzelung der Beschäftigten stattfindet, wodurch sich das Betriebsklima verschlechtert. Auch der Druck durch Vorgesetzte trägt zu diesem Effekt bei. Insbesondere der Personalabbau und damit verbundene Stressfaktoren (weniger Personal, mehr Arbeit, Zeitdruck) führen auch nach dem Abbau zu psychosozialen Belastungen (Erschöpfung) und negativen Emotionen (Angst, Verunsicherung). Obwohl die letzte Erhebung in einer scheinbaren Ruhephase stattfand, wird Angst weiterhin thematisiert – lange Zeit nach dem ersten Personalabbau. Die veränderten Emotionen, Einstellungen und Erwartungen, die bei Verbleibenden nach Personalabbau in anderen Ländern festgestellt wurden (vgl. Weiss 2004, S. 20), finden sich auch in dieser Forschungsarbeit. Es handelt sich um Gefühle der Arbeitsplatzunsicherheit, sinkende Motivation, geringeres commitment bzw. negative Einstellung zum Unternehmen, die sich negativ auf die Arbeitsleistung auswirken können (vgl. von Baeckmann 1998, S. 67). Unternehmen vergessen oftmals, dass Verbleibende diejenigen sind, die die Ziele nach dem Personalabbau erreichen müssen. Brennan und Skarlicki (2004) gehen davon aus, dass die Verbleibenden darüber entscheiden, wie erfolgreich ein Unternehmen die eigenen Ziele erreichen kann (vgl. Kholodova 2009, S. 8).

Schlussfolgerung zur betrieblichen Gesundheitspolitik während betrieblicher Veränderungsprozesse

Obwohl viele Unternehmen von einem ganzheitlichen BGM sprechen, wird der tatsächliche Schwerpunkt sehr häufig auf die Förderung individueller Verhaltensmaßnahmen gelegt. Unternehmen finanzieren Gesundheitskurse (Bewegung, Ernährung, Stressmanagement, Raucherentwöhnung, Vorsorgeuntersuchungen etc.). Verhältnisveränderungen belaufen sich allenfalls auf Optimierung einzelner Arbeitsplätze (ergonomische Bestuhlung, Beleuchtung, Arbeitsschuhe etc.), betreffen jedoch nur in selteneren Fällen das Führungsverhalten, das Miteinander oder die Unternehmenskultur, obwohl die gesundheitlichen

Bedürfnisse der Beschäftigten meist in diesen Bereichen (Gestaltung von Arbeit[szeiten], Umgang miteinander, Führungsstil, Regeln, Zuständigkeiten, Konsequenzen, Kommunikation etc.) liegen und von Entscheidungsträgern verändert werden könnten. In Krisenphasen verschärfen sich vorhandene betriebliche Kernprobleme und tragen häufig dazu bei, dass sie negativ auf die Gesundheit der Mitarbeiter wirken und die erwünschten Ziele nicht erreicht werden. Mittlerweile ist unbestritten, dass Entlassungen gesundheitliche Auswirkungen auf die Betroffenen haben. In Deutschland weitestgehend unbekannt ist hingegen die Wirkung auf verbleibende Mitarbeiter. Der gesundheitliche Aspekt wird in der Forschung, Intervention und im öffentlichen Interesse stark vernachlässigt (vgl. Kieselbach 2009, S. 91). In dem hier vorgestellten Projekt wurde deutlich, dass Mitarbeiter während betrieblicher Veränderungsprozesse gesundheitliche Themen anführen, die auch beim BGM genannt werden: Es geht primär nicht nur um die Stärkung individueller Bewältigungsstrategien, sondern um Optimierung von Kommunikation (sozialer Dialog), Führung (Mitarbeiterorientierung) und Kultur (Partizipation, Gemeinschaft, gemeinsame Vision). Interessant ist, dass Mitarbeiter während betrieblicher Wandlungsprozesse vier Ebenen zur Gesundheitsförderung nennen (Abbildung 6): Zunächst ist eine Kultur notwendig, die gemeinsame Problemlösungen ermöglicht, von Führungskräften vorgelebt wird und einen Austausch fördert. Damit ist eine stärkere Mitarbeiterorientierung im gesamten Unternehmen verbunden. Erst im letzten Schritt geht es um individuelle Verhaltensoptimierung. Dies entspricht einem systemischen Ansatz und deckt sich mit den Merkmalen einer »gesunden Organisation«. Entscheidungsträger hingegen setzen die drei oberen Ebenen nicht mit Gesundheit der Beschäftigten in Verbindung.

Solange Entscheidungsträger die Mitarbeiter nicht in den Fokus betriebswirtschaftlicher Überlegungen setzen, werden sich weder gesundheitliche noch arbeitsbedingte Schwierigkeiten optimieren lassen. Wird jedoch eine stärkere Mitarbeiterorientierung ermöglicht, können die BGM-Grundsätze des SCOHS (2010) auch während schwieriger Betriebsphasen dazu dienen, Gesundheit und Arbeit besser zu gestalten. Damit ist eine betriebliche Gesundheitspolitik Gemeinschaftsaufgabe und kein Luxus lediglich für gute Zeiten.

Voraussetzung ist allerdings, dass Erwerbstätige als Humankapital im positiven Sinne und nicht als reiner Kostenfaktor im Unternehmen gesehen werden.

Was macht Menschen gesund?

➤ **Unternehmenskultur:** Wir-Kultur ausbauen, die Vertrauen, Zusammenarbeit und Austausch ermöglicht und insbesondere durch Führungskräfte in die Mannschaft getragen wird,

+

➤ **betriebliche Strukturen** gestalten, die gesundheitsförderliches arbeiten und leben ermöglichen,

➤ mehr Miteinander unter Mitarbeitern bzw. Mitarbeitern und Führungskräften durch (abteilungsübergreifenden) Austausch, Teamarbeit, Gespräche,

➤ **individuellen Lebensstil** optimieren durch Wissenserweiterung, Bewusstseinsbildung über Information, Nutzung angebotener Maßnahmen.

Abbildung 6: Effektive Gesundheitsförderung aus Mitarbeitersicht

Literatur

Badura, Bernhard (2008): Kann Kapital sozial sein? Personalmagazin 11, 46–50.
Badura, Bernhard (2009): Berichtswesen – Warum Sozialkapital in die Bilanz muss. In: Kromm, Walter & Frank, Gunter (Hg.): Unternehmensressource Gesundheit. Weshalb die Folgen schlechter Führung kein Arzt heilen kann. Die Neue Führungskunst – The New Art of Leadership. 1. Aufl. Düsseldorf (Symposion), S. 117–131.
Badura, Bernhard (2010): Wege aus der Krise. In: Badura, Bernhard; Schröder, Helmut; Klose, Joachim & Macco, Katrin (Hg.): Fehlzeiten-Report 2009. Arbeit und Psyche: Belastungen reduzieren – Wohlbefinden fördern. Zahlen, Daten, Analysen aus allen Branchen der Wirtschaft. Berlin, Heidelberg (Springer), S. 3–12.
Badura, Bernhard; Schröder, Helmut & Vetter, Christian (Hg.)(2009): Fehlzeiten-Report 2008. Betriebliches Gesundheitsmanagement: Kosten und Nutzen. Zahlen, Daten, Analysen aus allen Branchen der Wirtschaft. Berlin, Heidelberg (Springer).
Baeckmann, Susanne von (1998): Downsizing – Zwischen unternehmerischer Notwendigkeit und individueller Katastrophe. Mering, München (Hampp).
Barmer Ersatzkasse (Hg.)(2009): Psychische Gesundheit und Psychische Belastungen. Wuppertal (Eigenverlag).
Becker, Gary S. (1975): Human Capital – A theoretical and empirical analysis with special reference to education. 2nd ed. New York (NBER).

Beermann, Beate (2010): Entwicklung der Arbeitsbedingungen vor dem Hintergrund betrieblicher Restrukturierung. In: Friedrich-Ebert-Stiftung (Hg.): Perspektiven der Erwerbsarbeit: Facharbeit in Deutschland. Gesprächskreis Arbeit und Qualifizierung. WISO Diskurs. Expertisen und Dokumentationen zur Wirtschafts- und Sozialpolitik. Bonn (bub), S. 68–80.

Bellmann, Lutz; Kistler, Ernst & Wahse, Jürgen (2007): Demographischer Wandel. Betriebe müssen sich auf alternde Belegschaften einstellen. IAB-Kurzbericht (Nr. 21/2007), 16.

Berner, Samuel (1999): Reaktionen der Verbleibenden auf einen Personalabbau. Dissertation Nr. 2248 der Universität St. Gallen. Bamberg (Difo-Druck OHG).

Bertelsmann Stiftung & Hans-Böckler-Stiftung (Hg.)(2004): Zukunftsfähige betriebliche Gesundheitspolitik. Vorschläge der Expertenkommission. 4. Aufl. Gütersloh (Kindle Edition).

BKK BV (Hg.)(2009): BKK Gesundheitsreport 2009. Gesundheit in Zeiten der Krise. Essen (Eigenverlag).

BKK BV & ENBGF (1997): Luxemburger Deklaration zur betrieblichen Gesundheitsförderung in der Europäischen Union. Essen (Eigenverlag).

Brennan, A. & Skarlicki, D. P. (2004): Personality and perceived justice as predictors of survivors' attitudes and behaviors following an organizational downsizing. Journal of Applied Social Psychology 34, 1306–1328.

DeMeuse, Kenneth P.; Vanderheiden, Paul A. & Bergmann, Thomas J. (1994): Anounced layoffs: their effect on corporate financial performance. Human Resouce Management 33(4), 509–530.

DeMeuse, Kenneth P.; Bergmann, Thomas J.; Vanderheiden, Paul A. & Roraff, Catherine E. (2004): New Evidence regarding organizational downsizing and a firms financial performance: A long-term analysis. Journal of Managerial Issues 16(2), 155–177.

Doppler, Klaus & Lauterburg, Christoph (2008): Change Management. Den Unternehmenswandel gestalten. 12. Aufl. Frankfurt/M., New York (Campus).

Greif, Siegfried; Runde, Bernd & Seeberg, Ilka (2004): Erfolge und Misserfolge beim Change Management. Göttingen, Bern, Toronto, Seattle, Oxford, Prag (Hogrefe).

Kholodova, Lena (2009): The effects of downsizing on layoff survivors in Dutch organizations. A quantitative study on the effect of communication and perceived fairness on survivor syndrome and turnover intention. Köln (Lambert Academic Publishing).

Kieselbach, Thomas (Hg.)(2009): Gesundheit und Restrukturierung: Innovative Ansätze und Politikempfehlungen. München, Mering (Hampp).

Kieselbach, Thomas & Jeske, Debora, M. (2007): Gesundheit in unsicheren Zeiten – keine Zeit für Prävention bei der Restrukturierung von Unternehmen? In: BKK Bundesverband (Hg.): BKK Gesundheitsreport 2007 – Gesundheit in Zeiten der Globalisierung. Essen (Eigenverlag), S. 90–93.

Kieselbach, Thomas; Knuth, Matthias; Jeske, Deborah & Mühge, Gernot (2009): Innovative Restrukturierung von Unternehmen: Fallstudien und Analysen. München, Mering (Hampp).

Klein, Uwe (2009): Downsizing in Organisationen: Psychologische Effekte bei verbleibenden Mitarbeitern. Hagener Arbeiten zur Organisationspsychologie. Bd. 14. Berlin (LIT).

Loebe, Herbert & Severing, Eckart (Hg.)(2010): Gesundheitskompetenz entwickeln. Schriftenreihe des Forschungsinstituts Betriebliche Bildung (f-bb), Bd. 42: Wege zum gesunden Unternehmen. Leitfaden für die Bildungspraxis. Bielefeld (W. Bertelsmann).

Marr, Reiner & Steiner, Karin (2003): Personalabbau in deutschen Unternehmen. Empirische Ergebnisse zu Ursachen, Instrumenten und Folgewirkungen. Wiesbaden (Deutscher Universitäts-Verlag).

Norm DIN EN ISO 10075 »Ergonomische Grundlagen bezüglich psychischer Arbeitsbelastung«. URL: http://www.kan.de/fileadmin/upload_/DIN-EN-ISO%2010075.pdf (Stand: 03.03.2010).

Robert Koch Institut (Hg.)(2006): Gesundheitsbericht 2006 – Gesundheit in Deutschland. Berlin (Oberdruck AG).

Rump, Jutta (2008): Lebensphasenorientierte Personalpolitik – Strategie für die Zukunft, ein Leitfaden für Unternehmen zur Bindung und Gewinnung von Mitarbeitern. Mainz (NINO Druck).

SCOHS Sozialkapital Standard UG (Hg.)(2010): SCOHS: Der neue Standard für ein zertifizierbares Betriebliches Gesundheitsmanagement. Bielefeld (Schmidt & Pähler).

Schmidt, Jürgen & Schröder, Helmut (2010): Präsentismus – Krank zur Arbeit aus Angst vor Arbeitsplatzverlust. In: Badura, Bernhard; Schröder, Helmut; Klose, Joachim & Macco, Katrin (Hg.): Fehlzeiten-Report 2009. Arbeit und Psyche. Zahlen, Daten, Analysen aus allen Branchen der Wirtschaft. Berlin, Heidelberg (Springer), S. 93–100.

Sennett, Richard (2000): Der flexible Mensch. Die Kultur des neuen Kapitalismus. Berlin (Siedler).

Statistisches Bundesamt (Hg.)(2006): Bevölkerung Deutschlands bis 2050. 11. koordinierte Bevölkerungsvorausberechnung. Presseexemplar. Wiesbaden (Eigenverlag).

Storch, Maja; Cantieni, Benita; Hüther, Gerald & Tschacher, Wolfgang (2010): Embodiment. Die Wechselwirkung von Körper und Psyche verstehen und nutzen. 2. Aufl. Bern (Huber).

Ulich, Eberhard & Wülser, Marc (2005): Gesundheitsmanagement in Unternehmen – Arbeitspsychologische Perspektiven. 2. Aufl. Wiesbaden (Gabler).

Weiss, Vera (2004): Personalabbau in Unternehmen und die Situation der Verbleibenden. Beiträge zur Wirtschaftspsychologie. Lengerich (PABST).

Weiss, Vera & Udris, Ivars (2001): Downsizing und Survivors. Stand der Forschung zum Leben und Überleben in schlanken und fusionierten Organisationen. Abhandlungen. Arbeit 2(10), 103–121.

WHO (World Health Organization)(1986): Ottawa Charter for Health Promotion. www.who.int/healthpromotion/conferences/previous/ottawa/en/ (Stand: 12.12.2010).

Die »unternehmerischen Armen«

Der neoliberale Entwicklungsdiskurs
und die Totalisierung des »unternehmerischen Selbst«

Stefanie Girstmair

Einleitung

In dem hier vorliegenden Beitrag werden wir uns alten und neuen Entwicklungsdiskursen und damit einem Thema widmen, das auf den ersten Blick recht wenig mit psychologischer Theorie und Praxis im deutschsprachigen Raum zu tun zu haben scheint. Dass eine eingehende Beschäftigung mit Diskursen über die Menschen in der sogenannten »Dritten Welt« aber auch Aufschluss über die Subjektivierungsimperative im »Westen« liefert, möchte ich im Zuge der folgenden Ausführungen zeigen.

Der Ausgangspunkt meiner Analyse ist die Vergabe des Friedensnobelpreises von 2006, der an Muhammad Yunus und die Grameen Bank ging, und zwar für ihre Bestrebungen, ökonomische und soziale Entwicklung von unten zu kreieren. Die Grameen Bank ist eine Bank in Bangladesh, die sich auf die Vergabe von Mikrokrediten an Frauen spezialisiert hat, Muhammad Yunus ist der Gründer dieser Bank. Die Wahl der Gewinner des Friedensnobelpreises von 2006 ist meiner Meinung nach aus zwei Gründen auffällig.

Erstens wurde eine »nicht-westliche« Organisation ausgezeichnet, deren Tätigkeiten auf den ersten Blick nicht mit »westlichen« Interessen verwoben zu sein scheinen. Natürlich wurden auch schon in der Vergangenheit Nobelpreise an WissenschaftlerInnen und AktivistInnen aus Ländern der sogenannten »Dritten Welt« vergeben. Aber besonders bei den Friedensnobelpreisen fällt auf, dass die Anlässe der Verleihung meistens von politischer Relevanz für die europäischen und US-amerikanischen Interessen sind – auch wenn »nicht-westliche« PreisträgerInnen ausgezeichnet werden. Als Beispiel dafür könnte man etwa den Preis für die iranische Regimekritikerin Shirin Ebadi im Jahr 2003 anführen. Bangladesch spielt im Gegensatz zum Iran auf der weltpolitischen Bühne aber kaum eine Rolle. Das ist also der erste Punkt, in der sich die Preisvergabe von 2006 von anderen Friedensnobelpreisverleihungen unterscheidet.

Das zweite auffällige Merkmal ist der Umstand, dass der Preis an einen Entwicklungsexperten ging, der selbst ein scharfer Kritiker von Entwicklungshilfe ist. In Yunus' Augen ist Entwicklungshilfe in Form von »Charity« nicht dazu geeignet, Armut zu bekämpfen: Sie nehme den »Armen« die Initiative und Verantwortung, für ihren Lebensunterhalt selbst zu sorgen, und würde somit anstelle von Selbsthilfe und Selbstbewusstsein Abhängigkeit fördern. Entwicklungshilfe mache »arme« Menschen also passiv. Yunus hingegen gibt an, auf der Suche nach Armutsbekämpfungsstrategien zu sein, die es den »Armen« erlauben sollen, ihre Energie und Kreativität zu entfalten, um aus eigener Kraft der Armut zu entkommen.

Wie sich hier vielleicht schon erkennen lässt, ist die Frage, wie Entwicklung forciert oder Armut bekämpft werden kann, nicht lediglich eine Frage adäquater Techniken – zum Beispiel ob nun Hilfsgeldern oder Mikrokrediten in der Armutsbekämpfung der Vorzug zu geben ist. Wie ich im Folgenden zeigen möchte, werden in Entwicklungsprogrammen auch immer bestimmte Bilder vom Wesen des Menschen konstruiert, die bestimmte Eingriffe und Interventionen rechtfertigen. Die in Entwicklungsdiskursen transportierten Menschenbilder kommen aber nicht nur in diesen wissenschaftlichen Spezialdiskursen vor, sondern sind gesellschaftlich wesentlich weiter verbreitet. Wie wir im Laufe dieses Beitrags sehen werden, spielen die Diskurse über »westliche« und »nicht-westliche« Menschen nämlich eine wichtige Rolle in der Bildung einer »westlichen« Identität im weitesten Sinne.

Ich möchte nun die Spezifika der Entwicklungsdiskurse des 20. und des 21. Jahrhunderts skizzieren und dann auf ihre Bedeutung vor allem auch für Menschen, die eigentlich nichts mit Entwicklungshilfe oder -politik zu tun haben, eingehen. Vorrausschicken möchte ich, dass, wenn von den Entwicklungsdiskursen des 20. Jahrhunderts die Rede ist, ich mich weitestgehend auf Analysen stützen werde, die der sogenannten Post-Development-Theorie zugerechnet werden können. Die Aussagen über den Entwicklungsdiskurs des 21. Jahrhunderts sind das Resultat meiner eigenen empirischen Arbeit (Girstmair 2010), in der ich die Nobel Lecture von Muhammad Yunus, also die Rede, die er anlässlich der Preisverleihung in Oslo gehalten hat, diskursanalytisch nach der Methode von Siegfried Jäger (2004) untersucht habe. Die Vergabe des Friedensnobelpreises an Muhammad Yunus hat ein breites Echo erzeugt: sowohl in populären Medien als auch in der Scientific Community wird im Zuge von Debatten um Entwicklungshilfe und Mikrokredite immer wieder auf den Preis verwiesen. Der kenianische Ökonom James Shikwati spricht etwa vom »village banker who won a Nobel Peace Prize« (Shikwati 2006) und sieht auch seine eigene Arbeit mit dem Preis bestätigt, während seine sambische Kollegin Dambisa Moyo das Kapitel ihres Buches, das affirmierend von Mikrokreditprogrammen handelt, mit den Worten »In December 2006, Muhammad Yunus, a Bangladeshi national, was awarded the Nobel Peace Prize« (Moyo 2009, S. 126) einleitet. Die Vergabe des Friedensnobelpreises an Muhammad Yunus und die Grameen Bank hat also weitreichende diskursive Folgen nach sich gezogen und kann somit als »diskursives Ereignis« (Jäger 2004, S. 132) gelten. Diskursive Ereignisse sind solche, die besonders starken Eingang in die mediale Auseinandersetzung finden und somit den Diskursstrang, dem sie zugeordnet werden, direktional und qualitativ beeinflussen können (vgl. ebd., S. 106). Auf Basis dieser Überlegungen habe ich das betreffende Material also ausgewählt. Wo es notwendig war, habe ich auch Teile von Yunus' Büchern *Banker of the Poor* (1999) und *Creating a world without poverty* (2007) in die Analyse einbezogen.

Bevor ich mich nun der Beschreibung der Entwicklungsdiskurse widme, noch eine kurze Bemerkung: Dieser Text ist voller Anführungszeichen. Das liegt daran, dass ich mit einer Reihe von Begriffen arbeite, mit denen ich nicht sonderlich glücklich bin. In der Folge wird die Rede sein vom »Westen« und dem »Süden«, von »Entwicklung« und »Unterentwicklung«, »schwarzen« und »weißen« Menschen, »den Armen« etc. Ich möchte keinen dieser Begriffe als Abbildung einer Realität, sondern als soziale Konstruktionen verstanden wissen, die in den Diskursen, in denen sie zirkulieren, ganz bestimmte Funktionen erfüllen. Welche Funktionen dies sind, wird im Laufe dieses Beitrages sichtbar werden.

Der Entwicklungsdiskurs des 20. Jahrhunderts

Um einen Einblick in die Entwicklungsdiskurse des 20. Jahrhunderts zu bekommen, bietet es sich – wie gesagt – an, sich mit den Arbeiten der Post-Development-TheoretikerInnen zu beschäftigen. Die Post-Development-Theorie ist eine radikale Kritik der Theorie und Praxis von Entwicklung, die sich in den 1990er Jahren herausgebildet hat. Ihre VertreterInnen kritisieren Entwicklung auf der Ebene der Politik und des Diskurses, basierend auf der Annahme, dass das Projekt der Entwicklung gescheitert sei, da die versprochenen Ziele nie erreicht wurden.

Der Ursprung der Entwicklungspolitik und des Entwicklungsdiskurses liegt der Post-Development-Theorie zufolge in der kategorialen Dreiteilung der Welt nach dem Zweiten Weltkrieg. Damals wurde der industrialisierte Westen zur »Ersten Welt«, die kommunistischen industrialisierten Staaten zur »Zweiten Welt« und die Länder, die weder dem kapitalistischen noch dem kommunistischen Block zugeordnet werden konnten, zur »Dritten Welt«, die sich zu einem Großteil aus ehemaligen, nicht industrialisierten Kolonien zusammensetzte. Sowohl der kapitalistische »Westen«, als auch der kommunistische »Osten« buhlten um die »Dritte Welt«, um den eigenen geopolitischen Einflussbereich auszudehnen (vgl. Sachs 1993). Entwicklungshilfe war ein wichtiges Instrument, um die neugegründeten Staaten in die eigenen Systeme zu integrieren bzw. um den Einfluss in den ehemaligen Kolonien erst gar nicht aufgeben zu müssen.

Entwicklungshilfe ist aber, wie schon erwähnt, nicht nur ein Konglomerat an Techniken, um etwa Industrialisierung voranzutreiben oder Armut zu bekämpfen, sondern geht auch mit Diskursen über diese nicht industrialisierten und unterentwickelten Anderen einher. Den Entwicklungsdiskurs kann man nach Ziai (2006) nun folgendermaßen charakterisieren: Erstens operiert er über die dichotomen Differenzen »entwickelt«/»unterentwickelt«, »reich«/»arm« und »fortschrittlich«/ »rückständig«. Zweitens stehen die dichotomen Elemente in einem eindeutig hierarchischen Verhältnis, da die Begriffe »Entwicklung«, »Reichtum« und »Fortschritt« wesentlich positiver konnotiert sind als »Unterentwicklung«, »Armut« und »Rückständigkeit« und eine zivilisatorische Überlegenheit signalisieren. Aus dem vermeintlichen Faktum der höheren zivilisatorischen Entwicklung der Ersten Welt wird ein Führungsanspruch derselbigen gegenüber der Dritten Welt abgeleitet. Hier sieht man, dass der Entwicklungsdiskurs nach denselben Prinzipien wie der koloniale Diskurs organisiert ist: An die Stelle der kolonialen Dichotomie »zivilisiert«/»unzivilisiert« tritt lediglich die Bezeichnung »entwickelt«/»unterentwickelt«. Entsprechend virulent ist im Entwicklungsdiskurs deshalb auch das Thema Rassismus. Im Entwicklungsdiskurs werden ständig rassistische Motive aufgerufen, die ihren Ursprung in der Aufklärung und der Kolonisation haben. Kiesel und Bendix (2010) haben eine Analyse entwicklungspolitischer Plakate in Deutschland vorgenommen und dabei festgestellt, dass sie sich rassistischer Deutungsmuster bedienen. So analysieren sie etwa ein Plakat der Kindernothilfe, auf dem zu Spenden für Bildungsinitiativen in Afrika aufgerufen wird. Abgebildet ist eine Menge symmetrisch angeordneter weißer Kreidestücke, in deren Mitte ein schwarzes Loch klafft, das die Form des afrikanischen Kontinents andeutet. Übertitelt wird das Bild mit »Wir schließen Bildungslücken« und im rechten oberen Teil des Plakates wird weiter ausgeführt: »Ohne Bildung hat Afrika keine Zukunft. Armut bekämpfen. Schule für alle.«

Wie man auf diesem Plakat der Kindernothilfe sehen kann, werden Hautfarben auch dort angedeutet, wo gar keine Menschen abgebildet sind. Das weiße Meer aus Kreide steht offenbar für die entwickelte Welt und für Bildung, während das schwarze Loch den afrikanischen Kontinent und den Mangel an Bildung andeuten soll. Afrika wird als homogener Block dargestellt und über ein Defizit definiert. Der Mangel an Bildung ist hier eindeutig schwarz. Im Plakat wird auch vermittelt, wer diesen Mangel beseitigen kann, nämlich die europäische Hilfsorganisation und die weißen BetrachterInnen des Plakats, die mit »Wir schließen Bildungslücken« angesprochen werden. Afrika ist nur das Objekt der weißen Hilfsmaßnahmen und erscheint somit als passiv und hilflos (Kiesel/Bendix 2010).

In der postkolonialen Theorie ist die Funktion der diskursiven Konstruktion eines »Anderen« breit diskutiert worden, wie etwa in Edward Saids *Orientalism* (1978), in dem die Stärkung der eigenen Identität durch die die Abgrenzung von einem konstruierten Anderen beschrieben wird. Folgt man diesen Argumenten, so kommt dem Entwicklungsdiskurs eine wichtige Funktion in der Aufrechterhaltung einer europäischen Identität zu. Durch die Abgrenzung von der scheinbar homogenen Gruppe der »armen«, »ungebildeten«, »schwarzen« und »unterentwickelten« AfrikanerInnen, AsiatInnen und LateinamerikanerInnen können »wir Weiße« uns als eine »wohlhabende«, »gebildete« und »entwickelte Gemeinschaft« denken, die einheitliche Interessen und Ziele verfolgt. Außerdem können durch die Aufwertung der eigenen »westlichen« und die Abwertung »nicht westlicher« Lebensweisen die Eingriffe in Länder der »Dritten Welt« und die Aufrechterhaltung neokolonialer Ausbeutungsverhältnisse legitimiert werden. Das sind also die Kernpunkte der Post-Development-Kritik.

Die »Anti-Aid«-Kritik

Wie eingangs schon erwähnt, wird das kolonial geprägte Entwicklungsparadigma nicht nur von poststrukturalistischen AkademikerInnen, sondern auch von EntwicklungsexpertInnen – meistens EntwicklungsökonomInnen – aus der »Dritten Welt« kritisiert. Im Gegensatz zur Post-Development-Theorie stellen sie aber nur die Instrumente des vorherrschenden Entwicklungsparadigmas und nicht das Paradigma als solches infrage.

Yunus (1999) spricht sich gegen Entwicklung durch Charity aus, weil sie Initiative und Verantwortungsbewusstsein der Armen verhindere. Menschen würden nur mehr den Dingen nachjagen, die sie umsonst bekämen, und aufhören, Ziele selbst erreichen zu wollen. Dasselbe gilt Yunus zufolge auch für europäische SozialhilfeempfängerInnen. Seine »Nemesis« (Yunus 1999, S. 189): Der Sozialstaat verhindere, dass die Armen Europas endlich aktiv und unternehmerisch würden. Aufgrund der Ablehnung von sozialen Hilfeleistungen kann dieser neue Entwicklungsdiskurs auch »Anti-Aid«-Diskurs genannt werden.

Wie wir im Folgenden sehen werden, bleibt Yunus aber nicht bei einer Kritik der Entwicklungshilfe des 20. Jahrhunderts stehen, sondern skizziert auch Lösungen für das »Problem der Armut« (Yunus 2007, S. 75).

Yunus (1999, 2007) ist der Meinung, dass Armut nur dann erfolgreich bekämpft werden kann, wenn Individuen selbst für ihren Unterhalt und ihr Überleben sorgen, weshalb öffentliche Dienstleistungen – auch in Bereichen wie der Gesundheit oder der Bildung – privatisiert werden sollen. In Yunus' Arbeiten lassen sich zwei Säulen ausmachen, auf die sich das neue Entwicklungsparadigma stützt: Mikrokredite und Soziale Unternehmen.

Mikrokredite sind Kleinkredite, die auch Menschen ohne finanzielle Sicherheiten zugänglich sind. Da Arme meist über keine relevanten Besitztümer verfügen, können sie im regulären Bankensektor nicht zu KundInnen werden. Die Grameen Bank schließt diese Marktlücke und vergibt Mikrokredite primär für einkommensgenerierende Unternehmungen, wie etwa den Aufbau von Kleinunternehmen, aber auch für Wohnbau und Bildung (Yunus 1999).

Soziale Unternehmen sind nach der Definition von Yunus (2007) Unternehmen, die Gutes für die Menschen und die Welt tun. Dies kann Yunus zufolge auf zwei Weisen geschehen. Im ersten Modell wird von wohlhabenden Investoren in Unternehmen investiert, aber kein Gewinn abgeschöpft. Die Beteiligten erhalten nur ihre Investitionen zurück, während der Gewinn genutzt wird, um Reichweite und Qualität der Produkte dieses Unternehmens zu erhöhen. Im zweiten Modell wird zwar ein Gewinn für die AnlegerInnen erwirtschaftet, das Unternehmen gehört dann aber zur Gänze oder zu einem Großteil den »Armen«, die die Aktien selbst kaufen oder geschenkt bekommen. Yunus meint, die »Armen« würden von beiden Arten des Sozialen Unternehmens profitieren. Im ersten Modell würden den »Armen« preiswerte Güter und Dienstleistungen angeboten, im zweiten Modell würden sie Dividenden erhalten.

Wie man sieht, ergänzen sich Mikrokreditprogramme und Soziale Unternehmen wechselseitig. Durch die Kredite können die »Armen« verstärkt in die Geldwirtschaft eingebunden werden und mit dem Geld, das sie in ihren Unternehmen erwirtschaften, die Produkte oder Aktien von Sozialen Unternehmen erwerben. Die »Armen« werden somit zu aktiven ProduzentInnen und KonsumentInnen, die durch die Grameen-Institutionen in die Weltwirtschaft eingebunden werden können, da nämlich viele der Grameen Vorzeigeprojekte Joint-Ventures mit transnationalen Konzernen wie z.B. Danone sind.

Die »unternehmerischen Armen«

Yunus zweifelt nicht daran, dass die Institution des Unternehmens das Allheilmittel gegen Armut ist. Er geht nämlich davon aus, dass im Kern aller Menschen ein Unternehmer/eine Unternemerin steckt, wie in folgendem Zitat gut sichtbar wird:

> »To me poor people are like bonsai trees. When you plant the best seed of the tallest tree in a flower-pot, you get a replica of the tallest tree, only inches tall. There is nothing wrong with the seed you planted, only the soil-base that is too inadequate. Poor people are bonsai people. There is nothing wrong in their seeds. Simply, society never gave them the base to grow on. All it needs to get the poor people out of poverty for us to create an enabling environment for them. Once the poor can unleash their energy and creativity, poverty will disappear very quickly« (Yunus 2006).

In dieser Metapher stecken gleich mehrere wichtige Punkte. Erstens trifft Yunus hier Aussagen über das universelle menschliche Wesen. Die Samen stehen für die Anlagen, die in jedem Menschen vorhanden sind und die sich nur unter guten Bedingungen richtig entfalten. Yunus nennt an dieser Stelle »Energie« und »Kreativität«. Im Bild vom Bonsai werden auch die Normalitätsvorstellungen von Yunus sichtbar. »Wir« sind die »richtigen« Bäume, während »die Armen« lediglich kleine Kopien in Form von Bonsais sind. »Wir«, die wohlhabenden, gebildeten und am freien Markt agierenden Individuen, sind das Produkt einer optimalen Entfaltung der universellen menschlichen Anlagen und somit das Idealbild. »Wir« sind so, wie es die Natur vorgesehen hat. Im Gegensatz dazu sind die Armen defizitär. Dieser Makel der »Armen« kann aber beseitigt werden, wenn »wir«, die »nicht armen« Menschen, unsere Führungsaufgabe wahrnehmen. »Wir« müssen die Verantwortung übernehmen und die »Armen« ermächtigen, damit sie, wie auch »wir« »normale« Menschen, ihr volles Potenzial entfalten und sich als UnternehmerInnen selbst aus der Armut befreien können.

Wie man an diesem Zitat sieht, scheint Yunus der Falle des dichotomen Entwicklungsdiskurses nicht zu entkommen: es sind nun zwar nicht mehr alle Menschen in der »Dritten Welt« anormal, aber zumindest die Masse der »Armen«; die finden sich nun auch nicht mehr nur in den »Entwicklungsländern«, sondern auf der ganzen Welt. Die Menschheit wird also wie im Kolonialdiskurs und im Entwicklungsdiskurs des 20. Jahrhunderts in dichotome und hierarchisierte Kategorien geteilt: die »Armen« und die »Nicht-Armen«. Folglich stellt sich die Frage, warum dieser neue Entwicklungsdiskurs – trotz seiner offensichtlich problematischen Kontinuitäten mit dem kolonialem Diskurs und dem Entwicklungsdiskurs des 20. Jahrhunderts – als neuer Ansatz und Alternative gefeiert wird. Das hat meiner Meinung nach folgende Gründe:

Erstens wird die Kategorie der »Rasse« durch die Kategorie der »Klasse« ersetzt. nicht die Hautfarbe, sondern das Einkommen bestimmt darüber, ob jemand als voll entwickelt und normal gilt, sei es nun in Ländern der »Ersten« oder der »Dritten Welt«. Der »Anti-Aid« Diskurs schafft es also, sich vom rassistischen Entwicklungsdiskurs abzusetzen, und gewinnt damit an Legitimität und Sympathie. Zweitens wird im neuen Entwicklungsdiskurs ein Menschenbild eingesetzt, das sich seit Ende der 1980er Jahre ständig steigender Popularität erfreut und dessen Durchsetzung ein bedeutendes politisches Projekt geworden ist. Dieses Menschenbild ist der »Unternehmer seiner selbst« (Foucault 2006, S. 314).

Das »unternehmerische Selbst« ist eine neoliberale Subjektivierungsform bzw. ein Leitbild, wie es Ulrich Bröckling (2007) nennt, an dem sich Individuen orientieren sollen. Dieses Leitbild soll es ermöglichen, Individuen zu führen und zu regieren, ohne jedoch für sie verantwortlich zu sein, wie das im Sozial- oder Entwicklungsstaat der Fall ist. Das heißt, dass sozialstaatliche Aufgabenbereiche wie die Sozialversicherung, der Generationenvertrag, öffentliche Dienstleistungen usw. durch privatwirtschaftliche Initiativen ersetzt werden sollen. Der oder die Einzelne soll die Gesellschaft autonom mitgestalten können und sich bei der Lösung von komplexen gesellschaftlichen Problemen, wie zum Beispiel Armut, aktiv einbringen. Die Ursachen für diese Probleme und Ungleichheiten treten dabei aber in den Hintergrund, da weder bei den betroffenen Individuen noch bei den sie umgebenden Strukturen nach der Schuld für gesellschaftliche Probleme gesucht wird. Verantwortlichkeiten werden aber dennoch ausgemacht, und zwar im Prozess der Problemlösung. Den autonomen Individuen, die keine Schuld an ihrer Misere tragen, wird zwar die Freiheit zugestanden, die Gesellschaft nach eigenem Ermessen zu gestalten, dafür müssen sie aber die Verantwortung für die Ergebnisse ihres Handelns selbst tragen. Diese »Responsibilization«, wie es Graham Burchell (1993) nennt, hat zur Folge, dass sich die Individuen in ihrem Handeln an Modellen orientieren, die erfolgversprechend zu sein scheinen. Im Neoliberalismus kommt diese Rolle eben dem Modell des Unternehmers zu.

Im Fall von Mikrokreditprogrammen bedeutet dies nun Folgendes: Dort, wo unter neoliberalem Vorzeichen sozial- oder entwicklungsstaatliche Leistungen gekürzt oder ganz gestrichen werden, müssen ökonomisch benachteiligte Menschen Kredite aufnehmen, um überhaupt eine Chance auf die Sicherung des eigenen Lebensunterhalts zu haben. Der Kredit muss zwar für einkommensgenerierende Unternehmungen eingesetzt werden, wie diese aber genau aussehen sollen, kann das Individuum selbst entscheiden. Ein typisches Beispiel wäre etwa die Anschaffung einer Nähmaschine, um eine kleine Schneiderei zu eröffnen. Im Anti-Aid-Diskurs wird die Gründung eines Kleinunternehmens als verlässlicher Weg aus der Armut dargestellt. Dabei wird aber ein zentraler Wirkfaktor des freien Marktes ausgeblendet, nämlich die Konkurrenz. Nur wer erfinderischer, innovativer und risikobereiter ist als die Konkurrenz, dem gelingt es auch ein Unternehmer zu werden bzw. zu bleiben. Im Wettbewerb des freien Marktes liegt also ein selektives Moment, weshalb seine angeblichen Vorteile nur für wenige AkteurInnen realisierbar sind (Bröckling 2007). Obwohl das Scheitern von AkteurInnen also ein strukturelles Merkmal des freien Marktes ist, wird die Schuld dafür den Gescheiterten aufgebürdet. Ist der/die SchneiderIn nicht unternehmerisch genug, so verliert er oder sie scheinbar selbstverschuldet gegen ihre Konkurrenz. Fehlen soziale Sicherheiten, dann kann dies durchaus existenzbedrohende Folgen haben. Dass sich nicht alle AkteurInnen am freien Markt durchsetzen können, das weiß auch Yunus:

> »We want only courageous, ambitious pioneers in our micro-credit program. Those are the ones who will succeed« (Yunus 1999, S. 64).

Zu Mikrokreditprogrammen sollen also nur die Armen zugelassen werden, die genügend Eigenschaften des »unternehmerischen Selbst« aufweisen. Eine Antwort auf die Frage, was mit den »nicht unternehmerischen Armen« passieren soll, bleibt Yunus aber schuldig. Trotz der fundamentalen Mängel werden Mikrokredite und Social Businesses im neoliberalen Entwicklungsdiskurs als das Allheilmittel gegen Armut propagiert.

Auch in den westlichen Medien wurden die Probleme, die Mikrokreditprogramme geschaffen haben, lange ignoriert. Um zum Beispiel etwas über die Aufstände gegen Mikrokreditorganisationen in Nicaragua zu erfahren, muss man schon die Berichterstattung in nicaraguanischen Medien verfolgen. In Nicaragua hat sich im Jahr 2008 die »No-Pago«[1] Bewegung gegründet, in der sich die KreditnehmerInnen oder besser die SchuldnerInnen von Mikrokreditorganisationen, die in einer sprichwörtlichen Verschuldungsspirale gefangen sind, organisieren. Um Kredite zurückzahlen zu können, nehmen viele der SchuldnerInnen nämlich weitere Kredite bei anderen Banken auf. Ein extremes Beispiel dafür ist etwa eine Handwerkerin, die bei allen 19 nicaraguanischen Mikrokreditinstituten verschuldet war (Pachico 2009).

In letzter Zeit häufen sich zwar auch in deutschsprachigen Medien kritische Beiträge zum Thema Mikrokredit. Allerdings wird nie das Kreditprinzip an sich kritisiert. Die Verantwortung dafür, dass

---

1 »No pago« ist spanisch und bedeutet »ich zahle nicht«.

Menschen in der Schuldenfalle landen würden, liege vielmehr in besonders ausbeuterischen Praktiken, die mit der eigentlichen Idee von Yunus wenig gemein hätten.

Conclusio

Die Beliebtheit des Anti-Aid-Diskurses und seine Resistenz gegen Kritik lässt sich für mich dadurch erklären, dass er nicht nur Einfluss auf die konkrete Entwicklungspraxis hat, sondern auch das neoliberale Menschenbild verfestigt. Die Verleihung des Friedensnobelpreises an Yunus und die Grameen Bank hat deshalb sehr viel mehr mit dem »Westen« zu tun, als man auf den ersten Blick annehmen würde.

Das unternehmerische Selbst ist im Entwicklungsdiskurs besonders wirkmächtig, weil rassistische Differenzierungen aufgehoben und durch eine neue universelle Menschheit ersetzt werden, der außerdem sehr positive Eigenschaften zugeschrieben werden – wie zum Beispiel Kreativität, Ambition und Aktivität. Die unternehmerischen Eigenschaften liegen scheinbar in den Anlagen aller Menschen. Dieses unternehmerische Handeln beschränkt sich aber nicht nur auf die Ökonomie im strengen Sinne, sondern auf alle Lebensbereiche. Jeder Mensch ist sein eigener Unternehmer, der versucht, sich selbst – oder besser sein Humankapital – zu optimieren. Bildung, Fähigkeiten, äußere Erscheinung, Gesundheit und soziales Ansehen sind unter diesem Blickwinkel knappe Ressourcen, die von den Individuen durch gezielte Investitionen gesteigert und erhalten werden, damit sie konkurrenzfähig bleiben. Jedes menschliche Denken und Handeln folgt also ökonomischen Prinzipien (vgl. Foucault 2006; Bröckling 2007).

Das unternehmerische Selbst ist dann nicht mehr die Erforderniss und die Konsequenz eines erstarkenden Neoliberalismus, sondern die Kausalität wird umgedreht: Die Menschen sind in ihrem Innersten immer schon UnternehmerInnen, deren wahres Wesen sich nur im Neoliberalismus ideal entfalten kann. Wie wir bei Yunus (2006) gesehen haben, entstehen defizitäre Bonsai-Menschen nämlich dort, wo es an freien Märkten fehlt. Will man das Beste für alle Menschen, dann scheint die Durchsetzung des Neoliberalismus eine Notwendigkeit zu sein.

Diese Zwangslogik muss durchbrochen werden, weil die Subjektivierungsform des unternehmerischen Selbst verhängnisvolle Konsequenzen hat: Wie Bröckling (2007) zeigt, ist der Unternehmer seiner selbst nämlich in einem ewigen Wettbewerb gefangen. Der Imperativ, unternehmerisch zu handeln, soll von allen befolgt werden, aber da in der Konkurrenz ein selektives Moment liegt, kann es nur wenigen gelingen, zumindest vorübergehend erfolgreich aus einem Wettkampf hervorzugehen.

Literatur

Bröckling, Ulrich (2007): Das unternehmerische Selbst. Soziologie einer Subjektivierungsform. Frankfurt/M. (Suhrkamp).
Burchell, Graham (1993): Liberal government and techniques of the self. Economy & Society 22(3), 267–282.
Foucault, Michel (2006): Die Geburt der Biopolitik. Geschichte der Gouvernementalität II. Frankfurt/M. (Suhrkamp).
Girstmair, Stefanie (2010): »The Entrepreneurial Poor«. Das Subjekt im Anti-Aid-Entwicklungsdiskurs. Unveröffentlichte Diplomarbeit, Universität Wien.
Jäger, Siegfried (2004): Kritische Diskursanalyse: Eine Einführung. Münster (Unrast-Verlag).
Kiesel, Timo & Bendix, Daniel (2010): White Charity: Eine postkoloniale, rassismuskritische Analyse der entwicklungspolitischen Plakatwerbung in Deutschland. Peripherie Nr. 120, 482–495.
Moyo, Dambisa (2009): Dead Aid. Why aid is not working and how there is another way for Africa. London (Penguin books).
Pachico, Elyssa (2009): »No Pago« Confronts Microfinance in Nicaragua. URL: http://nacla.org/node/6180 (Stand: 15.07.2011).
Sachs, Wolfgang (1993): Einleitung. In: Sachs, Wolfgang: Wie im Westen so auf Erden. Ein polemisches Handbuch zur Entwicklungspolitik. Reinbek (Rowohlt), S. 7–15.
Said, Edward (1979): Orientalism. New York (Vintage).
Shikwati, James (2006). Lesson from a village banker who won the Nobel Peace Prize. URL: www.africanexecutive.com/modules/magazine/articles.php?article=993&magazine=92 (Stand: 15.07.2011).
Yunus, Muhammad (1999): Banker of the poor. Micro-lending and the battle against world poverty. New York (Public Affairs).
Yunus, Muhammad (2006): Nobel Lecture. URL: http://nobelprize.org/nobel_prizes/peace/laureates/2006/yunus-lecture-en.html (Stand: 15.07.2011).
Yunus, Muhammad (2007): Creating a World Without Poverty. Social Business and the Future of Capitalism. New York (Public Affairs).
Ziai, Aram (2006): Imperiale Repräsentationen. Vom kolonialen zum Entwicklungsdiskurs. In: Ziai, Aram: Zwischen Global Governance und Post-Development. Entwicklungspolitik aus diskursanalytischer Perspektive. Münster (Westfälisches Dampfboot), S. 33–41.

Zum Verhältnis von Macht und Angst

Eine Skizze am Beispiel neoliberaler Restrukturierung

David-Léon Kumrow

Einleitung

Die gegenwärtige Form der politischen Ökonomie des Kapitalismus schlägt sich auch im Sozialen als eine Art »realer Darwinismus« nieder, flankiert und forciert von neoliberalen Diskursen. Wem die Anpassung an entsprechende Anforderungen und Zumutungen nicht gelingt, wird ausgesondert und an den Rand der Gesellschaft, in ein prekäres Dasein gedrängt. Immer mehr Menschen werden politisch und ökonomisch »überflüssig« und erscheinen damit auch im Sozialen als »wertlos«, als »totes Humankapital«. Dies, respektive latente Ängste vor gesellschaftlichem Ausschluss respektive Erwerbsarbeitslosigkeit und die verschärfte gesellschaftliche Konkurrenzierung korrelieren nicht nur mit einer Zunahme materieller Not, sondern auch mit verbreiteten psychischen Miseren. Stress- und Angstkrankheiten sind für viele Menschen Normalität geworden. Gleichzeitig werden Anxiolytika (angstmildernde Psychopharmaka) massenhaft produziert und verbraucht – von anderen Narkotika ganz zu schweigen (Candeias 2007; Condrau 1996, S. 34; Graefe 2010; Kaindl 2008, S. 81; Negt 2010, S. 19f.).

Spezifische Angstpolitiken wirken in diesem Kontext ausgesprochen disziplinierend: »Die Angst vor einem Abrutschen in die Zone der Prekarität oder Entkoppelung ›produziert‹ sich selbst ausbeutende, gefügige, wenig widerständige Erwerbstätige« (Schroth 2008, S. 200). Dies gewinnt dadurch eine besondere Breitenwirksamkeit, dass der Absturz mittlerweile fast jede*n treffen kann. Mit der allseitigen »Flexibilisierung« im »freien Wettbewerb« ist zugleich ein erheblicher Anpassungsdruck verbunden – es entsteht ein »leistungsbewusstes Mitläufertum« (Negt 2010, S. 25) aus (Selbst-)Vermarktungssubjekten im Wettlauf um verknappte Ressourcen (vgl. ebd., S. 21; Bröckling 2007; Duhm 1972; Schatz 2004, S. 92).

Der Verknappung von Ressourcen und der sozialen Exklusion steht paradoxerweise ein historisches Novum an ungeheuren Reichtümern und technologischer Produktivität wie auch aktuell eine durch *Überakkumulation* bedingte Wirtschaftskrise gegenüber (vgl. Candeias 2007). Weltweit könnten gegenwärtig alle Grundbedürfnisse potenziell befriedigt werden. Die Verknappung von Ressourcen, Lebenszeit, Wissen und Technologie ist daher eine Frage spezifischer *Machtstrukturen* (vgl. z.B. Negt 2010, S. 21; Weissenbacher 2008, S. 84f.). Diese sind stark *kapitalismus*-induziert (v. a. Privateigentum, oligopolisierende Kapitalakkumulation), werden (para)*staatlich* durchgesetzt und abgesichert (v. a. juristische Fixierung und »Gewaltmonopol«) und verlaufen ebenfalls entlang der drei weiteren zentralen, eng damit verwobenen Machtstrukturen Geschlecht*, »Klasse« und »Ethnizität« bzw. Nationalität (s. Habermann 2008; Michalitsch 2006; Parnreiter 2003; Schatz 2004, S. 30).

Diese Verhältnisse haben mit der »Ökonomisierung des Sozialen« (Bröckling et al. 2000) in den letzten Jahrzehnten erhebliche neoliberale Rekonfigurationen erfahren. Dabei wurden ebenfalls verbreitet neoliberale Subjektpositionen und -formen herausgebildet, die diese Zustände nicht nur (er)tragen, sondern auch weitertragen (vgl. z.B. Michalitsch 2004).

In diesem Beitrag wird nun aus psychoanalytischer Sicht der Frage nachgegangen, wie dabei Ängste sowie machtförmige Strukturen und Praktiken in ihrer Widersprüchlichkeit (»subjektiv«) zusammenwirken. Dazu wird ebenfalls auf Foucault'sche Konzepte rekurriert. Die genannten Themenkomplexe können hier zwar nur angerissen werden, können aber vielleicht weiterführende Perspektiven für kritische Gesellschaftsforschung und emanzipatorische (Anti-)Politik bieten.

Psychoanalyse, Macht und Angst

Macht kann aus einer psychoanalytischen Sicht verstanden werden als »struktureller Einfluß mit Steuerungsfunktion, nämlich wirtschaftliche, politische oder soziale Struktur, durch die menschliches Handeln und soziale Systeme gelenkt und begrenzt werden« (Böllinger 2000, S. 426). »Macht [...] drückt sich in vielfältigen und interaktiv konstituierten Herrschaftsverhältnissen ebenso aus wie in zwischenmenschlichen und innerpsychischen Konflikten« (ebd., S. 430).

Die Begriffe *Herrschaft* und *Machtstruktur* werden hier synonym verwendet und als eine verstetigte, kristallisierte Form der Macht verstanden, die sich stärker durch Exklusion, Nötigung und Zwang auszeichnet und damit inhärent strukturelle Gewalt impliziert, also vor allem latente Be/drohungen, Exklusionen und statuierte Exempel. *Macht* selbst wird eher dem Produktiven und der Handlung zugeordnet (vgl. Demirović 2008; Foucault 2005).

Macht- und Herrschaftsverhältnissen werden von der Psychoanalyse oft tabuisiert oder legitimiert respektive ontologisiert. Der Zusammenhang derselben mit Phänomenen der Angst taucht ebenfalls nur punktuell auf (vgl. z. B. Diercks/Schlüter 2010; Lichtman 1990).

Der Begriff Angst bedeutet zunächst soviel wie »Beengt-Sein« (lat. angustia). Angst ist ein eminent psychosomatisches Phänomen – in akuten Situationen zeigt sie sich etwa als Zittern, Übelkeit oder auch Herzrasen. In latenter Form kann sich Angst auch als Unbehagen oder in verschiedenen Symptomen oder Fetischismen äußern. Angst kann einerseits lähmend, andererseits aber auch extrem aktivierend wirken – sofern keine völlige (traumatische) Überforderung eintritt. So ist Angst gemeinhin als ein quälendes Gefühl des Bedrohtseins bekannt, wobei die Bedrohung mehr oder minder bewusst respektive als solche bekannt oder erkannt sein kann (Lang 2000, S. 230f; Riemann 2002, S. 9).

Auch andere Affekte und Emotionen existieren nicht völlig jenseits der sozio-symbolischen Ordnungen und entsprechender Machtverhältnisse. Vielmehr bestehen hier komplexe und wechselseitige, mithin auch ausgesprochen widersprüchliche (De-)Konstitutionsprozesse (vgl. Freud 1926; Stavrakakis 2007, Kap. 5). Das gilt auch, wenn die Angst durch eine drohende Wiederkehr des Verdrängten bedingt ist. Insofern wird hier davon ausgegangen, dass die Angst nicht per se ohne »Objekt« ist und sie wird – auch wenn ihre Bedingungen unbewusst oder diffus sein können – auch als Realangst (Furcht) bzw. als soziale Angst gefasst. Ängste sind zumeist durch Be/drohungen der sozialen *Exklusion,* von Gewalt (Schmerz) sowie der »Leere« des Realen (Lacan) und des Todes bedingt, aber auch durch *Bedrängung* (vgl. Freud 1926; Lacan 1962–63, bes. S. 165; Perko 1995, S. 34f.). Darüber hinaus entsteht Angst, wenn

»wesentliche Abwehr-, Bindungs-, Struktur- und Symbolisierungsverhältnisse bedroht sind oder verloren gehen« (List 2010, S. 179).

Als wesentliche (eher) innere Instanz der Angstproduktion gilt das *Überich*. Dieses nimmt nicht selten starke strafende oder sadistische und damit auch enorm aktivierende und »leistungssteigernde« Züge an, besonders wenn es mit (unbewusster, verdrängter) Aggression aufgeladen ist. Es löst Gewissensangst aus, wenn Diskrepanzen zu seiner Kehrseite, dem *Ichideal* entstehen. Das Ichideal umfasst die vom Subjekt verinnerlichten, eigenen oder angenommenen (hegemonialen) Normen und Ideale bzw. Ge- und Verbote (Žižek 2008, S. 108f.). Seine Strukturierung ist daher nicht zuletzt eine eminente Frage der jeweils spezifischen, divergierenden und dynamischen Macht- und Herrschaftsverhältnisse respektive der oft gezielten disziplinarischen Formierung (vgl. List 2010). Ge- und Verbote erscheinen nun als Signale der Gewissensangst – als »innere Impulse« – und werden integraler Bestandteil der Persönlichkeit. Allerdings sollte hier nicht vergessen werden, dass das Überich auch die Integrität der Persönlichkeitsstruktur absichert und dass das »innere Gesetz« auch subversive Aktionen gegen (eher) äußere Machtstrukturen herbeiführen kann (Žižek 2001, S. 387).

Das ist jedoch schwierig, da sich Machtstrukturen auf kontinuierliche, mehr oder minder explizite Be/drohungen und die letztliche Option unmittelbarer Gewalt stützen und damit latente *strukturelle Ängste* implizieren. Kurzum: keine Machtstrukturen ohne Angst – auch wenn sich diese »nur« als Unbehagen oder Unsicherheit zeigt (vgl. Duhm 1972).

Ängste können ab einer gewissen Stärke – respektive Schwäche oder Ohnmacht des Subjekts und dessen Beziehungen – ebenfalls psychische Miseren und Pathologien bzw. Traumata induzieren.

Freud geht davon aus, dass nur das *Ich* die Angst fühlt und dass dieses ebenfalls Anlass zu verschiedenen, möglichst entsprechenden Abwehr- oder Verarbeitungsweisen gibt, wie etwa Phantasmen bzw. Symptom- und Fetischbildungen. Das Ich beurteilt aufgrund seiner *Erfahrungen* und *Erwartungen*, was eine Bedrohung darstellt und was nicht. Freud hebt vor allem die Form der *Trennungsangst* hervor (»Kastration«), etwa jene von Gliedmaßen oder auch von geliebten Menschen (vgl. Freud 1926).

Sie umfasst letztlich auch die Angst vor sozialer Exklusion respektive Entwertung. Daher werden Be/drohungen gerade deshalb besonders wirksam, weil sie unbewusste und existenzielle (kindliche) Ängste vor dem Verlassen-werden reaktivieren (können), die stets auf eine der stärksten Formen der Angst, die Todesangst, verweisen. Angst kann demnach zunächst als eine Reaktion auf innere und äußere Gefahren verstanden werden, die vor extremer Ohnmacht (Traumatisierung) warnen soll. Angst ermöglicht oder ernötigt die Einleitung verschiedener Abwehrmaßnahmen wie etwa Gehorsam, Anpassung oder Verdrängung, was jedoch nicht per se in angstmildernder Form gelingt (vgl. ebd.). Das Verdrängte kann nun auch durch Externalisierungsversuche wie Projektion, aber auch durch die Identifikation mit einer Bedrohung, durch deren »Verinnerlichung« »abgewehrt« werden, da diese so in abgeschwächter Form leichter handhabbar zu sein scheint. Dies impliziert mithin einen (neurotischen) Wiederholungszwang aus dem Unbewussten (Fenichel 1934, S. 313). Identifikation und Anpassung aus Angst kann auch daher als ein wesentliches Moment der Subjektivierung (Unterwerfung) verstanden werden.

Insofern dient Angst auch als *Bindemittel* verschiedener Machtstrukturen – etwa im Druck zur Identifizierung mit bestimmten dominanten Normen oder Institutionen wie etwa in der *Corporate Identity* oder dem Nationalismus. Solche kollektiven Identifizierungen ermöglichen mithin ein narzisstisches Gefühl (Phantasma) grenzenloser Macht und fungieren zugleich als Abwehr von Ängsten. Diese sind nicht selten maßgeblich durch das »Objekt« der Identifikation selbst bedingt – etwa durch ein repressives Regime, dessen »Schutz« gesucht wird (vgl. Böllinger 2000, S. 426ff.; Fenichel 1939).

Disziplin, Diskurs, Unbewusstes

Da Subjekte in ungleiche Machtverhältnisse hineingeboren werden, stellen diese von Anfang an die Normalität dar, deren Zusammenhängen entsprechend schwer auf die Schliche zu kommen ist: »Disziplinierung durch Normalisierung findet in der Schule, am Arbeitsplatz und sogar in der Freizeit bis hin zur Sexualität statt. Die Wissensorganisation der Diskurse transformiert sich mittels Kontrolle und Normensetzung in die Selbstkontrolle der Individuen« (Habermann 2008, S. 71). Soweit die Botschaften oder Handlungen »der Macht« eine mehr oder minder explizite Be/drohung darstellen, zielen sie nicht nur auf *Zustimmung* (Gramsci), sondern eben auch auf die Aktivierung durch (Überich-) Ängste. Hier sind Diskurse der Macht eine weitere wesentliche Form, die bis in die Strukturierung des Unbewussten als »Diskurs des Anderen« (Lacan) hineinreichen (vgl. Bruder 2005): *»Das Unbewusste ist voll mit der Sprache, den Gesprächen, den Zielen, Aspirationen und (sofern sie in Worte gefasst werden) den Phantasmen anderer.* Diese Sprache führt in ›uns selbst‹ gewissermaßen ein Eigendasein« (Fink 2006, S. 28, Hervorh. im Orig.). Insofern sind Diskurse (der Macht) sowie deren Re/artikulation wesentlicher Bestandteil der Subjektivierung und werden auch psychosomatisch wirksam (gemacht).

Modi der Regierung, der Führung der (Selbst-)Führungen und die prinzipielle Bereitschaft dazu können in Zusammenhang mit libidinösen Elementen und Sicherheitsbedürfnissen gesehen werden und sind (somit) wesentlich durch Angstvermeidung motiviert. Angst ist andersherum auch ein wesentliches Motiv zur Bildung von Machtpositionen – etwa zur (neurotischen) Ausübung von Kontrolle – und stellt auch so eine disziplinierende Kraft dar. Dem fast durchgängigen Prinzip der Unterordnung respektive der »Matrix der Macht« sind praktisch alle Subjekte weitgehend unterworfen (und unterwerfen sich diesen) – ob ihnen eher eine dominante Position zukommt oder nicht. Dabei ermöglichen Machtstrukturen respektive Macht-Angst-Komplexe bestimmte Formen von Handlungsmacht oder spezifische Interessen und begrenzen massiv (mögliche) andere Handlungsspielräume. Insofern entziehen sich moderne Machtverhältnisse weitgehend dem »Willen der Einzelnen« bzw. letztere sind bereits »machtförmig geformt« (vgl. Demirović 2008; Foucault 2005).

Hinsichtlich der Machtfrage ist die Eigenart der Angst zentral, Verdrängungsprozesse auszulösen und gewissermaßen eine innere Grenze gegen das Verdrängte zu sichern. Der Ursprung, die verschiedenen Be/drohungen, werden damit weitgehend unbewusst gemacht und auch ins Unbewusste eingeschrieben. Das Individuum ist den entsprechenden Ängsten – je nach regulativen Kräften – nun weitgehend ausgeliefert und diese können durch verschiedene Machtpraktiken partiell reaktiviert, »produktiv« genutzt oder auch gegen »Feindbilder« kanalisiert werden (vgl. Bruder 2005; Kaindl 2008, S. 68f.). Die Persistenz von Machtstrukturen beruht demnach langfristig wesentlich auf deren *Unbewusst-Machung* und ist ohne ideologische respektive phantasmatische »Überspielungen« undenkbar (vgl. Bruder 2005).

Insgesamt muss jedoch betont werden, dass die Ausprägung und Intensität von Ängsten ebenso wie der Umgang mit ihnen in Zeit und Raum erheblich variieren: nach Kohärenz oder Krise ökonomischer, politischer und sozialer Entwicklungen und Fixierungen, nach Lebensabschnitt, nach der Konfiguration mit narzisstischen und libidinösen Elementen (z. B. Belohnung und Strafe), ob sie eher appellativ oder imperativ induziert werden, nach eventuellem Traumatisierungsgrad etc.

Ängste können jedenfalls auch so starke Intensität annehmen, dass sie völlig überfordernd wirken. Damit können regulative Instanzen außer Kraft gesetzt werden, wie beispielsweise in Massenpaniken. Dem stehen aber nicht nur ein durch spezifische »schwächere« Angst-Macht-Komplexe induzierter (identifikatorischer) Druck als stabilisierendes Moment entgegen, sondern auch und insbesondere libidinöse Bindungen und moderne, produktive Formen der Macht.

Angst, Lust und produktive Macht

Angst und Lust stehen in einem komplexen Verhältnis, das verschiedentlich fixiert oder artikuliert werden kann. So kann Angst durch die »Entwicklung von Angstlust« (Fenichel 1934, S. 314) abgewehrt werden oder angstbesetzte Momente durch libidinös konnotierte Verhaltensweisen »überspielt« werden (ebd.). Angst muss also nicht immer äußerste Unlust bedeuten, kann aber auch nicht per se bruchlos in Lust übersetzt werden. Libidinöse Kräfte sind – anders als *manifeste* Ängste – grundsätzlich stärker sozial bindend, mithin (imaginär) gemeinschaftsstiftend. Dies gilt entsprechend auch für konsolidierte Machtstrukturen, an die das Subjekt in einem eher negativen Abhängigkeitsverhältnis libidinös gekettet ist, indem es durch diese konstituiert wird, und an die es sich – mehr oder minder notgedrungen – auch selbst bindet (vgl. Salecl 2004).

Libidinöse und destruktive Kräfte werden nicht nur durch vordergründig zirkuläre Praktiken und Diskurse der Macht – »Macht um der Macht willen« (Fink 2006, S. 168) – vermittelt, sondern prägen diese (mit) und werden durch diese wirksam. Dies wird beispielsweise an warenförmigen Strukturierungen des Begehrens oder der Induktion von (Auto-)Aggression durch Demütigung deutlich. Demnach kann das Lustprinzip durchaus zum Herrschaftsprinzip geraten, was sich gegenwärtig besonders stark in einem hegemonialen Konsumismus manifestiert. Dieser fungiert nicht zuletzt als Abwehrmoment und libidinöses Band der konkurrenzierten und flexibilisierten Selbst/vermarktungssubjekte. Im Verband mit dem neoliberalen Ideologem des permanenten, vorgeblich rationalen und freien Wahlverhaltens des so definierten Marktsubjekts wird diesem auch die *Schuld* am (eigenen) Marktversagen unterstellt. Wegen der strukturinhärenten Widersprüche kapitalistischer Marktgesellschaften bleiben die Subjekte und ihr Wahlverhalten stets inadäquat und stützen damit dieselbe, speziell über die Macht der Werbe- und Konsumgüterindustrien (vgl. Salecl 2004, Kap. 3). Hier dominiert der nahezu omnipräsente Überich-Imperativ des Genießens als zentrales Moment einer höchst produktiven und »positiven« Machtform (Stavrakakis 2007, Kap. 7):

> »The command to enjoy is nothing but an advanced, much more nuanced – and much more difficult to resist – form of power. It is more effective than the traditional model, not because it is less constraining or less binding but because its violent exclusionary aspect is masked by its vow to enhance enjoyment, its productive, enabling *façade*« (ebd., S. 248f, Hervorh. im Orig.).

Diese Machtform legitimiert zugleich die »älteren« Formen der Macht und Herrschaft – insbesondere durch Versprechen zukünftiger Prosperität oder Freude, Glück und Vollkommenheit – für jene, die sich »genügend anstrengen« und »sich anpassen« versteht sich, wie es etwa das (neoliberale) Leistungsprinzip propagiert (vgl. ebd.; Schatz 2004).

Dabei wäre auch von Koinzidenzen mit narzisstischen Mustern auszugehen, sofern diese eben auch eine Abwehr von Frustrationen, Demütigungen und Ohnmacht, also auch von direkten und indirekten Macht- und Herrschaftswirkungen darstellen.

Angst-Macht-Komplexe und »Angstpolitik«

Machtstrukturen sind gegenwärtig insbesondere geschlechtlich*, »ethnisch«, kapitalistisch und staatlich kodiert, fixiert – aber auch umstritten –, entwickeln sich und andere(s) (vgl. Habermann 2008, Kap. 5.1). Bei dem Politischen handelt sich entsprechend um ein asymmetrisches und vielschichtiges Handlungsfeld. Politik kann somit als »Fortsetzung des Krieges mit anderen Mitteln« (Foucault 1978, S. 71) verstanden werden, die in der »Sanktion und Erhaltung des Ungleichgewichts der Kräfte« (ebd., S. 72) fort/*besteht*. Hier wird um die Begrenzung oder Erweiterung von Handlungsmacht gerungen, wobei sich das Politische in Subjektpositionen sedimentiert und durch diese re/artikuliert, mithin auch verschoben wird (vgl. Sauer 2009).

Darüber hinaus kann in psychoanalytischer Hinsicht davon ausgegangen werden, dass das Politische den Versuch darstellt, das abgründige Reale (Lacan) zu regulieren oder zu kontrollieren (Stavrakakis 1999, bes. S. 72–76). Dies ist jedoch letztlich zum Scheitern verurteilt, da das Reale ein unvermittelter, undarstellbarer »Abgrund« ist – das »schwarze Loch in der Struktur unserer empirisch wahrgenommenen Umgebung« (Somay 2005, S. 1). Das Reale entzieht sich demnach der symbolischen Ordnung – dem Wissen, der Kontrolle etc. – und ist zugleich konstitutiv für dasselbe, da es als Mangel respektive Kontingenz eine gewisse Offenheit der Handlungen sowie soziale Entwicklung überhaupt erst ermöglicht (Stavrakakis 1999, Kap. 3). Das Reale provoziert demnach zumindest Angst und sein Durchbruch – etwa als Schock oder unmittelbare Gewalt – impliziert zumeist die blanke Angst.

Aufbauend auf diese Überlegungen könnte unter einem intermediären Begriff des Angst-Macht-Komplexes eine konstitutive Interferenz zwischen Macht und Angst verstanden werden, die stark durch die *Machtstrukturen selbst* (Herrschaft) und die entsprechende strukturelle (und manifeste) Gewalt bedingt ist. Besonders in Krisensituationen kann die Angst in massive und *direkte* Gewalt umschlagen (vgl. dazu Pohl 2004). Das Extrembeispiel hierfür ist Krieg, der durch militarisierte und die anderen genannten Machtstrukturen ermöglicht wird und bedingt ist. In Macht-Angst-Komplexen kann Angstpolitik als *Praktik* unterschiedliche Intensitäten und Formen annehmen. Als Art und Weise der Regierung kann sie in der Forcierung hegemonialer Projekte ausgesprochen wirksam sein, etwa durch Feindbildkonstruktionen respektive pathische Projektion. Angstpolitik produziert und re/aktiviert verschiedene Ängste und damit auch Subjekte, wirkt also »subjektivierend« und »motivierend«. »Andererseits« bietet oder ernötigt sie auch spezifische Abwehrmuster, die es zumindest vordergründig ermöglichen sollen, dem Druck, den Be/drohungen – der Angst – zu entgehen. Bei der tatsächlichen Konsolidierung einer hegemonialen Konstellation, das heißt vereinfacht: Konsens »gepanzert mit Zwang« (Gramsci 1929ff., S. 783), ist eine Kombination mit anderen Politiken, Elementen oder

Verhältnissen unerlässlich, die stärker auf (phantasmatisch) bindende und libidinöse Elemente respektive narzisstische Ver/führungen abstellen (»Zustimmung«). Hierbei ist entsprechend die illusionäre, »magische Machtpartizipation« (Fenichel 1939, S. 182) wesentlich, wie etwa die imaginäre nationalistische »Gemeinschaft« bezüglich eines Staatsapparats (vgl. Anderson 1998).

Angstpolitische Praktiken werden hier verstanden als ermöglicht und bedingt durch Machtstrukturen, insofern sie sich als Ohnmacht, (Angst vor) Verlust, Exklusion oder Abhängigkeit oder auch vor subjektiver respektive sozialer Auflösung niederschlagen. Auf dieser Basis zielen sie auch auf eine *Abwehr* der ängstigenden Kräfte oder Abgründe – d.h. in politischer Hinsicht auf die Etablierung eines Macht-Angst-Dispositivs oder auf Hegemonie.

Welche und wessen Ängste unter welchen Umständen welche Formen der Macht und der(en) Abwehr implizieren, ist dabei jedoch primär eine Frage der konkreten und spezifischen Analyse. Diese soll im Folgenden versucht werden.

Fallbeispiel: Neoliberalismus und Subjektivierung zwischen Macht und Angst

Der Komplex aus Neoliberalismen ist ein politisches und ideologisches Projekt »westlicher«, weißer* und männlicher Eliten. Es handelt sich dabei um eine Weiterentwicklung des politischen Liberalismus in eine ökonomistische und verstärkt elitär-autoritäre Stoßrichtung, deren Kern eine starke Marktreligiosität bildet (vgl. Michalitsch 2004).

Der entsprechende »Kreuzzug« ist auch ein organisiertes, männerbündisches »Kampfprogramm gegen Ängste« vor der »kollektivistischen Gefahr« (Kreisky 2001, S. 34). Damit sind primär »wettbewerbsverzerrende« linke, gewerkschaftliche sowie sozialstaatliche und demokratische Arrangements gemeint, denn diese bedrohen zumindest vordergründig die Subjektpositionen maskulin-kapitalistischer Eliten und das Gros ihrer symbolischen Ordnung und Interessen. Zu den zu bekämpfenden »Gefahren« (Ängsten) zählt auch hier zentral das (eigene) abgespaltene und strukturell inferior gesetzte und privatisierte »Weibliche« bzw. die psychosexuellen Konflikte im Kontext des herrschenden Maskulinismus selbst (vgl. ebd.; Pohl 2004; Scholz 2011).

Das neoliberale Projekt wird bereits seit den 1930er Jahren konstant forciert. »In weiterer Folge wurde ein internationales Netzwerk von Stiftungen, Instituten, Forschungszentren, Publikationsorganen, Wissenschaftlern, Schriftstellern und Public-Relations-Agenten etabliert« (Michalitsch 2004, S. 145). Der Durchbruch gelingt jedoch erst mit der Krise des Fordismus in den 1970er Jahren. Die neoliberalen Eliten verfügen inzwischen über eine »gut organisierte Bewegung« und »arbeitsteilig operierende ideologische Apparate« (Walpen 2000, S. 1078). Nur sie scheinen zu wissen, wo die Ursachen der Krise liegen und was dagegen zu unternehmen sei. Es kommt zu gegenseitigen Nobelpreisverleihungen und ihre wissenschaftlich fundierten Konzepte erscheinen zunehmend als »objektiv« und »alternativlos« bzw. werden aktiv als solche propagiert (Kreisky 2001).

Das Kapital soll im globalen Maßstab »befreit« und eine totale Marktkonkurrenz entfesselt werden. Im »freien Wettbewerb« aller gegen alle soll es zu einer optimalen Allokation der angeblich knappen Ressourcen kommen und »der Markt wird zum Organisationsmodell von Staat und Gesellschaft. Aber auch dem Individuum wird, zu Humankapital transformiert, Marktlogik eingeschrieben« (Michalitsch 2004, S. 163).

Die Implementierung erfolgt auch stark über (para)staatliche Institutionen wie EU, IWF etc. Es werden Politiken forciert, die zumeist den jeweils mächtigeren Positionen nützen: Liberalisierung und Deregulierung des Handels und der Finanzmärkte, Privatisierung und Sozialabbau sowie Entdemokratisierung und »Sicherheitsstaatlichkeit« sind dabei zentral. Oligopolbildungen nehmen zu, Arm-Reich-Polarisierung und Prekarisierung werden global verschärft (vgl. Kreisky 2009; Michalitsch 2006).

Insofern ist die Genealogie des neoliberalen Projekts keine »Weltverschwörung«, sondern stark durch ein angstpolitisches »getriebenes Treiben« in der permanenten kapitalistischen Wertverwertung und deren »Rationalität« sowie der entsprechenden Abspaltung »des Weiblichen« (Reproduktion, Natur, Emotionalität etc.) gekennzeichnet und formt diese mit (vgl. Scholz 2011). Es gilt knapp und allgemein formuliert: *»Angst ist nicht nur ein Gefühl. Angst ist die Objektivität der Subjektivität im Spätkapitalismus«* (Massumi 1993, S. 77).

Entsprechend stark sind die »subjektiven« Implikationen. Neoliberale Diskurse und (Selbst-)Technologien *fördern und fordern* eine »humankapitalistische« Subjektstruktur, die mithin schizoide, neurotische und narzisstische Muster impliziert:

»Im Neoliberalismus erfährt das die Grenze zum Privaten überschreitende Modell des homo oeconomicus eine Spezifizierung zum Humankapitalisten: Das Kalkül bestimmt nun auch das Selbst-Verhältnis. Die Leidenschaften scheinen ausgelöscht, an ihre Stelle tritt die kalkulierte, im Hinblick auf ihre Marktfähigkeit simulierte Leidenschaft als Ware. [...] Die Ökonomisierung des Sozialen mündet in die ökonomische Formierung von Subjektivität« (Michalitsch 2006, S. 98).

Das entsprechende Ideal stellt sich in etwa wie folgt dar: fit und schlank, immer im Trend, zielstrebig und erfolgreich, marktoptimiert, gesund und effizient, kreativ stets auf die Maximierung des eigenen Nutzens bedacht. Wer der Norm genügt, ist »in«, kann das narzisstische Gefühl genießen, zu den »Tops« zu gehören (vgl. Bröckling 2007; Habermann 2008).

Seine diskursive Konstruktion und Verbreitung erfolgt(e) stark über verschiedene Massenmedien wie Boulevard- und Lifestyle-Magazine, Ratgeberliteratur etc. Die konkreten Praktiken der Subjektivierung erfolgen unterdessen eher über Bildungs- und Managementprogramme, Coachings oder auch neurolinguistische Programmierungen. Dies inkludiert entsprechend nicht nur betriebliche Kontexte, sondern findet auf verschiedenen Ebenen in einem dichten Netz der Kontrolle und Gegenkontrolle respektive über das panoptische Prinzip statt, etwa durch die Technologie des 360°-Feedbacks, des »Total Quality Management« und im Ergebnis zur Ernötigung eines permanenten Selbstmonitorings (Bröckling 2007, S. 26; Illouz 2007, S. 35, 53; Kaindl 2008, S. 72–79; Kumrow 2011; Opitz 2007).

Dies wird oft mit potenziell lustvollen Verheißungen wie »Selbstverwirklichung«, »Individualität«, »Autonomie«, »Freiheit« und »Erfolg« kombiniert. Der optische Glanz verbirgt die Schattenseiten: Die »Individualität« ist primär ein warenförmiger Besitzindividualismus, die »Freiheit« ist stark sozialdarwinistisch geprägt und die »Autonomie« ist strikt mit den Imperativen betriebswirtschaftlicher Kosten-Nutzen-Kalküle akkordiert (vgl. Bröckling et al. 2000). Und auch der Selbstwert des humankapitalistischen Selbst/vermarktungssubjekts ist strikt an den ökonomischen Erfolg in den asymmetrischen Machtstrukturen der Marktkonkurrenz gekoppelt (ähnlich schon Fromm 1937).

Die Kehrseite des meist prekären »Erfolgs« der Unternehmer*innen am Markt (der Emotionen) ist »die Unabschließbarkeit der Optimierungszwänge, die unerbittliche Auslese des Wettbewerbs, die nicht zu bannende Angst vor dem Scheitern« (Bröckling 2007, S. 17). Dies impliziert also auch eine »narzisstisch-begründete« Angst, die den Selbstwert betrifft (vgl. Lang 2000, S. 233) und damit letztlich auch »die Angst, die soziale Wertschätzung zu verlieren, einen ›sozialen Tod‹ zu sterben« (ebd., S. 241).

Entsprechend operiert die angstpolitische Modellierung marktgerechter Subjekte im Kern mit Absturzdrohungen, konstitutioneller Überforderung und Ängsten vor sozialer Exklusion (vgl. Bröckling 2007, S. 8f., 12).

Um dem Scheitern zu entgehen, müssen neoliberaler Ideologie zufolge die »richtigen Investitionen« in Humankapital getätigt werden. Was richtig ist, darüber richtet das große Andere: die »unsichtbare Hand des Marktes« – das »Leistungsprinzip« im »freien Wettbewerb« (Schatz 2004).

Die Normierung des Ichideals als »erfolgreiche*r Unternehmer*in« und die panoptische Mobilisierung des Überichs, speziell von Gewissensangst zwecks spezifischer Aktivierung, können daher als wichtige Elemente neoliberaler Selbst/disziplinierung respektive Gouvernementalität verstanden werden. Diese konstituiert sich demnach auch als restriktive und schizoide »Angstabwehrfassade« (Duhm 1972, S. 21f.), nicht zuletzt gegenüber dem ominösen »Begehren des großen Anderen« – »des Marktes« (vgl. Bröckling et al. 2000; dazu Lacan 1962–63, bes. S. 14f.). Zugleich erscheint das humankapitalistische Individuum in der phantasmatischen und ideologischen Abwehr als sein eigenes »unabhängiges« Produkt, das jedoch permanent vermarktet werden muss. Der Widerspruch von Kapital und Arbeit wird in das Subjekt selbst verlagert und zum »inneren Konflikt« (Michalitsch 2006, S. 95).

Der angstpolitische Imperativ permanenter Selbstvermarktung fördert und fordert eine hochgradig instrumentelle Rationalität und Emotionalität, indem diese weitgehend unhinterfragt auf die Ziele besitzindividualistischer und konkurrenzieller Profitmaximierung fixiert werden (vgl. Illouz 2007, bes. S. 41, 60ff., 120ff.; Kaindl 2008): »Im neoliberalen Mobilisierungsdiskurs sind die Gefühle »profanisiert«, weltlich und jederzeit einsetzbar. Sie müssen zum Handeln unter fremdgesetzten Zielen befähigen, sind Teil von Selbstinstrumentalisierungen, die die geforderten Haltungen – aktiv, kreativ, demütig – bereitstellen können« (Kaindl 2008, S. 81). Partielle und phantasmatische Teilhabe an »der Macht« (Herrschaft) wird mit der Unterdrückung anderer erkauft, das eigene Gefangen-Sein in jenen Mustern nicht selten verdrängt, womit eine restriktive Handlungsfähigkeit entsteht. Dabei wird die den Machtstrukturen inhärente Exklusion den Marginalisierten zusätzlich als disziplinarische Stigmatisierung zum Vorwurf gemacht – als »Sozialschmarotzer«, »Scheinasylanten« etc. (Gerlach 2000, S. 22ff.). Die globalisierte Reservearmee an Erwerbsarbeitslosen und die Zunahme prekär und »atypisch« Beschäftigter tun ein Übriges zum permanenten Konkurrenz- und Leistungsdruck (vgl. Candeias 2003, S. 245–253).

Das neoliberale »Dispositiv der Zurichtung des Menschen« (Michalitsch 2006, S. 15) »lebt« demnach von aktiven Subjekten sowie vom Aufgreifen und der instrumentellen Kanalisierung von (unbewussten) Wünschen und des Begehrens sowie von Ängsten der Subjekte, die es zugleich mitproduziert (vgl. Candeias 2007, S. 305f., 315f.; Gerlach 2000).

Schlussfolgerungen

Eingangs wurde die Frage gestellt, wie Ängste sowie machtförmige Strukturen und Praktiken in ihrer Widersprüchlichkeiten »subjektiv« zusammenwirken. Für eine partielle Beantwortung wurde zunächst hervorgehoben, dass die Persistenz von Machtstrukturen – und damit auch jene von Ohnmacht, massiver Begrenzung und Kanalisierung von Handlungsmacht – erheblich durch die Re/aktivierung der Psychosomatik der Angst bedingt ist und gerade durch diese wirksam wird. Ähnliches gilt für die Produktivität von Machtpraktiken in der Formierung von Subjektivität, insbesondere von Ichideal und Überich als Instanzen der »inneren« Überwachung und Bestrafung sowie Normierung und Aktivierung. Auch die Unbewusst-Machung (und Subjektivierung) infolge von Angst wurde besonders betont. Diese ist oft mit einem Druck zu Anpassung und Identifikation sowie anderen Mustern (»Angeboten«) der Abwehr kombiniert.

Die scheinbar ermöglichenden Fassaden und Versprechen des »Genießens« wurden als eine besonders produktive Machtform begriffen, da das Libidinöse (an) Machtstrukturen bindet.

Angst-Macht-Komplexe wurden als durch das Reale (Lacan) sowie *Machtstrukturen* und deren Gewalt selbst dargestellt. Sie schlagen sich nieder in Ohnmacht, (Angst vor) Verlust, Abhängigkeit oder sozialer Exklusion. Damit bilden sie das je spezifische und widersprüchliche

Rahmenwerk für (Selbst-)Technologien und (angstpolitische) Machtpraktiken, die zu einer spezifischen Gouvernementalität gerinnen können. Für eine hegemoniale Konstellation sind jedoch stärkere Kombinationen mit anderen Politiken und Verhältnissen substanziell, die auf (phantasmatisch) bindende und libidinöse Elemente respektive (narzisstische) Ver/führung und direktere Zustimmung abstellen und die herrschaftsinhärente, mehr oder minder strukturelle Gewalt »abmildern« (legitimieren). Hier ist auch die Frage des Macht-Wissens und des ideologischen Kitts wesentlich. Alle genannten Elemente finden auch auf spezifische Art und Weise im Neoliberalismus zusammen. Dieser forciert als angstpolitisches »getriebenes Treiben« eine (Post-)Modernisierung der herrschenden kapitalistischen, sexistischen, staatlichen und rassistischen Verhältnisse respektive von deren Macht-Angst-Komplexen.

Literatur

Anderson, Benedict (1998): Die Erfindung der Nation. Zur Verbreitung eines erfolgreichen Konzepts. Berlin (Ullstein).

Becker, Joachim (2002): Akkumulation, Regulation, Territorium. Zur kritischen Rekonstruktion der französischen Regulationstheorie. Marburg (Metropolis).

Anderson, Benedict (1998): Die Erfindung der Nation. Zur Verbreitung eines erfolgreichen Konzepts. Berlin (Ullstein).

Böllinger, Lorenz (2000): Macht. In: Mertens, Wolfgang & Waldvogel, Bruno (Hg.): Handbuch psychoanalytischer Grundbegriffe. Stuttgart et al. (Kohlhammer), S. 426–430.

Bröckling, Ulrich et al. (2000): Gouvernementalität, Neoliberalismus und Selbsttechnologien. Eine Einleitung. In: Bröckling Ulrich et al. (Hg.): Gouvernementalität der Gegenwart. Studien zur Ökonomisierung des Sozialen. Frankfurt/M. (Suhrkamp), S. 7–40.

Bröckling, Ulrich (2007): Das unternehmerische Selbst. Soziologie einer Subjektivierungsform. Frankfurt/M. (Suhrkamp).

Bruder, Klaus-Jürgen (2005): Das Unbewusste, der Diskurs der Macht. In: Buchholz, Michael & Gödde, Günter (Hg.): Das Unbewusste in aktuellen Diskursen. Band 3. Gießen (Psychosozial-Verlag), S. 635–668.

Candeias, Mario (2003): Neoliberalismus, Hegemonie, Hochtechnologie. Grundrisse einer transnationalen kapitalistischen Produktions- und Lebensweise. Eine Kritik. Hamburg (Argument).

Candeias, Mario (2007): Leben im Neoliberalismus. Zwischen erweiterter Autonomie, Selbstvermarktung und Unterwerfung In: Arrighi, Giovanni et al. (Hg.): Kapitalismus reloaded. Kontroversen zu Imperialismus, Empire und Hegemonie. Hamburg (VSA), S. 305–327.

Condrau, Gion (1996): Zur Phänomenologie der Angst. In: Lang, Hermann & Faller, Hermann (Hg.): Das Phänomen Angst. Pathologie, Genese und Therapie. Frankfurt/M. (Suhrkamp), S. 32–42.
Demirović, Alex (2008): Das Problem der Macht bei Michel Foucault. IPW Working Paper No. 2/2008, Institut für Politikwissenschaft Universität Wien.
Diercks, Christine & Schlüter, Sabine (Hg.)(2010): Angst. Sigmund-Freud-Vorlesungen 2009. Wien (Mandelbaum).
Duhm, Dieter (1972): Angst im Kapitalismus. Zweiter Versuch der Begründung zwischenmenschlicher Angst in der kapitalistischen Warengesellschaft. Lampertheim (Kübler).
Fenichel, Otto (1934): Über Angstabwehr, insbesondere durch Libidinisierung. In: Laermann, Klaus (Hg.)(1998): Otto Fenichel. Aufsätze Bd. 1. Gießen (Psychosozial-Verlag), S. 309–324.
Fenichel, Otto (1939): Über Trophäe und Triumph. Eine klinische Studie. In: Laermann, Klaus (Hg.)(1998): Otto Fenichel. Aufsätze Bd. 2. Gießen (Psychosozial-Verlag), S. 159–182.
Fink, Bruce (2006): Das Lacansche Subjekt. Zwischen Sprache und Jouissance. Wien (Turia + Kant).
Freud, Sigmund (1926): Hemmung, Symptom und Angst. GW XIV, S. 111–205.
Foucault, Michel (1976): Überwachen und Strafen. Die Geburt des Gefängnisses. Frankfurt/M. (Suhrkamp).
Foucault, Michel (1978): Dispositive der Macht. Über Sexualität, Wissen und Wahrheit. Berlin (Merve).
Foucault, Michel (2005): Analytik der Macht. Frankfurt/M. (Suhrkamp).
Fromm, Erich (1937): Zum Gefühl der Ohnmacht. Zeitschrift für Sozialforschung, Nr. 6, 3/1937, S. 95–118.
Gerlach, Thomas (2000): Die Herstellung des allseits verfügbaren Menschen. Zur psychologischen Formierung der Subjekte im neoliberalen Kapitalismus. UTOPIE kreativ 121/122 (Nov./Dez. 2000), 1052–1065.
Gerlach, Thomas (2001): Denkgifte. Psychologischer Gehalt neoliberaler Wirtschaftstheorie und gesellschaftlicher Diskurse. Dipl.-Arb., Univ. Bremen.
Graefe, Stefanie (2010): »Selber auch total überfordert«. Arbeitsbedingte Erschöpfung als performativer Sprechakt. In: Demirović, Alex et al. (Hg.): Das *Subjekt* – zwischen Krise und Emanzipation. Münster (Westfälisches Dampfboot), S. 49–64.
Gramsci, Antonio (1929ff.): Gefängnishefte. Kritische Gesamtausgabe. Hg. v. Klaus Bochmann u. Wolfgang Fritz Haug. Berlin, Hamburg 1975ff. (Argument).
Habermann, Friederike (2008): Der homo oeconomicus und das Andere. Hegemonie, Identität und Emanzipation. Baden-Baden (Nomos).
Harvey, David (2004): Die Geografie des »neuen« Imperialismus: Akkumulation durch Enteignung. In: Zeller, Christian (Hg.): Die globale Enteignungsökonomie. Münster (Westfälisches Dampfboot), S. 183–215.
Illouz, Eva (2007): Gefühle in Zeiten des Kapitalismus. Frankfurt/M. (Suhrkamp).
Kaindl, Christina (2008): Emotionale Mobilmachung – »Man muss lange üben, bis man für Geld etwas fühlt.« In: Huck, Lorenz (Hg.): »Abstrakt negiert ist halb kapiert«. Beiträge zur marxistischen Subjektwissenschaft. Morus Markard zum 60. Geburtstag. Marburg (BdWi), S. 65–85.

Kreisky, Eva (2001): Ver- und Neuformungen des politischen und kulturellen Systems. Zur maskulinen Ethik des Neoliberalismus. Kurswechsel, Zeitschrift für gesellschafts-, wirtschafts- und umweltpolitische Alternativen (4/2001), 38–50.

Kreisky, Eva (2009): Neoliberalismus, Entdemokratisierung, und Geschlecht. Anmerkungen zu aktuellen Entwicklungen demokratischer Öffentlichkeit. In: Bisky, Lotha et al. (Hg.): Medien – Macht – Demokratie. Neue Perspektiven. Reihe: Texte der RLS Bd. 54. Berlin, S. 75–92.

Kumrow, David-Léon (2011): Subjekte vor dem »permanenten ökonomischen Tribunal«: Psychoanalytische Überlegungen zur Subjektformierung im neoliberalen Kapitalismus. Reader des Instituts für Gender-Studies Univ. Wien, http://gender.univie.ac.at/publikationen/reader/ (Stand: 28.11.2011).

Lacan, Jacques (1962–63): Das Seminar, Buch X. Die Angst. Wien (Turia + Kant).

Lichtman, Richard (1990): Die Produktion des Unbewußten. Die Integration der Psychoanalyse in die marxistische Theorie. Hamburg, Berlin (Argument).

List, Eveline (2010): Angstbedingungen in der Masse. In: Diercks, Christine & Schlüter, Sabine (Hg.): Angst. Sigmund-Freud-Vorlesungen 2009. Wien (Mandelbaum), S. 179–187.

Massumi, Brian (1993): Everywhere you want to be. Einführung in die Angst. In: Härle, Clemens-Carl (Hg.): Karten zu »Tausend Plateaus«. Berlin (Merve), S. 66–103.

Michalitsch, Gabriele (2004): Was ist Neoliberalismus? Genese und Anatomie einer Ideologie. In: Graf, Daniela & Kaser, Karl (Hg.): Vision Europa. Vom Nationalstaat zum europäischen Gemeinwesen. Wien (Czernin), S. 144–163.

Michalitsch, Gabriele (2006): Die neoliberale Domestizierung des Subjekts. Von den Leidenschaften zum Kalkül. Frankfurt/M., New York (Campus).

Negt, Oskar (2010): Subjektivität in der Erosionskrise. In: Demirović, Alex et al. (Hg.): Das Subjekt – zwischen Krise und Emanzipation. Münster (Westfälisches Dampfboot), S. 12–26.

Opitz, Sven (2007): Gouvernementalität im Postfordismus. Zur Erkundung unternehmerischer Steuerungsregime der Gegenwart. In: Kaindl, Christina (Hg.): Subjekte im Neoliberalismus. Marburg (BdWi-Verlag), S. 93–108.

Perko, Gudrun (1995): Angst im Übermaß. Philosophische Reflexionen über Gestaltungen der Angst im Hinblick auf die Geschlechterverhältnisse. Dissertation an der Universität Wien.

Perko, Gudrun & Pechriggl, Alice (1996): Phänomene der Angst. Geschlecht – Geschichte – Gewalt. Wien (Wiener Frauenverlag).

Rau, Alexandra (2010): Psychopolitik. Macht und Subjekt in subjektivierten Arbeitsverhältnissen. In: Demirović, Alex et al. (Hg.): Das Subjekt – zwischen Krise und Emanzipation. Münster (Westfälisches Dampfboot), S. 27–48.

Rehmann, Jan (2007): Herrschaft und Subjektion im Neoliberalismus. Die uneingelösten Versprechen des späten Foucault und der Gouvernementalitäts-Studien. In: Kaindl, Christina (Hg.): Subjekte im Neoliberalismus. Marburg (BdWi), S. 75–92.

Riemann, Fritz (2002): Grundformen der Angst. Eine tiefenpsychologische Studie. 32. Aufl. München (Ernst-Reinhardt).

Salecl, Renata (2004): On Anxiety. London, New York (Routledge).

Sauer, Birgit (2009): Transformation der Staatlichkeit: Chancen für Geschlechterdemokratie? In: Sauer, Birgit et al. (Hg.): Staat und Geschlecht. Grundlagen und aktuelle Herausforderungen feministischer Staatstheorie. Baden-Baden (Nomos), S. 105–118.

Sauer, Birgit (2010): Das Geschlecht der Finanz- und Wirtschaftskrise. Eine Intervention in aktuelle Krisendeutungen. Kurswechsel (1/2010), 38–46.

Schatz, Holger (2004): Arbeit als Herrschaft. Die Krise des Leistungsprinzips und seine neoliberale Rekonstruktion. Münster (Unrast).

Scholz, Roswitha (2011): Das Geschlecht des Kapitalismus: Feministische Theorien und die postmoderne Metamorphose des Kapitals. 2. erw. Aufl. Bad Honef (Horlemann).

Somay, Bülent (2005): Willkommen in der Wüste des Realen, Teil II. http://www.eurozine.com/articles/2005-12-15-somay-de.html (Stand: 12.3.2011).

Stavrakakis, Yannis (1999): Lacan & the Political. New York (Routledge).

Stavrakakis, Yannis (2007): The Lacanian Left. Psychoanalysis, Theory, Politics. Edinburgh (University Press).

Walpen, Bernhard (2000): Von Igeln und Hasen oder: Ein Blick auf den Neoliberalismus. UTOPIE kreativ 121/122 (Nov./Dez. 2000), 1066–1079.

Weissenbacher, Rudy (2008): Keeping up appearances: uneven global development in a system of structural imbalances. Journal für Entwicklungspolitik 24(4), 78–121.

Žižek, Slavoj (2001): Die Tücke des Subjekts. Frankfurt/M. (Fischer).

Žižek, Slavoj (2008): Lacan. Eine Einführung. 2. Aufl. Frankfurt/M. (Fischer).

Krise und Sozialabbau: Der Psychoanalytiker/ die Psychoanalytikerin als »Bourgeois(e)« und als »Citoyen(ne)«

Emilio Modena

Zusammenfassung

Im ersten Teil des vorliegenden Beitrages werden die aktuellen prekären Verhältnisse in der Schweiz im Gesundheitswesen und speziell im Bereich Psychotherapie dargestellt und anhand des Beispiels einer teilinvaliden Frau exemplifiziert. Der Verfasser vertritt die Auffassung, dass nur durch eine klar parteiliche Gesamthaltung des Psychoanalytikers/ der Psychoanalytikerin bei real unterdrückten/verfolgten/betrogenen Menschen eine genügend tragfähige therapeutische Beziehung und eine mutative Wirkung der Behandlung zustande kommen kann. Das Gebot der Abstinenz in der Kur muss entsprechend relativiert werden. Gesellschaftskritik muss in den Deutungsprozess integriert werden (Paul Parin). In einem zweiten Teil wird auf das spezifische Wissen der PsychoanalytikerInnen hingewiesen, das es diesen ermöglicht, zu wichtigen politischen Fragen spezifisch Stellung zu nehmen. Das wird anhand der Faschisierung Europas gezeigt und am Fall der ungarischen Jobbik-Partei ausgeführt. Zuletzt wird auf die Notwendigkeit der Konstruktion einer neuen Utopie für die Linke hingewiesen.

Einleitung

Es war einmal ein Land, in dem die Bauern, Handwerker und Kaufleute beschlossen, frei zu sein. Mit vereinten Kräften vertrieben sie die Fürsten und errichteten eine Eidgenossenschaft. Es war einmal ein Land im Herzen Europas, das den Verfemten und Verfolgten des Kontinents eine Zufluchtsstätte und eine neue Heimat bot und zusammen mit den Eingewanderten den Wohlstand aller mehrte. Es war einmal ein Land, das nach einer schweren militärischen Niederlage (der verlorenen Schlacht bei Marignano 1515) dem Krieg für immer abschwor, ein Land, wo kluge Unternehmer, fleißige Arbeiter und geschickte Financiers technisch-wissenschaftliche Wunderwerke vollbrachten ... Von dieser echt freisinnigen Schweiz ist heute nicht viel übrig geblieben.

Ich will aber nicht ausufern, sondern bei meinen Leisten bleiben und schildern, wie sich Wirtschaftskrise und Sozialabbau im Gesundheitswesen und speziell im Bereich der Psychotherapie in der Schweiz auswirken, wie ich das selbst als »Bourgeois«, das heißt als psychoanalytischer Kleingewerbetreibender tagtäglich mit meinen PatientInnen erlebe.

1. Zur Evidenz von Macht und Kontrolle: Gesetzgebung und Rechtsprechung

20 Jahre neoliberale Deregulierung und Globalisierung haben das helvetische Gesundheitswesen gründlich umgepflügt. Aus den früher solidarischen, vom Staat stark subventionierten Krankenkassen, sind heute profitorientierte Versicherungsunternehmen geworden, was paradoxerweise auf eine fortschrittlich wirkende Gesetzesänderung zurückgeht. 1994 wurde aufgrund einer Volksabstimmung das alte »Kranken- und Unfallversicherungsgesetz« (KUVG) durch das neue »Krankenversicherungsgesetz« (KVG) abgelöst. Fortschrittlich daran war, dass erstmals in der Schweiz ein Versicherungsobligatorium für alle EinwohnerInnen eingeführt worden ist, sodass auch die wenigen Prozente Alter und chronisch Kranker versichert werden konnten, die vordem durch die Kassen als zu hohe Risiken abgelehnt worden waren. Ferner durfte man jetzt nach dem Prinzip der freien Marktwirtschaft die Krankenversicherung wechseln, ohne Nachteile befürchten zu müssen. Wie sich erst später herausstellte, war dieser sozialdemokratische Schachzug ein vergifteter Apfel, den die gesamte Linke gierig verspeiste. Niemand schien das Kleingedruckte des Gesetzesentwurfes gelesen zu haben – dabei stand da klar und deutlich, dass die Krankenversicherer nach Annahme des neuen Gesetzes zwar

in der obligatorischen Grundversicherung weiterhin keinen Profit machen dürften, jedoch neu das Recht erhielten, private Zusatzversicherungen abzuschließen und auch weitere Versicherungsleistungen zu verkaufen (wie Hausrat, Haftpflicht, Rechtsschutz usw.). Den Großen Kassen schanzte man ferner das Recht zu, *Rückversicherungen* abzuschließen.

Neben dieser als sozial verkauften Privatisierung wurden im KVG die Instrumente zur Kontrolle der Leistungserbringer – Ärzte, Hebammen, Physio-, Ergo- und Psychotherapeuten etc. – enorm ausgeweitet und verschärft. Die medizinischen Leistungen mussten zwar schon im alten System »wirksam, zweckmässig und wirtschaftlich« sein (Art. 32 KVG), doch nun gab der Gesetzgeber der Exekutive (dem Bundesrat) zusätzlich das Recht, darüber zu bestimmen, *wie* das zu verstehen sei, selbstverständlich nach rein »wissenschaftlichen« Kriterien! Ein umfangreicher Leistungskatalog – der *Tarmed*[1] – wurde geschaffen, dem zufolge medizinische Dienstleistungen im Fünf-Minuten-Takt abgerechnet werden müssen. Dann wurde ein Ärztestopp verfügt, was bedeutete, dass junge Ärzte keine Privatpraxis mehr eröffnen durften. Anschließend wurden die Alternativmedizin und die Homöopathie als »unwissenschaftlich« aus dem Leistungskatalog gestrichen, den Allgemeinärzten das Praxislabor genommen, weil zu aufwendig. Den Psychotherapeuten wurde befohlen, vor der zehnten Stunde auf einem Formularblatt dem Vertrauensarzt der Krankenversicherung Diagnose und Prognose bekannt zu geben[2]. Das im alten Gesetz garantierte Recht der Psychotherapie-Patienten, im Regelfall während drei Jahren mit zwei Stunden wöchentlich und während weiterer drei Jahre noch mit einer Stunde wöchentlich behandelt zu werden (danach 14-tägig eine Stunde ohne Limite) wurde zugunsten eines Systems abgeschafft, das nach den ersten 40 Stunden (fast) alle Macht den Vertrauensärzten der Versicherer zuschanzt. Die Globalplafonierung aufgrund von Fallpauschalen ist für den stationären Sektor beschlossen und wird demnächst eingeführt. Im ambulanten Bereich kann man zwar die freie Arztwahl wegen des heftigen Widerstandes der Bevölkerung nicht abschaffen, sie soll aber

---

1 Der *Tarmed* (hergeleitet aus *tarif médical* = franz. für Ärztetarif) ist der Tarif für ambulante ärztliche Leistungen in der Schweiz. Der *Tarmed* gilt für alle ambulanten ärztlichen Behandlungen in Arztpraxen und Spitälern (Artikel: »Tarmed«, Wikipedia, Stand: 28.2.2011).
2 Inzwischen wurde dies als bürokratischer Leerlauf wieder abgeschafft.

mithilfe einer spürbaren Erhöhung des Selbstbehaltes[3] für den ärmeren Teil der Bevölkerung unerschwinglich gemacht werden.

Abgesehen von diesem Gesetzeswerk wurden klammheimlich[4] die staatlichen Subventionen an die Krankenkassen heruntergefahren, sodass es zu einer Krankenkassen-Prämienexplosion kam. Die Prämien für die obligatorische Grundversicherung sind in zehn Jahren (seit 1999) um 63,3% gestiegen, während der Anteil der globalen Gesundheitskosten am Bruttoinlandprodukt (BIP) mit 10% bis 11% zwar im internationalen Vergleich hoch, aber über die Jahre praktisch konstant geblieben ist[5]. Da die Gesundheitskosten einen überproportionalen Anteil am Zuwachs des BIP ausmachen, habe ich mich bemüht, aufgrund einer Interpharma-Statistik[6] den prozentualen Anstieg der globalen Gesundheitskosten am Zuwachs des BIP auszurechnen (im Zeitraum von 2000 bis 2007) – Resultat: 22,1%. Diese beiden Zahlen – 63,3% für die Prämien und 22,1% für die Kosten – halte ich für vergleichbar: Die Prämien sind zwei bis drei Mal schneller gestiegen als die Gesundheitskosten! Für eine Arbeiter- oder Angestelltenfamilie mit zwei Kindern machen die Krankenversicherungsprämien im Mittel an die tausend Franken monatlich aus, was einer spürbaren Lohneinbuße gleichkommt. Diese Berechnung gilt für die arbeitende Bevölkerung. Wie sieht es bei den nicht mehr Arbeitsfähigen aus (ich überspringe aus Zeitgründen die Arbeitslosen [vgl. dazu Modene 1994] mit ihrer besonderen Problematik)?

Der Rationalisierungsdruck und damit der unspezifische Stress auf die Menschen hat sich in den letzten 20 Jahren infolge von Massenentlassungen, Deregulierung der Arbeitszeiten und Verschärfung der Arbeitsrhythmen enorm verstärkt, was zu einem entsprechenden Zuwachs

---

3 Der *Selbstbehalt* ist derjenige Teil der Kosten, die der Patient pro Arztrechnung selbst übernehmen muss, die *Franchise* der Kostenanteil des Patienten pro Jahr bei länger dauernden Behandlungen. Um die in der Schweiz noch geltende freie Arztwahl unattraktiv zu machen, sollte der Selbstbehalt für PatientInnen, die sich nicht in einem Ärztenetzwerk behandeln lassen, von 10% auf 15% erhöht werden!

4 »Während der Staat Anfang der 70er Jahre noch rund 40% der Kosten trug, waren es 2008 noch 26,9%« schreibt *Le Monde Diplomatique*, Februar 2011, S. 23. Als Quelle werden die Zeitschrift *Sozialmedizin* (Basel) vom Oktober 2009 (»Schweiz. Krankenversicherung als Exportartikel«) und das *Bundesamt für Statistik* (Neuenburg) 2010 genannt (»Kosten und Finanzierung des Gesundheitssystems«).

5 Der Zuwachs des BIPs insgesamt von 1998 bis 2008 beträgt laut Bundesamt für Statistik 0,5%.

6 Das ist die Dachorganisation der Pharmaindustrie, siehe *www.interpharma.ch* (5.1.2011).

an sog. enannten »Nervenzusammenbrüchen« geführt hat – wie man schwere psychische Krisen im Volksmund nennt. Als Folge ist die Arbeitsunfähigkeit allgemein gestiegen, besonders eindrücklich aber die Invalidisierung aus psychischen Gründen. Dieser recht eigentliche *Tsunami* hat die eidgenössische Invalidenversicherung überschwemmt und tief in die roten Zahlen getrieben. Sie sitzt heute auf einem hohen Schuldenberg. Dafür gibt es freilich neoliberale Medizin, die unter dem Schutzschild der rechtspopulistischen Hetze gegen die »Sozialschmarotzer« und die »kriminellen Ausländer« dafür sorgen soll, dass auch bei den Ärmsten der Armen gespart wird. Ich will mich heute aber nicht auf das weite Feld der Politik begeben, sondern Sinn und Geist dieser bitteren Medizin nur anhand des Vorgehens des schweizerischen Bundesgerichtes illustrieren. Anschließend werde ich ein Fallbeispiel aus meiner Praxis vorstellen.

*Am 5. Oktober 2001 werden bei der Beurteilung des Invaliditätsgrades »psychosoziale und soziokulturelle« Faktoren als irrelevant abgetan. Im Originalton: »Was das ›sozio-kulturelle Umfeld‹ als weiteren Grund für das Unvermögen des Beschwerdeführers, einer Erwerbstätigkeit nachzugehen, anbetrifft [...], gebietet sich [...] die Präzisierung, dass Art. 4 AbS. 1 IVG [Invalidenversicherungsgesetz, E. M.] zu Erwerbsunfähigkeit führende **Gesundheitsschäden** [von mir hervorgehoben, E. M.] versichert, worunter soziokulturelle Umstände nicht zu begreifen sind« (BGE 127 V 294 S. 299).*

Am 12. März 2004 werden die besonders in der Unterschicht und unter Immigranten aus dem Süden und Osten häufigen »somatoformen Schmerzstörungen« (ICD-10 F 45.0 bis 45.9) als alleiniger Invalidisierungsgrund pauschal verworfen (BGE 130 V 352).

Am 13. September 2010 wird endlich mit derselben Begründung auch das sogenannte Schleudertrauma – eine deutschschweizerische Spezialität[7] – aus

---

7 Mit diesem wissenschaftlich umstrittenen Begriff wird das Syndrom bezeichnet, welches oft als Folge einer Traumatisierung der Halswirbelsäule, besonders nach Auffahrtskollisionen im Straßenverkehr, diagnostiziert wird (engl. *whiplash injury*). Die Schweiz zeigt mit einem durchschnittlichen Versicherungsaufwand pro Fall von 35.000 Euro den höchsten Wert im europäischen Vergleich. Die von den Versicherungen ausbezahlten Beträge haben sich von 1990 bis 2002 in der Romandie verdoppelt, während sie sich in der deutschen Schweiz verfünffacht haben, wobei noch ergänzt werden muss, dass hier der Betrag für kapitalisierte Renten sogar um das Achtfache gestiegen ist (Quelle: *Sammelstelle für die Statistik der Unfallversicherung UVG (SSUV)*, c/o Suva, Fluhmattstrasse 1, Postfach, 6002 Luzern).

der Liste der rentenbegründenden Leiden gekippt. Ausgleichende Gerechtigkeit? Man könnte sagen, dass so In- und Ausländer gleichermaßen in die Pfanne gehauen werden (BGE 134 V 231).

Nun bitte ich Sie, mit mir einen Blick auf die Entwicklung in unserem spezifischen Fachgebiet, der Psychotherapie, zu werfen. Bis Ende der 80er/Anfang der 90er Jahre hatten wir es im Umfeld des Psychoanalytischen Seminars Zürich (PSZ) sozusagen paradiesisch. Die Wende wurde 1994 durch einen Paukenschlag von Psychologieprofessor Klaus Grawe mit seinem Wälzer *Psychotherapie im Wandel – von der Konfession zur Profession* eingeläutet und dem gleichzeitigen unaufhaltsamen Aufstieg der Verhaltenstherapie, die natürlich (weil scheinbar billiger) von den Krankenversicherern bevorzugt und gefördert wurde.Trotz Gegenwind konnten wir es uns aber einige Jahre lang weiterhin leisten, Freud entsprechend eine echt liberale psychoanalytische Haltung in der Ausbildung und in der Praxis zu pflegen. Es gab im PSZ keine Zulassungsmodalitäten, keine Zertifizierungen und keine Abschlussprüfungen. *Man/frau autorisierte sich selbst.* Durch Erfahrung und Fallbesprechungen wurde man Supervisor im Sinne eines *senior partners*, »Lehranalysen« als Bestandteil und »Besitz« der Institution gab es keine mehr – nur noch persönliche Selbsterfahrung (vgl. dazu Modena 1999). Die Gefahr für unser recht gut funktionierendes System kam aus den Reihen der akademischen Psychologie und den Fachverbänden, die allesamt lauthals nach einem Psychotherapiegesetz verlangten. In Österreich, Deutschland und Italien war es schon eingeführt worden. Es war also nur noch eine Frage der Zeit, man musste in Zürich – dem Vorreiter-Kanton der psychotherapeutischen Entwicklung in der Schweiz – in den Legiferierungsprozess eingreifen.

Auf Ggrund eines Mandates der Teilnehmerversammlung des PSZ versuchte ich, eine breite Widerstandsfront aus den Reihen der Tiefenpsychologen aufzubauen, und es gelang aufgrund des Druckes von außen relativ leicht, Freud-, Jung-, Szondi- und Biäsch-Institut[8] nebst einer kleinen körpertherapeutischen Vertretung unter einem Dach zu vereinen. Wir nannten uns *»Arbeitsgemeinschaft für eine vernünftige*

---

[8] Ganz genau war es der schweizerische Berufsverband des Hans Biäsch-Institutes (SBAP), das A steht für angewandte Psychologie.

Psychotherapieordnung« und übten uns im Lobbyieren. Es gelang uns, im Parlament einige psychoanalytische Prinzipien gegen die Interessen von Verhaltenstherapie und humanistischer Psychologie durchzusetzen – wie die Forderung nach einer integralen Ausbildung in ein- und derselben psychotherapeutischen Richtung, nach einer genügend langen Selbsterfahrung und Supervision und nach einem gründlichen Theoriestudium (der Kompromiss lag bei je 200 Stunden). Wir scheiterten allerdings beim Herzstück unseres Psychoanalyseverständnisses: Die *Laienanalyse* war nicht durchzubringen. Am 1. Januar 2002 trat das kantonalzürcherische Psychotherapiegesetz in Kraft, das nur noch Ärzte und klinische Psychologen zur Ausbildung zulässt. Seither hat die Gesundheitsdirektion des Kantons Zürich mit verschiedenen Verordnungen versucht, die Psychotherapie-Szene immer mehr einzugrenzen – mit wechselndem Erfolg ... ein gesamtschweizerisches Psychotherapiegesetz wurde unter dem Titel »Psychologieberufegesetz« (PsyG) erst 2011 eingeführt, während das »Bundesgesetz über die universitären Medizinalberufe« (MedBG) bereits seit 2007 *de jure* in Kraft ist.

Die großen Schwierigkeiten sind allgemeingesellschaftlicher Natur

Wer, wie die zwei Praxisgemeinschaften der Zürcher Stiftung für Psychotherapie und Psychoanalyse (www.psychoanalyse-stiftung.ch), im Wesentlichen Arbeiter und Angestellte psychoanalytisch berät und betreut, hat es immer schwerer, hochfrequente Analysen durchzuführen. Konnten in der »guten alten Zeit« noch zwei Stunden wöchentlich über mehrere Jahre der Krankenkasse verrechnet werden und konnten die Patienten noch eine bis zwei Stunden in der Woche selber bezahlen, so ist heute sowohl das eine wie das andere immer schwieriger geworden. Die Krankenversicherungen drücken die Leistungen wo sie nur können und die Patienten sind immer weniger liquid. Wir haben es immer mehr mit Arbeitslosen und Sozialhilfeempfängern zu tun, mit Mobbing-Opfern, Schwersttraumatisierten aller Art – vom gefolterten türkischen oder chilenischen Revolutionär bis zur sexuell missbrauchten jungen Schweizerin oder Deutschen – und mit um die Invalidenrente kämpfenden chronisch Kranken. Dazu ein aktuelles Fallbeispiel aus meiner Praxis.

Emilio Modena

Die Leidensgeschichte der S

Stellen Sie sich bitte eine einst schöne, groß gewachsene, stattliche Rothaarige um die 50 vor, die sehr aufrecht geht und mit klarer, leicht männlich klingender Stimme in einem typisch proletarischen, schweizerdeutschen *Slang* spricht. Dabei schwingt ein anklagender, leicht paranoider Ton unterschwellig spürbar mit. Der Gesichtsausdruck ist niedergeschlagen, leidend, aber beherrscht. Sie wurde mir vor fünf Jahren von ihrem Hausarzt mit der Diagnose einer *posttraumatischen Belastungs- und einer gemischten depressiven und Angststörung* überwiesen. Sie ist in einer Kleinstadt in der Nordwest-Schweiz in schlimmen familiären Verhältnissen, in einem Haushalt mit Eltern und Großeltern aufgewachsen. Ein um drei Jahre älterer Bruder war schwer geistig behindert und ist früh verstorben. Die Mutter soll an Magen-Darm-Geschwüren und Rückenschmerzen gelitten, den Vater gehasst haben und gegen die Tochter boshaft und gewalttätig gewesen sein. Eltern und Großeltern hätten ständig gestritten.

Frau S ist mit 15 oder 16 Jahren in ein Internat geflüchtet, um den »ständigen Beschimpfungen und Schlägen« zu entgehen. Sie wird Alterspflegerin und heiratet früh einen Süditaliener, der sie bald schwängert und sich dann mit anderen Frauen herumtreibt. Nach wenigen Jahren erfolgt die Scheidung. Danach trifft sie auf ihren Exmann, mit dem sie zwei weitere Kinder hat und mit dem sie über 20 Jahre zusammenlebt. Dieser ist sexuell abartig, nötigt sie immer wieder, erniedrigt und entwertet sie und entzieht sich jedem vernünftigen Gespräch. Außerdem ist er ein »Waffennarr«. Sie will sich mehrmals von ihm trennen, worauf er sie jeweils mit Selbstmorddrohungen erpresst. Sie lenkt immer wieder ein. Sie lässt sich auch dann noch erweichen, als sie anlässlich des Aufenthaltes des Mannes in einer psychiatrischen Klinik erfährt, dass er an einer schweren Persönlichkeitsstörung leidet.

Als S zum x-ten Mal und diesmal allen Ernstes die Scheidung einreicht, geht er zu Hause plötzlich auf sie los und droht ihr den Tod an. Sie will fliehen, doch er versperrt ihr den Weg. Er ist ihr körperlich überlegen – »ein Kasten von einem Mann«. Er greift sie an und will ihr vorbereitete Handschellen anlegen. Sie wehrt sich aus Leibeskräften und erlebt diesen Kampf als »Kampf auf Leben und Tod«. Dem körperlich überlegenen Mann gelingt es schließlich, ihren Kopf derart heftig nach hinten zu drücken, dass sie vor Angst und Schmerz aufgibt. Daraufhin fesselt er sie, zerrt sie in die Garage und ins Auto. Er sagt ihr, er führe sie an den »Exekutionsort«. Nach einer Kreuz- und Querfahrt durch die Landschaft gelangen sie zu einem Waldweg, wo er ihr befiehlt, auszusteigen. Dann versucht er unter weiteren Todesdrohungen, sie noch einmal umzustimmen: Sie solle die Scheidung zurückziehen. Sie hält aber hartnäckig an ihrer Absicht fest, da sie an ihrer Arbeitsstelle einen neuen Freund kennengelernt hat, von dem sie weiß, dass er zu ihr hält und sie bereits sucht. Plötzlich kommt es zu einer unerwarteten Wende: Ihr Exmann kippt emotional um und beginnt heftig zu schluchzen.

Die zivil- und strafrechtlichen Gerichtsverhandlungen dauern jahrelang an, währenddessen entwickelt sich eine hässliche Nachstellungsgeschichte (Stalking). S leidet an Angstzuständen, hat auf der Straße Panikattacken und wird – trotz intensiver Medikamentengabe durch den Hausarzt – chronisch depressiv, was von vielfältigen Somatisierungen begleitet wird. Von diesen will ich nur eine schwere, hartnäckige Diarrhö mit täglich mehreren wässerigen Stuhlentleerungen erwähnen, die sich nur mit *Imodium*-Kapseln beherrschen lässt[9]. Ich entschließe mich zu einer psychiatrisch-psychotherapeutischen Intervention und delegiere die stützende und vorsichtig analytisch orientierte Psychotherapie mit zwei Wochenstunden an eine Mitarbeiterin. Persönlich sehe ich Frau S in etwa monatlichen Abständen. Die Patientin braucht ständig ein Antidepressivum (beim zweimaligen Versuch es abzusetzen, erleidet sie prompt einen Rückfall), dazu ein schnell wirkendes Anxiolytikum mehrmals täglich gegen die Ängste und Panikattacken. Unter dieser intensiven Therapie bessert sich die Symptomatik langsam, sodass sie mit der Zeit auf die *Imodium*-Kapseln verzichten und ihre Arbeit schrittweise wiederaufnehmen kann. Es geht aber nie mehr als zu 50%, weil sie am Morgen sehr viel Zeit benötigt, um das Morgentief zu überwinden. Ferner ermüdet sie schnell und hat auf der Straße Panikanfälle, besonders beim Eindunkeln oder wenn sich ihr ein Mann nähert – es könnte doch ihr Exmann sein! Auf ihr Gesuch hin wird ihr von der Invalidenversicherung eine halbe Rente zugesprochen, was in der Schweiz automatisch ergänzende Kompensationszahlungen der Pensionskasse[10] auslöst. Da Frau S im öffentlichen Dienst arbeitet, ist dafür die Unfallkasse der

---

9   Der Gastroenterologe schreibt: »funktionelle Darmbeschwerden« (Bericht vom 26.9.2005).
10 In der Schweiz ist die Pensionskasse für Angestellte obligatorisch, sie wird je hälftig mit Arbeitnehmer- und Arbeitgeberbeiträgen gespeist.

Stadt Zürich zuständig. Sechs Jahre nach dem traumatischen Ereignis ist meiner Meinung nach in Bezug auf die Arbeitsfähigkeit ein Endzustand erreicht. Die Unfallversicherung ist aber nicht mehr zahlungswillig und lässt die Patientin im Herbst 2010 bei einem ihrer Vertrauenspsychiater neu begutachten.

Herr Dr. D beantwortet in seinem Gutachten die Frage des Rechtsanwaltes der Versicherung, ob die bestehenden Beschwerden »mit überwiegender Wahrscheinlichkeit« auf das Ereignis vom ... (genaues Datum des geschilderten Überfalles) zurückzuführen seien, folgendermaßen: »Nein, die aktuelle Problematik ist weder auf das Ereignis vom ... noch auf zuvor erlebte Gewalterfahrungen durch den Ehemann zurückzuführen. Es handelt sich um eine *maladaptive Entwicklung* [von mir hervorgehoben, E. M.] im Sinne einer Chronifizierung. Die verschiedenen schweren Traumata (insbesondere jener vom ...), welche die Explorandin in ihrer Ehe bis Ende ... erlebte, führten ursprünglich zu einer posttraumatischen Belastungsstörung.« In Bezug auf Arbeitsfähigkeit schreibt er: »... aus psychiatrischer Sicht [kann] der Explorandin eine volle Arbeitsfähigkeit zugemutet werden.«

Ich habe diesen krassen Fall eines Gefälligkeitsgutachtens eines Versicherungspsychiaters vorgeführt, weil er in etwa die Perversität geldgieriger Spezialisten erahnen lässt, die sich mit oberflächlichen und den PatientInnen und ihren direkten Betreuern gegenüber feindseligen Beurteilungen eine goldene Nase verdienen. Herr Kollege D ist allerdings absolut kein Einzelfall, im Gegenteil. Das üble Spiel mit den chronisch Kranken ist im Dispositiv der Invaliden- sowie der meist privaten Unfallversicherungen *implementiert*, derart, dass sogar das Schweizer Fernsehen am 9. März 2010 die Nachricht verbreitete: »*IV-Gutachten: Schweizer IV-Verfahren verstösst gegen EMRK*«. In der Tat ist die Begutachtungspraxis der staatichen Invalidenversicherung – die Privatversicherer sind noch nie überprüft worden! – »*... laut einem Rechtsgutachten von Prof. iur. Jörg Paul Müller und Dr. iur. Johannes Reich*« nicht mit dem »*Recht auf ein faires Verfahren (Art. 6 EMRK)*« kompatibel. »*Die beiden Autoren bemängeln ausdrücklich die finanzielle Abhängigkeit der medizinischen Gutachterstellen von der IV*« (www.humanrights.ch, 3.1.2011).

Nach all diesen Exkursen in rechtsmedizinische Gefilde will ich jetzt zur Psychoanalyse zurückkehren. Ich habe bereits bedauernd darauf hingewiesen, dass es heute allgemein sehr schwer geworden ist, klassische Kuren hochfrequent durchzuführen. Das soll aber nicht heißen, dass die Psychoanalyse etwa ihre Existenzberechtigung verloren hätte. Ob echte psychoanalytische Arbeit mit den AnalysandInnen unter schwierigen Vorbedingungen zustande kommt oder nicht, ist eine Frage des *Settings* und des *Matchings*. Nicht jeder Analytiker kann mit jedem Patienten arbeiten – das ist allgemein bekannt. Abgesehen von der (In)kompatibilität der beiden Persönlichkeiten und Störungsbilder geht es zusätzlich noch darum, im konkreten Einzelfall die richtige *Settingkonstruktion* herzustellen. Oder sollte man die Kinderanalyse und die Arbeit mit Psychotikern und mit Delinquenten als grundsätzlich unanalytisch betrachten? In dieser Hinsicht könnten die Vertreter einer reinen, ausschließlich hochfrequenten Analyse hinter der Couch noch etwas von der *psychoanalytischen Sozialarbeit* lernen. Ich darf auf das kürzlich erschienene *Journal*-Heft des PSZ mit diesem Schwerpunkt hinweisen[11], wo z. B. gezeigt wird, wie sogar mit einem autistischen, an psychotischen Ängsten leidenden Jugendlichen (Staigle 2010) oder im Rahmen einer traditionellen sozialarbeiterischen Geldverwaltung (Bader 2010) psychoanalytisch gedacht und gearbeitet werden kann.

Zum Setting gehören nach unserer Überzeugung auch die Haltung und die Theorie im Hinterkopf des Psychoanalytikers (Codignola (1977/dt. 1986). Ich kann zwar in diesem Zusammenhang nicht auf die Wirkung der verschiedenen psychoanalytischen Theorien eingehen – in die Hände welcher »Sekte« der Klient allerdings fällt, hat durchaus auch seine Bedeutung! Ich will aber auf die Frage der *Haltung* des Psychoanalytikers eingehen. Man kann meiner Meinung nach im Angesicht von Menschen, die durch die gesellschaftlichen Verhältnisse neurotisiert und/oder traumatisiert werden, kein unbewusstes Material zutage fördern und keine Verhaltensänderung ermöglichen, wenn man einfach die Hände in den Schoß legt und sich dabei zur moralischen Selbstentlastung auf das Gebot der *Neutralität* bezieht. Man muss ganz im Gegenteil sein Wissen und seine – wie immer beschränkte – Macht als Arzt und Psychotherapeut – in die Waagschale werfen und nicht zögern, Arbeitgebern, Versicherungen, Polizei oder Militärbehörden gegenüber klar Stellung zu beziehen. Ich höre fragen: Wie? Zum Beispiel durch solidarische Stellungnahmen gegen Ämter und Behörden, das Ausstel-

---

[11] *Journal für Psychoanalyse* Nr. 51 (2010). Das *Journal* wird vom PSZ im Seismo-Verlag Zürich herausgegeben.

len von Arbeitsunfähigkeits- und anderen Zeugnissen, Stellungnahme gegenüber Versicherungsangestellten und einseitigen Begutachtungen (wie der oben geschilderten), aber auch Vermittlung von Rechtsanwälten oder Spezialärzten etc. Bei alledem kommt es darauf an, den Spielraum des ärztlichen Ermessens zugunsten der Patienten einzusetzen (die Gegenseite setzt ihr Gewicht mit hoher Wahrsheinlichkeit gegen ihn ein!). Wenn der von der Arbeitswelt gebeutelte, von den Sozialversicherungen ungerecht behandelte oder von den Behörden zu Unrecht gemaßregelte Patient nicht das aktive Interesse und das eindeutige Engagement seines Therapeuten erfährt, kann *keine genügend positive Übertragung* zustande kommen, sodass er sich weiterhin hinter seinen Symptomen verschanzen wird (die Gegenübertragung geht bekanntlich der Übertragung voraus). Frau S dagegen, die während all den Jahren nebst den Deutungen ihrer depressiv-masochistischen Einstellung unsere Solidarität erfahren hat, erzählte mir in der letzten Konsultationsstunde 2010 stolz und mit funkelnden Augen, sie habe an einer Demonstration der Staatsangestellten vor dem Zürcher Rathaus teilgenommen, wo gerade beabsichtigte Lohnkürzungen verhandelt wurden. Sie habe einzelne »Volksvertreter«, die sich rüpelhaft den Weg durch die friedlichen Demonstranten bahnten, als »egoistische Geldsäcke« erkannt und hätte sie anspucken mögen (was sie nicht getan hat) – für mich nach jahrelangen Bemühungen ein echter Fortschritt, diese beginnende Wendung der verinnerlichten Aggression nach außen in geordnete Bahnen, oder besser: *im Dienste des Ich!* Eine ausführlichere Begründung der Notwendigkeit der Aktivierung der Psychoanalytiker oder sonstigen Therapeuten im Umgang mit proletarischen Patienten findet sich in meiner Arbeit über die »therapeutische Beziehung« (Modena 2008).

Und noch etwas kann man noch für die Patienten tun, seien sie nun proletarischer oder bürgerlicher Herkunft: *die Gesellschaftskritik in den Deutungsprozess einbeziehen*[12]. Paul Parin erzählt die Geschichte eines jungen schwulen Lehrers, der durch politische Aktivitäten zur Zeit der Jugendbewegung in Zürich den Zorn des Rektorates auf sich gezogen hatte. Da er ein brillanter Erzieher und bei den Schülern sehr beliebt war, wagte man nicht, ihn direkt anzugreifen. Man traf ihn an seiner »Achillesferse«, der Homosexualität, indem man Gerüchte streute, er

---

12 Paul Parin hat dies schon 1974 in einem Vortrag zur Eröffnung des Michael-Balint-Institutes in Hamburg begründet (Parin 1975).

habe sich anlässlich der Organisierung eines Ferienlagers »... in anstößiger Weise mit einigen Knaben abgegeben« und ihm den »Rat« erteilte, sich nie wieder für die Organisation von Ferienlagern zur Verfügung zu stellen. Erst durch eine entsprechende Deutung des Analytikers konnte der Analysand seine Angst und Resignation überwinden, was den Weg freilegte für das Durcharbeiten seines »negativen Ödipuskomplexes« (Parin 1975, S. 100).

2. Der/die PsychoanalytikerIn als Citoyen(ne)

Damit komme ich zur Frage, wie die Rolle des Psychoanalytikers/der Psychoanalytikerin in seiner bzw. ihrer Eigenschaft als Citoyen(ne) – also außerhalb seines/ihres Geschäftes – draußen in der Gesellschaft aussehen könnte. Zunächst darf man feststellen, dass PsychoanalytikerInnen in den großen politischen Auseinandersetzungen zurzeit (wieder – nach langen Jahren des *»Freud-Bashings«*) ein gewisses Gewicht haben, was sie paradoxerweise in erster Linie den Erkenntnissen der Neurowissenschaften zu verdanken haben, die in den letzten 20 Jahren die Befunde der Psychoanalyse reihenweise »wissenschaftlich« bewiesen haben. In der öffentlichen Meinung werden sie als »Hohepriester des Unbewussten« immer wieder einmal gerne vorgeführt, was sich natürlich je nach ideologischer Konjunktur auch schnell wieder ändern kann. Im Hinblick auf dieses Quentchen Macht möchte ich an die Aussage eines berühmten französischen Philosophen erinnern, die ich sinngemäß zitiere: *die vornehmste Aufgabe der Intellektuellen sei es, für diejenigen zu sprechen, die selbst nicht zu sprechen vermöchten –* und ich ergänze: *... oder die nicht gehört werden*. Man kann sich zwar in guten Treuen fragen, ob die psychoanalytische Zunft zur Intelligenz gehöre, man darf aber nicht verkennen, dass wir PsychoanalytikerInnen in der Tat in verschiedenen Bereichen über ein spezifisches Wissen verfügen, welches wir einer berühmten Tradition folgend (vgl. z.B. *Das psychoanalytische Volksbuch* von Paul Federn und Heinrich Meng von 1939) oder einzelnen zeitgenössischen Autoren wie Horst-Eberhard Richter oder Thea Bauriedl) nicht hinter dem Berg halten sollten. Ich denke allerdings im Zusammenhang mit Krise und Sozialabbau nicht in erster Linie an das Wissen über das individuelle Unbewusste, sondern an dessen Wendung zur *Sozialpsychologie* und *Gesellschaftskritik*.

Wer wirklich *Auswege aus dem Kapitalismus*[13] sucht und sich wie auch immer zur fortschrittlichen oder gar revolutionären Linken zählt, kommt um eine kritische, psychoanalytisch orientierte Sozialpsychologie zur Fundierung seiner Politik nicht herum.

Ich darf auch an meine »Psychoökologie zur Optimierung linker Politik« erinnern, die ich am klarsten in der »Hommage à W. R.« formuliert habe[14]. Aber heute habe ich ein anderes Anliegen, das mir noch mehr unter den Nägeln brennt: Einerseits geht es mir um den Aufstieg des *Rechtspopulismus in Europa* und anderseits um die damit zusammenhängende Frage der *verlorenen Utopie*. Ich denke, dass die gesamte Linke – trotz punktuell immer wieder eindrücklichen Aktionen und auch trotz manchmal länger dauernden machtvollen Bewegungen wie der Antiglobalisierungs- oder der Frauenbewegung – deswegen so schwach und zersplittert bleibt, weil sie nach dem beschämenden Untergang des existent gewesenen Sozialismus die Hoffnung auf Zukunft verloren hat. Es fehlt ihr eine *konkrete Utopie*, an die sowohl Intellektuelle wie die »Massen« *glauben* könnten.

Zur Frage der Faschisierung Europas

Ich verfolge seit nunmehr drei Jahrzehnten mit wachsender Sorge den scheinbar unaufhaltsamen Aufstieg der Neuen Rechten in Europa. Er fing mit Rattenfänger Jörg Haider in Österreich und dem Folterobristen Jean-Marie Le Pen in Frankreich an und erfuhr einen qualitativen Sprung mit der Machtübernahme des Triumvirates aus dem Rechtspopulisten Silvio Berlusconi, dem Rassisten Umberto Bossi und dem Postfaschisten Gianfranco Fini in Italien 1994. Aufgewachsen im ligurischen Appenin im Klima der italienischen *Resistenza* und später im

---

13 Vgl. das Vermächtnis des französischen Sozialphilosophen österreichischer Herkunft André Gorz (2009), welches unserer Gruppe »Psychoanalyse Gesellschaft Kultur« am 4.9.2010 als Ausgangspunkt für die Diskussion in Zürich zusammen mit dem Team der »Stiftung für Psychotherapie und Psychoanalyse« diente, woraus die Wochenendtagung »Triebökonomie und Krise des Kapitalismus« vom 6./7. Mai in Frankfurt am Main hervorgegangen ist.

14 Die Hommage an Wilhelm Reich (WR heißt auch »Weltrevolution«) ist im gemeinsam von Karl Fallend und Bernd Nitschke herausgegebenen Buch *Der ›Fall‹ Wilhelm Reich. Beiträge zum Verhältnis von Psychoanalyse und Politik* (1. Auflage 1997 in Frankfurt [Suhrkamp], 2. Auflage 2002 in Gießen [Psychosozial-Verlag]).

roten Genua der Nachkriegszeit war ich schockiert. Wie konnte *das meinem Italien* passieren? Ich wollte in meiner Eigenschaft als Psychoanalytiker das Geschehen besser verstehen und auch ein Zeichen setzen. So ergriff ich im PSZ die Initiative für eine *Study Group*, in der man die klassischen Texte wieder lesen und einen Praxisbezug herstellen sollte. Leider blieb ich damit ziemlich allein, von den damals ca. 500 TeilnehmerInnen des Seminars interessierten sich gerade 2 (in Worten *zwei*) für das Anliegen. Wir drei – Isidro Fernandez, Markus Weilenmann und ich – schauten einander in die Augen und machten die Arbeit zu Dritt. Nach Lektüre und Diskussion der *Massenpsychologie des Faschismus* (Wilhelm Reich, 1933), der *Furcht vor der Freiheit* (Erich Fromm, 1941) bis hin zur Frankfurter Schule und der *Autoritären Persönlichkeit* Theodor W. Adornos suchten wir den Praxisbezug. Wir organisierten zuerst einen Vortragszyklus unter dem Titel »Der Schoß ist fruchtbar noch, aus dem das kroch« (Bertolt Brecht) zur Bestandesaufnahme der Situation in den verschiedenen Ländern Europas im Vergleich mit außereuropäischen Verhältnissen (am Beispiel von Uruguay zur Zeit der Militärdiktatur und von Ruanda-Burundi). Anschließend luden wir zu einem internationalen Kongress über »Das Hexen-Einmaleins des Faschismus« ein, im Versuch, die tiefenpsychologische Wurzeln des *Faschismus-Syndroms* besser zu verstehen. Unter diesem Titel dokumentierte ich anschließend beide Teile in einer Publikation im Psychosozial-Verlag, Hans-Jürgen Wirth sei Dank (Modena 1998/2001). Das Buch ist gewiss nicht für die breite Masse geschrieben, wurde aber auch von den »Gebildeten« kaum zur Kenntnis genommen. Waren wir Rufer in der Wüste? Oder ängstliche Alarmisten (wie man mir jüngst noch im engsten Kreis vorgeworfen hat)?

An die zehn Jahre später, 2011, muss ich nüchtern feststellen, dass es mittlerweile dem in Europa herrschenden System von Neoliberalen, Christlich- und Sozialdemokraten gelungen ist, den Rechtspopulismus derart zu *fördern*, dass er sich heute massenwirksam in Szene zu setzen vermag und zum festen Bestandteil der Demokratie geworden ist. Die ausländerfeindliche Hetze der Volkspartei unter Führung von Herrn Christoph Blocher ist z.B. in der Schweiz seit circa zwei Jahren knapp mehrheitsfähig geworden, was sich in der Annahme von zwei rassistischen Volksinitiativen (Minarettverbot 2009 und Ausschaffung krimineller Ausländer 2010) kurz nacheinander niedergeschlagen hat. In Italien steht im *Show-Down* zwischen Berlusconi und Fini die demokratische Linke –

zerstritten wie eh und jeh – Gewehr bei Fuß. Man stelle sich das konkret vor: Ein Postfaschist wird zum Hoffnungsträger der Demokratie! Wenn wir aber nach Osten schauen, kommt es noch schlimmer. Was in Ungarn zu einem ausgewachsenen faschistischen System noch fehlt, ist die *systematische* Gewaltanwendung gegen Sündenböcke (Roma, Juden und Linke), vereinzelt hat es schon einige Morde gegeben. Die Publizisten Gregor Mayer und Bernhard Odehnal haben den »*Aufmarsch*« aus Osteuropa kürzlich pedantisch genau dokumentiert. Niemand wird sagen können, er oder sie habe nichts gewusst! Ich wähle Ungarn als Beispiel, weil dort die Faschisierung in kurzer Zeit besonders weit fortgeschritten ist.

Ich zitiere aus dem Buch *Aufmarsch – Die rechte Gefahr aus Osteuropa* (Mayer/Odehnal 2010, S. 50):

> »[…] der Budapester ›heiße Herbst‹ von 2006 [übte] eine galvanisierende Wirkung auf die extreme Rechte in Ungarn aus. Bisher verstreut agierende Gruppen wie Toroczkais Burgkomitee-Jugend, der Kreis um den mutmasslichen Nazi-Terroristen György Budahazy, der Medienprovokateur Tamás Polgár alias ›Tomcat‹ sowie Mitglieder und Sympathisanten der Jobbik fanden in einer enormen, massen- und medienwirksamen Aktion zueinander. Die kampferprobten Fussballhooligans aus den Stadien […] erlebten ihre politische Feuertaufe und wurden in das Heer der jederzeit mobilisierbaren Rechtsextremisten integriert. Bis in das Jahr 2008 hinein kam es an verschiedenen historischen Gedenktagen immer wieder zu Zusammenstößen mit der Polizei, auch griff der rechtsextreme Mob die Budapester Homosexuellen-Parade ›Gay Pride‹ mit Molotowcocktails und Pflastersteinen an.«

Unter dem sarkastischen Titel »*Karneval der Hunnen*« beschreiben die Autoren eine *teilnehmende Beobachtung* auf der 1.-Mai-Feier der Jobbik[15] 2009. Die Rechtsextremisten feierten ihren parlamentarischen Sieg anlässlich der Europa-Wahlen »*lustvoll, volksnah, familienfreundlich*«. Sie hatten 15% der Stimmen erreicht und waren damit zur einzigen ernst zu nehmenden Opposition im Lande geworden – während die rechtsnationale Regierung von Ministerpräsident Viktor Orbán eine Zweidrittelmehrheit erreichte. Ich greife einige Stichworte aus dem Bericht über die rechtsextreme Kermesse heraus (ebd., S. 17–21).

---

15 Jobbik heißt übersetzt »Die Besseren Menschen«.

Es ist ein richtiges »*Volksfest*«, man sieht »*geschorene Schädel*«, »*auffallende Tätowierungen*« und immer wieder »*die rot-weiß-gestreifte Arpad-Fahne*« und die Uniform der »*ungarischen Garde*« mit schwarzen Hosen, weißem Hemd, schwarzer Jacke, schwarzer Militärmütze. Die Leute essen eine ur-ungarische Spezialität: »*Hahnenhoden-Gulasch mit Paprika und Nockerln*« und lauschen wahlweise den »*Kuruk*«-*Trommlern* – die aus ihnen »*den Ungarn*« heraustrommeln wollen –oder der Band »*Romantische Gewalt*«, die »*zu den Waffen*« hetzt und einen Molotow-Cocktail im Logo hat. Ein schmächtiger Junge, den sie kreuzen, trägt ein T-Shirt mit der Aufschrift »*Nazi – just do it!*«. An Ständen kann man reichhaltige nationalsozialistische Literatur erwerben oder die Neuauflage des antisemitischen Pamphletes aus den 30er Jahren *Die Verjudung Ungarns* (1937). In Reden wird gegen die »*kriminellen Roma*« und die »*Judeo-Bolschewiken*«, aber auch gegen die »*Profitmaximierung*«, die »*Zerstörung der Natur*« sowie gegen den »*Ausverkauf der Heimat*« vom Leder gezogen. Zu guter Letzt eine Begegnung der dritten Art: »*Ein großer Mann*«, der aussieht wie ein »*Hunne*«, kommt auf die Journalisten zu und ermahnt sie drohend »*Macht bloß keinen Scheiß! Wir beobachten euch! … Haben auch ehemalige Geheimdienst-Mitarbeiter bei uns, echte Profis …*« Als die Journalisten Sympathie vortäuschen, wird er anbiedernd und erzählt, er wohne in Stuttgart »*in der SS-Siedlung* [sic!]*, wo es gewiss keine Ausländer gebe …*« Mayer und Odehnal müssen wohl daran denken, was der Chef der Jobbik« (der »*Besseren Menschen*«), Istvan Lavas, gegen die lästigen ausländischen Journalisten empfohlen hat: »*… eine kleine Kastration*«.

Wenn wir auf diese Szene das Raster der *F-Skala* von Adorno und seiner Mitarbeiter anwenden, finden wir das Vollbild der *autoritären Persönlichkeit*.

> [D]ie Träger rassistischer und antisemitischer Affekte [weisen] sehr häufig gleichzeitig einige typische ideologische und persönlichkeitsbezogene Faktoren […] auf: Sie [sind] starr konservativ eingestellt, [neigen] zu autoritärem Verhalten, [verfügen] über wenig Introspektion, dafür über eine innere Bereitschaft zu Aberglauben und stereotypem Denken. Sie [sind] überdies besonders stark mit Fragen von Macht und Ohnmacht präokkupiert, [neigen] zu Destruktivität, Zynismus, der Bildung von paranoiden Feindesbildern und […] zum Sexismus« (Modena 1998/2001, S. 176).

Ich wiederhole mich: Wir sind hiermit alle vorgewarnt. Zur Errichtung einer echten faschistischen Diktatur mit systematischer Gewaltanwendung fehlen in Ungarn (und in Europa) nur noch wenige – wenn auch entscheidende – Faktoren. Die Wirtschaftskrise ist noch nicht genügend weit fortgeschritten, das Vertrauen in die demokratischen Institutionen ist noch nicht genügend geschwunden, und das herrschende Kapitalbündnis hat noch nicht das grüne Licht gegeben.

Die Utopie muss warten

Damit wende ich mich meinem zweiten Schwerpunkt zu, dem Fehlen einer »*konkreten Utopie*« der Linken, was nach der Implosion der »Volksdemokratien« meiner Meinung nach einen der beiden entscheidenden Faktoren ihrer gegenwärtigen gesamteuropäischen Schwäche darstellt (der andere Faktor wäre die Frage der Organisation). Es fehlt die alle einzelnen Gruppierungen übergreifende ideologische Klammer, der *Glaube*[16] *an eine mögliche* systemübergreifende Zukunft jenseits des Kapitalismus, der es ermöglichen würde, dass die Ideologie zur materiellen Gewalt würde, »*indem sie die Massen ergriffe*« (frei nach Karl Marx). Trotz vielfältiger Vorstellungen über eine rot-grüne Zukunft oder eine solare Gesellschaft fehlt bis heute ein überzeugender Entwurf. Daran gilt es unter Beizug des psychoanalytischen Wissens weiterzuarbeiten.

Literatur

Adorno, Theodor W. et al. (1950): The Authoritarian Personality. New York (Harper and Row); in Deutschland posthum erschienen unter dem Titel: Studien zum autoritären Charakter. Frankfurt/M. 1973 (Suhrkamp).
Bader, Heini (2010): Geldverwaltung gibt zu Reden. Journal für Psychoanalyse Nr. 51, 88–99.
Codignola, Enzo (1977): Il vero e il falso – Saggio sulla struttura logica dell'interpretazione psicoanalitica. Turin. Dt. (1986): Das Wahre und das Falsche – Essay über die logische Struktur der psychoanalytischen Deutung. Frankfurt/M. (Fischer Wissenschaft).
Federn, Paul & Meng, Heinrich (Hg.)(1939): Das psychoanalytische Volksbuch – Seelenkunde, Hygiene, Krankheitskunde, Kulturkunde. Bern (Hans Huber).

---

16 Ich habe hier zweimal mit voller Absicht den Begriff des *Glaubens* verwendet: Die Problematik oder besser *Dialektik von Glauben und Wissen* habe ich eingehend in meiner Kritik der Freud'schen und Marx'schen Religionskritik untersucht (vgl. Modena 1993/2001).

Fromm, Erich (1941): Die Furcht vor der Freiheit. München (DTV), S. 338–356.
Gorz, André (2009): Auswege aus dem Kapitalismus – Beiträge zur politischen Ökologie. Zürich (Rotpunkt-Verlag).
Grawe, Klaus (1994): Psychotherapie im Wandel – Von der Konfession zur Profession, Göttingen (Hogrefe).
Mayer, Gregor & Odehnal, Bernhard (2010): Aufmarsch – Die rechte Gefahr aus Osteuropa. St. Pölten – Salzburg (Residenz Verlag).
Modena, Emilio (1994): Dreimal verflucht: ArbeiterIn, arbeitslos, arbeitsunfähig. Werkblatt 33, 37–46; Schweizerische Stiftung Pro Mente Sana (Hg.): Seelische Folgen der Arbeitslosigkeit. Zürich, S. 72–81.
Modena, Emilio (1996): Hommage à W. R. – Psychoanalyse und Politik vor der Jahrtausendwende. Störfaktor 3, 51–74; Journal (33/1997), 28–45 und Fallend, Karl & Nitschke, Bernd (Hg.)(1997): Der »Fall« Wilhelm Reich. Frankfurt/M. (Suhrkamp), S. 316–347; 2. Auflage, Gießen 2002 (Psychosozial-Verlag).
Modena, Emilio (1999): Selbstverwaltete Psychoanalyse – Zürich zum Beispiel. Texte aus dem Colloquium Psychoanalyse 5, 19–36; Journal (39/2000), 22–39.
Modena, Emilio (Hg.)(1998/2001): Das Faschismus-Syndrom – Zur Psychoanalyse der Neuen Rechten in Europa. Gießen (Psychosozial-Verlag).
Modena, Emilio (2008): Schichtspezifische Beziehungsgestaltung – Zur Psychotherapie mit proletarischen Unterschichtangehörigen. In: Hermer, Matthias & Röhrle, Bernd (Hg.): Handbuch der therapeutischen Beziehung, Bd. 2. Tübingen (dgvt-Verlag), S. 1603–1622.
Modena, Emilio (1993/2011): Religiosität und Gemeinschaftsgefühl – Thesen zur Weiterführung einer materialisitischen Religionskritik. In: Schülein, Johann August & Wirth, Hans-Jürgen (Hg.): Analytische Sozialpsychologie. Gießen (Psychosozial-Verlag), S. 189–203.
Parin, Paul (1975): Gesellschaftskritik im Deutungsprozess. Psyche 29(2), 97–117.
Reich, Wilhelm (1933/1971): Die Massenpsychologie des Faschismus. Köln (Kiepenhauer & Witsch).
Staigle, Joachim (2010): Jahre mit Werner. Journal für Psychoanalyse Nr. 51, 71–87.

Ausbruch aus der hegemonialen Lesart, oder: Wie kann die alltägliche Nutzung von Massenmedien gedacht werden?

Niklas Alexander Chimirri

Einführende Worte

Der Beitrag ist Teil meines vor Kurzem begonnenen Dissertationsprojekts zum Thema »Subjektive Relevanz von Medientechnologien aus Sicht von Kindergartenkindern« und zeichnet die Anfänge meines Arbeitsprozesses in Form einiger theoretischer Vorüberlegungen nach. Er sucht nach Wegen, technologiehistorische, kulturwissenschaftliche sowie medienwissenschaftliche Analysen zum Mensch-Medien-Verhältnis für eine psychologische Untersuchung des Medienalltags fruchtbar zu machen.

Ausgangsproblematik

Zweifelsohne nehmen Technologien eine zentrale Rolle im Alltag eines jeden Menschen ein. Sie sind untrennbar mit dem menschlichen Dasein verbunden (vgl. bspw. Nye 2007). Menschen werden in eine technologisch vermittelte Welt hineingeboren: Häuser, Straßen, Stadtparks; elektrisches Licht, fließend Wasser, beheizte Räume; Spielzeug, Klassenzimmer, Lernmaterialien usw. All diese Erfindungen konstituieren jene Räume mit, in denen wir Menschen uns Tag für Tag bewegen, in denen wir Tag für Tag mit und durch diese Technologien handeln. Die technologische Vermitteltheit der Welt erscheint uns somit zu großen Teilen selbstverständlich – die Produktion und Nutzung technologischer

Geräte und Systeme selbst nur schwerlich hinterfragbar und daher weitestgehend alternativlos. Der Bereich der Kommunikationstechnologien stellt hier einen Sonderfall dar, da diese im Gegensatz zu vielen anderen Technologien wiederholt im Lichte öffentlicher Diskussionen stehen. Wir Menschen scheinen zu spüren, dass sich mit jedem Entwicklungsschritt in diesem Bereich grundlegende menschliche Handlungsweisen ändern, und wir befürchten, dass dies »von außen, über uns hinweg« geschieht.

Kommunikation dient dem Erfahrungsaustausch und ist somit eng verwoben mit dem Bedürfnis, sich mithilfe anderer die Welt zunehmend zu erschließen. Während sich in anderen Bereichen Technologien ablösen und oftmals durch andere ersetzt werden,[1] sind viele der Kommunikationstechnologien von damals noch heute in Verwendung. Auch die Kritik, welche die Einführung neuer Kommunikationstechnologien seit jeher begleitet und vor allem die vermeintlichen Gefahren für Heranwachsende sieht, hallt stets lange nach. So dauerte es mehrere Jahrhunderte, bis das Buch als Technologie nicht mehr als problematisch betrachtet wurde (vgl. dazu Marvin 1988). Eigentlich löste erst die Debatte über den Hörfunk und das bald darauf folgende Fernsehen die Buchdebatte ab. Und obwohl wir heute mit den gesellschaftlichen Folgen des Internets hadern, ist die Kritik am Fernsehen (und teilweise am Hörfunk als ebenfalls »passives« Medium) noch immer gegenwärtig.[2]

Dass über das Mensch-Medien-Verhältnis debattiert wird, ist prinzipiell wohl zunächst begrüßenswert. Jedoch werden diese Debatten von einseitigen Erklärungsmodellen beherrscht, die den Menschen entweder

---

1 Beispielsweise die Bevorzugung des individuellen Autotransports durch das interstate highway program von 1956 in den USA, welches 90% der verfügbaren Mittel in den Ausbau des Individualtransports steckte und somit Massenverkehrsmitteln vor allem in den ländlicheren Gebieten den Todesstoß versetzte (vgl. dazu Nye 2007, S. 141f.).

2 Wenn ich im Folgenden von »den Medien« spreche, so meine ich die häufig als »Massenmedien« betitelten Institutionen, die mittels Kommunikationstechnologien an der Erstellung und Verbreitung von one-to-many- bzw. many-to-many-Botschaften beteiligt sind. In grober Vorwegnahme sei gesagt, dass ich die Medienmachenden (bzw. Medienarbeitenden, um den meines Erachtens treffenderen Term »media workers« aus dem Englischen zu entlehnen) als Produzenten und Reproduzenten sowie auch als Rezipienten von Botschaften verstehe. Der »Technologie«-Begriff ist aus meiner Sicht vonnöten, um die hinter den Medien stehenden (eben technologischen) Systeme zu beschreiben, also deren Infrastruktur sowie jene technologischen (oder technischen) Gerätschaften, die sowohl dem Empfang als auch der Bearbeitung solcher Botschaften dienen.

als Spielball von Technologien (u. a. Medien) oder aber als vollkommen selbstbestimmten Konsumenten darstellen (zur Einseitigkeit dieser Erklärungen im Rahmen von Medienerziehungsdebatten vgl. bspw. Buckingham 2007). Verkompliziert wird dieser Aspekt durch den Umstand, dass die Medien selbst die Debatten führen und auch schüren, ergo darüber mitentscheiden, *wie* das Mensch-Medien-Verhältnis diskutiert wird und *was* daran genau diskutiert wird. Die schiere Menge an »Informationen«, die derzeit zu diesem Thema verfügbar ist, scheint unüberschaubar. Es stellt sich daher die Frage nach den Selektionsprozessen, die bestimmte Inhalte in den Vordergrund bzw. auf die (politische sowie individuelle) »Agenda« heben, und danach, inwiefern bestimmte Inhalte überhaupt auf die Agenda gehoben werden *können*.

Wenn ich hier das »Überhaupt-auf-die-Agenda-heben-Können« betone, so reflektiert dies meine Vermutung, dass »die Massenmedien« selbst den Raum denk- und wahrnehmbarer Möglichkeiten des Umgangs mit eben diesen Technologien (und anderem mehr) einschränken, also unsere Vorstellungen über und Handlungen mit Technologien eben mitkonstituieren. Mich interessiert demnach, wie die objektive Bestimmtheit unseres Alltags durch Technologien medial vermittelt wird: Was für einen Einfluss hat diese Vermittlung auf unser Verständnis dafür, welche Aspekte des Alltags tatsächlich subjektiv bestimmbar sind, wie es um unsere Teilhabe an gesellschaftlichen Produktions- und Reproduktionsprozessen bestellt ist bzw. wie stark wir uns dem gesellschaftlichen und insbesondere dem technologischen Wandel ausgeliefert sehen? Diese Fragestellungen sind eindeutig politisch: Es geht um Macht, gesellschaftliche Teilhabe, Ausgeliefertheit. Und genau deshalb soll es hier darum gehen, ein subjektwissenschaftliches und somit politisches Verständnis für die Analyse des Mensch-Medien-Verhältnisses zu entwickeln.

Ein solches Bestreben steht im Widerspruch zum Verständnis der – die psychologische Medienforschung dominierenden – Medienwirkungsforschung (»media effects research«), welche die gesellschaftliche Vermitteltheit individueller Existenz kategorisch ausblendet. So problematisiert beispielsweise der britische Psychologe David Giles in seinem 2010 erschienenen Überblickswerk zur Medienpsychologie die Tatsache, dass Laborexperimente eigentlich immer nur Ausschnitte aus dem Rezeptionsalltag untersuchen können und wollen. Die ökologische Validität einer solchen Forschung sei als gering oder sogar als nicht vorhanden einzustufen (vgl. Giles 2010, S. 16). Entsprechend können gesellschaftspolitische Fragestellungen in solch einem Rahmen auch niemals hinreichend beantwortet werden, da der Ansatz und die dahinter stehende Erkenntnistheorie die Gesellschaftlichkeit der Menschen negieren. Aus diesem Grund diskutiere ich im Folgenden das Mensch-Medien-Verhältnis psychologiefernerer Ansätze, die aus meiner Sicht auch für eine medienpsychologische Forschung fruchtbar gemacht werden könnten. Zunächst stelle ich ein technologiehistorisches Verständnis vor und setze es anschließend ins Verhältnis zu diversen Konzepten der britischen Cultural Studies. Eine kulturhistorische Überlegung bildet abschließend die notwendige Verknüpfung.

Eine historische Perspektive auf Kommunikationstechnologien

Der Technologiehistoriker David Nye verwirft jegliche Einseitigkeit des Mensch-Technologie-Verhältnisses. In seiner 2007 erschienenen Monografie *Technology Matters – Questions to Live With* trägt er technologiehistorische Befunde zu zehn grundlegenden, polemisch-provokativ formulierten Fragen zusammen, die der Alltag in Auseinandersetzung mit Technologien aufwirft, in etwa: Determinieren uns Technologien? Sind sie voraussagbar? Führen sie zu Uniformität oder Diversität? Sollte der »Markt« unsere Technologien auswählen? Bieten sie mehr Sicherheit oder mehr Gefahren? Führen sie zu Bewusstseinserweiterung oder Einkapselung? Und sind sie überhaupt definierbar? Am Ende steht ein zusammenfassendes Kapitel, welches bezeichnenderweise mit »Not Just One Future« betitelt ist. Folgendes Zitat verdeutlicht die Stoßrichtung seines Fazits:

> »Technology is not something that comes from outside us; it is not new; it is a fundamental human expression. […] From the vantage point of the present, it may seem that technologies are deterministic. But this view is incorrect, no matter how plausible it may seem. Cultures select and shape technologies, not the other way around, and some societies have rejected or ignored even the gun or the wheel. For millennia, technology has been an essential part of the framework for imagining and moving into the future, but the specific technologies chosen have varied. As the variety of human culture attests, there have always been multiple possibilities, and there seems no reason to accept a single vision of the future« (Nye 2007, S. 210).

Wesentlich erscheinen mir drei Punkte, auf die Nye hinweist:
1. Technologien determinieren nicht.
2. Kulturen entscheiden über die Einführung und Nutzung von Technologien.
3. Diese kulturellen Entscheidungen werden immer auf Basis mehrerer Möglichkeiten getroffen.

Demnach sind wir Menschen (zumindest als kulturelle Gemeinschaften betrachtet) den Technologien nicht ausgeliefert, wir sind nicht durch sie determiniert. Vielmehr entwickeln und benutzen wir diese, um die Ausgeliefertheit (gegenüber der Natur oder eben anderen Menschen) zunehmend zu überwinden. Bezogen auf Kommunikationstechnologien kommt es also nur am Rande darauf an, was einzelne Technologien mit dem Menschen »anstellen«. Vielmehr sind es die kulturellen Entscheidungen, die etwa das emanzipatorische Potenzial einer Technologie ausmachen:

> »Each new form of communication, from the telegraph and telephone to radio, film, television and the Internet, has been heralded as the guarantor of free speech and the unfettered movement of ideas. They do not function automatically this way, however. It is probably true that democracy thrives when the press functions as a watchdog against government corruption or capture by special interests. Yet the media also legitimizes authority and sets the limits of acceptable public discussion. Nothing inherent in communication hardware ensures that it will be used to promote democracy or to conduct balanced discussions of new technologies« (ebd., S. 151f.).

Obwohl Nye in diesem Zitat darauf aufmerksam macht, dass einzelne Kommunikationstechnologien an und für sich keine bestimmte staatliche Organisationsstruktur fördern oder verhindern (eben auch automatisch keine Revolutionen auslösen, um ein aktuelleres Beispiel heranzuziehen), so ist ihm sehr wohl bewusst, dass sie als Mittel zu bestimmten (politischen) Zwecken verwendet werden können. Je nach Technologie ergeben sich unterschiedliche Möglichkeiten und Behinderungen, sodass eine spezifische Technologie andere kulturelle Entscheidungen zulässt als andere Technologien. Aber dennoch sind und bleiben es eben Kulturen, die über Sinn und Unsinn des Einsatzes bestimmter Technologien entscheiden. Welche Entscheidungslogiken hierbei wiederum zur Anwendung kommen, bleibt jedoch weitgehend ungeklärt.

Relevant wäre hier aus meiner Sicht eine Diskussion des mit der »Zweck-Mittel-Verkehrung« (etwa Holzkamp 1985, S. 447f.) einhergehenden Umstands, dass Werkzeuge bzw. Objekte im Laufe der Zeit quasi zum »Selbstläufer« werden. Stark verkürzt umschrieben: Der gesellschaftlich verallgemeinerte Zweck ist dann derartig in das jeweilige Objekt eingeschrieben, dass sich der individuelle Nutzer den Zweck des Mittels bei Verwendung nicht mehr bewusst machen muss. Der Zweck des Mittels erscheint dem Individuum mithin selbstverständlich bzw. natürlich. David Nye reflektiert diesen Naturalisierungsprozess zwar ebenfalls, verweilt hierbei jedoch auf der rein deskriptiven Ebene:

>»There are [...] important psychological implications to incorporating new technologies into everyday life. The experiences that seem natural to children today are radically unlike those of 200 years ago. [...] The world that seems natural at our birth has been continually modified. One should be sceptical about claims that people can be easily or radically altered because they watch television, use the Internet, acquire a mobile phone, or purchase an intelligent machine. Nevertheless, the cumulative effect of continual innovation has encouraged people to see the world less as a shared dwelling than as a stockpile of raw materials. Technological peoples can unconsciously assume that the world exists to their convenience« (Nye 2007, S. 222f.).

Neben der von ihm vertretenen Ansicht, dass ein wie auch immer gearteter Determinismus jederzeit außer Frage steht, deutet die von ihm beschriebene Folge, dass technologisierte Menschen die Welt nur noch als Rohstofflager betrachteten, auf gesamtgesellschaftlich problematische Konsequenzen der Zweck-Mittel-Verkehrung hin. Dass kulturelle (und somit eben auch politische) Entscheidungen durch diese Konsequenz getrübt sein könnten, wird von ihm durchaus bedacht. Was dies jedoch tatsächlich für das Individuum bedeutet, wie man also das Mensch-Technologie- und damit auch das Mensch-Medien-Verhältnis konzeptualisieren müsste, um diese Einsicht für den menschlichen Alltag fruchtbar zu machen, ist nicht Teil seiner Analyse. Dieses bei ihm unbehandelte psychologische Problem, ob und wie Individuen an den von ihm in den Vordergrund gehobenen »kulturellen Entscheidungen« teilhaben bzw. – aufgrund der Unreflektiertheit gegenüber einer Vielzahl von Technologien – überhaupt teilhaben können, führt zu dem Eindruck, dass dies wiederum bloß eine Frage freier Entscheidung bzw.

subjektiver Bestimmung sein könnte. Dies wage ich stark zu bezweifeln und möchte aus diesem Grund einige Befunde aus den britischen Cultural Studies dem gegenüberstellen.

Objektive Bestimmtheit in den Cultural Studies

Der heute wohl prominenteste Vertreter der am Birmingham Centre for Contemporary Cultural Studies entstandenen Forschungsrichtung, Stuart Hall, weist in einem 1980 erschienenen einführenden Artikel über die Grundlagen der Cultural Studies auf die Relevanz einer Analyse der objektiven Bestimmtheit im Mensch-Medien-Verhältnis hin. So spielten insbesondere in den Anfängen literarische und historische Forschungstraditionen, die soziale Handlung und Institutionen als »objectivated structures of meaning« (vgl. Hall 1980a, S. 10) betrachten, eine entscheidende Rolle. Dies gilt insbesondere für jene Periode, die der britische Soziologe und Kulturwissenschaftler Chris Rojek als das »textual-representational moment« (Rojek 2007, S. 48f.) der Cultural Studies ausmacht. Diese Phase hat zu einigen zentralen Arbeitsbegriffen bzw. Konzepten geführt, die auch heute noch in den Cultural, Media und Communication Studies häufig Anwendung finden. Im Mittelpunkt steht dabei das vom italienischen Philosophen Antonio Gramsci übernommene Konzept der (kulturellen) »Hegemonie«, welches Rojek als moderne Ergänzung des Ideologie-Begriffs für die Analyse einer verzerrten (distorted) Kultur der öffentlichen Meinungsbildung versteht:

> »The culture of public opinion consists of a mixture of truths, half truths, myths, political spin, stereotypes and unexamined prejudices. [...] Ideology exploits and develops a mixture of false and true ideas, drawn from a variety of social and cultural resources, and merges them into a cohesive reality, a practical material force, which organizes people and legitimates action. Typically this is not achieved by physical force but by cultural positioning and persuasion. That is, it is a matter of *hegemony*.
> [...] Hegemony persuades people that it is in their best interests to comply, but allows for resistance and opposition. [...] It is difficult to combat because it works through the whole range of institutions in ›civil society‹ between the state and the economy. [...] [They] are all to some extent agents of hegemony, which connect individuals to the dominant order of things by consent rather than coercion. To be sure, the legitimate use of physical force is retained by

the state and administered through the judiciary, the army and the police. But the deep ordering of identification between individuals and ruling power is centred on culture in civil society. This is the real axis of authority. It is here, often at a subconscious level, that binding connections between might and right are forged. The strongest and most glamorous elements in culture are connoted with what is best for all« (Rojek 2007, S. 103f.).

Autorität und Macht werden also nicht bzw. nicht mehr durch Zwang und Schwarz-Weiß-Propaganda durchgesetzt. Hegemonie operiert hier wesentlich subtiler und differenzierter, indem sie Ideen und Meinungen auf der konnotativen Ebene anstatt der denotativen Ebene verbreitet. Das, was durchgesetzt werden soll, wird positiver besetzt oder als anderes »geframed«. Und jenes, was durchgesetzt werden soll, ist eine »dominant-hegemoniale Lesart« (vgl. Hall 1980b) von medial vermittelten Texten, die aber ebenfalls Konsequenzen für die alltägliche, nicht medial vermittelte Erfahrung haben soll. Unser Alltag wird also durch die Medien objektiv zumindest mit-bestimmt.

Hegemonie kann nämlich nicht allumfassend wirken, um durchsetzungsfähig zu sein. Sie *muss* hinterfragbar sein und oppositionelle Lesarten zulassen. Ansonsten könnte ja in keiner Weise behauptet werden, dass man in einer Demokratie lebe, die plurale Meinungen begrüße und daraus ihre politische Diskussionskultur ableite. Ein wesentlicher Mechanismus für die Durchsetzung der dominant-hegemonialen Lesart ist jene der »cultural distortion« (etwa Rojek 2007, S. 101f.) oder »kulturellen Verzerrung«. Im Prinzip ist dies das Betätigungsfeld der Öffentlichkeitsarbeit: Es wird durch Veranstaltungen, Meldungen, Image-Filme etc. zum einen auf Ideen und Meinungen hingewiesen bzw. diese werden häufiger reproduziert als andere, zum anderen werden diese möglichst positiv besetzt. Während die Werkzeuge ähnlich wie jene der Schwarz-Weiß-Propaganda funktionieren (also in etwa présence versus absence, Zeigen versus Verschweigen), so ist im Rahmen der hegemonialen Durchsetzung von bestimmten Stimmen von entscheidender Bedeutung, dass sie jeweils bloß als eine Stimme unter vielen erscheinen und sie somit angreifbar sind. Anstatt also eine klare Lüge zu produzieren und zu reproduzieren, wird ein bestimmter Ausschnitt von »Wahrheit« präsentiert.[3] Das Resultat bezeichnet Stuart Hall als »einseitige Erklärungen«:

---

[3] Bruder (2010) würde dieses Verschweigen wohl wiederum als Lüge bezeichnen.

»One-sided explanations are always a distortion. Not in the sense that they are a lie about the system, but in the sense that a ›half-truth‹ cannot be the whole truth about anything. [...] You will thereby produce an explanation which is only partially adequate – and in that sense, ›false‹. [...] The other ›lost‹ moments of the [capitalist] circuit are, however, unconscious, [...] in the sense of being invisible, given the concepts and categories we are using« (Hall 1996, S. 37).

Inwiefern eine »vollständige Wahrheit« überhaupt existieren kann bzw. kommunizierbar ist, möchte ich hier nicht näher behandeln. Und inwiefern die »Postmoderne« zur Förderung solcher »Teilwahrheiten« beiträgt, ohne die daraus abgeleiteten Schlussfolgerungen ausreichend einzugrenzen, ebenfalls nicht. Wichtig ist mir hier zunächst die Feststellung, dass eine Vielzahl von prinzipiell existenten Bedeutungen aufgrund der kulturellen Verzerrung oder des »framings« für den (politischen) Diskurs verloren gegangen sind, und zwar nicht nur dadurch, dass manches gesagt wird und anderes nicht, sondern auch dadurch, wie es durch legitim erscheinende Institutionen auf konnotativer Ebene besetzt wird. Durch die Konnotationen entsteht der Eindruck, einige Erklärungen des Mensch-Welt-Verhältnisses und somit des Mensch-Medien-Verhältnisses seien »natürlicher« als andere.

Auch David Nye reflektiert am Rande den Umstand, dass die gestandenen Massenmedien (also der Mainstream) durch ihre überzeugende Berichterstattung die Grenzen einer Debatte definieren können. Er bedient sich dabei eines Terms von Herbert Marcuse und spricht von »repressiver Toleranz«, die im Prinzip alle Sichtweisen zulässt, zugleich aber dafür Sorge trägt, dass die meisten Proteste und viele praktische Vorschläge übersehen werden. Durch das prinzipielle Zulassen aller Sichtweisen zeigt die Regierung zugleich, dass sie offenkundig eben nicht repressiv sei (vgl. Nye 2007, S. 155). Allerdings wird aus meiner Sicht in der Anlehnung an Marcuses Kritik das Fehlen eines Subjektbegriffs deutlich. Wer hier in der Praxis wen repressiv toleriert oder – in den Cultural Studies – wessen Realitätsbild kulturell verzerrt, kann so nicht erkundet werden. Und auch die Frage des individuellen Widerstands bzw. (subjektwissenschaftlich gesprochen) der Überwindung individueller Ausgeliefertheit kann auf dieser Grundlage gar nicht erst gestellt werden. Diesen Punkt möchte ich im Folgenden kurz ausführen.

»Kultur« als mediierender Begriff?

David Nye beschäftigt sich in seinem Buch mit alltäglichen Fragen zum Mensch-Technologie-Verhältnis. Die subjektive Seite dieses Verhältnisses steht dabei nicht im Vordergrund. (Wenn er von Individuen spricht, dann sind es entweder Erfinder oder Entscheidungsträger.) Hingegen macht er Kulturen als wesentliche Akteure in dem Verhältnis aus. Allerdings bleiben diese meines Erachtens ebenso vage definiert und reproduzieren ein Alltagsverständnis von Kulturen, welches in etwa so lauten könnte: Kulturen sind historisch gewordene Zusammenschlüsse von Individuen, die sich irgendwelchen gemeinsamen Werten und Normen verbunden fühlen. Wie sich diese Zusammenschlüsse konstituieren, wie sie sich gegen den »Markt«, den »Staat« usw. wenden und (technologiebezogene) Entscheidungen durchsetzen könnten, bleibt eine unbeantwortete Frage.

In den Cultural Studies, die ja insbesondere die Populärkultur zu ihrem Sujet gemacht haben, ist der Kulturbegriff »naturgemäß« differenzierter und programmatischer formuliert:

> »Culture [...] is the primary means through which we [human beings] communicate and influence reality. Indeed, we cannot comprehend reality, let alone take steps to act upon it, without using cultural codes, traditions and representations. Culture is therefore located at the fulcrum of the human condition. This is why the study of it is not only of practical significance, but also a contribution to the process of human enlargement« (Rojek 2007, S. 28).

Das im letzten Satz bereits anklingende emanzipatorische Programm der Cultural Studies verdeutlicht sich dadurch, dass sie Kultur als inhärent politisch verstehen und untersuchen (vgl. ebd., S. 29). Es geht immer darum zu begreifen, wer auf welcher Grundlage wie mit welchem Bedeutungswissen operiert und wie reale Machtverhältnisse, verstanden als die ungleiche Verteilung ökonomischer, politischer und kultureller Ressourcen, den Bedeutungsraum beeinflussen (vgl. ebd., S. 5f.). Kultur wird also begriffen als die bedeutungsstiftende Ebene im Mensch-Welt-Verhältnis, auf der das Verständnis ebendieses Mensch-Welt-Verhältnisses ausgefochten werden muss: »Culture is the site of the struggle to define how life is lived and experienced, a struggle carried out in the discursive forms available to us« (Grossberg 1996, S. 158).

Als Psychologe frage ich mich nun: Was bedeutet diese Feststellung für das je eigene Individuum, das angeblich eben Teil einer oder mehrerer Kulturen ist? Wie kann es auf der Grundlage dieses Verständnisses kulturell-politisch handeln? Oder plakativ formuliert: Auch wenn ich erkenne, dass die Mächtigen versuchen, hegemonial-dominante Bedeutungen zu vermitteln, warum sollte genau *ich* dagegen aufbegehren? Was wäre ein Grund dafür, emanzipatorisch im Sinne der Cultural Studies für alternative Bedeutungen zu kämpfen? Etwa eine moralisch-ethische Verpflichtung, den Mächtigen »ein Bein zu stellen«?

Das wesentliche Dilemma der Cultural Studies liegt meines Erachtens gerade darin, dass auch sie Subjektivität nicht ausreichend konzeptualisieren können. Wie bereits erwähnt wird gemäß Rojek (2007) die individuelle identitäre Ordnung im Sinne der herrschenden Kräfte in der Zivilgesellschaft auf der kulturellen Ebene erreicht. Eine solche »ordering of identification« deutet aus meiner (subjektiv funktional beschränkten Sicht) auf das verallgemeinerte Verständnis hin, dass sich Individuen mit was auch immer (hier mit den herrschenden Kräften) mehr oder minder identifizieren *müssen*, also zumindest in irgendeinem Moment an irgendeinem Ort sich mit einer Sache bzw. der Repräsentation einer Sache identifizieren (im aller vagesten Sinne also beispielsweise mit einer Institution oder einem politischen Ziel, aber auch mit einem Statusobjekt, mit Geld, Gott, dem Wetter oder natürlich mit anderen Individuen). Anhand dieser gewollt »schwammigen« Beschreibung möchte ich deutlich machen, dass ich den Begriff der »Identifikation« als (Selbst-)Attribution verstehe, die nur auf beschreibender, nicht aber auf begreifender Ebene einen Wert hat. (So sprechen die Cultural Studies auch oft von Verhaltensmustern oder »behaviour patterns«, die Aufschlüsse über den identitären Status eines Individuums geben sollen.) Obwohl Rojek herausstellt, dass es den Cultural Studies sowohl um eine kritische Beurteilung oder Evaluierung vorhandener, hierarchisch strukturierter Bedeutungsmacht (quasi als makroanalytische Ebene) als auch um die Beschreibung von Bräuchen, Mythen, Praktiken etc. im Alltag (als mikroanalytische Ebene) geht, zeigt sich gerade bei letzterer ein Missverhältnis zwischen emanzipatorischem Anspruch und erkenntnisgenerierendem Vorgehen.

Von Rojek (2007) treffend als »narrative« Bedeutung populärer Realität bezeichnet (vgl. ebd., S. 6), wird hierbei die Art und Weise, *wie* populäre Bedeutungen in welchen Kontexten durch wen verwendet werden, beschrieben bzw. nacherzählt. So lässt sich nach bedeutsamen, identifikationsstiftenden Merkmalen suchen, zu welchen sich die Subjekte so oder so verhalten bzw. verhalten können. Zudem lassen sich auch alternative Narrationen imaginieren, die identifikationsstiftend werden könnten. Wie diese alternativen Narrationen wiederum individuell *handlungsrelevant* werden könnten, steht nicht zur Debatte – bzw. kann gar nicht zur Debatte stehen. Dafür müsste nämlich im Sinne der subjektwissenschaftlichen Kritischen Psychologie in Relation zu den je eigenen Interessen und Handlungsprämissen die subjektive Funktionalität bestimmter Bedeutungen herausgearbeitet werden. In den Cultural Studies jedoch kann die subjektive Funktionalität sowie individuelles Handeln nicht konzeptualisiert werden, da der Begriff der »Identifikation« Fragen nach individuellen Handlungsgründen nicht fasst.

Domestication of media technologies

Um eine aus meiner Sicht gangbare Alternative für eine subjektwissenschaftlich vorgehende Medienforschung bzw. -psychologie andenken und dem bisher Gesagten gegenüberstellen zu können, möchte ich noch kurz auf einen Medienforscher eingehen, der gerade die Relevanz der objektiven Bestimmtheit des Mensch-Medien-Verhältnisses im häuslichen Alltag der Menschen untersucht, um auf deren subjektive Bestimmung und deren Handlungsmöglichkeiten zu schließen: Roger Silverstone mit seinem Konzept der »domestication« von Medien. Im folgenden Zitat legt er dar, aus welchen Gründen er eine Erkundung des menschlichen Alltags für unabdingbar hält, und was ein solcher Fokus für die Entwicklung von Forschungsfragen bedeutet:

> »It is within the sphere of everyday life that individuals and groups can be agents, able, insofar as their resources and the constraints upon them allow, to create and sustain their own life-worlds, their own cultures and values. It is within the sphere of everyday life that the ordinariness of the world is displayed, where minor and often taken-for-granted activities merge as significant and defining characteristics. We take everyday life seriously because it is precisely in its distinctiveness and its generality that we can see and understand how meanings that sustain as well as challenge its taken-for-grantedness are generated and communicated. And it is in the

conduct of everyday life that we can begin to observe and try to understand the salience of information and technologies in humanity's general project of making sense of the world, both private and public.
Perhaps the most useful way to approach the distinctiveness of the everyday as a frame for understanding the dynamics of the information society will be to indicate what kind of questions it allows us to ask – questions, perhaps to put it too bluntly, which are asked from below, rather than from the more familiar *de haut en bas*« (Silverstone 2005, S. 2).

Das vornehmlich vom britischen Medienforscher Roger Silverstone vorangetriebene Konzept der »domestication« – also vage übersetzt der »Verhäuslichung« von Medien – fußt in hohem Maße auf den Erkenntnissen der Cultural Studies und schlägt zugleich eine Brücke zu den kulturellen Möglichkeiten, die von Nye herausgearbeitet wurden. Das Konzept ist zudem stark vom 1980 erschienenen Werk des französischen, psychoanalytisch geschulten Theologen Michel de Certeau beeinflusst, das den Titel *L'invention du quotidien* trägt. Die erstmals 1984 publizierte Übersetzung *The Practice of Everyday Life* von Steven Rendall hat im englischsprachigen Raum große Bekanntheit erlangt und erheblich zur Entwicklung der »Everyday Life Studies« beigetragen. In den Cultural Studies wurde das Werk ebenfalls breit rezipiert und resultierte in einer Fokussierung auf »audience & reception« bzw. die Rezeption von Medientexten. Silverstone jedoch ging einen Schritt weiter und versuchte, die Rezeption von (hegemonial-dominanten) Medientexten direkt im alltäglichen, häuslichen Umgang zu erkunden. Am Ende seiner Bemühungen stand ein theoretischer Forschungsrahmen, der *textuell-symbolische* sowie *kontextuell-materiell-symbolische Aspekte* der Medienrezeption berücksichtigen möchte, hierbei das Spannungsfeld von Möglichkeiten *und* Behinderungen in der täglichen Mediennutzung herausstellt und folgerichtig auch die politische Relevanz von Technologien hervorhebt:

»Technologies are political. Their innovation is motivated by political and economic interests and agendas. This is hardly new and hardly original. But power, and policy, is never simply exercised, in this sphere, just as in any other. [...] There are unequal powers, of course, but no determinations, in the Innovation [sic] of information and communication. The concept of domestication, with all its metaphoric strengths and weaknesses, is designed above all to intervene in the otherwise singular account of technological change and to instate the human at its centre, not in any dewy-eyed, romantic way, but to force all of those concerned with its nature to confront the responsibility that all actors must take, both producers and consumers, for the decisions they make, the choices they pursue, and the practices they develop in the creation of the increasingly sophisticated and increasingly salient strategies of communication and information seeking in this late modern, global, world of ours« (Silverstone 2006, S. 235).

Diese nicht deterministische Sichtweise auf Technologien sowie Silverstones Fokussierung auf den menschlichen Alltag in der von ihm vorgeschlagenen Forschung zur »domestication« kann als wichtiger Schritt hin zur Entwicklung einer subjektwissenschaftlichen Medienforschung betrachtet werden. Einige offenkundige Widersprüche in Silverstones Ansatz erschweren jedoch die Verknüpfung: Erstens stellt er Produzenten und Konsumenten als zwei voneinander zu unterscheidende Kategorien dar. Dabei verschwimmt diese Binarität spätestens seit der weiten Verbreitung des Internets (vgl. hierzu bspw. Bakardjieva 2006), und vor allem sind Medienarbeitende zugleich Produzenten wie auch Konsumenten (oder eher Nutzer, vgl. ebd.). Der Term »Konsument« unterschlägt zudem die Möglichkeiten, sich auf sehr unterschiedliche Weise, also auf Grundlage einer großen Bandbreite von Prämissen-Gründe-Zusammenhängen, ins Verhältnis zu den Medien- und Kommunikationstechnologien zu setzen. Zweitens sehe ich die notwendige »Verantwortung« für die (potenziell emanzipatorische) Beeinflussung des technologischen Wandels, die Silverstone andeutet, verstärkt bei den »Mächtigen« bzw. bei jenen, die in höherem Maße über ebendiesen Wandel real verfügen können. Und drittens geht der Untersuchungsgegenstand, den Silverstone im Anschluss an oben zitierte Passage wählt und den er mit der »moralischen Ökonomie des Haushalts« (bspw. Silverstone 2006) betitelt, wieder an seinem Vorhaben vorbei, den Menschen in den Vordergrund der Forschung zu stellen: Ein »wertrationaler« Umgang mit Medien im Haushaltskontext greift meines Erachtens auf ein anachronistisches Verständnis von Familie und Heim zurück, das insbesondere das je eigene, subjektiv funktionale Erschließen von Medien- und Kommunikationstechnologien erneut mystifiziert. Eine Untersuchung der »moralischen Ökonomie des Haushalts« reproduziert zudem das oben von mir angeschnittene identitätstheoretische Subjektkonzept, da sie lediglich nach Parallelen zwischen der moralisch vermittelten Persönlichkeit und identitätsstiftenden Technologieangeboten sucht.

Die Idee von Silverstone jedoch, das Mensch-Technologie-Verhältnis im alltäglichen Haushaltskontext zu untersuchen und in diesem Rahmen die symbolische Dimension von Texten *sowie* die materiell-symbolische Dimension des Kontextes einzubeziehen (um Medientechnologien damit von anderen Technologien des Haushalts abzugrenzen; vgl. hierzu auch Livingstone 2007), halte ich für eine Analyse subjektiver Funktionalitäten im Medienumgang für äußerst fruchtbar.

Kulturhistorische Überwindung der Trennung zwischen Materiellem und Sozialem

Eine solche Berücksichtigung der textuell-symbolischen Analyseebene *sowie* der kontextuell-materiell-symbolischen Ebene ist für eine subjektwissenschaftlich ausgerichtete Medienpsychologie unumgänglich: Zum einen ist dem Umstand Rechnung zu tragen, dass die Funktion von Medientechnologien eben darin besteht, Inhalte bzw. Texte zu übermitteln – das ist eine Bedeutungsebene, die nicht ignoriert werden kann. Wenn man zum anderen die Zweck-Mittel-Verkehrung ernst nimmt und schauen möchte, wie sich eine bestimmte Auswahl von Zweckbestimmungen in den Mitteln selbst wiederfinden lässt, kommt man um eine Analyse der in die Materialität der Mittel eingeschriebenen Bedeutungen (oder wie Silverstone sagt: Symbole) ebenfalls nicht herum. Hinzu kommt eine weitere Ebene, die er augenscheinlich eher implizit mitgedacht hat: die soziale. Hiermit ist nicht gemeint, dass beispielsweise bestimmte soziale Intentionalitäten in den Texten und Materialitäten repräsentiert sind. Vielmehr meine ich, dass der Bedeutungsraum, den Text und Materialität mitgestalten, auch wesentlich durch die Interaktionen mit anderen konstituiert wird (vgl. etwa Hartmann 2006). In einer Studie zum Objektgebrauch junger autistischer Kinder sprechen sich beispielsweise die kulturhistorisch argumentierenden Psychologinnen Emma Williams und Linda Kendell-Scott (2006) gegen eine rigide Gegenüberstellung des Materiellen und des Sozialen aus, die unter anderem den in der Autismusforschung populären »Theory of Mind«-Ansatz prägt. Stattdessen verfolgen sie eine Überwindung dieser Trennung, um das Verhältnis autistischer Kinder zur Welt auch nur annähernd nachvollziehen zu können. Sie plädieren dafür, dass das »Soziale« sich nicht ausschließlich auf zwischenmenschliche Interaktionen reduzieren lässt, sondern den Umgang der Kinder mit Dingen als Teil des Sozialen versteht:

> »In highlighting the reciprocal nature of the interactions between the child, other people, *and* objects, the [our] findings [...] indicate that relations to objects cannot, in fact, be considered outside of the social context in which they are introduced and used. Nor can they be examined apart from the human activities they shape in common ways« (Williams/ Kendell-Scott 2006, S. 62f.).

Fazit

Zusammenfassend möchte ich feststellen, dass eine Subjektwissenschaft, die sich mit dem Mensch-Medien-Verhältnis auseinandersetzen möchte, ein sozial-materiell-symbolisches Verständnis des Kontextes der Medienrezeption sowie der verwendeten Geräte selbst und darüber hinaus ein sozial-symbolisches Verständnis der Texte benötigt. Aus einem solchen Verständnis heraus könnte eine subjektwissenschaftliche Medienpsychologie anschließend auch nach der je eigenen Funktionalität einer kontextuell sowie textuell vermittelten Medienrezeption fahnden, also nach der Mit-Konstituierung von Interessen durch die Rezeption, die sich folglich in den subjektiv funktionalen Prämissen-Gründe-Zusammenhängen niederschlägt. Diese kann nur auf Grundlage einer dialektischen Entwicklungsbewegung zwischen Erschließung von Welt, wie sie andere erfahren, und Ausdifferenzierung eines ganz eigenen Verhältnisses zur Welt[4] im Rahmen der menschlichen Ontogenese erforscht werden. Wie ausgeführt bedarf eine solche Forschung eben eines umfassenden Verständnisses dessen, wie sich der Mensch ins Verhältnis zu Dingen im Allgemeinen und Medientechnologien mit ihren über das Materielle der technologischen Geräte hinausgehenden repräsentativ-textuellen Aspekten im Besonderen setzt

---

4 Was meines Erachtens einer Symbiose des Piaget'schen Entwicklungsverständnis mit jenem Wygotskis gleichkäme (vgl. hierzu Ulmann 2003, S. 66f.).

und unter hegemonial produzierten und reproduzierten Bedingungen überhaupt setzen kann. Jener Bedeutungskosmos, im Rahmen dessen das Individuum subjektiv funktional handeln kann, ist eben objektiv bedingt. Er ist nicht unbegrenzt, wie es etwa die konstruktivistisch argumentierende »active audience research« nahelegt. Er determiniert jedoch auch nicht die Handlungen der Individuen, wie die Medienwirkungsforschung sowie Sozialisationstheorien oft suggerieren. Aber die Summe aller denk- und wahrnehmbaren Bedeutungen ist endlich und konstituiert unseren subjektiven Möglichkeitsraum, auch wenn wir uns *aktiv* ins Verhältnis zu Medien und den vermittelnden Technologien setzen.

Um dann den Einfluss der Medieninhalte bzw. Texte sowie der Medientechnologien im raum-zeitlich konkreten, materiellen Kontext auf die Konstituierung des Bedeutungskosmos hin zu untersuchen, bedarf es zudem eines inhärent politischen (etwa am Hegemonie-Konzept Gramscis angelehnten bzw. an den Cultural Studies ausgerichteten) Ansatzes, der im Sinne der kulturhistorischen Schule sozio-materielle Aspekte zusammendenkt und in seiner Forschung das jeweilige Individuum mit seinen je eigenen Prämissen und Gründen in den Vordergrund stellt. Nur durch die intersubjektive Einbeziehung möglichst ausdifferenzierter Perspektiven auf die jeweiligen Verhältnisse zu den Medien- und Medientechnologien kann der denk- und wahrnehmbare Bedeutungskosmos erweitert werden.

Aus meiner Sicht können dementsprechend folgende Grundverständnisse zu einer erheblichen theoretischen und methodologischen Befruchtung einer (sich vor allem als dialektisch-kritisch verstehenden und subjektwissenschaftlich vorgehenden) Medienpsychologie führen:

1. Ein stark differenziertes und konkret situiertes Bild von Technologien im Allgemeinen und Medientechnologien im Speziellen, das von einer allgemeingültigen Generalisierbarkeit absieht und beispielsweise keine Aussagen über die technologische Homogenisierung oder Ausdifferenzierung von Kulturen treffen möchte.
2. Eine darin begründete Berücksichtigung der Zweiseitigkeit von Medienproduktionen, also u. a. ein Verständnis von Medieninhalten als Produkt von Medienarbeitenden, die sowohl Produzenten wie auch Rezipienten sind (also immer auch Reproduzenten bestimmter kultureller Codes).

3. Ein Verständnis des Mensch-Welt-Verhältnisses, das die Trennung sozialer und materieller Aspekte überwindet und Dinge (also eben auch Technologien usw.) als wesentlich für die sozial vermittelte Erschließung von Welt begreift (der intersubjektiven Verständigung ähnlich; vgl. etwa die kulturhistorischen Ansätze in Costall/ Dreier 2006).
4. Eine Fokussierung auf das alltägliche Handeln mit und durch Medien, welche die (medial mit-vermittelte) Interessenlage der Menschen erkundet und dadurch die subjektive Funktionalität des Medienumgangs herausarbeitet. Im Zentrum sollten dabei die je eigenen Möglichkeiten und Grenzen des Individuums stehen, was wiederum voraussetzt, dass die Probleme und Fragen von den Subjekten selbst formuliert werden, oder wie in Anlehnung an Roger Silverstone (s. o.) gesagt werden könnte: *de bas en haut.*

Literatur

Bakardjieva, Maria (2006): Domestication running wild: From the moral economy of the household to the mores of a culture. In: Berker, T.; Hartmann, M.; Punie, Y. & Ward, K. (Hg.): Domestication of Media and Technologies. Maidenhead (Open University Press), S. 63–79.

Bruder, Klaus-Jürgen (2010): S2/S1. In: Dege, M.; Grallert, T.; Dege, C. & Chimirri, N. (Hg.): Können Marginalisierte (wieder)sprechen? Zum politischen Potenzial der Sozialwissenschaften. Gießen (Psychosozial-Verlag), S. 281–300.

Buckingham, David (2007): Beyond Technology: Children's Learning in the Age of Digital Culture. Cambridge (Polity Press).

Certeau, Michel de (1984): The Practice of Everyday Life. Berkeley (University of California Press).

Costall, Alan & Dreier, Ole (Hg.)(2006): Doing Things With Things: The Design And Use of Everyday Objects. Aldershot (Ashgate).

Giles, David (2010): Psychology of the media. Basingstoke (Palgrave).

Grossberg, Lawrence (1996): History, politics and postmodernism: Stuart Hall and cultural studies. In: Morley, D. & Chen, K.-H. (Hg.): Stuart Hall: Critical Dialogues in Cultural Studies. New York (Routledge), S. 151–173.

Hall, Stuart (1980a): Cultural Studies and the Centre: some problematics and problems. In: Centre for Contemporary Cultural Studies (Hg.): Culture, media, language: working papers in cultural studies, 1972–79. London (Hutchinson), S. 2–35.

Hall, Stuart (1980b): Encoding/decoding. In: Centre for Contemporary Cultural Studies (Hg.): Culture, media, language: working papers in cultural studies, 1972–79. London (Hutchinson), S. 128–138.

Hall, Stuart (1996): The problem of ideology: Marxism without guarantees. In: Morley, D. & Chen, K.-H. (Hg.): Stuart Hall: Critical Dialogues in Cultural Studies. New York (Routledge), S. 25–46.

Hartmann, Maren (2006): The triple articulation of ICTs: Media as technological objects, symbolic environments and individual texts. In Berker, T.; Hartmann, M.; Punie, Y. & Ward, K. (Hg.): Domestication of Media and Technologies. Maidenhead (Open University Press), S. 80–102.

Holzkamp, Klaus (1985): Grundlegung der Psychologie. Frankfurt/M. (Campus).

Livingstone, Sonia (2007): On the material and the symbolic: Silverstone's double articulation of research traditions in new media studies. New media and society 9(1), 16–24.

Marvin, Carolyn (1988): When old technologies were new: thinking about electric communication in the late nineteenth century. New York (Oxford University Press).

Nye, David E. (2007): Technology Matters: Questions to Live with. Cambridge (MIT Press).

Rojek, Chris (2007): Cultural Studies. Cambridge (Polity Press).

Silverstone, Roger (2005): Introduction. In: Silverstone, Roger (Hg.): Media, technology, and everyday life in Europe: from information to communication. Aldershot (Ashgate), S. 1–3.

Silverstone, Roger (2006): Domesticating Domestication: Reflections on the Life of a Concept. In: Berker, T.; Hartmann, M.; Punie, Y. & Ward, K. (Hg.): Domestication of Media and Technologies. Maidenhead (Open University Press), S. 229–248.

Ulmann, Gisela (2003): Über den Umgang mit Kindern: Orientierungshilfen für den Erziehungsalltag. 4. Aufl. Hamburg (Argument Verlag).

Williams, Emma & Kendell-Scott, Linda (2006): Autism and Object Use: The Mutuality of the Social and Material in Children's Developing Understanding and Use of Everyday Objects. In: Costall, A. & Dreier, O. (Hg.): Doing Things With Things: The Design And Use of Everyday Objects. Aldershot (Ashgate), S. 51–65.

Theorien und Modelle des Steuerverhaltens

Erich Kirchler & Stephan Mühlbacher

Einleitung

»Der Steuerstaat ist eine Instanz, die praktisch bei allen Geschäften seiner Bürger als nehmende Partei im Spiel ist« und seitens der BürgerInnen wird »diese Bürde wie eine natürliche Gegebenheit hingenommen«, stellt Peter Sloderdijk (2010, S. 12f.) fest. Gegen den »legalen Raub«, wie Thomas von Aquin die Selbstverständlichkeit der Besteuerung im 13. Jahrhundert bezeichnet hat, haben sich aber SteuerzahlerInnen auch immer zu wehren versucht, indem sie versuchen, ihren Beitrag nicht korrekt zu leisten. Der Protest gegen die zu hohe Steuerlast hält seit der Einführung von Steuern an, unabhängig davon, wie niedrig oder hoch die Steuerrate ist (Kirchler 2007). Auch aufseiten der Steuereintreibenden wird mit Skepsis verfolgt, wie duldsam die BürgerInnen sind. Laut Sloterdijk (2010, S. 17) soll sich Queen Victoria »bei der Einführung einer Einkommenssteuer in Höhe von 3,33 Prozent in Großbritannien um 1850 sorgenvoll gefragt [haben], ob man damit nicht zu weit gegangen sei«.

Sloterdijk (2010) prangert die aktuelle Steuerkultur in Deutschland als Tradition aus dem fiskalischen Mittelalter an, als absolutistisches Gehabe eines paternalistischen Staates, welches allenfalls damit gerechtfertigt wird, dass Abgaben und Steuern der Schaffung öffentlicher Güter, der Umverteilung und Herstellung sozialer Gerechtigkeit dienen, und plädiert für die De-Automatisierung der selbstverständlich gewordenen fiskalischen Abläufe durch die Förderung des (freiwilligen) Gebens.

Die herrschende »Staatskleptokratie« muss von einer Ethik des Gebens abgelöst werden, um von der derzeit regierenden Autorität von »Trägern von Steuernummern« zu einem Staat von BürgerInnen mit Gemeinschaftssinn zu gelangen.

Die Befassung mit der Entwicklung des durch autoritär festgesetzte Abgaben finanzierten Staates hat zweifellos ihre Meriten. Die Forderung nach einem Staat, in welchem die BürgerInnen die politischen Entscheidungen treffen und nicht eine ihnen fremd gewordene Macht, ist zu unterstützen. Allerdings sind bekanntlich Veränderungen eines bestehenden Systems zäh. Deshalb ist das Ziel dieses Beitrages nicht eine philosophische, historische und politische Erörterung des Steuerstaates und die Entwicklung von Strategien zur Etablierung neuer Verhältnisse, sondern die Darstellung von Theorien und Modellen des Steuerverhaltens, welche davon ausgehen, dass der Staat Steuern erhebt und die BürgerInnen sich mehr oder minder den Steuergesetzen beugen. Dabei werden neben ökonomischen Perspektiven vor allem psychologische Ansätze reflektiert, die dazu dienen könnten, Verbesserungen im aktuellen System einzuleiten. Der Vorwurf, damit nur einen Beitrag zur Reparatur des Gegenwärtigen zu leisten und nicht grundlegende Neuentwürfe zu denken, mag wohl eingewendet werden, aber vielleicht erscheinen sinnvolle Reparaturen bis zur endgültigen Umgestaltung des von manchen angeprangerten bestehenden Systems durchaus angebracht.

ForscherInnen in der Finanzwissenschaft – welche die Entwicklung des Staates als autoritär paternalistischen Steuereintreiber nicht weiter reflektierten, sondern davon ausgingen, dass Steuern gesetzlich gerechtfertigt werden und damit Steuern zu zahlen seien – beschäftigten sich früh mit dem Steuerverhalten. Auch die Berücksichtigung psychologischer und soziologischer Überlegungen erfolgte vergleichsweise bald (Veit 1927). Als Pioniere einer empirisch orientierten Finanzpsychologie gelten Schmölders (1959, 1960, 1964a, 1964b, 1970a, 1970b, 1975) und Strümpel (1966a, 1966b, 1969). Vor allem aber die Publikation des ökonomischen Modells zur Steuerhinterziehung von Allingham und Sandmo (1972) beziehungsweise Srinivasan (1973) hat eine Vielzahl empirischer Untersuchungen angeregt.

Wo fängt der legitime Versuch die eigene Steuerschuld zu verringern an, Unrecht zu werden? Grundsätzlich wird Steuerhinterziehung von Steuerumgehung unterschieden. Steuerhinterziehung impliziert einen Gesetzesbruch, etwa durch das bewusste nicht oder nicht vollständige

Deklarieren von Einkommen oder durch das Abschreiben von privaten oder nie erfolgten Ausgaben. Steuerumgehung meint die Ausnutzung von Graubereichen in der Gesetzgebung, um die Steuerlast zu reduzieren. Bei der Umgehung von Steuern wird nach den Buchstaben des Gesetzes und daher legal gehandelt, wenn auch gegen den Sinn des Gesetzes verstoßen wird. Moralisch erscheinen beide Formen der Steuerverkürzung verwerflich. Sandmo (2003) führt als Beispiel den Vergleich zwischen einem Handwerker, der durch Schwarzarbeit am Wochenende etwas zu seinem legalen Einkommen dazuverdient, und einem Investor, der einen Steuerberater engagiert, um geeignete Steueroasen für die Anlage seiner Gewinne aufzuspüren, an. Obwohl ersterer illegal handelt, während der zweite auf legalem Wege Steuern einspart, handeln zweifellos beide gegen den Sinn des Gesetzes.

Im Folgenden werden vier Modelle der wissenschaftlichen Literatur zur Problematik der (Einkommens-)Steuerhinterziehung und -umgehung zusammengefasst und ausgewählte Ergebnisse der empirischen Überprüfungen ihrer Annahmen berichtet.

1. Das ökonomische Modell der Einkommenssteuerhinterziehung

Das in der Literatur am häufigsten zitierte theoretische Modell zum Steuerverhalten wurde von Allingham und Sandmo (1972) beziehungsweise Srinivasan (1973) zeitgleich entwickelt. Es basiert auf der von Gary S. Becker (1968) begründeten ökonomischen Theorie des Verbrechens und der mit seinem Ansatz in Verbindung gebrachten Annahme einer Abschreckungswirkung von staatlich legitimierten Strafen. Die Theorie wurzelt in dem von Beccaria (1764) und Bentham (1780) im 18. Jahrhundert begründeten Utilitarismus, dem zufolge die Bestrafung Einzelner dadurch legitimiert wird, dass Strafen und ihre Wirkung das kollektive Gemeinwohl erhöhen, indem sie andere potenzielle VerbrecherInnen von der Begehung einer Tat abschrecken. Eine Strafdrohung hat nur dann abschreckende Wirkung, wenn Verbrechen entdeckt und bestraft werden. Neben dem Strafausmaß ist daher entscheidend, wie wahrscheinlich es ist, dass eine Straftat entdeckt wird.

Auf die Auswahlsituation einer Handlungsalternative von SteuerzahlerInnen übertragen, stellt Steuerhinterziehung eine Entscheidung unter

Risiko dar. Darunter wird eine Entscheidungssituation verstanden, bei der die Wahrscheinlichkeiten für das Eintreten der gegebenen Konsequenzen der Alternativen bekannt sind. SteuerzahlerInnen stehen vor der Entscheidung entweder ehrlich zu deklarieren und mit einer Wahrscheinlichkeit von 1 – also sicher – den gesetzlich festgelegten Steuersatz abzuführen und über den Nettobetrag verfügen zu können oder sie wählen die riskante Option Steuern zu hinterziehen. Wenn keine Steuerprüfung stattfindet, steht durch die Hinterziehung effektiv ein höheres Einkommen zur Verfügung. Mit einer bestimmten Wahrscheinlichkeit wird die Steuererklärung aber von den Finanzbehörden überprüft und – bei effizienter Prüfung – die Hinterziehung entdeckt. Dann ist neben dem Ausgleich der fehlenden Steuerschuld auch eine Strafe zu bezahlen, sodass SteuerzahlerInnen letztlich über weniger Einkommen verfügen als durch ehrliche Deklaration.

Neben der Einkommenshöhe und dem Steuersatz sind die Prüfwahrscheinlichkeit und die Strafhöhe die zentralen Variablen des ökonomischen Modells (Allingham/Sandmo 1972; Srinivasan 1973). Die Befunde zur Einkommenshöhe und zum Steuersatz sind uneindeutig (für eine Zusammenfassung der empirischen Studien zum ökonomischen Modell siehe Kirchler et al. 2010), jene zur Kontrollwahrscheinlichkeit und Strafe bestätigen jedoch häufig zumindest einen geringen Effekt auf die Steuerehrlichkeit. Dabei scheint die Prüfwahrscheinlichkeit von höherer Relevanz zu sein als das Ausmaß der Strafe (Alm et al. 1995). Beispielsweise konnten Pommerehne und Weck-Hannemann (1996) bei einem Vergleich des Steuerverhaltens in verschiedenen Schweizer Kantonen zeigen, dass sich die Häufigkeit – mit der Prüfungen stattfinden – positiv auf die Steuerehrlichkeit auswirkt. Aber auch in Laborexperimenten (z. B. Alm/McClelland et al. 1992; Alm et al. 1995; Park/Hyun 2003) und in Feldexperimenten (Slemrod et al. 2001) wurde die Wirkung der Prüfwahrscheinlichkeit bestätigt. Allerdings konnten Forest und Kirchler (2010) nachweisen, dass eine Erhöhung der Prüfwahrscheinlichkeit keinen generellen Effekt auf die Kooperationsbereitschaft hat.

Während der Einfluss der Prüfwahrscheinlichkeit gut belegt ist, sind die Untersuchungsergebnisse zur Strafwirkung inkonsistent. In manchen Experimenten wurde zwar der erwartete Effekt der Strafhöhe auf die Steuerehrlichkeit beobachtet (z. B. Alm/Jackson et al. 1992, 2009; Friedland 1982), der Einfluss war aber meist gering. Manchmal konnte kein Effekt der Strafhöhe nachgewiesen werden (Baldry 1987; Pommerehne/Weck-Hannemann, 1996; Webley et al. 1991). Im Zeitraum zwischen 1980 und 1995 wurde der Strafrahmen in den USA von fünf auf 30 Prozent des hinterzogenen Betrages erhöht. Unter einkommensschwachen SteuerzahlerInnen hatte diese Erhöhung keinen Effekt, aber unter jenen mit hohem Einkommen wurde das Einkommen ehrlicher deklariert, nachdem die Strafen angehoben wurden (Ali et al. 2001). Eine Erklärung für diese Beobachtung könnte darin liegen, dass die Strafhöhe der Einkommenslage des/der zu Verurteilenden entsprechen muss, um wirksam zu sein (siehe Muehlbacher et al. 2007).

Der Effekt von Kontrollen und Strafen ist in Laborexperimenten untersucht worden, wobei StudienteilnehmerInnen einen Geldbetrag zugewiesen bekommen und davon Steuern zu zahlen haben. Nachdem Informationen über die Steuerrate, Prüfwahrscheinlichkeit und Strafhöhe bei Hinterziehung kommuniziert worden sind, müssen die TeilnehmerInnen von ihrem Geldbetrag Steuern zahlen. Meist werden »one-shot« Experimente durchgeführt, wobei Steuerrate, Prüfwahrscheinlichkeit und Strafhöhe als unabhängige Variablen variiert werden. Mittone (2006) untersuchte hingegen das Steuerverhalten bei wiederholten Steuerzahlungen. Er ließ seine TeilnehmerInnen 60 Perioden »spielen« und stellte fest, dass die Steuerehrlichkeit nach einer Prüfung absank. Entgegen der Erwartung, dass Prüfungen zu Steuerehrlichkeit anregen, wurde nach einer Prüfung – in der Annahme, nach einer erfolgten Prüfung wäre die Wahrscheinlichkeit einer erneuten unmittelbar folgenden Prüfung äußerst gering – die Hinterziehungstendenz größer. Kastlunger, Kirchler, Mittone und Pitters (2009) untersuchten verschiedene Prüfungsmuster im Laufe von 60 Steuerperioden und stellten ebenfalls fest, dass nach einer Prüfung die Steuerehrlichkeit sinkt. Neben irrationalen Wahrscheinlichkeitskonzepten ist zu vermuten, dass jene StudienteilnehmerInnen, die geprüft wurden und eine Strafe zu entrichten hatten, in der nächsten Steuerperiode versuchten, den Verlust wieder wettzumachen.

Das ökonomische Standardmodell der Steuerhinterziehung beruht auf der Annahme, dass SteuerzahlerInnen auf äußere aversive Reize passiv reagieren. Intrinsische Motive, wie Gerechtigkeitsempfinden, Altruismus oder soziale Normen, bleiben unberücksichtigt. Empirische Untersuchungen zeigen jedoch, dass exogene Determinanten wie Kontrolle und Strafe auch zu entgegengesetzten Effekten auf die Deklarationshöhe führen können, dann nämlich, wenn es dadurch zu einem »Crowding-out« an intrinsischer Motivation kommt (Frey 1992, 1997) und die Deklarationsbereitschaft trotz steigender individueller »Kosten« abnimmt.

Dass Strafen auch gegenteilige Effekte zur Abschreckung haben können, veranschaulicht eine Studie aus Israel, in der Strafen als der Preis für einen Freikauf aus einer Handlung erlebt werden. Die Leitungen von Kindergärten wollten dem Problem entgegensteuern, dass Eltern ihre Kinder häufig zu spät abholten, indem sie eine Strafe für die Zuspätkommenden einführten. Als die Eltern für Verspätungen Bußgeld bezahlen mussten, passierte aber das Gegenteil des Intendierten: Die Verspätungen traten noch häufiger ein als zuvor, als das schlechte Gewissen gegenüber den Angestellten der Kindergärten der einzige Grund war, der zur Pünktlichkeit anhielt (Gneczy/Rustichini 2000). Gerade Wirtschafts- und speziell Steuervergehen ist durch Geldstrafen oft wenig effizient zu begegnen. Häufig werden Sühne und Scham als wesentlich wirksamer für eine Verhaltensänderung angesehen (Braithwaite/Wenzel 2008; Coricelli et al. 2007).

Vermutlich hätten die BetreiberInnen der Kindergärten den erhofften Effekt erzielen können, wenn sie die Strafen für die Verspätung höher angesetzt hätten. Doch auch das Ziel einer effizienten Strafbemessung ist nicht trivial. Einerseits muss die Strafe hoch genug sein, um ihre Wirkung zu erzielen, andererseits können drakonische Strafen erst recht unerwünschte Reaktionen provozieren. In der Studie hätte eine unverhältnismäßig hohe Strafe dazu führen können, dass die Eltern ihre Kinder aus dem Kindergarten nehmen. Äquivalente Befunde werden aus der Steuerhinterziehungsforschung berichtet. In einem Feldexperiment von Schwartz und Orleans (1967) erhielten amerikanische SteuerzahlerInnen einen Brief, der die Härte der Sanktionen, die den Steuerbehörden zur Verfügung stehen, betonte. Die SteuerzahlerInnen reagierten darauf nicht, indem sie mehr Einkommen deklarierten, sondern indem sie größere Summen von der Steuer abschrieben als in den vergangenen Jahren, sodass das Ausmaß der Steuervermeidung anstieg.

Als unverhältnismäßig empfundene Strafen führen zu negativen Einstellungen gegenüber den Autoritäten und Steuern an sich (Strümpel 1969). Es stellt sich daher die Frage, welche Strafform bei einem Delikt wie der Steuerhinterziehung als angemessen empfunden und als wirksam angesehen wird. In der Bevölkerung scheint ein starkes Bedürfnis vorzuherrschen, Gleiches mit Gleichem zu vergelten. In einer Studie mit österreichischen SteuerzahlerInnen gaben insgesamt 86 Prozent an, dass sie bei Steuerhinterziehung eine Verurteilung zu einer Geldstrafe als fair empfinden würden. Eine Freiheitsstrafe beurteilten nur fünf Prozent als gerecht (Kirchler/Muehlbacher 2007). Als Alternative zur gängigen Strafbemessungspraxis bei Hinterziehungsdelikten, bei der sich die Strafhöhe aus dem Ausmaß der Hinterziehung ergibt, wurde von FinanzstrafrechtsexpertInnen vorgeschlagen, bei der Festlegung der Strafe auch die Leistungsfähigkeit des Täters/der Täterin zu berücksichtigen, um zu vermeiden, dass Geldstrafen zu leistbaren »Preisen« werden (Muehlbacher et al. 2007).

Einen innovativen Ansatz zur Gestaltung des Strafrechts vertritt Heribert Ostendorf (ohne Jahr). Er zweifelt an der Wirksamkeit von Strafverschärfungsgesetzen, Bekämpfungsgesetzen und Verschärfungsstrategien und verlangt, dass Strafrecht BügerInnenstrafrecht bleiben muss und nicht FeindInnenstrafrecht werden darf. Auch wenn die Verschärfung des Strafrechts dem Wunsch der Gesellschaft nach Schutz und Sicherheit entgegenkommt, geht es doch um Kriminalprävention, um moralische Aufklärung, Schulung und Erziehung. Nicht Strafe, sondern die Prävention der Tat ist wesentlich.

Neben der Prüfwahrscheinlichkeit und Strafe werden im ökonomischen Modell die Höhe des Einkommens und der Steuersatz berücksichtigt. Die Theorie lässt keine eindeutigen Prognosen für diese Variablen zu und dementsprechend sind auch die empirischen Befunde nicht eindeutig. Während manche Studien feststellen, dass Hinterziehung unter wohlhabenden SteuerzahlerInnen häufiger zu beobachten ist (z.B. Ali et al. 2001; Lang et al. 1997), finden andere den umgekehrten (z.B. Christian 1994; Fishlow/Friedman 1994) oder keinen Zusammenhang (z.B. Feinstein 1991; Park/Hyun 2003). Ähnlich inkonsistent sind die Befunde zu den Effekten des Steuersatzes, wenn auch der Anteil an Studien überwiegen dürfte, die mehr Hinterziehung bei hohen Steuersätzen fanden (z.B. Alm/Jackson et al. 1992; Collins/Plumlee 1991; Friedland et al. 1978). Doch auch das Gegenteil (z.B. Alm et al. 1995) beziehungsweise gar keine Effekte des Steuersatzes (Baldry 1987; Porcano 1988) werden berichtet.

Neben den inkonsistenten empirischen Befunden werden häufig die Grundannahmen des klassischen ökonomischen Modells kritisiert. Zum Beispiel erscheint es wenig realistisch, dass SteuerzahlerInnen exakte Kenntnis der Wahrscheinlichkeit von Steuerprüfungen besitzen. Angesichts der relativ hohen Steuerehrlichkeit trotz der niedrigen

Prüfwahrscheinlichkeiten dürfte die tatsächliche Häufigkeit von Prüfungen deutlich überschätzt werden (Fischer et al. 1992). Schließlich wird argumentiert, dass nicht nur das Verhalten der SteuerzahlerInnen durch die Wahrscheinlichkeit der Steuerprüfungen beeinflusst wird, sondern auch umgekehrt die Finanzbehörden ihre Prüfstrategien an das Verhalten der SteuerzahlerInnen anpassen (Dubin et al. 1990; Martinez-Vazquez/Rider 2005).

Außerdem wirft das dem Modell zugrunde liegende Paradigma die Frage auf, ob die Mehrzahl der SteuerzahlerInnen tatsächlich explizit eine Entscheidung für oder gegen die Hinterziehung treffen, oder – zum Beispiel durch internalisierte Normen – gar nicht an die Möglichkeit zu hinterziehen denken.

Eine weitere Kritik betrifft die Annahme der Dominanz des egoistischen Nutzens des Steuerzahlers/der Steuerzahlerin als Verhaltensmaxime. Im Kontext von Steuern kann kritisiert werden, dass neben dem egoistischen Nutzen, der aus der Nicht-Kooperation resultiert, auch ein kollektiver Nutzen existiert, der aus der ehrlichen Bezahlung von Steuern entsteht. Denn die aus Steuermitteln finanzierten öffentlichen Güter – wie die öffentliche Verwaltung, der öffentliche Verkehr, das Gesundheitssystem etc. – nützen der gesamten Gemeinschaft und somit auch wiederum dem/der Einzelnen. Auf letzteren Kritikpunkt geht jener Ansatz in der Steuerpsychologie ein, der versucht, die Befunde aus der Erforschung sozialer Dilemmata auf das Verhalten von SteuerzahlerInnen zu generalisieren.

2. Das soziale Dilemma Steuerhinterziehung

Unter einem sozialen Dilemma (Dawes 1980) wird eine Entscheidungssituation verstanden, bei der die individuellen Interessen den Zielen einer Gemeinschaft entgegenstehen. Der/die Einzelne kann sich Vorteile verschaffen, indem er/sie egoistisch handelt, damit aber dem Kollektiv und letztlich sich selbst schadet. Handeln zu viele Mitglieder einer Gemeinschaft egoistisch, so ist der resultierende Schaden so groß, dass die Nachteile überwiegen und alle besser gestellt wären, hätten sie kooperiert. Typische Beispiele für soziale Dilemmata sind Schwarzfahren im öffentlichen Verkehr, Unterlassen der Mülltrennung oder Steuerhinterziehung. In diesen Situationen ist es möglich, egoistisch zu handeln und trotzdem die, durch die Kooperation (der anderen) zustande gekommenen öffentlichen Güter zu nutzen.

In Experimenten wird ein soziales Dilemma im Rahmen eines ökonomischen Spiels, dem sogenannten Public Goods Game geschaffen. Die TeilnehmerInnen erhalten ein Startguthaben, von dem sie einen beliebig großen Anteil zu einem Gemeinschaftskonto beitragen können – auch kein Beitrag ist möglich. Am Ende jeder Spielrunde wird die Summe der Beiträge aller zum Gemeinschaftskonto von dem/der StudienleiterIn (beispielsweise) verdoppelt und zu gleichen Teilen wieder zwischen den SpielerInnen aufgeteilt. Dadurch ergibt sich folgende Situation: Wenn alle SpielerInnen ihr gesamtes Startguthaben einzahlen, erhalten sie den doppelten Betrag zurück. Jede/r Einzelne kann die Situation aber ausnutzen, nichts einzahlen und darauf hoffen, dass die anderen SpielerInnen möglichst hohe Beträge einzahlen. Wer defektiert, besitzt sein/ihr Startguthaben und erhält zusätzlich die Auszahlung aus dem Gemeinschaftskonto. Verhalten sich jedoch alle SpielerInnen unkooperativ, dann bleiben sie auf ihrem Startguthaben sitzen.

Dieses Spiel wurde dazu verwendet, die Kooperationsbereitschaft in unterschiedlichen Situationen zu analysieren (siehe Kollock 1998; Kopelman et al. 2002; Van Lange et al. 1992). Zum Beispiel konnte beobachtet werden, dass in kleinen, überschaubaren Gruppen eher kooperiert wird als in großen (Kerr 1989). Anhand dieses Befundes könnte die vergleichsweise hohe Steuermoral in kleineren Regionen, wie der Schweiz oder Österreich, erklärt werden. Die Möglichkeit untereinander zu kommunizieren, erhöht ebenfalls die Kooperationsbereitschaft (Kerr/Kaufman-Gilliland 1994). Ähnlich verhält es sich, wenn den MitspielerInnen die Möglichkeit zur Mitbestimmung geboten wird (Wahl/Muehlbacher et al. 2010). Auch hier kann die Parallele zur Situation der Schweiz gezogen werden, wo in manchen Kantonen die direkte Mitbestimmung des gesellschaftlichen Lebens möglich ist.

Eine Gegenüberstellung der Ergebnisse aus Public Goods Experimenten und jenen aus ähnlichen Studien, bei denen die Entscheidungen der TeilnehmerInnen in einen realistischeren, stärker an die Situation von SteuerzahlerInnen angelehnten Kontext eingebettet sind, lässt jedoch Zweifel aufkommen, ob sich die Befunde der sozialen Dilemma Forschung problemlos auf die Steuerhinterziehungsproblematik übertragen lassen. Beispielsweise wurde in einem Public Goods Experiment beobachtet, dass TeilnehmerInnen, die ihr Startguthaben durch mühsame und anstrengende Aufgaben verdient hatten, weniger zum Gemeinschaftskonto beitrugen – also weniger kooperativ waren – als TeilnehmerInnen, die ihr Startguthaben ohne hohen Aufwand erhalten hatten (Muehlbacher/Kirchler 2009). Bedeutet dies nun, dass hart arbeitende SteuerzahlerInnen eher zur Hinterziehung neigen? Eine Serie von Studien legt den gegenteiligen Schluss nahe, nämlich dass hoher Arbeitsaufwand zu größerer Steuerehrlichkeit führt (Kirchler et al. 2009; Muehlbacher/Kirchler 2008; Muehlbacher et al. 2008). Die widersprüchlichen Ergebnisse lassen sich durch die unterschiedlichen Laborsettings erklären: Während bei einem Public Goods Game die Beiträge zum Gemeinwohl freiwillig sind, die (erwünschte) Höhe der Beiträge nicht extern vorgegeben und ein Nicht-Kooperieren nicht sanktioniert wird, wird in Steuerexperimenten der abzuführende Betrag genau vorgeschrieben und – wie in der Realität – werden die Angaben mit einer gewissen Wahrscheinlichkeit überprüft und Falschangaben sanktioniert. Daher müssen in diesem Fall die Ergebnisse unterschiedlich interpretiert werden. Durch den Arbeitsaufwand im Public Goods Experiment scheint die Bereitschaft zur freiwilligen Kooperation gesunken zu sein, im Steuerexperiment hingegen – in dem bei Nicht-Kooperation die Kontrolle und Strafe drohte – scheint der Arbeitsaufwand dazu geführt zu haben, dass die TeilnehmerInnen besonders vorsichtig wurden, um das hart verdiente Einkommen durch eine etwaige Strafe nicht aufs Spiel zu setzen.

3. Differenzielle Regulation

Ein Kritikpunkt am ökonomischen Modell betrifft das diesem Ansatz zugrunde liegende Menschenbild. Das Modell geht grundsätzlich davon aus, dass SteuerzahlerInnen zur Hinterziehung neigen. Wie jedoch die Arbeiten von Braithwaite (2003, 2009) zeigen, hat der Großteil der SteuerzahlerInnen eine positive Grundhaltung zu Steuern und fühlt sich moralisch verpflichtet, einen Beitrag zur Gesellschaft zu leisten. Sie unterscheidet insgesamt fünf motivationale Haltungen von SteuerzahlerInnen: Die beiden positiven Haltungen *Commitment* und *Capitulation* umfassen Einstellungen, welche die Verantwortung ausdrücken, sich im Interesse der Gemeinschaft zu verhalten und zu kooperieren. Die übrigen Haltungen drücken eine negative Kooperationsbereitschaft aus. Mit *Resistance* ist gemeint, dass es SteuerzahlerInnen gibt, die an den guten Absichten der Finanzbehörden oder der Regierung zweifeln und daher dazu aufrufen, für ihre eigenen Rechte zu kämpfen. *Disengagement* drückt eine ähnliche Widerstandshaltung aus, die so weit fortgeschritten ist, dass der Kampf um die Rechte bereits aufgegeben wurde und kein Sinn darin gesehen wird, mit der Behörde zu kooperieren. *Game playing* umfasst jene SteuerzahlerInnen, die das Gesetz als solches nicht respektieren, sondern es als etwas ansehen, das für den eigenen Vorteil genutzt werden kann (Braithwaite 2003).

Braithwaite (2003) argumentiert für einen differenziellen Regulationsansatz, bei dem die SteuerzahlerInnen entsprechend ihrer motivationalen Haltungen behandelt werden. Demnach sollen die BürgerInnen nicht als BittstellerInnen vor den Finanzbehörden auftreten, sondern als KundInnen gesehen werden. Durch eine angemessen gestaltete Zusammenarbeit könnte vermieden werden, dass unabsichtliche Fehler in der Steuererklärung übertrieben bestraft werden. Eine Service-Orientierung der Finanzbehörde erscheint wichtig, um die positiven Grundhaltungen nicht durch unangebrachte Strafen zu zerstören (Alm et al. 2010; Lavoie 2009; Raskolnikov 2009; Strümpel 1969).

4. Das »Slippery Slope« Modell

Einen weiteren Ansatz, der das Interaktionsklima und die Interaktion von SteuerzahlerInnen und Finanzbehörden betont, stellt das »Slippery Slope« Modell dar (Kirchler et al. 2008). Ähnlich wie Braithwaites (2003) Forderung nach einer differenziellen Regulation, geht das Modell nicht davon aus, dass SteuerzahlerInnen generell zur Hinterziehung neigen. Das Modell widerspricht allerdings nicht grundsätzlich den klassischen ökonomischen Annahmen, sondern versucht, ökonomische und sozialpsychologische Erkenntnisse zu integrieren.

Im »Slippery Slope« Modell wird zwischen freiwilliger Kooperation und erzwungener Ehrlichkeit unterschieden. Angenommen wird, dass die freiwillige Kooperation vom Vertrauen in den Staat und die Behörden determiniert wird. Wenn nicht freiwillig kooperiert wird, dann kann Steuerehrlichkeit auch erzwungen werden, sofern der Staat über ausreichend Macht verfügt. Die erzwungene Steuerehrlichkeit wird von der (von den BürgerInnen wahrgenommenen) Macht bestimmt. Die Relevanz des Vertrauens wird auch von Lavoie (2009) thematisiert. Er spricht von Vertrauen zwischen den Autoritäten und den Steuerpflichtigen und dem Vertrauen zwischen den SteuerzahlerInnen, dass diese die Steuergesetze respektieren und entsprechend kooperativ handeln. Feld und Frey (2010) sprechen von einem »psychologischen Vertrag« zwischen Behörden und Steuerpflichtigen und betonen die intrinsische Motivation, die staatsbürgerlichen Pflichten zu erfüllen. Maßnahmen seitens der Behörde, die aus der Überzeugung resultieren, die Steuerpflichtigen wären an der eigenen Nutzenmaximierung interessiert und würden bei geringem Bestrafungsrisiko die kollektiven Interessen ignorieren, können die intrinsische Motivation korrumpieren und den »psychologischen Vertrag« aushöhlen. Aus diesen Überlegungen ergibt sich das »Slippery Slope« Konzept, wonach Steuerehrlichkeit auf zwei Wegen erreicht werden kann: Auf der einen Seite steht die erzwungene Steuerehrlichkeit. Diese steigt mit der Macht des Staates. Unter Macht des Staates werden jene Maßnahmen verstanden, die zur Abschreckung dienen. Diese sind vor allem die (wahrgenommene) Kontrollhäufigkeit und die Strafhöhe, die auch in das ökonomische Modell von Allingham und Sandmo (1972) einfließen. Auf der anderen Seite steht die freiwillige Steuerehrlichkeit, die mit zunehmendem Vertrauen in die Arbeit der Behörden steigt. Anzunehmen ist, dass das Vertrauen der BürgerInnen in den Staat und die staatlichen Autoritäten vor allem von psychologischen Variablen abhängt, wie von der wahrgenommenen Gerechtigkeit des Steuersystems, der fairen Behandlung durch die Behörden, sozialen Normen etc.

Postuliert wird eine Interaktion der beiden Dimensionen Macht und Vertrauen. Zum Beispiel würden besonders häufige Kontrollen oder inadäquat erscheinende Strafen zwar die Macht des Staates erhöhen, diese könnten aber seitens der SteuerzahlerInnen als Zeichen des Misstrauens gewertet werden, dem mit Misstrauen begegnet wird. Eine übertriebene Inanspruchnahme der Machtinstrumente würde das Vertrauen der BürgerInnen senken. Umgekehrt könnten zu seltene Steuerprüfungen Zweifel an der Effizienz der Arbeit der Finanzbehörden aufkommen lassen, wodurch das Vertrauen ebenfalls abnehmen würde. Hohes Vertrauen und ein hoher Anteil an freiwilligen SteuerzahlerInnen kann auch dazu beitragen, die Macht des Staates zu erhöhen.

Das »Slippery Slope« Konzept (Kirchler et al. 2008) wurde formalisiert, in die »Sprache« der ÖkonomInnen übersetzt (Prinz et al. zur Publikation eingereicht). Diese Formalisierung hat vor allem den Vorteil, dass sich daraus klare Vorhersagen ableiten lassen, die empirisch überprüft werden können. Erste empirische Überprüfungen des »Slippery Slope« Modells konnten die grundsätzlichen Beziehungen zwischen Vertrauen und freiwilliger Steuerehrlichkeit sowie Macht und erzwungener Steuerehrlichkeit in Laborexperimenten (Wahl/Kastlunger et al. 2010) und anhand von aggregierten Felddaten (Fischer 2008) sowie in einer repräsentativen Befragung von Selbstständigen (Muehlbacher et al. 2011) bestätigen.

Zusammenfassung

Das Verhalten von SteuerzahlerInnen wird aus unterschiedlichen Perspektiven betrachtet. Während die klassische Ökonomie von der Prämisse egoistischer Nutzenmaximierung ausgeht und feststellt, dass vor allem Kontrollen und Strafen Steuerehrlichkeit sichern, wird aus sozialpsychologischer Perspektive angenommen, dass die Motivation zur Kooperation interindividuell variiert und dass das soziale Interaktionsklima zwischen Behörden und Steuerpflichtigen entweder freiwillige Kooperation fördert oder Ehrlichkeit erzwungen werden muss. Das Rational-Modell berücksichtigt mit Kontrollwahrscheinlichkeit und Strafhöhe wesentliche Verhaltensdeterminanten, blendet aber soziale und psychologische Bedingungen aus der Verhaltensanalyse aus. Die Entscheidung zu kooperieren oder zu defektieren resultiert nicht nur aus egoistischer Nutzenmaximierung, sondern auch aus den Annahmen über das Verhalten der anderen SteuerzahlerInnen. Das Verhalten der SteuezahlerInnen ist vielschichtiger als aus ökonomischer Perspektive angenommen: Neben Kontrollen und Strafen sind die Komplexität der Steuergesetze und das Verständnis der geltenden Regeln relevant, die persönlichen und sozialen Normen, die Wahrnehmung distributiver und prozeduraler Gerechtigkeit und die interindividuell variierenden Handlungsmotive. Um das Verhalten der BürgerInnen zu verstehen, muss das Blickfeld auf das herrschende Interaktionsklima im Staat erweitert werden. Die breite Analyse von kooperationsförderlichen Bedingungen hat erst begonnen; ein zufriedenstellendes Wirkungsmodell über Kooperationsbedingungen bedarf interdisziplinärer Zusammenarbeit, im Bewusstsein, dass eine simple Antwort der komplexen Frage nicht gerecht wird.

Literatur

Ali, Mukhtar M.; Cecil, H. Wayne & Knoblett, James A. (2001): The effects of tax rates and enforcement policies on taxpayer compliance: A study of self-employed taxpayers. Atlantic Economic Journal 29, 186–202.
Allingham, Michael G. & Sandmo, Agnar (1972): Income tax evasion: A theoretical analysis. Journal of Public Economics 1, 323–338.
Alm, James; Cherry, Todd; Jones, Michael & McKee, Michael (2010): Taxpayer information assistance services and tax compliance behavior. Journal of Economic Psychology 31, 577–586.
Alm, James; Jackson, Betty & McKee, Michael (1992): Institutional uncertainty and taxpayer compliance. The American Economic Review 82, 1018–1026.
Alm, James; Jackson, Betty & McKee, Michael (2009): Getting the word out: Enforcement information dissemination and compliance behavior. Journal of Public Economics 93, 392–402.
Alm, James; McClelland, Gary H. & Schulze, William D. (1992): Why do people pay taxes? Journal of Public Economics 48, 21–38.
Alm, James; Sanchez, Isabel & deJuan, Ana (1995): Economic and noneconomic factors in tax compliance. Kyklos 48, 3–18.
Baldry, Jonathan C. (1987): Income tax evasion and the tax schedule: Some experimental results. Public Finance 43, 347–383.
Beccaria, Cesare (1764): Dei Delitti e Delle Pene. Deutsche Übersetzung von Wilhelm, Alff (1998): Über Verbrechen und Strafen. Frankfurt/M. (Insel).
Becker, Gary S. (1968): Crime and punishment: An economic approach. Journal of Political Economy 76, 169–217.
Bentham, Jeremy (1780): An Introduction to the Principles of Morals and Legislation. Wiederveröffentlicht 1982: London (Methuen). Deutsche Übersetzung von Otfried Höffe (1975): Einführung in die utilitaristische Ethik. München (Beck).
Braithwaite, Valerie (2003): Dancing with tax authorities: Motivational postures and non-compliant actions. In: Braithwaite, Valerie (Hg.): Taxing Democracy. Hants, UK (Ashgate), S. 1–11.
Braithwaite, Valerie (2009): Defiance in Taxation and Governance. Cheltenham, UK (Edward Elgar).
Braithwaite, Valerie & Wenzel, Michael (2008): Integrating explanations of tax evasion and avoidance. In: Lewis, Alan (Hg.): The Cambridge Handbook of Psychology and Economic Behaviour. Cambridge (University Press), S. 304–331.
Christian, Charles (1994): Voluntary Compliance with the Individual Income Tax: Results from the 1988 TCMP Study. Washington, DC.
Collins, Julie H. & Plumlee, R. David (1991): The taxpayers labor and reporting decision – the effect of audit schemes. Accounting Review 66, 559–576.
Montmarquette, Claude; Coricelli, Giorgio; Joffily, Mateus; & Villeval, Marie-Claire (2007): Tax Evasion: Cheating Rationally or Deciding Emotionally? (IZA DP No. 3103) Forschungsinstitut zur Zukunft der Arbeit/Institute for the Study of Labor, Bonn.
Dawes, Robyn M. (1980): Social dilemmas. Annual Review of Psychology 31, 169–193.

Dubin, Jeffrey A.; Graetz, Michael J. & Wilde, Louis L. (1990): The effect of audit rates on the federal individual income tax, 1977–1986. National Tax Journal 43, 395–409.
Feinstein, Jonathan S. (1991): An economometric analysis of income tax evasion and its detection. RAND Journal of Economics 22, 14–35.
Feld, Lars P. & Frey, Bruno S. (2010): Tax evasion and the psychological tax contract. In: Alm, James; Martinez-Vazquez, Jorge & Torgler, Benno (Hg.): Developing alternative frameworks for explaining tax compliance. London (Routledge), S. 74–94.
Fischer, Justina (2008, 3–6 September): Enforced versus voluntary tax compliance: Testing the interplay hypothesis against field data. Paper presented at the IAREP/SABE World Conference, Rome, Italy.
Fischer, Carol M.; Wartick, Martha & Mark, Melvin M. (1992): Detection probability and taxpayer compliance: A review of the literature. Journal of Accounting Literature 11, 1–46.
Fishlow, Albert & Friedman, Jorge (1994): Tax evasion, inflation and stabilization. Journal of Development Economics 43, 105–123.
Forest, Adam & Kirchler, Erich (2010): Targeting occupations with varying reputations to increase tax revenue. Journal of Socio Economics 39, 400–406.
Frey, Bruno S. (1992): Tertium datum: Pricing, regulating, and intrinsic motivation. Kyklos 45, 161–184.
Frey, Bruno S. (1997): A constitution for knaves crowds out civic virtues. Economic Journal 107, 1043–1053.
Friedland, Nehemia (1982): A note on tax evasion as a function of the quality of information about the magnitude and credibility of threatended fines: Some preliminary research. Journal of Applied Social Psychology 12, 54–59.
Friedland, Nehemia; Maital, Shlomo. & Rutenberg, Aryeh (1978): A simulation study of income tax evasion. Journal of Public Economics 10, 107–116.
Gneezy, Uri & Rustichini, Aldo (2000): A fine is a price. Journal of Legal Studies 29, 1–18.
Kastlunger, Barbara; Kirchler, Erich; Mittone, Luigi & Pitters, Julia (2009): Sequences of audits, tax compliance, and taxpaying strategies. Journal of Economic Psychology 30, 405–418.
Kerr, Norbert L. (1989): Illusions of efficacy: The effects of group size on perceived efficacy in social dilemmas. Journal of Experimental Social Psychology 25, 287–313.
Kerr, Norbert L. & Kaufman-Gilliland, Cynthia M. (1994): Communication, commitment, and cooperation in social dilemma. Journal of Personality and Social Psychology 66, 513–529.
Kirchler, Erich (2007): The Economic Psychology of Tax Behaviour. Cambridge (Cambridge University Press).
Kirchler, Erich; Hoelzl, Erik & Wahl, Ingrid (2008): Enforced versus voluntary tax compliance: The »slippery slope« framework. Journal of Economic Psychology 29, 210–225.
Kirchler, Erich & Muehlbacher, Stephan (2007, März): Kontrollen und Sanktionen im Steuerstrafrecht aus der Sicht der Rechtspsychologie. 12. Finanzstrafrechtliche Tagung, Linz.
Kirchler, Erich; Muehlbacher, Stephan; Hoelzl, Erik & Webley, Paul (2009): Effort and aspirations in tax evasion: Experimental evidence. Applied Psychology: An International Review 58, 488–507.

Kirchler, Erich; Muehlbacher, Stephan; Kastlunger, Barbara & Wahl, Ingrid (2010): Why pay taxes? A review of tax compliance decisions. In: Alm, James; Martinez-Vazquez, Jorge & Torgler, Benno (Hg.): Developing Alternative Frameworks for Explaining Tax Compliance. Oxon (Routledge), S. 15–31.
Kollock, Peter (1998): Social dilemmas: The anatomy of cooperation. Annual Review of Sociology 24, 183–214.
Kopelman, Shirli; Weber, J. Mark & Messick, David M. (2002): Factors influencing cooperation in commons dilemmas: A review of experimental psychological research. In: Ostrom, Elinor; Dietz, Thomas; Dolsak, Nives; Stern, Paul C.; Stonich, Susan & Weber, Elke U. (Hg.): The Drama of the Commons. Washington DC (National Academy Press), S. 113–156.
Lang, Oliver; Nöhrbaß, Karl-Heinz & Stahl, Konrad (1997): On income tax avoidance: The case of Germany. Journal of Public Economics 66, 327–347.
Lavoie, Richard (2009): Flying above the law and below the radar: Instilling a taxpaying ethos in those paying by their rules. Pace Law Review 29, 636–687.
Martinez-Vazquez, Jorge & Rider, Mark (2005): Multiple modes of tax evasion: Theory and evidence. National Tax Journal 58, 51–76.
Mittone, Luigi (2006): Dynamic behaviour in tax evasion: An experimental approach. Journal of Socio-Economics 35, 813–835.
Muehlbacher, Stephan; Hoelzl, Erik & Kirchler, Erich (2007): Steuerhinterziehung und die Berücksichtigung des Einkommens in der Strafbemessung. Wirtschaftspsychologie 9, 116–121.
Muehlbacher, Stephan & Kirchler, Erich (2008): Arbeitsaufwand, Anspruchsniveau und Steuerehrlichkeit. Zeitschrift für Arbeits- und Organisationspsychologie 52, 91–96.
Muehlbacher, Stephan & Kirchler, Erich (2009): Origin of endowments in public good games: The impact of effort on contributions. Journal of Neuroscience, Psychology, and Economics 2, 59–67.
Muehlbacher, Stephan; Kirchler, Erich; Hoelzl, Erik; Ashby, Julie; Berti, Chiara; Job, Jenny et al. (2008): Hard-earned income and tax compliance: A survey in eight nations. European Psychologist 13, 298–304.
Muehlbacher, Stephan; Kirchler, Erich & Schwarzenberger, Herbert (2011): Voluntary versus enforced tax compliance: Empirical evidence for the »slippery slope« framework, European Journal of Law & Economics, 32, 89–97.
Ostendorf, Heribert (ohne Jahr): Chancen und Risiken von Kriminalprävention. Berliner Forum für Gewaltprävention, Sondernummer 5. Url: http://www.berlin.de/imperia/md/content/lb-lkbgg/praevention/praeventionallgemein/06_heribert_ostendorf.pdf?start&ts=1239195550&file=06_heribert_ostendorf.pdf (Stand: 14.01.2011).
Park, Chang-Gyun & Hyun, Jin Kwon (2003): Examining the determinants of tax compliance by experimental data: A case of Korea. Journal of Policy Modeling 25, 673–684.
Pommerehne, Werner W. & Weck-Hannemann, Hannelore (1996): Tax rates, tax administration and income tax evasion in Switzerland. Public Choice 88, 161–170.
Porcano, Thomas M. (1988): Correlates of tax evasion. Journal of Economic Psychology 9, 47–67.

Prinz, Aloys; Kirchler, Erich & Muehlbacher, Stephan (zur Publikation eingereicht): The slippery slope framework: An attempt to formalization.
Raskolnikov, Alex (2009, 11 February): Revealing Choices: Using Taxpayer Choice to Target Tax Enforcement. Columbia Law Review, May 2009; Columbia Law and Economics Working Paper No. 337. Available at SSRN: http://ssrn.com/abstract=1267622.
Sandmo, Agnar (2003, 5–6 June): Three decades of tax evasion: A perspective on the literature. Paper presented at the Skatteforum (The Research Forum on Taxation), Rosendal, Norway.
Schmölders, Günter (1959): Fiscal psychology: A new branch of public finance. National Tax Journal 12, 340–345.
Schmölders, Günter (1960): Das irrationale in der öffentlichen Finanzwirtschaft. Frankfurt/M. (Suhrkamp).
Schmölders, Günter (1964a): Finanzwissenschaft und Finanzpolitik. Tübingen (J.c.B. Mohr/Paul Siebeck).
Schmölders, Günter (1964b): Staatsbürgerliche Gesinnung und Steuermoral. Die Verantwortung des Gesetzgebers. In: Schäfer, Friedrich (Hg.): Finanzwissenschaft und Finanzpolitik. Tübingen (Mohr Siebeck), S. 285–301.
Schmölders, Günter (1970a): Finanzpolitik. Berlin (Springer).
Schmölders, Günter (1970b): Survey research in public finance – a behavioural approach to fiscal theory. Public Finance 25, 300–306.
Schmölders, Günter (1975): Einführung in die Geld- und Finanzpsychologie. Darmstadt (Wissenschaftliche Buchgesellschaft).
Schwartz, Richard D. & Orleans, Sonya (1967): On legal sanctions. University of Chicago Law Review 34, 274–300.
Slemrod, Joel; Blumenthal, Marsha & Christian, Charles (2001): Taxpayers response to an increased probability of audit: Evidence from a controlled experiment in Minnesota. Journal of Public Economics 79, 455–483.
Sloterdijk, Peter (2010): Die nehmende Hand und die gebende Seite. Berlin (Suhrkamp).
Srinivasan, T.N. (1973): Tax evasion: A model. Journal of Public Economics 2, 339–346.
Strümpel, Burckhard (1966a): Disguised tax burden compliance costs of German business men and professionals. National Tax Journal 19, 70–77.
Strümpel, Burckhard (1966b): Steuermoral und Steuerwiderstand der deutschen Selbständigen. Ein Beitrag zur Lehre von den Steuerwirkungen. Köln (Westdeutscher Verlag).
Strümpel, Burckhard (1969): The contribution of survey research to public finance. In: Peacock, AlanT. (Hg.): Quantitative Analysis in Public Finance. New York (Praeger), S. 13–22.
Van Lange, Paul A.M.; Liebrand, Wim B.G.; Messick, David M. & Wilke, Henk A.M. (1992): Introduction and literature review. In: Liebrand, Wim B.G.; Messick, David M. & Wilke, Henk A.M. (Hg.): Social Dilemmas. Theoretical Issues and Research Findings. Oxford (Pergamon Press), S. 3–28.
Veit, Otto (1927): Grundlagen der Steuermoral. Eine finanzpsychologische Studie. Zeitschrift für die gesamte Staatswissenschaft 83, 317–344.
Wahl, Ingrid; Kastlunger, Barbara & Kirchler, Erich (2010): Trust in authorities and power

to enforce tax compliance: An empirical analysis of the »Slippery Slope Framework«. Law & Policy 32, 383–406.

Wahl, Ingrid; Muehlbacher, Stephan & Kirchler, Erich (2010): The impact of voting on tax payments. Kyklos 63, 144–158.

Webley, Paul; Robben, Henry S.J.; Elffers, Henk & Hessing, Dick J. (1991): Tax evasion: An experimental approach. Cambridge, England (Cambridge University Press).

Anerkennung und Einsicht

Martin Dege

I. Das Problem der Anerkennung

»The ›positive‹ sense of the word ›liberty‹ derives from the wish on the part of the individual to be his own master. I wish my life and decisions to depend on myself, not on external forces of whatever kind. I wish to be the instrument of my own, not other men's, acts of will. I wish to be a subject, not an object; to be moved by reasons, by conscious purposes, which are my own, not by causes which affect me, as it were, from the outside. I wish to be somebody, not nobody; a oder – deciding, not being decided for, self-directed and not acted upon by external nature as if I were a thing, or an animal, or a slave incapable of playing a human role, that is, of conceiving goals and policies of my own and realizing them« (Berlin 2002, S. 178).

»[T]he politics of recognition is characterized by certain important misrecognitions of its own – not misrecognitions of identity, but failures to acknowledge one's own basic ontological conditions – and that these arise from the fact that the pursuit of recognition expresses an aspiration to sovereignty« (Markell 2003, S. 10).

Während der Ursprung der Anerkennungsdebatte bis zu Fichte und Hegel zurückverfolgt werden kann, möchte ich hier – zunächst – eine andere Spur verfolgen und einen Einstieg wählen, der sich auf die jüngere Entfaltung der Debatte bezieht. Diese ist unter anderem maßgeblich von Charles Taylor initiiert, der seine entscheidenden Gedanken zum Thema in einem Beitrag mit dem Titel »The politics of recognition« ausgeführt hat (Taylor 1994). Dies tue ich nicht, um der langen Geschichte des Begriffs ihre Bedeutung abzusprechen, vielmehr versuche ich damit zu zeigen, wie einflussreich Taylors Ideen für die heutige Debatte sind. Denn, so will ich im zweiten Teil zeigen, die Lesart des Hegel'schen Herrschaft/Knechtschaft Kapitels in der *Phänomenologie des Geistes*, die der Anerkennungsdebatte zugrunde liegt, ist zwar eine *mögliche*, aber eben nur *eine* mögliche und nicht notwendigerweise die schlüssigste.

In besagtem Artikel stellt Taylor eine Zeitdiagnose: Anerkennung ist heute notwendig zum einen als Basis für nationalstaatliches Handeln, zum anderen aber auch im Kampf um Anerkennung marginalisierter Gruppen. Besonders in diesem Zusammenhang ist Anerkennung für Taylor von Bedeutung, sieht er sie doch als zentrales Element zur Produktion von Identität. Er argumentiert psychologisch:

> »[P]eople can suffer real damage, real distortion, if the people or society around them mirror back to them a confining or demeaning or contemptible picture of themselves. Nonrecognition or misrecognition can inflict harm, can be a form of oppression, imprisoning someone in a false, distorted, and reduced mode of being« (Taylor 1994, S. 25).

Definiert man Anerkennung so, wird ihre Notwendigkeit im Alltag sofort augenscheinlich. Das Spenden und Empfangen von Anerkennung wird zur täglichen Aufgabe für ein gelingendes Leben. Würden wir uns nur gegenseitig anerkennen, so ließe sich mit Taylor schlussfolgern, stände einem friedlichen Leben in Selbsterfüllung bei gleichzeitigem Zugestehen der Selbsterfüllung eines jeden anderen nichts mehr im Wege. Gleichzeit sind die Folgen von Missachtung fatal, weil sowohl für die psychische als auch für die physische Gesundheit schädlich. Auch als sozialphilosophisches Konzept hat Anerkennung eine unmittelbar augenscheinliche Attraktivität: Es wird relativ einfach, ein Konzept von Redlichkeit und Rechtmäßigkeit bzw. Ungerechtigkeit zu entwerfen. Ungerechtigkeit bedeutet in diesem Zusammenhang Missachtung. Gerechtigkeit ist gleichgesetzt mit Anerkennung. Doch bleibt das Konzept nicht auf zwischenmenschliche Interaktion beschränkt. Schon bei Taylor wird die Notwendigkeit der Anerkennung zur Basis für demokratische Prozesse. Anerkennen wir die Existenz anderer Nationalitäten, anderer Nationalstaaten in ihrer Selbstbestimmung, bewegen wir uns nahezu automatisch auf eine Ära des Friedens zu.

»The idea is that mutual recognition of this sort would eliminate the obstacles of misunderstanding, ignorance, and prejudice that alienate us from each other and ourselves, making it possible for us to act in accordance with who we really are, and to do so with the support rather than the resistance of our fellows« (Markell 2003, S. 12).

Unglücklicherweise würde das bedeuten – wie Hannah Arendt sagen würde – »the exchange of the real world for an imaginary one« (Arendt 1958, S. 234).

Authentizität und Souveränität

Für Taylor ist Anerkennung eng verbunden mit dem Konzept der Authentizität. Authentizität beschreibt das Verlangen des Individuums nach Individualität bei dem gleichzeitigen Wunsch, die gleichen Rechte wie alle anderen zugestanden zu bekommen. Das Subjekt wünscht sich also zur selben Zeit allen anderen gleich und doch verschieden von allen anderen zu sein. Für Taylor wirft dies ein moralisches Problem auf, nämlich das der Unmöglichkeit des absoluten Relativismus. Die Akzeptanz jeder möglichen Form des Lebens – so stellt Taylor heraus – ist nämlich selbst wiederum eine moralische Überzeugung, die es zunächst zu akzeptieren gilt, die also in sich nicht relativ sein kann, sondern absolute Geltung beanspruchen muss. Dieses Dilemma ist für Taylor kennzeichnend für unsere Zeit. Während seine Analyse ohne Zweifel interessante Fragen aufwirft, verbleibt sie doch innerhalb der philosophischen Debatte um die Möglichkeit eines absoluten Relativismus.

Ich glaube jedoch, dass das Konzept der Authentizität eine weitreichendere Bedeutung hat. Und ich glaube, dass eine fundamentale Kritik des Konzeptes – und der damit einhergehenden Annahmen – aufzeigen kann, wie Anerkennung innerhalb dieses Verständnisses ein dem Kapitalismus inhärentes Konzept wird. Mit anderen Worten: Ich behaupte, dass der Kampf um Anerkennung eine Funktion der neoliberalen Ausprägung des Kapitalismus darstellt. Dies gerade deshalb, weil das autarke und souveräne Handeln, das das Konzept der Anerkennung anstrebt und das auf einer vorher verfassten Identität beruht, die verschiedenen Formen der Missachtung, die die Befürworter der Anerkennungslogik bekämpfen wollen, gerade erst produziert. Ich vertrete im ersten Teil dieses Beitrags also eine zweistufige These: Zum einen gilt es zu zeigen, das der Kampf um Anerkennung in Wirklichkeit auch immer Missachtung produziert, zum anderen geht es darum, zu zeigen, inwieweit der Kampf um Anerkennung ein dem Kapitalismus mit seinen Ungleichheitsstrukturen inhärentes Konzept bildet.

Anerkennung ist eng verbunden mit Authentizität, die wiederum ein weiteres wesentliches Element der Anerkennung enthält – Selbstbestimmung: Um in der Lage zu sein, Authentizität zu behaupten und damit Anerkennung einzufordern, muss ich selbstbestimmt handeln können. Ich brauche ein volles Bewusstsein über die Umstände, die mein Leben bestimmen und die mich zu spezifischen Handlungen bewegen. Ich brauche also, wie es bei Hannah Arendt heißt, »the ideal of uncompromising self-sufficiency and mastership« (Arendt 1958, S. 234) oder das, was bei Patchen Markell (Markell 2003) als »sovereignty« beschrieben wird.

Diese Souveränität setzt nun selbst wieder zwei wesentliche Elemente voraus: Identität als Antezedenzbedingung, also als Gegebenes, und (positives) Wissen. Damit meine Identität und damit die der anderen anerkannt werden kann, muss sie als Vorbedingung schon vorhanden sein – sie muss aus dem konstanten Reproduktionsprozess von Identitäten herausgenommen werden. In diesem Sinne handelt es sich beim Anerkennungskonzept um ein historisches Konzept. Es ist jedoch historisch auf eine spezifische Weise. Historie wird gleichgesetzt mit Identität als gegebenes Ensemble von Eigenschaften, die bestimmen, wer wir sind. Diese Eigenschaften bestimmen nun wiederum auch unser authentisches Handeln und damit, wie wir in einer bestimmten Situation richtig, also entsprechend unserer Identität handeln. Ich bin also souverän, insofern ich authentisch bin – und dies im Rahmen meiner vorgefertigten Identität. Souveränität ist also zugestanden für den Rahmen der ausgehandelten Identitätskonstruktion. Souveränes Handeln entsteht durch Anerkennung der Identität, die den Rahmen der möglichen Entscheidungen überhaupt vorgibt.

Zusätzlich brauche ich volles Bewusstsein über meine Identität, wie sie sich im Moment der Anerkennung darstellt, um überhaupt wissen zu können, wofür ich Anerkennung fordere. Und schließlich benötige ich ein umfassendes Wissen um die Identität des anderen, um ihn anerkennen zu können. Der Prozess der Anerkennung ließe sich also wie folgt beschreiben: Sobald ich die Umstände, die mein Leben sowie das Leben der anderen bestimmen, durchdrungen habe, bin ich in der Lage, verschiedene Lebensumstände zu realisieren. Mit der erreichten Souveränität kann ich Anerkennung geben und empfangen. Identität wird zur Vorbedingung, zur Antezedenzidentiät. Damit steht Identität entweder ontologisch vor dem interagierenden Sprechen, behauptet also, dass das Produkt meines Erscheinens in der Welt in Wirklichkeit schon vorher vorhanden ist oder politisch als normative Konsequenz von Anerkennungsprozessen; ich bin das, als das ich anerkannt wurde. Bei Hannah Arendt finden sich dazu folgende Bemerkungen:

> »In acting and speaking, men show who they are, reveal actively their unique personal identities and thus make their appearance in the human world« (Arendt 1958, S. 179).

> »Although everybody started his life by inserting himself into the human world through action and speech, nobody is the author or producer of his own life story« (ebd., S. 184).

Taylor selbst erkennt, das absolute Souveränität nicht möglich ist. Den Grund dafür macht er jedoch lediglich auf der ontologischen Ebene in der Unmöglichkeit eines absoluten Relativismus aus – dem Problem also, dass das Akzeptieren einer jeden moralischen Vorstellung selbst eine moralische Vorstellung ist. Arendt hingegen begründet die Unmöglichkeit von Souveränität politisch. Sie versteht, dass Souveränität als Garant der Authentizität und damit der Möglichkeit von Anerkennung mit Freiheit gleichgesetzt wird. Der Kreis schließt sich also: Das authentische menschliche Wesen, das um Anerkennung kämpft und als souverän anerkannt wird, wäre als solches frei. Aber:

> »If it were true that sovereignty and freedom are the same, then indeed no man could be free, because sovereignty [...] is contradictory to the very condition of plurality. No man can be sovereign because not one man, but men, inhabit the earth« (Arendt 1958, S. 234).

Daraus ließe sich also schließen, dass in der von Taylor angestrebten Welt gegenseitiger Anerkennung nicht die souveräne Dominanz des eigenen Selbst bei gleichzeitiger freier Selbstbestimmung aller anderen herrscht, sondern dass er eine Welt beschreibt, in der diese anderen schlicht nicht existieren.

Mit Arendt lässt sich demzufolge feststellen, dass die Souveränität eines einzelnen Menschen immer eine Illusion sein muss, gerade weil er sozial bestimmt ist. Doch wenn Souveränität eine Illusion ist, so stellt auch Anerkennung eine Illusion dar. Anders gesagt: Anerkennung beinhaltet immer auch Missachtung.

Missachtung

Taylors Ausgangspunkt für die Betonung der Anerkennung als *vital human need* findet sich in seiner Kritik an Herder. Für diesen gestalten sich die Grundfesten der menschlichen Identität noch so:

> »Jeder Mensch hat ein eigenes Maß, gleichsam eine eigne Stimmung aller seiner sinnlichen Gefühle zu einander. [...] Die Sprache hat auch keinen Ausdruck für [Idiosynkrasien], weil jeder Mensch doch nur nach seiner Empfindung spricht und versteht, verschiednen Organisationen also ein gemeinschaftliches Maß ihrer verschiednen Gefühle fehlt« (Herder 1786, S. 155).

Jeder Mensch hat also sein eigenes Maß der Menschlichkeit. Kollektive haben kein kollektives Maß, weil Sprache gerade nicht in der Lage ist, die individuellen Idiosynkrasien einzufangen. Demzufolge heißt menschlich zu sein, mit sich im Reinen, zu sich selbst ehrlich zu sein. Die Essenz dieses eigenen Seins lässt sich nicht kommunizieren. Taylor kritisiert die Auffassung Herders nun insofern, als das er die Sozialität des Menschen als entscheidendes Merkmal seiner Menschlichkeit hervorhebt. Er macht das Soziale zur Basis der Authentizität und Souveränität und damit zur Fähigkeit, anerkannt zu werden und Anerkennung zu geben. Taylors Subjekt wird also sozial hergestellt, muss gleichzeitig aber souverän und authentisch sein, um seine eigene Sozialität zu erkennen. Authentizität garantiert die Sozialität, die notwendig ist, um Authentizität herzustellen. Mit anderen Worten: Taylor kritisiert Herder für seine Ignoranz der sozialen Welt, behält aber das Herder'sche Konzept des »Mit-sich-im-Reinen-Sein«, des Authentisch-Seins bei. Anerkennung wird so zum unverzichtbaren menschlichen Bedürfnis, das den Zweck erfüllt, die Sozialität des Menschen zu begründen und zu ermöglichen.

Taylor versteht also, wie Arendt auch, dass es nicht ein Mensch, sondern eine Menschheit ist, die die Welt bevölkert, und dass sich aus dieser Konstellation notwendig eine Sozialität ergibt. Ein Mensch für sich allein kann nicht menschlich sein, er braucht die anderen, um sich seiner selbst zu vergewissern. Diese Selbstvergewisserung ist jedoch abhängig von der Anerkennung anderer, die schließlich Authentizität und Souveränität ermöglicht. Taylor entkommt also der Gleichsetzung von Freiheit und Souveränität nicht; die anderen und damit die Sozialität des Menschen werden zum Werkzeug des Mit-sich-im-Reinen-Seins. Statt also die Möglichkeit der Existenz eines souveränen Subjekts zu verwerfen, erweitert Taylor Herders Ausführungen lediglich um das Konzept der Sozialität. Anerkennung wird dann zum Korrektiv des Einflusses des Sozialen auf den Einzelnen. Ist sie gegeben, wird Souveränität und damit die Freiheit in der authentischen Entscheidung möglich. Missachtung im Gegenzug verwehrt dem Menschen die Freiheit der Entfaltung und macht ihn abhängig und unfähig, authentisch zu handeln. Wie es scheint, ist Anerkennung, obwohl ursprünglich als Kritik am souveränen Selbst entworfen, lediglich eine Hintertür, durch die die Gleichsetzung von Freiheit und Souveränität in verschleierter Form wieder Einzug in den Diskurs hält.

Der Kampf um Anerkennung

Das Konzept einer Antezedenzidentität stellt, wie oben bereits ausgeführt, eine Grundvoraussetzung für einen gelungenen Anerkennungsprozess dar. Ich muss wissen, wer ich bin, um zu wissen, wofür ich Anerkennung fordere. Gleichzeitig muss der andere wissen, wer ich bin, um mir Anerkennung zu geben. Schließlich muss ich wissen, wer der andere ist, um überhaupt wissen zu können, an wen ich meine Forderung nach Anerkennung richte.

Man kann wohl mit einiger Sicherheit sagen, dass das Konzept einer Antezedenzidentität heute in den Sozialwissenschaften – vor allem auch aufgrund des Einflusses der Postmoderne – weder kohärent noch intelligibel erscheint. Selbst in der Psychologie gibt es eine nicht zu vernachlässigende Anzahl von Autorinnen und Autoren, die sich dem

Konzept der Identität von einem konstruktivistischen, konstruktionistischen oder auch narrativen Standpunkt aus annähern. Innerhalb dieser Ansätze wird Identität nicht mehr als etwas verhandelt, das ich immer schon besitze, sondern als eine Form konstanter sozialer Aushandlung (Bruner 1990; Gergen 2002; Sarbin 1986). Wird Identität also zu einem komplexen, mit anderen Identitäten überlappenden, multiplen und zugleich fragmentartischen Konzept, muss dies notwendigerweise Folgen für das Konzept der Anerkennung haben. Anerkennung, so scheint es, wird nurmehr möglich im Moment der Identitätsproduktion, nur im gegebenen Augenblick, schließlich verändern wir mit jeder Handlung unsere multiplen Identitäten. Axel Honneth und James Tully tragen diesem Umstand sich immer neu wandelnder Identitäten mit ihren Konzepten der Anerkennung Rechnung (Honneth 1994; Tully 2000). Im Lichte sich ständig wandelnder Identitäten, so wird Honneth und Tully klar, ist eine vollständige Anerkennung praktisch nicht mehr möglich. Stattdessen wird der Mensch in seiner Sozialität in einen ständigen Kampf der Selbstbehauptung verwickelt. Souveränität und damit Freiheit werden nicht mehr durch die einmalige Anerkennung in einem sozialen Feld erreicht, stattdessen muss sich der Mensch in einem sich ständig wandelnden sozialen Gefüge immer wieder neu behaupten. War der Mensch bei Herder auf der ontologischen Ebene noch mit sich allein bzw. bei Taylor, um diese Souveränität in der Einsamkeit zu erreichen, auf die Anerkennung anderer angewiesen, so ist er jetzt nicht mehr in der Lage, vollständig mit sich im Reinen zu sein; es sind nurmehr verschiedene Grade von Authentizität und Souveränität zu unterschiedlichen Zeiten denkbar. Politisch hat diese Idee weitaus radikalere Folgen. Denn geht man davon aus, dass das soziale Gefüge aus einem konstanten Kampf um Anerkennung besteht – einer Unternehmung, der wir ständig unterworfen sind –, wird eine neue sozialregulative Instanz geschaffen. Erfolgreich und damit mächtig ist nun derjenige, der sich konstant im Kampf um Anerkennung behaupten kann. Honneth und Tully gelingt es damit, das Konzept der Anerkennung trotz des Wegfallens einer der wesentlichen Stützpfeiler – der Antezedenzidentität – aufrechtzuerhalten und gleichzeitig, ob seiner neu gewonnen Wichtigkeit, in jedem sozialen Aushandlungsprozess von jeder Form der Kritik abzuschotten. Denn wird Anerkennung zu einem erstrebenswerten aber unerreichbaren Ideal, so sind auch Souveränität und die mit ihr gleichgesetzte Freiheit nicht mehr möglich. Die Sozialität des Menschen als Ausgangspunkt seiner Existenz wird so gleichzeitig zu seiner Behinderung. Sie verspricht ein freies und souveränes Leben im Mit-sich-im-Reinen-Sein und produziert zugleich die Umstände, die das Einlösen dieses Versprechens verwehren. Honneths und Tullys Konzept der Anerkennung entwirft also eine Welt von Subjekten, die auf individuelle Erfüllung fokussiert sind, dabei vom Sozialen – von dem Anderen – behindert werden und so mit diesem in einen dauerhaften Kampf um Anerkennung treten müssen.

Statt also die Idee multipler Identitäten weiterzuverfolgen und daraus zu schließen, dass Anerkennung durch einen konstanten Wandel in den Identitäten nicht nur nicht mehr möglich ist, sondern darüber hinaus zum Ausdruck gesellschaftsregulativer Praktiken wird, erhebt Honneth die Anerkennung zum zentralen Element des sozialen Lebens, zur täglichen Aufgabe im Angesicht drohender Missachtung:

> »[D]en verschiedenen Formen von Mißachtung für die psychische Integrität der Menschen [kommt] dieselbe negative Rolle zu [...], die die organischen Erkrankungen im Zusammenhang der Reproduktion seines Körpers übernehmen« (Honneth 1994, S. 218).

Die Existenz von Missachtung selbst wird dabei nicht zu einem theoretischen Problem, das es zu untersuchen gilt. Im Gegenteil ist Missachtung eine notwendige Folge einer Welt, die konstant nach dem Unerreichbaren strebt:

> »In the standard approach, the existence of misrecognition is largely treated as an unfortunate fact, due perhaps to the persistence of outdated hierarchical belief systems; perhaps to the ignorance of members of majority groups about the worthy features of other cultures; or perhaps simply to some sort of baseline unreasonableness in the pursuit of self-interest« (Markell 2003, S. 21).

Weder Taylor noch Honneth befassen sich mit den konzeptionellen Ursachen von Missachtung und der Bedeutung der eigenen Konzeption für ihre Opfer und Täter. Eine Solche Untersuchung wäre jedoch in der Lage, eine Alternative zum Konzept der Anerkennung anzubieten.

II. Acknowledgement

»[To appear as a public figure for the purpose of a public event] means that when the events for which the mask was designed are over, and I have finished using and abusing my individual rights to sound through the mask, things will snap back again; and I – greatly honored and deeply thankful for this moment – shall be free not only to exchange roles and masks as they may be offered by the great play of the world but even to go through it in my naked »thisness«, identifiable, I hope, but not definable and not seduced by the great temptation of recognition which, in no matter what form, can only recognize us as such and such, that is, as something which we fundamentally are not« (Arendt 1975, S. 14).

Patchen Markell stellt eine mögliche Alternative zum Konzept der Anerkennung vor, die er als »Acknowledgement« beschreibt. Bedient man sich nun eines Wörterbuchs, so erscheint als passende Übersetzung für »Acknowledgement« lediglich »Anerkennung«, was sich wiederum mit »Recognition« ins Englische übersetzen lässt. Es öffnet sich hier also eine im Deutschen zunächst nicht greifbare Dualität, die unmittelbar aus der *Phänomenologie des Geistes* selbst herrührt. Denn so heißt es in der englischen Ausgabe direkt zu Beginn des Herrschafts-/Knechtschaftskapitels:

»Self-consciousness exists in and for itself when, and by the fact that, it so exists for another; that is, it exists only in being *acknowledged*. […] The detailed exposition of the Notion of this spiritual unity in its duplication will present us with the process of *Recognition*« (Hegel 1977, S. 111; Hervorhebung M.D.).

Im deutschen Original heißt es hingegen:

»Das Selbstbewußtsein ist an und für sich, indem und dadurch daß es für ein Anderes an und für sich ist; d.h. Es ist nur als *Anerkanntes*. […] Die Auseinanderlegung des Begriffs dieser geistigen Einheit in ihrer Verdopplung stellt uns die Bewegung des *Anerkennens* dar« (Hegel 1907, S. 123; Hervorhebung M.D.).

Die Übersetzung Hegels hat also, so lässt sich feststellen, die Komplexität des Anerkennungsbegriffs in zwei Begriffe aufgespalten: Acknowledgement und Recognition. Tatsächlich verweisen die Begriffe auf von einander zu trennende Bereiche des Anerkennungsbegriffs. Während sich Recognition, also die von Taylor, Honneth und Tully favorisierte Form der Anerkennung, durch den anderen auf mich selbst richtet, verweist Acknowledgement auf eine Bewegung der Anerkennung durch mich auf den anderen. Beide Bewegungen sind in Hegels Anerkennungskonzept ohne Zweifel vorhanden. Doch bringt die Betonung der einen oder der anderen wohl mehr als nur eine Akzentverschiebung mit sich. Markell beschreibt das Problem der Anerkennung dementsprechend so:

> »[T]politics of recognition is characterized by certain important misrecognitions of its own – not misrecognitions of identity, but *failures to acknowledge one's own basic ontological conditions* – and that these arise from the fact that the pursuit of recognition expresses an aspiration to sovereignty« (Markell 2003, S. 10; Hervorhebung M.D.).

Acknowledgement ist im Gegensatz zur Anerkennung zunächst *nicht* auf den anderen, sondern auf mich selbst gerichtet. Basis eines Prozesses gegenseitiger Verständigung ist damit also nicht mehr das notwendig vorausgesetzte Wissen über den anderen (das das volle Wissen über mich selbst einschließt), sondern das mir je vorhandene Wissen über mich selbst. Zunächst scheint diese konzeptionelle Verschiebung keine größeren Konsequenzen zu haben, heißt wissen über mich selbst zu haben doch nicht zuletzt auch, über meine Identität Bescheid zu wissen. Und tatsächlich: Sieht man sich das in vielen Bereichen der Vorstellung von Patchen Markell ähnelnde Konzept von Acknowledgement bei Stanley Cavell an, stellt man fest, dass Acknowledgement zunächst, nicht viel mehr ist als die Anerkennung der eigenen sozialen Rolle im Bewusstsein über die sozialen Rollen anderer:

> »One acknowledges one's teacher by acknowledging oneself as his or her student, [...] [s]imilarly in the cases of acknowledging another as my sibling or countryman or comrade or friend or employer or tenant« (Cavell 1979, S. 434).

Während Cavell also versteht, dass Acknowledgement jeweils mit mir, meinem eigenen Selbst beginnt, fasst er dieses Selbst nicht ontologisch. Stattdessen ist dieses Selbst lediglich mit seinen Identitäten in verschiedenen sozialen Rollen befasst.

Für Markell findet Acknowledgement hingegen auf einer konstitutiven Ebene statt.

»[A]cknowledgment is directed at the basic conditions of one's own existence, [...] crucially, the limits of »identity« as a ground of action, [...] which arise out of our constitutive vulnerability to the unpredictable reactions and responses of others« (Markell 2003, S. 36).

Acknowledgement scheint also mit seiner Gerichtetheit auf sich selbst, auf die eigene Grundverfasstheit, etwas mit *Einsicht* zu tun zu haben. Etwas einzusehen (to acknowledge) bedeutet dann zuallererst, die eigenen Grenzen einzusehen – das anzuerkennen, was ich weder wissen noch vorhersagen kann. Man könnte nun schlussfolgern, es ginge hier um verordnete Einsamkeit, um einen Rückzug von der Auseinandersetzung mit anderen, erscheint es doch unmöglich, diese anderen wirklich zu kennen. Stattdessen, so ließe sich argumentieren, stellt die Realisierung dessen, den anderen nicht kennen zu können, das tatsächliche Anerkennen (to acknowledge) des anderen als plurales, sich wandelndes Subjekt dar. Es handelt sich nicht um die Anerkennung der Identität des anderen als *so und so*, sondern um das Anerkennen des anderen als Subjekt, das mir gleicht und sich zur selben Zeit von mir unterscheidet.

Gestützt wird diese Lesart der Hegel'schen Anerkennung nun in einem ganz anderen Zusammenhang, gleichwohl ohne direkten Bezug, so doch sehr deutlich und zeigt damit auch die psychologische Ebene der Anerkennungsdebatte erneut auf:

»Wenn jemand im interpersonalen Kommunikationsprozess zu mir sagt: ›Du hast *so und so* gehandelt weil Du *so und so* bist (nämlich eifersüchtig, unzuverlässig, gutmütig, etc.)‹, dann hat er sich damit möglicherweise nicht nur faktisch von der weiteren Informationsaufnahme abgeschnitten, sondern mir auch kundgetan, daß er weitere Einlassungen, Erklärungen, Rechtfertigungen von mir nicht mehr hören will, da er ja nunmehr über mich, wie ich ›bin‹, Bescheid weiß. Dabei hätte er mir gleichzeitig durch die Form der ›Persönlichkeits‹-Unterstellung weitgehend die Möglichkeit genommen, auf kommunikativ-argumentativer Ebene noch irgendetwas zu erwidern, da alles, was ich noch sagen könnte, ja ›eh schon‹ durch das unterstellte ›Seinswissen‹ des anderen vorbeurteilt ist« (Holzkamp 1985, S. 93; Hervorhebung geändert, M.D.).

Das Konzept der Persönlichkeits-Hypostasierung schließt direkt an die von mir vorgestellte Kritik am Anerkennungskonzept an. Zu verstehen, dass jemand *so und so* ist, bedeutet, seine Identität anzuerkennen, ihn bzw. sie als etwas anzuerkennen, das er bzw. sie (wie Hannah Arendt sagen würde) fundamental *nicht* ist. Stattdessen würde die Einsicht in den eigenen ontologischen Status bedeuten, zu verstehen, dass »[b]ewußtes ›Verhalten-Zu‹ [...] als solches ›je mein‹ Verhalten [ist]. ›Bewußtsein‹ steht immer in der ›ersten Person‹« (Holzkamp 1983, S. 237). Damit kann die Basis für die Begegnung mit dem anderen nicht seine Anerkennung in Sinne Taylors, Honneths, bzw. Tullys sein, sondern muss »vom Standpunkt meiner Welt- und Selbstsicht den anderen gleichzeitig in seiner Welt- und Selbstsicht in Rechnung stelle[n]« (ebd., S. 238). Dies geschieht durch eine intersubjektive Begegnung, in der klar ist, dass der andere immer die Wahl hat, sich anders zu verhalten (oder eben gar nicht zu handeln). Holzkamp, so ließe sich hier argumentieren, liefert also einen psychologischen Ansatz, der auf der Acknowledgement-Interpretation des Anerkennungsproblems aufbaut und sich so der Psychologie Axel Honneths diametral gegenüberstellt.

III. Humanismus

Um nun eine alternative Lesart des Anerkennungsbegriffs vorstellen zu können, kommt man nicht an einem Hegel-Bezug vorbei. Gleichwohl scheint es an dieser Stelle wenig sinnvoll, in die Auseinandersetzung um die richtige Lesart Hegels wie sie unter anderem von Honneth, Fraser, Tully, Taylor und Markell geführt wird, einzusteigen. Anstelle nun also den Versuch zu unternehmen, eine weitere Interpretation der von Hegel aufgeworfenen Herrschafts-/Knechtschafts-Problematik anzustrengen, soll der Blick hier auf die ökonomisch-philosophischen Manuskripte des jungen Karl Marx gerichtet werden. Ziel ist es, zu zeigen, dass sich in der von Marx geäußerten Kritik an Hegel eine andere Lesart des Anerkennungsbegriffs verbirgt. Eine Lesart, die die Thesen Arendts und Holzkamps, wie sie im ersten und zweiten Teil dieses Artikels aufgerissen wurden, stützt. Eine solche Lesart sieht den wesentlichen Beitrag von Marx nun nicht in einer Materialisierung Hegels, wie etwa Althusser argumentiert, oder in der Rückgewinnung des Platzes des Subjekts im Geschichtsprozess, wie etwa Merleau-Ponty argumentieren würde, vielmehr scheint es, dass es Marx gelingt, einen falschen Positivismus in Hegels Denken zu identifizieren, der schließlich die Totalität des Kapitalismus affirmiert. Sollte diese These richtig sein, ließe sich daraus weiterhin folgern, dass Anerkennung in letzter Konsequenz ein affirmatives Konzept ist, das die herrschende Ordnung und damit die strukturelle Ungerechtigkeit des Kapitalismus stützt.

Die dargelegten Probleme mit dem Konzept der Anerkennung resultieren nicht einfach aus den Ausdeutungen des Begriffs durch Taylor, Honneth usw., sondern sind in Hegels Argumentation selbst schon angelegt. Es lässt sich zeigen, dass der Ursprung des Missverständnisses, das uns glauben machte, dass Anerkennung zu Souveränität führt und Souveränität zu Freiheit, eng mit Hegels Konzepten der Totalität und des Bewusstseins zusammenhängen. Marx fasst seine Kritik wie folgt zusammen:

> »Aber indem Hegel die Negation der Negation – der positiven Beziehung nach, die in ihr liegt, als das wahrhaft und einzig Positive, der negativen Beziehung nach, die in ihr liegt, als den einzig wahren Akt und Selbstbetätigungsakt alles Seins – aufgefaßt hat, hat er nur den abstrakten, logischen, spekulativen Ausdruck für die Bewegung der Geschichte gefunden, die noch nicht wirkliche Geschichte des Menschen als eines vorausgesetzten Subjekts, sondern erst Erzeugungsakt, Entstehungsgeschichte des Menschen ist« (Marx 1968, S. 570).

Für Marx ist die Geschichtsauffassung Hegels also problematisch. Letzterer sieht die gesamte menschliche Geschichte als eine transhistorische Entwicklung, die von einer originären Substanz ausgeht und sich durch diese realisiert: Selbstbewusstsein und seine konstante Realisierung durch Arbeit. Aus Marx' Perspektive handelt es sich bei diesem Selbstbewusstsein jedoch um nichts anderes als eine narzisstische, alles einschließende Abstraktion. Sie bewegt sich aus sich heraus mit sich selbst, lediglich begründet in Wissen und Vorstellung. Der andere, in dem ich mich selbst finde, wird so lediglich zum sozialen Werkzeug für mich, um Selbstbewusstsein zu erreichen. Somit ist Anerkennung, auch wenn sie sich scheinbar auf den anderen richtet, schlussendlich ein narzisstisches Werkzeug, das nicht die Anerkennung des anderen, sondern meine eigene sichert. Die Bewegung der Negation der Negation ermöglicht es, alles in das Selbstbewusstsein aufzunehmen, in die Totalität zu integrieren. Während Hegel hierin die Essenz des menschlichen Lebens sieht, gerade weil sie die Selbstobjektivierung möglich macht, sieht Marx hier nichts als eine Abstraktion von der menschlichen Natur. Das tatsächliche menschliche Wesen wird nurmehr zu einem Prädikat, zu einem Symbol.

»Dieser Prozeß muß einen Träger haben, ein Subjekt; aber das Subjekt wird erst als Resultat; dies Resultat, das sich als absolutes Selbstbewußtsein wissende Subjekt, ist daher der Gott, absoluter Geist, die sich wissende und betätigende Idee. Der wirkliche Mensch und die wirkliche Natur werden bloß zu Prädikaten, zu Symbolen dieses verborgnen unwirklichen Menschen und diesen unwirklichen Natur. Subjekt und Prädikat haben daher das Verhältnis einer absoluten Verkehrung zueinander, mystisches Subjekt-Objekt oder über das Objekt übergreifende Subjektivität, das absolute Subjekt als ein Prozeß, als sich entäußerndes und aus der Entäußerung in sich zurückkehrendes, aber sie zugleich in sich zurücknehmendes Subjekt und das Subjekt als dieser Prozeß; das reine, rastlose Kreisen in sich« (Marx 1968, S. 584).

Für Marx verkörpert nicht das sich selbst objektivierende Bewusstsein das Reale, sondern die tatsächliche ökonomische Dynamik und ihre Widersprüche.

Der Arbeiter wird um so ärmer, je mehr Reichtum er produziert, je mehr seine Produktion an Macht und Umfang zunimmt. Der Arbeiter wird eine um so wohlfeilere Ware, je mehr Waren er schafft. Mit der Verwertung der Sachenwelt nimmt die Entwertung der Menschenwelt in direktem Verhältnis zu. Die Arbeit produziert nicht nur Waren; sie produziert sich selbst und den Arbeiter als eine Ware, und zwar in dem Verhältnis, in dem sie überhaupt Waren produziert (vgl. Marx 1968, S. 511).

Auch Hegel versteht, dass diese Dynamik durch Entfremdung entsteht. Er versteht diese Entfremdung jedoch als transhistorisch, betrachtet sie – so Marx – vom

»Standpunkt der modernen Nationalökonomen. Er erfaßt die Arbeit als das Wesen, als das sich bewährende Wesen des Menschen; er sieht nun die positive Seite der Arbeit, nicht ihre negative. Die Arbeit ist das Fürsichwerden des Menschen innerhalb der Entäußerung oder als entäußerter Mensch. Arbeit wird so zur Essenz des Menschen um sich selbst zu beweisen. Damit tritt lediglich der positive Effekt der Arbeit hervor, nicht der negative« (ebd., S. 574).

Da Hegel als einzige Arbeit die abstrakte und geistige anerkennt und erkennt (vgl. ebd.), wird Arbeit zur Selbstrealisierung in der Entfremdung. Diese Selbstrealisierung liegt für Hegel im Selbstbewusstsein begründet, das sich durch seinen dialektischen Entwicklungsprozess immer stärker verallgemeinert; seine Negation durch den anderen wird überkommen durch die Negation der Negation des anderen. Das Selbstbewusstsein gibt also vor, »in seinem Anderssein als solchem bei sich« zu sein (ebd., S. 576). Dieser Akt der Inkorporation negiert den anderen jedoch nicht nur, er reproduziert zugleich den Widerspruch zwischen mir und dem anderen, jedoch verlagert in das Subjekt hinein. Der einzige Unterschied besteht nun im Vorhandensein von Anerkennung.

> »Also die Vernunft ist bei sich in der Unvernunft als Unvernunft. Der Mensch, der in Recht, Politik etc. ein entäußertes Leben zu führen erkannt hat, führt in diesem entäußerten Leben als solchem sein wahres menschliches Leben. Die Selbstbejahung, Selbstbestätigung im Widerspruch mit sich selbst, sowohl mit dem Wissen als mit dem Wesen des Gegenstandes, ist also das wahre Wissen und Leben« (ebd., S. 581).

Konkret heißt das also, dass die Entfremdung reproduziert wird, lediglich mit dem Unterschied, dass sie nun *selbstbewusst* gelebt und in mannigfaltigen Formen ausgedrückt werden kann. Marx erkennt also, dass Hegels falscher Positivismus auf einer Lüge über den positiven Akt des Für-sich-Seins fußt. Für-sich-Sein heißt schlussendlich nichts anderes als Unvernunft und Entfremdung zu naturalisieren – für Marx mit dem Kapitalismus untrennbar verbundene Zustände. Während Hegel in der Arbeit also den Prozess menschlicher Selbsterschaffung gefunden zu haben glaubt, ist für Marx entfremdete Arbeit zwar ein naturalisierter, jedoch gleichzeitig historisch spezifischer Zustand, was für ihn unmittelbar an die Möglichkeit der Überwindung dieses Zustandes anschließt. Marx erkennt, dass Arbeit, wie real sie auch immer in ihren Effekten und in ihrer Kraft zwischen Subjekt und Objekt zu vermitteln sein mag, doch nur eine Pseudo-Essenz darstellt, die sich in dieser Form lediglich im Kapitalismus zeigen kann:

> »Bei Hegel ist die Negation der Negation daher nicht die Bestätigung des wahren Wesens, eben durch Negation des Scheinwesens, sondern die Bestätigung des Scheinwesens oder des sich entfremdeten Wesens in seinen

Verneinung oder die Verneinung dieses Scheinwesens als eines gegenständlichen, außer dem Menschen hausenden und von ihm unabhängigen Wesens und seine Verwandlung in das Subjekt. Eine eigentümliche Rolle spielt daher das Aufheben, worin die Verneinung und die Aufbewahrung, die Bejahung verknüpft sind« (ebd.).

Marx versteht die Dialektik von Herrschaft und Knechtschaft im Gegensatz zu Hegel also als historisches System von Herrschaft, das das Potenzial der Wiederaneignung in sich trägt:

»The historical negation of that social formation would, then, entail the abolition of both the historically dynamic system of abstract domination and the industrial capitalist mode of production. In the same vein, the developed theory of alienation implies that Marx saw the negation of the structural core of capitalism as allowing for the appropriation by people of the powers and knowledge that had been historically constituted in alienated form« (Postone 1993, S. 31).

Während also die Selbsterschaffung durch Arbeit die treibende Kraft hinter der konstanten Erhöhung der Produktivität im Kapitalismus darstellt, schafft sie zugleich das Mittel der Selbsterschaffung, nämlich die Arbeit selbst, ab: »That the expenditure of direct human labor time remains central and indispensable for capitalism, despite being rendered anachronistic by the development of capitalism gives rise to an internal tension« (ebd., S. 34). Dieser interne Widerspruch ist nun nicht unendlich subsumierbar unter die Bedingungen des Kapitalismus als sich selbst antreibende Bewegung. Im Gegenteil, er zeigt einen internen Bruch an, der auf die Möglichkeit des Überkommens des kapitalistischen Systems selbst hinweist. In den Worten Moishe Postones: »[The contradiction] drives the totality not toward its full realization but toward the possibility of its historical abolition. That is, the contradiction expresses the temporal finiteness of the totality by pointing beyond it« (ebd., S. 79).

Marx formuliert also eine Kritik an Hegel nicht von der Position des Ist-Zustandes her, sondern von dem des potenziell Möglichen. Und dieser Standpunkt ist der des Humanismus. Kritik ist für Marx hier also negative Kritik: »one that criticizes what *is* on the basis of what *could be*« (Postone 1993, S. 64; Hervorhebung M.D.). Ihre Intention ist Befreiung als Transformation und ihre Form ist eine historisch spezifische Ethik, die auf einen fundamentalen Wandel der kapitalistischen Gesellschaft abzielt. Ein Wandel, der möglich wird durch den Horizont nicht des Gegebenen, sondern des Möglichen. Und dieses Mögliche entfaltet seine unmittelbare Bedeutung in den Widersprüchen des ›Ist‹. Anerkennung wird so nicht zu einem per se falschen, unnötigen oder unzweckmäßigen Konzept. Es ist im Gegenteil ein innerhalb der gegebenen historischen Spezifität notwendiges Konzept, das zugleich aber auch zu dieser historischen Epoche gehört und mit ihr überkommen werden muss. Anerkennung ist also untrennbar verbunden mit der Hegel'schen Totalität, einer Totatlität, die von Marx als historisch-spezifisch entlarvt wird. Und mehr noch, sie ist historisch-spezifisch für die Ära des Kapitalismus. Anerkennung ist also in der Lage, emanzipatorische Kraft nur innerhalb der Grenzen eine kapitalistischen Gesellschaft zu entfalten und wird so zu einem reproduktiven Element dieser Gesellschaft. Sie richtet sich auf den anderen für mich selbst und produziert so eine Pseudo-Essenz in der Arbeit als Entfremdung des Menschen.

Mit der Historifizierung Hegels liefert Marx eine Alternative zum Anerkennungsbegriff, die in der Idee des Acknowledgments verankert ist. Er löst die Existenz einer allumfassenden Totalität ebenso auf wie die Idee einer vorherbestimmten oder auch nur vorhersagbaren Zukunft. Vielmehr greift er in die Gegenwart ein, die an ihren Brüchen und Widersprüchen – an ihren Rändern – die Möglichkeit des Anders-Seins aufzeigt. Dieses Anders-Sein, das wir nicht wissen können, gilt es *anzuerkennen*, um so dem Möglichen eine Bühne für seine Entfaltung zu liefern.

Literatur

Arendt, Hannah (1958): The human condition. Chicago (University Of Chicago Press).
Arendt, Hannah (1975): Sonning prize speech in Kopenhagen, Dänemark, April 1975. URL: http://memory.loc.gov/cgi-bin/ampage?collId=mharendt_pub&fileName=05/052270/052270page.db&recNum=0 (Stand: 2.2.2012).
Berlin, Isaiah (2002): Liberty incorporating four essays on liberty. Oxford (Oxford University Press).
Bruner, Jerome Seymour (1990): Acts of meaning. Cambridge (Harvard University Press).
Cavell, Stanley (1979): The claim of reason: Wittgenstein, skepticism, morality and tragedy. Oxford (Clarendon Press).
Gergen, Kenneth J. (2002); Konstruierte Wirklichkeiten: Eine Hinführung zum Sozialen Konstruktionismus. Stuttgart (Kohlhammer).

Hegel, Georg Wilhelm Friedrich (1907): Phänomenologie des Geistes. Leipzig (Verlag der Dürr'schen Buchhandlung).
Hegel, Georg Wilhelm Friedrich (1977): Phenomenology of spirit. Oxford (Clarendon Press).
Herder, Johann Gottfried (1786): Ideen zur Philosophie der Geschichte der Menschheit. Riga und Leipzig (Johann Friedrich Hartknoch)
Holzkamp, Klaus (1983): Grundlegung der Psychologie. Berlin (Campus).
Holzkamp, Klaus (1985): »Persönlichkeit«- Zur Funktionskritik eines Begriffes. In: Herrmann, Theo & Lantermann, Ernst-D. (Hg.): Persönlichkeitspsychologie. Ein Handbuch in Schlüsselbegriffen. München (Urban & Schwarzenberg).
Honneth, Axel (1994): Kampf um Anerkennung: Zur Moralischen Grammatik sozialer Konflikte. Frankfurt/M. (Suhrkamp).
Markell, Patchen (2003): Bound by recognition. Princeton (Princeton University Press).
Marx, Karl (1968): Ökonomisch-Philosophische Manuskripte aus dem Jahre 1844. In: Marx/Engels Werke (42 Bde.). Berlin (Dietz Verlag), Ergänzungsband, S. 465–588
Postone, Moishe (1993): Time, labor, and social domination: A reinterpretation of Marx's critical theory. Cambridge (Cambridge University Press).
Sarbin, Theodore (Hg.)(1986): Narrative psychology: The storied nature of human conduct. Westport (Praeger).
Taylor, Charles (1994): The politics of recognition. In: Gutmann, Amy (Hg.): Multiculturalism: Examining the politics of recognition. Princeton (Princeton University Press), S. 25–73.
Tully, James (2000): Struggles over recognition and distribution. Constellations 7(4), 469–482.

Teil II
Widerstreit, Perspektiven

Werde hysterisch!

Christoph Bialluch

Vorbemerkungen

Bevor ich zum eigentlichen Beitrag komme, möchte ich kurz auf das Interesse der Organisatoren[1] des Kongresses und damit auch auf mein Interesse daran eingehen. Ich möchte ihnen also gerne – gewissermaßen – den Ort, von dem aus ich spreche, beschreiben.

Auf Initiative von Klaus-Jürgen Bruder haben wir uns vor ungefähr zwei Jahren zusammengesetzt und überlegt, was für einen Kongress, was für Themen, was für Referenten, was für einen Austausch mit ähnlich gesinnten Menschen wir uns wünschten und wie wir einen Rahmen dafür schaffen könnten. Ein erster Schritt dazu war die Frühjahrskonferenz 2010 der Neuen Gesellschaft für Psychologie, später folgte der Call for Paper für diese Konferenz, ein etwas sperriger Text, der unsere Unzufriedenheit mit den aktuellen gesellschaftlichen Entwicklungen und unseren Willen, sich mit ihnen auseinanderzusetzen, zum Ausdruck bringen sollte. In seiner leichten Zerrissenheit gab dieser Text auch unsere eigene Zerrissenheit wieder, die sich in unterschiedlichen wissenschaftlichen Haltungen, unterschiedlichen Praxisfeldern, in denen wir arbeiten, unterschiedlichen gesellschaftstheoretischen Überlegungen, denen wir anhängen, niederschlug.

Es gab auch – von außen kaum wahrnehmbar, für mich jedoch gut spürbar – drei Generationen in unserer Gruppe. Einige sind zu Beginn der

---

1 Der besseren Lesbarkeit halber wird nur die männliche Form angegeben, gemeint sind die männliche, die weibliche und alle Formen dazwischen und darüber hinaus.

80er Jahre geboren, andere zu Beginn der 70er und dann gab es da noch jemanden, der zu Beginn der 40er geboren wurde. Sprich, wir haben es mit einem 68er, der in den 40/50er Jahren aufgewachsen ist, mit Menschen, die noch in den verhältnismäßig »sozialen« 70er und 80er Jahren groß geworden sind, und einer Gruppe, die mit Helmut Kohl im Westen und dann auch im vereinigten Deutschland groß geworden ist, zu tun. Wir waren Menschen, die eine wissenschaftliche Karriere haben und noch weitertreiben, die eine solche anstreben, aber auch mit Menschen, die praktisch als Einzelfallhelfer, in der Klinik oder als Lehrer arbeiten, die beratend tätig sind, die Psychotherapeuten sind oder sich noch in Ausbildung befinden. Ich berichte deswegen davon, weil wir es schon in unserer kleinen Gruppe von Organisatoren mit einer Heterogenität von Vorstellungen zu tun hatten, in denen verschiedenste Ideen zu Inhalten und Formen bezüglich des Kongresses deutlich wurden; vielleicht noch disparater waren die Vorstellungen, wie die Arbeit, die mit dem Kongress zusammenhing, denn organisiert werden sollte.

Arbeit: Ein insofern hervorhebenswerter Aspekt, weil es sich hier um die für mich zentrale Kategorie meines Begehrens, an diesem Kongress mitzumachen, handelt. Es geht um Arbeitsformen, Arbeitsteilung, Anforderungen, die von außen gestellt werden, Anforderungen, von denen man meint, sie erfüllen zu müssen, es geht um Anerkennung und Ausbeutung, Entfremdung und Selbstverwirklichung, um zeitliche und finanzielle Budgetierung und vor allem um deren Begrenzung. All das konnten wir aus meiner Sicht schon in unserem kleinen Vorbereitungslabor beobachten.

Arbeit ist auch das, was in meiner persönlichen Welt eine Schlüsselkategorie bildet.

Im Bereich der Altenpflege und der Heilpädagogik lehre ich Psychologie und ich mache Praxisberatungen, in denen die genannten Aspekte wichtig sind und um weitere wesentliche erweitert werden müssen: Arbeitsverdichtung, Kostendruck, zunehmende Dokumentationspflichten, gesellschaftspolitischer Rahmen sozialer Arbeit, individuelle Ressourcen usw. usf.

Als Coach habe ich vor allem mit Akademikern, die in Lohn und Brot stehen, zu tun, von denen sich manche in Institutionen einfinden müssen, während andere schon leiten und in gestaltenden Positionen überleben müssen. Hier treten die Aspekte von Ausbeutung und Selbstausbeutung, der Entgrenzung der Arbeitsphäre, die Freizeit und Kontakte jenseits der Arbeit zurücktreten lässt, und das Problem, selbst kein Ausbeuter zu sein oder zu werden, zutage. In diesen beiden letzten Bereichen geht es also um Menschen, die noch im Arbeitsleben stehen.

Im Sozialpsychiatrischen Dienst leiste ich gerade eine Elternzeitvertretung. Hier sind ein großes Klientel Menschen, die vom Jobcenter geschickt werden, um deren Zugehörigkeit zum Personenkreis des §53 des SGB XII zu prüfen, sprich ob eine psychische Störung vorliegt, eine psychiatrische Diagnose gestellt werden kann, was eine zeitweise Aufhebung der sogenannten »Mitwirkpflichten der Kunden der Agentur für Arbeit« und die Vermittlung von sogenannten Eingliederungsmaßnahmen nach sich ziehen kann. Im Kontakt mit diesen Arbeitslosen treten noch einmal andere Aspekte in den Vordergrund: Selbstwert und Selbstbewusstsein ohne Arbeit, Anerkennung ohne Arbeit, das »Gefühl« der Nutzlosigkeit, das »Gefühl«, nicht mehr mithalten zu können, »Gefühle« der Demütigung, sich den Prozeduren der Arbeitsagentur, aber auch des Sozialpsychiatrischen Dienstes zu unterziehen, nicht frei über Zeit und Geld zu verfügen, die Schwierigkeiten, ein selbstbestimmtes Leben zu führen, ein Lebensziel, einen Lebenssinn zu entwickeln, eine Tages- und Wochenstrukturierung jenseits von Arbeit zu erhalten usw. usf.

Jeder einzelne Bereich – Altenpflege, Coachees, Arbeitslose – verdiente eine genauere Analyse, eine genaue Analyse der Strukturbedingungen und wie sich die Subjekte dazu verhalten können, doch nehme ich diesen Kongress zum Anlass, mich auf wenige Aspekte zu beschränken: Ich möchte dabei Überlegungen zu einer Art *Ideologie der Arbeit*, die die Ausbeutung des Subjekts durch andere, aber auch durch sich selbst in Augenschein nimmt, vorstellen. Des Weiteren möchte ich fragen, inwiefern eine Art *Hysterisierung* dem entgegenwirken könnte. Auch wenn ich in meiner Tätigkeit eher pädagogisch, psychoedukativ, klientenzentriert und lösungsorientiert vorgehe, schätze ich eine psychoanalytische Sichtweise zur Reflexion. Insbesondere werde ich mich daher auf Jacques Lacan beziehen.

Abstract

Freud käme das Verdienst zu, dass er die Hysterie als Symptom einer zugrunde liegenden Entfremdung des Subjekts verstanden habe, sagt sinngemäß Lacan. Und tatsächlich wurde die Frage nach dem Sinn oder der Bedeutung von psychischen Symptomen gestellt. Unterschiedlichste Formen der Verrücktheit hatten so (und auch auf andere Weise) lange Zeit einen Platz in der Psychologie und der Psychoanalyse, ja zeigten geradezu, dass sie etwas über die Menschen und die Gesellschaft, in der sie leben, zu erkennen gaben. Dem stehen heute starke Kräfte aus Genetik, Neurophysiologie und Medizin entgegen, die uns die Symptome anders erklären wollen und beispielsweise die Depression einem Diabetes im Sinne einer Stoffwechselstörung gleichstellen. Hier weist nichts mehr auf eine möglicherweise »sinnvolle« Reaktion eines Subjekts *auf seine Schwierigkeiten*, auf eine »sinnvolle« Reaktion auf seine Umwelt hin, sodass eine psychische Erkrankung leicht in diagnostischen Kriterien eingepfercht werden kann. Ohne den Leidensdruck romantisieren zu wollen, kann eine Form von Hysterie wieder wichtig werden, die das vermeintliche Wissen über die seelischen Krankheiten unterläuft und Fragen nach dem Sinn aufwirft – und die Frage nach der Bedeutung der Arbeit stellt.

Im Folgenden möchte ich sie an einem Gedankenexperiment teilhaben lassen, das die vielen Analysen keinesfalls ersetzen, sondern vielmehr ein Denken in Bewegung bringen will.

Hinführung

Im Zentrum meines Beitrags steht ein Diskursmodell, das Lacan in seinem Seminar in der Zeit nach den Unruhen von 1968 bis Mitte 1970 entwickelt hat. Also schon zu einer Zeit, in der seine Sprach- und psychoanalytische Theorie fortgeschritten waren. Allgemein gesprochen erweitert er die Psychoanalyse Freuds um verschiedene Aspekte. An erster Stelle ist hier die Hinzufügung einer ausgearbeiteten Sprech- und Sprachtheorie zu nennen, an zweiter die Einführung der drei Ordnungen des Symbolischen, des Imaginären und des Realen, die auf unterschiedliche Weise Einfluss auf den Menschen nehmen. Die von Freud begonnene Kritik an einem autonomen Ich wird radikalisiert; er sieht das Subjekt als ein Subjekt des Unbewussten an, während das Ich lediglich sein Objekt ist. Im Zuge seiner Theorieentwicklung arbeitet Lacan noch stärker aus, dass das Subjekt vor allem etwas Sprachliches ist.

Ich muss aus Platzgründen auf eine detaillierte Einführung verzichten und bitte daher um einen Verstehenskredit.[2] Ich gehe schematisierend vor. Wir springen ins Jahr 1964:

---

[2] Eine ausführliche Darstellung des gesamten Vorhabens – zumindest bezüglich Lacan – findet sich in Bialluch 2011 (S. 35–304, 417–458).

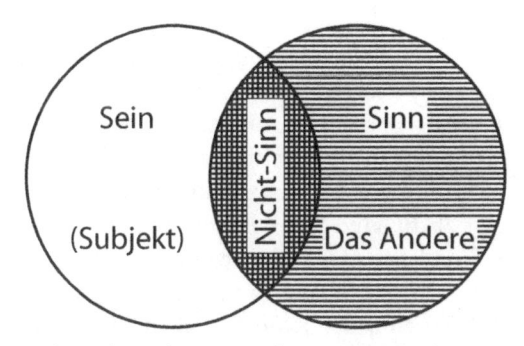

Grafik 1: Die Entfremdung (Lacan/Miller 1964, S. 222)[3]

Wir können mit Lacan sagen, dass das Subjekt durch die Sprache von sich selbst entfremdet wird. Es ist in einen sprachlichen und einen nicht-sprachlichen Teil gespalten. Zwar ermöglicht die Sprache dem Subjekt einerseits den Zugang zum Sinn, aber andererseits gehen für das Subjekt die nicht-sprachlichen Anteile oder sein Sein verloren. Entscheidet es sich für das Sein, um der Entfremdung zu entgehen und mehr zu genießen, verliert es den Bereich des Sinns.

Wie konzipiert nun Lacan die Entfremdung durch die Sprache? Eine Formulierung ist, dass das Subjekt durch den Signifikanten gespalten wird.

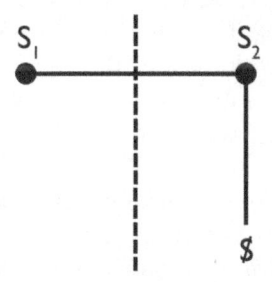

Grafik 2: Die Spaltung durch den Signifikanten (Lacan/Miller 1964, S. 208)

Lacan gibt dem Subjekt im Seminar XI eine Ursprungsgeschichte, die mit Grafik 2 wiedergegeben wird. S_1 wird als der einzige Signifikant

---

[3] Für die Literaturangabe zu Lacans Seminaren wird grundsätzlich auch Jacques-Alain Miller aufgeführt, weil er den Text auf der Grundlage von Skripten, Tonbändern und Mitschriften erstellt hat.

bezeichnet, und schon haben wir ein Problem, zumal (in seiner Theorie, aber auch allgemein) es nicht einen einzelnen Signifikanten geben kann, sondern Signifikanten stets im Zusammenhang mit einem – bzw. in Abgrenzung zu einem – anderen Signifikanten stehen. In dem Moment aber, in dem das Subjekt als Signifikant auftaucht, ist es nicht mehr identisch mit sich selbst, es kommt zu einer Spaltung durch den Signifikanten, den wir als binären Signifikanten S_2 bezeichnen können. Das Auftauchen im Sinn hat als Gegenbewegung jedoch das Schwinden des Subjekts, weil es nicht »vollständig« in das Symbolische, das Feld des Sinns (bzw. Andern) eingehen kann. Die Konsequenz aus dem Schritt von S_1 zu S_2 ist das gestrichene Subjekt.

Bezüglich des Begehrens ist hinzuzufügen, dass es sich aus der imaginären und vor allem der symbolischen Entfremdung heraus entwickelt. Es richtet sich auf die Wiedererlangung einer (nunmehr unmöglichen) Ganzheit. Sie wird vom Subjekt als Mangel erlebt, als Verlust eines Objekts, das Lacan oft als Objekt klein *a* bezeichnet.

Diskurs I: Psychoanalytischer Diskurs, Diskurs des Mehrwertes, Diskurs der Mehrlust

»Discours« heißt im Französischen zunächst einmal die Rede, die Ansprache. Von diesem Begriff möchte Lacan den Diskurs jedoch abgrenzen. Sein Konzept des Diskurses will die zugrunde liegenden Beziehungen jenseits des Sprechens untersuchen, die das stets mehr oder weniger gelegenheitsabhängige Sprechen um vieles übersteige (vgl. Lacan/Miller 1969–70, S. 11).

Ein Beispiel für die Unterscheidung von Rede und Diskurs ist das »normale« Sprechen im Verhältnis zum Sprechen im psychoanalytischen Diskurs. In der Rede eines jeden kann sich sowohl Bewusstes wie Unbewusstes äußern. Der psychoanalytische Diskurs nach Freud geht aber insofern über das Sprechen des Analysanden hinaus, als er grundlegende Beziehungen annimmt, wie beispielsweise diejenigen zwischen den psychischen Instanzen, die das Subjekt strukturieren. So können wir mit Freud sagen, dass sich in Äußerungen wie Versprechern oder im Traum Unbewusstes niederschlägt und sich in manchen anderen Äußerungen das Über-Ich zeigt. Subjekt der Psychoanalyse wäre so gesehen das Unbewusste.

Einen solchen methodischen Ansatz unterstellt Lacan auch Marx. Ich möchte das Vorgehen Lacans diesbezüglich kurz illustrieren. Er greift zur Darstellung des kapitalistischen Diskurses eine Stelle aus dem *Kapital* (das Kapitel zum Arbeits- und Verwertungsprozess [Marx 1867, S. 192–201]) auf und übersetzt sie in eine Szene, die zeigt, wie sich nach Marx ein früher Kapitalist gegenüber einem Arbeiter gebärdet. Der Kapitalist begegnet einem Menschen, der für seine Arbeit nur ein sehr einfaches Werkzeug (einen Hobel in diesem Beispiel) besitzt, mit dem die Arbeit beschwerlich ist. Der Einfachheit halber habe ich das paraphrasiert. Der Kapitalist sagt:

> »Mensch, das ist ja total beschwerlich, komm' arbeite für mich, ich gebe Dir eine Holz-Fräse, mit der die Arbeit viel leichter geht. Und ich gebe Dir das, was Du zuvor selbst verdient hast, nämlich das, womit Du Deinen Unterhalt bestritten hast« (vgl. Lacan/Miller 1968–69, S. 65).

Der Kapitalist verhält sich quasi so, als täte er dem Arbeiter einen Gefallen indem er ihm seine besseren Produktionsmittel zu Verfügung stellt, damit der Arbeiter leichter seine Arbeit verrichten und weiterhin seinen Lebensunterhalt, den er nun als Lohn vom Kapitalisten bekommt, verdienen kann. Es sieht so aus, als träfen sich zwei Personen auf gleicher Augenhöhe: Der eine hat etwas zu verkaufen, seine Arbeitskraft, der andere kauft sie zu dem am Markt üblichen Preis. Und damit noch nicht genug: Der Kapitalist als Besitzer von konkurrenzfähigen Produktionsmitteln kann sich als derjenige darstellen, der den Arbeitern alles gibt, damit sie überhaupt arbeiten können.

Marx legt dem Kapitalisten folgende Überlegung in der dritten Person in den Mund:

> »Sollte der Arbeiter mit seinen eignen Gliedmaßen in der blauen Luft Arbeitsgebilde schaffen, Waren produzieren? Gab er ihm nicht den Stoff, womit und worin er allein seine Arbeit verleiblichen kann? Da nun der größte Teil der Gesellschaft aus solchen Habenichtsen besteht, hat er nicht der Gesellschaft durch seine Produktionsmittel, seine Baumwolle und seine Spindel, einen unermeßlichen Dienst erwiesen, nicht dem Arbeiter selbst, den er obendrein noch mit Lebensmitteln versah? Und soll er den Dienst nicht berechnen?« (Marx 1867, S. 206)

Auch hier können wir die Frage nach dem Subjekt des Prozesses stellen.

»In der Tat aber *wird der Wert hier das Subjekt eines Prozesses*, worin er unter dem beständigen Wechsel der Formen von Geld und Ware seine Größe selbst verändert, sich als Mehrwert von sich selbst als ursprünglichem Wert abstößt, sich selbst verwertet« (ebd., S. 169; Hervorhebung C. B.).

Marx spricht hier ironisch davon, dass der Wert Subjekt des Prozesses wird, dass der Wert sich selbst verwerte und sich als Mehrwert vom ursprünglichen Wert abstieße. Er fügt an dieses Zitat an: »Er [der Wert] wirft lebendige Junge oder legt wenigstens goldne Eier« (ebd.).

Erst im Diskurs des Mehrwerts stellt sich das anders dar: Der Produzent des Mehrwertes ist der Arbeiter. Verkürzt: Damit überhaupt Mehrwert durch den Kapitalisten angeeignet werden kann, muss menschliche Arbeit verausgabt werden.

Insofern ist der Kapitalismus auch ungeheuer produktiv, als immer mehr Waren hergestellt werden müssen, um Mehrwert abschöpfen zu können. Schon hier können wir von einer eskalierenden Bewegung sprechen und haben noch nicht einmal von Konkurrenz gesprochen.

Marx war darin erfolgreich, das »Bewegungsgesetz der modernen Gesellschaft« (ebd., S. 15) – sprich: des Kapitalismus – entziffert zu haben. Am Beginn der Ökonomie sieht Lacan (vgl. 1970, S. 37) jedoch – und das ist diskutabel und muss auch nicht geteilt werden – den Mangel, das Objekt *a*, die Mehrlust, die durch die Spaltung des Subjekts entsteht, wie vorher erwähnt. Dieser Mangel setzt nun einen Prozess in Gang, bei dem Lacan Homologien zum Mehrwert nach Marx annimmt. Lacan spricht von einem Markt und von Arbeit (vgl. Lacan/Miller 1968–69, S. 17ff.) und er sieht folgendes: Der Wunsch des Subjekts nach Beseitigung des Mangels ist der Ansatzpunkt dafür, das Subjekt in verschiedenen Zusammenhängen zum Arbeiten zu bringen. Dabei kommt es ebenso wie beim Mehrwert dazu, dass etwas produziert und von jemand anderem als dem Produzenten selbst abgeschöpft wird (vgl. ebd.).

Produziert wird Mehrlust, synonym zum Objekt *a*, und dies hat zwei Ebenen:

Das Subjekt verzichtet auf das Genießen und arbeitet, um den Mangel zu beseitigen.

Durch diesen Verzicht und durch die Arbeit entfernt sich das Subjekt noch weiter von seinem Sein und vergrößert den Mangel.

Die Konzeption der Mehrlust hat also sowohl einen »mangelproduzierenden« und einen »mangelbeseitigenwollenden« Aspekt (vgl. Lacan

1970, S. 37). Zugespitzt heißt das sogar, dass das Subjekt in der Arbeit, den Mangel zu beseitigen, seinen Mangel nur vergrößert, und um diesen größeren Mangel stillen zu können, immer mehr arbeiten muss.
Wieder eine eskalierende Bewegung.

Diskurs II: Die »Vierfüßler«, wie Lacan seine vier Diskursmodelle nennt

Der Signifikanteneffekt – der Schritt von S_1 zu S_2 und die damit verbundene Entfremdung – wird noch einmal thematisiert, vor allem kann seine Wirkung in unterschiedlichen Zusammenhängen durch vier Diskursmodelle aufgegriffen werden. Ein Diskurs kann in seine beiden »benachbarten« Diskurse (vgl. Grafik 5) übergehen, wobei es nach Lacan das Unbewusste ist, das das Kippen vom einen zum anderen bewerkstelligt (vgl. ebd., S. 38).

Die Terme lauten:

S_1 der Herrensignifikant
S_2 das Wissen
$\slashed{S}$ das Subjekt
a die Mehrlust

Grafik 3: Die Terme (ebd., S. 49)

Aus dem einzigen Signifikanten ist der Herrensignifikant geworden, vor allem wegen seiner Nähe zum Herrn bei Hegel. Aus dem binären Signifikanten ist das Wissen geworden. Das gestrichene Subjekt und die Mehrlust bleiben gleich.
Die Plätze sind:

$$\frac{\text{Agent}}{\text{Wahrheit}} \quad \frac{\text{Arbeit}}{\text{Produktion}}$$

Grafik 4: Die Plätze (Lacan/Miller 1969–70, S. 196; vgl. auch Lacan 1970, S. 49)

Der Agent ist hier nicht unbedingt derjenige, der selbst handelt, aber auf jeden Fall derjenige, der etwas veranlasst (vgl. Lacan/Miller 1969–70, S. 197). Die Arbeit ist der Platz, an dem gearbeitet wird (später wird er auch einmal als kleiner anderer bezeichnet; vgl. Lacan 1970, S. 49). Der Lacan'sche Begriff der Wahrheit zielt im Prinzip auf die Unerreichbarkeit ab. Es gibt aber in den Diskursen, wie wir hier sehen, einen Platz der Wahrheit, mit ihm ist aber die Wahrheit in ihrem halbsagbaren Aspekt (vgl. Lacan 1974, S. 61) im jeweiligen Diskurs gemeint.

Am Platz »Produktion« steht das, was in diesem Diskurs hergestellt wird.

Diskurs des Herrn

$$\frac{S_1}{\$} \longrightarrow \frac{S_2}{a}$$

Diskurs der Universität

$$\frac{S_2}{S_1} \longrightarrow \frac{a}{\$}$$

Diskurs der Hysterika

$$\frac{\$}{a} \longrightarrow \frac{S_1}{S_2}$$

Diskurs des Analytikers

$$\frac{a}{S_2} \longrightarrow \frac{\$}{S_1}$$

Grafik 5: Die vier Diskurse (vgl. Lacan/Miller 1969–70, S. 79; Lacan 1970, S. 49)

Der erste Diskurs: Der Diskurs des Herrn

Hier ist zunächst die prototypische Entfremdung durch den Signifikanten zu verzeichnen, mit ihren Resultaten S_2, gestrichenes Subjekt, Objekt a. Wie gesagt: Der Herrensignifikant geht zurück auf den »absoluten Herrn« bei Hegel (vgl. v. a. Hegel 1807, S. 153, 438). Hegel artikuliert Lacan zufolge in der *Phänomenologie des Geistes* eine Wahrheit, indem er einen Bezug zum Realen als dem Unmöglichen, dem Tod herstellt (vgl. Lacan/Miller 1969–70, S. 198). Es geht um die Wahl zwischen Freiheit und Leben, die vom Herrn anders als vom Sklaven/Knecht[4] getroffen wird. Kurz: Der Sklave wählt das um die Freiheit verkürzte Leben, während

---

4 Lacan spricht gewöhnlich vom Sklaven, auch wenn er den Knecht bei Hegel meint. Die Begriffe Sklave und Knecht werden hier synonym verwendet.

der Herr in dieser Situation nur die Wahl des Todes habe, um die Freiheit zu gewinnen, und Lacan sieht darin die radikale Entfremdung der Freiheit beim Herrn, der das Innerste seines Wesens dafür opfern muss (vgl. Lacan/Miller 1964, S. 231). Er muss auf das Genießen verzichten.

Der Herr stellt sich also im Gegensatz zum Sklaven dem Tod. Der Sklave wählt das Leben und begibt sich in Unfreiheit. Er unterwirft sich, arbeitet für den Herrn und konstituiert mit seiner Arbeit ein nicht enthülltes Unbewusstes, das die Angst vor dem Tod ist (vgl. Lacan/Miller 1969–70, S. 32). Während der Herr nichts weiß – denn er versucht, der Teilung durch den Signifikanten zu trotzen, was aber zur Folge hat, dass er nicht selbst über Signifikanten verfügt – und sich gerade dadurch definiert, entwickelt der Sklave im Gegensatz dazu ein Wissen, genauer ein Wissen-zu-machen (frz. *savoir-faire*) (vgl. ebd., S. 20), und versetzt sich so in die Lage, dem Herrn dienen zu können. Weil der Sklave den Herrn zwischen sich und den Tod stellt und selbst noch keinen Verzicht auf das Genießen geleistet hat, ergibt sich eine Schuld gegenüber dem Herrn. Für seinen Verzicht auf das Genießen wird ihm die Mehrlust durch den Sklaven erstattet.

In der intersubjektiven Ökonomie[5] gibt es einen Teil des Subjekts, der sich dem Tod stellt (und sich der Kastration unterwirft), dafür auf das Genießen verzichten muss, und einen unterworfenen Teil, der den Tod verdrängt und die Freiheit verloren hat, weswegen er für den Herrn (entgegen dem eigenen Lustprinzip) arbeiten muss und Mehrlust für den Herrn herstellt. Das heißt, dass der Mangel beim Herrn, der sich aus dem Verzicht ergibt, mittels des Objekts *a* gestopft werden soll, welches der Sklave mit seiner Arbeit herstellt und an den Herrn verliert. Doch dem unterworfenen Teil bleibt das Genießen im Diskurs des Herrn. Die angesprochene Tarnung wird erst im Diskurs der Universität enthüllt, weil dort der unterworfene Teil sogar um sein Genießen und sein Wissen gebracht wird.

Der zweite Diskurs: Der Diskurs der Universität

Lacan weist der Philosophie einen starken Einfluss auf die Verschiebung vom Diskurs des Herrn zum Diskurs der Universität zu. Die Philosophie sei »der Diebstahl, der Raub, der Entzug des Wissens, die am

---

5 Die Intersubjektivität nach Lacan gilt meines Erachtens sowohl innerhalb eines Individuum-Subjekts als auch zwischen Individuum-Subjekten.

Sklaventum begangen werden durch die Operation des Herrn« (ebd., S. 21). Wir knüpfen an das Wissen des Sklaven, welches ein Wissen zu machen ist, an. Durch das philosophische Konzept der Episteme, das ein ordnendes Moment, eine Art Apparat darstellt, kann dieses implizite Wissen des Sklaven in explizites Wissen überführt werden. Das Wissen wird übermittelbar, es wandert »aus der Tasche des Sklaven in die des Herrn« (ebd.). Es wird zu einem Herrenwissen.

Die nächste Zäsur (nach der Episteme) ist Decartes: Die Entfremdung (S_1-S_2) wird mit Descartes in einer neuen Konsequenz vollzogen. Seine Formel, *Ich denke, also bin ich*, kann so verstanden werden, dass das Ich jetzt die Funktion ausüben muss, dem Anschein nach das »ganze« Subjekt zu repräsentieren.

Die nächste Zäsur ist Hegel: In dieser Linie sicht Lacan Hegel, der die Entscheidung für das Feld des Wissens auf die Spitze triebe und vom »absoluten Wissen« spreche (vgl. Hegel 1807, S. 575–591, womit die *Phänomenologie des Geistes* endet), um die Aufhebung der Antinomie von Herr und Knecht (Sklave) zu ermöglichen (vgl. Lacan 1970, S. 24). Nach Lacan kann das als Totalisierung des Wissens und als Illusion gebrandmarkt werden, die die Spaltung des Subjekts – anstatt sie aufzuheben – immer stärker vertieft, wie es eben im Diskurs der Universität gefasst ist. Hegels Formel nach Lacan lautet *»Ich weiß, dass ich denke«* (Lacan/Miller 1968–69, S. 273) und man kann sie in folgendem Sinne erweitern um: *und ich werde alles wissen.*

Im Diskurs der Universität wird so das Subjekt unter die Herrschaft des Wissens gestellt oder in Lacans provokanteren Worten: ist »die Wissenschaft eine Ideologie der Unterdrückung des Subjekts« (1970, S. 39).

Politik

Lacan stellt die These auf, dass die Idee, dass das Wissen sich vervollständigen könnte, der Politik immanent sei und dass sich darin eine Befriedigung finden könnte (vgl. Lacan/Miller 1969–70, S. 33), für die nur die richtige Politik gemacht werden müsste. Hier baut er seinen Gegner auf: Er richtet sich kurz nach dem Aufruhr von 1968 und angesichts der Erfahrung von Kapitalismus und realexistierendem Sozialismus gegen ein Denken, das eine Ganzheit, eine mögliche Befriedigung des Bedürfnisses nach Ganzheit, verspricht, die seiner Meinung nach unmöglich ist. Die

Entfremdung (durch den Signifikanten⁶) soll hier durch eine bestimmte Politik, durch scheinbar »absolutes Wissen« überwunden werden.

Das (gestrichene) Subjekt arbeitet an der Vervollständigung des Wissens und beutet sich unendlich aus, weil das Reale unerreichbar ist. Bezüglich der Ausbeutung müssen wir im Diskurs der Universität, der als Diskursschema nicht nur für die Wissenschaft, sondern auch für die Bürokratie und darüber hinaus für den Kapitalismus und den realexistierenden Sozialismus steht, präziserweise vom Objekt *a*, der Mehrlust, als Arbeitenden sprechen.

Zwar ist man vom Herrn (dem Herrensignifikanten) befreit worden, doch mit ihm ist nicht zugleich die Herrschaft abgeschafft. Während im Diskurs des Herrn nur der Herr auf das Genießen verzichten musste, muss es im Diskurs der Universität auch ein weiterer Teil des Subjekts, der zunächst einmal ungefähr dem (wenn auch mythischen) Sklaven entspricht. Das Feld des Wissens soll vergrößert werden, weil sich am Horizont ein All-Wissen abzeichnet, das dem Subjekt eine Ganzheit, eine Überwindung der Entfremdung verspricht.⁷ Zu diesem Zweck wird einem weiteren Teil des Subjekts Verzicht auf das Genießen und Arbeit abverlangt, was er tut, um seinen Mangel, das aus der Entfremdung resultierende Objekt *a*, zu beseitigen.

Das arrangiert sich hervorragend mit der kapitalistischen Gesellschaftsform und geht über die Theorie des Mehrwertes hinaus. Produktion wie Konsumtion werden im Kapitalismus gesteigert, aber nicht nur aus der von Marx entzifferten ökonomischen Realität heraus, sondern auch deshalb, weil durch die bestimmende Position des Wissens weiter der Verzicht auf das Genießen geleistet und damit der Mangel am Laufen gehalten und in seinem Ausmaß sogar vergrößert wird.

Es wird ständig Mehrlust produziert: Es werden einerseits immer größere Löcher gerissen und Mangel verursacht und andererseits vorgeblich immer größere Löcher gestopft und Mangel beseitigt. Dementsprechend: Es werden immer mehr Waren produziert, um vermeintlich steigende Bedürfnisse, weil

---

6 Die Entfremdung nach Marx (von sich, von seinen Beziehungen und Verhältnissen, von den Dingen seiner Welt und seinen eigenen Produkten [vgl. Marx 1844, S. 510–522, v. a. das Unterkapitel *Die entfremdete Arbeit* des ersten Manuskripts]) ließe sich hingegen Marx zufolge sehr wohl mit dem Kommunismus überwinden (vgl. Marx 1844, hier v. a. das dritte Manuskript).

7 Hier würde verkürzt gesagt das Hegel'sche Selbstbewusstsein in absolutem Wissen aufgehen.

auch Bedürfnisse produziert werden, zu befriedigen. Aber die Waren fallen wie in ein Loch ohne Boden, weil sie dieses Loch nicht stopfen können. Ohne das wäre die Produktivkraft des Kapitalismus umsonst. Konsumieren, ohne zu befriedigen, setzt hingegen die nächste Konsumtion ins Werk.[8]

Wissenschaft

Am Platz der Arbeit im Diskurs der Universität sieht Lacan nicht nur den Arbeiter, sondern auch den Studenten (vgl. Lacan/Miller 1969–70., S. 120). Er spielt mit dem Wort und dem Objekt *a*, das eben jenen Platz der Arbeit besetzt, und macht aus ihnen den a-Studenten, jemanden der *astudiert* ist. Dieser muss genauso wie der Arbeiter etwas produzieren (vgl. ebd., S. 120f.). Anstelle der Maxime *Los! Arbeite!* lautet das Gebot des Diskurses der Universität für den Studenten ein wenig anders: »*Mach weiter! Los! Fahre fort, immer mehr zu wissen!*« (ebd., S. 120) Und es funktioniert auch, ohne dass es ein Herr im antiken Sinne formuliert.

Das geht konform mit dem Hegel'schen Wissenschaftsverständnis eines permanenten Revisionismus bis hin zur Vervollständigung des Wissens (dem »absoluten Wissen«), was in Lacans Worten das unmögliche Erreichen des einzigen Signifikanten, S_1, wäre, der im Diskurs des Herrn am Platz der (verdeckten) Wahrheit steht. Am Platz der Produktion steht das (gestrichene) Subjekt, das immer tiefer gespalten wird, weil es immer stärker auf sein Genießen verzichtet und immer weiter in das Feld des Andern eingeht, es vergrößert und seine anderen Anteile vernachlässigt.

Lacan räumt ein, dass die Lösung nicht in der Abkehr von der Wissenschaft liegen kann, aber sie vermag in seiner Sicht auch nicht, die Entfremdung des Subjekts zu überwinden.

Auch wenn man die Wissenschaft nicht bremsen muss, ist jedoch der Glaube an eine »glückliche Lösung« mit Lacan zu verfemen, denn aus ihr resultiert eine Unterdrückung des Subjekts, die in dieser Form bei Descartes ihren Anfang genommen hat und durch den philosophischen Diskurs nach Hegel fortgeführt wurde. Hier äußert sich das Misstrauen in den Fortschritt, das Lacan mit Freud (besonders in den kulturtheoretischen Schriften) teilt.

---

8 Das gilt sowohl auf niedrigem Niveau für Billigprodukte, die schnell kaputt gehen und neu gekauft werden müssen, als auch auf hohem Niveau für Luxusprodukte, da beispielsweise der neue Ferrari viel besser als der alte ist.

Arbeiten

Lacan kämpft während des gesamten Seminar XVII emphatisch gegen die uneingeschränkte Wissens- und Warenproduktion, die die Entfremdung und Ausbeutung des Subjekts vergrößert und es immer mehr arbeiten lässt. Er will dieser Ideologie der Arbeit etwas entgegensetzen. Die Unterdrückung bezieht sich dabei nicht nur auf die nicht-sprachlichen Teile des Subjekts, sie drückt sich vor allem darin aus, dass das Subjekt zum Arbeiten gebracht wird, oder im schlimmeren Falle sogar selbst glaubt, arbeiten zu müssen, um an der Beseitigung des Mangels bzw. dem Erreichen einer Ganzheit mitzuwirken. Die Substitution des Genießens durch Arbeit, herbeigeführt durch den philosophischen Diskurs und bestens arrangiert mit den kapitalistischen, aber auch in den sogenannten sozialistischen, Gesellschaften, ist Lacan zufolge der größte Erfolg dieser Ideologie (vgl. Lacan/Miller 1969–70, S. 196f.).

Vom Diskurs der Universität zum Diskurs des Analytikers

Lacan hat vom historischen Interesse der Analyse gesprochen, den endlosen Kreis der Wissensproduktion (und deren Ähnlichkeit mit der Warenproduktion) aufzubrechen und die Kosten des sich vermehrenden Wissens für das Subjekt zu benennen (vgl. Lacan/Miller 1968–69, S. 333). Während die Kosten schon in der Kritik des Diskurses der Universität aufgeführt werden, wird das Aufbrechen des Kreises in der Verschiebung vom Diskurs der Universität zum Diskurs des Analytikers modelliert.

Nach einem Vierteldreh vom Diskurs der Universität entgegen dem Uhrzeigersinn steht die Mehrlust auf dem Platz des Agenten im Diskurs des Analytikers. Der mangelproduzierende und mangelbeseitigenwollende Aspekt der Mehrlust ist die Dominante dieses Diskurses, aber auch die Facetten des Objekts a als Mangel und Ursache des Begehrens bleiben bestehen. Die Mehrlust wendet sich an das gespaltene Subjekt, das in diesem Diskurs insofern arbeitet, als es sich der weiteren Vermehrung des Wissens entziehen und es auf den ursprünglichen Bruch (S_1-S_2), der eigentlichen Entfremdung, zurückführen will. Deswegen soll der einzige Signifikant, der Herrensignifikant, hergestellt und das Begehren, der Verzicht auf das Genießen, die Haltung gegenüber dem Tod, kurz das, was mit ihm verbunden ist, thematisiert werden. Der Herrensignifikant ist im Diskurs des Analytikers aber wohlgemerkt nicht die Wahrheit, sondern das gestrichene Subjekt wird von der Mehrlust dazu gebracht, den Herrn, S_1, herzustellen, um der endlosen Wissensproduktion wieder Herr werden zu können.

Vom Diskurs des Analytikers zum Diskurs der Hysterika

Der Diskurs des Analytikers ist zu unterscheiden vom psychoanalytischen Diskurs, also dem Diskurs, der in der Psychoanalyse gehalten wird und unbewusstes Material hervorbringt (vgl. Lacan/Miller 1969–70, S. 35). »Was der Analytiker als analytische Erfahrung instituiert, läßt sich einfach sagen: es ist die Hysterisierung des Diskurses. Anders gesagt, es ist, mittels künstlicher Bedingungen, die strukturelle Einführung des Diskurses der Hysterika« (ebd., S. 35f.). Die Einführung der Regel, alles zu sagen, was einem durch den Kopf geht, und das Schließen eines Arbeitsbündnisses mit dem Analytiker, sich zu einem bestimmten Zeitpunkt zu treffen und das Geäußerte nicht namentlich nach außen dringen zu lassen, begünstigt die Hysterisierung des Diskurses. Sie fußt jedoch auf der in der analytischen Theorie angenommenen, grundlegenden Entfremdung des Subjekts von sich selbst. Erst im Diskurs der Hysterika kann sie zur Sprache kommen.

Freuds Schritt am Anfang des 20. Jahrhunderts bestand darin, den Diskurs der Hysterika als Ausdruck eben dessen zu verstehen, dass das Ich nicht Herr im eigenen Haus und von sich entfremdet sei. Eine Begebenheit, von der auch die nicht hysterischen Menschen betroffen seien (legt man die kulturtheoretischen Schriften Freuds zugrunde), zumindest stellte es sich so für die Psychoanalyse im Sinne einer *conditio humana* und *sine qua non* dar. Die Aufgabe des Diskurses des Analytikers ist, Lacan zufolge, den Diskurs der Hysterika herbeizuführen, denn nur in ihm kann sich dieser Entfremdung des Subjekts in actu angenähert werden.

Vom Diskurs des Herrn zum Diskurs der Hysterika

Im Diskurs der Hysterika steht das gestrichene Subjekt auf dem Platz des Agenten. Die Hysterika sei das geteilte Subjekt, anders gesagt, das Unbewusste in Ausübung (vgl. Lacan 1970, S. 39). Nach Lacan unterliegt das Subjekt in der psychoanalytischen Erfahrung, vor allem durch die Einführung der psychoanalytischen Regel, nicht dem Diktat des Herrn, des *cogito* oder des bewussten Wissens. Denn hier geht es nicht um Wissen, sondern gerade um das Unvermögen des Wissens, S_2, den Herrensignifikanten, S_1, zu erreichen, um die symbolische Entfremdung überwinden zu können.

»Bei der Hysterika ist es das Unvermögen des Wissens, was ihr Diskurs hervorruft, indem er sich regt aus Begehren – was liefert, worin Erziehen scheitert« (ebd., S. 47).

Was meint Lacan hier mit dem Scheitern des Erziehens? Sowohl im Diskurs des Herrn als auch im Diskurs der Universität ist die Erziehung des Subjekts insofern gelungen, als es sich der Herrschaft des Herrn bzw. der des Wissens unterwirft und das »Schicksal«, sein eigenes Leben zu retten bzw. sich für das Denken zu entscheiden und dem Herrn bzw. der Vervollständigung des Wissens zu dienen, annimmt.

Im Diskurs der Hysterika wird nun deutlich, wann das Erziehen misslingt. Er ist eine Regression aus dem Diskurs des Herrn (vgl. ebd., S. 49). Dieser (der Diskurs des Herrn) habe lange Zeit die Entfremdung getarnt, welche sich in der Formel findet: »Entweder denke ich nicht oder ich bin nicht« (Lacan/Miller 1969–70, S. 118).

Im Diskurs der Hysterika würde das Subjekt vor – deswegen spricht Lacan von einer Regression – der Entfremdung platziert, was sich in folgender Formel ausdrückt:

»Da, wo ich denke, erkenne ich mich nicht, bin ich nicht – das ist das Unbewußte. Da, wo ich bin, ist es nur zu klar, daß ich in die Irre gehe« (ebd.).

Die Spaltung ist in dieser Erfahrung nicht mehr verdeckt.

Das Begehren, zu wissen

Es ist der Diskurs der Hysterika (also des gestrichenen Subjekts), der den Herrn herausfordert, Wissen zu produzieren, man könnte sogar sagen, der Hysterika eine befriedigende Antwort zu geben.

Das Begehren, zu wissen, hat im Diskurs der Universität insofern keinen Bezug zum Wissen, als es eigentlich das Begehren nach Ganzheit ist (gepaart mit der Illusion des All-Wissens), also der Glaube/das Begehren, das Objekt *a* im Symbolischen einfangen zu können. Tragischerweise wird das Objekt *a* in derselben Bewegung im Realen verloren, was zu einer vertieften Spaltung des Subjekts führt. Dementsprechend ist das Begehren nach Ganzheit im Diskurs der Universität kontraproduktiv hinsichtlich der Wissensherstellung über die Entfremdung des Subjekts. Ganz im Gegensatz zum Diskurs der Hysterika, in dem dieses Wissen hergestellt wird.

Wie Lacan seit *Subversion des Subjekts* annimmt, kann man sich der Wahrheit annähern, wenn man sein Unwissen wirken lässt (vgl. 1960, S. 171), und genau das wird durch den Diskurs des Analytikers in den Diskurs der Hysterika eingeführt, in welchem das Objekt *a*, die Mehrlust, am Platz der halbsagbaren Wahrheit steht.

Mini-Fazit

Das Aufbrechen der kreisförmigen Bewegung der Mehrlust, die im Diskurs der Universität arbeitet, ist nach Lacan das historische Interesse der Psychoanalyse. Weil sie den Diskurs der Hysterika als Symptom verstanden hat, ist es ihr gelungen, die Spaltung des Subjekts (egal, ob in verschiedene Instanzen wie bei Freud oder durch den Signifikanten wie bei Lacan) zu enthüllen und eine Theorie des Unbewussten zu entwickeln, die sie als *conditio humana* annimmt. Die Aufgabe des Diskurses des Analytikers ist die Hysterisierung des Diskurses. Und genau darin liegt das subversive Potenzial der Analyse nach Lacan. Sie kann den Diskurs des Herrn und den später ihn verbergenden Diskurs der Universität als Ideologie der Unterdrückung des Subjekts bloßstellen, indem sie das gestrichene Subjekt, das Unbewusste in Ausübung, wie Lacan es nennt, an die dominante Stelle setzt und seine Entfremdung erfahrbar macht. Durch die Hysterisierung des Diskurses kann das Subjekt vom Diskurs des Herrn in den Diskurs der Hysterika regredieren und sich vor der Entfremdung platzieren. Von dort kann sie den Herrn und das Wissen herausfordern, wenn das Subjekt sein Unwissen wirken lässt.

Kurze Kritik

Diese Entfremdung wird als *conditio humana* angesehen und damit ahistorisch gefasst. Eine Überwindung ist nicht möglich, der Fortschritt ist lediglich nach einigen Durchläufen ein weniger mächtiger Herrensignifikant. Insgesamt bleibt das Subjekt seiner Entfremdung unterworfen. Ich würde hier die Unterscheidung treffen, dass die Entfremdung durch den Signifikanten tatsächlich als *conditio humana* gefasst werden kann, die Diskurse hingegen als historisch veränderbar gelten müssen. Decartes, Hegel, Marx, Freud und Lacan selbst bieten dafür beste Beispiele, wie sie historische Veränderungen in der Subjektivität durch ihre Diskurse eingeführt haben.

Es geht also schon darum, an den Diskursen zu arbeiten.

Aussicht

Worauf ich hinaus möchte, ist die Hysterie als eine Infragestellung des Herrn und des Wissens und als eine Möglichkeit, das Unwissen zuzulassen, in Stellung zu bringen, um das Wissen, das sich nicht weiß, produzieren zu können. Des Weiteren geht es darum, die Ideologie der Arbeit, die mir tief in unserer Gesellschaft verankert scheint, zu brechen, den Kreislauf – wenn auch kurzfristig – zu unterbrechen. Es ist für mich auch eine alternative Strategie zur Müdigkeit und zur Depression, die verkürzt aus der eskalierenden Bewegung des Kapitalismus und der Mehrlust heraus entstehen kann und keine Veränderungen jenseits der Resignation zeitigt.[9]

Zuletzt ist hier natürlich noch von einem anderen Arbeitsbegriff zu sprechen, demjenigen, der einen näher an die Wahrheit führt, demjenigen, der einen anderen Diskurs stiftet, demjenigen, der zu einer Selbstverwirklichung des Subjekts beiträgt. Unter letzterem möchte ich auch die Arbeit, die wir für die Organisation des Kongresses in unserer Freizeit geleistet haben, einordnen.

Enden möchte ich mit der kleinen Maxime und mich entschuldigen, dass ich darauf nicht expliziter eingegangen bin: Mehr Christoph Schlingensief weniger Robert Enke.

---

9 Hier wäre auf Ehrenberg (1998) und Han (2010) zu verweisen. Ein gutes Beispiel für Hysterisierung bietet Manfred Hermes Studie über R. W. Fassbinders *Berlin, Alexanderplatz* mit dem Titel *Deutschland hysterisieren* (2011).

Literatur

Bialluch, Christoph (2011): Das entfremdete Subjekt. Subversive psychoanalytische Denkanstöße bei Lacan und Derrida. Gießen (Psychosozial-Verlag).
Ehrenberg, Alain (1998): La fatigue d'être soi. Dépression et société. Paris (O. Jacob). Dt. (2004): Das erschöpfte Selbst. Depression und Gesellschaft in der Gegenwart. Frankfurt/M. (Campus).
Han, Byung-Chul (2010): Müdigkeitsgesellschaft. Berlin (Matthes & Seitz).
Hegel, Georg Wilhelm Friedrich (1807, verwendete Auflage 1986): Phänomenologie des Geistes. Werke. Auf der Grundlage der Werke von 1832–1845. Redaktion Eva Moldenhauer und Karl Markus Michel. Band 3. Frankfurt/M. (Suhrkamp).
Hermes, Manfred (2011): Deutschland hysterisieren. Fassbinder, Alexanderplatz. Berlin (b_books).
Lacan, Jacques (1960): Subversion du sujet et dialectique du désir. In: Lacan, Jacques (1966): Écrits. Paris (Seuil), S. 793–827. Dt. (1975): Subversion des Subjekts und Dialektik des Begehrens im Freudschen Unbewußten. In: Lacan, Jacques (1991): Schriften II. Weinheim, Berlin (Quadriga), S. 165–204.
Lacan, Jacques (1970): Radiophonie. Scilicet, 2/3, 55–99. Dt. (1988): Radiophonie. In: Lacan, Jacques (1988): Radiophonie. Television. Weinheim, Berlin (Quadriga), S. 5–54.
Lacan, Jacques (1974): Television. Paris (Seuil). Dt. Television. In: Lacan, Jacques (1988): Radiophonie. Television. Weinheim, Berlin (Quadriga), S. 55–98.
Lacan, Jacques & Miller, Jacques-Alain (1964, als Buchveröffentlichung 1973): Le Séminaire. Livre XI. Les quatre concepts fondamentaux de la psychanalyse. Paris (Seuil). Verwendete Dt. Auflage (1996): Das Seminar. Buch XI. Die vier Grundbegriffe der Psychoanalyse. Weinheim, Berlin: (Quadriga).
Lacan, Jacques & Miller, Jacques-Alain (1968–69, als Buchveröffentlichung 2006): Le Séminaire. Livre XVI. D'un Autre à l'autre. Paris (Seuil).
Lacan, Jacques & Miller, Jacques-Alain (1969–70, als Buchveröffentlichung 1991): Le Séminaire. Livre XVII. L'envers de la psychanalyse. Paris (Seuil). Dt. Unveröffentlichte Übersetzung von Gerhard Schmitz. Verwendet: 3. Fassung von November 2007. (Im Text angegebene Seitenzahlen beziehen sich allerdings auf die frz. Buchausgabe.)
Marx, Karl (1844): Ökonomisch-philosophische Manuskripte aus dem Jahre 1844. In: Marx, Karl & Engels, Friedrich (1956ff.): Werke. Herausgegeben vom Institut für Marxismus-Leninismus beim ZK der SED. Berlin (Dietz), Bd. 40, S. 465–588.
Marx, Karl (1867). Das Kapital. Kritik der politischen Ökonomie. Erster Band: Der Produktionsprozeß des Kapitals. Berlin 1981 (Dietz).

›Gesprengte Institution‹ unter Kontrolle?

Miriam Anne Geoffroy

Wie und wodurch verwandelt sich eine Einrichtung, die sich einst als ›gesprengte Institution‹ definiert und von Anfang an gegen die Gefahren und Folgen von Institutionalisierungsprozessen gekämpft hat, zunehmend in eine ›kontrollierte Institution‹? Warum ist unter den gesellschaftlichen Veränderungen der letzten Jahre diese ›gesprengte Institution‹ immer weniger in der Lage, adäquate und kritische Antworten auf die neu auftretenden Schwierigkeiten zu geben – und dass obwohl die ›gesprengte Institution‹ versucht hat, gesellschaftlich bedingte Schwierigkeiten und Widersprüche im Konzept mit zu berücksichtigen? Wie werden in der ›gesprengten Institution‹ ehemals erarbeitete und erkämpfte emanzipatorische Perspektiven und Handlungsräume Schritt für Schritt zurückgeschraubt? Und wie werden in der ›gesprengten Institution‹ zunehmend fremdbestimmte (ökonomische) Interessen und Verantwortungen internalisiert?

Um diese Fragen zu beantworten, werden zunächst die Geschichte der Gründung der Einrichtung kurz erläutert und einige wichtige Merkmale des Konzeptes der ›gesprengten Institution‹ dargestellt[1]. Denn im Kontrast zu den kritischen und emanzipatorischen Ansätzen der ›gesprengten Institution‹ stechen die Auswirkungen der gesellschaftlichen Veränderungen der letzten Jahre besonders deutlich hervor. Anschließend

---

1 Eine Beschreibung des Konzeptes der ›gesprengten Institution‹ findet sich in Geoffroy (2003) und wird ausführlicher in meiner Dissertation mit dem Arbeitstitel ›*Gesprengte Institution‹ in der Bredouille* (in Vorbereitung) dargestellt.

werden einige wichtige Veränderungen und manche ihrer Auswirkungen auf die ›gesprengte Institution‹ beschrieben.

Gründung und Konzept

Die École Expérimentale de Bonneuil-sur-Marne wurde 1969 ausdrücklich als ein pädagogisches und psychoanalytisches Forschungszentrum gegründet. Dabei wurde diese Einrichtung ursprünglich als nicht-segregative Versuchsschule definiert, die Kinder und Jugendliche *in* Schwierigkeiten[2] empfängt. Die meisten, die diese Einrichtung kennen, nennen sie einfach nur ›Bonneuil‹. Denn das Zentrum dieser ›gesprengten Institution‹ befindet sich in Bonneuil-sur-Marne, einem Vorort von Paris. Die wichtigste Gründerin von Bonneuil war Maud Mannoni, eine Schülerin von Jacques Lacan und Françoise Dolto.

Unmittelbar vor der Gründung war eine Gruppe von AnalytikerInnen, ÄrztInnen und ErzieherInnen aus einer anderen medizinisch-pädagogischen Einrichtung kollektiv ausgetreten, da sie sich auf Grund der institutionellen Strukturen »nicht mehr in der Lage [… sahen], schöpferisch tätig zu werden« (Mannoni 1973, S. 237). Ihnen wurde bewusst, dass es »völlig sinnlos [… war], zur individuellen Psychotherapie zu greifen, wenn es aufgrund des repressiven Systems, das Erwachsene und Kinder zusammenzwingt, bei den Erziehern zu Depressionen und bei den Kindern zu aggressivem Ausagieren kommt« (ebd.). Da *innerhalb des Personals Hierarchien herrschten, die Aktivitäten zersplittert waren und die Kinder nicht ausreichend in einen »realitätsnahen Tagesablauf« integriert wurden*, sahen sie keine Möglichkeit, dass es zu einem lebendigen Austausch kommen könnte (vgl. ebd.)[3].

Die GründerInnen von Bonneuil waren nicht mehr bereit, Psychotiker in eine Anstalt zu stecken, »wo sie ›Denkmäler für die Psychiater‹ werden« (ebd., S. 237). Stattdessen wollten sie versuchen, »ihnen wirklich aus ihren Schwierigkeiten zu helfen« (ebd.). Sie waren der Meinung, dass

---

2 Die Betonung liegt auf dem ›in‹. Denn dieses ›in‹ verweist im Gegensatz zum Ausdruck ›Kinder *mit* Schwierigkeiten‹ darauf, dass es sich um einen Zustand handelt, der verändert werden kann, und nicht um eine für immer gegebene Wesenseigenschaft (vgl. Buhmann 1990).

3 Wie weiter unten dargestellt, treten genau diese Probleme, von denen man sich damals abwenden wollte, heute in Bonneuil auf.

dies aber nur machbar sei, wenn »man sich auf ein langjähriges Unternehmen einläßt, das nur gelingen [... könnte], *wenn man die Institutionen immer wieder radikal in Frage stellt*« (ebd.; Hervorhebung im Original). Mannoni und ihre MitstreiterInnen distanzierten sich vom medizinischen Diskurs. Zwar nahm das neue Team eine anti-psychiatrische Haltung ein, übernahm aber nicht die anti-psychiatrischen Theorien (Laing, Cooper, Basaglia). Stattdessen bezog sich das Team von Bonneuil theoretisch auf die lacanianische Psychoanalyse.

Unter Bezugnahme auf Lacan wurde in Bonneuil davon ausgegangen, dass der sogenannte ›Wahnsinn‹ bzw. »die Psychose bei weitem kein krankhafter Prozeß (ist), sondern zunächst und vor allem eine Reaktion der gesamten Persönlichkeit auf eine außerordentlich konflikthafte Lebenssituation«, die auch im Zusammenhang mit gesellschaftlichen Verhältnissen gesehen werden muss (Mannoni 1978, S. 244). Daher wurde das Subjekt als ein zugleich gesellschaftlich gewordenes und subjektiv erfahrendes gesehen. Entsprechend wurden in Bonneuil neue Wege für den Umgang mit der gesellschaftlichen Ausgrenzung des ›Wahnsinns‹ gesucht. Gleichzeitig versuchte man am subjektiv erfahrenen Leiden von Menschen anzusetzen. So besteht eines der wichtigsten Ziele darin, vielfältige Möglichkeitsräume zu erschaffen, in denen Menschen sich als Subjekte konstituieren können, indem sie ihre eigenen Wünsche, ihr eigenes Begehren entwickeln und äußern können.

Das Konzept der ›gesprengten Institution‹ bestand nicht von Anfang an, sondern es entwickelte sich erst im Laufe der ersten Jahre nach der Gründung der Versuchsschule. Dabei wurde das Konzept nicht als theoretisches Modell verstanden, sondern als ein offener Prozess, der auf der Grundlage der gesammelten Erfahrungen und der sich dabei ergebenden Fragen versucht, Antworten zu finden, die zum Teil psychoanalytisch inspiriert waren.

Zu den psychoanalytischen Ansätzen, die für das Konzept der ›gesprengten Institution‹ wesentlich sind, gehören das ›Fort-Da-Spiel‹ als ursprüngliche Symbolisierung und die symbolische Kastration von imaginären dualen Beziehungen (vgl. Freud 1920, S. 12ff.; Lacan 1949, 1953, 1957, 1957–58, 1958, 1964)[4]. Das Besondere an der ›gesprengten

---

4 Zum Verständnis des Konzeptes der ›gesprengten Institution‹ dienen insbesondere diese Bücher von Lacan, in denen die ›Ordnung des Imaginären‹ und die ›Symbolische Ordnung‹ dargestellt werden.

Institution‹ ist, dass die psychoanalytischen Konzepte nicht nur zur Analyse von intersubjektiven Beziehungen verwendet, sondern auch auf institutionelle Strukturen bzw. Institution-Subjekt-Beziehungen übertragen werden.

So wird in Anlehnung an Lacans Theorie davon ausgegangen, dass duale imaginäre Beziehungen abhängig, aggressiv und sogar abtötend sein können, wenn sie dauerhaft bestehen bleiben. Deshalb müssen sie durch eine symbolische Kastration aufgebrochen werden. In Analogie hierzu verweisen die GründerInnen von Bonneuil auf die Gefahr, die durch die Allmachtstellung entsteht, die die meisten traditionellen Institutionen gegenüber den ihnen anvertrauten Subjekten beziehen. Sie behaupten sogar, dass sich die traditionellen Institutionen wie die erste Bezugsperson eines Psychotikers bzw. einer Psychotikerin benehmen. Denn die Subjekte befinden sich in einer dualen, abhängigen Beziehung zu den Einrichtungen. So sehen die traditionellen Institutionen (so wie die erste Bezugsperson eines Psychotikers bzw. einer Psychotikerin) ihre eigene Existenz gefährdet, sobald ein Subjekt versucht, sich von ihnen zu trennen. Damit können sich die Subjekte in keinem Augenblick von der Institution lösen, ohne dass sie ihre eigene psychische ›Zersprengung‹ riskieren (vgl. Lefort, zit. in Mannoni 1978, S. 49). Denn sie haben Angst, dass der andere bzw. die Institution zerbricht, wenn sie gehen.

Die ›gesprengte Institution‹ versucht daher die »Sprengung auf sich selbst [zu] nehmen«, um dem Subjekt »die Möglichkeit zu geben, sich von der Institution zu trennen, einen Einschnitt zu vollziehen« (ebd.). Dabei ist es entscheidend, dass die Existenz der Institution nicht dadurch gefährdet wird, dass sich die Subjekte von ihr trennen. Sofern die ›gesprengte Institution‹ keine Allmachstellung beziehen will, darf die Anwesenheit der Subjekte keine sinnstiftende Funktion für die Institution erhalten. Wenn die Sorge einer Institution nur ihr reibungsloses und effizientes Funktionieren ist, dann kann das Subjekt nur als ›Kranker‹ als »Garant der Institution« dienen (vgl. Polo 1986, S. 172; Roedel 1986, S. 120).

Aus diesem Grunde wurde Bonneuil ausdrücklich als ein pädagogisches und psychoanalytisches Forschungszentrum gegründet. Denn dadurch erhält die Institution weitere Ziele jenseits des eigenen effizienten Funktionierens. Ebenso sollte besonders darauf geachtet werden, dass die dort tätigen Erwachsenen weder finanziell noch emotional von den Kindern und Jugendlichen bzw. von Bonneuil abhängig sind oder werden. Zudem ist es sehr wichtig, dass die Erwachsenen innerhalb von

Bonneuil eigenen Wünschen und Interessen (u.a. Forschungsinteressen) nachgehen. So wird permanent darauf hingewiesen, dass die Erwachsenen nicht *für* die Kinder, sondern *mit* den Kindern da sind: »On n'est pas là *pour* les enfants, on est là *avec* les enfants.«[5]

Im Zusammenhang mit der symbolischen Kastration wird auch dem Unvorhergesehenen in Bonneuil ein Platz zugestanden. Dies beinhaltet auch das ›Recht auf Risiko‹, das einer übertriebenen Fürsorglichkeit bzw. der Vorstellung einer vollkommenen Sicherheit entgegensteht. Jeder und jede hat das Recht, sein Leben zu leben, und dies bedeutet, auch die Möglichkeit zu haben, Risiken einzugehen. Denn so begegnen die Kinder und Jugendlichen auch Schwierigkeiten, die überwunden werden müssen. Diese Schwierigkeiten stellen Lebensprüfungen dar, die wie die ursprüngliche Kastrationserfahrung funktionieren und zur Subjektkonstitution beitragen.

Dies ist auch ein Grund, warum Bonneuil sich gleichzeitig als ein ›Ort zum Leben‹ (lieu pour vivre) und als ein ›Durchgangsort‹ (lieu de passage) definiert. Denn Bonneuil bietet keinen endgültigen, sicheren Schutz. Stattdessen darf und muss Bonneuil wieder verlassen werden.[6] Bonneuil ist nicht alles, es gibt auch ein Außerhalb der Institution.

Deshalb ist es entscheidend, dass es eine Altersgrenze für die Kinder und Jugendlichen gibt. Denn das Ziel von Bonneuil ist, dass jedes Kind mit der anfänglichen Unterstützung von Erwachsenen ein eigenes Zukunftsprojekt außerhalb von Bonneuil und wenn möglich auch außerhalb von anderen Institutionen entwickelt und anstrebt (vgl. Buhmann/Keimig 1991, S. 115). Die Kinder und Jugendlichen von Bonneuil sind zwischen sechs und 20 Jahre alt, in Ausnahmefällen bis zu 25 Jahre. Es handelt sich um Kinder und Jugendliche, die aus unterschiedlichen Gründen aus der ›gewöhnlichen‹ Schullaufbahn (oder dem ›normalen‹ Alltag) zumindest für eine Zeit ausgeschieden sind, weil sie entweder selbst die Teilnahme verweigerten oder ausgesondert wurden. Nach medizinisch-diagnostischen Kategorien (die im Alltag von Bonneuil keine Relevanz haben[7]) können die Kinder und Jugendlichen grob in drei Gruppen aufgeteilt

---

5 Dieser Satz wird immer wieder von den MitarbeiterInnen ausgesprochen.
6 Dies gilt eigentlich auf für die MitarbeiterInnen.
7 Nur bei der Neuaufnahme werden die Kategorien berücksichtigt, da ausdrücklich darauf geachtet wird, dass ein Gleichgewicht zwischen den drei Gruppen bestehen bleibt, um der Vorherrschaft und Wiederholung von bestimmten Symptomen bzw. Symptomarten entgegenzuwirken.

werden: sogenannte ›psychotische‹ (einschließlich autistische) Kinder und Jugendliche, sogenannte ›geistig behinderte‹ Kinder und Jugendliche und schließlich sogenannte ›neurotische‹, d. h. Kinder und Jugendliche, die Lernschwierigkeiten und/oder Verhaltensauffälligkeiten aufweisen.

Viele der Kinder und Jugendlichen, die in Bonneuil empfangen werden, hatten oder haben Schwierigkeiten, Verlusterfahrungen zu symbolisieren. Entsprechend der lacanianischen Psychoanalyse bedeutet dies, dass sie deshalb auch Schwierigkeiten hatten oder haben, sich als wünschende Subjekte zu konstituieren. Deswegen wird in der ›gesprengten Institution‹ versucht, diesen Kindern und Jugendlichen Möglichkeiten zu bieten, Symbolisierungsprozesse zu erfahren bzw. nachzuholen.

Um diese Möglichkeiten bieten zu können, wurde auch das ›Fort-Da-Spiel‹, das Freud in *Jenseits des Lustprinzips* (1920) beschreibt und das grundlegend für die Lacan'sche Theorie des Symbolischen ist, auf die institutionelle Struktur von Bonneuil übertragen. In Anlehnung an Lacan wird in Bonneuil davon ausgegangen, dass ein Kind sich bei seiner Geburt in die ›Symbolische Ordnung‹, d. h. die Ordnung der Sprache und des Unbewussten, zunächst als Objekt einfügt. Denn es erhält darin anfangs nur innerhalb der Wünsche und Fantasien der ersten Bezugsperson(en) einen Platz. Erst durch den Erwerb der Sprache kann sich ein Kind als Subjekt in der ›Symbolischen Ordnung‹ ansiedeln und sich von der Objektivierung befreien, in der es gefangen ist.

Bei dem von Freud beschriebenen ›Fort-Da-Spiel‹ kann das Kind einerseits das Verschwinden und Wiederkommen der ersten Bezugsperson, die das Kind passiv hinnehmen musste, mit dem Verschwinden- und Wiederkommenlassen von Spielgegenständen aktiv in Szene setzen. Andererseits verbindet das Kind beim ›Fort-Da-Spiel‹ zwei unterschiedliche Signifikanten (›fort‹ und ›da‹) mit zwei unterschiedlichen Signifikaten (d.h. den Vorstellungen der ›Abwesenheit‹ und der ›Anwesenheit‹). Dadurch bemächtigt sich das Kind der Sprache. Das entscheidende bei diesem Vorgang ist, dass sich das Kind gleichzeitig als Subjekt konstituiert. Zudem eröffnet diese Symbolisierung eine Möglichkeit der Substitution und somit kann das Kind begehren. Der beschriebene Vorgang ist aber nur möglich, weil das Kind einen Mangel – die kurzfristige Abwesenheit der Bezugsperson – erfahren hat, den es im Spiel symbolisieren kann. Lacan behauptet deshalb, dass der Mangel die Ursache des Wunsches (désir) ist (vgl. Mannoni 1983, S. 80). Dabei ist aber zu beachten, dass diese symbolisierbaren Mangelerfahrungen sich grundsätzlich von plötzlichen, nicht-symbolisierbaren und somit traumatisierenden Verlusterfahrungen unterscheiden.

In Analogie zum ›Fort-Da-Spiel‹ ist die Praxis in Bonneuil gekennzeichnet durch ein permanentes Kommen und Gehen zwischen dem Zentrum der ›gesprengten Institution‹ und verschiedenen Orten, die zum Teil zur Einrichtung gehören, zum Teil unabhängig von ihr sind. »Im Unterschied zu dem was beim *Fort-Da* geschieht, geht nicht die Mutter weg, sondern das Kind verläßt sie und verläßt Bonneuil. Identisch bleibt die Art des Diskurses, der sich aus einer verlorenen Anwesenheit ergibt«[8] (Mannoni 1983, S. 74.; Hervorhebung im Original). So können die Kinder und Jugendlichen auf der Grundlage von zeitlich begrenzten und gut vor- und nachbereiteten Trennungen, z. B. durch längere Aufenthalte bei Gastfamilien in der Provinz, durch regelmäßige Übernachtungen in einer der Nachtunterkünfte oder während der Ferienlager, schrittweise lernen, Verlusterfahrungen zu symbolisieren (vgl. Mannoni 1978, S. 237f.). Entscheidend ist dabei, dass es nicht nur ein »*[A]nderswo* als geographischen Ort«, sondern dass es eine »Dialektik von Anwesenheit und Abwesenheit« gibt (Mannoni 1983, S. 74; Hervorhebung im Original). Es kommt darauf an, dass die alternierenden Aufenthalte an den unterschiedlichen Orten »nicht willkürlich irgendwie und irgendwann eingeführt oder gar *Objekt einer administrativen Reglementierung* werden«, sondern dass sie sich am Rhythmus des Kindes orientieren (ebd.; Hervorhebung M. A. G.)[9]. Das bedeutet, dass es immer die Möglichkeit geben sollte, spontan in den Nachtunterkünften zu übernachten oder zu einer Gastfamilie zu fahren, wenn die Kinder und Jugendlichen dies benötigen.

Zudem müssen die Kinder die Erfahrung machen können, dass sie für jemand anderen zählen, auch wenn sie nicht (körperlich) da sind, d. h., dass sie in den Vorstellungen und Erzählungen der anderen weiterhin existieren bzw. wichtig sind und dass die anderen nicht in ihrer Abwesenheit zusammenbrechen. Deshalb ist es z. B. so wichtig, dass im Rahmen des täglichen Morgenkreises nicht nur über die Anwesenden, sondern auch über die Abwesenden gesprochen wird. So werden die Abwesenden ›präsent‹ gehalten.

---

8 Dort, wo Mannoni ›Mutter‹ schreibt, würde ich von ›erster Bezugsperson‹ sprechen.
9 Diese Bedingung scheint inzwischen zunehmend vergessen zu werden, wie weiter unten gezeigt wird.

Durch diese Strukturen bietet die ›gesprengte Institution‹ den Kindern und Jugendlichen, die Schwierigkeiten hatten oder haben, Verlusterfahrungen zu symbolisieren, die Möglichkeit, Symbolisierungsprozesse zu erfahren bzw. nachzuholen. Denn sie erlauben den Kindern und Jugendlichen, immer wieder das ›Fort-Da-Spiel‹ als ursprüngliche Symbolisierung zu ›spielen‹. Dazu ist es absolut unentbehrlich, dass die Existenz von Bonneuil nicht gefährdet ist, wenn die Kinder und Jugendlichen abwesend sind!

Diese Forderung musste aber erkämpft und permanent verteidigt werden. Denn Bonneuil war von Anfang an in gesellschaftlich bedingte Schwierigkeiten und Widersprüche verstrickt, die die Existenz von Bonneuil immer wieder infrage stellten.

Gesellschaftlich bedingte Schwierigkeiten und Widersprüche

In den ersten Jahren funktionierte Bonneuil nur auf Grundlage von Ehrenamtlichkeit und durch Spenden. Aber so engagiert die MitarbeiterInnen in den ersten Jahren auch waren (da sie Bonneuil auch als ein politisches Projekt betrachteten), Bonneuil konnte innerhalb der kapitalistischen Gesellschaft langfristig nicht ohne finanzielle Absicherung existieren. Somit sah man sich wenige Jahre nach der Gründung gezwungen, eine finanzielle Unterstützung des Staates zu beantragen.

Angesichts der vorhersehbaren Schwierigkeiten, die mit einem solchen Antrag verbunden waren, wurde vor der Antragstellung als Vorsorge ein Grundsatz gefasst: »daß niemals das Administrative dem Therapeutischen etwas vorschreiben dürfte« (Polo 1986, S. 171).[10]

In diesem Sinne wurde – was ganz entscheidend ist – bei der Antragstellung z. B. gefordert, dass Bonneuil die »Tagessätze« unabhängig davon erhielt, ob die Kinder und Jugendlichen sich in der Einrichtung befanden oder nicht (ebd., S. 172).

1975 wurde Bonneuil schließlich als ›Tagesklinik mit therapeutischen Nachtunterkünften‹ anerkannt. Dadurch erhielt Bonneuil eine finanzielle Unterstützung des Staates. Aber es unterlag gleichzeitig den Vorgaben der DDASS (Direction départementale de l'action sanitaire

---

10 »que jamais l'administratif ne dicte le thérapeutique« ; Übersetzung hier und im Folgenden, wenn nicht anders vermerkt, von M. A. G.

et sociale), der Bezirksleitung der Gesundheits- und Sozialversicherung und den Gesetzgebungen für Krankenhäuser.[11] Die Abhängigkeiten, die mit der finanziellen Unterstützung verbunden waren, verursachten – trotz der getroffenen Grundsätze und gestellten Bedingungen – von Anfang an gravierende Probleme. Die finanziellen Einschränkungen und administrativen Vorgaben widersprachen so grundsätzlich der therapeutischen Arbeit Bonneuils, dass die gesamte Administration als »Vernichtungsmaschine«[12] empfunden wurde (Polo 1986, S. 169). Der befürchtete »Einbruch des Aministrativen in den therapeutischen Raum« konnte kaum verhindert werden (ebd.)[13]. Denn die École Expérimentale sah sich schon in den 70er Jahren permanent mit konkreten finanziellen Beschränkungen konfrontiert. Diese wurden vorwiegend durch die zu niedrigen und zu spät bezahlten ›Tagessätze‹ verursacht. So mussten z. B. aus finanziellen Gründen die Reisen zu den Gastfamilien eingeschränkt werden. Die Möglichkeit, spontan zu einer Gastfamilie zu fahren, wenn es für ein Kind oder einen Jugendlichen gerade wichtig war, wurde beschränkt. Denn die Reisen mussten so organisiert werden, dass sie rentabel waren.

Diese und viele weitere Beschränkungen führten immer wieder zu Situationen, die eine Arbeit nach dem Konzept der ›gesprengten Institution‹ unmöglich machten. Und stets versuchten sich die MitarbeiterInnen von Bonneuil dagegen zu wehren. Dabei wandten sie sich in den 80er Jahren an verschiedene Politiker und an die Presse. So machten sie sowohl auf die konkreten Probleme Bonneuils als auch auf die allgemeinen unmenschlichen Umgangsformen der französischen Sozialversicherung mit Menschen, die mit Behinderungen leben (müssen), öffentlich aufmerksam (vgl. Mannoni et l'équipe des soignants 1986, S. 185–244).[14]

Beachtenswerterweise war es in den 70er und 80er Jahren – im Unterschied zu heute – vergleichsweise einfach, die Ursachen der Probleme einer oder mehreren Quellen außerhalb der Einrichtung zuzuordnen. Daher konnte sich die Einrichtung mehr oder weniger geschlossen als ›Betroffene‹ wahrnehmen und die MitarbeiterInnen konnten sich ge-

---

11 Hier sei daran erinnert, dass sich die GründerInnen von Bonneuil ursprünglich explizit vom medizinischen Diskurs abgewandt hatten.
12 »La machine ›à broyer‹«.
13 »irruption de l'administrative dans l'espace thérapeutique«.
14 In diesem Kapitel des Buches sind Briefe und Zeitungsartikel abgedruckt, die zwischen 1981 und 1985 an die verschiedenen Autoritäten geschrieben wurden.

meinsam in einem ›Überlebenskampf‹ engagieren. Dieser wurde auch als politischer Kampf gegen die Administration und den Staat empfunden und wandte sich deshalb auch an die Öffentlichkeit. So konnte damals der Widerstand von Bonneuil gegen die in zu geringer Höhe bewilligten finanziellen Mitteln auch anderen Einrichtungen als Beispiel dienen. Bonneuils öffentlicher Protest war dadurch auch für die Allgemeinheit von Nutzen, da er auch für viele andere Einrichtungen einen (finanziellen) Gewinn darstellen konnte.

Dennoch tauchte schon in den 70er Jahren in Bonneuil ein Phänomen auf, das als ›Internalisierung von fremdbestimmter Verantwortung‹[15] bezeichnet werden kann. Davon zeugt z. B. die Auto-Zensur Bonneuils bei der Berechnung des jährlichen Kostenvoranschlages. Um einen Rechtsstreit zu vermeiden, der sich über Monate oder Jahre hinziehen konnte, orientierte sich die École Expérimentale so weit wie möglich an den vom Staat zugelassenen jährlichen Erhöhungen der Kosten, obwohl diese mit einer erheblichen finanziellen Einschränkung, die sich Jahr für Jahr auch noch potenzierte, verbunden war. Dies bedeutete die Übertragung eines Teils der Verantwortung für die finanziellen Kürzungen in das Innere der Institution, d. h. auf das Verhalten der Mitglieder der Direktion von Bonneuil (vgl. Polo 1986. S. 178–184).

Veränderungen seit den 1990er Jahren

Die ›Internalisierung von fremdbestimmter Verantwortung‹, die hier zunächst nur in einem kleinen Maße auftauchte, nahm im Laufe der Jahre zu. Gleichzeitig sah sich Bonneuil zunehmend mit Strukturen konfrontiert, die auf Kontrolle ausgerichtet sind. Zur Zunahme dieser und anderer belastender Phänomene trugen einige Veränderungen bei, die in Frankreich in den 1990er Jahren und Anfang des 21. Jahrhunderts eingeführt wurden. Diese Veränderungen unterliegen insbesondere politischen und ökonomischen Interessen. Zu den Veränderungen, die sich am stärksten auf Bonneuil auswirken, zählen die Einführung eines

---

15 Bei der ›Internalisierung einer fremdbestimmten Verantwortung‹ handelt es sich nicht um eine Verantwortung, die die Subjekte oder kollektiven Subjekte (wie z.B. Institutionen) selbst entwickeln, um ein selbstbestimmteres Leben zu führen. Stattdessen bekommen die Subjekte oder Institutionen hierbei die Verantwortung für die Durchsetzung von Interessen übertragen, die nicht ihre eigenen sind.

neuen Finanzierungssystems für alle Krankenhäuser und ein Akkreditierungs- bzw. Evaluierungsverfahren, dem sich alle Einrichtungen des Gesundheitswesens regelmäßig unterwerfen müssen. Zudem wirkt sich im Gesundheitsbereich die Einführung der 35-Stunden-Woche ziemlich problematisch aus. Nicht zu vergessen sind schließlich die zunehmenden Kürzungen im Sozial- und Gesundheitsbereich und die immer angespanntere Lage auf dem Arbeitsmarkt. In den nächsten Abschnitten werden zunächst einige Folgen des neuen Finanzierungssystems dargestellt. Anschließend werden einige Auswirkungen der 35-Stunden-Woche und des Akkreditierungsverfahrens erläutert.

Neues Finanzierungssystem

1998 (im selben Jahr als Maud Mannoni starb) wurde Bonneuil in das neue zentralistisch organisierte Finanzierungssystem eingegliedert[16]. Dieses nennt sich »globale Finanzzuweisung« (»dotation globale de financement«). Es orientiert sich noch weniger als das alte Finanzierungssystem am konkreten Bedarf der einzelnen Einrichtungen. Denn früher wurden die jährlichen Gesamtausgaben für das Gesundheitssystem nicht ganz so starr festgelegt und begrenzt.

Bei dem neuen Finanzierungssystem muss Bonneuil bei der Planung seiner Ausgaben im Vergleich zu früher viel mehr festgelegte Rahmenbedingungen berücksichtigen. Zu diesen zählen die Anzahl der genehmigten Kinder und Jugendlichen und der festgelegten ›Betreuungstage‹. Dabei ist die Anzahl dieser ›Betreuungstage‹ in zwei Gruppen aufgeteilt. Diese bürokratische Aufteilung richtet sich danach, ob die Kinder und Jugendlichen nur tagsüber in Bonneuil sind, oder ob sie auch nachts in den Nachtunterkünften bleiben oder zu ihren Gastfamilien fahren.[17] Zudem müssen die (zunehmenden) Lohnunterschiede, die (sich ver-

---

16 Der zeitliche Zusammenfall von Mannonis Tod und der Einführung des neuen Finanzierungssystems markiert den Beginn einer neuen Phase in Bonneuil, die sehr stark durch den zunehmenden Verlust von Handlungsräumen und emanzipatorischen Perspektiven geprägt ist.

17 Bekanntlich widerspricht diese Aufteilung dem Konzept der ›gesprengten Institution‹, da zum einen die Kinder und Jugendlichen Bonneuil auch tagsüber verlassen können sollten. Zum anderen sollte es immer spontan die Möglichkeit geben, in den Nachtunterkünften zu übernachten oder zu einer Gastfamilie zu fahren, wenn die Kinder und Jugendlichen dies benötigen.

schärfenden) Arbeitszeitregelungen und die genehmigten Öffnungstage bei der Berechnung berücksichtigt werden. Schließlich kontrolliert u. a. die DDASS sehr streng, ob die vorgegebenen Rahmenbedingungen eingehalten werden.

In den 70er und 80er Jahren war es die Bezirksleitung der Gesundheits- und Sozialversicherung (DDASS), die den im Kostenvoranschlag möglichen finanziellen Spielraum für die einzelnen Bereiche und Posten im Vorhinein einschränkte. Im Gegensatz dazu wird im aktuellen Finanzierungssystem die gesamte Summe, die Bonneuil pro Jahr erhält, stärker eingeschränkt und die Direktion von Bonneuil muss viel mehr selbst sehen, wo sie die konkreten Kürzungen vornimmt. Dies ist somit einerseits mit einer etwas größeren ›Freiheit‹ in der Einteilung der Ausgaben für die jeweiligen Bereiche und Aktivitäten verbunden. Aber es impliziert auch, dass die komplexen Berechnungen (damit alles genau aufgeht) und die Verantwortung für diese Aufteilungen stärker auf Bonneuil übertragen werden als früher.

Darüber hinaus wird im neuen Finanzierungssystem das genehmigte Geld nicht mehr – wie früher – den Eltern überwiesen, die es dann der Einrichtung weiterreichen, sondern es wird direkt an Bonneuil überwiesen. Dadurch werden die Eltern aus dem Kreislauf, in den ihre Kinder eingespannt sind, ausgeschlossen und es besteht die Gefahr, dass die Kinder und Jugendlichen nur noch Kinder der Administration werden – was die ›gesprengte Institution‹ eigentlich zu vermeiden versucht hat (vgl. Polo 1986, S. 175f.).

Spaltung und Hierarchisierung der MitarbeiterInnen

Durch die wachsende Internalisierung von fremdbestimmter Verantwortung und die gleichzeitige Verbreitung von Kontrollstrukturen kommt es zunehmend zu einer Spaltung und Hierarchisierung der MitarbeiterInnen innerhalb von Bonneuil. Denn die MitarbeiterInnen der Direktion tragen nun auch einen Teil der Verantwortung für die konkreten Kürzungen innerhalb der Einrichtung. Entsprechend richtet sich auch ein Teil des Ärgers und des Frustes über die eingeschränkten Handlungsmöglichkeiten an die MitarbeiterInnen der Direktion. Zudem sehen sich letztere zunehmend gezwungen, auch innerhalb von Bonneuil Strukturen einzuführen, in denen die Verantwortungen individuell und hierarchisch aufgeteilt werden. Das zuvor existierende kollektive Verantwortungsgefühl, das für die Arbeit in Bonneuil absolut notwendig ist, bröckelt immer mehr.

Dabei ist dieses kollektive Verantwortungsgefühl z.B. sehr wichtig für die sogenannten ›Zwischenräume‹, in denen sich diejenigen Kinder und Jugendlichen aufhalten, die an den angebotenen Schulprojekten oder Ateliers nicht teilnehmen wollen. Denn schließlich existiert in Bonneuil das »Recht auf Verweigerung« (Mannoni 1973, S. 240). Dazu müssen aber genügend Erwachsene ›frei‹ zur Verfügung stehen, um auch in den ›Zwischenräumen‹ die Möglichkeit eines Zuhörens oder eines Dialogs bieten zu können. Aber ohne ein kollektives Verantwortungsgefühl ist dies unmöglich, da die Geschehnisse in den ›Zwischenräumen‹ nicht planbar und im Voraus einteilbar sind.

Durch den Verlust des kollektiven Teamgeistes werden beim Auftauchen von Problemen und Schwierigkeiten immer weniger institutionelle Strukturen hinterfragt. Stattdessen werden zunehmend die einzelnen MitarbeiterInnen für die auftretenden Probleme verantwortlich gemacht. Dies schränkt wiederum die Handlungsmöglichkeiten der Kinder und Jugendlichen ein. Denn die MitarbeiterInnen haben immer mehr Angst, im Falle von Problemen alleine zur Rechenschaft gezogen zu werden. Dadurch erhalten die Kinder und Jugendlichen immer weniger Möglichkeiten und Räume, in denen sie auch Unvorhergesehenes erleben dürfen – wie es die ›gesprengte Institution‹ ursprünglich vorgesehen hatte.

So erstaunt es beispielsweise nicht, dass 1999 am oberen Rand des Eingangstores von Bonneuil ein kleiner zusätzlicher Riegel angebracht wurde, der das einfache Öffnen des Tores enorm erschwerte bzw. es für manche Kinder sogar unmöglich machte. Seit der Gründung war dieses Tor tagsüber nie abgeschlossen gewesen und jeder – ob Kind oder Erwachsener – konnte jederzeit hinein- und hinausgehen. Und dabei ist es nie zu einem Unfall gekommen. 30 Jahre nach der Gründung gab es plötzlich nicht mehr die Möglichkeit, entsprechend den eigenen Wünschen durch das Tor von Bonneuil hinein- oder hinauszugehen. Denn durch das fehlende kollektive Verantwortungsgefühl war das Team nicht mehr in der Lage, adäquate Antworten auf die Fluchtversuche eines neuen Kindes zu finden, das zuvor in einer geschlossenen Einrichtung gewesen war und nun die Grenzen in Bonneuil austestete. Der damalige Direktor spürte, dass er sich hier nicht mehr auf das

Team verlassen konnte, und er wusste, dass im Zweifelsfall er alleine für mögliche Folgen verantwortlich war. Deshalb entschloss er sich, diesen Riegel einzubauen. Das Problem wurde somit verwaltet, aber nicht beantwortet. Und der ›gesprengten Institution‹ wurde hiermit im Realen ein Riegel vorgeschoben.

Durch die Spaltung und Hierarchisierung der MitarbeiterInnen wird es zunehmend schwieriger, kollektiven Widerstand zu leisten; zumal es auch komplizierter geworden ist, zu erkennen, dass die Ursprünge vieler Probleme außerhalb der Einrichtung liegen und wogegen sich ein solcher Widerstand richten soll. Denn viele Verantwortungen wurden ja internalisiert. Zudem ist der gesellschaftliche Kontext ein anderer als in den 70er und 80er Jahren, weil die einzelnen Institutionen (aber auch die Individuen) in ein zunehmendes Verhältnis von Konkurrenz gesetzt werden, das immer schwerer zu überwinden ist.

Einführung der 35-Stunden-Woche

Ein weiteres Problem stellt die Einführung der 35-Stunden-Woche dar. Sie wurde Anfang 2000 in Bonneuil eingeführt. Wie in den meisten Einrichtungen des Gesundheitsbereiches hat dies zur Folge, dass in Bonneuil mit weniger (bezahlten) Stunden theoretisch dieselbe Arbeitsleistung erbracht werden muss. Denn der Betrag der ›globalen Finanzzuweisung‹ für Bonneuil blieb unverändert. Zudem lehnten die zuständigen Behörden einen Antrag auf Neueinstellungen ab, der Bonneuil eigentlich gesetzlich zustand. Begründet wurde dies damit, dass das Personal von Bonneuil so hoch qualifiziert sei, dass es auch mit einer reduzierten Arbeitszeit die geforderte Arbeit meistern könne. Bei dieser Begründung wurde aber vollkommen unterschlagen, dass Bonneuil nur aufgrund einer hohen Personalstärke qualifizierte Arbeit leisten kann. Nicht umsonst wurde ja in den 70er Jahren bei dem Antrag auf finanzielle Unterstützung des Staates darauf bestanden, dass pro Kind und Jugendlichem mindestens ein Erwachsener angestellt sein muss. Dabei wurde schon damals in Kauf genommen, dass die Hälfte der MitarbeiterInnen nicht bezahlt wurde. Denn de facto werden zwei Erwachsene pro Kind benötigt. Dieser Schlüssel wurde nur dank der hohen Anzahl an PraktikantInnen erreicht, die aus vielen Ländern nach Bonneuil kamen (vgl. Polo 1986, S. 177).

Die Arbeitszeitverkürzung hat in Bonneuil paradoxerweise zu einer ›Versteifung‹ der Arbeitszeit geführt, obwohl sie in vielen Arbeitsbranchen mit einer Flexibilisierung verbunden war. Denn die Arbeitszeitreduzierung ist mit unzähligen Regelungen verbunden, deren Einhaltung nun auch in Bonneuil strikter überwacht wird. Dadurch können die MitarbeiterInnen immer weniger über die Einteilung ihrer Arbeitszeit selbstständig bestimmen. Entsprechend werden auch ihre Wünsche und Interessen immer weniger berücksichtigt.

Da in Bonneuil die Arbeitszeitverkürzung im Rahmen einer jährlichen Modulation eingeführt wurde, zeigen sich die Folgen insbesondere bei den sommerlichen Ferienlagern und den Wochenenddiensten. So mussten die sommerlichen Ferienlager von vier auf zwei Wochen reduziert werden. Dadurch dürfen sowohl die MitarbeiterInnen als auch die Kinder und Jugendlichen nicht mehr jedes Jahr, sondern nur noch alle zwei Jahre an den Ferienlagern teilnehmen. Dies beraubt u. a. die Kinder und Jugendlichen der wichtigen Trennungserfahrungen, die sie dabei zusammen mit anderen sammeln können. Zudem haben sie weniger Möglichkeiten, intensive Beziehungen zu einzelnen MitarbeiterInnen aufzubauen, die für ihre Entwicklungen sehr wichtig sind. Darüber hinaus kann es zu Neid unter den Kindern und Jugendlichen kommen, da sie nun erleben müssen, dass manche an den Ferienlagern teilnehmen können, während sie es gerade nicht dürfen. Ebenso wurde die Betreuung des Wochenenddienstes zersplittert, um Überstunden und die Leistung von ›zu vielen‹ Arbeitsstunden am Stück zu verhindern. Diese Maßnahmen belasten das Budget weniger stark und entsprechen besser den neuen Sicherheitsregelungen. Aber sie richten sich immer weniger an den Bedürfnissen und Wünschen der MitarbeiterInnen und der Kinder und Jugendlichen aus.

Beachtenswerterweise kommt im Zusammenhang mit der Arbeitszeitverkürzung innerhalb von Bonneuil ein Team-Konflikt zum Vorschein, der einerseits als Generationenkonflikt betrachtet werden kann. Andererseits überschneidet sich dieser Konflikt mit unterschiedlichen sozialen Positionen, die aufgrund der finanziellen Situation und der zu beachtenden Regelungen strukturell produziert werden.

So verzichten viele ältere MitarbeiterInnen ›freiwillig‹ auf ihr Recht auf Arbeitszeitreduzierung, da sie schon immer unzählige Überstunden geleistet haben, die sie meistens nicht als solche wahrgenommen haben. Denn viele von ihnen gehören zu der Generation, die mehr oder weniger vom Geist der 68er geprägt war. Daher betrachten viele MitarbeiterInnen der älteren Generation Bonneuil als politisches Projekt und nicht einfach nur als eine Arbeitsstelle. Entsprechend investieren sie viel Zeit und Engagement in Bonneuil. Im Gegensatz zu ihnen bestehen inzwischen viele der jüngeren Generation auf eine striktere Einhaltung der vorgeschriebenen Arbeitszeiten. Denn für sie stellt Bonneuil tendenziell nur eine Arbeitsstelle dar – und kein politisches Projekt, für das man sich zeitintensiv engagiert. Auf der einen Seite erkennen und verstehen viele der Jüngeren oft nicht (mehr) die emanzipatorischen Perspektiven, die in manchen Strukturen der ›gesprengten Institution‹ enthalten sind. Auf der anderen Seite kann es für die jüngere Generation ein politischer Akt sein, sich gegen Überstunden und flexible Arbeitszeiten zu wehren.

Diese unterschiedlichen Einstellungen erklären sich aber nicht nur aufgrund der verschiedenen historischen Hintergründe, die sie jeweils geprägt haben. Hinzu kommt, dass viele MitarbeiterInnen der älteren Generation sozial besser positioniert sind als die jüngeren. Denn viele der älteren Generation sind PsychologInnen, während die meisten jüngeren MitarbeiterInnen PädagogInnen bzw. ErzieherInnen (›éducateurs specialisés‹) sind und deutlich weniger als die PsychologInnen verdienen. Zu dieser Korrelation (von Beruf und Generation) kommt es, da – aufgrund des reduzierten Budgets und der Arbeitszeitverkürzung – immer häufiger die frei werdenden PsychologInnen-Stellen durch zwei Stellen für PädagogInnen bzw. ErzieherInnen ersetzt werden. Denn PsychologInnen verdienen im Verhältnis zu den angestellten PädagogInnen bzw. ErzieherInnen quasi doppelt so viel und müssen viel weniger Arbeitsstunden leisten, da ihnen gesetzlich Forschungsstunden zustehen.

Dies ist mit einem weiteren Problem verbunden, das nicht darin besteht, dass die PädagogInnen oder ErzieherInnen weniger gut für die Arbeit in Bonneuil qualifiziert wären. Denn in der ›gesprengten Institution‹ wurde ausdrücklich gefordert, dass Erwachsene mit unterschiedlichen Hintergründen anwesend sein sollten. Man geht sogar davon aus, dass Erwachsene, die keine pädagogischen oder psychologischen Kenntnisse haben, den Kindern und Jugendlichen neue Perspektiven und Entwicklungsmöglichkeiten bieten können. Das Problem ergibt sich vielmehr aus den unterschiedlichen Arbeitsbedingungen. Denn die Arbeitsbedingungen der PädagogInnen und ErzieherInnen untergraben das Prinzip der ›gesprengten Institution‹, das eine Abhängigkeit der MitarbeiterInnen von der Institution und damit eine Allmachtstellung der Institution verhindern will. Viele der PsychologInnen können entsprechend dem Konzept der ›gesprengten Institution‹ parallel zu Bonneuil noch eine andere berufliche Tätigkeit verfolgen. So arbeiten z. B. einige von Ihnen als PsychoanalytikerIn in eigener Praxis. Im Gegensatz zu ihnen sind die meisten PädagogInnen und ErzieherInnen nicht in der Lage, ein anderes berufliches Standbein zu haben, das sie emotional und finanziell von Bonneuil unabhängig macht. Denn sie müssen pro Woche viel mehr Stunden in Bonneuil arbeiten und ihre Qualifikation bietet ihnen in einer hierarchisierten Arbeitswelt im Vergleich zu den PsychologInnen weniger Chancen, außerhalb von Bonneuil in wenigen Stunden so viel zu verdienen, dass sie finanziell unabhängig von Bonneuil wären. Angesichts der Angst vor Arbeitslosigkeit oder prekären Arbeitsbedingungen, können es sich viele von ihnen zudem nicht mehr leisten, Bonneuil als einen ›Durchgangsort‹ zu betrachten, den man irgendwann wieder verlassen sollte. Denn sie betrachten es verständlicherweise als Glück, überhaupt eine Stelle zu haben, auch wenn ihr Lohn in Bonneuil nicht wirklich ausreichend ist, um in Paris selbstständig eine Wohnung zu mieten.

Der hier beschriebene Teamkonflikt verstärkt die Spaltung und Hierarchisierung der MitarbeiterInnen. Dieser Konflikt ist nicht nur ein Generationenkonflikt, sondern auch Ausdruck von zunehmend divergierenden sozialen Positionen in der Gesellschaft, die sich auch in Bonneuil widerspiegeln. Da die Spaltung und Hierarchisierung der MitarbeiterInnen und die damit verbundenen gesellschaftlichen Strukturen aber kaum noch kritisch reflektiert werden, wirft man sich die unterschiedlichen Positionen und Verhaltensweisen einfach gegenseitig vor. Dies verhindert einen kollektiven Widerstand. Ehemals erarbeitete und erkämpfte emanzipatorische Perspektiven und Handlungsräume können dadurch leichter zurückgeschraubt werden, denn die MitarbeiterInnen versuchen (wenn überhaupt) nur noch individuell und durch vereinzelte subversive Verhaltensweisen, so lange wie möglich zu retten, was zu retten ist. So können aber die Institutionalisierungseffekte kaum bekämpft und auch keine neuen emanzipatorischen Handlungsmöglichkeiten erkämpft werden. Dies führt zunehmend zu Frust und Resignation. Wenn Spaltungen und Hierarchisierungen nicht (mehr) kritisch hinterfragt werden und die Verantwortungen (auch die internalisierten fremdbestimmten) nicht kollektiv aufgeteilt werden, schwindet die Voraussetzung, um gemeinsam mit anderen Betroffenen aktiv zu werden und sich kollektiv gegen die gesellschaftlichen Veränderungen der letzten Jahre zu wehren.

Akkreditierungs- und Evaluationsverfahren

Diese gesellschaftlichen Veränderungen nehmen weiterhin zu: So führte ein Akkreditierungs- und Evaluationsverfahren (in Deutschland entspricht dies dem sogenannten Qualitätsmanagement) weitere einschneidende Veränderungen in Bonneuil ein: 1996 wurde in Frankreich im Rahmen eines umfassenden Sparplanes (Plan Juppé) beschlossen, dass alle medizinischen Einrichtungen durch eine nationale Agentur (ANAES[18], später HAS[19]) akkreditiert und evaluiert werden sollten. In diesem Zusammenhang wurde das Akkreditierungs- und Evaluationsverfahren eingeführt, um die Kosten und die sogenannten Qualitätsstandards zu evaluieren (vgl. Lepperhoff 2004, S. 122–125). Das Ziel besteht darin, im Bereich der Gesundheitsversorgung die Mittelvergabe stärker an den Leistungsfähigkeiten der Krankenhäuser auszurichten. Deshalb muss sich Bonneuil seit 2004 regelmäßig neuen Akkreditierungsdurchgängen unterziehen (inzwischen haben bereits drei Durchgänge stattgefunden). Und auch dieses Verfahren führt zu einer wachsenden Internalisierung von fremdbestimmter Verantwortung bei gleichzeitiger Zunahme von Kontrollen. Denn Bonneuil ist verpflichtet, sich selbstständig auf die Akkreditierungsdurchgänge vorzubereiten und anzumelden. Zudem besteht der wichtigste Teil der Akkreditierung aus der Autoevaluation. Hierbei müssen die MitarbeiterInnen u. a. Fragebögen ausfüllen und dabei angeben, ob Bonneuil den erwarteten Kriterien entspricht oder nicht. Über diese aktive Abgleichung zwischen den erwarteten Kriterien und der alltäglichen Realität, die die MitarbeiterInnen bewältigen müssen, etablieren sich auch in den Köpfen der MitarbeiterInnen die normierenden Vorstellungen, die von den entsprechenden Behörden (ANAES bzw. HAS) vorgegeben

---

[18] Agence nationale d'accréditation et d'évalutation en santé (Nationale Agentur für die Akkreditierung und Evaluation des Gesundheitswesens)
[19] Die HAS (Haute Autorité de Santé [Hohe Gesundheitsbehörde]) übernahm 2005 die Aufgaben der ANAES.

werden. Nach den Autoevaluationsetappen erfolgen dann die Kontrollbesuche, auf deren Grundlagen Schlussfolgerungen getroffen werden, die für die Finanzierung und somit für die Existenz von Bonneuil entscheidend sind. Entsprechend muss sich Bonneuil immer stärker denjenigen Forderungen anpassen, die im Rahmen der Akkreditierungen an Bonneuil herangetragen werden.

So wurde im Rahmen des ersten Akkreditierungsdurchganges u. a. gefordert, dass alle Informationen über die Kinder und Jugendlichen verschriftlicht und alle Aktivitäten im Detail protokolliert werden. Über die schriftliche Sammlung von Daten soll eine Nachvollziehbarkeit (traçabilité) aller Informationen erreicht werden. Dies widerspricht dem Ansatz der ›gesprengten Institution‹, in der der mündliche Austausch im Vordergrund steht. Denn für die Kinder und Jugendlichen ist es elementar, sich in einem »Sprachbad« (»bain de langage«) zu befinden (Buhmann 1990, S. 21).

Folgendes Beispiel macht deutlich, wie sich diese Forderung im Alltag von Bonneuil auswirkt: So wurde im Zusammenhang mit der ersten Akkreditierung eines Tages eine schriftliche Anwesenheitsliste eingeführt. Eine der neuen Sekretärinnen hatte die Aufgabe erhalten, zur Zeit des täglichen Morgenkreises (›causette‹, was wörtlich ›Plauderstündchen‹ bedeutet) die Liste auszufüllen. Sie trat also in die verschiedenen Räume ein und zählte die Namen der Kinder auf, die sich laut ihren Unterlagen in den Gruppen befinden sollten. Von den Aufgerufenen wurde erwartet, dass sie sich mit »present« bzw. »presente« (d. h. anwesend) melden. Dabei konnte ich beobachten, dass diese administrative Registrierung der An- und Abwesenheit, oft, wenn auch nicht immer, dazu führte, dass beim Morgenkreis das eigentliche Ritual, das die Symbolisierung der An- und Abwesenheit unterstützen sollte (also das gegenseitige Erzählen und Berichten über die An- und Abwesenden), anschließend ausfiel bzw. durch diese administrative Handlung (z. B. aus Zeitgründen) ›ersetzt‹ wurde. Ironischerweise wies ausgerechnet ein Kind, das relativ neu in Bonneuil angekommen war, auf die Absurdität dieser administrativen Handlung innerhalb der ›gesprengten Institution‹ hin. Wenn er aufgerufen wurde, antwortete er nicht mit »present« (anwesend), sondern sagte laut »inscrit« (eingeschrieben). Er schien deutlich erkannt zu haben, dass es nicht auf seine An- oder Abwesenheit ankam, sondern darauf, dass er offiziell eingeschrieben bzw. eingetragen war. Bezeichnenderweise wurde aber auf die Äußerungen des Kindes, das dieses Phänomen in Worte zu fassen versuchte, überhaupt nicht eingegangen. Dies ist umso erstaunlicher, wenn man bedenkt, dass das Konzept der ›gesprengten Institution‹ dem Sprechen als Ort der Subjektwerdung eine zentrale Funktion beimisst. In der Unterscheidung der Signifikanten »present« und »inscrit« erkannte das Kind, dass seine Position als anwesendes Subjekt nicht gefragt war. Seinem (indirekten) Versuch, hier eine Subjektposition als Anwesender zu erreichen, wurde kein Gehör mehr geschenkt.

Literatur

Buhmann, Christiane (1990): Bonneuil – ein Ort zum Leben für Kinder in Schwierigkeiten. Erfahrungen in der gesprengten Institution. Arbeitshefte Kinderpsychoanalyse 9(11/12), 9–28.

Buhmann, Tina & Keimig, Ulrike (1991): Trennungen – ein Briefwechsel über eine besondere psychoanalytische Praxis in der Versuchsschule Bonneuil. In: Becker, Stefan (Hg.): Psychose und Grenzen. Zur endlichen und unendlichen psychoanalytischen Sozialarbeit mit psychotischen Kindern, Jugendlichen, jungen Erwachsenen und ihren Familien. Tübingen (edition diskord), S. 91–123.

Freud, Sigmund (1920): Jenseits des Lustprinzips. GW XIII, S. 1–69.

Geoffroy, Miriam Anne (2003): Die ›gesprengte Institution‹ als »Fort-Da-Spiel« – Von Jacques Lacan zum Konzept der ›gesprengten Institution‹ der École Expérimentale de Bonneuil-sur-Marne. Psychoanalyse. Texte zur Sozialforschung: Lacan. 7(12), 51–77.

Lacan, Jacques (1949): Das Spiegelstadium als Bildner der Ichfunktion wie sie uns in der psychoanalytischen Erfahrung erscheint. In: Lacan, Jacques (1973): Schriften I. Olten (Walter), S. 61–70.

Lacan, Jacques (1953): Funktion und Feld des Sprechens und der Sprache in der Psychoanalyse. In: Lacan, Jacques (1973): Schriften I. Olten (Walter), S. 71–169.

Lacan, Jacques (1957): Das Drängen des Buchstabens im Unbewussten oder die Vernunft seit Freud. In: Lacan, Jacques (1975): Schriften II. Olten (Walter), S. 15–59.

Lacan, Jacques (1957–58): Über eine Frage, die jeder möglichen Behandlung der Psychose vorausgeht. In: Lacan, Jacques (1975): Schriften II. Olten (Walter), S. 61–117.

Lacan, Jacques (1958): Die Bedeutung des Phallus. In: Lacan, Jacques (1975): Schriften II. Olten (Walter), S. 119–132.

Lacan, Jacques (1964): Das Seminar Buch XI. Die vier Grundbegriffe der Psychoanalyse. Weinheim, Berlin 1987 (Quadriga).

Lepperhoff, Julia (Hg.)(2004): Wohlfahrtskulturen in Frankreich und Deutschland. Gesundheitspolitische Reformdebatten im Ländervergleich. Wiesbaden (VS Verlag für Sozialwissenschaften).

Mannoni, Maud (Hg.)(1973): Der Psychiater, sein Patient und die Psychoanalyse. Olten (Walter). (Original franz. 1970).

Mannoni, Maud (Hg.)(1978): Ein Ort zum Leben. Die Kinder von Bonneuil, ihre Eltern und das Team der »Betreuer«. Frankfurt/M. (Syndikat). (Original franz. 1976).

Mannoni, Maud (Hg.)(1983): »Scheißerziehung«. Von der Antipsychiatrie zur Antipädagogik. Frankfurt/M. (Athenäum). (Original franz. 1973).

Mannoni, Maud et l'équipe des soignants (Hg.)(1986): Bonneuil, seize ans aprés. Comment échapper aux destins programmés dans l'État-Providence. Paris (Denoël).

Polo, Michel (1986): La machine »à broyer«: irruption de l'administrative dans l'espace thérapeutique. In: Maud Mannoni et l'équipe des soignants (Hg.): Bonneuil, seize ans après. Comment échapper aux destins programmés dans l'État-Providence. Paris (Éditions Denoël), S. 169–184.

Roedel, Judith (1986): Das heilpädagogische Experiment Bonneuil und die Psychoanalyse in Frankreich. Theorie und Praxis einer Einrichtung für psychisch schwer gestörte Kinder. Frankfurt/M. (Fachbuchhandlung für Psychologie, Verlagsabteilung). Psychoanalytische Reflexion und theoretische Verfahren in der Pädagogik, Band 15 (Hg.: Aloys Leber).

Widersprüche der Jugendkultur – vom Leistungsranking zum Anerkennungsranking

Uwe Findeisen

Die Fragestellung

Die empirische Sichtweise

Die als repräsentative empirische Erhebung allgemein anerkannte Shell Jugendstudie 2010 empfiehlt folgende Sichtweise:

> »Der soziale Kraftakt [...] liegt in der Kunst, fehlende Lehrstellen, Jugendarbeitslosigkeit und unsichere Beschäftigungsverhältnisse zur Kenntnis zu nehmen und dennoch Zukunftsoptimismus und den Glauben daran zu entwickeln, dass man den gesellschaftlichen Aufstieg – oder zumindest den Statuserhalt – mit Fleiß und Leistungsbereitschaft erreichen kann« (Albert et al. 2010, S. 350).

Warum ist Kenntnisnahme ein sozialer Kraftakt? Das ist eine merkwürdige Charakterisierung, denn Kenntnisnahme hat etwas mit Erkennen zu tun, aber weniger mit einer »Kunst« der Wahrnehmung. Die Kenntnisnahme, die die Autoren meinen, ist eine Umwandlung der Lage in die optimistische Einstellung zu ihr. Arbeitslosigkeit oder berufliche Abhängigkeit sollen als etwas anderes erscheinen, als sie wirklich sind. Das heißt: Die empirische Jugendforschung analysiert nicht die Bedingungen jugendlichen Lebens, sondern legitimiert dessen Zwänge und negativen Erfahrungen mit der Behauptung, die jeweiligen Resultate lägen wesentlich an Fleiß und Leistungsbereitschaft.

»Jugendreaktionen« als Reflex auf Misserfolg

Das Verhalten der Jugend (im Folgenden steht die männliche Form für beide Geschlechter) als Reflex auf die schulischen Misserfolge zu erklären, übersieht das Bewusstsein der Jugendlichen bei ihren Aktivitäten. Schon Bruder-Bezzel und Bruder haben darauf verwiesen:

> »Sie [wissenschaftliche Untersuchungen, U.F.] setzen aber auch voraus, dass Misserfolg dem Anschluss an eine Subkultur vorangegangen ist. Auch das ist nicht notwendig so. Schulschwierigkeiten können auch Folge der Entscheidung gegen die Schule sein. Die subkulturellen Schüler nehmen Misserfolge in Kauf, weil sie sich gegen Gehorsam, gegen Leistung, entschieden haben« (Bruder-Bezzel/Bruder 1984, S. 64).

Die Autoren verweisen auf die Freiheit der Entscheidung, die nicht nur als »Saure-Trauben-Reaktion«, sondern ebenso als »Spaß am Widerstand« denkbar ist und »Solidarität in der Gruppe, Identität in der eigenen Kultur, Freiheit von Kontrolle« (ebd., S. 65) sucht.

Ein Verhalten als Ausdruck oder Reflex eines anderen – auch institutionalisierten – Verhaltens zu benennen oder eine Sache als Ausdruck einer anderen Sache zu bestimmen, behauptet einen Zusammenhang, ohne ihn zu erklären. Es sind vielmehr beide Bereiche zu analysieren und darin die Verbindung konkret nachzuweisen. Dieser Versuch soll hier unternommen werden.

Das Lernen in der Institution Schule

Zwei Umgangsweisen mit dem Lernen: Lernen und Bewerten

Lernen ist als Lernvergleich aller Kinder und Jugendlichen organisiert. Der Vergleich verlangt einen doppelten Umgang mit Wissen: Lernen und Bewerten. Letzteres ist ein Gegensatz zum Lernen. Erstens: Lernen hat mit Qualität zu tun, mit den verschiedenen Gegenständen und Gedanken über sie. Die Vielfalt der Welt – Natur, Gesellschaft, Subjektivität – ist dem Denken zugänglich und entspricht einer Menge qualitativer Kenntnisse darüber. Es sind immer qualitative Aussagen über Eigenschaften, Gesetzmäßigkeiten, Gründe,

Zwecke usw. Zweitens: Diese qualitativen Aussagen und Kenntnisse werden durch Bewerten quantifiziert. Nehmen wir Aussagen aus den Wissensgebieten der Geografie und der Mathematik.

Köln liegt am Rhein = 2 Punkte/Köln liegt an der Mosel = 0 Punkte
5 x 5 = 25 = 2 Punkte/5 x 5 = 55 = 0 Punkte

Damit wird das Wissen selbst nicht verbessert, sondern mit einer Zahl ergänzt, sei es 2 oder 0. Durch diesen Vorgang wird das abstrakte Maß von richtig und falsch geschaffen. Es ist leider nicht so, dass man mit dem Punktwert den richtigen Weg hat, um etwas zu korrigieren. Wenn man 0 Punkte vergibt, besagt das nicht, wie die richtige Erklärung lautet. Es ist also ein Widerspruch, im Lernprozess Fehler zu fixieren. Fehler sind ein Durchgangsstadium des Lernens. Ein Beispiel: Was würde eine Mutter machen, deren Kind beim Sprechenlernen nicht »Fahrrad«, sondern »Fahrdad« sagt? Die Mutter würde ihr Kind verbessern – sie würde doch nicht nach vier Versuchen »mangelhaft« sagen und das moralisch mit der Androhung eines Schadens ergänzen: »Geh du einmal in ein Fahrradgeschäft und versuch ein Fahrrad zu kaufen.« Solange es keine Noten gibt, wird der Lernprozess qualitativ begleitet, ergänzt, verbessert usw. Wenn die Noten in den Lernprozess Eingang finden, dann stoppen sie an dieser Stelle den Denk- und Lernprozess (vgl. Steeg 1996; Huisken 1998).

Die Note fixiert und sortiert

Die Note ist die Zusammenfassung der fixierten Fehler, wodurch das Lernen als ein Mittel für einen anderen Zweck benutzt wird. Es geht um die Ausnutzung des Fehlers, um die Kinder in eine Rangfolge zu bringen. Dabei ist die Note nachtragend. Eine Korrektur ist ausgeschlossen. Ein Kind kann nicht zur Lehrperson kommen mit der Begründung: »Jetzt kann ich die Fragen richtig beantworten, dann kann ja die Note gestrichen werden.« Nein, die Note ist nicht so gedacht, dass sie sich überflüssig macht. Noten sind in der Institution des Lernens kein Mittel für das Lernen, sondern für das Sortieren.

Für die Note wird Lernen unter Zeitdruck gesetzt

Die Bewertung ordnet sich die Wissensvermittlung unter. Das merkt man an der Art der Wissensvermittlung. Es herrscht die Methode des Lerndrucks, der durch ein Zeitmaß hergestellt wird. Man muss für die Fixierung eines Fehlers das Lernen an einer bestimmten Stelle abbrechen. Das passiert durch die Zeitvorgaben. Zeitmaße sind u. a. Schulstunde, Fachstunde und Fächerplan, Prüfungszeit, Grundschulzeit, G 8-Zeit, Studienzeit. Wird Zeit dem Lernen vorgegeben, dann wird Lernen zugleich Lerndruck.

Verkehrung des Lernens:
Leistungslernen ist Lerndruck und Lernvergleich

Lernen, das unter diesem Zeitdruck stattfindet, bezeichne ich als »Leistungslernen« (Findeisen 2007, S. 58). Die Zeit-Inhalt-Verkehrung schafft Leistungslernen, die Lernresultate werden Lernpositionen und in Noten fixiert. Lernen wird zugleich zur persönlichen Bewährung im Leistungsvergleich, der sich an der vorgegebenen Notenskala orientiert. Dieser Begriff des Leistungslernens kritisiert schulisches Lernen vom Zweck des Verstehens aus, auf das es beim Lernen ankommt. Er unterscheidet sich etwa von der Kritik Holzkamps, der Lernen als Vorgabe eines Lehrinhaltes in Gegensatz zur individuellen Subjektivität stellt, die nicht frei in der Wahl des Inhaltes sei. Holzkamp kritisiert das »Lehrlernen«, weil das Subjekt nicht den Inhalt bestimmen könne, während die Rede vom Leistungslernen den Gegensatz zur Wissensaneignung betont, die sich am Verstehen – und nicht der subjektiven Themenwahl – messen lassen muss. Wenn Leistungslernen das Prinzip ist, geht es nicht um die Entwicklung der intelligenten Fähigkeiten lernender Kinder, sondern um das Aushalten des Lerndrucks. Lernen wird Bewährung im Lernvergleich innerhalb einer Zeitvorgabe.

Die individuelle Leistung und die bildungspolitischen Vorgaben

Sich im Lernen zu bewähren bedeutet, die Leistung als das einzige Mittel für den Erfolg in der Institution gegen die anderen einzusetzen.

Zu diesem Vergleich gibt es ein Ideal. Das Ideal tut so, als hinge der Erfolg des Einzelnen tatsächlich vom Einzelnen ab, als könnte jeder erfolgreich werden. Käme es darauf an, erfolgreich zu sein, dann würde man nicht die Zeit-Inhalt-Verkehrung vornehmen. Man würde Wissen vermitteln. Dazu gehört erstens: Wissen ist allgemein und daher verallgemeinerbar. Zweitens: Wissen hat einen Vorteil, mit seiner Vermittlung verbraucht es sich nicht, sondern es vermehrt sich.

Das Ideal des Leistungslernens tut nun so, als könnte jeder mit seiner Anstrengung zum gewünschten Erfolg kommen. Seine eigene Fähigkeit sei der Grund für Erfolg oder Misserfolg. Die Fähigkeit, die man immer mit den Resultaten, die man erreicht hat, erklärt, ist die passende Kategorie, mit der die Resultate legitimiert werden. Die Umkehrung heißt nämlich: Zu mehr warst du nicht fähig. Die Kategorie der Fähigkeit verlegt den Grund für die erreichten Resultate immer ins Individuum. Die Bedingungen des Lernens (Lehrplan, Zeit, Klassengröße, Lehreranzahl usw.) werden als hinzunehmende Tatsachen und Gegebenheiten gesehen. Die Bedingungen erscheinen als zweckfreies Angebot, in dem Chancen und Risiken enthalten sind. Dass in diesen Tatsachen und Bedingungen die vorgegebenen Zwecke verdeckt werden, übersieht der Fähigkeitsgedanke zielstrebig. Was wäre, wenn alle Schüler/-innen sich richtig Mühe gäben? Das Lernniveau würde steigen, aber die Positionen blieben weiterhin bestehen. Lernanstrengung ist nur ein individuelles Mittel für bzw. gegen die Mitschüler, aber kein Mittel für alle.

Es besteht in der Schule keine Zusammenarbeit aller, sondern der Erfolg des einen ist ohne den Misserfolg des anderen nicht zu haben. Ein einfacher Beweis: In einer Klassenarbeit sind die Kinder auf sechs Leistungspositionen verteilt. Wie kann die Lernkonkurrenz die Platzeinteilung selbst beeinflussen? Die Anstrengung einer Schülergruppe führt immer zu sechs Plätzen. Innerhalb der Rangfolge können die Individuen sich verschieden verteilen, also gegen die anderen durchsetzen, aber die sechs Plätze selbst gelten als vorgegeben. Der Lernvergleich in diesem Mechanismus kann nicht die schlechten Plätze abschaffen. Der Mechanismus der Platzzuordnung wird durch die Konkurrenz innerhalb des Rahmens nie beeinflusst. Der Lehrplan wird nicht beeinflusst durch die individuellen Unterschiede des Lernens. Die vorgegebene Zeit wird nicht beeinflusst durch gute oder schlechte Examensarbeiten. Für die Gesamtverteilung der Ausbildung herrschen politische Bildungsentscheidungen. Wie die Zukunft der Bildung aussehen wird, zeigt sich in der »Wachstumsstrategie 2020« der EU vom

17. Juni 2010: »Die Zahl der Schulabbrecher soll in den nächsten zehn Jahren auf weniger als zehn Prozent gesenkt und die der Universitätsabsolventen pro Jahrgang auf 40 Prozent erhöht werden« (EU Pressemeldung 2010). Also gibt es weiterhin knapp 10 Prozent Analphabeten und 50 Prozent, die nie die Chance erhalten, besser ausgebildet zu werden.

Die Haltung: Lernen ohne Interesse

Angesichts der Vorsortierung ist es logisch, dass die Freude am Lernen mit dem Prozentsatz übereinstimmt, der erfolgreich sein kann. »In einer bundesweiten Befragung aus dem Jahre 1998 gaben von Schülern im Alter von 14 bis 16 Jahren nur 27 Prozent an, dass sie ein Interesse an der Schule und auch Freude hätten, in die Schule zu gehen« (Wahler et al. 2008, S. 35). Das hat Konsequenzen für die Stellung der Mehrheit der Schüler/-innen zum Lernen. Das Leistungsprinzip, das ich mit Leistungslernen bezeichnet habe, wirkt auf das Lerninteresse. Aus dem Lernen wird Lerntaktik – man lernt, was nicht interessiert. Dazu passen alle Formen der Langeweile, geistige Abwesenheit (Träumereien usw.), Zu-spät-Kommen, Abschreiben, Pfuschen, um Berechtigung der Aufgaben streiten, mit Noten kalkulieren usw.

Wenn man Individuen in eine Wettbewerbssituation bringt und verlangt, dass sie mit ihrer Anstrengung um die Erreichung der Positionen kämpfen, dann fordert diese totale Institution von ihnen eine Aktivität, die heißt: Versuche mit den Noten weiterzukommen! Noten kann man aber auch bekommen, wenn man pfuscht, abschreibt usw. Es beginnt sich also ein Verhältnis zum Lernen zu etablieren, das nicht mehr am Inhalt interessiert ist, sondern an der Note. So würde man mit seinem Hobby nie umgehen. Aber die Schule verlangt es. Es entsteht ein Verhältnis von Wissen und Interesse, bei dem beide getrennt werden. Die Laborschulen sind übrigens der Gegenbeweis gegen die Behauptung, dass Lernen in dieser verrückten Form stattfinden muss.

Lernen als persönliche Bewährung: Eigenverantwortung

Da Lernen durch den Vergleich immer als persönliche Leistungszuschreibung organisiert ist, müssen alle Schüler und Schülerinnen die erreichte Note als Ausweis ihrer persönlichen Bewährung, Eignung, Fähigkeit nehmen. Die Note ist eine Aussage über die Leistungsfähigkeit der Person. Sie ist eine Gratifikation für das Individuum. Damit entsteht eine Verschiebung der Betrachtung des eigenen Lernens: »Das (!) habe ich gelernt« wird zu »Ich (!) habe das gelernt«. Und diese Verschiebung der Betrachtung bestätigt die negative Beziehung zu den anderen. Nicht die Hilfe bei Fehlern der anderen ist die normale Reaktion, sondern die Abgrenzung und Unterscheidung dazu. Man steht zu sich selbst: Ich (!) habe es verstanden, du nicht! Und die Hervorhebung der Person wird mit dem »Prinzip der Gratifikation in Stellung gebracht« (Borst 2011).

Die erzwungene Form der Lernkonkurrenz nehmen Kinder und Jugendliche als ihre Bewährung an und erklären sich verantwortlich für die Ergebnisse ihres Lernens: »Es liegt an mir.« Die Übernahme der Verantwortung für die guten und schlechten Erfahrungen in der Schule kann man auch als Gewissen bezeichnen, mit dem die Lage betrachtet wird. Das hat die beiden Seiten des guten und schlechten Gewissens, je nach den erreichten Positionen. Dabei ist die falsche Grundlage sicher: Egal, was man erreicht hat, man war selbst dafür verantwortlich.

Die Moral des Lernens: Stolz und Scham, Ehre und Neid

Mit einer Zwei hat man sich bewährt und kann stolz auf sich sein und ein gutes Gewissen haben. Mit einer Fünf hat man sich nicht bewährt, hat ein schlechtes Gewissen und schämt sich. Pfuschen und Abschreiben muss nicht zu einem schlechten Gewissen führen, es gehört zur Lerntaktik aller dazu. Mit der falschen Erklärung, dass jeder selbst verantwortlich ist und man zugleich nicht so weit gekommen ist, wie man eigentlich wollte, entstehen die Einstellungen des Neids und der Achtung.

Man erkennt die Leistung des anderen an und nimmt zugleich die Stellung des Neids ein, indem man sich daran stört, dass man selbst in dem Vergleich nicht höher steht. Neid ist insofern ein bewusstes Gefühl, das für die Aufrechterhaltung des Leistungslernens notwendig ist. Dieses Bewusstsein durchschaut nicht seine Funktionalität für die Sortierung der Betroffenen. Lerntaktik mit einer erfolgreichen Bewährung erlaubt Stolz und Angeberei, Lerntaktik ohne erfolgreiche Bewährung führt zu Scham und Neid (vgl. Marks 2007).

Die Selbstbehauptung der Jugend

Das Selbstbild der Schüler: Ich bin wertvoll

Es gibt verschiedene gute und schlechte Erfahrungen für diese moralische Haltung: Erfolgreiche, Durchschnittliche und Verlierer. (Es geht hier nicht um die Schüler, die daraus eine Schulkritik entwickeln, nicht um eine politisierte Jugend, sondern um die Jugendlichen, die eine persönliche Konsequenz ziehen.) Für sie gelten die Resultate des Lernvergleichs als Ergebnis ihrer freien Entscheidung. In ihren persönlichen Anstrengungen freigesetzt, betrachten sie den erzwungen Leistungsvergleich daraufhin, wie sie als die Verantwortlichen daraus eine positive Meinung über sich ziehen können. Sie reflektieren auf sich. »Wenn es auf mich ankommt, dann bin ich (!) wichtig«, so denken sie.

Dabei reflektieren sie auf die sozialen Unterschiede der Gesellschaft, die sich als Geldunterschiede geltend machen. Geld bestimmt häufig das Weiterkommen, denn einen Nachhilfelehrer oder einen Privatschulplatz muss man sich leisten können. Für die Erfolgreichen fällt die Sicht auf sich mit der gesellschaftlich gültigen Rangfolge zusammen, sie treten mit dem Gestus der Souveränität auf und haben damit eine gute Meinung über sich. Die anderen benötigen im »Kampf um Noten« für die Betonung ihrer Besonderheit, ihrer Subjektivität, ein von der Leistung getrenntes Maß. Wie beantworten sie die Frage, was sie wert sind? Die Politik kennt diese Fragestellung:

> »Unsere Kinder und Schüler müssen sich aneinander messen. Sie müssen lernen, Konkurrenz auszuhalten. Ohne Leistung, ohne Leistungsbereitschaft wäre jede Schule wirklichkeitsfremd […]. Immer muss aber klar sein, dass die Beurteilung einer Leistung kein Urteil über eine Person ist. Kein Schüler, kein Mensch ist ein hoffnungsloser Fall […]. Unsere eigene Selbstkontrolle ist aber noch wichtiger« (Rau 2002).

Der Einzelne soll sich trotz der sozialen Niederlagen nicht so sehen, als ob er verloren hätte; er soll daneben groß dastehen können, indem er von sich ein positives Selbstbild hat. Dieses Selbstbild wird gleich funktional als Kontrolle der eigenen Person gedacht. Verlangt wird also eine Art Selbstbetrug.

Die Selbstbehauptung und ihre Trennung vom Lernen

Sich selbst zu behaupten, sich gegenüber den anderen hervorzuheben, das geht nur in Unterscheidung von und mit Anerkennung der anderen. Man verfertigt sich ein Selbstbild und wählt dafür Symbole.

> »Man kauft das, womit man sich überlegen fühlt, indem man cooler wirkt (Nike-Schuhe), situierter (Havanna-Zigarren), informierter (Single Malt Scotch), differenzierter (Starbucks-Espresso), moralisch überlegen (Body-Shop-Kosmetik) oder einfach vermögender (Louis-Vuitton-Taschen)« (Heath/Potter 2011, S. 131).

Es ist das Bedürfnis, sich ganz persönlich vor sich – ›Das ist mein Lebenssinn!‹ – und den anderen zu behaupten. Damit wird für die eigene Besonderheit die Anerkennung der anderen eingefordert.

Denn: Wer geht denn schon mit sich so um, dass er sich selbst vor seinen Fähigkeiten aufgibt (zur Depression s. u.)? Also beginnt die Trennung der Selbstbehauptung von der Leistung. Es werden Wege gesucht, die Behauptung mit Mitteln zu erhalten, die man selbst im Griff zu haben glaubt und zunächst auch hat. Nun beginnt die psychische Freiheit. Dafür müssen sich die zur Darstellung der Person nötigen Tätigkeiten vom negativen Ausgangspunkt trennen und zu positiven Bewältigungsstrategien werden. Da es Bewältigungsstrategien sind, ist in ihren positiven Zwecken der negative Ausgangspunkt enthalten. Sie finden nämlich neben der Schule und gegen sie statt. Da geht es nicht um das Bewusstsein der eigenen Lage, sondern um das Bewusstsein seiner selbst, welche Symbole und Manieren am besten zu einem passen, was kein Gesichtspunkt des begreifenden Verhaltens zur Welt ist. Man spricht daher von Bewältigungsstrategien, weil die schulische Leistungskonkurrenz aus dem Blick ist und man daneben ein Betätigungsfeld für den »Kult des Selbstbewusstseins« (vgl. Huisken 2007) schafft.

Die Selbstbehauptung schließt den Selbstbetrug ein

Ein Beispiel, dass es nicht um ein bewusstes Verhältnis geht, sondern dieses übergangen wird, enthält die Shell Jugendstudie 2000:

»Überhaupt, mein ganzes Leben ist doch voll der Reinfall. Aber ich kann doch nicht den ganzen Tag draußen rumlaufen und heulen. Über das rede ich eigentlich nie. Mit wem auch? Viele können sich eben einfach nicht in meine Situation reinversetzen. Ich habe da Schiss, dass sie mich vielleicht irgendwie nicht verstehen oder so. Klar verbreite ich überall Party« (Fischer et. al. 2000, S. 155).

Gerade die Entstehung solcher Selbstkonzepte aus der Bewältigung von Misserfolgen, ohne die institutionellen Gründe für die Selektion in Sieger und Verlierer einzubeziehen, zeigt, dass es abstrakte oder »mittellose Lösung[en] [sind], die sich ihre eigenen Mittel schaffen. Sie neigen daher zwangsläufig zu Selbstbetrug und zu Scheinlösungen der zu Grunde liegenden Probleme« (Nüberlin 2002, S. 246).

Das Maß der Selbstbehauptung, die Methode der Anerkennung und das Ideal sicherer Anerkennung

Die persönliche Anerkennung führt vom Lernen weg und ergänzt es mit einem persönlichen Vergleich. Auch auf diesem Gebiet findet ein Kampf um eine Rangfolge statt. Die Jugendlichen verdoppeln die Konkurrenz. Zur Lernkonkurrenz kommt nun noch die Selbstbehauptungs- oder Anerkennungskonkurrenz – Anerkennung durch neue Maßstäbe, die sie selbst im Griff haben. Die Selbstbehauptungsstrategien haben ein Maß, eine Verlaufsform und ein Ideal.

➢ Das Maß: das Selbst, das Selbstbild, also die persönliche gute Meinung über sich
➢ Die Verlaufsform: die Anerkennung durch andere
➢ Das Ideal: die Garantie oder Sicherheit der Anerkennung

Es ist nicht sinnvoll, alle Äußerungen der heutigen Jugend summarisch aufzuzählen und äußerlich zu sortieren, nach dem jeweiligen Verhalten bezogen auf dies und das. Die empirische Vielfalt hat zum Beispiel die Shell Jugendstudie aufgelistet und daraus verschiedene Gruppen gebildet. Was aber der Zusammenhang der Phänomene ist, kommt dadurch nicht zutage. Es ist das negative Interesse der Selbstbehauptung durch die Methode der Anerkennung durch andere. Selbstbehauptung findet in der Öffentlichkeit statt und nicht isoliert im eigenen

Kämmerlein. So lassen sich die vielfältigen Verhaltensweisen als Gradunterschiede der Anerkennung begreifen.

Die Selbstbehauptung mit Mitteln der Anerkennung

Die soziale Lage als Lebensstil mit symbolischen Mitteln

Man muss sich etwas aussuchen, zu dem die anderen sofort sagen, dass es cool, geil usw. sei. Man will mit seinem Auftreten in seiner Altersgruppe ankommen. Es gibt natürlich auch andere Jugendliche, die unauffällig, angepasst und »brav« die Anforderungen erledigen. Hier geht es um die Erklärung des Verhaltens der Jugendlichen, die ihre Selbstbehauptung in der äußeren Darstellung als Stil suchen.

Das Faktum, dass Jugendliche aus allen Schichten/Klassen diese Selbststilisierung wählen, zeigt, dass die soziale Lage sich nie direkt im Verhalten ausdrückt, sondern über die freie Entscheidung vermittelt ist.

Bruder-Bezzel und Bruder haben darauf hingewiesen, in Anlehnung an die Untersuchungen des CCCS (Centre for Contemporary Cultural Studies), dass der äußere Stil der Subkultur einen Lebensstil darstellen soll, der die Ablehnung der gängigen geheuchelten Toleranz und des Mainstreams symbolisch repräsentiert. Dabei referieren die Autoren, dass Punk den Charakter des Widerstandes habe und so auf die Klassenlage verweise. Dagegen ist zu präzisieren, dass der Widerstand im öffentlichen Auftreten sich nicht direkt auf die Klassenlage bezieht, da die Stilisierung symbolisch ist. Sie verwandelt soziale Klassenunterschiede und schichtspezifische Lebensgewohnheiten in Differenzen des Selbstbildes und damit der Selbstbehauptung. Sie hebt die sozialen Gegensätze auf eine symbolische Ebene und löst sie von einer materiellen, sozialen Bewegung. Es ist eben eine subjektive Verwandlungsleistung, aus der Klassenlage einen Lebensstil zu machen. So wird daraus Kulturkonkurrenz mit dem Verlangen der Anerkennung (vgl. Findeisen 2010). Davon unterscheidet sich echter gewerkschaftlicher Kampf um die Verbesserung der Klassenlage oder offene Empörung (vgl. die »Ara- und Eurobellion«) angesichts eines als ungerecht empfundenen Systems.

Da die Selbstbehauptung mit der Anerkennung durch die anderen erlangt werden soll, ist sie mit einem Problem konfrontiert. Sie enthält die Unsicherheit, ob die anderen das, was man für sein Ankommen gewählt hat, auch gut finden. Wie funktioniert nun dieses Ankommen, was sind die Mittel des Ankommens? Welche Widersprüche stecken in diesen Ankommer-Verhaltensweisen?

Varianten und Rollen der Selbstbehauptung

Die Felder und Rollen für solche Aktivitäten sind zahlreich. Zu nennen wären etwa: Körperdarstellung, Kleidung, Tatoo, Piercing, Mutproben, Extremsport, Trendorientierung in der Mode, Musik, Kommunikationsformen nutzen, Internetselbstdarsteller, Witzbold, Wichtigtuer, Durchblicker.

Die folgende Darstellung der verschiedenen Anerkennungsstrategien orientiert sich an der Untersuchung von Gerda Nüberlin (2002).

Der Trendbewusste: Da man möglichst auf den ersten Blick ankommen will, liegt es nahe, die Signale durch äußerliche Merkmale (Kleidung, Kosmetik usw.) auszusenden. Damit stellt sich das Aktualitätsproblem der Mode. Das ist auch das Einfallstor für die Modeindustrie. Die macht nichts anderes, als Angebote dafür zu unterbreiten, wie man bei anderen auffällt. Nicht nett auszusehen ist das Maß, sondern es geht um den Unterschied zu den andern und um die Sicherheit, dass man gerade damit ankommt. Also muss die Sache »in« sein. Das Problem dabei ist, dass das Ziel, für das ich mich einkleide, um für mich Anerkennung zu erhalten, mit einem Mittel vollzogen wird, das jeder sich kaufen kann. Somit geht die Exklusivität schnell verloren bzw. wird zur Zuordnung zu einem Trend, der wenigstens sichert, dass man eine Zeit lang »in« ist.

Als Grenzgänger mit dem Motto »no risk, no fun« sucht man sich die ständige Mutprobe als Betätigungsfeld, um die anderen zur Bewunderung zu bringen. Das Bedürfnis, etwas Besonderes zu sein, verlangt zu seiner Glaubwürdigkeit immer intensivere und gefährlichere Aktionen: risk = fun. Man orientiert sich z. B. an den Trendsportarten.

Die, die mehr auf Kommunikation durch Sprache stehen, nutzen ihren Geist für die Ich-Aufmerksamkeit und dafür alle technischen Kommunikationsmittel. Der Witzbold ist nicht witzig, sondern nervt mit seinem selbstgewählten Zwang, in allen Situationen lustig zu sein. Der Wichtigtuer kann heute das ganze Internet aufmischen.

> »Man spielt die Rolle, man selbst zu sein. Die aktuellste Form dieser Selbstdarstellung gibt es im Internet: broadcast yourself. Internet-Portale

wie YouTube, StudiVZ und MySpace zeigen uns reine Formen einer öffentlichen Zurschaustellung von Identität [...] geht es darum, ein interessantes Selbst zu erschaffen. Anprobieren – das macht man heute nicht mehr nur mit Kleidern, sondern auch mit Lebensstilen und Weltanschauung. Viele, vor allem junge Menschen, die mit dem Internet aufgewachsen sind und es als eine zweite Natur erfahren, können mit den klassischen Vorstellungen von Privatsphäre und Intimität gar nichts mehr anfangen. YouTube, MySpace und die Castingshows im Fernsehen signalisieren Exhibitionismus und Voyeurismus als neue Megatrends« (Bolz 2009, S. 3).

Coole Durchblicker: Etwas Neues auszuprobieren, es zu erlernen, läuft dem Anspruch zuwider, längst ein cooler Könner von allem und jedem zu sein. Man präsentiert sich in einer Weise, die die »Anmachen« der anderen überspielt. Die Coolness des Durchblickens präsentiert sich mit einer Gleichgültigkeit gegen Zwänge und ihre Gründe und meint, die richtigen Gesetze des Lebens lerne man dagegen auf der Straße.

Die Selbstbehauptung durch Anpassung an die Gruppe

In der ersten Variante hat man sich noch davon abhängig gemacht, dass die anderen sich auf die ausgesuchte Form des Ankommens einlassen und einem dafür Aufmerksamkeit schenken. In der zweiten Variante benötigt man dazu eine Gruppe und sichert sich die Anerkennung durch Unterordnung und Abgrenzung gegen die Ankommer-Methoden anderer Gruppen. Die Sicherung der Anerkennung durch die Unterordnung der Individualität unter eine Gruppe kennt verschiedene Rollen: Anführer und Bestimmer, Fan und Mitläufer. Diese Stufe der Anerkennung geht mit Mitteln der Gruppenunterordnung. So muss man nicht immer darum kämpfen, sondern hat als Fan einer Band, eines Musikers, eines Vereins usw. eine sichere Bezugsgruppe.

Das ist dann auch eine Sache des Konsums, wenn die entsprechenden Veranstaltungen von Firmen organisiert und bedient werden (Fußball, Musik). Resultat ist jedenfalls, dass man in der Zuordnung zu dieser Szene eine Sicherheit in der Anerkennung hat, eingehandelt mit der Position in der Gruppenhierarchie. Und diese Gruppen können sich wiederum nach außen, gegen andere wenden, die nun die Zielscheiben oder Opfer der Gruppe werden. Mobbing, Hänseln, Beschimpfen, Isolieren, Bedrohen usw. – all das schafft eine Gruppenidentität allein für den abstrakten Zweck der Selbstbehauptung, der sich auch für den Mitläufer in der Gruppe erfüllt.

Die Selbstbehauptung mit der Durchsetzung der Anerkennung

Varianten der Selbstbehauptung, die sich nicht von der Anerkennung abhängig machen, sondern sie erzwingen, setzen Gewalt ein und verschaffen sich so den Respekt der anderen. Indem man einen anderen zum Verlierer macht, ist man der Sieger. Der Übergang findet statt, wenn der Betreffende sich zu seinem Anspruch auf Ich-Anerkennung dazu denkt, dass er ein Recht darauf hat, dass er von anderen anerkannt werden müsse. Und durch seine Gewalt setzt er sich selbst ins Recht (Findeisen 2009). Es ist die vom Gewaltmonopol des Rechtstaates abgeschaute Weise, dass die erfolgreiche Gewalt der Sache Recht gibt. Wer sich durchgesetzt hat, der beweist, dass er im Recht war. Gewaltsame Jugendliche kopieren dieses Rechthaben für ihre Selbstbehauptung für den Moment ihrer Aktion, im Wissen, dass im Endeffekt der Staat die größere Macht ist. Amokläufer erheben sich sogar noch darüber, indem sie – in den meisten Fällen – durch ihren Selbstmord sich der Bestrafung entziehen und so für sich selbst die höchste Macht sind, die über Leben und Tod entscheidet.

Das Scheitern der Selbstbehauptung

Als Endpunkt zu erwähnen ist noch das Scheitern in der Anerkennungskonkurrenz, das zum Schuldvorwurf führt. Wenn man sich verantwortlich erklärt für die Ergebnisse der Leistungskonkurrenz und der Anerkennungskonkurrenz, dann erscheint einem das Scheitern als eigenes Defizit: Man ist nicht anerkennenswert, liebenswert. Die Depression ist dann die gedankliche »Reaktion« auf die Erfahrung der doppelten Niederlage: in der Leistungskonkurrenz und in der Persönlichkeitskonkurrenz. Anstatt sich die Verrücktheit, Lernen und selbstbewusstes Verhalten als Konkurrenz gegeneinander zu praktizieren, zu erklären, wird daran festgehalten, dass man selbst für beide Niederlagen verantwortlich ist und verzweifelt am neidischen Vergleichsgedanken mit denen, die in diesem Kampf um Noten und abstrakte Selbstbehauptung erfolgreich sind.

Die Funktion der Selbstbehauptung für die Erhaltung der sozialen Lage

Bei den Jugendlichen stellt man eine massive Desillusionierung fest, in der die Zuweisung, die sie in der Schule erlebt haben, nun auch für die gesellschaftlichen Bedingungen des Arbeitsmarktes vorweggenommen wird. Dann heißt es: »Solche wie wir haben doch eh keine Möglichkeiten!« Am Ende der Schullaufbahn stehen Schüler mit einem Zertifikat da, es belegt Wissen, das sie praktisch nicht anwenden können. Das Wissen ist nicht Mittel für ihre Interessen, sondern macht sie abhängig von den Kalkulationen derer, die einen Arbeitsplatz vergeben. Das ist eine Paradoxie der gesellschaftlichen Arbeitsteilung. Von den Schülern wird verlangt, dass sie sich das für diese Gesellschaft nötige Wissen aneignen – und dann wird diese Leistung auf dem Arbeitsmarkt dequalifiziert. Der Staat schafft somit in seinen zwei Institutionen Ausbildung und Arbeitsmarkt einen Widerspruch. In der Ausbildung will er, dass alle etwas lernen, auf dem Arbeitsmarkt lernen sie, dass sie mit ihrem Wissen nicht gebraucht werden. Was ist denn dann Bildung? Jedenfalls nicht das Mittel, um gesellschaftlich tätig zu werden. Mit dem Abschlusszeugnis hat man etwas erreicht, nämlich den Status erlangt, dass man etwas zu verkaufen hat, dass man Besitzer einer Qualifizierung geworden ist, mit der man sich auf dem Arbeitsmarkt anbieten kann. Die Betreffenden können aber bei Nichtanstellung nicht sagen: Dann verkaufen wir doch unser Abschlusszeugnis wie ein teures Bild, in dem zehn bis zwölf Jahre Arbeit stecken, und leben dann nach unseren eigenen Vorstellungen. Sie müssen ihre praktische Tätigkeit verkaufen. Also ist am Ende des Ausbildungsprozesses so etwas da, wie eine Ware Mensch, ausgestattet mit Arbeitsfähigkeit. Alle Varianten der Selbstbehauptung ändern daran nichts, sondern verdoppeln die ökonomische Konkurrenz mit einer Anerkennungskonkurrenz der Selbstwerte. So bleibt der wesentliche gesellschaftliche Unterschied von Geldbesitzern (mit den objektiven Arbeitsmitteln) und Geldverdienern (mit dem bloß subjektiven Arbeitsvermögen), der die soziale Lage bestimmt, im Hintergrund der gesamten Jugendkultur, die sich mit den Problemen der abstrakten Selbstbehauptung abkämpft.

Was nun?

Das Einverständnis mit Alternativen hängt vom Einverständnis mit der Erklärung der Sache ab. Daher sollen drei Anmerkungen zu Bildung, Arbeit und Bedürfnisentfaltung genügen.

Zum Interesse an Bildung: Kinder und Jugendliche müssten an ihrem Lerninteresse festhalten und sich nicht der Lerntaktik bedienen, die an ihnen nur ausnutzbares Wissen herstellt, aber nicht das Wissen um die eigenen Interessen und Zwecke, und die dafür nötigen Bedingungen vermittelt. Ohne Kritik geht das nicht.

Zur Arbeit als gesellschaftlicher Tätigkeit: Die Trennung der objektiven von den subjektiven Bedingungen der gesellschaftlichen Arbeit und ihre Verbindung allein als ein Waren- und Geldzusammenhang ist der Grund dafür, dass die subjektive Arbeit nur in abstrakter Form, als bloße Arbeitsfähigkeit, eben als Ware Arbeit des Menschen existiert, und nur von bestimmten Akteuren mit den objektiven Bedingungen vermittelt wird, wenn es ihnen in ihrer Geldkalkulation einen privaten Nutzen erbringt. Man muss sein gesellschaftliches Interesse zurückgewinnen, dass nicht die Wirtschaft den Menschen, sondern der Mensch die Wirtschaft beherrscht.

Zur persönlichen Entfaltung: Es müsste darum gehen, die privaten Interessen ohne ständigen Kampf um die Selbstbehauptung zu entwickeln. Das Zusammenleben wäre die Entfaltung der Bedürfnisse aller.

Literatur

Zitate wurden in reformierte Schreibweise übertragen.

Albert, Mathias; Hurrelmann, Klaus; Quenzel, Gudrun & Shell Deutschland Holding (Hg.) (2010): 16. Shell Jugendstudie Jugend 2010. Eine pragmatische Generation behauptet sich. Frankfurt/M. (S. Fischer Verlag).
Bolz, Norbert (2009): Ich will einen Unterschied machen! Aus Politik und Zeitgeschichte (41/2009), 3–6.
Borst, Eva (2011): Hegemoniale Deutungsmuster: Beschleunigung und Ökonomisierung. ZLB-Zukunftswerkstatt Linke Bildungspolitik Sonderheft (1/2011), 48–54.
Bruder-Bezzel, Almuth & Bruder, Klaus-Jürgen (1984): Jugend. Psychologie einer Kultur. München, Wien, Baltimore (Urban & Schwarzenberg).
EU Pressemeldung (2010): EU 2020. EB Erwachsenenbildung (3/2010).
Findeisen, Uwe (2007): Lernwiderstände, Leistungslernen und Schulreform. Zukunftswerkstatt Schule 17(5), 55–64.

Findeisen, Uwe (2009): Jugendgewalt – unerklärlich, anomal oder was? Anmerkungen zur aktuellen Diskussion über Amok und die Konsequenzen. E&W Erziehung und Wissenschaft (11/2009), 20–22.

Findeisen, Uwe (2010): Wie bitte wird man eine erfolgreiche Ware Arbeitskraft. Teil I–IV. URL: www.magazin-auswege.de/2010/07/wie-bitte-wird-man-eine-erfolgreiche-ware-arbeitskraft–3/(Stand: 14.07.2011).

Fischer, Arthur; Fritsche, Yvonne; Fuchs-Heinritz, Werner; Münchmeier, Richard & Deutsche Shell (Hg.)(2000): Jugend 2000. 13. Shell Jugendstudie. Opladen (Leske + Budrich).

Heath, Joseph & Potter, Andrew (2011): Konsumrebellen. Der Mythos der Gegenkultur. Frankfurt/M. (Rogner & Bernhard bei Zweitausendeins).

Huisken, Freerk (1998): Erziehung im Kapitalismus. Von den Grundlügen der Pädagogik und dem unstreitbaren Nutzen der bürgerlichen Lehranstalten. Studienausgabe der Kritik der Erziehung, Bd. 1 und 2. Hamburg (VSA).

Huisken, Freerk (2007): Über die Unregierbarkeit des Schulvolks. Hamburg (VSA).

Marks, Stephan (Hg.)(2007): Scham – Beschämung – Anerkennung. Berlin (LIT Verlag).

Nüberlin, Gerda (2002): Selbstkonzepte Jugendlicher und schulische Notenkonkurrenz. Zur Entstehung von Selbstbildern Jugendlicher als kreative Anpassungsreaktionen auf schulische Anomien. Herbolzheim (Centaurus Verlag).

Rau, Johannes (2002): Wir müssen einander achten. FR-Dokumentation. Frankfurter Rundschau vom 4.5.2002.

Steeg, Friedrich H. (1996): Lernen und Auslese im Schulsystem am Beispiel der ›Rechenschwäche‹. Mehrebenenanalyse unseres Bildungssystems und Versuch einer ideologiekritischen Folgerung auf didaktische Ansätze und praktische Umsetzungen. Frankfurt/M., Berlin, Bern, New York, Paris, Wien (Peter Lang).

Wahler, Peter; Tully, Claus J. & Preiß, Christine (Hg.)(2008): Jugendliche in neuen Lebenswelten. Selbstorganisierte Bildung jenseits institutioneller Qualifizierung. Wiesbaden (VS Verlag für Sozialwissenschaften).

Der ›gute‹ und der ›böse Orientale‹

Zu Funktionalität und Wandelbarkeit des »KurdInnen-Problems« im EU-Beitrittsdiskurs der Türkei

Stefanie Girstmair, Katharina Hametner, Markus Wrbouschek & Daniel Weigl

Einleitung

Im April 2011 entbrannte in Österreich eine Diskussion um die Einführung einer neuen lebenden Fremdsprache als Maturafach[1]. Was nach einer harmlosen schulpolitischen Überlegung klingt, entwickelte sich schnell zu einer hitzigen Debatte, in der zwei Fronten aufeinanderprallten. Die Grünen meinten, eine derartige Entscheidung sei längst überfällig gewesen, und begrüßten die Initiative der SPÖ-Bildungsministerin Schmied. Die GegnerInnen sahen in dem Vorschlag hingegen einen »neuerliche[n] Affront gegen autochthone Volksgruppen« (Stefan, Verfassungssprecher der FPÖ), fürchteten die Förderung von »Parallel- und Gegengesellschaften« (Strache, FPÖ-Parteichef)[2] oder wollten Steuergelder lieber für Deutschunterricht ausgeben (Fekter, damalige ÖVP-Innenministerin)[3]. Die neue Fremdsprache, die in Österreich auch als Maturafach anerkannt werden sollte und derartig heftige Reaktionen hervorrief, war Türkisch.

In den Aussagen zum Thema »Türkisch als Maturafach« fällt ein Punkt besonders auf. Obwohl die betreffende Sprache komplementär zu den bereits bestehenden Maturasprachen Französisch, Spanisch, Russisch,

---

1 Die Matura ist mit dem deutschen Abitur vergleichbar.
2 Online Standard vom 05.04.11, letzter Zugriff am 12.07.11. von http://derstandard.at/1301873906403/Tuerkcenin-Matura-dersi-olmasi-tartisiliyor
3 Online Standard vom 05.04.11, letzter Zugriff am 12.07.11. von http://derstandard.at/1301873843473/Tuerkisch-als-Maturafach-Fekter-will-Geld-lieber-fuer-Deutsch-ausgeben

Polnisch oder Bosnisch-Kroatisch-Serbisch angeboten werden sollte und die Entscheidung zur Teilnahme am Unterricht somit bei den jeweiligen SchülerInnen selbst läge, wurde ein Bedrohungsszenario für die deutschsprachige Mehrheitsgesellschaft entworfen. Die türkischsprachige Bevölkerung Österreichs scheint in Opposition zu den »autochtonen« und somit »wahren« deutschsprachigen ÖsterreicherInnen zu stehen, mit ihnen um staatliche Ressourcen zu konkurrieren und sogar eine Gegengesellschaft aufzubauen. Auffallend ist auch, dass nur türkischsprachige Menschen in diesem gegensätzlichen Verhältnis zur mehrheitsösterreichischen Gesellschaft zu stehen scheinen. Bevölkerungsgruppen, die etwa ein Interesse an Spanisch oder Bosnisch-Kroatisch-Serbisch als Maturafach haben, werden nicht mit derartigen Vorwürfen konfrontiert. Aber nicht nur in der Matura-Debatte werden Menschen, die als Türken oder Türkinnen identifiziert werden, zu den grundsätzlich anderen. So zeugt etwa auch der im Zuge des TierrechtlerInnen-Prozesses vom Vizepräsident der österreichischen Richtervereinigung getätigte Ausspruch »Wir sind nicht in der Türkei, wir sind nicht im Sudan, wir sind in Österreich. Da wird menschenrechtskonform verhandelt«[4] von der Sonderrolle, die die Türkei im österreichischen Kontext einnimmt.

Mit seiner Affinität zur abgrenzenden Beschäftigung mit den »orientalischen«[5] Verhältnissen ist der Vizepräsident der österreichischen Richtervereinigung keineswegs allein. Durch verzichtbare Kulturkampf-Thesen vorweggenommen und in letzter Zeit in der paranoiden Warnung vor der Selbstabschaffung akzentuiert findet eine besorgte und bisweilen zwanghafte Beschäftigung mit dem Verhältnis des »Westens« zu den als fremd und spezifisch wahrgenommenen Einflüssen aus dem »Osten« statt. Die zugespitzte Medienwahrnehmung wird in Österreich spezifisch prägnant, wenn man sich im kleinformatigen Boulevard umsieht, und erhält politische Sprengkraft, wenn man die Wahlkampagnen der rechts-außen Parteien verfolgt, die bei den Nationalratswahlen 2008 fast ein Drittel der Stimmen erhielten. Und spätestens an dieser Stelle taucht die Frage auf, was das Feindbild Türkei oder präziser die Leitmotive der gegenwärtig boomenden Beschäftigung mit ihm, mit »uns EuropäerIn-

---

4 Online Standard vom 07.02.11, letzter Zugriff am 12.07.11 von http://derstandard. at/1296696529254/Tierschuetzer-Prozess-Anzeige-gegen-Strafrechtlerin-Veltenweil-Ruf-der-Justiz-in-Gefahr

5 Problematische Begriffe, deren Dekonstruktion wir anstreben, werden von uns in Anführungszeichen gesetzt.

nen« zu tun haben. Woran liegt es, dass das türkische Andere eine solche Rolle für die Frage der Konstitution europäischer Identität erlangt, dass der Bezug darauf selbst in Kontexten, in denen er keine Rolle spielt (wie im Fall des TierschützerInnenprozesses) jederzeit aktiviert werden kann, um als Negativfolie »Europas« zu fungieren?

Orientalismus

Auf die Spur einer Beantwortung dieser Fragen führt uns Edward Said, der in seinem 1978 erschienenen Buch *Orientalism* die konstitutive Verbindung zwischen den imaginativen Prozessen der Produktion einer europäischen (westlichen, kolonialistischen) Identität und dem Bild eines »Orients« zeigt, der das notwendige Andere dieses imaginären »Westens« bildet. Durch die Abgrenzung vom »Orient« wird die moralische, politische, ökonomische und kulturelle Sonderstellung des »Westens« konstruiert. Eben dieses Motiv findet sich auch in der oben genannten Äußerung des Vizepräsidenten der Richtervereinigung. Selbstverständlich wird auf der anderen Seite, dort im »Orient«, all das entdeckt, was der »Westen« ausschließt – so ist ein Mangel an Menschenrechtskonformität für die Türkei rechtfertigungslos anzunehmen, ebenso selbstverständlich kann für den »Westen« die absolute Einhaltung der Menschenrechte behauptet werden. Der »Orient« stellt hier das Negativ des »Westens« dar. Wo der »Westen« aufgeklärt, rational, demokratisch und egalitär ist, ist der »Orient« dessen stagnierender, irrationaler, despotischer und sexistischer Counterpart.

Basis für diese Konstruktionen des Anderen bildet ein Verhältnis der Dominanz, in dem die Beherrschung des »Orients« durch den »Westen« mithilfe orientalistischen Wissens legitimiert und gefordert wird. Orientalistisches Wissen ist auf verschiedenen materiellen und ideellen Ebenen verankert und konstituiert so den »Orient« als Objekt westlicher Herrschaft (Said 1978).

Gusterson (1999) zufolge können die Beziehungen zu dem orientalisierten Anderen entlang derselben Achsen der Macht gefasst werden, die auch innerhalb »westlicher« Gesellschaften sichtbar sind. So entspricht das Verhältnis zwischen »Okzident« und »orientalischem Anderen« dem zwischen Mann und Frau, Erwachsenem und Kind sowie Polizisten/ Richter und Kriminellem.

Andre Gingrich (2003) erweiterte Saids Konzept um die Entwicklungslinien eines spezifisch österreichischen *frontier orientalism*. Das besondere Verhältnis Österreichs zum »Orient« wurde durch unmittelbare Nachbarschaft geprägt, die sich auch in einer unmittelbareren Auseinandersetzung niederschlägt. Der diskursive Umgang Österreichs mit dem »orientalischen« und »muslimischen Anderen« wird Gingrich zufolge durch zwei historische Ereignisse bestimmt: zum einen durch die Türkenkriege, insbesondere durch die Türkenbelagerungen von Wien, und zum anderen durch die imperiale Vormachtstellung Österreich-Ungarns in Bosnien.

Die Belagerung Wiens durch osmanische Truppen im Jahr 1683 bildet ein wichtiges Element im kulturellen Erbe Österreichs, auf das auch heute noch rekurriert wird und über das eine österreichische, christliche und westliche Identität konstruiert wird. Die türkischen Feinde sind in Witzen, Flüchen, Dorfmuseen, Architektur, Straßennamen etc. allgegenwärtig. »Der Türke«[6] ist demnach der Protoyp eines feindlich invasiven »Orientalen«.

Die Beziehung Österreichs zum muslimisch geprägten Bosnien war hingegen anderer Natur. Bosnien stand nicht nur unter der Herrschaft des Habsburgerreiches, sondern kämpfte bis zum Fall der Monarchie an der Seite Österreichs gegen die Serben und Italiener. ›Die Bosnier‹ sind also die loyalen und somit guten »Moslems« bzw. »Orientalen«; das Bild des »Orientalen« ist deshalb entsprechend dem Schema von Kampf und Unterwerfung ein ambivalentes, das den feindlich-drohenden »Orientalen« ebenso beinhaltet wie den fügsam-ergebenen.

Innerhalb des kulturellen Repertoires bilden der »böse Türke« und der »gute Bosnier« Gingrich zufolge zwei komplementäre Seiten der Sicht auf den »orientalischen Anderen«. Neben diesen primären Metaphern, in denen die Bedeutungen relativ stark fixiert sind, lassen sich im österreichischen Diskurs aber auch sogenannte Sekundärsichten auf den »Orientalen« feststellen. In den sekundären Metaphern werden »Juden«, »Araber« etc. repräsentiert, deren Rollen und Funktionen je nach Kontext variieren. Aber nicht nur die Inhalte der sekundären Metaphern, sondern auch die relative Bedeutung von primären und sekundären Metaphern im österreichischen Diskurs unterliegt Veränderungen. Gingrich (2003)

---

[6] Im Diskurs wird tatsächlich nur die männliche Form verwendet, weshalb auch in dieser Arbeit nur vom Türken, Bosnier, Moslem oder Orientalen die Rede ist.

identifiziert deshalb drei Phasen der österreichischen Auseinandersetzung mit dem »Orient« von 1945 bis 1996.

Seit 1996 ist mit den Diskussionen um den Beitritt der Türkei zur Europäischen Union, den Anschlägen von New York, London und Madrid, den Kriegen in Afghanistan und im Irak sowie den Debatten um Kopftuch, Karikaturen und Selbstabschaffung vieles geschehen, was eine Analyse des *frontier orientalism* nach 1996 als ein fruchtbares und notwendiges Unterfangen erscheinen ließ.

Ausgangspunkt unserer Arbeit war die Beobachtung einer spezifischen Instrumentalisierung und Politisierung des Themas »Orient« (wenngleich selten unter diesem etwas altmodischen Begriff), insbesondere durch die FPÖ, deren Hetzkampagnen gegen Muslime die österreichischen Wahlkämpfe der letzten Jahre prägen. Dabei schien uns, dass die FPÖ hier nur Symptom eines breit gestreuten Diskurses ist. Dafür spricht, dass nahezu alles, was von der FPÖ skandalisiert wird, in den Stellungnahmen und Programmentwürfen der übrigen österreichischen Parlamentsparteien wiederkehrt.

Ausgehend von diesen Überlegungen versuchten wir also, die konstitutiven Elemente eines orientalistischen Diskursstrangs im Zeitraum von 1997 bis 2007 bezogen auf einen konkreten Ausschnitt auszumachen und die Kontinuitäten und Brüche zu früheren Perioden des »frontier orientalism« herauszuarbeiten.

Studiendesign

Wir haben in unserem Projekt mit der Kritischen Diskursanalyse der Duisburger Schule (Jäger 2009) gearbeitet. Sich einem Problem aus diskursanalytischer Perspektive zu nähern heißt zunächst, ExpertInnenwissen nicht lediglich als die Abbildung der Wirklichkeit zu sehen, sondern den Fokus auf die Produktion von Realität durch dieses Wissen zu legen. Das Verhältnis zwischen Wissen und Wirklichkeit ist dabei niemals beliebig, sondern konstituiert sich innerhalb spezifischer Machtstrukturen. Diese Machtfelder und diskursive Praktiken der Produktion und Reproduktion von Ordnung müssen analysiert werden, damit in einem nächsten Schritt durch gezielte Kritik an den herrschenden Verhältnissen diskursiv interveniert werden kann. Indem eine solche Analyse zeigt, wie bestehendes Wissen diskursiv produziert, verbreitet und gefestigt wird, kann sie auch Ansatzstellen für eine Infragestellung verfestigter Bedeutungsgefüge schaffen bzw. in einem weiteren Schritt selbst alternative Sprach- und Handlungspraktiken initiieren. Voraussetzung dafür ist jedoch eine präzise Rekonstruktion des hegemonialen Diskurses.

Die Analyse des Orientbildes in österreichischen Printmedien am Beispiel der Tageszeitung *Kurier* erfolgte auf dieser methodologischen Basis. Es ging uns also darum, diskursive Prozesse, Prozesse der Produktion und Reproduktion spezifischer Vorstellungen des »orientalischen Anderen« – und damit von uns selbst – sichtbar zu machen. Dazu wählten wir für den unmittelbar an Gingrichs Phasenmodell anschließenden Zeitraum von 1997 bis 2007 354 Artikel der Tageszeitung *Kurier* aus[7]. Selektionskriterium war dabei das Vorkommen des Stichworts »Türkei« auf der Titelseite des Blatts. Der *Kurier* beansprucht unter den auflagenstärkeren österreichischen Tageszeitungen[8] eine Blattlinie nahe der politischen Mitte zu verfolgen, was ihn zu einem geeigneten Medium zur Analyse hegemonialer Diskurse macht. Darüber hinaus spricht er ein hinsichtlich Alter und Geschlecht relativ ausgewogenes Publikum an (Media Analyse 2010).

Aus der ersten Sammlung von Artikeln generierten wir unseren endgültigen Textkorpus von 150 Artikeln[9]. Diese wurden hinsichtlich der wichtigsten Themen und Unterthemen, Verschränkungen mit anderen Diskurssträngen und Kernbotschaften untersucht, wobei folgende relevante Themen identifiziert werden konnten: EU-Beitritt, Wahlen in der Türkei, (kulturelle) Differenz, Islam, Wirtschaft, Tourismus, Katastrophen, Terrorismus, Öcalan-Prozess/PKK/Kurden.

Aufbauend auf diese thematische Analyse wurden einzelne typische Artikel ausgewählt, die einer Feinanalyse der Argumentation, der Textstruktur, der sprachlich-rhetorischen Mittel und der inhaltlich-ideologischen Aussagen unterzogen wurden. Von besonderer Bedeutung war dabei die Frage, wie AkteurInnen in Texten benannt und welche Attribute ihnen zugeschrieben wurden. Darüber hinaus wurden eine Handlungs- und Prozesscharakterisierung sowie Analysen der Perspektivierung und Modalität von Aussagen vorgenommen.

---

7 Die Artikel wurden dem Online-Archiv der Tageszeitung *Kurier* entnommen.
8 Reichweite knapp zehn Prozent, Platz drei in Österreich unter den Medien, die tatsächlich gekauft werden müssen.
9 Es wurden zunächst Phasen intensiver Beschäftigung mit der Türkei im *Kurier* identifiziert und anschließend die betreffenden Artikel ausgewählt.

Die Türkei und das »Kurdenproblem«

Im Folgenden möchten wir auf zentrale Ergebnisse unserer Arbeit eingehen und dabei insbesondere eine unserer Interpretationsfährten verfolgen, nämlich die dynamische Konstruktion eines orientalischen Anderen am Beispiel der Verhandlung des Verhältnisses zwischen »der Türkei«, »den Kurden« und »Europa« im *Kurier*. Wir werden zeigen, dass »die Türkei« weiterhin als negativ konnotierte Primärmetapher[10] im Sinne Gingrichs (2003) fungiert, während »die Kurden« komplementär dazu im von uns untersuchten Diskursausschnitt die Funktion einer Sekundärmetapher erfüllen.

Das TürkInnenbild als Primärmetapher und Selbstvergewisserung des Westens

»Die Türkei« bzw. »die TürkInnen« fungieren im untersuchten Diskursausschnitt wie oben bereits erwähnt als Primärmetapher, d.h. als stabiles orientalistisches Feindbild, das zugleich als negative Abgrenzungsfolie für die Konstruktion einer »europäischen« Identität funktioniert. Im Folgenden soll dies anhand einer der Dimensionen des »Orients« demonstriert werden, nämlich dem Aspekt der kulturellen Stagnation und somit der Charakterisierung des »Orientalischen« als rückständig, traditionalistisch und unreif. Eng verwoben mit dieser Form der Repräsentation ist im orientalistischen Diskurs eine Perspektivierung, die »Europa« bzw. den »Westen« in ein Verhältnis paternalistischer Hierarchie zum »Orient« setzt. Die »Orientalen« erscheinen dabei als unreife Kinder, denen der »Westen« in der Position des reife(re)n Erwachsenen gegenübertritt. Das Bild eines rückständigen »Orients« verbürgt somit die Reife und Modernität des »Westens«. Diese Dimensionen lassen sich im von uns untersuchten Diskursausschnitt nachvollziehen, was wir anhand folgender Beispiele demonstrieren möchten.

Am 30. Juni 1999 berichtete der *Kurier* von der Urteilsverkündung im Prozess gegen den Chef der PKK Abdullah Öcalan:

---

10 Aufgrund unseres Forschungsfokus können wir keine Aussagen bezüglich der Gingrich'schen positiven Primärmetapher »Bosnien« treffen.

»Richter Turgut Okyay brach den Stab über Abdullah Öcalan, genauer gesagt, den Bleistift – und besiegelte so am Dienstag nach alter türkischer Tradition das Schicksal des PKK-Chefs – vorerst« (30.6.1999).

Auffallend an dieser Beschreibung des Urteilsspruchs eines türkischen Richters ist der zentrale Stellenwert, der dem rituellen Rahmen eingeräumt wird und der in der Berichterstattung zu österreichischen Gerichtsverfahren üblicherweise kaum Beachtung findet. Die Hervorhebung der rituellen Aspekte im türkischen Kontext erfüllt dabei eine spezifische Funktion: Uns wird das Bild einer archaischen, auf alte (und überkommene) Traditionen bezogenen Rechtsform vermittelt, einer Rechtsform, die weniger mit dem rationalen Abwägen von Rechtsgründen zu tun hat als mit dem despotischen Besiegeln von schicksalhaften existenziellen Wendungen. Dabei werden all jene Prozesse ausgeblendet, die auf ein modernes und komplexes Rechtssystem hinweisen. Instanzenweg und andere Verhandlungsdetails bleiben unsichtbar. Nur das »vorerst« am Ende des Satzes deutet an, dass das Schicksal Öcalans nicht endgültig besiegelt ist und dass ihm weitere Rechtsmittel zu seiner Verteidigung durchaus zugänglich sind.

Der Beschreibung des Urteilspruches folgt die Nennung seines Inhaltes, die wiederum auf eine archaische Praxis verweist:

»Tod durch den Strang lautet das Urteil« (30.6.1999).

Der Diskursausschnitt ist zwar gespickt mit Anspielungen auf eine unterstellte vormoderene Beschaffenheit der türkischen Gesellschaft, offen argumentiert werden diese Andeutungen aber kaum. Die Regelmäßigkeit, mit der archaische Darstellungen türkischer Verhältnisse in Zeitungsberichten auftauchen, schafft das Bild einer rückständigen und traditionalistischen Türkei, das wiederum als Basis für Beurteilungen der türkischen Politik und Gesellschaft zur Verfügung steht. Somit mag es kaum verwundern, dass ohne die Notwendigkeit argumentativer Herleitung nach der Reife der »Türkei« gefragt werden kann. Ob und wieweit sich die »Türkei« entwickeln kann, ist besonders im Kontext ihres angestrebten EU-Beitritts eine viel diskutierte Frage:

»Die EU aber wird die von der Türkei sehnlichst erwünschte [...] Aufnahme verschieben und weiter die demokratische Reife prüfen. Obwohl nichts zu prüfen da ist« (23.3.2003).

Die oben dargestellte Spezifik der Charakterisierung der Türkei lässt nur einen Schluss bezüglich ihrer »demokratischen Reife« zu: Da die Türkei ein grundsätzlich rückständiger Staat ist, kann auch ihre Reife nicht festgestellt werden. Die EU nimmt an dieser Stelle die Rolle einer prüfenden Instanz ein und konstituiert sich somit in Abgrenzung zur rückschrittlichen Türkei. Sie erscheint als der Ort, an dem die Reife, die von der Türkei erst erreicht werden muss, schon erreicht wurde. Damit wird der europäische Anspruch auf Autorität und die Einnahme eines patriarchalen Erwachsenen-Kind Verhältnisses gegenüber der Türkei gerechtfertigt. »Europa« wird somit zum Vorbild und zum Standard, an dem sich türkische Modernisierungsbestregungen zu messen haben. Besonders prägnant sichtbar wird dies im mit Abstand häufigsten Themenkomplexes unseres Diskursausschnitts: dem von der Türkei angestrebten EU-Beitritt. In der Thematisierung von Bedingungen und Hindernissen eines potenziellen Beitritts wird überdeutlich, dass die Türkei als das »orientalische Andere« konstruiert wird.

Gerade die (Nicht-)Erfüllbarkeit der Bedingungen stellt im *Kurier* ein zentrales Element dar, zwei Punkte kehren dabei immer wieder: die von der EU geforderte Strafrechtsreform und die Frage der Menschenrechte, insbesondere die Lage von Minderheiten und Frauen.

> »Adem Sözüer versteht die Welt nicht mehr. Da arbeitet der landesweit bekannte Jurist an der Uni Istanbul ›ein Jahr lang, Tag und Nacht‹, damit die Türkei ein modernes und EU-angepasstes Strafrecht erhält, und gleichsam im letzten Moment bedroht die eigene Regierung den an sich ›großen Wurf‹. Indem sie nämlich Ehebruch wieder als Delikt bewerten will« (14.9.2004).

> »Das von der EU geforderte moderne Strafrecht werde vom Parlament in einer Sondersitzung am kommenden Sonntag beschlossen – ohne Seitensprung-Paragraf« (24.9.2004).

Obwohl in diesem Beispiel nur das türkische Strafrecht Erwähnung findet, werden dennoch implizite Aussagen über »Europas« Rechtssysteme getätigt. Impliziert wird, dass jene Rechtsformen, die von der Türkei eingefordert werden, in »Europa« längst ohne Einschränkung gelten würden. Die vermeintliche Überlegenheit »Europas« ist dabei eine Idealkonstruktion, wie die Aussage des Vizepräsidenten der österreichischen Richtervereinigung deutlich macht: Auf Kritik an der österreichischen Rechtsstaatlichkeit wird mit einer orientalistischen Geste der Selbstvergewisserung reagiert. Die eigenen (imaginären) Prinzipien und die damit zusammenhängende Identität werden in einer Abgrenzungsbewegung vom mangelhaften und archaischen Anderen bestärkt. Konkrete Vergleiche türkischer und österreichischer Rechtspraxen werden – wohl ob ihres Potenzials zur Dekonstruktion des österreichischen oder europäischen Selbstverständnisses – nicht angestellt.

Eben dieses Motiv der orientalistischen Selbstvergewisserung zeigt sich auch beim Themenkomplex Menschenrechte, dem im Zuge der EU-Beitrittsverhandlungen eine wichtige Rolle zukommt. Zentrale Frage ist dabei in der *Kurier*-Berichterstattung, ob Menschenrechtsverletzungen in der Türkei systematischer Natur seien:

»Menschenrechtsverletzungen wie Folter und Misshandlungen sind nach wie vor an der Tagesordnung« (7.10.2004).

»Es wird hier nach wie vor systematisch gefoltert. Und mit der Meinungsfreiheit ist es auch nicht weit her« (13.12.2004).

Über die Frage der Systematik wird das Wesen der Türkei und »der Türken« verhandelt: Folgen die Menschenrechtsverletzungen einem Muster und sind sie nicht nur die Ausnahme einer ansonsten eingehaltenen Regel, so ist »der Türke« der grundsätzlich Andere, der Unzivilisierte. Auch diese Differenz kann nur durch Ausblendung konkreter österreichischer Verhältnisse[11] aufrechterhalten werden. »Die Türkei« erscheint als ein Paradebeispiel orientalischen Despotismus und unterscheidet sich vermeintlich grundlegend von den »europäischen Kernländern«. Einem Beitritt muss deshalb eine »Europäisierung« vorausgehen. So wird der damalige EU-Kommisar und Kirtiker eines Türkeibeitritts Franz Fischler zitiert:

»Man muss Ernst machen mit der Frage, dass sich die Türkei *europäisiert*. Das ist der Kernpunkt« (14.9.2004).

---

11 Zum Beispiel die Verletzung von Minderheitenrechten in Kärnten, rassistische Übergriffe der österreichischen Polizei oder der erwähnte Prozess gegen TierrechtsaktivistInnen.

Auch in diesem Zitat wird deutlich, dass »Europa« vermeintlich den modernen und reifen Standard setzt, an dem sich »die Türkei« orientieren muss. Selbstvergewisserung durch Abgrenzung lautet abermals die Devise.

Das Kurdenbild

Im Gegensatz zur fixierten Darstellung der Türkei (Primärmetapher) wird auf »die Kurden« als Sekundärmetapher rekurriert, die je nach Kontext variiert. Im Kontext der EU-Beitrittsverhandlungen wird auf sie als passive Opfer türkischer Menschen- und Minderheitenrechtsverletzungen Bezug genommen. Verhandlungen oder gar ein Beitritt der Türkei wird ob der »krasse[n] Missstände« im »Minderheitenschutz« (7.10.2004) abgelehnt und die »[l]ückenlose Umsetzung der Minderheiten- und Menschenrechte – Stichwort Kurden« (3.11.2005) gefordert.

Hier wird ein Topos erkennbar, der in der postkolonialen Theorie in Anlehnung an Spivaks einflussreichen Essay *Can the Subaltern speak* »Weiße Männer retten braune Frauen vor braunen Männern« (Spivak 2008, S. 81) genannt wird. Spivak stellt in der Auseinandersetzung mit dem Umgang der britischen Kolonisatoren mit Witwenverbrennungen in Indien fest, dass die Forderung nach Rechten für Frauen im Rahmen imperialer Unternehmungen der Etablierung der moralischen Vorherrschaft der imperialen Mächte und der Legitimierung der Herrschaftsansprüche dient. Im Namen eines höheren Ziels – der Herstellung universeller »Zivilisation« – müssen die Männer, die die Rechte der Frauen verletzen, angegriffen werden. Die Frauen selbst werden dabei als passiv und schutzbedürftig konstruiert, ihnen wird jede eigenständige Fähigkeit zu politischer Aktivität abgesprochen.

Im Fall der eingeforderten Minderheitenrechte der »Kurden« im Türkei-Diskurs gestaltet sich die Argumentation ähnlich.

> »Die zentralen Forderungen, über die der KURIER bereits in der Vorwoche berichtet hatte: Null-Toleranz gegenüber Folter in Gefängnissen – allein in der Anwaltskammer von Izmir sind 600 Fälle dokumentiert. Volle Religionsfreiheit für Nicht-Moslems. Lückenlose Umsetzung der Minderheiten- und Menschenrechte – Stichwort Kurden. Achtung der Meinungsfreiheit – die Justiz würde weiter Verfahren gegen Personen

eröffnen, die gewaltlos Missstände anprangern. Beschneidung der Macht des Militärs. Zudem heißt es in dem Bericht: ›Anlass zu ernster Sorge gibt nach wie vor die Gewalt gegen Frauen‹« (3.11.2005).

Die Nähe zum Topos »weiße Männer retten braune Frauen vor braunen Männern« lässt sich zunächst dadurch erkennen, dass im Kontext der EU-Beitrittsverhandlungen die Rechte der (kurdischen) Minderheit im selben Atemzug mit jenen der Frauen bemängelt werden. Minderheiten und Frauen haben einen Anspruch auf universelle Menschenrechte, die von »zivilisierten« Menschen, also EU-PolitikerInnen oder der österreichischen Öffentlichkeit, anerkannt werden. Im Gegensatz dazu steht »die Türkei«, die diese Rechte verletzt. Im Kontext dieser Grenzziehung erscheinen die »Kurden« als Gruppe, die nicht selbst zu politischer Aktivität fähig ist und der europäischen Fürsprache und Unterstützung bedarf. Die »Kurden« erfüllen damit genau die Rolle der »brown women«, die durch das »zivilisierte Europa« vor den Zugriffen der »türkischen brown men« geschützt werden müssen.

Im Gegensatz zum Beispiel Spivaks, in dem es um die Eroberung von Territorien geht, soll in dem hier analysierten Diskurs aber nicht ein Angriff auf die Türkei gerechtfertigt werden. Vielmehr soll eine »Belagerung«, ähnlich jener von 1683, verhindert werden:

> »Muss in dieser existenziellen Phase der EU wirklich jeder, der anklopft und die Kriterien annähernd erfüllt (die Türkei tut das nicht), eingelassen werden? [...] Oder braucht Europa Grenzen, nicht nur geografische?« (17.12.2004)

Diese spezifische Instrumentalität der Diskussion um Minderheitenrechte in der Türkei wird im Diskurs besonders dann sichtbar, wenn man Kontexte betrachtet, in denen die »Kurden« nicht als passive und hilfsbedürftige Opfer dargestellt werden können. So ändert sich die diskursive Rolle der »Kurden« im Kontext des Öcalan-Prozesses und der PKK-Anschläge radikal:

> »Wenige Tage nach dem Todesurteil gegen PKK-Chef Abdullah Öcalan steigt die Gewaltbereitschaft der Kurden stark an. [...] Zugleich kam es in mehreren deutschen Städten, vor allem im Bundesland Nordrhein-

Westfalen, erneut zu Brandanschlägen auf türkische Einrichtungen. In Köln wurde ein Türke erstochen. Es ist noch unklar, ob Kurden dahinterstehen« (3.7.1999).

»Ein Jahr, nachdem die kurdische PKK ihre Waffenruhe für beendet erklärt hat, eskaliert zum Höhepunkt der Urlaubssaison die Gewalt in der Türkei« (16.7.2005).

In diesen Beispielen stellen die »Kurden« eine Bedrohung dar. Trotz mangelnder Beweise wird ein hohes Gewaltpotenzial unterstellt. Außerdem werden »Kurden« direkt mit der PKK identifiziert und zu Terroristen gemacht. Auch hier wird in der semantischen Unschärfe deutlich, dass es um eine Funktionalität geht und nicht um eine präzise Darstellung von Sachverhalten.

Zwei Faktoren spielen bei der Verschiebung des Kurdenbildes eine besondere Rolle, nämlich der Faktor Nähe und der Faktor Aktivität. Solange »wir« hier (in der EU) sind und die »Kurden« dort (in der Türkei oder im Nordirak), können sie als Projektionsfläche für die Konstitution der Primärmetapher »Türkei« genutzt werden. Die »Kurden« sind dann die passiven Opfer der türkischen Menschenrechtsverletzungen und ermöglichen den GegnerInnen des EU-Beitritts der Türkei, als paternalistische RetterInnen der »harmlosen Orientalen« vor den »bösen Orientalen« aufzutreten. Sobald jedoch ein gewisses räumliches Näheverhältnis zu den »Kurden« zu bestehen scheint, tritt das Bild des ohnmächtigen »Kurden« in den Hintergrund. Ein Nahverhältnis tritt im analysierten Diskurs auf zwei Arten in Erscheinung: zum einen in Form kurdischer MigrantInnen, die in der EU leben, zum anderen dann, wenn über europäische UrlauberInnen berichtet wird, die sich in der Türkei aufhalten. Hier in der EU werden die europäischen BürgerInnen mit dem politischen Aktivismus von Öcalan-AnhängerInnen konfrontiert, dort in der Türkei mit den Anschlägen der PKK, die den erholsamen Urlaub stören. In beiden Fällen wird ein Bedrohungsszenario heraufbeschworen. Den Aktivitäten der kurdischen AktivistInnen wird pauschal der Stempel »Terrorismus« aufdrückt und den »Kurden« somit eine erhöhte Gewaltbereitschaft zugeschrieben. Zudem wird die Beschäftigung mit Gründen, die die PKK für ihre Aktionen hat, systematisch ausgeklammert, sodass »Kurden« als willkürlich gewaltbereite Gruppe erscheinen und nicht als Teil eines potenziell gewaltsamen Verhältnisses.

Kernpunkte

Abschließend möchten wir die Kernpunkte unserer Analyse zusammenfassen: In dem von uns analysierten Diskurs erfüllt die Darstellung des Verhältnisses zwischen »der Türkei«, den »Kurden« und »Europa« klare Funktionen. Über die Abgrenzung von einer als rückwärtsgewandt, traditionalistisch und unreif dargestellten »Türkei« kann sich »Europa« als moderner, moralisch und politisch reifer Akteur konstituieren und in diesem diskursiven Verhältnis auch seine hegemoniale Stellung entlang dem Schema Erwachsener-Kind, Reife-Unreife legitimieren. Die »Kurden« erfüllen in diesem identitätskonstitutiven Abgrenzungsdiskurs zwei Funktionen, aus denen sich auch ihre Position als »gute oder böse Orientalen« im Sinne einer Sekundärmetapher ableitet: Zum einen werden die Anliegen der »Kurden« mit dem Verweis auf universelle Menschenrechte legitimiert, zum anderen mit dem Verweis auf Terrorismus delegitimiert. Solange das Ziel der Argumentation der Ausschluss der Türkei aus der EU ist, sind die »Kurden« Opfer eines »orientalischen Regimes«. Sieht man »EuropäerInnen« durch die Nähe und Aktivität von »Kurden« direkt bedroht, werden diese zu Terroristen. In beiden Fällen zeigt sich ein auffälliger Mangel an konkreten Fakten und Analysen. Auch darin wird deutlich, dass die Bezugnahme auf den »orientalischen Anderen« dem Versuch geschuldet ist, in der Bestimmung des Anderen die Legitimation der eigenen Position und Sonderstellung zu finden.

Literatur

Gingrich, Andre (2003): Grenzmythen des Orientalismus. Die islamische Welt in Öffentlichkeit und Volkskultur Mitteleuropas. In: Mayr-Oehring, Erika & Doppler, Elke (Hg.): Orientalische Reise. Malerei und Exotik im späten 19. Jahrhundert. Wien (Museen der Stadt Wien), S. 110–129.
Gusterson, Hugh (1999): Nuclear Weapons and the Other in the Western Imagination. Cultural Anthropology 14(1), 111–143.
Jäger, Siegfried (2009): Kritische Diskursanalyse. Eine Einführung. Münster (Unrast Verlag).
Media Analyse (2010): MA 2010 – Tageszeitungen Total. URL: http://www.media-analyse.at/studienPublicPresseTageszeitungTotal.do?year=2010&title=Tageszeitungen&subtitle=Total (Stand: 12.07.11).
Said, Edward (1978): Orientalism. New York (Vintage).
Spivak, Gayatri C. (2008): Can the Subaltern Speak? Postkolonialität und subalterne Artikulation. Wien (Turia + Kant).

Konflikte
in der Einwanderungsgesellschaft

Eine psychosoziale und konfliktorientierte Evaluation
am Beispiel eines Zirkusprojektes

Kathrin Groninger & Claudia Luzar

Konflikte in der deutschen Einwanderungsgesellschaft

Obwohl in Deutschland heute mehr als 15 Millionen Personen mit Migrationshintergrund leben,[1] wird das Verständnis Deutschlands als Einwanderungsgesellschaft zum Teil immer noch infrage gestellt. Erst in den letzten 20 Jahren wurden Debatten der Ausländerpolitik im Sinne einer Integrationspolitik diskutiert (vgl. Herbert 2001). Einwanderungen ziehen ohne Frage stets soziale und kulturelle Veränderungen nach sich, die verhandelt werden müssen und mit Konflikten verbunden sind. Damit war auch ein Berliner Zirkusprojekt konfrontiert, welches Konflikte im Stadtteil zu seinem Anliegen gemacht hat und ins Zentrum seiner Jugendarbeit rückte. Eine Herausforderung bestand darin, Konflikte nicht als etwas an sich Problematisches zu sehen, sondern als Ausdruck von Missverhältnissen, die es zu verstehen und zu verändern gilt, als eine unvermeidbare und für den sozialen Wandel notwendige Begleiterscheinung des Zusammenlebens (vgl. Ropers 2002).

In den aktuellen politischen und gesellschaftlichen Auseinandersetzungen zur Einwanderungsgesellschaft werden zwei Hauptlinien von Konflikten deutlich. Zunächst auf der Ebene von sozialen Konflikten, in denen die ungleichen Zugänge zu Bildung, Arbeitsmarkt, Gesundheits-

---

1 Unter Personen mit Migrationshintergrund werden zugewanderte Personengruppen verstanden (1. Generation) sowie Personen, die in Deutschland geboren sind und von denen mindestens ein Elternteil zugewandert ist (vgl. Beauftragte der Bundesregierung für Migration, Flüchtlinge und Integration 2009).

wesen, Bürgerrechten und die fehlende Repräsentation von Vielfalt in Institutionen der deutschen Gesellschaft thematisiert und kritisiert werden (vgl. Motakef 2006). Sie betreffen die ökonomischen und kulturellen Existenzgrundlagen. Doch während es bei Konflikten um Teilhabe (vgl. Hirschmann 1994) vorrangig um soziale Fragen und verhandelbare Interessen geht, sind beim zweiten Konfliktstrang Fragen der Identität zentral, die im Spannungsfeld von Anerkennungskonflikten stehen. Auch wenn die moderne Gesellschaft zunächst eine Kultur der Differenz darstellt und Vielfalt von Kultur, Individuum und Gesellschaft bereichert, kann Differenz jedoch auch beim Einzelnen zu Unübersichtlichkeit führen und ein Gefühl von Ausgeschlossenheit und Überforderung auslösen, vor allem dann, wenn es an realen Räumen für die Anerkennung dieser Differenz mangelt. Charles Taylor (1992) spricht von der »Politik der Anerkennung« und sieht darin zwei Konfliktprinzipien. Es gibt für ihn einerseits das Konzept der universellen Würde und andererseits das der Differenz. Beide Konzepte stehen für das Prinzip der universellen Gleichheit, geraten jedoch trotzdem in ein Spannungsverhältnis (vgl. ebd., S. 34). So erfordert das Prinzip der universellen Würde die Negation der Differenz bzw. konzentriert sich auf das, was bei und zwischen den Menschen gleich ist. Doch ebenso fordern moderne Gesellschaften die Differenz anzuerkennen und auch zu fördern. Dieses Grunddilemma wird im politischen und vorpolitischen Raum aufgegriffen und kann auf der einen Seite zur Ethnisierung von Personen, vor allem gegenüber Einwanderern, auf der anderen Seite aber auch zur Selbstethnisierung der Personen innerhalb der Aufnahmegesellschaft führen. Das betrifft sowohl Menschen mit als auch ohne Migrationshintergrund.

Durch politische Initiativen wie Islam-Konferenzen aber auch die Integration von Religion als Themenschwerpunkt in der Bildungs- und Präventionsarbeit in diversen Bundes- und Landesprogrammen, versuchte der deutsche Staat auf diese Entwicklungen einzugehen. Ein Beispiel für eine Bearbeitung der skizzierten Konflikte stellte das Aktionsprogramm »Vielfalt tut gut – Jugend für Vielfalt, Toleranz und Demokratie – gegen Rechtsextremismus, Fremdenfeindlichkeit und Antisemitismus« dar, das vom Bundesministerium für Familie, Senioren, Frauen und Jugend am 1. Januar 2007 aufgelegt wurde. Ziel war es, »Verständnis für die gemeinsamen Grundwerte und kulturelle Vielfalt zu entwickeln, die Achtung der Menschenwürde zu fördern und jede Form von Extremismus, insbesondere den Rechtsextremismus, zu bekämpfen« (BMFSFJ 2007, S. 5).

Der Schwerpunkt lag bei dem Programm darauf, präventiv-pädagogische Strategien zu entwickeln, die die Zivilgesellschaft in Deutschland mit langfristiger Wirkung stärken sollten. Das Programm hatte zwei Umsetzungsschwerpunkte: die Förderung Lokaler Aktionspläne in kommunaler Verantwortung zur Stärkung der Demokratieentwicklung vor Ort und die Entwicklung von Modellprojekten, die innovative Ansätze zur Bekämpfung von Rechtsextremismus, Fremdenfeindlichkeit und Antisemitismus verfolgten. Die Modellprojekte waren vier Themenbereichen zugeordnet: Auseinandersetzung mit historischem und aktuellem Antisemitismus, Arbeit mit rechtsextremistisch gefährdeten Jugendlichen, Präventions- und Bildungsangebote für die Einwanderungsgesellschaft und früh ansetzende Prävention.

Das Büro für Psychosoziale Prozesse (OPSI) an der Internationalen Akademie (INA) der Freien Universität (FU) Berlin hat in diesem Aktionsprogramm den Themenschwerpunkt »Präventions- und Bildungsangebote für die Einwanderungsgesellschaft« wissenschaftlich begleitet. Hierbei wurden durch die Vorgaben des Programms zwei Themenfelder unterschieden: »interreligiöse und interethnische Konflikte« und »kulturelle Vielfalt für die Einwanderungsgesellschaft«. Auftrag der wissenschaftlichen Begleitung war die Erforschung der Nützlichkeit der Modelle, die die Projekte zur Bearbeitung der Probleme in der Einwanderungsgesellschaft entwickelten. Alles in allem wurden sehr interessante Modelle ausgearbeitet (vgl. Becker et al. 2011).

In der Begleitforschung wurde die Bezeichnung der im Programm vorgegebenen Themenfelder als »interethnische« Konflikte kritisiert, da Ursachen für Spannungen nicht in der ethnischen Zugehörigkeit liegen, obwohl sie oftmals ethnisch gedeutet werden, was Prozesse von Ethnisierungen zwischen Jugendlichen verstärkt. Die Konfliktanalysen der Projekte bestätigten diese erste Vermutung. Des Weiteren sprachen wir im Team der wissenschaftlichen Begleitung statt von »kultureller Vielfalt *für* die Einwanderungsgesellschaft« von »kultureller Vielfalt *in* der Einwanderungsgesellschaft«, da die Realität der Einwanderungsgesellschaft nichts ist, was erst zu erreichen wäre, sondern etwas längst Bestehendes ist. Die Modellprojekte wurden entlang von vier Handlungsfeldern typisiert: *»Ethnisierte Konflikte«*, *»Interreligiöse, Nichtreligiöse und Religiöse Beziehungen«*, *»Kulturelle Vielfalt«* und *»Geschichte und Identität«*. Im Folgenden sollen am Beispiel eines Modellprojektes aus dem Handlungsfeld *»Ethnisierte Konflikte«* Elemente des Evaluationsansatzes verdeutlicht werden. Dabei wird ein besonderes Augenmerk auf die in die Konfliktanalyse des Projekts integrierte psychosoziale Perspektive gerichtet.[2]

Ein Zirkusprojekt in der Einwanderungsgesellschaft

Der Zirkus ist seit 2006 in einem Berliner Stadtbezirk aktiv und versucht Kinder und Jugendliche für Artistik, Theater- und Zirkusarbeit zu motivieren. Der Zirkusplatz befindet sich in einem ehemaligen Berliner Grenzbereich, der mit unterschiedlichen Traditionen verbundene Stadtgebiete verbindet. In der Antragsanalyse des Projekts waren die Beobachtungen aufgeführt, dass Jugendliche außerhalb der Schule kaum Kontakt zueinander haben, sich ethnisierte Cliquen bilden und sich in den verschiedenen Jugendkulturen deutlich Ausgrenzungs- und Abwertungstendenzen bei den Jugendlichen abzeichnen. Somit formulierte der Zirkus gegenüber dem Auftraggeber als Ziel seines Modellprojekts, Strategien zu entwickeln, interkulturelle Begegnungen der Jugendlichen untereinander zu fördern, dabei einen »positive[n], kreative[n] und gestaltende[n] Umgang mit Verschiedenartigkeit« zu erreichen und auf diese Weise integrierend in den Stadtteil hinein zu wirken. Darüber hinaus strebte das Projekt an, Jugendliche mit Migrationshintergrund in ihrer Position als zivilgesellschaftliche Akteure zu bekräftigen und »demokratisch geprägte […] Jugendkulturen« im Sozialraum zu stärken.

Als Zielgruppe wurden Jugendliche mit Migrationshintergrund angegeben, da diese häufig keinen Kontakt untereinander hätten, sondern primär in ethnisch sortierten Cliquen agieren würden. Aus dem Antrag ging weiterhin hervor, dass die Jugendlichen zu Projektbeginn ausgerüstet mit einer Videokamera ihren Sozialraum erkunden sollten. Darauf aufbauend waren Workshops geplant, an deren Ende ein Kernthema ausgewählt werden sollte, mit dem die Jugendlichen mithilfe der Projektarbeiter eine Zirkusvorstellung konzipieren sollten, die unterschiedliche Aspekte multiethnischen Lebens darstellt. In verschiedenen Arbeitsgruppen sollten sich die Jugendlichen an der Aufführung des Stücks

---

2 Eine detailliertere Beschreibung des Fallbeispiels ist in der demnächst erscheinenden Doktorarbeit von Claudia Luzar zu finden.

beteiligen (Tanz, Kostüme, Kochen, Dokumentation). Im letzten Schritt war eine Abschlussveranstaltung geplant, zu der Eltern, Angehörige und Nachbarn eingeladen werden sollten. Neben den im Projektantrag beschriebenen Aktivitäten verfügt der Zirkus über ein Angebot eines offenen Bereichs, in dem ein Caféwagen mit kleiner Terrasse angesiedelt ist, ein Künstleratelier, ein Platz zum Toben und Spielen für Kinder sowie offene Trainingsangebote, an denen Kinder und Jugendliche kostenlos teilnehmen können.

Auffällig bei der Durchsicht des Antrags erschienen die oft ethnisierenden Beschreibungen der Zielgruppen. So wurde von »Roma-Banden« oder »arabischen Gangs« gesprochen, die sich im Stadtteil bekriegen würden. Eine Gefahr des Projektes bestand darin, Ursachen für Konflikte an ethnischer Zugehörigkeit festzumachen und hiermit nicht nur die verkürzte Interpretation von Konflikten vonseiten der Jugendlichen zu festigen, sondern ihnen selbst Schubladen für In- und Exklusion anzubieten. Auf diese Weise konnten zugrunde liegende Ursachen für Konflikte nicht erkannt und somit auch nicht bearbeitet werden.

Eine psychosoziale und konfliktorientierte Evaluation

Eine Basis für die Evaluation des Projektes stellte das Vertrauensverhältnis zwischen dem Team der wissenschaftlichen Begleitung und des Zirkus dar. Dies war wichtig, um die Diskrepanz zwischen Antrag und Realität und damit auch die Schwierigkeiten in der Umsetzung der Strategien und Aktivitäten besprechen zu können. Ziel der Begleitforschung war es, die Mitarbeiter in ihrer Projektarbeit darin zu begleiten, bestehende Konflikttransformationsprozesse zu benennen, zu hinterfragen und durch die Begleitforschung konstruktiv zu unterstützen. Der erste Besuch diente deshalb vor allen Dingen dem Beziehungsaufbau zwischen den Mitarbeitern der wissenschaftlichen Begleitung und denen des Zirkus. Ein besonderes Gewicht bei dem Gespräch lag auf der Biografie der Projektmitarbeiter, ihren mit dem Projekt verbundenen Wünschen und Zielen sowie der Vorstellung der Institution. Hier zeigten sich auch unterschiedliche Einstellungen innerhalb des Teams, die zum Teil bisher nicht offen ausgesprochen und reflektiert worden waren. Ein Aspekt war die jeweilige berufliche Perspektive. Dementsprechend variierte auch das Selbstverständnis der Mitarbeiter im Zirkus: Sie sahen sich als Trainer, Künstler oder Pädagogen. Bei genaueren Nachfragen wurde ebenso die Vielfalt der Mitarbeiter, bezogen auf ihre Motivation im Zirkus zu arbeiten, deutlich. Es wurde möglich, biografische Erfahrungen mit Konflikten mit staatlichen Institutionen, Eltern oder bestimmten Jugendgruppen zu besprechen, die von einigen Mitarbeitern neben der Lust an der Akrobatik oder der Artistik, als Motiv für die Arbeit im Zirkus genannt wurden.

Die subjektiven Erfahrungen der Mitarbeiter spielten in der wissenschaftlichen Begleitforschung insofern eine Rolle, als ein bewusster Umgang mit den eigenen Einstellungen der Mitarbeiter wichtig war, um sowohl das konzeptionelle als auch methodische Verständnis hinsichtlich der Beziehungsgestaltung im Projekt reflektieren und weiterentwickeln zu können. Die Chance, das Konfliktverständnis im Projekt zu benennen, ermöglichte es, den Zugang zu den Zielgruppen, aber auch das Verhältnis zwischen den Teilnehmern, Eltern, Multiplikatoren und Projektmitarbeitern methodisch neu zu reflektieren. »Im Zentrum stand dabei immer zunächst die Frage nach der Wahrnehmung der Modellprojekte der verschiedenen Konfliktdimensionen im sozialen Feld, um sodann nach dem Umgang mit diesen Dimensionen in der Intervention zu fragen« (Becker et al. 2009, S. 20). In der wissenschaftlichen Begleitforschung wurden diese Dimensionen unter Bezugnahme auf Wieviorka (2003) wie folgt definiert und erweitert:

»1. Subjekt (das Aufgreifen individueller Befindlichkeiten und Bezüge), 2. Kulturelle Zugehörigkeiten (das Aufgreifen kultureller Gruppenzugehörigkeiten und sie kennzeichnende Überzeugungen), 3. Politische Ökonomie (das Aufgreifen ökonomischer Bezüge und Lebensverhältnisse), 4. Demokratie (das Aufgreifen von Fragen nach sozialpolitischen Machtverhältnissen und die Teilhabe an diesen durch die Zielgruppen)« (Becker et al. 2011, S. 22).

Eine subjektive Auseinandersetzung mit der Komplexität der Konflikte im Projekt unterstützte die Mitarbeiter dabei, den eigenen Umgang mit den Konflikten der Jugendlichen neu zu bestimmen und ihnen Begrifflichkeiten für Spannungen bereitzustellen, die nicht wertend und stigmatisierend sind. Die Wahrnehmung der verschiedenen Konfliktdimensionen im Projektumfeld war Bestandteil des von der Begleitforschung erweiterten Evaluationsinstrumentes der sogenannten »Do-No-Harm«-Analyse, die im Folgenden vorgestellt werden soll.

Die Do-No-Harm-Analyse als Evaluationsinstrument

Die Erhebung erfolgte mithilfe der Do-No-Harm-Analyse während der folgenden Projektbesuche. Das Instrument diente dem konfliktorientierten Monitoring und der Weiterentwicklung der Maßnahmen im Hinblick auf eine konflikttransformierende Entwicklung. Konflikttransformation bedeutet hierbei »die grundsätzliche Überwindung von strukturellen Ursachen sowie von Einstellungen und Verhaltensweisen der Konfliktparteien [...]. Konflikttransformation geht somit über die Bearbeitung des Konfliktgegenstands hinaus und führt zu einer Veränderung der Handlungskoordinaten bzw. der Problemwahrnehmung der Akteure« (BMZ 2005, S.35).

Die sogenannte Do-No-Harm-Analyse wurde in den 90er Jahren entwickelt, als zunehmend Ansätze und Methoden zur Konflikttransformation und Friedensbildung wichtig wurden. Das Instrument ist vor allem dadurch bekannt geworden, dass es den Erfolg der Unterstützung insbesondere daran misst, wie Projekte in ihrer konzeptionellen Ausrichtung ihren jeweiligen Konfliktkontext beachten und diesen verändern können. Die Grundannahme von »Do No Harm« ist, dass sich jede Maßnahme in einem Konflikt auf diesen auswirkt und somit Teil des Konfliktkontextes wird. Dabei sollen durch das Projekt nicht nur intendierte Wirkungen auf den Konflikt, sondern auch nicht intendierte Wirkungen analysiert werden. Diese werden mithilfe der sogenannten »implicit ethical messages« herausgearbeitet.

Um das Verhältnis der sich im Widerstreit befindenden Konfliktparteien näher zu bestimmen, werden in der Do-No-Harm-Analyse auf verschiedenen Ebenen »dividers« und »connectors« definiert, insbesondere bezogen auf Systeme und Institutionen, Orte, Einstellungen und Verhalten, divergierende Werte und Interessen, divergierende Erfahrungen sowie Symbole und Gelegenheiten im Konflikt. »Dividers« werden als diejenigen Faktoren verstanden, die Konfliktparteien eher auseinanderbringen. »Connectors« dagegen sind Elemente, die Konfliktparteien zusammenführen und verbinden. Das Instrument auf den Konfliktkontext in der Einwanderungsgesellschaft in Deutschland anzupassen, hieß nicht nur begriffliche Reformulierungen und Differenzierungen vorzunehmen, sondern auch ein psychosoziales Verständnis (Becker/Weyermann 2006) in die Analyse zu integrieren. Eine zentrale Veränderung des ursprünglichen Instrumentes war es, »dividers« nicht nur als konfliktverschärfendes

Element zu verstehen, da manchmal auch gerade trennende Elemente zur Konflikttransformation beitragen können. Insofern können im hier verwendeten Konzept sowohl »dividers« als auch »connectors« Prozesse der Konflikttransformation stärken oder auch behindern. Ein weiterer Aspekt betraf die Berücksichtigung der Konfliktwahrnehmung der Mitarbeiter in die Analyse (s. o.). Die persönliche Perspektive in die Analyse zu integrieren, ermöglichte es, den Konflikt nicht als etwas Objektives und von sich Getrenntes zu untersuchen, sondern im Verhältnis zu den je subjektiven Erfahrungen zu verstehen. Das bedeutete zum Beispiel, die Bewertung individueller und interpersoneller Konflikte auf der Ebene der Zielgruppe auch hinsichtlich des eigenen Konfliktverständnisses zu hinterfragen und den vorher impliziten eigenen Auftrag im Projekt zu explizieren und zu differenzieren. Auch auf der Ebene der Projektentwicklung spielten Teamprozesse eine Rolle, und es galt in der Analyse zu berücksichtigen, was im ursprünglichen Instrument nicht vorgesehen ist (vgl. Becker/Groninger/Luzar 2011). Diese prozessorientierte Form des Coachings innerhalb der Evaluation ermöglichte es im Team eine gemeinsame Vision zu entwickeln, wie sie die Konflikte der Jugendlichen im Umfeld ihres Zirkus verändern wollen und wofür sie hierbei selbst einstehen möchten.

Die Beschreibung des Sozialraums

Die Analyse des Konfliktes setzte eine Verständigung über die Grenzen des Sozialraums voraus. Sie zu umreißen war für die Mitarbeiter schwer, denn im Grunde handelt es sich bei dem im Projekttitel benutzten Begriff »Mikrokosmos« eher um eine gefühlte als um eine räumliche Größe. Die Projektmitarbeiter einigten sich auf die geografische Größe eines Ostberliner Bezirks. Er liegt im unmittelbaren Grenzbereich zu zwei Westberliner Bezirken und ist in seiner Entstehung und Entwicklung mit den Nachbarbezirken zwar eng verbunden, jedoch gibt es auch gravierende Unterschiede zwischen den Bezirken. Die beiden Westberliner Bezirke verfügen über einen hohen Migrantenanteil sowie eine ausgeprägte alternative Szene. Der Ostberliner Bezirk gehörte vor der Wiedervereinigung zur Deutschen Demokratischen Republik, sodass in diesem Stadtteil kaum Menschen anderer Nationalitäten lebten. Er war vorwiegend von deutschen Familien aus dem Arbeitermilieu bewohnt. Aktuell verwischen die geografischen Grenzen zwischen den Bezirken im Stadtbild, wobei die Projektmitarbeiter die kulturellen Grenzen betonen. Einen Ortskern gibt es in der Wahrnehmung der Mitarbeiter nicht, der Bezirk ist vielmehr dadurch gekennzeichnet, dass es keine zentralen Orte gibt. In ihrer Wahrnehmung sind der Stadtteil sowie die darin wohnenden Menschen in den letzten 20 Jahren einem ständigen Wandel unterworfen. Die Geschwindigkeit, in der sich die Veränderung des Bezirks vollzogen hat, nehmen viele Bewohner aus dem östlichen Bezirk besonders einschneidend wahr. Die Projektleitung beschrieb, dass aktuell viele alte Menschen im Bezirk anzutreffen sind, die teilweise schon seit DDR-Zeiten in ihren Mietwohnungen leben und dort auch wohnen bleiben möchten. Jedoch würden die Mieten stark steigen und die hohe Fluktuation von Mietern in den Häusern wäre für sie unverständlich. Eine Tatsache ist für die Projektmitarbeiter, dass gerade in den letzten fünf Jahren viele junge Migrantenfamilien in den Ostbezirk gezogen sind, da die Mietpreise in den westlichen Nachbarbezirken massiv angestiegen sind. Der nördliche Teil im Westen wird in den Medien und der Öffentlichkeit immer wieder als Brennpunkt bezeichnet, in dem die oben beschriebenen Konfliktlagen besonders sichtbar werden. Doch sind laut Aussagen der Projektmitarbeiter auch Sanierungsprozesse im Süden zu verzeichnen. Dies wird von ihnen selbst einerseits als positiv wahrgenommen, da der Bezirk dadurch aufgewertet wird. Auf der anderen Seite sind die Mietpreise im gesamten Bezirk angestiegen, sodass sich viele migrantische Familien den Wohnraum nicht mehr leisten konnten und sind in den Ostbezirk gezogen sind. Eine starke Verdichtung von Mietkomplexen, in denen ärmere Familien mit Migrationshintergrund leben, befindet sich in einer einzelnen Straße des Ostbezirks, in der kleine, in sich geschlossene Häuser gebaut wurden. Nach Aussage der Mitarbeiter würden diese nicht dem Stereotyp von Plattenbauten entsprechen und es lebten in den einzelnen Häusern ausschließlich Familien mit Migrationshintergrund. Da diese Gebäude nah an der Grenze zum nördlichen Teil des Westbezirks liegen und einige Jugendliche dort zur Schule gehen, es aber an Jugendeinrichtungen fehle, treffen sich laut der Projektleiterin viele migrantische Jugendliche im Ostbezirk. Die Haltung bei den älteren Bewohnern im Kiez sei jedoch eine abwehrende, was die Projektmitarbeiter mit folgenden Worten ausdrückten: »Da drüben will man die nicht mehr und jetzt kommen die alle hier hin.« Statistisch gesehen haben im Ostbezirk 12% der Bevölkerung einen Migrationshintergrund und in der Altersgruppe der zehn- bis unter 14-Jährigen sind 20% ausländische Kinder und Jugendliche registriert (Amt für Statistik Berlin Brandenburg 2009, S. 26).

Konflikte im Sozialraum aus der Sicht der Projektmitarbeiter

Als zentralen Konflikt haben die Projektmitarbeiter das »Aufeinanderprallen von Unterschiedlichkeiten« im Sozialraum beschrieben. Diese Differenzen manifestieren sich nicht nur in ethnischen Merkmalen, wie am Anfang des Projekts vermutet, sondern sind stark an soziale und kulturelle Kategorien geknüpft. So gab es für die Projektmitarbeiter in dem Konflikt zunächst unterschiedliche Konfliktparteien, die ihnen als Gruppen gegenüberstehen würden:
a) migrantische und nicht migrantische Jugendliche,
b) migrantische und nicht migrantische Bewohner des Stadtteils.
c) alteingesessene Mieter und neu zugezogene Eigentümer.

Als Beispiel für trennende Elemente stellten sich für die Mitarbeiter die Schulen im Sozialraum dar, die Kinder und Jugendliche durch die Einteilung in Hauptschule, Gesamtschule und Gymnasium schon früh aufteilten und den weiteren Weg bestimmten. Die im Jahr 2009 neu eröffnete Hauptschule werde großteils von Schülern mit Migrationshintergrund besucht, was die Projektmitarbeiter damit begründen, dass die Schule ihre Schüler in den angrenzenden Stadtteil einfach mitgenommen hätte. Während sich die Gymnasien für Projekttage im Zirkus interessieren würden, sei das Interesse bei den Hauptschulen an einer Zusammenarbeit mit dem Zirkus begrenzt.

Sportvereine stellen eine weitere trennende Struktur dar, allerdings werden diese zumeist nur von den alteingesessenen Mietern sowie von einigen deutschen Jugendlichen besucht. Migrantische Jugendliche sind kaum in den ostdeutschen Sportvereinen organisiert. Als trennende Einstellungen und Handlungen beschreiben die Projektmitarbeiter zunächst das unterschiedliche Interesse der Eltern, sich in die Konflikte der Kinder einzumischen. So überließen Eltern mit Migrationshintergrund die Verantwortung für das Austragen der Konflikte den Kindern, während die deutschen Familien sich sehr stark mit der Form sowie dem

Inhalt der Konflikte ihrer Kinder auseinandersetzen und stärker auf die Projektmitarbeiter zugehen würden. Als trennende Symbole in diesem Konflikt erwähnten die Projektmitarbeiter die Siedlungen und Häuser, in denen die Konfliktparteien wohnen. Diese Adressen sind selbst zum Symbol geworden, denn »da muss es nur heißen die Mietshäuser in der Eisenbahnstraße oder das Garagengrundstück Peter Peil[3], und alle wissen, wer gemeint ist«. Ein verbindender Faktor zwischen allen Konfliktparteien ist die Tatsache, dass es in dem Stadtbezirk selbst keinen Jugendclub gibt und ein Teil der Jugendlichen entweder »auf der Straße abhängt oder in andere Clubs der Stadt verschwindet«. Verbindende Einstellungen und Handlungen der Konfliktparteien werden zunächst von den Projektmitarbeitern nicht gesehen, erst auf weitere Nachfragen wird von einem Mitarbeiter angeführt, dass alle die Einstellung haben, »dass dies ihr Kiez ist und ihr Zuhause und keiner mehr weg möchte«.

Nach der Durchführung der Do-No-Harm-Analyse konnte im Projekt auch eine gemeinsame Vision im Konflikt erarbeitet werden. Die Mitarbeiter verständigten sich auf folgende Ziele: Verbesserung der Teilhabe von Jugendlichen mit und ohne Migrationshintergrund und ihrer Familien im Kiez, Zirkus als Ort des Austragens von Konflikten von allen Parteien, neue Angebote für gefährdete Jugendliche, Kennenlernen demokratischer Entscheidungsprozesse und Formen der Partizipation bei allen Konfliktparteien.

Zielgruppen und Aktivitäten im Projekt

Als die Mitarbeiter durch die Do-No-Harm-Analyse bemerkten, dass sie durch ihr Angebot weder problematische deutsche noch migrantische Jugendgruppen erreichten, wechselten sie im Laufe des Modellprojekts ihre Zielgruppenansprachen. Konzeptionell betrachtet führte die Arbeit mit bildungs- und zirkusinteressierten (deutschen) Jugendlichen nicht zu der gewünschten integrativen und konflikttransformierenden Wirkung im Sozialraum. Die Mitarbeiter suchten die Jugendgruppen selbst auf, darunter war eine Gruppe, die im Stadtteil den Ruf hatte, sehr aggressiv und gewaltbereit zu sein. Sie war aus mehreren Kinder- und Jugendeinrichtungen verwiesen worden und hatte in mehreren Ge-

---

3 Name geändert.

schäften im Stadtteil Hausverbot. Die Projektleitung stellte sich und den Zirkus vor und lud die Jugendlichen ein, im Zirkus vorbeizuschauen. Zunächst lehnte die Gruppe ab, doch eines Tages marschierten sie lautstark in den Zirkus und forderten, sie wollten Breakdance machen. Sie wollten laut den Beschreibungen der Mitarbeiter mit der schwersten Übung beginnen, dem Kopfdrehen. Sie unternahmen ein paar Versuche und brachen dann schimpfend den Besuch beim Zirkus ab. Die Jugendlichen kamen in der nächsten Zeit nicht mehr zum Training, sondern tauchten spontan im Zirkus auf und pöbelten die anderen Kinder und Jugendlichen an. Eines Tages nahmen die sexistischen Beleidigungen und Beschimpfungen derart zu, dass ein Mitarbeiter sie des Platzes verwies. Nun stand die Angst im Raum, dass es zu Vandalismus kommen könnte. Die Projektleitung suchte die Jugendlichen danach bewusst wieder an ihrem Treffpunkt auf und forderte sie zum Gespräch auf. Sie erfragte, was die Jugendlichen so sauer mache und was sie vom Zirkus erwarten. Ein halbes Jahr später tauchten die Jugendlichen wieder im Zirkus auf und forderten erneut, sie wollten Breakdance machen. Die Leitung verabredete ein Treffen, auf dem feste Regeln und Ansprechpartner mit und für die Gruppe festgelegt wurden. Für die Gruppe wurde eine Trainerin ausgesucht, die selbst Straßenerfahrung hatte und somit dem »Coolnessfaktor« der Jugendlichen entsprach. Sie stellte für die Jugendlichen eine verlässliche Größe dar, nahm sie ernst, setzte aber auch Grenzen, vermittelte Klarheit und Stabilität. Die Trainingseinheiten waren für die Mitarbeiterin jedoch schwierig. Während die Hälfte der Gruppe Lust hatte, zu trainieren, war es für die andere Hälfte ein Raum, sich zu treffen und zu provozieren. Es entstanden immer wieder Konflikte zwischen denjenigen Jugendlichen, die Freude an dem Training gefunden hatten, und jenen, die ihre Grenzen austesten wollte. Der Konflikt eskalierte schließlich, sodass die Gruppe gemeinsam entschied, weiter zu trainieren und die provozierenden Jugendlichen des Platzes zu verweisen. Einige Jugendliche aus der Clique trainieren bis heute beim Zirkus.

Das Beispiel macht deutlich, wie das Projektteam durch die Arbeit mit den Konfliktparteien selbst Teil des Konflikts wurde und diversen Gefahrensituationen ausgesetzt war. Durch die Kontinuität der Begleitforschung und die Gewichtung auf ein konfliktorientiertes und psychosoziales Verständnis von Evaluation konnten die emotionalen Befindlichkeiten und Ängste der Mitarbeiter in diesem Konflikt besprochen werden und es wurde mit ihnen an einem Umgang mit den Konfliktparteien gearbeitet. Hierbei gab die Auseinandersetzung um implizite ethische Botschaften in den Interventionen, die unbeabsichtigte Wirkungen verursachen könnten, eine für die Mitarbeiter nicht nur methodische Orientierung, sondern auch ein Beitrag zum Verständnis des eigenen emotionalen Zugangs.

Ergebnisse der Do-No-Harm-Analyse

Der Zusammenhang zwischen dem Zirkusprojekt und den Programmzielen von »Vielfalt tut gut«, »Präventions- und Bildungsangeboten für die Einwanderungsgesellschaft« zu entwickeln, ist nicht augenscheinlich, weil das Projekt zunächst einmal künstlerische Ziele verfolgt und erst sekundär die Bearbeitung der Konflikte an Bedeutung gewonnen hat. Aber gerade das gemeinsame Arbeiten an kreativ-künstlerischen Ausdrucksformen stellte zwischen den Jugendlichen eine soziale Beziehung und ein Gefühl der Gruppenzugehörigkeit her, die sie dann auch jenseits von ethnischer Zugehörigkeit verteidigen und schützen wollten. In den Vordergrund konnte dadurch auch die Frage der Identität rücken, die deutlicher danach fragt, wer bin ich, und weniger danach, wie sehen mich die anderen.

Eine unbeabsichtigte Wirkung des Projekts war sicherlich, dass sich die Mitarbeiter die Konflikte des Stadtteils in den Mikrokosmos geholt haben. Im Zirkus waren Adoleszenzkonflikte, Konflikte in der Bestimmung des eigenen Selbst und soziale Konflikte, die sich in unterschiedlichsten Desintegrationserfahrungen zeigten, zu erkennen. Der Zirkus stellte einen Ort der Austragung dar, in dem auch Kommunikation und Auseinandersetzung zwischen den einzelnen Akteuren möglich waren. Der Konflikt, der sich in der alltäglichen Arbeit zeigte, war nicht primär ethnisch besetzt, sondern vielmehr im Umgang mit dem Spannungsverhältnis von Erfolg und Niederlage verankert. Die Aufgabe der Projektmitarbeiter bestand darin, diesen Jugendlichen eine Struktur zu geben, in der sie ihre Grenzen austesten und gleichzeitig einen Umgang mit Konflikten erlernen konnten, der weder zerstörerisch für sie selbst, noch für andere Kinder und Jugendliche war. Es gelang dem Projekt, die Jugendlichen dabei zu unterstützen, ihre Fähigkeiten zur Austragung von Konflikten weiterzuentwickeln und ihr Bewusstsein, dass sie an der Gestaltung ihres Sozialraums mitwirken, zu erweitern.

Durch die selbst erlebte Abwertung und Diskriminierung, die ein Teil der Mitarbeiter in Kindheit und Jugend erfahren hat und bis heute erlebt, sendeten sie an die Zielgruppen die Botschaft, dass eine Normalität auch durch Unterschiedlichkeit geprägt sein und gerade Unterschiedlichkeit als Ressource angesehen werden kann. Diese Erkenntnis war zunächst unbewusst. Durch die Do-No-Harm-Analyse konnte die Erfahrung von Ausgrenzung als verbindendes Element zwischen Mitarbeitern und Jugendlichen verstanden werden und neu als Stärke und als in den Zirkus integrierendes Moment dargestellt werden. Hierbei wurde für die Mitarbeiter auch deutlich, inwiefern sie im Zirkusprojekt Teil des Konflikts sind und wie sie sich je in ihrer Art aber auch im Projekt dazu ins Verhältnis setzen.

Das Aufeinanderprallen von Unterschiedlichkeiten und der Konflikt um Zugehörigkeit und Differenz im Sozialraum wurden direkt in den Mikrokosmos des Zirkus übertragen. Das Projekt wurde schließlich eine Anlaufstelle für Familien, Nachbarn und Jugendliche, zu einem Ort, an dem Konflikte des Stadtteils verhandelt wurden, die sich in sozialen Konflikten äußerten oder auch in kulturalisierten Identitätskonflikten. Durch die Trainings und Veranstaltungen sind Eltern und Jugendliche zusammengekommen, die sonst das Gefühl von gegenseitiger Ablehnung, aber auch von Ablehnung im Elternhaus oder in der Schule erfahren haben. Das Projekt unterstützte mit dem Zirkus einen wichtigen verbindenden Faktor zwischen allen Konfliktakteuren. Es war zunächst das banale Interesse, einen Ort im Stadtteil zu haben, an dem Kinder und Jugendliche sich in der Zirkusarbeit betätigen können und an dem sich auch Erwachsene treffen, und einen Ort des Austauschs und der Verhandlung sowohl interkulturell als auch generationenübergreifend etablieren können. Mithilfe der Do-No-Harm-Analyse konnte die zu Projektbeginn stark ethnisierende Wahrnehmung und diffus erscheinende Projekttheorie reflektiert werden. Es konnte außerdem festgestellt werden, dass die zentralen Ziele des Zirkus letztlich waren, einen Ort zur Aushandlung von sehr unterschiedlich gelagerten Konflikten zu schaffen und damit auch den unterschiedlichen Konfliktparteien eine Struktur zur Austragung ihrer Auseinandersetzungen zu geben. Mittels der Weiterentwicklung der methodischen Ansätze zur Konfliktbearbeitung konnte das Projekt im Stadtteil konflikttransformierende Wirkungen anstoßen, ohne das Ziel, den Zirkus zu betreiben, aus den Augen zu verlieren.

Literatur

Amt für Statistik Berlin-Brandenburg (2009): Die kleine Berlin-Statistik 2009. URL: http://www.statistik-berlin-brandenburg.de

Anderson, Mary B. (1999): Do No Harm: How Aid can Support Peace – or War. Boulder (Lynne Rienner Publishers).

Beauftragte der Bundesregierung für Migration, Flüchtlinge und Integration (2009): 7. Bericht der Beauftragten der Bundesregierung für Migration, Flüchtlinge und Integration über die Lage der Ausländerinnen und Ausländer in Deutschland. Berlin.

Becker, David; Groninger, Kathrin & Luzar, Claudia (2012): Die psychosoziale Konfliktanalyse. Im Druck: Bern/Luzern (DEZA/Fastenopfer).

Becker, David; Groninger, Kathrin; Luzar, Claudia; Reuß, Josephine & Rothkegel, Sibylle (2011): Abschlussbericht der wissenschaftlichen Begleitung. Themencluster »Präventions- und Bildungsangebote für die Einwanderungsgesellschaft« im Programm »Vielfalt tut gut. Jugend für Vielfalt, Toleranz und Demokratie – gegen Rechtsextremismus, Fremdenfeindlichkeit und Antisemitismus«. URL: http://www.vielfalt-tut-gut.de/content/e4458/e8280/AbschlussberichtVIELFALTTUTGUT.ModellprojekteThemenclusterEinwanderungsgesellschaft.pdf (Stand: 08.03.2012)

Becker, David; Haas, Renate; Luzar, Claudia; Reuß, Josephine & Rothkegel, Sibylle (2009): Gesamtbericht zum Stand der Umsetzung der wissenschaftlichen Begleitung. Themencluster »Präventions- und Bildungsangebote für die Einwanderungsgesellschaft« im Programm »Vielfalt tut gut. Jugend für Vielfalt, Toleranz und Demokratie – gegen Rechtsextremismus, Fremdenfeindlichkeit und Antisemitismus«. URL: http://www.vielfalt-tut-gut.de/content/e4458/e7457/Gesamtbericht_2008-2009_WB_TC3.pdf (Stand: 31.08.2009).

Becker, David & Weyermann, Barbara (2006): Gender, Konflikttransformation und der Psychosoziale Ansatz. URL: http://www.deza.ch/ressources-en-91135.pdf (Stand: 15.07.2011).

Bundesministerium für Familie, Senioren, Jugend und Frauen (BMSFSF) (2007): Leitlinien zum Programmbereich »Modellprojekte: Jugend, Bildung und Prävention«. URL: http:www.vielfalt-tut-gut.de (Stand: 15.07.2011).

Bundesministerium für Wirtschaftliche Zusammenarbeit und Entwicklung (2005): Übersektorales Konzept zur Krisenprävention, Konfliktbearbeitung und Friedensförderung in der deutschen Entwicklungszusammenarbeit. Eine Strategie zur Friedensentwicklung. URL: http://www.bmz.de/de/zentrales_downloadarchiv/themen_und_schwerpunkte/frieden/krisenpraevention.pdf (Stand: 10.01.2012).

Butterwegge, Christoph & Hentges, Gudrun (Hg.) (2006b): Zuwanderung im Zeichen der Globalisierung. Migrations-, Integrations- und Minderheitenpolitik. 3. überarb. u. aktual. Auflage. Wiesbaden (VS Verlag für Sozialwissenschaften).

De Carlo, Sabina et al. (2006): Einleitung: Begrenzung und Ermöglichung – Migrationsprozesse in modernen Gesellschaften. In: Walter, Anne et al. (Hg.): Grenzen der Gesellschaft? Migration und sozialstruktureller Wandel in der Zuwanderungsregion Europa. Reihe IMIS-Schriften, Band 14. Göttingen (Universitätsverlag Osnabrück), S. 9–36.

Faist, Thomas (2000): Transstaatliche Räume. Politik, Wirtschaft und Kultur zwischen Deutschland und der Türkei. Bielefeld (transcript).
Herbert, Ulrich (2001): Geschichte der Ausländerpolitik in Deutschland. Saisonarbeiter, Zwangsarbeiter, Gastarbeiter, Flüchtlinge. Beck-Verlag.
Hirschmann, Albert O. (1994): Wieviel Gemeinsinn braucht die liberale Gesellschaft? Leviathan 22(2), 293–304.
Motakef, Mona (2006): Das Menschenrecht auf Bildung und der Schutz vor Diskriminierung: Exklusionsrisiken und Inklusionschancen. Berlin (Deutsches Institut für Menschenrechte).
Pries, Ludger (Hg.) (2001): New transnational social spaces. London (Routledge).
Rommelspacher, Birgit (2002): Anerkennung und Ausgrenzung. Deutschland als multikulturelle Gesellschaft. Frankfurt am Main (Campus).
Ropers, Norbert (2002): Friedensentwicklung, Krisenprävention und Konfliktbearbeitung Technische Zusammenarbeit im Kontext von Krisen, Konflikten und Katastrophen, Gesellschaft für technische Zusammenarbeit (GTZ). URL: http://www2.gtz.de/dokumente/bib/025163.pdf, S. 11 (Stand: 12.07.2011).
Taylor, Charles (1992): Multikulturalismus und die Politik der Anerkennung. Frankfurt/M. (Suhrkamp).
Wieviorka, Michel (2003): Kulturelle Differenzen und kollektive Identitäten. Hamburg (Hamburger Edition).

Verschiebungen im biologischen Determinismus: Aufwertung des Psychischen und Renaturalisierung des Sozialen

Vanessa Lux

Geht man von der naturhistorischen Gewordenheit des Menschen aus, stellt sich für jede Theorie menschlicher Subjektivität die Frage nach den biologischen Grundlagen des Psychischen. Der Bezug auf die Biologie ist in der Psychologie jedoch oft vom biologischen Determinismus dominiert worden. Ganz nach dem Motto »Biologie ist Schicksal« wird auf »die Gene« oder auf »neuronale Aktivitätsprofile« verwiesen, durch die menschliches Erleben und Verhalten bestimmt sei. Die Annahme einer biologischen Determination menschlicher Lebensäußerungen war in der Psychologie aber immer umstritten, wie die lange Tradition der Anlage-Umwelt-Debatte zeigt (vgl. Wacker 1998). Zu deren Schärfe trug bei, dass biologisch-deterministische Positionen gerade bei denjenigen dominierten, die versuchten, die biologischen Grundlagen des Psychischen genauer zu bestimmen. Stein des Anstoßes bildete vor allem die gesellschaftliche Vision, die mit diesen nur allzu oft verknüpft wurde. »Der Rückgriff auf biologisierende Erklärungen rassen-, klassen- oder geschlechtsbedingter Differenzen oder allgemein von ›instinktiv‹ festgelegten Verhaltensdispositionen hat sich schon immer zur Rechtfertigung gesellschaftlich produzierter Ungleichheit und Herrschaft angeboten« (Maiers 2002, S. 31). Aus der Perspektive von geistes- und sozialwissenschaftlichen Ansätzen in der Psychologie wird der Verweis auf die Biologie deshalb oft mit Skepsis beäugt.

Richard Lewontin, Steven Rose und Leon Kamin fassen in ihrem Buch *Die Gene sind es nicht* (1988) drei Argumente zusammen, die sie als Kern des biologischen Determinismus ausmachen: *Erstens* werden

»Ungleichheiten« als »eine direkte und unausweichliche Konsequenz der individuellen Unterschiede eigener Verdienste und Fähigkeiten« gefasst; *zweitens* werden der hierfür entscheidende »Erfolg« oder das »Versagen des Willens und Charakters« – entgegen einem kulturellen Determinismus, der diese der Erziehung oder den Umständen zuschreibt – als »großenteils in den Genen kodiert« verstanden; und schließlich wird *drittens* angenommen, dass »die Existenz [...] biologischer Unterschiede zwischen Individuen [...] notwendigerweise zur Schaffung hierarchischer Gesellschaften« führe, »weil es Teil des biologisch determinierten Wesens des Menschen ist, Hierarchien nach Status, Besitz und Macht zu bilden« (Lewontin et al. 1988, S. 54). Es gehe darum, »von der Legitimität und Unausweichlichkeit der herrschenden sozialen Ordnung [zu] überzeugen« (ebd.). Dabei erfüllte der biologische Determinismus eine Doppelfunktion für die sich entwickelnde bürgerlich-kapitalistische Gesellschaft im ausgehenden 19. und beginnenden 20. Jahrhundert: Durch den Fokus auf das Individuum und seinen Bezug auf die Naturwissenschaften ermöglichte er die Zurückweisung der göttlichen Ordnung des Feudalismus. Zugleich ermöglichte er aber auch, die neu entstehenden Formen gesellschaftlicher Ungleichheit und deren strukturelle Perpetuierung zu legitimieren. Unter Verweis auf eine wissenschaftliche Theorie konnte gerechtfertigt werden, dass nicht jede(r) in gleicher Weise am aufkommenden Wohlstand des Kapitalismus teilhatte.

Ein prominentes Beispiel aus der Psychologie ist die Annahme der Erblichkeit von »Intelligenz« bzw. des IQ, aber auch von anderen psychologischen Dimensionen wie »Persönlichkeit«, »Temperament«, »Kreativität« oder auch »psychischen Störungen«. Die Rückführung auf Vererbung oder die Gene ist allerdings nicht die einzige Form der Naturalisierung des Psychischen in der Psychologie. Auch die Gleichsetzung von Lernen beim Menschen mit tierischen Formen des Lernens, üblicherweise bei Ratten oder Tauben, sitzt einem biologistischen Reduktionismus auf, und die Naturalisierung der jeweiligen konkreten Gesellschaftsformation unter Ausblendung ihrer historischen Gewordenheit und damit auch Veränderbarkeit ist ebenfalls eine Variante eines biologistischen Reduktionismus menschlichen Verhaltens. Beide Formen der Naturalisierung ergänzen den biologischen Determinismus der Vererbungs- bzw. Gentheorien.

Ein zentraler theoriegeschichtlicher Schritt (und zugleich Kurzschluss) in der Entstehung des biologischen Determinismus war die Übertragung des Gesetzes der Mutation und Selektion aus der Darwin'schen Evolutionstheorie auf die Biologie des historisch-konkreten, »abstrakt-isolierten« Individuums. Einerseits Befreiung von der Schöpfungsgeschichte, setzte andererseits diese Interpretation der Evolutionstheorie die jeweils historisch-konkrete gesellschaftliche Form der Lebensgewinnung mit einer natürlichen Umwelt gleich, an die die einzelnen Individuen sich anzupassen hätten. Die Beschreibung der Gene und der DNA hat dieser Vorstellung schließlich zusätzliche Kohärenz verschafft. Mit der Kombination von Darwin'scher Evolutionstheorie und Mendel'scher Vererbungslehre konnten die gesellschaftlichen Unterschiede – interpretiert als Unterschiede in der Anpassung der Einzelnen an ihre Umwelt – direkt in die Gene der Individuen hineinverlagert werden (vgl. Lewontin 2000f., S. 82). Es ist daher kein Zufall, dass der biologische Determinismus seine markanteste Ausprägung im Jahrhundert der »Gene« erhielt: in der ersten Hälfte des 20. Jahrhunderts in Form von Eugenik und Rassentheorie und in der zweiten Hälfte des 20. Jahrhunderts als sich hiervon abgrenzende Genomforschung, die mit dem Humangenomprojekt jede menschliche Lebensäußerung auf einen Sequenzabschnitt der DNA zurückführte, den es zu finden galt.

Wandel des Gendiskurses – Umbrüche in der Genomforschung

Mit der Genomforschung und zuletzt dem Humangenomprojekt sollten die genetischen Anlagen des Menschen, sollte der Code des Lebens aufgeklärt – und damit unter anderem auch die Anlage-Umwelt-Debatte in der Psychologie endgültig entschieden werden. Das Unternehmen schien Erfolg versprechend. Eine zeitlang hagelte es Meldungen, nach denen das Gen für »Alkoholismus«, »Schizophrenie«, »Depression« oder »ADHS« nun endlich »gefunden«, »identifiziert« oder »entdeckt« worden war.[1] Geht man von der medialen Darstellung aus, stand das Geheimnis des Psychischen um die letzte Jahrtausendwende kurz vor der Entschlüsselung. Die Möglichkeiten der Biowissenschaften

---

1 Siehe z. B.: »Schizophrenie-Gen identifiziert« (*scinexx. Das Wissensmagazin*, 1.2.2005); »Alkoholismus-Gen entdeckt« (*scinexx. Das Wissensmagazin*, 27.5.2004); »Zappelphilipp – die Gene sind schuld« (*Welt Online*, 16.4.2007); oder mit rassistischer Konnotation: »Gen für Alkoholismus gefunden. Kaukasier sind trinkfreudiger als Juden« (*innovations-report*, 17.9.2002).

schienen unerschöpflich. Vereinzelt wurde sogar das Ende der Psychologie als eigenständiger Wissenschaft und ihre Ersetzung durch Genetik, Neurowissenschaften und Evolutionstheorie konstatiert (vgl. hierzu die öffentliche Zurückweisung sechs »[f]ührender deutscher Psychologen«, Fiedler et al. 2005).

Doch die Berichterstattung zur Genomforschung hat sich geändert. Die Sicherheit der alten Tage ist neuen Unsicherheiten gewichen. Mittlerweile liest man: »›Das‹ Schizophrenie-Gen existiert [...] nicht.« (*Zeit Online*, 2.7.2009), und es gebe jetzt »[d]och kein ›Depressionsgen‹« (*NZZ Online*, 1.7.2009). Stattdessen heißt es, »Gene lernen aus Streß« (*innovations-report*, 9.11.2009), »[t]raumatische Erlebnisse im Kindesalter können das Erbgut im Gehirn [...] verändern« (*Spiegel Online*, 4.8.2008) und »wir steuern die Gene, durch unseren Lebensstil« (*Der Spiegel*, 9.8.2010, S. 110). Kurzum: »Die Gene sind kein Schicksal, sondern wunderbar wandelbar« (*Der Spiegel*, 9.8.2010, S. 113). Außerdem seien »Genstudien bei komplexen Erkrankungen wenig aussagekräftig« (*NZZ Online*, 1.7.2009). Der US-amerikanische Biochemiker und Biotech-Unternehmer Craig Venter ließ sich anlässlich des 10. Jubiläums der öffentlichen Präsentation erster Sequenzteile des menschlichen Genoms von der Zeitschrift *Der Spiegel* mit dem Satz zitieren: »Wir wissen nichts« (*Der Spiegel*, 28.6.2010).

Wie Thomas Lemke am Beispiel von Gesundheitsratgebern herausgearbeitet hat, ist zugleich eine stetige »Veralltäglichung genetischen Wissens« (Lemke 2006, S. 294) zu beobachten. Sie gehe einher mit neuen Anforderungen an das Gesundheitshandeln der Einzelnen. »Nicht nur in Bezug auf Nachkommen und Familienangehörige, sondern auch und vor allem im Umgang mit den eigenen diagnostizierten genetischen Risiken wird in wachsendem Maße ein verantwortliches Verhalten eingefordert« (ebd., S. 303). Dies führe zu einer »Pluralisierung möglicher Interventionsfelder, die über das Feld der Medizin hinausweist« (ebd., S. 304). Genetisches Wissen wird als Grundlage für Ernährung, Stressbewältigung und wichtige Lebensentscheidungen angepriesen.

Dieser mediale Umbruch gründet auf einem Umbruch in der Genomforschung selbst. Das »Gen« als monokausale Ursache für die »Eigenschaften« eines Organismus ist in die Krise geraten. Seit dem Ende des Humangenomprojekts wird immer deutlicher, dass sich aus der Sequenz der DNA nicht direkt ihre Funktionsweise und damit ihr Verhältnis zum Phänotyp ablesen lässt. Das Konzept wird den beobachteten Wechselwirkungen nicht (mehr) gerecht (vgl. Keller 2000). In wissenschaftlichen Fachzeitschriften wird wieder gefragt: »What is a Gene?« (vgl. z. B. Keller 2005, S. 3; Rolston 2006; Pearson 2006; Gerstein et al. 2007; Smith/Adkison 2010). Neue Gen-Modelle werden diskutiert (vgl. z. B. Gerstein et al. 2007; Scherrer/Jost 2007), Evelyn Fox Keller spricht sogar vom »century beyond the gene« (Keller 2005, S. 3). Selbst der US-amerikanische Verhaltensgenetiker Robert Plomin, der die Suche nach den Genen für menschliches Verhalten maßgeblich vorangetrieben hat, verwendet die Bezeichnung »Postgenomic Era« (vgl. Plomin et al. 2003). Das zentrale Dogma der Molekulargenetik, die Annahme einer Entsprechung und monokausalen Beziehung von DNA, RNA und Proteinen (vgl. Crick 1970), ist nicht mehr aufrechtzuhalten. Das »klassische« Gen-Modell, nach dem ein Gen ein spezifischer, funktioneller DNA-Abschnitt ist, der ein bestimmtes phänotypisches Merkmal prägt, gilt als widerlegt (vgl. Smith/Adkison 2010, S. 4ff.). Beim Versuch der Funktionsbestimmung einzelner Abschnitte der DNA zeigte sich, dass die Interaktion der DNA mit den übrigen Zellelementen, also mit frei in der Zelle zirkulierenden RNA-Sequenzen und Proteinen, aber auch Wechselwirkungen mit dem zellulären Umfeld für die Genexpression, also die phänotypische »Wirkungsweise« der DNA, von zentraler Bedeutung sind (vgl. Gerstein et al. 2007).

Die moderne Genetik steht vor einem Paradox: Je mehr über die Beziehungen zwischen Genotyp und Phänotyp bekannt wird, umso undeutlicher werden sie. Die beobachtbaren oder angenommenen Abläufe werden zurzeit durch unterschiedliche Gen-Modelle interpretiert, die unvermittelt nebeneinander stehen. Dabei ist es insbesondere nicht mehr möglich, von einer Einheit aus DNA und Funktion, die das klassische Gen-Modell gerade ausgemacht hat, auszugehen. Es scheint fast so, als löse sich das »Gen« selbst auf. Ein Beispiel ist das Modell einiger Forscher des ENCODE, einem der Nachfolgeprojekte des Humangenomprojekts, das auf die Funktionsaufschlüsselung der DNA zielt. Diese geben das Charakteristikum der funktionellen Einheit des Gens auf (vgl. Gerstein et al. 2007): Ein Gen ist nur noch ein spezifischer DNA-Ort. Mit dieser Definition wird dem Umstand Rechnung getragen, dass in den meisten Fällen ein »Gen« bzw. ein »DNA-Sequenzabschnitt«, eingebettet in komplexe Regulationssysteme, unterschiedliche biologische Funktionen gleichzeitig erfüllt. Die Rede vom »Gen für« Schizophrenie, Depression oder Alkoholismus ist nach dieser Definition jedoch nicht mehr zulässig, weil die Annahme eines ausschließlich durch die DNA festgelegten Kausalzusammenhangs zwischen Genotyp und Phänotyp in diesem Gen-Modell gerade aufgegeben wird. Klaus Scherrer (Institut Monod) und Jürgen Jost (MPI für Mathematik in den Naturwissenschaften) gehen demgegenüber den umgekehrten Weg und stellen die funktionelle Einheit des Gens in den Mittelpunkt ihres Modells (vgl. Scherrer/Jost 2007). Hierfür müssen sie sich vollständig von einer eindeutigen Verortung des Gens auf der DNA lösen. Ein Gen ist somit nur noch ein durch ein komplexes System von Regulationsprozessen zu einem spezifischen Zeitpunkt an einem spezifischen Ort in der Zelle hervorgebrachtes RNA-Molekül, das entweder an der Aneinanderreihung der Aminosäuren im Rahmen einer Proteinbiosynthese beteiligt ist oder eine andere biologische Funktion erfüllt. Dieses »Gen« entsteht allerdings erst kurz vor der Funktionserfüllung an seinem Wirkungsort in der Zelle und zerfällt danach in seine molekularen Bestandteile oder wird in ein anderes Molekül umgewandelt. Die DNA ist in diesem Konzept nur noch ein Element unter vielen, die in einem komplizierten Netzwerk von Wechselwirkungen das Gen erst hervorbringen.

Gemäß solch komplexer »Gen«-Modelle können allerdings die beteiligten DNA-Sequenzabschnitte nicht identifiziert werden, ohne dass die anderen Faktoren, die die Genexpression regulieren, bekannt sind. Die Versuche zur Funktionsbestimmung einzelner DNA-Sequenzen haben aber eine enorme Komplexität der zellinternen Reaktionsketten, in die die DNA eingebunden ist, offengelegt. In den Blick geraten sind dabei auch »Umweltfaktoren« wie Ernährung, Infektionen, Stress oder auch traumatische Erlebnisse und deren Wirkung auf die Genexpression. Der ausbleibende Erfolg, die Gene des Menschen zu entschlüsseln, hat zusammen mit dieser deutlich gewordenen Komplexität der molekulargenetischen Prozesse zur Infragestellung des genetischen Determinismus innerhalb der Genomforschung selbst geführt.

»Gen-Management« statt genetischem Determinismus

Mit der Aufkündigung der genetischen Variante des biologischen Determinismus ist dieser jedoch nicht im Ganzen obsolet geworden. An die bisherige Stelle der Gen-Wirkung treten die neuronalen Verkopplungen, die nun im Mittelpunkt einer biologisch-deterministischen Erklärung des Menschen stehen (wie die populärwissenschaftlich geführte Debatte um den Freien Willen zeigte). Mit der Molekulargenetik und den Neurowissenschaften kommt es zu einer Verschiebung der Ebenen, auf der die biologische Determination angenommen wird: weg von der molekulargenetischen, hin auf die physiologisch-neuronale Ebene. Das Physiologisch-Neuronale wird zwar nach wie vor als Produkt einer genetischen Disposition vorgestellt, zu dieser müssen jedoch Umweltfaktoren und Entwicklungsprozesse hinzutreten.

Der genetische Determinismus setzte, zumindest in Bezug auf das Psychische, den physiologischen Determinismus immer schon implizit voraus. Denn die genetische Determination psychischer Funktionen ist nur begründbar, wenn für die als genetisch bedingt vorgestellten physiologischen und biochemischen Korrelate des Psychischen, wie die Gehirnstruktur, das Neurotransmittersystem oder das Hormonsystem, angenommen wird, dass sie dieses letztlich determinieren. Wird nun die Annahme einer Determination auf der genetischen Ebene zugunsten systemischer Komplexität und Beeinflussbarkeit durch die Umwelt fallen gelassen, bedeutet dies nicht, dass jegliche Determination negiert wird. Zum einen kann die Betonung der Umwelt/Erziehung die Form eines Kultur- oder Sozialdeterminismus annehmen. Zum anderen kann der genetische eben durch einen physiologischen Determinismus ersetzt werden. Beides hat in der Geschichte der Psychologie bereits Vorläufer, etwa im Behaviorismus.

Es besteht jedoch ein wesentlicher Unterschied zwischen einem genetischen und einem physiologischen Determinismus: Im Gegensatz zu den Genen – im Sinne des klassischen Gen-Modells des genetischen Determinismus – können als »defizitär« interpretierte physiologische Strukturen potenziell kompensiert oder verändert werden, indem ihre Wirkungsweise durch Eingriffe in ihre Entwicklung oder den Funktionszusammenhang, in dem sie stehen, beeinflusst wird. Im Kontext der systemisch-dynamischen Gen-Modelle bietet sich sogar die molekularbiologische Ebene selbst als Interventionsebene an. In dieser neuen Variante eines postgenomischen physiologischen Determinismus geht es in Hinsicht auf die Gene letztlich darum, die eigene genetische Disposition durch Training, Ernährung, Medikation und Psychotechniken gezielt zu managen.

Diese Verschiebung im biologischen Determinismus zeigt sich besonders deutlich im Krankheitskonzept. So ist derzeit eine Dominanz des biopyschosozialen Modells psychischer Störungen zu konstatieren. Zuerst von Georg L. Engel 1977 vorgeschlagen (vgl. Engel 1977), hat sich das biopsychosoziale Modell mittlerweile zum führenden Krankheitsmodell in Psychiatrie und Psychologie entwickelt (vgl. Egger 2005, S. 3). Der Siegeszug des Modells war allerdings nur um den Preis einer Verengung des komplexen Wechselspiels zwischen Biologischem, Psychischem und Sozialem auf die Interaktion von genetischer Vulnerabilität und Stress möglich. Diese Vulnerabilität-Stress-Modelle sind angelehnt an die 1962 von Paul E. Meehl (vgl. Meehl 1962) und 1972 von Irving I. Gottesman und James Shields (vgl. Gottesman/Shields 1972, S. 330ff.) für Schizophrenie angeregte und 1977 schließlich von Joseph Zubin und Bonnie Spring als Vulnerabilität-Stress-Hypothese explizierte (vgl. Zubin/Spring 1977) Vorstellung einer Interaktion von inneren und äußeren Ursachefaktoren. Die Variante einer im Laufe des Lebens erworbenen Vulnerabilität, wie sie noch bei Zubin und Spring mitdiskutiert wurde (vgl. ebd., S. 109),[2] ist jedoch weitestgehend in den Hintergrund geraten. In einem umfassenden Überblick über Vulnerabilität-Stress-Modelle verweisen beispielsweise Rick Ingram und David Luxton außer auf die genetische Vulnerabilität lediglich noch auf vereinzelte psychologische Ansätze, nach denen Vulnerabilität auch durch »dysfunctional learning« entstehe (vgl. Ingram/Luxton 2005, S. 35). Sozialisationstheoretische, auf gesellschaftliche Umstände bezogene Ansätze, wie sie noch bei Zubin und Spring anklingen (vgl. Fußnote 2), sind hier nicht mehr vorgesehen. Dies ist ein deutlicher Hinweis darauf, dass Vulnerabilität tendenziell als biologische, vorwiegend genetische Disposition interpretiert wird.

Diese Vorstellung einer genetischen Vulnerabilität trägt dabei dem Umstand Rechnung, dass den Genen bzw. der DNA nicht mehr wie noch im genetischen Determinismus eine direkte und alleinige Krankheitswirkung zugeschrieben werden kann. Nicht-genetischen Einflussfaktoren – konzeptualisiert als Stress – werden als Auslöser oder

---

2 Zubin und Spring sprechen von »two major components of vulnerability, the inborn and the acquired« mit »inborn vulnerability as that which is laid down in the genes and reflected in the internal environment and neurophysiology of the organsim« und »[t]he acquired component of vulnerability« als »due to the influence of traumas, specific diseases, perinatal complications, family experiences, adolescent peer interactions, and other life events that either enhance or inhibit the development of subsequent disorder« (1977, S. 109).

zusätzliche Wirkfaktoren für die Herausbildung psychischer Störungen in das Modell integriert. Auch ist die Rede von Krankheits*ursachen* derjenigen von *Risikofaktoren* (»risk factors«; vgl. z. B. Kendler 2008, S. 10; Ries Merikangas/Risch 2003, S. 629) gewichen. Ingram und Luxton weisen darauf hin, dass die Anwesenheit von Risikofaktoren lediglich eine erhöhte Wahrscheinlichkeit für das Auftreten einer Störung bedeutet, aber: »[I]t does not specify what causes the disorder. Risk factors are thus not informative about the actual mechanisms that bring about a state of psychopathology« (Ingram/Luxton 2005, S. 35). Dabei fungiert das Konzept der Vulnerabilität als *Platzhalter* für mögliche genetische Einflussfaktoren, deren Wirkungsweise nicht nur unbekannt, sondern gegebenenfalls auch nicht genauer bestimmbar ist. Zugleich ermöglicht das Konzept die implizite Fortsetzung einer biologisch-deterministischen Interpretation der Wirkungszusammenhänge, da Vulnerabilität grundsätzlich als eine Eigenschaft des Individuums (»trait«) vorgestellt wird, die zwar nicht unveränderbar, aber äußerst stabil ist (vgl. Ingram/Luxton 2005, S. 34f.). Sie ist im Individuum verortet, endogen, und bleibt bis zur Aktivierung durch einen externen Stressor latent bestehen. Dadurch, dass zur Vulnerabilität die entsprechenden Stressfaktoren erst hinzutreten müssen, eröffnen sich jedoch zwei zusätzliche Interventionsebenen: die des Psychischen und die der Umweltfaktoren. Die Auswirkungen der »Gene« bzw. der »genetischen Risikofaktoren« auf den Phänotyp werden damit nicht mehr als unbeeinflussbar gefasst, Biologie ist nicht mehr Schicksal. Zugleich wird das Krankheitsmodell aber auch auf vorher nichtgenetische Erkrankungen bzw. Problemlagen ausgeweitet. Dadurch, dass die Gene nicht alleine die Ursache bilden, ist im Rahmen von Vulnerabilität-Stress-Modellen nämlich auch begründbar, genetische Forschung zur posttraumatischen Belastungsstörung oder ähnlichen, bislang als nicht-genetische Störungen gefassten Symptomkomplexen durchzuführen und nach genetischen Risikofaktoren für diese zu suchen (vgl. z. B. Segman et al. 2007). Mit den Vulnerabilität-Stress-Modellen kann somit eine Aufwertung der psychosozialen Dimension mit einer gleichzeitigen Genetifizierung psychischer Problemlagen verbunden werden.

Das sich hierin abzeichnende neue Verhältnis der Einzelnen zu ihrem genetischen Risiko schlägt sich bereits in Behandlungsansätzen nieder, insbesondere im Konzept einer »individualisierten Medizin« (engl.

»personalized medicine«)[3], das der Leiter des Münchener Max-Planck-Instituts für Psychiatrie, Florian Holsboer, als Zukunftsmodell für die Behandlung psychischer Störungen versteht. Holsboer stellt sich diese Zukunft in etwa so vor:

> »Eine bessere Medizin wird im Jahr 2050 dieser Individualität Rechnung tragen müssen. Dabei wird die Behandlung von Erkrankungen, also die ›Reparaturmedizin‹, nur noch ein Unfall, ein Versagen der Zukunftsmedizin sein. Diese nämlich – und dies trifft in besonderem Maße für die psychischen oder seelischen Erkrankungen zu – wird es sich zur Aufgabe machen, den Menschen zeitlebens auf einem molekularbiologischen Radar zu beobachten, das in regelmäßigen Abständen das Risikopotential auch für die komplexesten Erkrankungen abzuschätzen hilft. Mit Hilfe eines solchen Radars erfahren wir, ob wir bereits mit einer Therapie beginnen sollen, die den Krankheitsausbruch verhindert« (Holsboer 2009, S. 300).

Eines der Kernelemente dieser individualisierten Medizin ist die individuelle Risikospezifizierung auf der Grundlage genetischer Tests, mit der die Einzelnen dazu befähigt werden sollen, Eigenverantwortung für ihre Gesundheit zu übernehmen und etwaige Maßnahmen einzuleiten (vgl. Hüsing et al. 2008, S. 240). Hinzu kommt ein besonderer Fokus auf Prävention in der individualisierten Medizin (vgl. Ruaño 2004). So soll das Erkrankungsrisiko durch die Beeinflussung der nicht-genetischen Risikofaktoren wenn möglich präventiv gesenkt werden. Für psychische Störungen böte sich hier an, die Seite der Stressfaktoren in den Mittelpunkt der Präventionsstrategien zu stellen, etwa über die Einübung Stress reduzierender Verhaltensweisen. Hier sehen Verhaltenstherapeuten bereits ein neues Praxisfeld. So thematisiert z. B. Bernhard Scholten in einem 2004 von ihm herausgegebenen Tagungsband einer Tagung der Deutschen Gesellschaft für Verhaltenstherapie zu den Fortschritten in der Genomforschung und ihrer Bedeutung für die Klinische Psychologie, dass die Möglichkeit, die eigene genetische Konstitution in dieser Weise zu beeinflussen, gesundheitspolitische Konsequenzen haben kann, die das Aufgabengebiet der Verhaltenstherapie erweitern würden:

---

3 Holsboer selbst verwendet auch im Deutschen die Bezeichnung »personalisierte Medizin« (vgl. Holsboer 2009). Hier und im Weiteren wird die Übersetzung »individualisierte Medizin« des Ausschusses für Bildung, Forschung und Technikfolgenabschätzung des Deutschen Bundestags übernommen (vgl. Deutscher Bundestag 2009).

»Wenn durch eine engere Zusammenarbeit zwischen der Humangenetik und der Psychologie Gesundheitsrisiken genauer zu definieren sind und daraus gesundheitsförderliche Maßnahmen abgeleitet werden können, stellt sich die Frage, ob ein Mensch mit einem höheren genetischen Risiko zu einer bestimmten Erkrankung auch der Pflicht unterliegt, sich gesund zu erhalten« (Scholten 2004, S. 17).

Laut einem Beitrag des Humangenetikers Jörg Schmidtke im selben Band ist eine »Tendenz zur Individualisierung von Risiken und zu Entsolidarisierung« nicht nur »denkbar«, sondern »z.T. auch schon spürbar« (Schmidtke 2004, S. 54). Schmidtke verbindet damit die »Hoffnung«, dass die Kenntnis der genetischen Vulnerabilität zu bestimmten Krankheiten »von den Menschen in vorausschauender, angepasster Weise zur Erhaltung der Gesundheit genutzt wird« (ebd., S. 48). Scholten zufolge wäre es in diesem Zusammenhang Aufgabe der Verhaltenstherapie, »psychoedukativ[e] Programme« zu entwickeln, »die es der einzelnen Person ermöglichen, diese individuellen Handlungsspielräume zu nutzen und im eigenen Interesse zu gestalten« (2004, S. 16). Solche verhaltenstherapeutischen Programme zur Einübung von der eigenen genetischen Konstitution angepassten Verhaltensweisen sind nicht auf psychische Störungen begrenzt, sondern würden sich zum Beispiel auch für Krebs, Bluthochdruck und Diabetes anbieten.

Individualisierung von Gesundheitsverantwortung und Gesundheitskosten

Ein solcher Gesundheitsimperativ, wie er in der Aufforderung zum präventiven Gen-Management anklingt, geht mit einer Individualisierung von Gesundheitsverantwortung und Gesundheitskosten einher. Im Zentrum dieser Entwicklung hat Thomas Lemke treffend die Rede von »Risikofaktoren« verortet, wie sie auch Grundlage der Vulnerabilität-Stress-Modelle ist. »[T]he recourse to ›risks‹ […] makes it possible to call for autonomy and self-regulation in bioethical and human genetic discourses« (Lemke 2004, S. 551). Im Gegensatz zum Begriff der »Gefahr«, der sich auf vom Menschen unbeeinflussbare Ereignisse bezieht, werden mit dem Begriff des »Risikos« solche Ereignisse bezeichnet, die vom Menschen »zu erkennen, vorauszusehen, zu berechnen und zu kontrollieren« (Bayertz 1995, S. 49) sind. »Risiken« werden »bewußt eingegangen« und sind daher auch »zu verantworten« (ebd.; vgl. auch Bonß 1995, S. 54). Die Fassung der genetischen Vulnerabilität als Risiko(faktor) impliziert somit eine Vorentscheidung in der dabei begrifflich mitschwingenden Frage nach Verantwortung.

Dieser moderne Risikobegriff geht zurück auf die Entstehung des Versicherungswesens (vgl. Bonß 1995, S. 178). In diesem wird Bonß zufolge zwischen individuellen und sozialen Risiken unterschieden: »Als individuelle Risiken gelten [...] solche Unsicherheiten, denen nicht jede(r) in seinem Lebenslauf begegnet, sondern die nur in einzelnen Biografien und Handlungskontexten auftauchen«; dagegen sind »soziale Risiken jene gesellschafts- und lebenstypischen Unsicherheiten [...], die alle betreffen« (ebd., S. 209) können. Krankheit und Behinderung sind bislang als soziale Risiken im Gesundheits- und Sozialversicherungswesen definiert. Es besteht jedoch die Tendenz, diese im Zuge von Privatisierungsprozessen in individuelle Risiken gesellschaftlich umzudefinieren. Durch eine Vermischung des medizinischen Risikobegriffs mit dem des Versicherungswesens wird nun die Umwandlung der Präventionsanforderungen in Fragen der finanziellen Verantwortung möglich. Die Vorstellung von einem individuellen genetischen Risiko, das durch individuelles Verhalten zu managen ist, bietet dabei einerseits eine Legitimationsgrundlage für die weitere Individualisierung der Kostenlast im Gesundheitssystem. Andererseits bietet sich diese Vorstellung aber auch als Denk- und Handlungsweise an, unter dem Druck einer real zunehmenden oder auch nur antizipierten Individualisierungstendenz im Gesundheitssystem den Einfluss auf die eigene Gesundheit und die mit dieser verbundenen Kosten zumindest teilweise zurückzugewinnen. Der genetische Test auf Brustkrebs oder die pränatale Diagnostik können darin unerwartet zu Handlungsalternativen werden, mit denen die Einzelnen versuchen, ihre Gesundheitskosten zu minimieren.

Obwohl mit den Vulnerabilität-Stress-Modellen und der individualisierten Medizin psychische und soziale Faktoren sowohl als Ursachen bzw. Auslöser für psychisches Leiden als auch als Angriffspunkt für Intervention und Therapie verstärkt in den Blick geraten, kommt es durch den Fokus auf das Selbstmanagement außerdem zu einer Renaturalisierung des Sozialen. Die gesellschaftlichen Lebensbedingungen, aber auch alle Formen sozialer, zwischenmenschlicher Interaktion und Kommunikation scheinen in dieser Anordnung nämlich nur als Komponenten einer quasi-natürlichen Umweltnische auf; und die Gene seien eben auf die bestmögliche Weise in dieser Umwelt zu managen. Der biologische Determinismus erfüllt damit auch in seiner postgenomischen, physiologischen Variante weiterhin die Funktion, die bestehende gesellschaftliche Ordnung als eine natürliche festzuschreiben (vgl. auch Assheuer 2007, S. 3). Die im biopsychosozialen Krankheitsmodell enthaltene Aufwertung der psychosozialen Dimension und psychotherapeutischer Intervention für psychische Problemlagen und sogar körperliche Erkrankungen wird von einer Naturalisierung der gesellschaftlichen Verhältnisse flankiert.

Die Verschiebung vom genetischen zum postgenomischen Determinismus bietet darüber hinaus Anknüpfungspunkte für das »Jeder ist seines Glückes Schmied«, das als Versprechen auch in der die Umstrukturierungen im Gesundheitssystem leitenden neoliberalen Variante des Aktivierungsparadigmas mitschwingt. Nicht nur, dass die Vulnerabilität-Stress-Modelle und die Rede von den Risikofaktoren die Etablierung der neuen Zuständigkeiten der Einzelnen für das Management ihrer genetischen und nicht-genetischen Risiken ermöglichen. In dieser partiell relativierten Variante des biologischen Determinismus ist zudem die Vorstellung angelegt, dass die Nicht-Aktivierbaren ihren Status nicht mehr allein ihrer Biologie (als »Schicksal«) zu verdanken haben, sondern dieser auch Ergebnis der durch sie selbst unterlassenen Präventions- bzw. Selbstdisziplinierungsmaßnahmen ist. Dadurch kann nicht nur weiterhin ihr Ausschluss von gesellschaftlicher Teilhabe begründet werden, sondern dieser kann zusätzlich noch als von ihnen selbstverschuldet dargestellt und legitimiert werden. Ähnlich den Bonusheftchen für den Zahnersatz haben die Einzelnen in dieser Logik nur dann ein Recht auf Unterstützung durch die Gemeinschaft (vermittelt über den Staat), wenn sie nachweisen können, dass sie sich gesund verhalten und unter anderem auch ihre Gene verantwortungsbewusst gemanagt haben.

Der postgenomische biologische Determinismus eröffnet die Möglichkeit, auch Gesundheit und Krankheit in ein Aktivierungsparadigma zu integrieren, in dem Selbstbestimmung und Selbstverantwortung einmal mehr ihres utopischen Charakters für die Überwindung fremdbestimmter Verhältnisse beraubt werden. Die Psychologie ist hier nicht nur konzeptionell beteiligt, sondern bietet auch einen nicht unerheblichen Teil der zur Verfügung stehenden Praktiken für diese Form genetischer Selbstoptimierungen an. Bisher ist die in der Verbindung von Gen-Management und Privatisierung der Verantwortung für Gesundheit und Krankheit angelegte Tendenz zu einer neuen Variante des Sozialdarwinismus nicht durchgesetzt. Umso wichtiger ist es, der in der Verschiebung im biologischen Determinismus angelegten Neuformierung gesellschaftlicher Ausschlussmechanismen frühzeitig entgegenzuwirken.

Literatur

Assheuer, Thomas (2007): Ich war es nicht! Die Zeit, Nr. 42, 11.10.2007. URL: www.zeit. de/2007/42/Biologismus (Stand: 20.03.2010).
Bayertz, Kurt (1995): Eine kurze Geschichte der Herkunft von Verantwortung. In: Bayertz, Kurt (Hg.): Verantwortung. Prinzip oder Problem? Darmstadt (WBG), S. 3–71.
Bonß, Wolfgang (1995): Vom Risiko: Unsicherheit und Ungewißheit in der Moderne. Hamburg (Hamburger Ed. HIS Verl.-Ges.).
Crick, Francis H. C. (1970): Central Dogma of Molecular Biology. Nature 227(5258), 561–563.
Deutscher Bundestag (16. Wahlperiode) (2009): Bericht des Ausschusses für Bildung, Forschung und Technikfolgenabschätzung (18. Ausschuss) gemäß §56a der Geschäftsordnung: Technikfolgenabschätzung (TA) – Zukunftsreport – Individualisierte Medizin und Gesundheitssystem (Drucksache 16/12000, 17.2.2009). Berlin.
Egger, Josef W. (2005): Das biopsychosoziale Krankheitsmodell: Grundzüge eines wissenschaftlich begründeten ganzheitlichen Verständnisses von Krankheit. Psychologische Medizin 16(2), 3–12.
Engel, George L. (1977): The Need for a New Medical Model: A Challenge for Biomedicine. Science New Series 196(4286), 129–136.
Fiedler, Klaus; Kliegl, Reinhold; Lindenberger, Ulman; Mausfeld, Rainer; Mummendey, Amélie & Prinz, Wolfgang (2005): Psychologie im 21. Jahrhundert: Führende deutsche Psychologen über Lage und Zukunft ihres Fachs und die Rolle der psychologischen Grundlagenforschung. Gehirn & Geist (7–8), 56–60.
Gerstein, Mark B.; Bruce, Can; Rozowsky, Joel S.; Zheng, Deyou; Du, Jiang; Korbel, Jan O.; Emanuelsson, Olof; Zhang, Zhengdong D.; Weissman, Sherman & Snyder, Michael (2007): What is a gene, post-ENCODE? History and updated definition. Genome Research 17, 669–681.
Gottesman, Irving I. & Shields, James (1972): Schizophrenia and genetics: A twin study vantage point. Personality and psychopathology: Bd. 13. New York (Acad. Press).
Holsboer, Florian (2009): Biologie für die Seele: Mein Weg zur personalisierten Medizin. München (Beck).
Hüsing, Bärbel; Hartig, Juliane; Bührlen, Bernhard; Reiß, Thomas & Gaisser, Sibylle (2008): Individualisierte Medizin und Gesundheitssystem (Zukunftsreport). Arbeitsbericht, Nr. 126, Juni 2008. Berlin.
Ingram, Rick E. & Luxton, David D. (2005): Vulnerability-Stress Models. In: Hankin, Benjamin L. & Abela, John R. Z. (Hg.): Development of psychopathology. A vulnerability-stress perspective. Thousand Oaks Calif. (Sage Publications), S. 32–46.
Keller, Evelyn F. (2000): The century of the gene. Cambridge, Mass. (Harvard Univ. Press.)
Keller, Evelyn F. (2005): The century beyond the gene. Journal of Bioscience, 30(1), 3–10.

Kendler, Kenneth S. (2008): Explanatory Models for Psychiatric Illness. American Journal of Psychiatry 165(6), 695–702.

Lemke, Thomas (2004): Disposition and determinism – genetic diagnostics in risk society. The Sociological Review 52(4), 550–566.

Lemke, Thomas (2006): »Du und deine Gene« – Subjektivierungsprogramme und Verantwortungskonzepte in Gesundheitsratgebern. Pflege & Gesellschaft 11(4), 293–306.

Lewontin, Richard C. (2000f.): It Ain't Necessarily So: The Dream of the Human Genome and Other Illusions. New York (New York Review of Books).

Lewontin, Richard C.; Rose, Steven & Kamin, Leon J. (1988): Die Gene sind es nicht. Biologie, Ideologie und menschliche Natur. München, Weinheim (Psychologie-Verl.-Union).

Maiers, Wolfgang (2002): Der Etikettenschwindel der Evolutionären Psychologie. Forum Kritische Psychologie (45), 24–54.

McCaffery, Jeanne M.; Frasure-Smith, Nancy; Dube, Marie-Pierre; Theroux, Pierre; Rouleau, Guy A.; Duan, QingLing & Lespérance, François (2006): Common Genetic Vulnerability to Depressive Symptoms and Coronary Artery Disease: A Review and Development of Candidate Genes Related to Inflammation and Serotonin. Psychosomatic Medicine 68(2), 187–200.

Meehl, Paul E. (1962): Schizotaxia, Schizotypy, Schizophrenia. American Psychologist 17, 827–838.

Pearson, Helen (2006): Genetics: What is a gene? Nature 441(7092), 398–401.

Plomin, Robert; DeFries, John C.; Craig, Ian W. & McGuffin, Peter (Hg.)(2003): Behavioral genetics in the postgenomic era. Washington, DC (American Psychological Association).

Ries Merikangas, Kathleen & Risch, Neil (2003): Will the Genomics Revolution Revolutionize Psychiatry? American Journal of Psychiatry 160(4), 625–635.

Rolston, Holmes (2006): What is a Gene? From Molecules to Metaphysics. Theoretical Medicine and Bioethics 27, 471–497.

Ruaño, Gualberto (2004): Editorial: Quo vadis personalized medcine? Future Medicine 1(1), 1–7.

Scherrer, Klaus & Jost, Jürgen (2007): Gene and genon concept: coding versus regulation: A conceptual and information-theoretic analysis of genetic storage and expression in the ligt of modern molecular biology. Theory in Biosciences 126, 65–113.

Schmidtke, Jörg (2004): Die Konsequenzen des Humangenomprojekts für die Medizin. In: Scholten, Bernhard (Hg.): Gentherapie statt Psychotherapie? Kein Abschied vom Sozialen! [14. Kongress für Klinische Psychologie, Psychotherapie und Beratung 2002 in Berlin]. Tübingen (DGVT-Verl.), S. 39–55.

Scholten, Bernhard (2004): Die Ergebnisse der Humangenetik – eine Herausforderung an die klinische Psychologie. In: Scholten, Bernhard (Hg.): Gentherapie statt Psychotherapie? Kein Abschied vom Sozialen! [14. Kongress für Klinische Psychologie, Psychotherapie und Beratung 2002 in Berlin]. Tübingen (DGVT-Verl.), S. 9–26.

Segman, Ronnen; Shalev, Arieh Y.; Gelernter, Joel (2007): Gene-environment interactions. Twin studies and gene researchin the context of PTSD. In: Friedman, Matthew J.; Keane, Terence M.; Resick, Patricia A. (Hg.): Handbook of PTSD. Science and practice. New York (Guilford Press), S. 190–206.

Smith, Mike U. & Adkison, Linda R. (2010): Updating the Model Definition of the Gene in the Modern Genomic Era with Implications for Instruction. Science & Education 19(1), 1–20.

Wacker, Ali (1998): Anlage und Umwelt. In: Grubitzsch, Siegfried & Weber, Klaus (Hg.): Psychologische Grundbegriffe. Ein Handbuch. Reinbek bei Hamburg (Rowohlt), S. 25–28.

Zubin, Joseph & Spring, Bonnie (1977): Vulnerability – A New View of Schizophrenia. Journal of Abnormal Psychology 86(2), 103–176.

Auf dem Weg zur freudlosen Wissenschaft?

Möglichkeiten einer kritischen Alternative in der Psychologie

Cécile Loetz & Jakob Müller

Einleitung

Im Folgenden soll ein Beitrag geleistet werden zur Analyse und Kritik bestehender Studienformen des Fachs Psychologie, hin auf die Entwicklung einer pluralen Wissenschaft in der universitären Psychologie.

Im ersten Teil wird der Frage nachgegangen, weshalb die derzeitige akademische Psychologie wissenschaftlicher Alternativen bedürfte. Hierzu werden zunächst einige der häufigsten *inhaltlichen* Kritikpunkte zusammengefasst und skizziert. Anschließend wird erörtert, weshalb diese Kritik und alternative Forschungsansätze vom Mainstream größtenteils unbeachtet bleiben. Hierzu werden im zweiten Teil die *Strukturen* universitärer Lehre, in denen sich die Einseitigkeit der akademischen Psychologie reproduziert, analysiert. Dabei wird ein Schwerpunkt auf die Lehre der klinischen Psychologie gesetzt. Der dritte Teil untersucht die Position der Studenten[1], einmal im Hinblick auf ihre Anpassungsstrategien, die zur Verfestigung der monistischen Inhalte und Strukturen beitragen, andererseits im Hinblick auf die ihnen gegebenen Möglichkeiten, ihr Studium zu verändern.

---

1 Zum Thema Geschlechtergleichbehandlung ist zu erwähnen, dass männliche und weibliche Bezeichnungen gleichermaßen geschätzt werden und sie zugunsten der Lesbarkeit im Folgenden als geschlechtsneutral zu verstehen sind.

Cécile Loetz & Jakob Müller

Vorbemerkung

Den folgenden Ausführungen sei vorangestellt, dass wir hauptsächlich von der akademischen Mainstream-Psychologie sprechen, von der es natürlich auch in unserem Erfahrungsbereich Ausnahmen gegeben hat und gibt. Wir berichten zudem aus der lokalen Perspektive zweier Heidelberger Psychologie-Studenten, für die wir keine universale Gültigkeit beanspruchen können und wollen. Der Leser mag seine eigenen Erfahrungen mit den unseren vergleichen und zu seinen Schlüssen kommen. Dennoch sind wir davon überzeugt, eine Problematik in der heutigen Psychologie anzusprechen, die mehr als ein lokales Kuriosum darstellt. Zudem ist es uns wichtig, zu betonen, dass wir kein Ressentiment gegen die Psychologie hegen. Dieser Text soll keine Abrechnung mit der Psychologie sein, sondern gegen Ende unseres Studiums ein Bestandteil der notwendigen Aufarbeitung der Erwartungen und Enttäuschungen.

1. Inhaltliche Kritik

Praxis

Der akademischen Psychologie sind in mehrerlei Hinsicht mangelhafte Praxisbezüge, mithin ein *Pragmatismus ohne praktische Relevanz*, vorgeworfen worden[2]:

Trivialität

Ein großer Teil psychologischer Forschung ist von der »Mahlmaschine« (Adorno 2003, S. 297) experimentell-statistischer Komplexitätsreduktion derart reduziert, dass ihr kaum größere Entdeckungen als beispielsweise die Korrelation von Kontakthäufigkeit und der Wahrscheinlichkeit einer Freundschaft zwischen zwei Menschen ins Netz

---

[2] Von einem weiteren häufigen Kritikpunkt, die Psychologie produziere praxisrelevantes Wissen und Techniken, welche der Manipulation und Unterdrückung von Menschen im Interesse bestimmter Gruppen dienlich seien, soll im Zusammenhang dieser Arbeit abgesehen werden.

gehen: statistische Abgüsse banaler Zusammenhänge. Um es mit Klaus Holzkamp zu sagen: Die Jagd nomothetischer Wissenschaft nach dem überall gleich Gültigen endet letztlich beim Gleichgültigen (siehe Holzkamp 1971, S. 64).

Praktische Irrelevanz

Für die Lösung komplexer Alltagsprobleme scheinen viele Voraussetzungen der experimentellen Situation untauglich: Die Abstraktion von den je konkreten Lebenslagen der Menschen und die Isolation einzelner Ursache-Wirkungs-Ketten erzeugt, konsequent und risikoscheu betrieben, eine im Habermas'schen Sinne »unterkomplexe« und verdünnte Kunst- bzw. Laborwelt (siehe zum Problem des Komplexitätsniveaus: Habermas 1995). Die vor dem Medusenblick experimenteller Reduktion zu leblosen Gliederpuppen erstarrten Menschen wollen auch durch die nachträgliche Summation der einzelnen Zusammenhangsketten, als »Interaktionismus« gefeiert, nicht zum Leben erwachen, so wie ein seziertes Lebewesen durchaus nicht wieder lebendig wird, indem man einige seiner abgeschnittenen Glieder aneinanderheftet. Wo man es aber nur noch mit einem Homunculus zu tun hat, bleiben die Fragen der Homines unbeantwortbar. Dies mag der Grund sein, warum ein großer Teil z. B. lernpsychologischer Experimentalbefunde in den Annuarien und Archiven verschwindet, ohne je zur Lösung eines Problems der komplexen Lernsituationen in Schule oder Berufsausbildung beigetragen zu haben. Dies wird von den Forschenden häufig zugegeben, aber als »Vermittlungsproblem« zwischen Wissenschaft und Praxis, nicht als immanentes Problem der Qualität der Forschungsergebnisse, aus dem Bereich wissenschaftlicher Verantwortung abgeschoben.

Fazit

Es wäre die Frage zu stellen, ob es sich bei der akademischen Psychologie, zumindest in ihren Grundlagendisziplinen, überhaupt um eine Wissenschaft handelt, die dem Forscher Kompetenzen im Verständnis und damit im praxisbezogenen Umgang mit seinem Gegenstand, der menschlichen Psyche, verleiht, wie es z. B. in den Naturwissenschaften und ihren Forschungsgegenständen der Fall ist. Oder ob die gewonnenen Erkenntnisse nicht eher autoreferentiell auf die eigene Scientific-

Community bezogen sind und somit dem Forscher eher zum Fachgespräch mit anderen Forschern als zum Umgang mit seinem Gegenstand befähigen, die akademische Psychologie letztlich eine *eristische* Wissenschaft darstellt. Non vitae, sed scholae discimus?

Theorie

Das Fach zerfällt in eine Vielzahl oft unverbundener Theorien, theoretischer Minitrends, und eine große Anzahl von isolierten Befunden zu Einzelphänomenen. Die kategorialen Grundlegungen des Psychischen wie »Denken« oder »Wahrnehmung« werden nicht aus (meta)theoretischer Arbeit am Begriff, sondern durch Übereinkünfte der Research-Gemeinde auf Basis von Plausibilitätsvorstellungen *vorwissenschaftlich* gewonnen und in spezialisierten Forschungsabteilungen jeweils für sich erforscht. Die Zusammenschau der Materialmengen in Vorlesungen und Lehrbüchern kann nur eklektizistischen Charakter besitzen:

> »Und da man ihm [dem Forscher, Anm. d. A.] beigebracht hat, daß Wissenschaft Geduld voraussetze, daß große Hypothesen auf Detailforschungen beruhen, glaubt er die Geduld selbst sei eine Methode, und es genüge, blindlings Details zu suchen, um den ›synthetischen Messias‹ anzulocken« (Politzer 1978, S. 35).

Er lässt bis heute auf sich warten.

Die häufigste Form der Apologie dieses blinden Eklektizismus wird heute unter dem Begriff der »Grundlagenforschung«, die irgendwie und irgendwann zu einer anwendungsbezogenen Synthese der Ergebnisse gelangen soll, geführt.

Gewiss liegt der akademischen Psychologie eine spezielle Theorie, was das Psychische sei und wie man es zu erforschen habe, zugrunde, die mal als »Objektivismus«, mal als »Positivismus« und mal als »methodologischer Individualismus« bezeichnet wird. Im Folgenden sollen einige der häufigsten Kritikpunkte an der akademisch-psychologischen Gegenstands- und Methodenauffassung skizziert werden. An dieser Stelle muss allerdings erwähnt werden, dass unsere Kritik der Theorie akademischer Psychologie sich zuerst gegen ihre *Unreflektiertheit* über die eigenen begrifflich-theoretischen Grundlagen richtet: Sie wissen nicht (und scheinen nicht wissen zu wollen), was sie tun – und das wird auch dadurch nicht besser, dass man die Ignoranz gegenüber theoretischer (Selbst-)Reflexion als Objektivität und Offenheit rationalisiert.

Sinnhaftigkeit/Symbolvermitteltheit

Der experimentellen Verhaltensbeobachtung entgeht, bezieht sie dieses Moment nicht in die Deutung ihrer Befunde ein, die Sinnvermitteltheit alles Psychischen als unbeobachtbare, weil transpersonale Faktizität. Vom Erröten bis zum Betrachten eines »Stimulus« sind alle Momente menschlicher Interaktion und Weltrezeption bzw. -bearbeitung in einen historisch gewordenen Symbol- und Bedeutungskosmos einbezogen: Sie bedeuten (sich) etwas. Psychologie ist an eine »doppelte Hermeneutik« (Giddens 1988) verwiesen: Sie untersucht, im Gegensatz zu den Naturwissenschaften, einen Gegenstand, der sich selbst sowie die experimentelle Laborsituation und die ihm vorgegebenen Stimuli bereits auf Basis historisch entwickelter Semantiken interpretiert hat – und diese Untersuchung erfolgt anhand von tradierten wissenschaftlichen Interpretationsschemata, die ihrerseits nicht ontisch gegeben sind, sondern einem geschichtlichen Prozess unterliegen (z.B. das Polaritätsschema positiv/negativ). Dem Forscher ist es gar nicht möglich, das Geschehen im Experiment ohne Rückgriff auf bestimmte Semantiken zu begreifen. Bleibt diese semantische Vermittlung aber unreflektiert und bedient sich der Forscher scheinbar selbstverständlicher Bedeutungsgehalte (z.B. Streicheln = Liebkosung/positiv; Rempeln = Aggression/negativ), kann das Gegenstandsverständnis den vorwissenschaftlichen Begriff nicht überschreiten. An dieser Stelle bedarf die psychologische Wissenschaft qualitativ-hermeneutischer, sinnverstehender Verfahren (vgl. etwa Mead 1968).

Individualität

Die Versuchsperson ist ein Kunstwesen der Wissenschaft, das aus allen sozialen Beziehungen und alltäglichen Interaktionsformen herausisoliert und unter Abstraktion aller aktualen Erfahrungszusammenhänge sowie der Sedimente der Lebensgeschichte in eine künstliche Laborsituation versetzt wird. In der Figuration der Versuchsperson sind die Menschen auf eine atomistische Individualität reduziert, die sie in keinem Moment ihres tatsächlichen Lebens besitzen.

Die Aufmerksamkeit psychologischer Wissenschaft gilt allgemeinen Gesetzmäßigkeiten über »den Menschen an sich«, an denen das Besondere der je einzelnen Biografie relativiert und trivialisiert wird. Deutlich tritt dies an der Verherrlichung des statistischen Durchschnitts hervor, einem Abstraktum, dessen Aussagekraft wohl nicht ganz zufällig verwaltungstechnischen Bedürfnissen entgegenkommt, das aber den Qualitäten des Erlebens und Erleidens konkreter Individuen nicht Rechnung tragen kann.

Gesellschaftliche Vermitteltheit

Der methodologische Individualismus psychologischer Forschung setzt als letztgültige Beobachtungseinheit das Einzelindividuum. Die Gesellschaftlichkeit der Menschen fasst er als abstrakte »soziale Faktoren«, beispielsweise »Erziehung«, auf, die von außen auf dessen seelische Innenwelt einwirken. Doch die Gegenüberstellung eines isolierten Individuums und gesellschaftlicher Faktoren ist eine begriffsdogmatische, künstliche Polarisierung, die zwangsläufig auf eine Naturalisierung des Psychischen hinausläuft. Seelische Prozesse sind nicht nur Teil einer Innenwelt, auf die Objekte einer von ihr getrennten Außenwelt einwirken, sondern konstituieren sich überhaupt erst in ihrer Verschränkung mit einer Mitwelt, der Sozialität. Eine seelische Innenwelt kann nur über die Mitwelt gebildet werden, was am Beispiel des eigenen Namens deutlich wird (ich werde zu einer Person vermittels der anderen). Die Gesellschaftlichkeit ist dem Psychischen immanent und steht ihm nicht gegenüber – jedweder einseitiger Reduktionismus ist fehl am Platze. Um es mit der 6. Feuerbachthese zu sagen: »[D]as menschliche Wesen ist kein dem einzelnen Individuum innewohnendes Abstraktum. In seiner Wirklichkeit ist es das Ensemble der gesellschaftlichen Verhältnisse« (Marx 2008, S. 164).

Naturbestimmtheit und Naturwissenschaftlichkeit

Auch aus naturwissenschaftlicher Sicht ist die Psychologie zu kritisieren. Dies ist vor allem aus evolutionstheoretischer, humanethologischer und anthropologischer Perspektive geschehen: Die Psychologie scheint nicht wirklich an naturwissenschaftlicher und biologischer Theorie interessiert. Dies zeigt sich vor allem in einer teils kruden und zirkulären Anwendung evolutionstheoretischer Erklärungsmodelle. Eine um die Geschichtlichkeit des Organismischen verkürzte und auf Einzelindividuen reduzierte Bio-Psychologie fällt notwendig hinter den Erkenntnisstand biologischer Wissenschaften zurück. Von Darwin über Lorenz bis Tomasello sind die Standartwerke der Ethologie gänzlich unbekannt oder nur in äußerst verkürzter Form präsent. Auch über naturwissenschaftliche Methoden ist wenig bekannt. Die (methodischen) Revolutionen der modernen Physik[3], die vorgeblich das Vorbild psychologischer Forschung sein soll, spielen in den methodologischen Selbstbestimmungen der Psychologie ebenso wenig eine Rolle wie die gängigen Forschungsweisen der Anthropologie oder Humanethologie.

Der psychologische (Mainstream-)Forscher, auch wenn er nicht müde wird, seine Orientierung am naturwissenschaftlichen Exaktheitsideal zu betonen, arbeitet nicht nach naturwissenschaftlicher Methodik, sondern nach seiner vagen Vorstellung dessen, was naturwissenschaftliche Methodik sei, einer »hilflosen Nachahmung« mit »armseligen Ergebnissen« (Adorno 2003, S. 299), die wohl am ehesten der Newton'schen Variablen-Physik des 17. Jahrhunderts nahe kommt. Oder, um abermals mit Politzer zu sprechen: »Psychologen sind Wissenschaftler, wie bekehrte Wilde Christen sind« (1978, S. 35).

Geschichtlichkeit

Einer der häufigsten Kritikpunkte an der akademischen Psychologie bezieht sich auf deren *Ahistorizität* in zweierlei Hinsicht:

In Bezug auf ihren Gegenstand

Die Geschichtlichkeit des Psychischen ist in der akademischen Psychologie kategorial-begrifflich und methodisch ausgespart. Die Vermittlung der Einzelpsyche und deren Umweltbedingungen mit

---

[3] Von der Fragestellung des Subjekt-Objekt-Verhältnisses in den Naturwissenschaften bei Heisenberg, Bohr, Jönsson und Schrödinger bis zu den Debatten zeitgenössischer Quanten- und Astrophysik, z. B. um die »Kopenhagener Deutung der Quantenmechanik« (für weiterführende Literatur zu dieser Thematik vgl. Heisenberg 1959).

naturgeschichtlichen bzw. gesellschaftlich-historischen Prozessen ist ausgeblendet; in Ignoranz aller wissenschaftlichen Arbeiten, die auf diesem Gebiet geleistet wurden. »Übrig bleiben so nur Kategorien, in welchen das Individuum lediglich als Schnittpunkt unmittelbarer Einflüsse und ggf. noch Resultat bloß individualbiographischer Prozesse erscheint« (Holzkamp 1983, S. 43). Durch die radikale Ausklammerung der Geschichtlichkeit verabsolutiert die akademische Psychologie in ihrer Forschungspraxis die heutigen Verfasstheiten des Psychischen zum Maßstab für allgemeine Gesetzmäßigkeiten über einen allgemeinen Menschen; an dessen Zügen im Übrigen oft genug der zeitgenössische Psychologiestudent erkennbar ist: »Man kann etwas überspitzt sagen, dass über die Psychologie der Ratte in der psychologischen Forschung wesentlich mehr bekannt ist als über die Psychologie des Menschen, mit Ausnahme der Psychologiestudenten« (Wottawa 1988, S. 119, zit. n. Markard 2009, S. 45).

Die Ahistorizität wäre nicht zu überwinden, indem man die objektivistische Forschungsapparatur auf Historisches richtete, sondern die geschichtliche Analyse selbst zur Methode der Erkenntnisgewinnung über das Psychische machte (wie z. B. bei Norbert Elias: *Über den Prozeß der Zivilisation*, 1939).

In Bezug auf die eigenen Begrifflichkeiten/Forschungsmethoden

Ebenso wenig sind die Reflexion der Geschichtlichkeit des eigenen Faches, seiner Funktion und Bedeutung in der Gesellschaftsgeschichte, sowie der Geschichtlichkeit seiner Begriffe und Methoden Gegenstand der Forschungsbemühungen. Alle tradierten Denkweisen, Begrifflichkeiten, Menschenbilder und Schemata, vom Intelligenz- und Persönlichkeitsbegriff bis zur historischen Bedeutung des Faches Psychologie, bleiben unhinterfragt. Definitionen und Statements ersetzen die geschichtliche und begriffliche Analyse. Damit versperrt sich die akademische Psychologie einen entscheidenden Weg zu ihrer Selbsterkenntnis und -kritik sowie zur Erkenntnis ihres Gegenstandes, was zum Beispiel am Begriff der Persönlichkeit deutlich wird[4]. An dieser

---

4 »Persona« bedeutet lateinisch »Maske« und bezeichnet damit gerade nicht eine innerliche und seinshafte Einzigartigkeit, sondern das, was dem Anderen von mir sichtbar wird bzw. werden soll (siehe hierzu Plessner 2003).

Stelle sei an eine Sentenz Nietzsches erinnert: »Alle Begriffe, in denen sich ein ganzer Prozeß semiotisch zusammenfaßt, entziehn sich der Definition; definierbar ist nur das, was keine Geschichte hat« (Nietzsche 1999a, S. 67). Und wer seine Geschichte nicht kennt, ist zum ewigen Wiederkäuen des Immergleichen verdammt.

Methodentotalitarismus und Gegenstandsverfehlung

Mit der Festlegung, die neuen Studienabschlüsse Bachelor und Master »of Science« und nicht »of Arts« einzuführen, hat sich die akademische Psychologie und ihr Anwendungsfach Klinische Psychologie nun eindeutig zu ihrem naturwissenschaftlichen Anspruch bekannt. Die forschungspraktischen und wissenschaftstheoretischen Paradigmen liegen im experimentell-statistischen Bereich.

Die derzeitige akademische Psychologie versucht die Einheit des Faches über eine einheitliche objektivistische Methodologie zu stiften, die als »Wissenschaftlichkeit« absolut gesetzt und in »zensurbehördlicher« Manier jegliche Thematik und Forschungsfrage vorstrukturiert und selektiert – eine Zwangseinheit, die es seit den Anfängen ihrer Entstehung nie gegeben hat und die das, was dem Fach an institutioneller Vielfalt aus seiner Geschichte geblieben ist, zu zerstören droht. Alles, was dem Bild objektivistisch-positivistischer Wissenschaftlichkeit nicht entspricht, ist aus der Scientific-Community exkommuniziert. Der freie Markt des Research produziert einen Totalitarismus der Methode in Forschung und Lehre, der den Studenten als Einseitigkeit der Lehre und Fetisch einer Methode entgegentritt (wir kommen darauf zurück).

Das Kuriosum einer Wissenschaft, die sich ihrer selbst nicht über die Bestimmung ihres Gegenstandes (aus dessen Verständnis eine Methodik erst herzuleiten wäre), sondern über die zwanghafte Vereinheitlichung einer bestimmten Methodik versichert (deren exzessiver Gebrauch das Gegenstandsverständnis auf eine, dann allerdings wahrhaft mysteriöse Weise gebären soll), von Klaus Holzkamp als »Psychologie ohne Psychisches« (Holzkamp 1983, S. 44) bezeichnet, findet heute seinen verklärten Ausdruck in dem Selbstverständnis der akademischen Psychologie als »Hub-Science«. Andere Stimmen bezeichnen die Setzungen der akademischen Psychologie schlichtweg als Gegenstandsverfehlung.

So umfassend die Ausbildung von Psychologiestudenten im klassisch-experimentellen Paradigma sein mag, die vermittelnden Kenntnisse über alternative Ansätze und Methoden sind mangelhaft (vgl. Handerer 2011). Trotz eines umfangreichen Methodenprogramms, werden an den meisten Psychologieinstituten keine Kurse zu qualitativen Methodik angeboten (Kriz 2010, S. 135). Des Weiteren werden den Studenten nicht einmal rudimentäre Kenntnisse vermittelt, das klassisch-experimentelle Paradigma zu kritisieren und zu hinterfragen. Kritik bedeutet in der akademischen Psychologie ausschließlich *methodeninterne* Kritik. Für grundsätzliche Fragestellungen über die Legitimität der experimentellen Paradigmen gibt es an der Universität kein Forum; Wortmeldungen und Einwände dieser Art werden zuweilen in autoritärer Manier als »negativistisch«, »nicht konstruktiv« oder »übertrieben« abgekanzelt (wobei es natürlich auch Lehrpersonal gibt, das sich derartigen Diskussionen gegenüber aufgeschlossen zeigt). Auf die Folgen der einseitigen Lehre einer sich per Absolution gegen jede Kritik immunisierenden Methodologie für das kritische Bewusstsein der Studierenden kommen wir später zu sprechen.

Fazit

Der Auftrag der Universitäten besteht darin, eine umfassende, vielfältige und freie Entwicklung der Wissenschaft zu ermöglichen. Freiheit in Forschung, universitärer Lehre und Bildung bedeutet auch, den aktuellen Stand der gesamten Forschung zu berücksichtigen. Soll ein wissenschaftliches Studium zum kritischen, das heißt *unterscheidendem* Denken befähigen (griech. κρίνειν *[krinein]* = unterscheiden), muss es auch *Unterschiede* in Methodik und Gegenstandsauffassungen in Forschung und Lehre einbeziehen. Dies aber findet aus unserer Sicht in keiner Weise statt. Die akademische Psychologie ist dogmatisch. Sie *will* keine Auseinandersetzung über die Legitimität ihrer Verfahrensweise; und das in zunehmenden Ausmaß, als diese Verfahrensweisen fragwürdig werden. Polemisch gesprochen: Kaum ein anderes akademisches Fach hätte eine kritische Wissenschaft so nötig. Und – so erscheint es uns – kaum ein Fach macht kritische Wissenschaft so unmöglich.

Die gesellschaftlich-ideologische Funktion einer positivistischen Psychologie, deren Praxis darin besteht, vorfindliche Gegebenheiten in einem experimentell-statistischen Abguss zu verdoppeln, mit dem Schein wissenschaftlicher Objektivität auszustatten und als »ewige Wahrheiten« über eine Natur des Menschen zu proklamieren, kann hier nicht thematisiert werden.

2. Strukturelle Kritik der Lehre

Einseitigkeit der klinischen Lehre

Der folgende Kritikpunkt richtet sich auf die Einseitigkeit der klinischen Lehre, wie am Beispiel der verschiedenen Gewichtung von Verhaltenstherapie und psychoanalytischer Therapie deutlich wird. Auf dem Lehrplan des Psychologiestudiums ist ein »Praktikum Klinische Psychologie« vorgesehen, das im bürokratischen Bologna-Jargon als »Wahlpflichtmodul Fachbezogener Schlüsselqualifikationen« belabelt ist und in dem unter Aussparung aller anderen therapeutischen Verfahrensweisen ausschließlich die Durchführung einer Problem- und Verhaltenstherapie vorgesehen ist. Auch in anderen Seminaren, Vorlesungen und prüfungsrelevanter Fachliteratur spielen alternative Verfahren nur eine verschwindend geringe Rolle (siehe hierzu Loetz 2010; Kriz 2010). Die universitär vermittelten Lehrinhalte sowie die Vorstellungen und Erwartungen der Studenten scheinen teilweise weit auseinanderzuklaffen. In Bezug auf das Fach Klinische Psychologie, in dessen Bereich sich mit Abstand die meisten der Studierenden beruflich ausbilden möchten, fühlen sich 80% der Studierenden über das verhaltenstherapeutische aber hingegen nur 55% über das psychoanalytische Verfahren ausreichend informiert. Insgesamt sieht eine deutliche Mehrheit der Studierenden psychotherapeutische Behandlungsverfahren inhaltlich nicht ausgewogen dargestellt und gibt Defizite bei der Vermittlung an. Werden Schüler vor ihrem Studium zu ihrer bevorzugten therapeutischen Ausrichtung befragt, zeigt sich ein heterogenes Bild: 27% neigen zur VT, 33% zur PA. Während des Psychologiestudiums wandelt sich das Bild: 54% der Psychologiestudenten bevorzugen die VT, nur noch 5% die PA. Nachweislich haben gerade »akademische Faktoren« Einfluss auf die Wahl der therapeutischen Richtung. In diesem Zusammenhang ist es insbesondere bedenklich, dass derzeit nur einer von 47

Lehrstühlen für Klinische Psychologie und Psychotherapie mit einem Fachvertreter der Psychoanalyse besetzt ist (Statistiken sind entnommen: Eichenberg et al. 2007; Glaesmer et al. 2010).

Studentisches Engagement

Die in der akademischen Psychologie betriebene monistische Fachkultur macht viele Studierende unzufrieden. Der Anteil derer, die mit den Inhalten des Studiums unzufrieden sind, liegt zwischen 35% und 45%. Die Studierendenschaft scheint in zwei Wissenschaftskulturen zerrissen, die entweder positiv (naturwissenschaftlich) oder negativ (geisteswissenschaftlich) mit der Studienzufriedenheit korrelieren. Zumindest ergibt das statistische Bild der Studienzufriedenheit im Psychologiestudium entgegen etwaiger Annahmen keine Normal-, sondern eine bimodale Verteilung. Trotz eines offenbar weitverbreiteten Unbehagens scheint allerdings nur eine Minorität der Psychologiestudenten fähig, ihre Kritik an der akademischen Psychologie in adäquaten Begrifflichkeiten zu formulieren. Grund hierfür könnte sein, dass Kritik an der grundsätzlichen Ausrichtung der Psychologie im Studium kaum thematisiert wird, wie ca. 58% der Befragten angaben. Zudem fühlten sich ca. 54% einseitig bezüglich des Lehrinhalts informiert (Statistiken entnommen: Handerer 2011). Alternative Theoriekonstruktionen, sofern sie überhaupt Bestandteil des Lehrstoffs sind, werden im Modus der PowerPoint-Bildung präsentiert: Aus dem lebendigen Gefüge der Theorie herausgerissen, werden sie den Studierenden stichpunktartig und im Schnelldurchlauf in leicht verträglichen Häppchen dargeboten. Dass solch ein eklektizistischer »Faktensprint«, der eine umfassende Theorie wie die Freud'sche in drei PowerPoint-Folien vorstellt und widerlegt, nicht zur Ausbildung eines kohärenten kritischen Bewusstseins führen kann, sollte uns nicht verwundern.

Vergleicht man die noch verbliebenen Diplomstudenten mit Bachelor/Master-Studenten, so stellt sich heraus, dass sich die inhaltliche Studienzufriedenheit zwischen den beiden Gruppen nicht unterscheidet (Handerer 2011). Dieses Ergebnis sollte nicht verwundern, wurden durch die Bologna-Reform primär die Strukturen des Studiums, nicht aber dessen Inhalte verändert. Auch die Auseinandersetzungen vor dem Hintergrund des Bildungsstreiks blieben, zumindest im Fach Psychologie, in weiten Teilen auf studientechnische und organisationspolitische Probleme beschränkt; die Professoren und ihre Lehre blieben verschont. Zu Recht äußerten die Studenten ihren Verdruss über die neu eingeführten Strukturen (wie beispielsweise den Prüfungsmarathon) und die Angst über dessen Folgen (inzwischen u. a. sichtbar an zunehmenden Burn-out-Raten und steigendem Medikamentenmissbrauch unter Studenten). Dennoch scheint es, als sei ein Teil des geäußerten Unbehagens nur Symptom einer eigentlich inhaltlichen Unzufriedenheit. Es stellt sich die Frage, warum Forderungen nach einer inhaltlichen Reformierung der akademischen Psychologie trotz der verbreiteten Unzufriedenheit ausblieben. Selbst die wenigen Seminarangebote zu alternativer und kritischer Wissenschaft waren äußerst spärlich besucht. Die unzufriedenen Studenten bleiben in weiten Teilen in einer Rezipientenhaltung. Der Wunsch aber, die akademische Psychologie selbst möge ihrem Nachwuchs Argumente zu ihrer eigenen Delegitimierung bequem servieren, dürfte vergebens sein.

Warum nur die wenigsten Studenten versuchen, ihrem Unbehagen Ausdruck zu verleihen, möchten wir im folgenden Abschnitt skizzieren. Was bewegt die Studenten dazu oder hält sie davon ab, sich für alternative Seminarangebote, Forschungsansätze, Theorien zu interessieren und sich für eine Verbesserung der akademischen Lehre nach ihren Vorstellungen einzusetzen? Auf welche Weise passen sie sich an; wie leisten sie Widerstand?

3. Strategien studentischer Anpassung

Die folgende Typologie, entnommen der Arbeit *Social Theory and Social Structure* von Robert K. Merton (1949), soll einen Überblick der verschiedenen Anpassungsstrategien der Psychologie-Studierenden an die Strukturen der akademischen Psychologie geben. Merton bestimmt die Typen der Anpassung nicht als »Persönlichkeitseigenschaften« oder als Ausdruck politischer Einstellungen, sondern als Rollenmodelle und überdauernde Reaktionsweisen von Menschen, die unter dem (Dauer-)Druck bestimmter sozialer Strukturen stehen. Diese Rollenmodelle werden charakterisiert, nicht die Menschen. Die Typen schließen sich weder gegenseitig aus, noch müssen sie zu konstanten Eigenschaften erstarren.

Merton unterscheidet zwischen den Zielen, die in einer bestimmten Kultur als erstrebenswert gesetzt werden (wie Erfolg, Geld, Status), und kulturell legitimierten Mittel und Normen, wie man diese Ziele erreichen kann (wie Lernen, Leistung, Verbote, aber auch die Mittel in einer Wissenschaft, mit denen man in der akademischen Psychologie seine Karriere als wissenschaftliche legitimiert, also das Befolgen der objektivistisch-positivistischen Methodologie etc.). Die Frage, was die hinter den Anpassungsstrategien stehenden kulturellen Erfolgsziele im Psychologiestudium sind, soll vorerst zurückgestellt werden.

Anhand der Anpassung oder Abweichung von diesen zwei vorgesetzten Bedingungen, Zielen und Mitteln, charakterisiert er fünf Typen/Anpassungsstrategien, von denen hier drei ausgewählt sind. Die Feindifferenzierungen der Typen stammen aus der Feder der Verfasser.

Konformismus

Der wohl häufigste Typus der Anpassung ist mit dem des Konformisten umschrieben. Der Konformist internalisiert sowohl Ziele, Verfahrensweisen als auch Normen der ihm vorgesetzten Institutionen und löst mögliche Diskrepanzen zu den eigenen Vorstellungen und Wünschen in einer stromlinienförmigen Anpassung auf. Er ist an der identischen Passung seiner Überzeugungen zu dem, was ihm akademische Autoritäten in Vorlesungen, Seminaren oder anderen Zusammenhängen beigebracht haben, zu erkennen. Natürlich kopiert er, falls er mit scharfem Verstande ausgestattet ist, nicht einfach nur das, was er gehört hat, sondern antizipiert feinsinnig alle Regungen, Strebungen, heimlichen Vorlieben und Abneigungen oder ungeschriebenen Gesetze der Autorität, um sie ihr in vorauseilendem Gehorsam und mit taktischem Geschick darzubieten. Die Identifikation mit den vorgesetzten Personen, Meinungen oder Wertvorstellungen lässt er sich auf verschiedene Weisen vergüten: vom stillen Einverständnis über das offene Lob bis zur erfolgreichen Karriere.

Es soll hier nicht vergessen werden, dass es angesichts der Verschärfung des Selektionsdrucks innerhalb des Studiums durch das Bachelor/Master-System eine notwendige Überlebensstrategie geworden sein könnte, sich konformistisch zu verhalten. Hierbei bleibt allerdings die Unterscheidung zwischen einem konformistischen Anschein als »Überlebenslist« und der tatsächlichen konformistischen Identifikation wesentlich.

Wir können vier Akzentuierungen unterscheiden:
1. *Aktiver/utilitaristischer Konformismus*
   Hierbei haben wir es mit den »klassischen« Egoisten, Schmeichlern

und Kofferträgern zu tun, die in jeder Situation den eigenen Vorteil erspüren und zum Ausbau ihrer Karriere verwerten. Sie betreiben die Anpassung *aktiv* und beziehen sich dabei auf die *inneren* Strukturen der Institution. Stolz nennen sie ihre Professoren beim Vornamen und haben für ihre Ansprüche über die Jahre einen differenzierten Seismografen entwickelt. Letztlich aber kennen sie keine anderen Handlungskriterien als ihren eigenen Karriere-Erfolg.

2. *Aggressiver Konformismus*
Dieser Typus des Konformismus hat die Abneigung seiner Autoritäten gegen bestimmte Meinungen, Strömungen oder alternativen Positionen aufgespürt und eilt nun zu den Waffen. Als ein Wachhund der Autorität wendet er seine Anpassung der normgerechten Dogmen nach *außen*, indem er minoritäre, alternative und nonkonforme Unternehmungen (von einer Wortmeldung bis zum alternativen Seminar) denunziert, diffamiert oder auf andere Weise attackiert – im Ausmaß entsprechend den antizipierten Hemmschwellen und des zu erwartenden Zuspruchs durch die Autorität.

3. *Passiver Konformismus*
Dieser Typus des Konformismus verzichtet auf eine aktive Anpassungsleistung. Es fallen unter diesen Typus: Duckmäuser, Mitläufer und Leisetreter. Dem passiven Konformist gilt wie dem aktiven sein eigener Erfolg als einzige Handlungsmaxime, er hält sich aber, aus Faulheit, Scham, Mangel an Selbstbewusstsein oder anderen Gründen aus dem offenen Gefecht um die Günstlingsplätze heraus.

4. *Expressiver Konformismus*
In Anlehnung an John M. Yingers Konzeption des »expressiven Individualismus« ist dieser Typus dort anzutreffen, wo dem Konformisten die Wege zu konventioneller Karriere und Status versperrt sind. Der utilitaristische Egoismus, da er sich nicht in gängigen Statussymbolen vergegenständlichen kann, fällt auf den Konformisten selbst zurück – er macht sich selbst zum Ziel seiner Karriere: Hier finden wir den Typus des »Ausdrucksvirtuosen« (Prisching 2006, S. 184). Er will etwas Besonderes sein, sieht sich als Idealist und Helfernatur, und schreckt doch vor jedem Konflikt mit den gesetzten Werten, Zielen und Normen seines Faches zurück. Wir finden hier den Konformismus in der Form der *Selbstinszenierung*, als Rotation um die eigene Achse auf den gleich bleibenden Bahnen um den gleich bleibenden Fixstern.

Wichtig ist festzuhalten, dass der Konformist nicht durch Kritik und Alternativen »lockbar« ist. Er reagiert allein auf Gratifikationserwartungen durch institutionelle Autoritäten und gleicht in dieser Hinsicht auf kuriose Weise der experimentellen Norm-Versuchsperson, was ihm möglicherweise das akademisch-psychologische Menschenbild so plausibel erscheinen lässt. Im Habitus des Konformisten reproduziert sich das Fach in seinen bestehenden Strukturen. Er ist die leibhaftige Inkorporation des akademischen Dogmatismus.

Unter Verweis auf die Freud'sche Unterscheidung zwischen Irrtum und Illusion ist es zweifelhaft, inwieweit ein konsequenter Konformismus einer kritischen Aufklärung zugänglich ist. Es wäre zudem die hier nicht entscheidbare Frage zu stellen, ob nicht bereits vor dem Studium über die Selektions- und Steuerungsmechanismen der ZVS ein bestimmter Typus konformistischer Jugendlicher in das Fach einreguliert wird.

Dies alles bedeutet nicht, dass der Konformist sich nicht zuweilen den Schein kritischer Gedankentiefe verleihen kann – es kommt ganz auf die Norm an, die in den Universitäten bekanntlich nicht nur uniforme Maschinenrädchen, sondern auch solcherart Gefolgsleute wünscht, die dem Betrieb kreative Ideen zuzuführen fähig sind – natürlich ohne allzu große Abweichung von der Norm und der Verfahrensweise.

Ritualismus

Der Ritualist hat, meist aufgrund von Frustrationen, die Erfolgsziele aufgegeben, ohne sich von den Normen und Wegen trennen zu können, die einmal auf diese Ziele bezogen waren.

Er findet als Mittelfetischist seine idealtypische Gestalt im »ängstlichen Angestellten« oder im »beflissenen, angepaßten Bürokraten« (Merton 1995, S. 145) und ist an den Universitäten allem Anschein nach häufiger im akademischen Mittelbau als im studentischen Milieu anzutreffen. Der Ritualist findet zu keinem kritischen Bewusstsein gegenüber den vorgegebenen Strukturen, sondern ergibt sich fatalistisch, bisweilen zynisch in seine Funktion.

Wir möchten an dieser Stelle eine Hypothese wagen: Es besteht im Psychologiestudium eine auffällige Diskrepanz zwischen dem immensen Anpassungsaufwand vieler Studenten und den Zielen, die mit damit erreicht werden können. Das Psychologiestudium ist kein klassisches Karrierefach und auch die Konformität mit den herrschenden Lehrmeinungen verspricht dem größten Teil der Studenten weder Geld noch Status. Es ist uns nicht gelungen herauszuarbeiten, welche Erfolgserwartung einen so großen Teil der Studenten zum gratifikationsgierigen Konformismus mobilisiert. Vielleicht gibt es keine. Nehmen wir an, dass die studentischen Anpassungsstrategien weniger auf ein Erfolgsziel bezogen sind als eine internalisierte Methode darstellen, die im Grunde ins Leere läuft oder um einen Selbstzweck zirkuliert – so finden wir hier eben jenen ziellosen Mittelfetischismus, der den Ritualismus auszeichnet. Zumindest ist es uns nicht ersichtlich, weshalb für die laut verschiedener Studien häufigste Studienmotivation, »Menschen zu helfen«, eine bedingungslose Konformität mit den herrschenden Methoden und Denkweisen in der Psychologie nötig sein sollte.

Zudem wirft der starre Methodismus der akademischen Psychologie die Frage auf, ob es sich bei dieser Disziplin nicht insgesamt um einen »kollektiven Ritualismus« handelt. Ein Fach, das sich trotz seiner bescheidenen Erträge und seiner mangelnden gesellschaftlichen Geltung unentwegt an die Mittel und Methoden klammert, die ihm einst einen Rang neben den großen Naturwissenschaften versprochen haben mögen – von denen aber im Grunde längst niemand mehr glaubt, dass sie dem Fach das Heil bringen werden. Die Wahrheit über den psychologischen Methodenfanatismus könnte ein »mißlaunischer Defätismus« (Adorno 2003, S. 297) in Mertons Typologie der Ritualismus sein.

Rebellion

Der letzte Typus ist der Rebell. Er ist den herrschenden Normen, Mitteln und Zielen entfremdet, kehrt ihnen aber nicht den Rücken zu. Der Rebell will sich nicht aus den bestehenden Verhältnissen zurückziehen, sondern hat ihre Veränderung im Visier. Er ist der Tendenz nach kritisch. Und die Kritik hat, im Gegensatz zum Ressentiment, eine Richtung, nämlich hin auf die Umwertung der bestehenden Werte. Der Rebell ist ein Advokat der Möglichkeit gegen die Diktatur des Bestehenden.

Der Rebell nimmt in den Institutionen eine riskante Position ein, denn er verkörpert die Disharmonie der Gruppe. Er kann Zielscheibe erbitterter Feindseligkeit werden, insbesondere seitens eines frustrierten und zynischen Ritualismus. Auf sich alleine gestellt hat er einen schweren Stand.

Was eine Rebellion bedarf, um die Funken vereinzelter Widerstandsakte zu einer wirkmächtigen Gegenkraft zu einen, ist nach Merton zweierlei:
1. Einen neuen »Mythos« als Aktionsprogramm. Der Rebell muss sowohl für seine Kritik als auch für seine Alternative Begrifflichkeiten erarbeiten. Er muss wissen, was er wogegen und wofür tut. Sprich: Seine Praxis bedarf der Theorie, einer übergreifenden theoretischen Konstruktion, die über die »schlichte und konkrete Fixierung von Zielen und Postulaten« hinausgeht und dem Widerstand »semantische und strukturelle Stabilität« verleiht (Luhmann 2008, S. 153). Die Theorie- und damit Sprachlosigkeit der unzufriedenen Studenten ist Handerers Studie zufolge eines der größten Hindernisse für die Entwicklung eines kritischen Bewusstseins in der psychologischen Studierendenschaft. Es stellte sich hier die Frage, ob in den vorfindlichen Arbeiten alternativer und kritischer Psychologie diese umfassende theoretische Konstruktion für unsere Zeit bereits geleistet vorliegt und es vor allem der Anstrengung ihrer Aneignung bedarf, oder ob es darüber hinaus nicht notwendig wäre, deren Gehalte in eine neue Theorie aufzuheben. Wichtig aber bleibt die Feststellung: Die Rebellion gegen die Strukturen und Inhalte der akademischen Psychologie beginnt mit der mühsamen Arbeit am eigenen Schreibtisch.
2. Eine organisatorische Verfasstheit. Unorganisierter Widerstand bleibt auf die Dauer wirkungslos, verpufft. Gewiss ist der Rebell stets der Vertreter einer Minorität. Aber vielleicht kommt es fürs Erste gar nicht so sehr darauf an, irgendwelche Mehrheiten von den alternativen Denkweisen zu überzeugen, als die bestehenden Minoritäten gut zu organisieren, um in die herrschende Ordnung hineinzuwirken.

Schlussbemerkung

In der vorliegenden Arbeit haben wir insbesondere die Missstände in der akademischen Psychologie thematisiert. Dies haben viele schon vor uns getan, zu selten aber kam die Kritik von den Studenten selbst. Studentische Anpassung und Konformität bestärken die derzeitig bestehenden unkritischen, monistischen Strukturen. Wir haben versucht, Problemstellen, denen wir in unserer eigenen Studienerfahrung begegnet sind und auf die uns die Lektüre alternativer Arbeiten aufmerksam gemacht hat, zusammenzufassen und darzustellen. Wir würden uns sehr freuen, wenn wir zur Belebung der Auseinandersetzung der Studenten untereinander und mit ihrem Fach einen kleinen Beitrag leisten konnten. Zumindest war und ist es für uns eine Notwendigkeit, für unser Unbehagen in Lektüre, Auseinandersetzung und Diskussion Begriffe zu finden, anstatt das Studium abzusitzen und auf eine plötzliche Verbesserung und Sinneingebung nach dem Studium zu warten. Es ist zu hoffen, dass sich die verstreuten Rebellen der akademischen Psychologie finden.

Literatur

Adorno, T.W. (2003): Minima Moralia. Reflexionen aus dem beschädigten Leben. Frankfurt/M. (Suhrkamp).
Eichenberg, C.; Müller, K. & Fischer, G. (2007): Die Motivation zur Berufswahl Psychotherapeut/in. Ein Vergleich zwischen Schülern, Studierenden und (angehenden) Psychotherapeuten. Zeitschrift für Psychotraumatologie, Psychotherapiewissenschaft, Psychologische Medizin 5(2), 83–98.
Elias, N. (1969): Über den Prozeß der Zivilisation. Soziogenetische und psychogenetische Untersuchungen. Bern, München (Francke).
Giddens, A. (1988): Die Konstitution der Gesellschaft. Grundzüge einer Theorie der Strukturierung. (Bd. 1). Frankfurt/M. et al. (Campus).
Glaesmer, H.; Spangenberg, L.; Sonntag, A.; Brähler, E. & Strauss, B. (2010): Zukünftige Psychotherapeuten? Eine Befragung deutscher Psychologiestudierender zu ihren beruflichen Plänen und der Motivation zur Berufswahl Psychotherapeut. Psychotherapie, Psychosomatik, Medizinische Psychologie 60(12), 462–468.
Habermas, J. (1995): Vorstudien und Ergänzungen zur Theorie des kommunikativen Handelns. Frankfurt/M. (Suhrkamp).
Handerer, J. (2011): Die Psychologie als Wissenschaft und Studienfach. Eine (Selbst-)Befragung zum Fachverständnis und zur Studienzufriedenheit. Diplomarbeit an der Bayerischen Julius-Maximilians-Universität Würzburg.
Heisenberg, W. (1959): Physik und Philosophie. (Dt. Orig.-Ausg. Bd. 249). Frankfurt/M. (Ullstein-Taschenbücher-Verlag).
Holzkamp, K. (1983): Grundlegung der Psychologie. Frankfurt/M. et al. (Campus).
Holzkamp, K. (1971): Kritische Psychologie. Frankfurt/M. (Fischer).
Juettemann, G. (2006): Wilhelm Wundts anderes Erbe. Ein Missverständnis löst sich auf. Göttingen (Vandenhoeck & Ruprecht).
Kriz, J. (2010): Was leistet das Psychologiestudium und was fehlt ihm im Hinblick auf eine psychotherapeutische Ausbildung und Tätigkeit? Psychotherapeutenjournal (2/2010), 130–140.

Loetz, S. (2010): Hochschulpsychologie und Psychotherapie. Psychotherapeutenjournal (2/2010), 141–150.
Luhmann, N. (2008): Ökologische Kommunikation. Kann die moderne Gesellschaft sich auf ökologische Gefährdungen einstellen? 5. Aufl.. Wiesbaden (VS Verlag für Sozialwissenschaften).
Markard, M. (2009): Einführung in die kritische Psychologie. Dt. Orig.-Ausg. Hamburg (Argument-Verlag).
Marx, K. (2008): Die deutsche Ideologie. In: Kapital und Politik. Frankfurt/M. (Zweitausendeins).
Mead, G. H. (1968): Geist, Identität und Gesellschaft aus der Sicht des Sozialbehaviorismus. Frankfurt/M. (Suhrkamp).
Merton, R. K. (1995): Soziologische Theorie und soziale Struktur. Berlin et al. (de Gruyter).
Nietzsche, F. (1999a): Zur Genealogie der Moral: Eine Streitschrift. Augsburg (Goldmann).
Nietzsche, F. (1999b): Unzeitgemäße Betrachtungen. III: Schopenhauer als Erzieher. Augsburg (Goldmann).
Plessner, H. (2003): Conditio humana. Frankfurt/M. (Suhrkamp).
Politzer, G. (1978): Kritik der Grundlagen der Psychologie. Psychologie und Psychoanalyse. (1. Aufl. Bd. 893). Frankfurt/M. (Suhrkamp).
Prisching, M. (2006): Die zweidimensionale Gesellschaft. Ein Essay zur neokonsumistischen Geisteshaltung. 1. Aufl.. Wiesbaden (VS Verlag für Sozialwissenschaften).
Wottawa, H. (1988): Psychologische Methodenlehre. Eine orientierende Einführung. Völlige Neubearb. Weinheim et al. (Juventa).

Psychologie und gesellschaftlich-emanzipatorische Praxis

Zur Aktualisierung einer interventionistisch ausgerichteten politischen Psychologie in postfordistischen Zeiten

Markus Brunner

Peter Brückner entwickelte in den 1960er und 1970er Jahren das Konzept einer politischen Psychologie, die nicht nur – wie die Sozialpsychologie der Kritischen Theorie – die gesellschaftlichen Verhältnisse aus einer sozialpsychologischen Perspektive analysiert, also den sogenannten ›subjektiven Faktor‹ gesellschaftlicher Prozesse in den Blick nimmt. Brückner ging es darüber hinaus um eine Psychologie, die sich als Teil des praktisch-politischen Projektes gesellschaftlicher Emanzipation versteht und die Emanzipationsbewegungen ihrer Zeit reflektierend begleitet und in dieser Auseinandersetzung selbst politisch interveniert.

Ich will diesen Impuls aufgreifen und im Folgenden Brückners Projekt und seine Analysen der Protestbewegungen der 1960er Jahre eingehender vorstellen, um dann ausgehend von eigenen Erfahrungen im Rahmen unipolitischer Arbeit und in den Wiener Uniprotesten 2009 nach veränderten Bedingungen von Protesten heute und damit auch nach der Aktualität von Brückners Analysen zu fragen. Es wird mir dabei zentral um die Frage gehen, inwiefern die gesellschaftlichen Veränderung hin zu einer ›postfordistisch‹ genannten Produktionsweise sich auch in den Protesten und den in ihnen agierenden Subjekten niederschlagen und was dies für heutige politisch-psychologische Analysen bedeuten könnte.

Brückners politische Psychologie

Brückner begleitete ab den späten 1960er Jahren bis zu seinem frühen

Tod 1982 theoretisch die verschiedenen sich als emanzipatorisch verstehenden Bewegungen, von der vor allem von Studierenden getragenen Protestbewegung, die unter dem Stichwort »68er-Bewegung« in die Geschichte einging, über die aus ihrem Zerfall hervorgehenden verschiedenen sogenannten »neuen sozialen Bewegungen« bis zu bewaffneten Gruppen wie der RAF. Diese Bewegungen wollte er aus ihrem Kontext heraus verstehen, ihr emanzipatorisches Potenzial ausloten und aus einer grundsätzlich solidarischen Haltung heraus auch kritisch beleuchten – häufig im expliziten Dialog mit den Gruppen.

Es ging ihm dabei um Interventionen, um ein »Eingreifen im politisch entscheidenden Moment, nicht erst, wenn etwas ›theorieförmig‹ geworden war« (Bruder-Bezzel/Bruder 1995, S. 55). Die Geschichte und die Subjekte in ihr zu begreifen, war ihm stets nur in einem kollektiven, dialogischen Prozess denkbar, der gerade auch Vorläufiges, erst gemeinsam zu Diskutierendes zuließ und der auch die eigene Subjektivität und die eigene intellektuelle und affektive Verstrickung in gesellschaftliche Prozesse in den Blick rückte. Es sollte gerade der Zusammenhang zwischen Geschichte, aktueller gesellschaftlicher Situation und eigener Innerlichkeit immer wieder neu reflektiert werden.

Die Normalität des Alltäglichen, Vertrauten und Natürlichen sowohl in der Realität wie auch in den Agierenden selbst sollte kritisch durchdrungen und zerrissen werden, um beides, die gesellschaftliche Wirklichkeit wie die eigene Subjektivität als geschichtlich entstandene und damit auch von Herrschaftsverhältnissen durchdrungene erkennen zu können. Angedockt wurde dabei an das Freud'sche »Junktim von Heilen und Forschen« (Freud 1927, S. 293), an die Idee, dass erst im Prozess der Überwindung von Widerständen und im Durcharbeiten von Konflikten diese und ihre Motive erkenn- und vor allem auch fühlbar werden. Aber Brückner wendete diesen Prozess in seiner politischen Psychologie ins praktisch-politische: »Zur Methode ihrer Erkenntnis gehört politische und psychologische Aktivität; sie *erkennt* Tatbestände, indem sie versucht, die Tatbestände zu *verändern*« (Brückner 1968b, S. 95; Hervorh. im Orig.). Erst beim Versuch, »ein Stück sozialer Wirklichkeit in Richtung auf größere Demokratisierung und Transparenz zu verändern« (ebd., S. 135), im eigenen Erleben dabei, im Spüren der eigenen Ängste, der Lust an neuen Freiheitsmomenten und dem Erfahren der Reaktion der gesellschaftlichen MachtträgerInnen und der Mehrheitsgesellschaft entschlüsselt sich den Agierenden der gesellschaftliche Zusammenhang, die

»Herrschaft der Verhältnisse«, als »Verhältnis von Herrschaft« (Brückner 1970, S. 33). In diesem Vorschein freierer gesellschaftlicher Verhältnisse werden zugleich die bestehenden Zwänge auf das Denken und Handeln erfahren, aber auch lebensgeschichtlich verschüttete Glücksversprechen und Lusterfahrungen offengelegt. In der praktisch-politischen Tätigkeit verzahnen sich so gesellschaftliche Emanzipation und Selbstbefreiung von verinnerlichten Normen und Idealen.

Gerade die emanzipatorischen Strömungen, denen es auch um eine Auseinandersetzung mit der eigenen Subjektivität und mit zwischenmenschlichen Beziehungen ging, also insbesondere die antiautoritären Tendenzen der Protestbewegung, interessierten Brückner sehr. Er sah in ihnen früh eine notwendige Ergänzung zu den kommunistischen und sozialistischen Gruppierungen, die über politische und ökonomische Machtkämpfe die kapitalistischen Verhältnisse zu überwinden suchten. Beides, so Brückner, ist notwendig, beides kann aber auch nicht einfach in eins gesetzt werden: »Machtpolitisch lassen sich Voraussetzungen dafür schaffen, daß sich die Abhängigen aus ihrem Zustand von Ohnmacht emanzipieren; die Voraussetzung dafür, daß die einzelnen die neue Möglichkeit zur Emanzipierung auch ergreifen *können*, ist eher Sache einer psychoanalytisch orientierten Strategie« (Brückner 1969, S. 64).

Die vor allem aber nicht nur studentischen antiautoritären Protestbewegungen der 60er Jahre deutete er als »Überbauphänomen« (Brückner 1974, S. 89), das sich dem Zeitpunkt, Form und Inhalt nach nicht unmittelbar aus der Kapitalbewegung und ihren Krisenerscheinungen herleiten ließe, vielmehr gerade aus der spezifischen privilegierten Situation der Studierenden, als ein Stück weit von der Produktionssphäre Distanzierte, begriffen werden müsse. Seine späteren Theoretisierungen (Brückner 1975, 1982) erkannten in ihnen und in den in den 1970er Jahren entstandenen ›neuen sozialen Bewegungen‹ ein neues, vom Klassenkampf zu unterscheidendes Paradigma von Umwälzung, das aus dem Entstehen von Massenpopulationen, der Verstädterung und der Herstellung einer universelleren »Normalität« zu erklären sei. Der Kapitalismus glich in den Industrienationen die Lebensverhältnisse der Menschen zumindest tendenziell einander an, produzierte damit aber zugleich aus dieser Normalität, der ›eindimensionalen Gesellschaft‹ (Marcuse 1964) – Brückner nannte diese neue Konstellation wegen ihres stabilisierenden Charakters »Posthistoire« –, Abweichende, Ausgeschlossene, Minoritäre, die auf eine andere Weise revoltierten als die in Kapitalverhältnissen ausgebeutete

ArbeiterInnenschaft. Die Subjekte dieser Revolte zielten als meist außerhalb der Arbeitsverhältnisse vergesellschaftete eher auf eine kulturrevolutionäre Aneignung von Lebensbedingungen, auf eine Umwälzung von Alltäglichkeiten, nicht nur der Güterproduktion, sondern auch der »Produktion von Erfahrung, von Ich-Synthesen, von Wissen, von Sinn« (Brückner 1982, S. 263) und Sinnlichkeit. Weil Ausbeutung und ausschließende, versteinerte ›Normalität‹ gleichzeitig existierten, sich durchaus auch verschränkten, würden Klassenkampf und Kulturrevolution sich auch nicht gegenseitig falsifizieren, sondern hätten beide ihren emanzipatorischen Sinn. Die theoretischen Anstrengungen hätten sich darauf zu richten, mögliche Zusammenhänge zwischen der Geschichte der bürgerlichen Gesellschaft und der alltäglichen »gelebten Erfahrung« der Individuen und damit auch zwischen den unterschiedlichen Umwälzungsparadigmen zu ergründen, wobei ein eklektischer Zugang zuweilen durchaus notwendig sei (vgl. Brückner 1975, S. 107).[1]

In den antiautoritären Protesten sah Brückner also eine neue, beim Subjekt und den zwischenmenschlichen Beziehungen ansetzende Form der Revolte. Er analysierte genau die Bedingungen, unter denen sie entstand (vgl. Brückner 1970; 1971, S. 131ff.; 1974, S. 95f.): Die breite Anrufung der BürgerInnen als möglichst hemmungslose KonsumentInnen, die Sexualisierung der Öffentlichkeit und die Kommerzialisierung von Sexualität und Sinnlichkeit weckte Bedürfnisse und ließ soziale Normen tendenziell, aber insbesondere in den Familien und damit auch in der Subjektivität der Heranwachsenden nicht gänzlich erodieren, was potenziell explosive Spannungen bei den Jugendlichen produzierte. Die neue Konsumptionsmoral kollidierte auch mit der trotzdem noch zentralen Leistungsmoral, die die Arbeitswelt forderte. Eine eher oberflächlich mildere Erziehung zur (stabilisierenden) ›Toleranz‹ in den Mittelschichtsfamilien stieß auf gesellschaftliche Kälte und untergründige Aggressionen. Die Freiheit von Erwerbsarbeit im »Kulturschutzpark« (Brückner 1970, S. 40) Universität und die damit ermöglichte »verlängerte Pubertät« (Brückner 1968a, S. 85) schuf bei den Studierenden die Voraussetzung für die Entwicklung einer ›neuen Sensibilität‹ für Innerlichkeit und Leid

---

1 Nur nebenbei sei angemerkt, dass diese Überlegungen Fragen aufwerfen, die heute sehr aktuell diskutiert werden in den Versuchen einer Vermittlung oder Verhältnisbestimmung von einerseits marxistisch orientierten und andererseits an Foucaults historische Untersuchungen anschließenden Gesellschaftsanalysen und in den Debatten über die aus ihnen je folgenden Vorstellungen gesellschaftlicher Emanzipation.

und machte die gesellschaftlichen Anpassungsforderungen als Zwang erfass- und artikulierbar. Zudem ermöglichte die privilegierte Lage ein Aufbegehren ohne die Gefahr von schweren Sanktionen, wie sie in der Arbeitswelt für Lehrlinge und ArbeiterInnen durch drohende Entlassungen, Gehaltsabzüge, Beförderungssperren etc. gegeben waren.

Brückner las die Protestbewegung als eine von »Halb-Emanzipierten« (1970, S. 54), die einen Vorgeschmack auf freiere Verhältnisse erlebt hätten und nun gegen die einem befriedigteren Leben entgegenstehenden, durchaus auch tendenziell verinnerlichten gesellschaftlichen Normierung und Leistungszwänge aufbegehrten. In kollektiven Akten der Provokation griffen sie die gesellschaftlichen Normen und die ihnen zugrunde liegenden Verhältnisse an, forderten Emanzipation für alle und versuchten dabei zugleich, sich selbst von Ängsten und verinnerlichten Normen zu befreien. Zudem suchten sie in Wohngemeinschaften, Kommunen, aber auch in basisdemokratischer politischer Arbeit neue Wahrnehmungs-, Denk-, Lebens- und Beziehungsformen zu finden.

Die staatstreuen BürgerInnen und die nichtrevoltierenden Mitstudierenden fühlen sich, so Brückner, durch die studentischen Provokationen angegriffen. Das Aufbegehren der Studierenden produziert bei ihnen nicht nur Neid, Angst um ihr Kleineigentum und bei den Männern vor der Emanzipation der Ehefrauen und Töchter und dem Verlust männlicher Privilegien, sondern auch tiefe Schuld- und – durch die staatliche Repression und mediale Hetze zementierte – Vergeltungsängste: Sie haben die gesellschaftlichen Normen und Ideale verinnerlicht, unliebsame Strebungen verdrängt und benötigen die Identifizierung mit den Mächtigen, der Mehrheitsgesellschaft und ihren Werten als narzisstische Ich-Stabilisatoren. Der Angriff der Protestierenden auf Demokratie, Familie und Gesellschaft weckt zwar auch in ihnen ein Freiheitsbegehren, aber sogleich auch an dieses gekoppelte Schuldgefühle, weshalb das Begehren abgewehrt, auf die rebellierenden Studierenden projiziert und da aggressiv verfolgt werden muss, während zugleich als Kompensation die Identifikation mit der gesellschaftlichen Herrschaft verstärkt wird (vgl. dazu Brückner 1966, 1968b, 1969).

Keinesfalls idealisierte Brückner aber die Studierenden und ihre Bedingungen. Die Abschottung von der Produktionssphäre brachte auch einen Mangel an Realitätssinn und eine geringe Frustrationstoleranz mit sich; und auch das in den Selbstbefreiungsakten zum Vorschein Gebrachte waren keineswegs nur ›humane‹ Regungen. »[D]ie Freigesetzten sind noch ›reaktionär‹« (Brückner 1971, S. 134), vom vorherrschenden falschen Bewusstsein gezeichnet: Es zeigen sich Aggressionen, Machtfantasien, Protzerei, Sexismus, egoistisches Verhalten, flüchtige und unverbindliche Objekt- und Liebesbeziehungen, ein Schwund an Zärtlichkeit (vgl. Brückner 1972, S. 179), es zeigen sich auch neue, dogmatische Normen. Aber: Erst das Zum-Vorschein-Kommen ermöglicht es, die Gefühle und Bedürfnisse zu resozialisieren. In der »*organisierten* Selbstfreigabe« (Brückner 1970, S. 61; Hervorh. M. B.), in der kollektiven, *theoretisch fundierten und politischen* Reflexion, im Erinnern, Wiederholen und Durcharbeiten liegt das Potenzial einer humanisierenden Wahrnehmungs- und Einsichtsveränderung.

Zugleich darf die Selbstbefreiung nie von der gesellschaftsverändernden politischen Praxis abgekoppelt werden, eine Abschottung in der ›Gegengesellschaft‹ verstümmelt die Emanzipation und entpolitisiert sie. Freie Sinnlichkeit wäre erst auf der Basis einer ökonomischen Revolution möglich, welche die von der Produktion geforderten Leistungszwänge für alle überwindet, vorher nicht (vgl. Brückner 1971, S. 147). Eine solche umgreifende gesellschaftliche Umwälzung fordert aber eineN »disziplinierte[N] Revolutionär[In]« (Brückner 1972, S. 183) und eine disziplinierte Organisierung der politischen Tätigkeit, die dem Vorhaben der antiautoritären Rebellion, Subjektivität, Bewusstsein und soziale Beziehungen in einem Akt des Ungehorsams und der Disziplinverweigerung zu verändern, unaufhebbar entgegensteht. Eine ähnliche Spannung zeigt sich auch in der Zeitperspektive der Selbstbefreiung: Wo die Provokation gerade auf der *sofortigen Befriedigung* von Bedürfnissen besteht und von dieser Forderung lebt, bedarf der Prozess der Bedürfnis*veränderung* einer Frustrationstoleranz, weil Veränderung auch immer ›Aufschub‹ meint, Durcharbeiten und Reflektieren gerade dem Ausagieren entgegenstehen. Auch noch auf einer anderen Ebene zeigt sich diese zeitperspektivische Diskrepanz: Gegen den sicher langwierigen Prozess gesellschaftlicher Umwälzung steht die nur vorübergehende Existenz von SchülerInnen und Studierenden, die ihren »Kulturschutzpark« und damit die Freiheit zur Rebellion bald verlassen müssen (vgl. Brückner 1970, S. 66ff.). Angesichts dieser unauflösbaren Spannungen ergänzt Brückner seinen gegen Adornos Satz, es gäbe kein richtiges Leben im Falschen, gemachten Einwurf, es gäbe doch ein richtigeres, eine »minimale Differenz«, die es zu verteidigen gälte (vgl. ebd., S. 60), um den folgenden: »Das Richtige ist schwer zu haben, schwer zu finden« (ebd., S. 71).

Brückners Impulse zur Selbstbefreiung und zu einer politisch-psychologischen Selbstreflexion der politischen Praxis haben mich während meines Studiums immer wieder begleitet. Gerade in den letzten Jahren wurden die universitäre Disziplinierung der Studierenden durch verschultere Studiengänge, durch verstärkte Leistungskontrollen und Anwesenheitsüberwachung und durch Studien- und Langzeitstudiengebühren massiv forciert und die inhaltlichen, zeitlichen und auch räumlichen studentischen Freiräume eingeschränkt.

Zugleich machten sich aber in den Kämpfen gegen diese Disziplinierungen durchaus auch neue Themen bemerkbar, mit denen die Protestierenden der 1960er/70er Jahre noch weniger konfrontiert waren: Der aus dem erhöhten Druck erwachsende Wunsch nach mehr studentischen Freiräumen prallt zugleich auf massive, vor allem finanzielle Existenz- und Zukunftsängste. Diese bewegen die Studierenden dazu, ihr Studium möglichst ohne Zeitverzögerung zu absolvieren und es häufig auch gezielt auf mögliche zukünftige Arbeitsmarktchancen auszurichten, was auch bedeutet, die Mitstudierenden als potenzielle KonkurrentInnen stets im Auge zu behalten.[2]

Die Zunahme von solchen Existenz- und Zukunftsängsten verweist natürlich auf größere gesellschaftliche Umbrüche und ihre Folgen, die auf der NGfP-Tagung ja gerade im Zentrum stehen sollten. Während an den Universitäten, so die Dozierenden der Wiener Akademie der bildenden Künste, »ein neofordistisches Disziplinarsystem sozusagen nachträglich installiert« (Wiener Kollektiv 2009, S. 39) wird, ist gesamtgesellschaftlich eine postfordistische Deregulierung zu verzeichnen. Diese verändert die Arbeits- und Lebensbedingungen der Menschen nachhaltig, was ich im Folgenden nachzeichnen will, um schließlich danach zu fragen, wie sich diese Veränderungen auch in heutigen studentischen Protestaktivitäten niederschlagen.

Subjekte im Postfordismus

Über die veränderte Situation der heutigen Individuen im sogenannten »Postfordismus« fanden in letzter Zeit breite Diskussio-

---

[2] Vgl. zu den veränderten Bedingungen an den Universitäten auch meine Überlegungen zu den Wiener Uniprotesten (Brunner 2010), ebenso Ruck et al. (2010).

nen statt. Die Stichworte dabei sind »der flexible Mensch« (Sennett 1998), das »unternehmerische Selbst« (Bröckling 2007) oder der/die »Arbeitskraftunternehmer[In]« (Pongratz/Voß 1998), wobei diese Bezeichnungen auf neue *Anforderungen* an die Individuen verweisen. Diese sind eingebettet in veränderte Arbeits- und Lebensverhältnisse. Schon seit den 1970er Jahren, aber besonders in den 1990er Jahren fand in vielen Arbeitssektoren eine Dezentralisierung der Produktion statt: Die bürokratischen Großunternehmen, in denen alle Angestellten ihren festen Platz und minutiös festgelegte Arbeitsaufgaben hatten, wurden durch sogenannte ›schlankere‹ Unternehmen überholt und ersetzt, deren interne Organisation durch kleine, relativ autonom agierende Arbeitsgruppen strukturiert ist. Die Anstellungsverhältnisse wurden vervielfältigt (Projekt-, Werk-, Zeitverträge) und die Entlohnungssysteme haben sich flexibilisiert (Boni, Prämien, Gewinnbeteiligung), gleichzeitig wurde das Personal ausgedünnt, das heißt, die von den Einzelnen zu leistende Arbeitsmenge wurde größer, auch immer mehr Verantwortung wurde an den Einzelnen abgegeben. Das bedeutet, dass die Marktgesetze und der damit zusammenhängende Konkurrenzkampf nun viel unmittelbarer in die Unternehmen hineinragen; die Individuen und Arbeitsgruppen werden ständig evaluiert und wer sich zu wenig initiativ zeigt, muss fürchten, bei der nächsten Rationalisierungswelle entlassen zu werden (vgl. dazu Pongratz/Voß 1998; Boltanski/Chiapello 1999, S. 209ff.). Es entsteht eine ständig drohende, prekäre Situation, wobei das Ansteigen von Arbeitslosigkeit, generell sinkende Löhne und der gleichzeitige starke Abbau von sozialstaatlichen Abfederungsmechanismen die Situation verschärfen. Die neue Flexibilität der Unternehmen und die Auflösung der rigiden tayloristischen Arbeitsstruktur biete aber, dies die vorherrschende Ideologie, auch den Angestellten neue Freiheiten, was z.B. Arbeitszeiten und -orte aber auch die eigenständigere und kreativere Gestaltung ihrer Arbeit anbelangt.

Auch die außerbetriebliche ›Lebenswelt‹ hat sich seit den 1960er Jahren massiv verändert; auch hier wurden die alten starren Normen aufgelöst. Die Lebens- und Beziehungsformen wie auch die Sexualität haben sich nicht zuletzt durch ihre Kommerzialisierung entdifferenziert. Das schafft ungeahnte Freiheiten, gerade für Angehörige sexueller und geschlechtlicher Minderheiten, die durchaus auch erkämpft wurden, aber die neuen Freiheiten sind auch hier zu einem Zwang geworden:

einem sozialen Zwang zur Flexibilität, zur ständigen Neuerfindung und Selbstinszenierung und zu einer schonungslosen Infragestellung von allem Stabilen (vgl. Sigusch 1998).

Gleichzeitig – und das ist der ständigen Rede von Flexibilisierung und Deregulierung entgegenzuhalten – bleiben viele der gesetzlichen und institutionellen Schranken und Kontrollen weiterhin bestehen, ja zum Teil werden sie gerade auch weiter verschärft: verschärfte Asylgesetze, staatliche Überwachung, Ausweitung von Strafsystemen und Sicherheitsdiskursen, geringere Entlohnung von Frauen etc. Auch in der ›tabulosen‹ Lebenswelt finden sich doch noch – oder gerade wieder – sexistische, rassistische und homophobe Normierungen. Es gibt Ungleichzeitigkeiten und Gegenläufigkeiten zwischen vermeintlich alten Disziplinierungs- und neuen Entgrenzungsmechanismen, die sich auch gegenseitig bedingen und hervorbringen.

In ihrer Analyse zum sogenannten »neuen Geist des Kapitalismus« zeichnen Boltanski und Chiapello (1999) nach, dass die Umgestaltung der Gesellschaft zumindest *auch* auf einer Integration von Forderungen aufbaute, die kritisch gegen den fordistisch organisierten Kapitalismus vorgebracht wurden. Sie unterscheiden zwischen zwei Formen von Kapitalismuskritik, einer eher von Gewerkschaften und anderen ArbeiterInnen-Organisationen getragenen ›Sozialkritik‹ einerseits, die sich gegen ökonomische Ausbeutung, soziale Ungleichheit und egoistische Partikularinteressen richtet, und einer traditionell eher von Intellektuellen und KünstlerInnen getragenen ›Künstlerkritik‹ andererseits, die die Entfremdung, Standardisierung und Kommerzialisierung von Dingen, Menschen und Lebenswelten beklagt (vgl. ebd., S. 79–84).[3] Während die beiden Formen der Kritik in der (zumindest französischen) ›68er‹-Bewegung zusammenkamen, wurden als Reaktion darauf Teile der ›Künstlerkritik‹ bei der postfordistischen Umgestaltung des Kapitalismus aufgegriffen, z.B. Forderungen nach mehr Autonomie, Flexibilität, Mobilität und nach einer Überwindung rigider Normen und Moralvorstellungen in der Arbeits- und Lebenswelt. Boltanski und Chiapello zeichnen historisch nach, wie z.B. Formen von kollektiver Projektarbeit, die im Rahmen der Protestbewegung und im linken Spektrum entwickelt worden waren, von großen Unternehmen aufgegriffen

---

3 Diese Zweiteilung erinnert durchaus an Brückners Unterscheidung von sozial- und kulturrevolutionären Protestformen.

und ehemals kritische Begriffe zu Leitbegriffen der neuen Führungs- und Legitimationsstrategien wurden (vgl. v.a. ebd., S. 89–146).

An Boltanskis und Chiapellos Ausführungen ist meines Erachtens einiges zu kritisieren,[4] aber doch zwingen ihre Ausführungen uns dazu, gerade auch gegenwärtige Formen des Protests und der in ihnen artikulierten Kapitalismuskritik genauer zu beleuchten. Erstens sind gewisse Kritikformen, die sich gegen fordistische Disziplinierungen, autoritäre Hierarchieformen und moralische Schranken der 1950er und 60er Jahre richteten, den neuen Verhältnissen in vielen Bereichen nicht mehr angemessen. Zweitens zeigen ihre Analysen – das ist eigentlich banal und doch immer wieder zu betonen –, dass Kapitalismuskritik nicht immer eine emanzipatorische Richtung einschlagen muss, sondern auch das Bestehende stärken oder gar gefährlich reaktionär werden kann.

Die Analysen von Boltanski und Chiapello geben zwar nur Brückners ständigem Beharren darauf recht, dass Selbstbefreiung und gesellschaftliche Emanzipation immer zusammengedacht werden müssen, aber dieses Zusammendenken erfordert auch, das Spannungsverhältnis von

---

4 Zwei Momente will ich hier erwähnen: *Erstens* sind ihre Überlegungen zum Kritikbegriff viel zu undifferenziert, sodass z.B. in der ›Künstlerkritik‹ reaktionäre Naturromantik, reformistische Projekte der Verbesserung von Arbeitsplatzbedingungen und revolutionäre Impulse der Absage an jede Verwertungslogik in ihren Analysen tendenziell zusammenfallen. Meines Erachtens können die AutorInnen auch nur durch diese mangelnde Differenzierung ihre These einer ziemlich umstandslosen Integration der ›Künstlerkritik‹ der Protestbewegungen in den neuen Legitimationsdiskurs aufrechterhalten, während sie in ihren Materialanalysen durchaus zeigen, dass die Forderungen der KritikerInnen nur ziemlich amputiert und oftmals um ihren eigentlichen Gehalt gebracht aufgegriffen werden konnten (vgl. z.B. ebd., S. 258). Der Preis für die Zuspitzung ihrer These ist aber hoch, weil Boltanski und Chiapello in ihren eigenen Ansätzen einer aktualisierten Kapitalismuskritik die Forderung nach einer grundsätzlichen Überwindung der kapitalistischen Produktionsweise nicht mehr wirklich zu stellen vermögen. *Zweitens* überschätzen sie die Rolle der Kritik bei der Umgestaltung der Verhältnisse massiv. Sie betonen zwar an einzelnen Stellen, dass die Kapitalakkumulation einen selbstläufigen Prozess darstellt (vgl. ebd., S. 58) und Kritik nicht der einzige Motor gesellschaftlichen und ideologischen Wandels ist (vgl. ebd., S. 86f., 251), aber ihre Untersuchungsperspektive, die nur die Wechselwirkung zwischen dem legitimierenden ›Geist des Kapitalismus‹ und seiner Kritik analysiert, erlaubt es ihnen nicht, Ideologie systematisch auf sozioökonomische (Krisen-)Dynamiken zu beziehen. Zu einer differenzierteren Perspektive auf die Gründe für den Übergang von einer fordistischen zur postfordistischen Organisation der Produktion vergleiche (zumindest für Deutschland) die Arbeit von Hirsch und Roth (1986, S. 78–88).

kultur- und sozialrevolutionärer Praxis unter aktuellen Bedingungen nochmals auszuloten. Gerade erstere, die bei den subjektiven Wünschen und Bedürfnissen der Protestierenden andockt, hatte Brückner gegen die marxistischen TheoretikerInnen wie PraktikerInnen stark gemacht, es macht deshalb Sinn, sich den veränderten Bedingungen auf der Subjektseite noch einmal genauer zuzuwenden.

Wie erwähnt – und wie Boltanski und Chiapello, aber auch die an Foucault angelehnten Studien zur sogenannten ›neoliberalen Gouvernementalität‹ zeigen (vgl. dazu Bröckling et al. 2000) –, gehen mit den veränderten Arbeits- und Lebensverhältnissen, dem Abbau vieler starrer Normen und der gleichzeitigen Ausweitung der Verantwortung der Einzelnen auch neue Anforderungen oder Anrufungen an die Individuen einher: Sie sollen – unter Mobilisierung aller lebensgeschichtlich erworbenen, fachlichen, technischen, aber auch organisatorischen, sozialen, kommunikativen und emotionalen Kompetenzen – eigenständig, flexibel und kreativ aufgeworfene Problemlagen durchschauen, sich aneignen und Lösungen finden. Direkte Vorgaben und autoritäre Kontrollstrukturen werden zugunsten der Forderung nach Selbstkontrolle und permanenter Selbstevaluation abgebaut. Während in der tayloristischen Zerteilung von Arbeitsvorgängen Subjektivität eher eine Störgröße war, wird sie in der postfordistischen Produktion zur sozialtechnologisch erschließbaren Ressource.

Eigeninitiative ist gefordert, der/die Einzelne soll seine/ihre Arbeitskraft bzw., weil zu deren Optimierung auch persönliche Erfahrungen und Fähigkeiten genutzt werden sollen, seine/ihre ganze Persönlichkeit und seinen/ihren ganzen Lebenszusammenhang unternehmerisch verwalten und rationalisieren. Nicht mehr sollen, so zumindest die Ratgeberliteratur für die neuen Arbeitssubjekte (vgl. Bröckling 2000, 2007; Boltanski/Chiapello 1999, S. 152–187), Wünsche und Bedürfnisse ausgeklammert werden, sondern sie sollen als motivationaler Faktor in die zu vermarktende Gesamtpersönlichkeit integriert werden: Durch Selbstcoaching soll ein »innere[s] Wir-Gefühl« (Bröckling 2000, S. 160) hergestellt werden, das auch die Voraussetzung dafür ist, sich gegen Außen als kohärente Eigenmarke verkaufen zu können. Flexibilität ist dabei gefragt und die Bereitschaft, auch Risiken auf sich zu nehmen, um die eigene ›Individualität‹, die Marktvorteile bringt, stets auf die Nachfrage abstimmen zu können. Es geht um eine ständige Neuerfindung und -inszenierung seiner selbst, die noch die intimsten Regungen erfasst, wenn diese auf dem Markt nachgefragt werden.

Folge dieser Anrufungen ist eine *innere wie äußere* Entgrenzung von Arbeits- und Lebenswelt. Eine innere Entgrenzung, weil alle Regungen und Persönlichkeitsanteile für den Einsatz in der Arbeitswelt mobilisiert werden sollen. Äußerlich verschwindet die Unterscheidung zwischen Arbeit und Leben, weil auch die Freizeit zur Kultivierung der eigenen Kompetenzen genutzt werden soll. Die außerberufliche Lebenswelt soll gemäß den neuen Anforderungen durchrationalisiert und nach möglichen Ressourcen und Hemmnissen für die Selbstoptimierungen evaluiert werden. Dabei abgeworfen werden soll alles, was der Flexibilität im Wege steht: Stabilitäts- und Sicherheitswünsche, langfristige Perspektiven, Bindungen an Personen, Orte, Dinge, Leidenschaften und Werte.

Die AutorInnen, die sich mit diesen neuen Anrufungen auseinandersetzen, weisen darauf hin, dass diese zwar für manche eine spannende Herausforderung darstellen mögen,[5] aber die Dynamik von massiven Versagensängsten beherrscht werde. Über allem steht die Drohung, schon morgen auf der Verliererseite zu stehen, aber in der individualisierenden Anrufung im allgemeinen Konkurrenzkampf ist die Verantwortung dafür bei sich selbst zu suchen. Gerade das eigene Versagen wird, so Bröcklings These, so zu einem Antriebsmoment, das die Logik der Selbstrationalisierung nur noch mehr in den Individuen verankert: Ein Versagen wird als Aufforderung verstanden, sich noch mehr zu optimieren (vgl. ebd., S. 162f.), wie Ehrenberg zeigt, wenn nötig mithilfe von leistungssteigernden Medikamenten mit Suchtpotenzial (Ehrenberg 2000, S. 105ff.).

Die Dynamik der permanenten Selbstfindung und -erfindung als neuer vorherrschender Norm findet in Erschöpfung und Depression, im sogenannten »Burn-out«, ihren Umschlag. Auch Alain Ehrenberg zeichnet eine Welt, in der »das Evangelium der persönlichen Entfaltung« und die »Kommunion des individuellen Handelns« (ebd., S. 104) die alten Verbote und Zwänge abgelöst habe. Die Individuen haben heute nicht mehr mit äußeren wie inneren Autoritätskonflikten zu kämpfen, dafür rängen sie jedoch mit dem fremden, aber auch eigenen Anspruch, sich selbst verwirklichen zu müssen. Glück sei zur individuellen Verantwortung geworden, das Scheitern dabei aber schon vorprogrammiert,

---

5 Flecker und Hentges (2007) betonen, dass der Kreis dieser Personen hinsichtlich Qualifikation, Mentalität, sozialem Kapital und persönlicher Ungebundenheit »recht klar und eng abgesteckt« sei (S. 169).

wobei sich die Verbitterung darüber eben in Depressionen, aber auch in der Suche nach Sündenböcken und »kommunitären Identitäten« (ebd., S. 133) zeige.

Ehrenbergs Überlegungen zum aktuellen Medikamentenkonsum zeigen, dass die inneren Konflikte nicht wirklich verschwunden sind, sondern nur ständig und mit großer Mühe zu verdecken versucht werden (vgl. ebd., 115f.), aus Angst vor dem Verlust der eigenen Handlungs- und Leistungsfähigkeit bzw. und damit zusammenhängend, aus sehr realer Angst vor Arbeitslosigkeit und damit einhergehender finanzieller Notlage, arbeitsamtlicher Schikane und sozialer Stigmatisierung.[6] Diese Abwehr des Offenbarwerdens von Konflikten ist umso dringender, weil es auch wenig Möglichkeiten gibt, diese in irgendeiner Form zu externalisieren: Der globale Markt als »Weltgericht« (Bröckling 2000, S. 162), dem alle gleichermaßen unterworfen zu sein scheinen, bietet – im Gegensatz zu den alten, rigiden ›Werten‹ – aufgrund seiner Abstraktheit, Undurchschaubarkeit und Unbeständigkeit wenig konkrete Reibungsfläche (vgl. Ehrenberg 2000, S. 132f.; Sennett 1998, S. 202).

Die Betroffenen erleben die oftmals – weil die realen Handlungsspielräume sich an vielen Orten kaum verändert haben – vermeintlich erweiterte Autonomie subjektiv vor allem als stressige *Fremd*bestimmung, als eine reine Zunahme von Leistungsdruck und Arbeitspensum, und produzieren Gefühle der Ungerechtigkeit und Benachteiligung (Flecker/Hentges 2007, S. 171).

Auch die Depression und Erschöpfung können nicht nur als Folge des Scheiterns an den eigenen Autonomieansprüchen gelesen werden, sondern auch als Folge eines Konflikts zwischen unterschiedlichen Wünschen und Bedürfnissen: Sennett beschreibt sehr anschaulich die Sehnsüchte der nur vermeintlich flexiblen Menschen nach einerseits Sicherheit und Konstanz, was eine Lebensplanung ermöglichen würde, und andererseits nach engeren Kontakten und sinnerfüllteren Tätigkeiten, die den Oberflächlichkeiten des flexiblen, ständig die Kontexte verändernden Lebens entgegenstehen (vgl. 1998, S. 21, 33f., 176f.). Die Individuen verspüren durchaus Wünsche, die den Selbstführungsanrufungen widersprechen, soziale Bedürfnisse nach Nähe und Tiefe,

---

[6] Vgl. zum Feindbild »Arbeitslose« den Beitrag von Michael Wolf und zu den psychischen Auswirkungen von Arbeitslosigkeit auf die Betroffenen den Beitrag von Almuth Bruder-Bezzel in diesem Band.

Sicherheitsbedürfnisse, aber durchaus auch solche nach Entfaltung auch derjenigen Fähigkeiten und Interessen, die nicht marktkompatibel sind (vgl. auch Graefe 2010). Diese können auch in der Freizeit nicht wirklich entfaltet werden, nicht weil Normen dem entgegenstehen, sondern weil der Raum und aufgrund des entgrenzten Leistungsdrucks besonders die Zeit dafür fehlen.

Die Ausdrücke dieser Wünsche und neuen, bewussten und unbewussten Konflikte sind vielfältig. Sigusch spricht von einer konzentrierten Intimisierung von Kernbeziehungen als Reaktion auf die lebensweltlichen und sexuellen Ausdifferenzierungen (1998, S. 1221), Sennett bringt mit der Suche nach Gemeinschaft und zeitlosen Werten auch das Aufflammen von Nationalismus, Rassismus und religiösem Fundamentalismus in Verbindung (1998, S. 33, 127f., 176f.; vgl. auch Flecker/Hentges 2007); expliziter und struktureller Antisemitismus als verschwörungstheoretische Personalisierung der unzumutbaren ökonomischen Verhältnisse (vgl. Claussen 1987; Postone 1982) wäre sicher zu ergänzen.

Es ließe sich also wohl bei einer genaueren Analyse der Dynamiken, die hinter diesen hochaktuellen Massen- und Feindbildungsprozessen stehen, zeigen, dass in ihnen sich narzisstische Kompensationsmechanismen für eigenes Versagen angesichts der neuen Fremd- und Selbstansprüche und die vermeintlich überwundene massenpsychologische Abwehr von ängstigenden inneren Konflikten ineinander verschränken, wie dies bei den Massendynamiken des 20. Jahrhunderts immer schon der Fall war (vgl. z. B. Adorno 1951). Das bedeutet, auch wenn man von einer tendenziellen Verinnerlichung der neuen Anrufungen ausgeht, dass die These eines wirklichen *Ersatzes* der einen Dynamik durch die andere wohl kaum haltbar ist (zur Kritik der Thesen Ehrenbergs und der Gouvernementalitätsstudien vgl. auch Rehmann 2007; Graefe 2010; Kaindl 2007, 2010).

Aber – und das halte ich für einen wichtigen Punkt – durch die Auflösung von Klassengegensätzen und innerbetrieblichen Autoritätsverhältnissen in die universelle Konkurrenz und die Installation des Marktes als unmittelbar disziplinierende Instanz sind die Reibungsflächen, an denen innere Konflikte auch als gesellschaftlich produzierte wieder in Erscheinung treten und möglicherweise zu solidarischen Kämpfen führen könnten, abstrakter und ungreifbarer geworden. Soziale Kämpfe tragen die ›vereinzelten Einzelnen‹ (Marx) im individualisierten und individualisierenden Konkurrenzkampf aus. Angesichts der abstrakten Herrschaftsverhältnisse, deren ›Sachzwangslogik‹ alle gleichermaßen unterworfen zu sein scheinen und in denen die ›Schuldigen‹ nicht mehr auszumachen sind, sind die Subjekte auf sich selbst zurückgeworfen. Zugleich verstärkt die Konfrontation mit der kaum eingrenzbaren Übermacht des globalen Marktes und seiner permanenten Krisen bei gleichzeitigem von eben diesen Krisen mitproduziertem Abbau von wohlfahrtsstaatlichen Sicherungsnetzen massiv – und wohl zu Recht – die verspürten Ängste.

Politische Psychologie und emanzipatorische Praxis heute

Die dargelegte veränderte objektive und subjektive Situation der Individuen stellt auch neue Ansprüche und Fragen an eine aktuelle praxisnahe politische Psychologie. Bevor ich zur Deutung bestimmter konkreter Auswirkungen auf die studentischen Proteste eingehe (vgl. dazu auch Brunner 2010), will ich kurz drei grundsätzliche Problemfelder stark machen, die sich aus dem bisher Dargelegten ergeben:

Erstens stellt sich die Frage, ob nach dem Fallen gesellschaftlicher Normen und Tabuschranken im Zuge dessen, was Sigusch die »neosexuelle Revolution« (1998) nennt, die kulturrevolutionären Ideen der Befreiung von Sexualität, Partialtrieben und alternativen Beziehungs- und Lebensformen noch etwas wirklich Emanzipatorisches haben. Es ginge also darum, sehr genau zu analysieren, ob das Entgrenzungsstreben gewisser Strömungen der Neuen Linken, das sich heute z. B. in Praxisansätzen findet, die an Judith Butlers (1990, 1993) Performativitätstheorie oder an das Projekt einer permanenten ›Deterritorialisierung‹ von Deleuze und Guattari (1980) andocken, nicht zuweilen sehr offene Türen einrennt.[7] Vielleicht wären gegenüber der Entgrenzung eher wieder stabile politische Identifizierungsmöglichkeiten anzubieten,[8] wobei wohl auch die

---

7 Es sei aber positiv angemerkt, dass gerade durch die Dominanz dieser Ansätze in Teilen der heutigen Linken Subjektivität und die eigenen Verstrickungen in gesellschaftliche Macht- und Herrschaftsverhältnisse mittlerweile breit diskutiert werden.
8 Es ist deshalb wohl auch kein Wunder, dass Debatten um Möglichkeiten nicht identitär-ausschließender Kollektivität und um die Kollektivierung von Protest den aktuellen kritischen politisch-philosophischen Diskurs bestimmen (vgl. exemplarisch Marchart 2010 und die darin diskutierten Autoren).

Diskussionen über konkrete Utopien weitergetrieben werden müssten, die sich nicht zuletzt nach dem Zusammenbruch der realsozialistischen Staaten neu stellen.

Zweitens ist zu fragen, mit welcher Art von Bedrohungen und Ängsten wir es zu tun haben, die die Individuen von einem Aufbegehren gegen ihre Situation abhalten. Während Brückner noch SchülerInnen und Studierende vor sich hatte, die in ihrer privilegierten Situation mit ihren Protesten außer (durchaus auch identitätsstiftender) sozialer Ausgrenzung und Ängsten vor direkter Gewalt durch den Staatsapparat und seine SympathisantInnen zumindest längerfristig wenig riskierten, sie – abgefedert durch das Kollektiv – hauptsächlich ›neurotische‹ Ängste zu überwinden hatten, sind mit der immer prekäreren finanziellen Situation von vermehrt nebenbei lohnarbeitenden Studierenden, dem massiven Anstieg der Arbeitslosenquote und dem gleichzeitigen radikalen Abbau der sozialen Abfederungsinstanzen die Ängste der Menschen sehr viel existenzieller und auch realitätsgerechter geworden. Ein Protest hat sich heute weniger gegen politische Autoritäten und rigide Normen zu richten, über die die Marktanforderungen vormals vermittelt waren, sondern gegen den relativ unmittelbar vorherrschenden abstrakten Markt selbst. In welcher Weise können also Konflikte heute wieder konkret veräußerlicht werden?

Drittens wird im Postfordismus *Zeit* zu einem knappen Gut (vgl. Boltanski/Chiapello 1999, S. 205), es herrscht – zumindest gefühlt – ein massiver Zeitdruck vor. Nicht nur erhöhte sich vielerorts das reale Arbeitspensum,[9] sondern die Anrufungen des Arbeitsmarktes fordern ein Zeitmanagement bis in die Privatsphäre hinein (vgl. auch Demirović 2010, S. 155): Die ›freie Zeit‹ soll für Praktika, zum Kontakteknüpfen, zur Akquirierung neuer Projekte und zur Optimierung und schließlich Erholung der Arbeitskraft genutzt, also kalkuliert und sparsam eingeteilt werden. Um flexibel zu bleiben, sollen auch langfristige zeitliche Bindungen möglichst vermieden werden.

Damit einhergehend verändern sich auch die Zeit*perspektiven*: Brückner und Krovoza schrieben gegen die versteinerten 1960er Jahre, dass es darum ginge, die »Zeit [wieder] als […] *Tätigkeitsfeld*« (1972, S. 45;

---

9 Dieses wuchs durch die Vermehrung von Pflichtveranstaltungen und Prüfungen in den modularisierten, immer kürzeren Studiengängen, die zusätzlich geforderten studienbegleitenden Praktika und die Studiengebühren, die entweder ein möglichst schnelles Studieren oder aber ein Teilzeitstudium nebst Lohnarbeit erfordern, auch für die Studierenden.

Hervorh. im Orig.) und die Zukunft als eine »mit dem Index qualitativer Veränderbarkeit« (ebd.) versehene wahrzunehmen. Dieses Problem scheint sich heute wieder ganz neu zu stellen. Die postfordistischen Flexibilisierungsanforderungen installieren einen neuen Blick auf Zeit und Zukunft: Alle sind zwar dazu angehalten, ständig auf zukünftige Chancen auf dem Arbeits- oder Beziehungsmarkt hinzuarbeiten, gleichzeitig ist diese Zukunft aber auf die nächsten zwei bis drei Jahre beschränkt. Wo sich ständig immer alles zu wandeln scheint, ist eine darüber hinausgehende Planung nicht möglich.

Die neue Zeitökonomie macht sich auch in den studentischen politischen Gruppierungen stark bemerkbar: Erstens verschärft sich die von Brückner beschriebene Spannung zwischen der kurzen bzw. immer kürzer werdenden Studienzeit und langfristigen politischen Perspektiven. Langjährige Erfahrungsbildung, die für erfolgreiche politische Arbeit zentral ist, ist deshalb heute in unipolitischen Gruppen immer schwieriger. Zweitens und damit zusammenhängend, hat sich auch im politischen Bereich die Projektarbeit durchgesetzt. In immer neuen Zusammensetzungen planen nebeneinander viele kleine Gruppen einzelne Aktionen und fallen danach wieder auseinander. Dies hat seine Vorteile: Die Ausrichtung auf Einzelaktionen macht gerade die Attraktivität dieser Form der politischen Praxis gegenüber der mühsamen Arbeit in politischen Strukturen aus. Sie erlaubt es zudem, relativ kurzfristig und flexibel auf Situationen zu reagieren, dadurch gezielter agieren und durchaus auch mehr Aufmerksamkeit erregen zu können. Das Problem ist aber auch da die Unmöglichkeit einer kontinuierlichen Erfahrungsbildung und der fehlende Raum für Austausch und Reflexion – ein fehlender Raum für die Auswertung der durchgeführten Aktionen, aber auch für Diskussionen über grundlegende politische Strategien und Ziele.

Es ginge heute also allem voran erst einmal um einen *Kampf um Zeit*, Zeit für Analysen, politische Reflexionen, Erfahrungsaustausch und Erfahrungstradierung. Dies wäre sicher auch ein Kampf gegen den verinnerlichten Zeit*druck*: Von diesem gilt es sich zu befreien als Voraussetzung dafür, um politisches Engagement nicht als noch eine zusätzliche Arbeitsbelastung zu empfinden.[10] Andererseits hat dieser

---

10 Vgl. dazu exemplarisch auch die im Beitrag von Miriam Anne Geoffroy in diesem Band geschilderten Generationenkonflikte um Ent- und Begrenzung von Arbeitszeit in einer emanzipatorischen Einrichtung.

Zeitdruck natürlich sein objektives Moment, das heißt, es müsste auch objektiv arbeitsfreie Zeit gewonnen werden.[11]

Gleichzeitig ginge es darum zu überlegen, wie wieder eine andere Zeit-*perspektive* entwickelt werden könnte. Der immer nur in die unmittelbare Zukunft gerichtete Blick ist auch ein Moment der heutigen Unfähigkeit, Ideen einer grundsätzlich anderen Gesellschaft zu entwickeln oder einen Glauben an die Möglichkeit zukünftiger radikaler Veränderung (wieder) zu erlangen. Wie könnte die längerfristige Zukunft wieder zu einem eigenen Möglichkeitsfeld und nicht nur als Schauplatz undurchschaubaren ständigen Wandels wahrgenommen werden?

Raum für Reflexion müsste es aber auch – und hierin sehe ich die eigentliche Funktion der politisch-*psychologischen* Arbeit in der politischen Praxis selbst – gegenüber der eigenen Subjektivität geben, gegenüber den eigenen Wünschen, Sehnsüchten, Ängsten und Ohnmachtsgefühlen sowie den inneren Konflikten, die vielfach unbewusst Eingang in die politische Praxis finden.

So macht sich nicht nur in der Aktionsfokussierung der kleinen Gruppen, sondern auch in noch bestehenden politischen Strukturen ein zuweilen blinder Aktivismus bemerkbar. Eine solche Geschäftigkeit hatte schon Erich Fromm in den 1930er Jahren als Ausdruck von Ohnmachtsgefühlen gelesen, welche durch die rastlose Aktivität nur überdeckt werde

---

11 Hier beißt sich allerdings die Katze in den Schwanz: Arbeitsplatzsicherheiten, Abbau von Studiengebühren, soziale Abfederungssysteme würden natürlich Freiräume schaffen (vgl. Boltanski/Chiapello 1999, S. 508), ihr Fehlen ist aber ja gerade das, was die Selbstoptimierungsdynamik lostritt. Vielleicht weisen aber die Forderungen nach einem unbedingten Grundeinkommen in eine interessante Richtung (vgl. Gruber 2010, S. 107ff.), auch wenn diesem problematische, ausgrenzende nationalstaatliche Grenzen gesetzt sind. Auch die Bestrebungen der sogenannten ›glücklichen Arbeitslosen‹ halte ich für nicht uninteressant. Sie versuchen entgegen der sozialen Stigmatisierung und wider die arbeitsamtlichen Zwänge die staatlich abgesicherte Arbeitslosigkeit gerade als Freiraum zu nutzen. Diese veränderte Perspektive könnte vielleicht längerfristig auch bei prekär Beschäftigten und von Arbeitslosigkeit bedrohten Angestellten zu einem Abbau von Ängsten führen, was die Selbstoptimierungsspirale zumindest bremsen könnte. Allerdings wird das Problem der Armut von Arbeitslosen damit in keinster Weise gelöst. Demgegenüber könnten Hausprojekte und Kommunen, nach denen – so zumindest mein Eindruck – die Nachfrage wieder steigt, nicht nur eine finanzielle Abfederung leisten, sondern auch die ersehnte Solidargemeinschaft als Gegenbild zur immer stärkeren Vereinzelung. Vgl. dazu auch Sennetts Überlegungen zu einer »positiveren Sicht der Abhängigkeit«, das heißt zur Notwendigkeit eines sozialen Netzes (1998, S. 192).

(vgl. Fromm 1937, S. 228f.). Dieser Aktivismus entspricht den Aktivierungsanforderungen in der Arbeitswelt und führt nicht selten auch in der Politarbeit zu Burn-out-Effekten. Omnipotenzfantasien und Resignation sind hier wie dort zwei Seiten derselben Medaille. Andererseits, und das darf nicht aus dem Blick geraten, ist der immer von Größenfantasien durchzogene Glaube daran, durch das eigene Tun die Welt verändern zu können, für politisches Engagement konstitutiv.

Narzisstische Wünsche zeigen sich an vielen Orten, einerseits in den Sehnsüchten nach dem großen Kollektiv, andererseits in der gegensätzlichen narzisstischen Fantasie, selbst zu der kleinen Gruppe von Leuten zu gehören, die im Gegensatz zur großen ›dummen‹ und ›unreflektierten‹ Masse das ›richtige‹, ›kritische‹ Bewusstsein hat. Führt das eine zu einer Verflachung der Kritik und Auseinandersetzung, so das andere zur Isolierung und oft zu Spaltungsprozessen. Beide Wünsche oder Fantasien sind selbst als Effekt des alten objektiven Problems zu reflektieren, dass die große Masse, gerade weil ihr gewisse Freiräume und Reflexionsinstrumente fehlen, tatsächlich oftmals reaktionäre Züge zeigt, andererseits aber ohne Massen keine grundlegenden gesellschaftlichen Veränderungen zu meistern sind.

Generell könnte ein politisch-psychologischer Blick die Dynamiken in politischen Gruppen genauer beleuchten. Die Beziehungen in den politischen Gruppen schwanken zwischen dem für die kurzfristige Projektarbeit typischen oberflächlichen, instrumentellen Kontakt einerseits und sehr persönlichen Verhältnissen mit Familienersatzfunktion andererseits. Persönliche Sehnsüchte nach Nähe und Tiefe werden dabei in die politische Arbeit hineingetragen, was zwar ein emanzipatorisches Potenzial hat, weil damit das politische Tun auch tatsächlich bei eigenen Bedürfnissen ansetzt.[12] Bleiben diese Wünsche aber unreflektiert, kommt es also nicht zu einer Analyse, Kontextualisierung und damit *Politisierung* von Sehnsüchten und möglicherweise darunter liegenden inneren Konflikten, ist die Gefahr einer Intimisierung der Beziehungen in der abgeschotteten politischen Szene und eines personalisierenden Ausagierens der Konflikte groß.

---

12 Gerade dies war ja das Programm der Brückner'schen politischen Psychologie: Die eigenen Wünsche sollten gemeinschaftlich durchaus auch kultiviert und gegen die bestehenden Beschränkungen gehalten werden, außerdem sollte das kollektive politische Agieren die Individuen auch aus ihrer Vereinzelung herausholen und es so ermöglichen, Perspektiven einer solidarischen Kollektivität zu entwickeln.

Die eigenen Ängste und Ohnmachtsgefühle der Engagierten machen sich aber noch auf andere Weisen bemerkbar: allem voran in gefährlichen Feindbildungsprozessen, die den mehrheitsgesellschaftlichen nachgebildet sind. Der Kampf gegen die Marktanforderungen und die Ökonomisierung aller Lebensbereiche wird doch als zu abstrakt erlebt, es fehlt eine Reibungsfläche, Personalisierungen sind die logische Folge und auch eine problematische ›verkürzte‹ Kapitalismuskritik, die nicht gesellschaftliche Verhältnisse, sondern moralisierend die Gier von (internationalen) Banken und Großkonzernen anklagt.

Ich glaube, die *eigenen Ängste und Ohnmachtsgefühle* müssten nicht nur im Zentrum der politischen Selbstreflexionen stehen, sondern durchaus auch als politisches *Thema* auf die Agenda gesetzt werden. Wo die Ängste realitätsgerechter und die Reibungsflächen abstrakter werden, ist eine *agierende* Selbstbefreiung von Ängsten nicht mehr so unmittelbar möglich. Es bleibt wohl nur, die eigenen, aber auch die Ängste von denen, die politischen Aktivitäten eher skeptisch bis ablehnend gegenüber stehen, sehr ernst zu nehmen, ihrer Artikulation einen Raum zu geben und sie gesellschaftlich zu kontextualisieren – und zu fragen, wie die unmittelbaren Impulse in eine längerfristige praktisch-politische Arbeit einfließen können. Ihre Kontextualisierung halte ich erstens für wichtig, um sie aus der Eigenverantwortung herauszureißen und auf ihre gesellschaftliche Bedingtheit aufmerksam zu machen, das heißt, um sie zu politisieren: (Innere) Konflikte müssen wieder als solche erkennbar gemacht werden.[13] Zweitens greift eine solche Politisierung Mechanismen der Verschiebung und Projektion vor, die sich gesellschaftlich an verschiedenen Orten niederschlagen, z. B. in individuellen Konkurrenzkämpfen oder in den beschriebenen Feindbildungsprozessen.

Diese *politische* Reflexion ist auch deshalb wichtig – denn ich verstehe an diesem Punkt das Unbehagen von vielen politisch Agierenden gegenüber der Psychologie –, weil die psychologische Reflexion die Gefahr mit sich bringt, das eigene Tun in ›Selbsthilfe-Gruppen‹ zu entpolitisieren. Demgegenüber müssen die Reflexionen auf den gesellschaftlichen Rahmen bezogen werden und es ist die Größenfantasie zu vermeiden, dass die *gesellschaftlichen* Probleme individuell oder in politischen Kleingruppen und Kollektiven wirklich *gelöst* werden könnten. Ein

---

13 Wahrheit, so Angelika Ebrecht-Laermann, bedeutet der Angst ins Auge zu blicken (vgl. ihren Beitrag in diesem Band).

solcher Selbstanspruch führt entweder zu ideologischen Resultaten oder, das zeigt Ehrenberg, zur Erschöpfung.

Sowohl die ›künstlerkritischen‹ Sehnsüchte nach Autonomie und universeller Selbstentfaltung wie auch die ›sozialkritischen‹ nach Sicherheit, sozialer Gerechtigkeit und solidarischer Gemeinschaft, können in einer kapitalistischen Gesellschaft keine Erfüllung finden.

So wichtig Brückners Suche nach einem »richtigeren« Leben im Falschen sein mag, so dürfen doch die Augen nicht davor verschlossen werden, dass ihr objektive Grenzen gesetzt sind, die wir stets reflektieren und thematisieren müssen.

Literatur

Adorno, Theodor W. (1951): Die Freudsche Theorie und die Struktur der faschistischen Propaganda. In: Dahmer, Helmut (Hg.)(1980): Analytische Sozialpsychologie. 1. Band. Frankfurt/M. (Suhrkamp), S. 318–341.

Boltanski, Luc & Chiapello, Ève (1999): Der neue Geist des Kapitalismus. Konstanz 2006 (UVK Verlagsgesellschaft).

Bröckling, Ulrich (2000): Totale Mobilmachung. Menschenführung im Qualitäts- und Selbstmanagement. In: Bröckling, Ulrich; Krasmann, Susanne & Lemke, Thomas (Hg.): Gouvernementalität der Gegenwart. Studien zur Ökonomisierung des Sozialen. Frankfurt/M. (Suhrkamp), S. 131–193.

Bröckling, Ulrich (2007): Das unternehmerische Selbst. Soziologie einer Subjektivierungsform. Frankfurt/M. (Suhrkamp).

Bröckling, Ulrich; Krasmann, Susanne & Lemke, Thomas (Hg.)(2000): Gouvernementalität der Gegenwart. Studien zur Ökonomisierung des Sozialen. Frankfurt/M. (Suhrkamp).

Brückner, Peter (1966): Zur Pathologie des Gehorsams. In: Brückner, Peter (1983): Zerstörung des Gehorsams. Aufsätze zur politischen Psychologie. Berlin (Wagenbach), S. 19–34.

Brückner, Peter (1968a): Die Geburt der Kritik aus dem Geiste des Gerüchts. In: Negt, Oskar (Hg.): Die Linke antwortet Jürgen Habermas. Frankfurt/M. (Europäische Verlagsanstalt), S. 72–89.

Brückner, Peter (1968b): Transformation des demokratischen Bewusstseins. In: Agnoli, Johannes & Brückner, Peter (Hg.): Die Transformation der Demokratie. Frankfurt/M. (Europäische Verlagsanstalt), S. 89–194.

Brückner, Peter (1969): Zur Psychologie des Mitläufers. In: Brückner, Peter (1983): Zerstörung des Gehorsams. Aufsätze zur politischen Psychologie. Berlin (Wagenbach), S. 57–65.

Brückner, Peter (1970): Provokation als organisierte Selbstfreigabe. In: Brückner, Peter (1983): Selbstbefreiung. Provokation und soziale Bewegungen. Berlin (Wagenbach), S. 11–78.

Brückner, Peter (1971): Schülerliebe. Hamburg (konkret Buchverlag).

Brückner, Peter (1972): Nachruf auf die Kommunebewegung. In: Brückner, Peter (1983): Zerstörung des Gehorsams. Aufsätze zur politischen Psychologie. Berlin (Wagenbach), S. 171–184.
Brückner, Peter (1974): Paradoxien der Protestbewegung. In: Brückner, Peter (1983): Zerstörung des Gehorsams. Aufsätze zur politischen Psychologie. Berlin (Wagenbach), S. 86–108.
Brückner, Peter (1975): Anmerkungen zur Krise des Marxismus. Geschichte und Psychologie. In: Brückner, Peter (1984): Vom unversöhnlichen Frieden. Aufsätze zur politischen Kultur und Moral. Berlin (Wagenbach), S. 99–108.
Brückner, Peter (1982): Psychologie und Gesellschaft. Berlin (Wagenbach).
Brückner, Peter & Krovoza, Alfred (1972): Was heißt Politisierung der Wissenschaft und was kann sie für die Sozialwissenschaften heißen? Frankfurt/M. (Europäische Verlagsanstalt).
Bruder-Bezzel, Almuth & Bruder, Klaus-Jürgen (1995): Peter Brückner: vorgestellt von Almuth Bruder-Bezzel und Klaus-Jürgen Bruder. Journal für Psychologie 3(2), 54–65.
Brunner, Markus (2010): Zerstörung des Gehorsams Zur Aktualität der politischen Psychologie Peter Brückners, gerade im Hinblick auf die Uniproteste. Psychologie & Gesellschaftskritik 132/133, 25–44.
Butler, Judith (1990): Das Unbehagen der Geschlechter. Frankfurt/M. 1991 (Suhrkamp).
Butler, Judith (1993): Körper von Gewicht. Die diskursiven Grenzen des Geschlechts. Frankfurt/M. 1997 (Suhrkamp).
Claussen, Detlev (1987): Grenzen der Aufklärung: zur gesellschaftlichen Geschichte des modernen Antisemitismus. Frankfurt/M. (Fischer Taschenbuch).
Deleuze, Gilles & Guattari, Félix (1980): Tausend Plateaus. Kapitalismus und Schizophrenie II, Berlin (Merve Verlag) 1992.
Demirović, Alex (2010): Krise des Subjekts – Perspektiven der Handlungsfähigkeit. Fragen an die kritische Theorie des Subjekts. In: Demirović, Alex; Kaindl, Christina & Krovoza, Alfred (Hg.): Das *Subjekt* – zwischen Krise und Emanzipation. Münster (Westfälisches Dampfboot), S. 49–64.
Ehrenberg, Alain (2000): Die Müdigkeit, man selbst zu sein. In: Hegemann, Carl (Hg.): Endstation Sehnsucht. Kapitalismus und Depression I. Berlin (Alexander-Verlag), S. 103–139.
Flecker, Jörg & Hentges, Gudrun (2007): Prekarität, Unsicherheit, Leistungsdruck. Katalysatoren eines neuen Rechtspopulismus in Europa? In: Kaindl, Christina (Hg.): Subjekte im Neoliberalismus. Marburg (BdWi-Verlag), S. 75–92.
Freud, Sigmund (1927): Nachwort zur »Frage der Laienanalyse«. GW XIV, S. 287–296.
Fromm, Erich (1937): Zum Gefühl der Ohnmacht. In: Dahmer, Helmut (Hg.)(1980): Analytische Sozialpsychologie. 1. Band. Frankfurt/M. (Suhrkamp), S. 219–242.
Graefe, Stefanie (2010): »Selber auch total überfordert«. Arbeitsbedingte Erschöpfung als performativer Sprechakt. In: Demirović, Alex; Kaindl, Christina & Krovoza, Alfred (Hg.): Das *Subjekt* – zwischen Krise und Emanzipation. Münster (Westfälisches Dampfboot), S. 49–64.
Gruber, Johannes (2010): Der flexible Sozialcharakter. In: Demirović, Alex; Kaindl, Christina & Krovoza, Allfred (Hg.): Das *Subjekt* – zwischen Krise und Emanzipation. Münster (Westfälisches Dampfboot), S. 49–64.

Hirsch, Joachim & Roth, Roland (1986): Das neue Gesicht des Kapitalismus. Vom Fordismus zum Post-Fordismus. Hamburg (VSA-Verlag).

Kaindl, Christina (2007): Frei sein, dabei sein: Subjekte im High-Tech-Kapitalismus. In: Kaindl, Christina (Hg.): Subjekte im Neoliberalismus. Marburg (BdWi-Verlag), S. 141–162.

Kaindl, Christina (2010): Kritische Psychologie der Emotionen im Wandel der Produktionsweise. In: Demirović, Alex; Kaindl, Christina & Krovoza, Alfred (Hg.): Das Subjekt – zwischen Krise und Emanzipation. Münster (Westfälisches Dampfboot), S. 49–64.

Marchart, Oliver (2010): Die politische Differenz. Zum Denken des Politischen bei Nancy, Lefort, Badiou, Laclau und Agamben. Frankfurt/M. (Suhrkamp).

Marcuse, Herbert (1964): Der eindimensionale Mensch. Darmstadt, Neuwied 1967 (Luchterhand).

Pongratz, Hans J. & Voß, G. Günter (1998): Der Arbeitskraftunternehmer. Eine neue Grundform der Ware Arbeitskraft? Kölner Zeitschrift für Soziologie und Sozialpsychologie 50, 131–158.

Postone, Moishe (1982): Nationalsozialismus und Antisemitismus. Ein theoretischer Versuch. Merkur 403, 13–25.

Rehmann, Jan (2007): Herrschaft und Subjektivation im Neoliberalismus. Die uneingelösten Versprechen des späten Foucault und der Gouvernementalitäts-Studien. In: Kaindl, Christina (Hg.): Subjekte im Neoliberalismus. Marburg (BdWi-Verlag), S. 75–92.

Ruck, Nora; Slunecko, Thomas & Riegler, Julia (2010): Kritik und Psychologie – ein verschlungenes Verhältnis. Psychologie & Gesellschaftskritik 132/133, 45–67.

Sennett, Richard (1998): Der flexible Mensch. Berlin (BvT Berliner Taschenbuch Verlag).

Sigusch, Volkmar (1998): Die neosexuelle Revolution. Über gesellschaftliche Transformationen der Sexualität in den letzten Jahrzehnten. Psyche 52(12), 1193–1234.

Wiener Kollektiv (2009): Spät im Wintersemester. In: Unbedingte Universitäten (Hg.) (2010): Was passiert? Stellungnahmen zur Lage der Universität. Zürich, Berlin (diaphanes).

»Woher, in aller Welt, der Trieb zur Wahrheit!«?

Zur Problematik von Wahrheit, Wahrhaftigkeit und Lüge in der Psychoanalyse

Angelika Ebrecht

Zur politisch-sozialen Relevanz von Wahrhaftigkeit und Lüge

Den politischen Skandal um die durch Plagiate erschlichene Doktorarbeit des ehemaligen Verteidigungsministers Karl Theodor zu Guttenberg kann man als paradigmatisch für die Struktur der politischen Lüge betrachten. Diese Struktur besteht darin, dass eine mediale Inszenierung von Wahrheit und Wahrhaftigkeit dazu benutzt wird, um einen anders gearteten politischen Zweck durchzusetzen. Dabei handelt es sich um eine soziale Repräsentation, die eine zentrale Beziehungsstruktur der jeweils aktuellen gesellschaftlichen Situation deutlich macht. Wie Hermann Beland (2008, S. 27) »Struktur als Primat einer zentralen Bedeutung (Wunsch, Tendenz, vorherrschende Objektbeziehung)« im Individuum versteht, so lassen sich auch für Gruppen beziehungsweise größere soziale Zusammenhänge zentrale Beziehungsstrukturen herausarbeiten. Die wiederum kann man mit Moscovici (1984, S. 10ff.) konzipieren als soziale Repräsentationen (Ebrecht 2003, S. 36ff.), das heißt als sprachliche und kulturelle Objektivationen eines kollektiven Bewusstseins (1993, S. 40, 47), in denen auch unbewusste Anteile symbolisiert sind.

Mit was für einer Art politisch-medialer Inszenierung aber haben wir es im Falle Guttenberg zu tun? Und worin besteht deren zentrale Beziehungsstruktur? Ich meine, dass es darum geht, eine betrügerische Beziehung als Wahrheit auszugeben, gepaart mit dem Versprechen, dass, wer an sie glaubt, auf der sicheren Seite ist. Versprochen wird die

Teilhabe an einer strahlend mächtigen Existenz, die Authentizität, Bindung, Fürsorge und Moralität vorspiegelt und dabei Sicherheit, Erfolg, Bewunderung und Angstfreiheit verspricht. Dabei handelt es sich um die Idealisierung einer Rückzugsposition des destruktiven Narzissmus im Sinne Rosenfelds (1987), die einen Triumph über psychische Wahrheit zu ermöglichen scheint. Denn die Anerkennung von psychischer Wahrheit bedeutet stets auch, eigene Abhängigkeit, Ohnmacht, Hilflosigkeit und Destruktivität anzuerkennen.

Versprochen und idealisiert wird daher eine Existenzweise, die unter jene von Klaus-Jürgen Bruder (Bruder/Voßkühler 2009, S. 27) analysierte »Lüge der Verhältnisse« fällt, aber in einer Weise, die zusätzlich noch suggeriert, sie sei in der Lage, diese Lüge auszuheben beziehungsweise ihr gerade *nicht* zu unterliegen. Denn Guttenberg hat ja in seiner Selbstdarstellung eine Beziehung vorgespiegelt, die durch authentische Gefühle und Wahrhaftigkeit gekennzeichnet ist. In dem Moment, in dem mit der öffentlichen Ent-deckung der gefälschten Doktorarbeit deutlich wurde, dass es sich um eine betrügerische Beziehung handelte, die Gefühle vorspiegelte und in ihrer Substanz von der Arbeit anderer lebte, wurde plötzlich eine andere Wahrheit deutlich: dass nämlich nichts in dieser Beziehungsstruktur sicher ist, sondern alles von Absturz bedroht.

Das eigentlich Problematische ist aus meiner Sicht weniger die fortgesetzte Unwahrheit bzw. die triumphale Unmoral, sondern vielmehr das plötzliche Eintreten von Angst und Destruktion in eine scheinbar omnipotente, angstfreie Beziehung. Der zuvor noch bewunderte und allseits gefragte Held wird verachtet und ausgeschlossen. In dieser Dimension offenbart die Lüge dann ihre Wahrheit: Sie versucht der sozialen Bedrohung von Ausschluss und Angst vor einer plötzlichen Zerstörung der Beziehung, Herr zu werden. Ich glaube allerdings nicht, dass es damit getan ist, diese zentrale Beziehungsstruktur als verlogenen Machtmechanismus der Herrschenden zu kritisieren. Dann wäre er wohl schwerlich auf eine so spektakuläre Weise sichtbar geworden. Ich denke vielmehr, dass in ihm eine typische Koalition von Wahrheit und Lüge deutlich wird, die sich auf unterschiedliche Weise in sozialen Beziehungen realisiert.

Das Schockierende der Guttenberg-Affäre ist vielmehr, dass sie uns ein Stück sozialer Realität vorführt, in die wir alle eingebunden beziehungsweise einbezogen sind. Es lässt sich sogar behaupten, dass es sich um eine institutionalisierte Beziehungsform handelt, eine Form, die für gesellschaftliche Institutionen konstitutiv ist. Aus meiner Sicht ist das Gefängnis, in dem ich gelegentlich arbeite, ein Ort, an dem sich diese zentrale Beziehungsform besonders deutlich wahrnehmen und analysieren lässt. Ja, mag man denken, das ist dort, wo ich nicht bin und auch nicht sein werde, ein Ort, der mich nicht betrifft. Ein solches Denken ähnelt der wahrscheinlich gar nicht so seltenen Reaktion auf die Guttenberg-Affäre, die nach dem altbekannten und vielfach bewährten Muster verfährt: »Gut, dass ich nicht bin, wie dieser da.« Aber selbst wenn wir uns zunächst vielleicht hämisch und schadenfroh auf der besseren Seite wähnen, lässt sich dieser Ort moralischer Überlegenheit kaum als Bastion aufrechterhalten. Wo gäbe es solch einen Ort, von dem aus sich ruhig, sicher und überlegen urteilen ließe? Würde ihn die Psychoanalyse bieten?

Die psychoanalytische Grundregel zwischen Wahrhaftigkeit und Lüge

Jeder, der sich einmal in psychoanalytische Behandlung begeben hat, weiß um die Wichtigkeit und Schwierigkeit der analytischen Grundregel, die vom Patienten mit Freuds Worten (1940, S. 99) »volle Aufrichtigkeit« fordert und ihm im Gegenzug »strenge Diskretion« garantiert. Und »wie der Analysierte alles mitteilen soll, was er in seiner Selbstbeobachtung erhascht«, alles, »was ihm in den Sinn kommt, auch wenn es ihm *unangenehm* zu sagen ist, auch wenn es ihm *unwichtig* oder sogar *unsinnig* erscheint« (Freud 1912, S. 381), ohne »eine Auswahl zu treffen, so soll sich der Arzt in den Stand setzen, alles ihm Mitgeteilte für die Zwecke der Deutung, der Erkennung des verborgenen Unbewußten zu verwerten, ohne die vom Kranken aufgegebene Auswahl durch eine eigene Zensur zu ersetzen«. Patient wie auch Analytiker verpflichten sich also am Beginn zur strikten Wahrhaftigkeit und ordnen alle anderen Strebungen für die Dauer der Behandlung dem Streben nach Wahrheit unter.

Doch im Grunde wissen beide Seiten auch, wie schwer es ist, diese Grundregel einzuhalten. Denn es scheint, als sollten eben jene Abwehrprozesse, die den Widerstand in der analytischen Behandlung ausmachen, keine Rolle spielen und als würde die analytische Suche nach Wahrheit nicht auch durch Angst und Destruktion behindert. Ist es nicht geradezu widersinnig, von Menschen Wahrhaftigkeit zu fordern, wenn sie diese noch gar nicht leisten können? In der Praxis kann man wohl davon ausgehen, dass zu Beginn einer Behandlung kaum jemand dazu in der Lage ist, der analytischen Grundregel zu folgen. Nicht selten überlegen Patienten sich auf dem Weg zum Analytiker, was sie in der Stunde sagen wollen, oder sie reflektieren geradezu druckreif und zusammenhängend über ihre eigene Situation, suchen nach Erklärungen, statt ihre Einfälle mitzuteilen, sagen gar nichts oder tun eben genau das, was die Grundregel ausschließen möchte, indem sie verschweigen, was ihnen unangenehm, unwichtig oder unsinnig erscheint.

Wird diese Taktik im Laufe der Behandlung offenkundig oder spricht man Patienten darauf an, würden die wenigsten auf die Idee kommen, sie hätten gelogen. Die meisten sind überzeugt, sie hätten genau das getan, was in der Analyse von ihnen erwartet wird. All dies ist auch gar nicht verwunderlich, da sich gerade in der Weise, wie jemand in der Analyse spricht, seine Form der Abwehr äußert, die dann zum Widerstand wird. Und ist es nicht gerade die Analyse dieser ganz persönlichen Formen, sich vor der Entdeckung der nicht selten schmerzenden Wahrheit zu schützen, die dabei hilft, ihr auf die Spur zu kommen?

Neben der nachgerade ›normalen‹ Art, die Grundregel zu befolgen, indem sie gebrochen wird, gibt es noch andere Möglichkeiten, sich dem analytisch-therapeutischen Wahrhaftigkeitsgebot zu entziehen. Gemeint sind jene Äußerungen, die vom Erzählen der halben Wahrheit über kleine Flunkereien und Ausreden bis hin zur bewussten Lüge reichen. Was aber würde es für die Analyse bedeuten, wollten wir dies alles verbieten? Würde eine solche Forderung nicht gerade der Lüge das Feld überlassen? Realistischer erscheint Ferenczis (1927, S. 73) Auffassung, »daß die Forderung der vollkommen realisierten freien Assoziation, mit der wir an die Patienten herantreten, eine ideale Forderung ist, die sozusagen erst nach beendigter Analyse erfüllt wird«. Doch öffnet das dann nicht Unwahrhaftigkeit, Lüge und Selbstbetrug Tür und Tor?

Während viele Analytiker der Meinung sind, Psychoanalyse könne nur unter der Bedingung absoluter Wahrhaftigkeit funktionieren, vertritt beispielsweise Bion (1970, S. 11) die Auffassung, »dass die Neigung zum Lügen« »eine Analyse nicht zwangsläufig kontraindiziert«. Die Analytiker dürften nur nicht vergessen, »dass die Sprache ebenso sehr zum Zwecke der Täuschung und des Ausweichens entwickelt wurde wie zur Formulierung der Wahrheit« (ebd., S. 12). Und John Forrester (1997, S. 5) behauptet unter Bezug auf ein Diktum Lacans, »that the psychoanalyst's patient is, even when lying, operating in the dimension of truth«. Edna O'Shaughnessy (1998, S. 60) geht sogar davon aus, dass auch ein »gewohnheitsmäßiger Lügner«, einer, »der aus charakterlichen Gründen lügt, statt die Wahrheit zu sagen«, analysiert werden könne. Wenn also beispielsweise ein inhaftierter Gewalttäter, ein Räuber, Mörder oder Betrüger deutlich zu verstehen gibt, dass er die Tat leugnet oder gar behauptet, er lüge nie, würde es unter dem Wahrhaftigkeitsgebot schwerfallen, ihm eine Psychotherapie oder Psychoanalyse zuzugestehen – und oft wird das auch mit den entsprechenden Argument verweigert. Ich meine, dass dies falsch ist.

Ob ein Mensch in der Lage ist, sich seiner eigenen Wahrheit anzunähern, kann meines Erachtens nicht von einer ausdrücklichen beziehungsweise bewussten Absichtserklärung abhängig gemacht werden. Ich glaube eher, dass, wer kommt und bleibt, ein Bedürfnis nach Analyse hat, dass er sich selbst und seiner Wahrheit auf die Spur kommen möchte. Dass er das zugleich auch nicht will und Wahrheit zerstören möchte, wird aus Bions bereits erwähnter Äußerung über die Doppelsinnigkeit der Sprache deutlich. Daraus leitet sich für den Analytiker die Aufforderung ab, bei der Arbeit stets beides zu beachten: den Wunsch nach Wahrheit und Wahrhaftigkeit wie auch den, beides zu zerstören.

Doch während der Patient meines Erachtens durchaus das Recht hat, sich durch das Gestrüpp von Unwahrhaftigkeit und Lüge zu seiner Wahrheit vorzuarbeiten, hat der Analytiker umgekehrt die Verpflichtung, an dem Anspruch auf Wahrheit und Wahrhaftigkeit festzuhalten – so weit und so gut ihm das möglich ist. Der Analytiker wird dadurch zum Repräsentanten eines im Analysanden destruktiv bekämpften Bedürfnisses, seine eigene Wahrheit zu erfahren. Ich werde diesem Gedanken im Folgenden nachgehen und fragen, ob und wie es sein kann, dass sich auch bei Menschen, die sich und andere belügen, jener von Nietzsche eingeführte und von Bion für die Psychoanalyse theoretisch ausformulierte ›Trieb zur Wahrheit‹ durchsetzt. Um einer Antwort auf diese Frage näher zu kommen, möchte ich zunächst an die beiden Auffassungen erinnern, die als die zwei einschlägigen Extrempositionen innerhalb der Geistesgeschichte gelten können.

Angelika Ebrecht

Kant versus Nietzsche:
Wahrheit und Lüge im moralischen und im triebhaften Sinne.

Freuds Grundregel variiert in gewisser Weise Kants strikte Forderung: »Wahrhaftigkeit in Aussagen, die man nicht umgehen kann, ist formale Pflicht des Menschen gegen jeden, es mag ihm oder einem anderen daraus auch noch so großer Nachteil erwachsen« (Kant 1797, S. 638). Doch erscheint die Wahrheitspflicht, wenn sie denn als Verpflichtung jedem Menschen gegenüber behauptet wird, absurd, ja geradezu grausam und schon gar nicht vernünftig. Um die Absurdität dieser Verpflichtung zu verdeutlichen, muss man sich noch nicht einmal mit Kants von Condorcet übernommenem Beispiel auseinandersetzen, bei dem Kant die Position vertritt, man solle lieber einen Freund einem Mörder ausliefern, als nicht die Wahrheit zu sagen. Die Absurdität dieser Position wird deutlich, wenn man sich vorzustellen versucht, was es im konkreten Alltag für Folgen hätte, wenn tatsächlich *alle* Menschen *immer und überall* die Wahrheit sagen würden. Vermutlich würden Zank und Streit überhand nehmen und jegliche dauerhaft positive Bindung unmöglich machen. Das Kant'sche Argument, dass Lügen die menschliche Gemeinschaft bedrohe, gilt also auch umgekehrt: Auch die uneingeschränkte Wahrheit kann sich destruktiv auf soziale Bindungen auswirken.

Wenn dagegen Nietzsche (1873, S. 310) umgekehrt die Meinung vertritt, der Mensch lüge eigentlich immer, selbst wenn er glaube, die Wahrheit zu sagen, da er sich aufgrund der Notwendigkeit zur Selbsterhaltung stets über die Wirklichkeit und den »Wert des Daseins« täusche, da er »tief eingetaucht« sei »in Illusionen und Traumbilder«, so gibt dies dem Eindruck Raum, dass alle sozialen Beziehungen auf Lügen aufbauen. Mit Blick auf den gegenwärtigen Zustand der politischen Kultur und gesellschaftlichen Realität könnte man sich durchaus Nietzsches Auffassung anschließen, hier sei »die Täuschung, das Schmeicheln, Lügen und Trügen, das Hinter-dem-Rücken-Reden, das Repräsentieren, das im erborgten Glanze leben, das Maskiertsein, die verwirrende Konvention, das Bühnenspiel vor anderen und vor sich selbst, kurz das fortwährende Herumflattern um die eine Flamme Eitelkeit so sehr die Regel und das Gesetz, daß fast nichts unbegreiflicher ist, als wie unter den Menschen ein ehrlicher und reiner Trieb zur Wahrhaftigkeit aufkommen konnte« (Nietzsche 1873, S. 310). Man kann auf einer oberflächlichen Schicht davon ausgehen, dass Menschen, die lügen, den Regeln einer Gesellschaft folgen, die von ihren Mitgliedern Verstellung und Anpassung an starre soziale Rollenvorgaben und gleichzeitig listige Verstellung verlangt, die also in gewisser Weise zum Lügen verführt, indem sie es durch Erfolg belohnt und Wahrhaftigkeit eher sanktioniert.

Insbesondere angesichts des öffentlichen Verhaltens von Plagiatoren wie Guttenberg, Koch-Mehrin und ihren Verteidigern könnte man schon zu der Überzeugung gelangen, die sozialen Beziehungen seien gegenwärtig ganz und gar auf Lug und Trug aufgebaut. Doch kann das auch nicht ganz stimmen, denn immerhin gehen wir ja in der Regel von einer gewissen Wahrhaftigkeit in zumindest privaten Beziehungen aus und sind zutiefst gekränkt, wenn sich herausstellt, dass wir getäuscht worden sind. Denn irgendwie haben wir ja doch oftmals ein Gefühl dafür, ob wir selbst oder andere die Wahrheit sagen oder nicht. Freilich bleibt dieses Gefühl stets abhängig von der äußeren Realität, an der sich die innere Überzeugung messen können muss. In manchen Bereichen, wie beispielsweise in der politischen Öffentlichkeit, könnte man uns, wenn wir das täten, nicht zu Unrecht einer gewissen Naivität zeihen. In vielen Beziehungen unterstellen wir gar nicht erst, dass die Menschen, mit denen wir es zu tun haben, die Wahrheit sagen. Im Unterschied zu der von Kant aufgestellten moralischen Forderung nach Wahrheit und Wahrhaftigkeit, kann man also mit Nietzsche durchaus davon ausgehen, dass es eine Art Trieb zur Wahrheit und Wahrhaftigkeit gibt, dass also Moral nicht auf abstrakten Forderungen einer triebfernen Vernunft beruhen muss. Woher aber kommt angesichts der Praktikabilität und Allgegenwart der Lüge jener von Nietzsche so genannte Trieb zur Wahrheit? Mit dem Triebbegriff führt uns diese Frage zurück zur Psychoanalyse.

Wo Nietzsche den Kern des Wahrheitstriebes als Lüge beschreibt, da könnte man aus psychoanalytischer Sicht den Freud'schen Begriff der Abwehr einsetzen. Triebwünsche, die sozial nicht akzeptiert oder persönlich unliebsam sind, werden durch die unterschiedlichen Abwehrfunktionen wie Verdrängung, Verleugnung, Spaltung, Affektisolierung, Verkehrung ins Gegenteil etc. im Bereich des Unbewussten gehalten oder nur in entstellter, gleichsam lügnerischer Form zum Bewusstsein durchgelassen. Beredte Beispiele sind dabei die Verneinung und die Reaktionsbildung: Hat ein Patient, der sagt, »Die Mutter ist es *nicht*«, und bei dem der Analytiker dann richtigstellt, »Also ist es die Mutter« (Freud 1925, S. 11), hat dieser Patient nicht eigentlich schon gelogen? Und unterhält jemand, der sich (als Reaktionsbildung gegen Eifersucht und Hass) scheinbar hingebungsvoll erst um seine jüngeren Geschwister und dann um andere Menschen kümmert, ihnen aber im tiefsten Innern am liebsten den Hals umdrehen möchte, unterhält dieser Mensch nicht eine im Grunde verlogene Beziehung zu seinen Mitmenschen? In diesen und ähnlichen Abwehrkonstellationen könnte man zumindest eine fundamentale Unaufrichtigkeit sehen, wollte man nicht dem kindlichen Versuch, vor der Verantwortung zu fliehen, das Wort reden, das da heißt: ›Ich habe es ja nicht mit Absicht gemacht.‹ Man könnte also sagen, dass jede Art der Abwehr in sich der Struktur der Lüge folgt, sodass auch der Wahrheitstrieb strukturell dem Lügen folgen könnte. Was bedeutet das dann aber für die Grundregel und die analytische Behandlung?

Über Lüge, Wahrheit und Wahrhaftigkeit in der Analyse

Die von der Psychoanalyse eröffnete Möglichkeit einer wahrhaftigen Begegnung erscheint angesichts vielfach verlogener Beziehungen und festgelegter sozialer Rollen geradezu als Privileg. Das Privileg, eine gewisse Zeit und einen geschützten Raum zur Verfügung zu haben, in dem alles gesagt werden darf, kann aber dann zum Zwang werden, wenn es gesagt werden *muss*. Und auch ein Verbot des Lügens kann einen Pakt mit einem grausamen Über-Ich und einer die Wahrheitsliebe einschränkenden gesellschaftlichen Norm eingehen. Wenn die analytische Grundregel einen solchen Pakt eingeht, droht sie gleichsam unreflektiert zum Handlanger gesellschaftlicher Institutionen wie beispielsweise der Kirche oder der Justiz zu werden. Dann gäbe die Psychoanalyse ihre eigene Identität auf, und die Chance, die sie bereithält, wäre verspielt. Das heißt aus meiner Sicht nun aber nicht, dass der Analytiker einen Pakt mit der Lüge eingehen sollte. Ich denke, dass es wichtig ist, die Lüge nicht als Abwehr von Wahrheit zu sehen, sondern als Versuch, Angst und Destruktion zu vermeiden und dadurch die analytische Beziehung zu schützen.

Adam Philipps (1997, S. IX) Auffassung, der Lügner sei jemand, von dem man annimmt, dass er weiß, was die Wahrheit ist, lässt sich zumindest angesichts mancher Formen der Lüge nicht aufrechterhalten. Denn wie mitunter jemand, der meint, die Wahrheit zu sagen, im Grunde doch lügt, so kann es durchaus auch den Fall geben, dass jemand, der bewusst lügt, unbewusst doch die Wahrheit sagt. Wie schwierig es ist, zwischen normaler psychischer Abwehr und bewusster Lüge zu unterscheiden, machen Fenichels Überlegungen zur Pseudologia phantastica (der sogenannten Pseudologie) deutlich, bei der der Betroffene gar nicht anders kann, als zu lügen. Fenichel (1939, S. 150) knüpft an Freuds Gedanken *Über Kindheits- und Deckerinnerungen* an, wenn er zusammenfasst, dass die Lüge wie auch die Deckerinnerung »der Verleugnung dient. Es gilt auch die Formel: ›Ist es möglich, jemanden glauben zu machen, daß unwahre Dinge wahr wären, so ist es auch möglich, daß wahre Dinge, deren Erinnerung mir droht, unwahr sind.‹«

Dies entspricht meinen Erfahrungen aus der Arbeit mit inhaftierten Straftätern. Wenn jemand sagt: »Ich mache das hier nur, weil ich den Nachweis einer Therapie brauche, um vorzeitig entlassen zu werden«, kann man das ebenso wenig für bare Münze nehmen, wie wenn jemand sagt: »Ich verfolge mit der Therapie *nicht* die Absicht, mir im Vollzug irgendeinen Vorteil zu verschaffen.« Bei solchen Äußerungen ist stets das Gegenteil mitgedacht. Und wichtiger, als denjenigen, der sie äußert, zu verurteilen, oder ihm die Fähigkeit zur Behandlung abzusprechen, bleibt zu fragen, was solche Äußerungen jeweils für die Beziehung bedeuten. Aufgrund dieser Erfahrungen möchte ich mich mit John Forrester (1997, S. 97) daran erinnern, dass, wer andere belügt, in der Regel auf genau die gleiche Weise auch sich selbst belügt und umgekehrt. Und eben in dieser je spezifischen Art der Unwahrhaftigkeit sind jene Spuren zu entdecken, die in der gemeinsamen Arbeit dann zur Wahrheit führen können. Oder um Freud selbst zu zitieren: »Man darf ganz allgemein erstaunt sein, daß der Wahrheitsdrang der Menschen so viel stärker ist, als man ihn für gewöhnlich einschätzt« (Freud 1904, S. 247).

Freud (1937, S. 94) beharrt noch ausdrücklich darauf, »daß die analytische Beziehung auf Wahrheitsliebe, d.h. auf die Anerkennung der Realität gegründet ist und jeden Schein und Trug ausschließt«. Die Lüge würde damit sowohl unter die destruktiven Kräfte als auch unter jene Mächte des Scheins und der Fantasie rubriziert, auf die bereits Nietzsche hingewiesen hatte. Indem Freud hier die Verwendung von Wahrheit und Lüge dem Sekundärprozess zuordnet, macht er sie zu einer Frage der Moral und des Charakters. Und doch macht der Verweis auf Schein und Trug deutlich, dass es sich nicht ausschließlich um eine Frage der Moral handelt, sondern auch um eine der Unterscheidung zwischen Fantasie und Realität (vgl. Ferenczi 1927, S. 370f.; vgl. Forrester 1997, S. 96). Immerhin gesteht Freud (1913, S. 422, 427) selbst ein, dass bei

Kindern das Lügen auch »unter dem Einfluß überstarker Liebesmotive« zustande kommen könne und es verfehlt wäre, »wenn man aus solchen kindlichen Vergehen die Prognose auf Entwicklung eines unmoralischen Charakters stellen würde«.

Freud unterscheidet die durch Abwehr entstellte seelische Wahrheit von einer absichtlichen, bewusst eingesetzten Lüge. Beides, so meint er, funktioniere nicht wirklich; denn dem aufmerksamen Beobachter entgehe nicht, dass häufig »ein unbemerkter Irrtum« in Gestalt von Fehlleistungen wie dem »Versprechen« oder dem »Verschreiben« »als Ersatz für eine absichtliche Verschweigung oder Verdrängung« auftrete (Freud 1904, S. 246). Deshalb kommt er zu dem Schluss: »Vielleicht ist es übrigens eine Folge meiner Beschäftigung mit der Psychoanalyse, daß ich kaum mehr lügen kann. So oft ich eine Entstellung versuche, unterliege ich einer Irrung oder anderen Fehlleistung, durch die sich meine Aufrichtigkeit [...] verrät« (Freud 1904, S. 247). Wenn man nicht unterstellen will, dass Freud hier die eigene Wahrheitsliebe idealisiert oder gegenstrebige Tendenzen verleugnet, so könnte man diesen indirekten Weg zur Wahrheit, den Freud für sich selbst in Anspruch nimmt, auch für alle anderen, so auch für Analysepatienten oder inhaftierte Straftäter reklamieren. In solchen symptomatischen Äußerungen wird das auf symbolische Weise kommuniziert, was durch die Lüge dem intersubjektiven Prozess entzogen bleiben sollte.

Gehen wir davon aus, dass die analytische Grundregel zwei Menschen die Möglichkeit gibt, einander wahrhaftig zu begegnen und gemeinsam nach Wahrheit zu suchen, dass sie also eine Offenheit in der Beziehung erschafft (Bions O), dann kann man annehmen, dass derjenige, der weiterhin zur Therapie oder zur Analyse kommt, auch weiterhin an der Wahrheit interessiert ist. Denn obwohl er es vielleicht nicht wahrhaben möchte, weiß er im Grunde doch, dass es genau darum geht.

Wichtig ist allerdings, zwischen äußerer und innerer Wahrheit zu differenzieren. Während die äußere Wahrheit, also das, was Hannah Arendt (2006, S. 13, S. 40) als »Tatsachenwahrheit« für den Bereich der Politik reklamiert und von der bloßen »Meinung« unterscheidet, während also diese Tatsachenwahrheit auf äußerer Faktizität und Zeugenschaft beruht, so gelten für die innere Wahrheit andere Wahrheitskriterien. Im psychischen Bereich bezieht eine Tatsachenwahrheit ihre Gültigkeit aus dem, was Freud (1925) in seinem Verneinungs-Aufsatz die Realitätsprüfung nennt, nämlich zu entscheiden, ob etwas außer mir ist oder in mir. Die eigene innere Wahrheit kann sich jedoch auf so etwas nicht verlassen. Denn im Unterschied zur Tatsachenwahrheit der äußeren Realität betrifft die Wahrheit der inneren Realität vor allem die emotionale Tatsache. Bei ihr handelt es sich nicht um ein intellektuelles, sondern um ein gefühlsmäßiges Wissen der Verbundenheit mit sich selbst und den anderen.

Dieses Gefühl der Verbundenheit bedarf jedoch eines sicheren inneren Gefühls, im eigenen Körper verankert zu sein und vertrauenswürdige innere Objekte zu besitzen. Wenn man mit Edna O'Shaughnessy (1998, S. 61) davon ausgeht, dass im Lügen die »Wahrheit oder Unwahrheit« bzw. die »Aufrichtigkeit oder Falschheit« der Objekte zum Ausdruck kommt, dann müsste das umgekehrt auch für den Trieb nach Wahrheit gelten. Jemand, der die Wahrheit im Modus des Lügens sucht, dürfte wenig Erfahrung mit wahrhaftigen Objekten besitzen. Er wird sich bei seiner Suche bemühen, vor jenen unzuverlässigen Objekten zu fliehen, sie auszutricksen, anzugreifen, oder gar zu zerstören, im schlimmsten Fall sogar real. Und doch lässt sich auch diese Flucht als Suche nach Wahrheit und Wahrhaftigkeit verstehen und verwenden. Aus Sicht von Wolfgang Loch »begeht der Kriminelle den ›bösen‹ Akt in der Hoffnung, seine Wahrheit zu finden« (Loch 2001, S. 115).

Bion (1992, S. 98), der neben Liebe L und Hass H als dritten Grundtrieb den Wissenstrieb K annimmt, geht davon aus, dass Wahrheit und Lüge »zwei unterschiedliche Zielsetzungen« haben: »die eine, die darin besteht, eine Person oder ein Ding kennen zu lernen, K im eigentlichen Sinn, und die andere, die darin besteht, K und die durch K repräsentierte emotionale Erfahrung zu meiden«. Allerdings müsste man in Bions eigener Terminologie wohl korrigieren, dass das, was gemieden werden soll, ursprünglich nicht eigentlich K ist, sondern primär -K, also das Nichtwissen. Denn was gefürchtet wird, sind Nichtwissen und Nichtentwicklung. Gefürchtet wird also eine Brust, die *nicht* hilft, ein gutes Gefühl für den anderen und eine »wachstumsstimulierende« Beziehung im eigenen Inneren aufzubauen, sondern die »neidisch das gute oder wertvolle Elemente aus der Todesangst entfernt und den wertlosen Rest gewaltsam in das Kind zurückdrängt«, sodass ein »Proßeß, der mit einer Angst des Kindes zu sterben begann«, in einer »namenlosen Bedrohung« endet (Bion 1992, S. 154). Diesem destruktiven Prozess möchte die Lüge Einhalt gebieten.

In ihr versucht sich der Einzelne aus einer bedrohlichen Beziehung vor einer zerstörerisch schmerzhaften psychischen Wahrheit an einen scheinbar sicheren Ort zurückzuziehen. Es handelt sich um einen Ort, an den sich die Seele eines Patienten zurückzieht, um sich vor »Verfolgungsangst wie auch vor Schuldgefühlen« zu schützen (Steiner 1998, S. 28). Dieser Ort des psychischen Rückzugs vor der Realität menschlicher Beziehungen wird in der Lüge idealisiert. Ein solches Negativideal entspricht dem destruktiven Narzissmus, der im Verständnis Rosenfelds (1987, S. 29) aus einer »Idealisierung der destruktiven Anteile des Selbst« entsteht, die denen, die sich damit identifizieren, ein Gefühl von Allmacht verleiht. In der Analyse motiviert dieses Gefühl der Allmacht die Lüge insofern, als es den Triumph über die schmerzhafte innere Wahrheit ermöglicht und die Abhängigkeit vom Analytiker verleugnet. Die Beziehung wird zwar unterschwellig angegriffen, aber an der Oberfläche aufrechterhalten.

In dem Moment aber, wo Betrug und Lüge aufgedeckt werden, wird das in ihnen gebundene destruktive Potenzial frei und bedroht die Beziehung. Nach meiner Erfahrung ist ein verstärktes Agieren in der Arbeit mit delinquenten Patienten zwar gefährlich, weil Suizid oder Gewalt gegen andere drohen und dadurch die Beziehung auf dem Spiel steht, es ist aber für den Fortgang der Behandlung nicht unbedingt schlecht. Denn in den meisten mir bekannten Fällen traten solche destruktiven Krisen nach einigen Monaten in der Behandlung auf und bedeuteten insofern einen Wendepunkt, als die Beziehung dann oftmals wahrhaftiger und die Lügen deutlicher wurden.

Übertragen auf die Affäre Guttenberg würde das bedeuten, dass in der verlogenen Beziehung ein Stück Wahrhaftigkeit zum Vorschein kommt, dass sich der Trieb nach Wahrheit gerade mithilfe jener in der Lüge gebundenen Destruktion durchsetzt. Beland (2008, S. 92) sieht die Ethik analytischen Forschens darin begründet, dass der Analytiker »der speziellen bisher nicht vorstellbaren ›Vorstellung‹ der Gefahr im Unbewussten, gewahr werden, innewerden« muss. Demnach würde Lüge der Angstvermeidung dienen, und Wahrheit bestünde in der Fähigkeit, der Angst ins Auge blicken zu können.

Literatur

Arendt, Hannah (1967/2006): Wahrheit und Politik. In: Hannah Arendt, Patrizia Nanz. Über Wahrheit und Politik. Berlin (Piper), S. 9–62.
Beland, Hermann (2008): Die Angst vor Denken und Tun. Psychoanalytische Aufsätze zu Theorie, Klinik und Gesellschaft. Gießen (Psychosozial-Verlag).
Bion, Wilfred R. (1970/2006): Aufmerksamkeit und Deutung. Tübingen (edition diskord).
Bion, Wilfred R. (1992): Lernen aus Erfahrung. Frankfurt/M. (Suhrkamp).
Bruder, Klaus-Jürgen & Voßkühler, Friedrich (2009): Lüge und Selbsttäuschung. Göttingen (Vandenhoeck & Rupprecht).
Ebrecht, Angelika (2003): Die Seele und die Normen Zum Verhältnis von Psychoanalyse und Politik. Gießen (Psychosozial-Verlag).
Ebrecht, Angelika (2010): Charakter, Persönlichkeit und soziale Beziehung. In: Bahrke, Ulrich: Denk' ich an Deutschland... Sozialpsychologische Reflexionen. Frankfurt/M. (Brandes & Apsel), S. 54–77.
Fenichel, Otto (1939/1985): Zur Ökonomik der Pseudologia phantastica. In: Aufsätze Band II. Hg. von Klaus Laermann. Frankfurt/M., Berlin, Wien (Ullstein), S. 146–158.
Ferenczi, Sándor (1927/1984): Das Problem der Beendigung der Analysen. In: Bausteine zur Psychoanalyse. Bd. 3: Arbeiten aus den Jahren 1908–1933. Unv. Nachdruck der 1938 im Internationalen Psychoanalytischen Verlag Leipzig erschienenen Erstausgabe. Frankfurt/M., Berlin, Wien (Ullstein).
Forrester, John (1997): Truth Games. Lies, Money and Psychoanalysis. Foreword by Adam Phillips. Cambridge/Massachusetts, London (Harvard University Press).
Freud, Sigmund (1904) »X. Irrtümer.« In: Zur Psychopathologie des Alltagslebens. GW IV, S. 242–255.
Freud, Sigmund (1912): Ratschläge für den Arzt bei der Psychoanalytischen Behandlung. GW VIII, S. 376–387.
Freud, Sigmund (1913): Zwei Kinderlügen. GW XII, S. 422–427.
Freud, Sigmund (1925): Die Verneinung. GW XIV., S. 11–15.
Freud, Sigmund (1937): Die endliche und die unendliche Analyse. GW XVI, S. 59–99.
Freud, Sigmund (1940): Abriß der Psychoanalyse. 6. Die Psychoanalytische Technik. GW XVII, S. 97–108.
Kant, Immanuel (1797/1998): Über ein vermeintes Recht aus Menschenliebe zu lügen. In: Immanuel Kant, Werke in sechs Bänden; Band IV. Darmstadt (WBG), S. 637–643.
Lasswell, Harold D. (1959/60): Political constitution and character. Psychoanalysis and the Psychoanalytic Review 46, 3–18.
Loch, Wolfgang (2001): Mit Freud über Freud hinaus. Ausgewählte Vorlesungen zur Psychoanalyse. Tübingen (edition diskord).
Meltzer, Donald (1967/1995): Der psychoanalytische Prozess. Mit einem Nachwort zu den Weiterentwicklungen bis heute. Stuttgart (Verlag Internationale Psychoanalyse).
Nietzsche, Friedrich (1873/1984): Über Wahrheit und Lüge im außermoralischen Sinn. In: Werke III. Hg. Karl Schlechta. Frankfurt/M., Berlin, Wien (Carl Hanser), S. 309–322.
O'Shaughnessy, Edna (1998): Kann ein Lügner analysiert werden? Emotionale Erfahrungen und psychische Realität in Kinder- und Erwachsenenalter. Tübingen (edition diskord).

Moscovici, Serge (1984): Das Zeitalter der Massen. Eine historische Abhandlung über die Massenpsychologie. München, Wien (Hanser).
Moscovici, Serge (1993): The return of the unconscious. Social Research 60(1), 39–93.
Moscovici, Serge (1995): Geschichte und Aktualität sozialer Repräsentationen. In: Flick, Uwe (Hg.)(1995): Psychologie des Sozialen. Repräsentationen in Wissen und Sprache. Reinbek bei Hamburg (Rowohlt), S. 266–314.
Phillips, Adam (1997): Foreword. In: Forrester, John (1997): Truth Games. Lies, Money and Psychoanalysis. Foreword by Adam Phillips. Cambridge/Massachusetts, London (Harvard University Press), S. ix-xiii.
Rosenfeld, Herbert (1987/1990): Sackgasse und Deutungen. Therapeutische und antitherapeutische Faktoren bei der psychoanalytischen Behandlung von psychotischen, Borderline- und neurotischen Patienten. Stuttgart (Verlag Internationale Psychoanalyse).
Steiner, John (1998): Orte des seelischen Rückzugs. Pathologische Organisation bei psychotischen, neurotischen und Borderline-Patienten. Stuttgart (Klett-Cotta).

In the Line of Duty?

Die »Psychoanalytic Community«
und US-amerikanische Geheimdienststellen –
Ein Werkstattbericht[1]

Knuth Müller

1940–1945: Die Anfänge

Beginnend in den frühen 40er Jahren hatten zahlreiche Psychoanalytiker[2] Kontakt mit dem am 11. Juli 1941 begründeten ersten zentralisierten US-Geheimdienst *Office of the Coordinator of Information* (COI). Auf Anregung des Psychoanalytikers Walter C. Langer und mit Einverständnis von William J. Donovan, Direktor des COI/OSS, wurde unter Langers Federführung zunächst angedacht, eine Analyse der zu diesem Zeitpunkt in den USA vorherrschenden mangelhaften Kriegsmoral junger Männer durchzuführen (Langer 1972, S. 6ff.). Als Quelle sollten die aus Psychoanalysen gewonnenen Daten jener Männer dienen (ebd.). Langer gelang es alsbald, hochrangige Psychoanalytiker für dieses Projekt zu gewinnen, darunter u.a. Franz Alexander, Siegfried Bernfeld, Otto Fenichel, Thomas M. French, M. Ralph Kaufman, Lawrence S. Kubie,[3] William C. Menninger und Henry A.

---

1 Bearbeiteter und gekürzter Vortrag, gehalten am 5. März 2011 im Rahmen des Kongresses der Neuen Gesellschaft für Psychologie an der Freien Universität Berlin. Dieser Beitrag ist Teil einer sich in Arbeit befindenden Dissertation an der FU Berlin.
2 Der Einfachheit wegen nutze ich im Folgenden die männliche Form, ohne die Bedeutung der weiblichen Form dadurch minimieren zu wollen.
3 Lawrence Schlesinger Kubie (M.D.): * 17. März 1896 New York, NY, USA, † 26. Oktober 1973 in Baltimore, MD, USA. Psychiater, Lehr- und Kontrollanalytiker, ehemaliger Präsident der *New York Psychoanalytic Society* sowie der *American Psychosomatic Society*, Sekretär der *American Psychoanalytic Association* im Jahr 1937, Mitglied der *New York Academy of Medicine*. Kubie arbeitete am *College of Physicians and Surgeons*, der *Yale*

Murray (Langer/Gifford 1978, S. 52). Erste Ergebnisse warteten schon auf ihre Auswertung, als das nachrichtendienstliche Desaster von Pearl Harbor am 7. Dezember 1941 die Nation erschütterte. In der Nachfolge des japanischen Angriffs auf die US-Pazifikflotte wurde der COI umstrukturiert, in ein *Office of Strategic Services* (OSS) und ein *Office of War Information* (OWI) aufgespalten und am 13. Juni 1942 dienstbar gemacht (Cavin 2006b, S. 464; Cline 1976, S. 2; Ranelagh 1988, S. 62). Die ursprünglich mangelnde Kriegsmoral wandelte sich durch diesen Angriff und dem daraufhin erklärten Kriegseintritt der USA schlagartig in eine überwiegend positive Einstellung, was Langers »Psychoanalytic Field Unit« (ebd.; Hoffmann 1989, S. 32 [Fn]; Langer 1972, S. 8) – ohnehin seit Herbst 1941 andauernder interner Angriffe ausgesetzt (Mauch 1999, S. 89–90) – schließlich obsolet machen sollte.

Den diversen Auseinandersetzungen müde, quittierte Langer schließlich recht desillusioniert seinen seit (ca.) dem 9. September 1941 andauernden Dienst beim COI zum 21. Dezember 1941 (Walter C. Langer to Colonel Donovan, Subject: Resignation, Dec. 10, 1941, National Archives and Records Administration II [fortan: NARA II], OSS Personnel Files, Walter C. Langer, RG 226, Entry A1, Box 431). Der Abschied von seiner klandestinen Arbeit fiel ihm allerdings äußerst schwer: »Ich vermisse all die Aufregung fürchterlich und fühle mich recht verloren ohne sie« (Walter C. Langer to James B. Opsala, Jan. 6, 1942, NARA II, OSS Personnel Files, Walter C. Langer, RG 226, Entry A1, Box 431. Übers.: d.V.).

Langers Scheiden blieb allerdings nicht von Dauer. Am 26. Dezember 1942 stieg er als »Consultant« des OSS wieder ein (Personnel Action Sheet, Dec. 23, 1942, NARA II, OSS Personnel Files, Walter C. Langer, RG 226, Entry A1, Box 431) und begann unter Mitarbeit der OSS-Psychoanalytiker Ernst Kris, Bertram D. Lewin und Henry A. Murray eine psychohistorische Biografie Adolf Hitlers zu erstellen (Langer s.d., 1943, 1972). Weitere Teilnehmer dieses Projekts waren die beiden Psychoanalytiker Norbert Bromberg (Langer 1972, S. 247), Erik H. Erikson (Coles 1974, S. 100–116; Friedman 1999, S. 165–167) sowie Gertrude M. Kurth, die Cousine von Marianne und Ernst Kris (Rathkopf et al. 2008). Aufgrund ihrer jüdischen Abstammung 1939 zur

---

School of Medicine, am *New York Psychoanalytic Institute*, am *Neurological Institute of New York* sowie am *Mount Sinai Hospital* in New York City (Lawrence Kubie, Psychiatrist, dies. 1973; Leavy 1974, S. 3; Margolin 1974). Auf Kubie wird weiter unten noch genauer eingegangen.

Emigration gezwungen, arbeitete die aus Wien stammende promovierte Anthropologin und spätere Psychoanalytikerin zwischen Februar und September 1943 als OSS-Mitarbeiterin für Langers Hitlerprojekt (ebd.). Sie berichtet darüber:

>»Es war meine Aufgabe, für eine Gruppe von Experten zur Verfügung stehendes biografisches Material über Hitler zu sammeln und zusammenzufassen, damit eine Aufarbeitung und psychologische Einschätzung dieses Materials vorgenommen werden konnte. Ziel dieses Projekts war es, mögliche Voraussagen über Verhaltensweisen als Reaktion auf unterschiedliche Ereignisse treffen zu können, insbesondere hinsichtlich militärischer Rückschläge, Invasion, Niederlage etc. Das Material sollte hinsichtlich der genannten Punkte sortiert, zusammengefasst und mittels psychoanalytischer Theorie evaluiert werden. Geplant war dieses Vorgehen mit allen deutschen Kriegsführern, jedoch wurde dieses Projekt nicht zu Ende geführt. Das gesammelte Material über Hitler wurde katalogisiert« (Experience & Qualifications Sheet #2, Nov. 3, 1956, Gertrud Kurth Collection; AR 10905; Box 1; Folder 6; Courtesy of the Leo Baeck Institute, New York. Übers.: d. V.).

Diesbezüglich gesammelte Dokumente verwertete Kurth später für ihre Master-Arbeit mit dem Titel: »The Image of the Fuehrer. A Contribution to the role of imagery in hero worship« (Kurth 1947, 1969, S. 239).

Neben dessen Kooperation mit Langer analysierte Ernst Kris für das OSS deutsche Radiopropaganda (Kris/Speier 1944), eine Arbeit, die er zuvor schon in England für die BBC begonnen hatte (ebd., S. v–vi), und brachte damit u. a. die späteren Psychoanalytiker Henry Elkin, John L. Herma sowie die eben erwähnte Kurth für sein OSS-»Forschungsprojekt über totalitäre Kommunikation« zusammen (ebd., S. x. Übers.: d.V.).

Ernst Simmel verfasste die OSS-Studie »A Psychological Radio Offensive Against Germany from a Psychoanalytical Viewpoint« und versuchte via »Kurzwellen-Psychotherapie« (Simmel in Cavin 2006, S. 17 [Fn.]. Übers.: d. V.) in der deutschen Bevölkerung »panikartige Zustände zu evozieren [...], die eine effektive Abwehr lähmen. [...] In Radiosendungen eingeschmuggelt, beeinflussen sie den mentalen Zustand des Zuhörers um so stärker, je weniger er sich [...] dieser Sendungen bewusst ist [...]« (ebd., S. 10. Übers.: d. V.).

Erik H. Erikson arbeitete ebenso für eine Reihe nachrichtendienstlicher Organisationen und Abteilungen während des Zweiten Weltkriegs: COI/

OSS/OWI/*Office of Naval Intelligence* (ONI)/*Committee on National Morale* (CNM)/*Psychological Warfare Division* der US-Army (PWD) (Cavin 2004, S. 5). In diesem Zusammenhang verfasste er u. a. ergänzende Schriften zur Person Hitlers, wie das in der Zeitschrift *Psychiatry* veröffentlichte »Hitler's Imagery and German Youth« (Erikson 1942a). Dieser Beitrag diente als wesentliche Basis für das neunte Kapitel von *Childhood and Society* mit dem Titel: »The Legend of Hitler's Childhood« (Erikson 1963, S. 326–358; Friedman 1999, S. 171). Eriksons Text »On Submarine Psychology« wird als Beitrag für das CNM des COI in seinem bekannten Buch *Identität und Lebenszyklus* erwähnt (Erikson 1980, S. 217). Weitere Texte für das CNM des COI/OSS waren »On Nazi Mentality« (Erikson 1940a), »On the Feasibility of Making Psychological Observations in Internment Camps« (Erikson 1940b; Cavin 2004, S. 5; 2007, S. 5; Coles 1974, S. 448), »Comments on Hitler's Speech of September 30, 1942« (Erikson 1942b), »A Memorandum Concerning the Interrogation of German Prisoners of War« (Erikson 1943) oder die Abhandlung: »Comments on Anti-Nazi Propaganda« (Erikson 1945a). Der Aufsatz »A Memorandum to the Joint Committee on Post War Planning« (Erikson 1945b) wurde ursprünglich als CNM-Beitrag zu einer zwischen dem 29.–30. April, 20.–21. Mai und 3.–4. Juni 1944 an der Columbia University in New York City abgehaltenen und durch das OSS und dem OWI geheimdienstlich organisierten und finanzierten Konferenzreihe über »Germany after the War« verfasst (Germany After the War 1945; Gerhardt 1991, S. 278f; 2002, S. 75; 111[Fn]; 1996, S. 313; Parham 2008, S. 8). Teilnehmer und Unterstützer dieser OSS/OWI-Konferenzreihe waren neben Erikson u. a. die Psychoanalytiker Franz G. Alexander, Sidney G. Biddle, Carl A. Binger, Gustav Bychowsky, Thomas M. French, Erich Fromm, Heinz Hartmann, Ives Hendrick, Edith B. Jackson, Marion E. Kenworthy, Robert P. Knight, Ernst Kris, Lawrence S. Kubie, Bertram D. Lewin, Nolan D.C. Lewis, Adolf Meyer, John A. P. Millet und Robert Waelder (Germany After the War 1945, S. 440f.). Hier standen z. B. »Fragen der deutschen Charakterstruktur und Möglichkeiten ihrer Veränderung sowie […] Perspektiven der Politik im besetzten Deutschland im Zusammenhang mit politischen Stimmungen in den USA« (Gerhardt 1991, S. 279) im Vordergrund.[4]

---

4 Der Umfang psychoanalytischer Kooperation mit dem COI/OSS ist hier nur sehr verkürzt dargestellt. Gänzlich ausgelassen wurde die umfangreiche institutionelle Mitarbeit der *American Psychoanalytic Association* (APsaA). Letzteres wird Teil der sich in Arbeit befindlichen Dissertation.

Von der Theorie zur Praxis: Das OSS Assessment-Projekt

Die Arbeit von Psychoanalytikern für unterschiedliche US-nachrichtendienstliche Organisationen beschränkte sich im Laufe des Krieges nicht mehr nur auf Schreibtischarbeiten. Beginnend im Oktober 1943 arbeiteten mindestens 74 Ärzte, Psychiater, Psychologen, Berater, Offiziere und andere wissenschaftliche und nichtwissenschaftliche Mitarbeiter an dem 1948 als *Assessment of Men* (OSS Assessment Staff 1948) veröffentlichen Werk zur Auslese zukünftiger Geheimagenten des *Office of Strategic Services*. Henry A. Murray war Leiter dieses wichtigen OSS-Projekts, an dem eine Reihe von (z. T. erst nach dem Krieg [fertig] ausgebildeten) OSS-Psychoanalytiker mitwirken sollten: Mabel B. Cohen, Robert A. Cohen, Bingham Dai, John M. Fearing, David M. Levy, Janet MacKenzie Rioch (damals noch Janet Rioch), R. Nevitt Sanford und Alfred H. Stanton (ebd., S. v–vii). Elliott Jaques, ein Schüler sowie Lehranalysand Melanie Kleins und späteres Mitglied der *British Psycho-Analytical Society*, war ebenfalls Teil von Murrays OSS-Unternehmen (Douglas 1993, S. 233). Dieses 1945 abgeschlossene Projekt gilt heute als Geburtsstunde der Assessment-Psychologie (McKinnon 1974). Murray, der im Rahmen seiner oben erwähnten Teilnahme an Langers Hitler-Projekt im Oktober 1943 eine eigenständige psychohistorische Arbeit über Hitler für das OSS verfasste (Murray 1943), teilte Langers Begeisterung für das klandestine Gewerbe: »Es war ein unglaublicher Spaß«, so wird er sich seiner OSS-Arbeit erinnernd zitiert, »außerordentlich interessant, ungeheurer Spaß« (Murray in Robinson 1992, S. 281. Übers.: d. V.).

Dessen Spaß ging allerdings auf Kosten manches Agentenanwärters. In dem dort durchgeführten »Stress Interview« (OSS Assessment Staff 1948, S. 133) wurden teilweise »lähmende und untauglich machende Angstattacken ausgelöst« (ebd., S. 138. Übers.: d. V.) – bis hin zur »Ohnmacht« (ebd. Übers.: d. V.). Murray berichtet: »Alleine die Instruktionen für das Stressinterview diente mancher Zeiten als höchst aufschlussreiches projektives Verfahren […] als [z. B.] während einer Gelegenheit ein Mann, der die Instruktionen lesen sollte, darauf bestand, dass er nicht weiter mit dem Test fortführen könne. Etwas später fand der Direktor der Station S diesen Kandidaten auf seinem Bett sitzend und heulend vor« (ebd. Übers.: d. V.).

Das OSS »Truth Drug«-Komitee

In einem OSS-Memorandum vom 2. Juni 1943 wird ein »Komitee zur Untersuchung der Brauchbarkeit von Medikamenten/resp. Drogen bei der Durchführung von Verhören an Kriegsgefangenen« erwähnt (National Security Archives, John Marks Collection, S. 1. Übers.: d.V.). Mitglieder dieses von der Abteilung psychologischer Kriegsführung des *Military Intelligence Service* (MIS) eingesetzten »Truth Drug«-Komitees waren:

»Dr. Winifred Overholser (Vorsitzender), Prof. für Psychiatrie der George Washington Universität und Direktor des St. Elisabeth Hospitals, Washington D.C.; Dr. John Whitehorn,[5] Prof. für Psychiatrie des John Hopkins Hospitals; Dr. Edward A. Stricker [sic!],[6] Prof. für Psychiatrie der Universität Pennsylvania; Dr. Lawrence S. Kubie, assoziiertes Mitglied der Abteilung Neurologie des Neurologischen Instituts N.Y.C. [...]. Seit Kurzem wird diese Arbeit unterstützt von Dr. Watson W. Eldridge vom St. Elizabeth Hospital, Captain George H. White[7] sowie James A. Hamilton vom OSS« (ebd., Übers. d.V.).

Dieses Memorandum berichtet von Experimenten an uneingeweihten sogenannten »Freiwilligen« und schlägt vor, »weitere Einsatzerprobungen durch einen Offizier durchführen zu lassen, der Erfahrungen

---

5 John Clare Whitehorn (M.D.): * 6. Dezember 1894 in Spencer, NE, USA, † 4. Oktober 1973 in Baltimore City, MD, USA. Whitehorn war Vorsitzender des *Department of Psychiatry* an der *Johns Hopkins University*, Präsident der *American Psychiatric Association*. Ab 1957 diente er als Berater des Aufsichtsrats der *Society for the Investigation of Human Ecology* (ab 1961 umbenannt in *Human Ecology Fund* [Prince 1995, S. 408]), eine CIA-Tarnorganisation, die Forschungen zur Verhaltens- und Bewusstseinsmanipulation im Rahmen des CIA-Projekts MKULTRA (s.u.) unter dem Deckmantel einer unabhängigen wissenschaftlichen Stiftung finanzierte (Marks 1988, S. 167). Whitehorn war seit 1944 Ehrenmitglied der *Washington-Baltimore Psychoanalytic Society* (V. List of Members 1944, S. 196).

6 Edward Adam Strecker (M.D.): * 16. Oktober 1886 in Philadelphia, PA, USA, † 2. Januar 1959 in Philadelphia, PA, USA. Stecker, Ehrenmitglied der *Philadelphia Association for Psychoanalysis* (News and Proceedings 1959, S. 373), war während des Zweiten Weltkrieges Sonderberater der Army, Navy und Air Force mit eigenem Raum im Weißen Haus und einem in General Eisenhowers Suite in London (Bond 1959, S. 960).

7 Der OSS-Offizier George Hunter White (1906–1975) war eine der wichtigsten Personen in der frühen Zeit der CIA-Programme BLUEBIRD, ARTICHOKE und MKULTRA (Marks 1988, S. 6). Abgesegnet durch die CIA richtete er sogenannte

hat bezüglich subtiler, geheimer Verhöre sowie gleichzeitig auch Kenntnisse bezüglich der Eigenschaften der Droge besitzt« (National Security Archives, John Marks Collection 1943, S. 3. Übers.: d. V.). Kubies Arbeit für das OSS wurde von Stanley Lovell, dem Direktor der »Research & Development«-Abteilung des OSS, sehr geschätzt. In seinen Erinnerungen bezeichnete er Kubie – neben Karl und William Menninger – als »[...] unsere besten Experten« (Lovell 1963, S. 99–100. Übers.: d. V.).[8]

Nach ersten recht enttäuschenden Experimenten mit unterschiedlichsten Drogen sowie variationsreichen Applikationsversuchen (u. a. durch Versprühen des Wirkstoffes), wurde schließlich Tetrahydrocannabinol (THC) als am erfolgversprechendsten bewertet (Mori ID#: 184373, S. 2). Am Ende erwies sich jedoch auch dieses Wahrheitsmittel als rechte Enttäuschung. Einem 1945 erstellten OSS-Memorandum ist zu entnehmen: »Bisherige Ergebnisse zeigen, dass eine lückenlose Wahrheit mit dieser Methode nicht zu erhalten ist« (Mori ID#: 144767, S. 4. Übers.: d. V.). Trotz der Enttäuschung blickte Kubie auf seine OSS-Zeit mit Freude zurück. In den 50er Jahren schrieb er an seinen OSS-Kollegen George H. White: »Ich schaue gerne auf diese Tage zurück. Was für einen großen Spaß wir doch hatten« (Albarelli 2010. Übers.: d. V.).

»safe-houses« ein, konspirative Wohnungen in New York City und San Francisco, in denen von der CIA engagierte Prostituierte unwissende Freier einschleusten und ihnen anschließend diverse Halluzinogenen (LSD, Meskalin etc.) verabreichten, während zur Dokumentation der Drogeneffekte hinter einseitig durchsichtigen Spiegeln die Kameras liefen. Name dieser Operation war »Midnight Climax«. Die Freier wurden natürlich nicht darüber aufgeklärt, was mit ihnen plötzlich geschah. Einige rannten in absoluter Panik aus den Wohnungen. Kein Untersuchungsausschuss war in der Lage zu klären, was mit diesen Leuten im Nachhinein passierte. White schrieb gegen Ende seines Lebens: »I was a very minor missionary, actually a heretic, but I toiled wholeheartedly in the vineyards because it was fun, fun, fun. Where else could a red-blooded American boy lie, kill, cheat, steal, rape, and pillage with the sanction and blessing of the All-Highest?« (ebd., S. 109; s. »Operation Midnight Climax«: U. S. Senate 1977b, S. 45ff., 1977c, S. 42, 100ff.).

8 Am 1. Januar 1943 empfahl sich Walter C. Langer bei Donovan als Organisator und Supervisor des »Truth Drug«-Komitees. Allerdings kam er etwas zu spät, da dieses Komitee schon am 31. Oktober 1942 bestimmt worden war (Research on the Psychological Effects produced by Synthetic Marihuana [sic!], Jan. 1, 1942, NARA II, RG 226, Entry 146, Box 129; Report on T. D., Papers of George Hunter White, June 2, 1943, OSS Memorandum, S. 1).

Nachkriegszeiten

In den Zeiten des Kalten Krieges wuchs die Angst, dass die UdSSR auf dem Gebiet bewusstseins- und verhaltenskontrollierender Substanzen und Techniken Kenntnisse besaß, hinter denen die USA weit zurückstehen würden. So rückten allmählich andere Methoden wie z. B. psychoanalytische Techniken (z. B. Übertragungs- und Regressionsinduzierung), Hypnose, Narkoanalyse/-synthese, diverse Medikamente und Drogen (insb. Halluzinogene wie LSD–25, Psilocybin oder Meskalin) sowie hirnchirurgische Eingriffe oder andere physikalische Methoden, darunter Elektrokrapftherapie (EKT), als mögliche Optimierung von Verhörtechniken ins Zentrum des geheimdienstlichen Interesses.

Ab spätestens 1947 entwickelte sich schließlich ein wahrhaftes »Manhattan Project of the Mind« (McCoy 2006, S. 7) – in dessen Hochzeit finanziert mit einer Milliarde Dollar jährlich (ebd.). Jene Projekte, die unter Kryptonymen wie z. B. CHATTER, BLUEBIRD, ARTICHOKE, MKACTION, MKDELTA, MKNAOMI, MKULTRA, QKHILLTOP, THIRD CHANCE, DERBY HAT, MKSEARCH, MKABATE oder OFTEN/CHICKWIT geführt wurden (U. S. House of Representatives 1976; U. S. Senate 1976a, b; 1977a, b, c), bedienten sich des gesamten US-geheimdienstlichen Komplexes: CIA, FBI, Army, Navy, Air Force usw. Deren natur-, geistes- und sozialwissenschaftliche Forschungserkenntnisse und Methoden bildeten in der Folge die Grundlage sämtlicher Verhör- und Foltertechniken, die während aller US-Präsidentschaftsadministrationen seit Franklin D. Roosevelt beforscht, optimiert und eingesetzt werden sollten. Allein das am 13. April 1953 begründete CIA-Kernprogramm MKULTRA – ab Juni 1964 in MKSEARCH umbenannt (Marks 1988, S. 211) – umfasste über einen Zeitraum von 1953 bis 1973 insgesamt 149 Subprojekte (plus sieben zusätzliche MKSEARCH-Projekte: ebd., S. 213), beschäftigte 185 regierungsunabhängige Forscher, 80 Institutionen, 15 Forschungsstiftungen, zwölf Krankenhäuser und Kliniken, sowie drei Gefängnisse und galt als das Hauptprogramm zur Erforschung und Manipulation menschlichen Verhaltens und Bewusstseins (ebd., S. 211 [Fn]; Rejali 2007, S. 389; U. S. Senate 1977b, S. 10ff.). Aus einem 1963 verfassten Bericht des CIA-Generalinspekteurs geht hervor:

> »Die MKULTRA-Aktivitäten beschäftigen sich mit der Forschung und Entwicklung von chemischen, biologischen und radiologischen Materialien,

die bei verdeckten Operationen zum Einsatz kommen sollen, um menschliches Verhalten kontrollieren zu können. [...] Über einen Zeitraum von zehn Jahren wurden viele zusätzliche Wege zur Kontrolle menschlichen Verhaltens als geeignete Untersuchungsfelder für MKULTRA einbezogen. Diese beinhalteten: ›Strahlung, Elektroschock, verschiedenste Felder aus dem Bereich der Psychologie, Psychiatrie, Soziologie, Anthropologie, Graphologie, Substanzen zur Drangsalierung von Subjekten, paramilitärische Geräte und Materialien« (Mori ID#: 17748, S. 1–2; 6. Übers.: d. V.).[9]

Zwei Beispiele stehen im Folgenden exemplarisch für die aktive Mitarbeit von Psychoanalytikern an diesem Projekt.

Psychoanalytiker im Rahmen des CIA-Projekts MKULTRA – Zwei ausgewählte Beispiele

Der Psychiater und APsaA/IPA-Psychoanalytiker Walter Weintraub, einer der wenigen noch lebenden und wissentlich beteiligten CIA-Berater während des Kalten Krieges (Omestad 1994, S. 116),[10] führte MKULTRA-Experimente im Rahmen der US-Army an der Medizinischen Fakultät der Universität von Maryland durch. Als Weintraub

---

9 Die ca. 20.000 durch den Freedom of Information Act (FOIA) freigegebenen (aber stark zensierten) OSS/CIA-Dokumente tragen zur Identifizierung Mori ID-Nummern. Die meisten OSS/CIA-Dokumente sind frei einsehbar unter URL: http://www.wanttoknow.info/mind_control/cia_mind_control_documents_orig/ (Stand: 15.04.2011) oder – gegen Gebühr – als 3-CD-Rom direkt bei der CIA bestellbar: URL: http://www.foia.cia.gov/sample_request_letter.asp (Stand: 15.04.2011).

10 Walter Weintraub (M. D.), * 18. Dezember 1925 in New York City, NY, lebt heute in Baltimore, MD, USA. Seit 1957 an der Abteilung für Psychiatrie der *University of Maryland* tätig, wurde Weintraub 1960 Direktor der stationären Abteilung. 1970 begründete er das *Combined Accelerated Program in Psychiatry*, ein spezielles Programm für die Ausbildung von Medizinstudenten, um diesen ein umfassendes und intensives Training in Psychiatrie zu ermöglichen, das schon zu Beginn des Grundstudiums einsetzt. 1970 wurde Weintraub als Professor für Psychiatrie Direktor der psychiatrischen Ausbildung – eine Stellung, die er 20 Jahre lang innehatte (Weintraub 1999, 2010). Walter Weintraub war mindestens seit 1962 Mitglied der *Baltimore Psychoanalytic Society* (Zetzel 1962, S. 529). Zu seinen Ehren wird von der *University of Maryland* (Department of Psychiatry) der »Walter Weintraub Award for Teacher of the Year« vergeben (http://medschool.umaryland.edu/facultyresearchprofile/viewprofile.aspx?id=7394 [Stand: 01.07.2011]).

1957 am *Department of Psychiatry* des *University of Maryland Hospital* als Assistenzarzt begann, wurde er aufgrund eines bestehenden Forschungsvertrages der Universität mit der US-Army ein Jahr später diesem LSD-Programm zugeteilt (GI Given LSD Can't Sue, Court Says 1987). »Manche Teilnehmer«, so wird Weintraub in einem Zeitungsartikel aus dem Jahr 1975 zitiert, »bekamen Dosen in der Höhe von 1.600 µg. Eine gewöhnliche Dosis, die auf der Straße gedealt wird, enthält ca. 100 µg« (Richards 1975a, S. 13; b, S. A9. Übers.: d. V.). Er habe zwar nicht erlebt, dass Soldaten ohne ihr Wissen LSD verabreicht bekamen, aber er habe davon gehört. Sein Verständnis hinsichtlich dieser Versuche sei gewesen, »dass sie (die Army) an der Entwicklung einer chemischen Waffe interessiert war, um den Feind zu desorientieren, ihn aber nicht dauerhaft zu schädigen oder zu töten« (Richards 1975b, S. A9. Übers.: d. V.). Weintraub ergänzt: »Ich kann mich nicht erinnern, dass wir denen gesagt hätten, dass sie LSD bekommen würden, aber selbst wenn wir das getan hätten, hätte es denen zu jener Zeit wohl wenig gesagt« (ebd.; Horrock 1975, S. 6. Übers.: d. V.). »Manche erlebten stärkste Ängste über viele Stunden«, so Weintraub weiter, »und einige litten unter der Wahnvorstellung, es gäbe eine Verschwörung gegen sie« (Richards 1975a, S. 13. Übers.: d. V.).

Dr. Robert G. Heath[11] und Dr. Russell R. Monroe,[12] zwei Psychiater und APsaA/IPA-Psychoanalytiker der *Tulane University* in New Orleans, arbeiteten Anfang der 50er Jahre eng mit dem US Army Chemical Corps zusammen (Mohr/Gordon 2001, S. 121f.). So dozierte Heath vor ausgewähltem Geheimdienstpublikum im März 1954 in den *Edgewood Arsenal Medical Laboratories* des *U. S. Army Chemical*

---

11 Robert Galbraith Heath (M. D.): * 9. Mai 1915 in Pittsburgh, PA, USA, † 21. September 1999 in St. Petersburg, FL, USA. Heath war Mitglied der *Association for Psychoanalytic Medicine* (APsaA/IPA) mindestens seit 1952 (List of Members 1952, S. 312). Sein Bachelor- und Medizinstudium absolvierte er an der *University of Pittsburgh*, spezialisierte sich anschließend auf Neurologie am *Neurological Institute* in New York und auf Psychiatrie am *Pennsylvania Hospital* in Philadelphia. Nach zwei Jahren Militärdienst arbeitete er an seiner Doktorarbeit in Neurophysiologie und absolvierte seine psychoanalytische Ausbildung am *New York College of Physicians and Surgeons* sowie an der *Columbia University*. 1949 wurde er Leiter der psychiatrischen und neurologischen Abteilung der *Tulane University* in New Orleans, FL. Diese Stellung hielt er bis 1980. 1985 erhielt er einen Ehrendoktortitel derselben Universität (Ravo 1999).

12 Russell R. Monroe (M. D.): * 7. Juni 1920 in Des Moines, IA, USA, † 4. April 2003 in San Francisco, CA, USA. 1942 erhielt er seinen Bachelor an der *Yale University*, 1944 seinen M. D. von der *Yale Medical School*. Die assistenzärztliche Psychiatrieausbildung absolvierte

Corps über das Thema »Einige Aspekte der elektrischen Stimulation und Aufnahme innerhalb des menschlichen Gehirns« (ebd., S. 121. Übers.: d. V.). Die Folge war eine unmittelbare »faculty security clearance« (ebd., S. 122) der gesamten psychiatrischen und neurologischen Abteilung der *Tulane University*. 1955 wurde Monroe zum leitenden Wissenschaftler und Vertragspartner einiger von der US-Army in Auftrag gegebenen Versuche ernannt. Unter der Vertragsnummer DA-10-108-CML-5596 war er z. B. 1959 für ein Projekt verantwortlich, das den Titel »Klinische Studien über neurologische und psychiatrische Veränderungen während der Administration spezifischer Drogen« trug (ebd. Übers.: d. V.). Der Verlaufsbericht der US-Army wird deutlicher in der Spezifizierung der Drogen: »LSD-25 und verwandte Verbindungen« (Monroe 1959; Übers.: d. V.).

Über einen Zeitraum von fünf Jahren zahlte die Army (in enger Zusammenarbeit mit dem US-Geheimdienst) rund 60.000 Dollar für hirnforschungsbezogene Arbeiten von Monroe und Heath. Deren Untersuchungen sahen u. a. vor, Elektroden tief in das Gehirn von an Schizophrenie erkrankten Patienten zu implantieren und ihnen anschließend eine Palette unterschiedlichster Drogen, einschließlich LSD-25 und Meskalin, zu injizierten (Monroe et al. 1957). Ziel dieser Prozeduren war es, Manipulationsmöglichkeiten menschlichen Verhaltens, Fühlens und Denkens genauestens zu analysieren. Andere Menschenversuche fanden mit einer Substanz namens Bulbokapnin, ähnlich dem Apomorphin, statt. Angeblich sollte diese Substanz auch die Sowjetunion als Bewusstseinskontrolldroge im Visier haben (Mohr/ Gordon 2001, S. 123). 1957 machte sich Heath daran, diese Substanz

---

er am *Rockland State Hospital* in Orange, NY (Rasmussen 2003), seine psychoanalytische Ausbildung erhielt er an der *Columbia University* in New York City (In Memoriam Russell R. Monroe, 2003). Er wurde spätestens 1954 Mitglied der *Association for Psychoanalytic Medicine* und damit APsaA/IPA-Mitglied (Eissler 1954, S. 480). Zwischen 1950 und 1960 war er Professor für Psychiatrie an der *Tulane University* in New Orleans, LA. Dort forschte er an direkter Hirnstimulation – ab 1954 direkt für das CIA-Programm MKULTRA. 1960 wurde er als Psychiatrieprofessor Mitglied der Fakultät des psychiatrischen Instituts an der *Maryland Medical School*. Während dieser Zeit war er leitender Wissenschaftler des dortigen psychophysiologischen Laboratoriums. Monroes besonderes Interesse galt der Verbindung zwischen psychischer Störung und Hochbegabung. Diesbezüglich unternahm er auch Menschenversuche z. B. an Gefangenen, u. a. auch solche, die sich mit tiefer Hirnstimulation und mit der Psychophysiologie von Gewalt und gewalttätigem Verhalten beschäftigen (Rasmussen 2003).

an einigen Affen und einem Menschen auszuprobieren (ebd.). Weitere Studien wurden von Heath und Kollegen an Gefangenen der *Louisiana State Penitentiary* in Angola, Louisiana, unternommen, denen ein aus schizophrenen Patienten gewonnenes Substrat namens Taraxein verabreicht wurde, um zu sehen, ob dieser Stoff tatsächlich Schizophrenie auslösen könne (Heath et al. 1958). Vier weitere gefangene »Freiwillige« bekamen einen Cocktail aus Taraxein, LSD, Meskalin und Psilocybin (Silva et al. 1960, S. 370). Finanziert wurden diese Studien durch eine CIA-Tarnorganisation namens *Commonwealth Fund* (Edwards 2010; Stein 2010). Heath replizierte auch am Menschen die von dem CIA-nahen Psychoanalytiker John C. Lilly (Lilly 1988, S. 87–97)[13] durchgeführten Tierexperimente zur elektrischen Stimulation des Lustzentrums – ein weiteres Experiment, das vom US-amerikanischen Geheimdienst hofiert wurde (Heath 1963; zur CIA-Verbindung dieses Experiments: Stein 2010). Über Heaths' Experimente schreibt der Psychiater Peter R. Breggin:

> »Die Rechtfertigung für dessen traumatische Behandlungen des Gehirns nennt er ›Therapie‹, und Heath behauptet, es gäbe keinen anderen Grund für ihre Durchführung als den therapeutischen. Doch wenn man seine Artikel liest, wird man in ihnen fast nichts über Therapie finden. In manchen Fällen erwähnt er nicht einmal, welche Störung der Patient angeblich haben soll!« (1982 [1972], S. 375. Übers.: d. V.).

Hätte Breggin zu dieser Zeit gewusst, dass Heaths Experimente im Auftrag der CIA durchgeführt wurden und zu welchem Zweck, wäre deutlich geworden, warum letzteres keine Rolle mehr spielte. Und es sollten nicht die letzten Experimente bleiben, an denen Psychoanalytiker bzw. psychoanalytisch affiliierte Personen im Rahmen von MKULTRA beteiligt waren.

---

[13] John Cunningham Lilly (M.D.): * 6. Januar 1915 in St. Paul, MN, USA, † 30. September 2001 in Los Angeles, CA, USA. Lilly absolvierte seine psychoanalytische Ausbildung an der *Philadelphia Association for Psychoanalysis* (Discussion 1953, S. 63) und war ab 1956 dort außerordentliches Mitglied (News and Proceedings 1956, S. 734), d.h. kein Mitglied der APsaA/IPA (Montessori 1967, S. 202). Lillys Lehranalytiker war Robert Waelder (Lilly 1988, S. 73).

Literatur

Albarelli, H.P. Jr. (2010, 25. Januar): Author H.P. Albarelli, Jr. On »Connections« (Part 1 of 3). URL: http://deconstructingthemanifest.blogspot.com/search/label/CIA (Stand: 19.06.2011).
Bond, E.D. (1959): In Memoriam Edward A. Strecker, M.D. 1886–1959. American Journal of Psychiatry 115(10), 959–960.
Breggin, P. (1982): The Return of Lobotomy and Psychosurgery. In: Edwards, R.B. (Hg.): Psychiatry and Ethics. Buffalo, NY (Prometheus Books), S. 350–388. Ursprünglich veröffentlicht in: Congressional Record, February 24, 1972, E1602-E1612. URL: http://breggin.com/index.php?option=com_docman&task=doc_download&gid=79 (Stand: 09.07.2011).
Cavin, S. (2004): OSS & the Frankfurt School: Recycling the »Damaged Lives of Cultural Outsiders«. Paper presented at the annual meeting of the American Sociological Association, Hilton San Francisco & Renaissance Parc 55 Hotel, San Francisco, CA. URL: http://www.allacademic.com/meta/p110188_index.html (Stand: 26.05.2009).
Cavin, S. (2006a): War Propaganda: From WW II Radio to Internet Terrorism & Video War Games. Paper presented at the annual meeting of the American Sociological Association, Montreal Convention Center, Montreal, Quebec, Canada, Aug. 11, 2006. URL: http://www.allacademic.com/meta/p94916_index.html (Stand: 01.07.09).
Cavin, S. (2006b): World War II Never Ended in My House. Interviews of 12 Office of Strategic Services Veterans of Wartime Espionage on the 50th Anniversary of WWII. Annals of the New York Academy of Sciences 1071(1), 463–471.
Cavin, S. (2007): Military Uses of Social Scientists in P.O.W. Camps. Manuscript. URL: http://www.allacademic.com/meta/p_mla_apa_research_citation/1/7/5/7/0/pages175702/p175702-1.php (Stand: 14.04.2011).
Cline, R.S. (1976): Secrets, Spies, and Scholars. Blueprint of the Essential CIA. Washington, D.C. (Acropolis Books).
Coles, R. (1974): Erik H. Erikson. Leben und Werk. München (Kindler).
Discussion (1953): Psychoanalytic Quarterly 22, 52–68.
Douglas, C. (1993): Translate This Darkness. The Life of Christiana Morgan. The Veiled Woman in Jung's Circle. New York, NY (Simon & Schuster).
Edwards, D. (2010, 29. November): CIA Implanted Electrodes in Brains of Unsuspecting Soldiers, Suit Alleges. URL: http://www.rawstory.com/rs/2010/11/cia-allegedly-implanted-electrodes-brains-unsuspecting-soldiers/ (Stand: 05.02.2011).
Eissler, R.S. (1954): List of Members of the International Psycho-Analytical Association. International Journal of Psycho-Analysis 35, 455–498.
Erikson, E.H. (1940a): On Nazi Mentality. In: Schlein, S. (Hg.)(1987): A Way of Looking at Things. Selected Papers from 1930 to 1980. Erik H. Erikson. New York, NY (W.W. Norton & Co.), S. 341–345.
Erikson, E.H. (1940b): On the Feasibility of Making Psychological Observations in Internment Camps. Committee on National Morale (for the Coordinator of Information). Unpublished.
Erikson, E.H. (1942a): Hitler's Imagery and German Youth. Psychiatry 5, 475–493.

Erikson, E. H. (1942b): Comments on Hitler's Speech of September 30, 1942. In: Schlein, S. (Hg.)(1987): A Way of Looking at Things. Selected Papers from 1930 to 1980. Erik H. Erikson. New York, NY (W. W. Norton & Co.), S. 351–361.

Erikson, E. H. (1943): A Memorandum Concerning the Interrogation of German Prisoners of War. In: Schlein, S. (Hg.)(1987): A Way of Looking at Things. Selected Papers from 1930 to 1980. Erik H. Erikson. New York, NY (W.W. Norton & Co.), S. 346–350.

Erikson, E. H. (1945a): Comments on Anti-Nazi Propaganda. In: Schlein, S. (Hg.)(1987): A Way of Looking at Things. Selected Papers from 1930 to 1980. Erik H. Erikson. New York, NY (W.W. Norton & Co.), S. 362–365.

Erikson, E. H. (1945b): A Memorandum to the Joint Committee on Post War Planning. In: Schlein, S. (Hg.)(1987): A Way of Looking at Things. Selected Papers from 1930 to 1980. Erik H. Erikson. New York, NY (W.W. Norton & Co.), S. 366–374.

Erikson, E. H. (1963): Childhood and Society. 2nd Ed. Revised and Enlarged. New York, NY (W.W. Norton & Co.).

Erikson, E. H. (1980): Identität und Lebenszyklus. Frankfurt/M. (Suhrkamp).

Friedman, L. J. (1999): Identity's Architect. A Biography of Erik H. Erikson. Cambridge, MA (Harvard University Press).

Gerhardt, U. (1991): Gesellschaft und Gesundheit. Begründung der Medizinsoziologie. Frankfurt/M. (Suhrkamp).

Gerhardt, U. (1996): A Hidden Agenda of Recovery: The Psychiatric Conceptualization of Reeducation for Germany in the United States during World War II. German History 14(3), 297–324.

Gerhardt, U. (2002): Talcott Parsons. An Intellectual Biography. Cambridge, UK (Cambridge University Press).

Germany After the War. Round Table – 1945 (1945): American Journal of Orthopsychiatry 15(3), 381–441.

GI Given LSD Can't Sue, Court Says (1987 25. Juni): Houston Chronicle, S. 2. URL: http://www.chron.com/CDA/archives/archive.mpl/1987_471688/gi-given-lsd-can-t-sue-court-says.html (Stand: 06.02.2010).

Heath, R. G. (1963): Electrical Self-Stimulation of the Brain in Man. American Journal of Psychiatry 120(6), 571–577.

Heath, R. G.; Martens, S.; Leach, B. E.; Cohen, M. & Feigley, C. A. (1958): Behavioral Changes in Nonpsychotic Volunteers Following the Administration of Taraxein, the Substance Obtained from Serum of Schizophrenic Patients. American Journal of Psychiatry 114(10), 917–920.

Hoffman, L. E. (1989): Allied Psychological Interpretations of Germans and Nazis During and After World War II. In: Burton, J. K. (Hg.): Essays in European History. Selected from the Annual Meetings of the Southern Historical Association, 1986–1987. Lanham, MD (University Press of America), S. 21–36.

Horrock, N. M. (1975, 18. Juli): Destruction of LSD Data Laid to C. I. A. Aide in '73. New York Times, S. 1, 6.

In Memoriam Russell R. Monroe, MD (2003, Summer): Medicine Bulletin – Magazine of the Medical Alumni Association. URL: http://www.medicalalumni.org/bulletin/summer_2003/memoriam.htm (Stand: 09.02.2011).

Kris, E. & Speier, H. (1944): German Radia Propaganda. Report on Home Broadcasts During The War. New York, NY (Oxford University Press).
Kurth, G. M. (1947): The Image of the Fuehrer. A Contribution to the role of imagery in hero worship. Unpublished Masters Thesis. Graduate Faculty of Political and Social Science. New York City, NY (New School for Social Research). Courtesy of the Leo Baeck Institute, New York, NY.
Kurth, G. M. (1956): Gertrud Kurth Collection. 1877–1996 bulk 1920–1965. Experience & Qualification. Sheet #2, November 3, 1956. Courtesy of the Leo Baeck Institute, New York, NY. URL: http://www.archive.org/details/gertrudkurth01reel01, S. 242 (Stand: 07.04.2011).
Kurth, G. M. (1969): Gertrud Kurth Collection. 1877–1996 bulk 1920–1965. Resumé, March 24, 1969. Courtesy of the Leo Baeck Archives, New York, NY. URL: http://www.archive.org/details/gertrudkurth01reel01, S. 239 (Stand: 07.04.2011).
Langer, W. C. (1943): A Psychological Analysis of Adolph [sic!] Hitler: His Life and Legend. Washington, D. C.: M. O. Branch, Office of Strategic Services. NARA II, CIA Records RG 263 Box 01. Washington D. C. (National Archives).
Langer, W. C. (1972): The Mind of Adolf Hitler. The Secret Wartime Report. New York, NY (Basic Books).
Langer, W. C. (s. d.): Hitler Source-Book. Washington D. C.: NARA II. In: BACM Research (Hg.) (2007): Paperless Archives, The Library Collection, PA Collection Set, Disc 1. Beverly Hills, CA (BACM Research).
Langer, W. C. & Gifford, S. (1978): An American Analyst in Vienna during the Anschluss 1936–1938. Journal of the History of the Behavioral Sciences 14(1), 37–54.
Lawrence Kubie, Psychiatrist, Dies (1973, 28. Oktober): New York Times, S. 61.
Leavy, S. (1974): Lawrence S. Kubie, M. D. 1896–1973. Psychoanalytic Quarterly 43, 1–3.
Lilly, J. C. (1988 [1997]): The Scientist. A Metaphysical Autobiography. Oakland, CA (Ronin Publ.).
List of Members of the International Psycho-Analytical Association (1952): International Journal of Psycho-Analysis 33, 304–332.
Lovell, S. (1963 [1964]): Of Spies & Stratagems. New York, NY (Pocket Books).
Margolin, S. G. (1974): In Memoriam Lawrence S. Kubie March 17, 1896 – October 26. 1973. Psychosomatic Medicine, 36(4), 283–284.
Marks, J. (1979 [1988]): The Search for the »Manchurian Candidate«. The CIA and Mind Control. The Secret History of the Behavioral Sciences. New York, NY (W. W. Norton & Co.).
Mauch, C. (1999): Schattenkrieg gegen Hitler. Das Dritte Reich im Visier der amerikanischen Geheimdienste 1941 bis 1945. Stuttgart (Deutsche Verlags-Anstalt).
McKinnon, D. W. (1974): How Assessment Centers Were Started in the United States. The OSS Assessment Program. Pittsburgh, PA (Development Dimensions International). URL: http://www.ddiworld.com/pdf/ddi_HowAssessmentCentersWereStarted_mg.pdf (Stand: 14.11.2009).
Mohr, C. L., & Gordon, J. E. (2001): Tulane. The Emergence of a Modern University, 1945–1980. Banton Rouge, LA: Lousiana State University Press.
Monroe, R. R. (1959): Progress Report. Army Chemical Contract DA–18–108-CML–5596. URL: http://oai.dtic.mil/oai/oai?verb=getRecord&metadataPrefix=html&identifier=AD0720281 (Stand: 01.07.2011).

Monroe, R.R.; Heath, R.G.; Mickle, W.A. & Llewellyn, R.C. (1957): Correlation of Rhinencephalic Electrograms with Behavior. A Study on Humans Under the Influence of LSD and Mescaline. Electroencephalography and Clinical Neurophysiology 9(4), 623–642.

Montessori, M.M. (1967): List of Members of the Regional Association, Component and Affiliate Societies of the International Psycho-Analytical Association 1966–1967. Bulletin of the International Psycho-Analytical Association 48, 127–214.

Mori ID#: 144767: Final Summary Reports With Attached Reports Titled »Final Summary Report of K Table« And »Final Summary Report of T.D.«, OSS Memorandum, Sept. 6 & 9, 1945, S. 1–4.

Mori ID#: 17748: Report of Inspection of MKULTRA [IG Report for DCI]. CIA Memorandum, Jul. 26, 1963, S. 1–42.

Mori ID#: 184373: Development of »Truth Drug« With Attached Memorandum Dated Jun. 2 1943 & Jun. 21, 1943, OSS Memorandum, S. 1–8.

Murray, H.A. (1943): Analysis of the Personality of Adolph [sic!] Hitler with Predictions of His Future Behavior and Suggestions for Dealing with him Now and After Germany's Surrender. O.S.S. Confidential, October 1943. URL: http://library.lawschool.cornell.edu/WhatWeHave/SpecialCollections/Donovan/Hitler/Hitler-TOC.cfm (Stand: 05.10.2009).

National Security Archives, John Marks Collection (1943): OSS-Memorandum, 2 June 1943, Report on T.D. URL: http://www.healthycitizens.com/georgewhitetruthdrug. PDF (Stand: 28.11.2010).

News and Proceedings of Affiliate Societies and Institutes (1959): Bulletin of the American Psychoanalytic Association 15, 362–380.

Omestad, T. (1994): Psychology and the CIA: Leaders on the Couch. Foreign Policy 95, 104–122.

OSS Assessment Staff (1948): Assessment of Men. Selection of Personnel for the Office of Strategic Services. New York, NY (Rinehart & Co).

Parham, W. (2008): Nolan D.C. Lewis. A Register of His Papers in the Sigmund Freud Collection in the Library of Congress. Washington, D.C. (Manuscript Division, Library of Congress). URL: http://hdl.loc.gov/loc.mss/eadmss.ms008011.3 (Stand: 22.01.2011).

Prince, R. (1995): The Central Intelligence Agency and the Origins of Transcultural Psychiatry. Annals of the Royal College of Physicians and Surgeons of Canada 28(7), 407–413.

Ranelagh, J. (1988): The Rise & Decline of the CIA. London, UK (Sceptre).

Rasmussen, F.N. (2003, April 11): Dr. Russell R. Monroe, 82, Chief of Psychiatry at UM Med School. Baltimore Sun. URL: http://articles.baltimoresun.com/2003-04-11/news/0304110029_1_monroe-psychiatry-madness (Stand: 09.02.2011).

Rathkopf, A.; Simonsen, M. & Oummia, D.R. (2008): Guide to the Papers of Gertrud Kurth (1904–1999). URL: http://findingaids.cjh.org/?pID=265272 (Stand: 11.04.2011).

Ravo, N. (1999, September 25): Robert G. Heath, 84, Researcher Into the Causes of Schizophrenia. New York Times, S. B7.

Rejali, D. (2007): Torture and Democracy. Princeton, NJ (Princeton University Press).

Richards, B. (1975a, 17. Juli): Army Reportedly Tested LSD on Hundreds in '50s. Los Angeles Times, S. B1, 13.

Richards, B. (1975b, 17. Juli): School, Army Tested LSD On Hundreds. Washington Post, S. A1, A9.
Robinson, F. G. (1992): Love's Story Told. A Life of Henry A. Murray. Cambridge, MA (Harvard University Press).
Schlein, S. (Hg.)(1987): A Way of Looking at Things. Selected Papers from 1930 to 1980. Erik H. Erikson. New York, NY (W. W. Norton & Co.).
Silva, F.; Heath, R. G.; Rafferty, T.; Johnson, R. & Robinson, W. (1960): Comparative Effects of the Administration of Taraxein, d-LSD, Mescaline, and Psylocybin to Human Volunteers. Comprehensive Psychiatry 1(6), 370–376.
Stein, J. (2010, 24. November): CIA Brain Experiments Pursued in Veteran's Suit. Washington Post. URL: http://voices.washingtonpost.com/spy-talk/2010/11/cia_brain_ experiments_pursued.html (Stand: 05.02.2011).
U. S. House of Representatives (1976): Prison Inmates in Medical Research. Hearings before the Subcommittee on Courts, Civil Liberties, and the Administration of Justice of the Committee on the Judiciary, House of Representatives, 94th Congress, 1st Session on H. R. 3603 to Limit Use of Prison Inmates in Medical Research, September 29 and October 1, 1975. Serial No. 31. Washington, D. C. (U. S. Government Printing Office).
U. S. House of Representatives (1994): Cold War Era Human Subject Experimentation. Hearing before the Legislation and National Security Subcommittee of the Committee on Government Operations House of RepresentativeS. 103rd Congress, 2nd Session, September 28, 1994. Washington D. C.: US Government Printing Office. URL: http://www.archive.org/details/coldwarerahumansoounit (Stand: 28.11.2010).
U. S. Senate (1974): Military Surveillance. Hearings before the Subcommittee on Constitutional Rights of the Committee on the Judiciary, United States Senate, 93rd Congress, 2nd Session on S. 2318, April 9 and 10, 1974. Washington D. C. (U. S. Government Printing Office). URL: http://www.archive.org/details/militarysurveilloounit (Stand: 16.03.2011).
U. S. Senate (1976a): Biomedical and Behavioral Research. Joint Hearings before the Committee on Labor and Public Welfare and the Subcommittee on Administrative Practice and Procedure of the Committee of the Judiciary, United States Senate, 94th Congress, 1st Session on Human-Use Experimentation Programs of the Department of Defense and Central Intelligence Agency, September 10, 12; and November 7, 1975. Washington, D. C. (US Government Printing Office).
U. S. Senate (1976b): Foreign and Military Intelligence. Book I, Final Report of the Select Committee to Study Governmental Operations With Respect to Intelligence Activities. United States Senate together with Additional, Supplemental, and Separate Views. Washington, D. C. (U. S. Government Printing Office).
U. S. Senate (1977a): Biological Testing Involving Human Subjects by the Department of Defense. Hearings before the Subcommittee on Health and Scientific Research of the Committee on Human Resources, United States Senate, 95th Congress, 1st Session, March 8 and May 23, 1977. Washington D. C. (U. S. Government Printing Office).
U. S. Senate (1977b): Project MKULTRA, the CIA's Program of Research in Behavioral Modification. Select Committee on Intelligence, and Subcommittee on Health and Scientific Research of the Committee on Human Resources. 95th CongresS. 1st

Session, August 3. Washington, D.C. (US Government Printing Office). URL: http://www.nytimes.com/packages/pdf/national/13inmate_ProjectMKULTRA.pdf (Stand: 14.09.2009).

U.S. Senate (1977c): Human Drug Testing by the CIA. Hearings before the Health and Scientific Research of the Committee on Human Resources, U.S. Senate, 95th Congress, 1st Session, September 20 and 21, 1977. Washington D.C. (US Government Printing Office). URL: http://www.archive.org/details/CiaCongressionalHearingsOnHumanDrugTesting (Stand: 07.04.2011).

V. List of Members of the International Psycho-Analytical Association (1944): Bulletin of the International Psycho-Analytical Association 25, 192–199.

Weintraub, D. (2010): Gala Remarks. URL: http://medschool.umaryland.edu/Departments/Department-of-Psychiatry/docs/Gala-Remarks---Daniel-Weintraub.asp (Stand: 09.02.2011).

Weintraub, W. (1999): Psychiatric Residency Training in the V.A.: Then and Now. MD. Psychiatrist. URL: http://web.archive.org/web/20021114102815/http://www.mdpsych.org/SP99_wWeintraub.htm (Stand: 10.02.2011).

Zetzel, E.R. (1962): List of Members of the Component and Affiliate Societies of the International Psycho-Analytical Association 1962–1963. Bulletin of the International Psycho-Analytical Association 43, 481–550.

Autorinnen und Autoren

Christoph Bialluch, Dr. phil., Dipl.-Psych., hat an der FU Berlin promoviert, erfüllt verschiedene Lehrauftäge und arbeitet derzeit als Psychologe beim Sozialpsychiatrischen Dienst.

Klaus-Jürgen Bruder, Prof. Dr. phil. habil., ist Professor für Psychologie an der FU Berlin, Psychoanalytiker in eigener Praxis und erster Vorsitzender der Neuen Gesellschaft für Psychologie. Wichtigste Veröffentlichungen: *Kritik der bürgerlichen Psychologie* (1973); *Psychologie ohne Bewußtsein. Die Geburt der behavioristischen Sozialtechnologie* (1982); *Jugend. Psychologie einer Kultur* (mit Almuth Bruder-Bezzel; 1984); *Subjektivität und Postmoderne. Der Diskurs der Psychologie* (1993); *Lüge und Selbsttäuschung* (mit Friedrich Voßkühler; 2009).

Almuth Bruder-Bezzel, Dr. phil., Dipl.-Psych., ist Psychoanalytikerin (DGIP, DGPT) in eigener Praxis, Dozentin und Lehranalytikerin am AAI Berlin. Zahlreiche Buch- und Aufsatzveröffentlichungen vor allem zur Geschichte und Theorie der Individualpsychologie. Wichtigste Publikationen: *Alfred Adler. Die Entstehungsgeschichte einer Theorie im historischen Milieu Wiens* (1983); *Geschichte der Individualpsychologie* (1991, 1999); *Kreativität und Determination. Studien zu Nietzsche, Freud und Adler* (mit K.-J. Bruder; 2004); Herausgabe von Band 1 und 7 der kritischen Adler-Studienausgabe (2007, 2009) und der Briefe von Freud an Adler (2011).

Markus Brunner, M.A., ist Doktorand an der Universität Hannover, Fellow am Internationalen Forschungsinstitut Kulturwissenschaften Wien, Lehrbeauftragter an der Sigmund-Freud-Universität Wien sowie Gründungsmitglied und Koordinator der Arbeitsgemeinschaft Politische Psychologie an der Universität Hannover. Arbeitsschwerpunkte: Politische Psychologie, Psychoanalyse, psychoanalytische Sozialpsychologie; Verhältnis von Gesellschaftskritik, Kunst und politischer Praxis.

Niklas Alexander Chimirri, Dipl.-Psych., studierte Psychologie, Medien- und Kommunikationswissenschaften sowie Politologie in Berlin, Padua und New York City. Derzeit ist er Doktorand im PhD-Programm »Social Psychology of Everyday Life« der Roskilde University (Dänemark). Sein Projekt erforscht die subjektive Relevanz elektronischer Medientechnologien für den Alltag von Kindergartenkindern sowie damit einhergehende politische Implikationen.

Martin Dege, M.A., studierte Psychologie in Berlin, London und Worcester (USA). Zurzeit arbeitet er an seiner Dissertation zu den methodologischen Grundlagen der Handlungsforschung.

Angelika Ebrecht, Prof. Dr. phil., Dipl.-Psych., ist Psychologische Psychotherapeutin, habilitierte Politikwissenschaftlerin, Psychoanalytikerin (DPV, IPA, DGPT), Fachpsychologin für Verkehrspsychologie BDP, Gutachterin in der Verkehrs- und Rechtspsychologie sowie Psychotherapeutin in Privatpraxis und im Berliner Strafvollzug.

Uwe Findeisen, M.A., ist Erziehungswissenschaftler, Kinder- und Jugendlichenpsychotherapeut in eigener Praxis und Dozent.

Miriam Anne Geoffroy ist Diplom-Psychologin und schreibt an der FU Berlin eine (von der Heinrich-Böll-Stiftung geförderte) Promotion über die Ecole Expérimentale de Bonneuil-sur-Marne. Ihre Interessensschwerpunkte sind: Psychoanalyse, Machtverhältnisse und Geschlechter(de)konstruktion.

Stefanie Girstmair hat Psychologie und Internationale Entwicklung in Wien studiert und arbeitet als freie Mitarbeiterin in diversen wissenschaftlichen Projekten. Zu ihren Forschungsinteressen zählen Subjektivierungs- und Diskurstheorien sowie feministische und postkoloniale Theorien, insbesondere im Kontext von Entwicklungszusammenarbeit.

Thomas Goes ist Doktorand am Lehrstuhl für Arbeits-, Industrie- und Wirtschaftssoziologie der Friedrich Schiller Universität Jena. Seine Arbeitsschwerpunkte sind Prekarisierungsforschung sowie Industrie- und Arbeitsmarktsoziologie. Zu seinen Interessenschwerpunkten gehören außerdem Materialistische Staatstheorie, Politische Soziologie und Kritische Theorie.

Kathrin Groninger ist Diplom-Psychologin und angehende Psychotherapeutin. Sie berät und evaluiert psychosoziale Projekte in Konfliktregionen und ist Dozentin im »European Master for Intercultural Education« (EM-ICE) der FU Berlin und im Diplomlehrgang »Traumaberatung und Traumatherapie« der ARGE Bildungsmanagment Wien.

Katharina Hametner dissertiert derzeit an der Fakultät für Psychologie der Universität Wien und ist dort 2010 Forschungsstipendiatin. Sie lehrt an der Universität Wien und der Sigmund Freud Privatuniversität Wien. Sie ist Gründungsmitglied des Instituts für Kulturpsychologie und qualitative Sozialforschung bzw. Mitglied der Forschungsgruppe Kritische Migrationsforschung (KriMi). Ihre Forschungsinteressen umfassen kritische Migrationsforschung, rekonstruktive Forschungsmethoden und Identitätstheorie.

Jürgen Hardt ist Diplom-Psychologe, Psychologischer Psychotherapeut, Lehranalytiker (DPV, IPA, DGPT), Gruppenlehranalytiker und Organisationsberater. Er war Gründungspräsident der Psychotherapeutenkammer Hessen (LPPKJP 2001–2011). Arbeiten zur Praxeologie der Psychologie und Psychotherapie, systematische Differenz zwischen psychoanalytischer Methode und den Techniken der Psychoanalyse, zur Kliniksychotherapie. Arbeiten im Grenzbereich Psychoanalyse und Philosophie sowie analytischer Kulturtheorie. Kritische Arbeiten zur Gesundheitswirtschaft und zu ethischen Fragen der Heilberufe. Übersetzer und Herausgeber von Hanns Sachs: *Wie Wesen von einem fremden Stern* (2005).

Erich Kirchler, Prof. Dr., ist Professor für Wirtschaftspsychologie an der Fakultät für Psychologie an der Universität Wien.

David-León Kumrow ist Student der Internationalen Entwicklung an der Universität Wien. Seine Interessensschwerpunkte sind Machtverhältnisse, kapitalistische Entwicklung und Regulation, Psychoanalyse, Türkei/Kurd_innen.

Cécile Loetz absolvierte 2006–2009 ein (Bachelor-)Psychologiestudium an der Sorbonne in Paris und studiert seit 2009 Psychologie auf Diplom an der Universität Heidelberg.

Vanessa Lux, Dr. phil., promovierte an der Freien Universität Berlin zur Bedeutung der modernen Genetik für die psychologische Praxis (gefördert von der Hans-Böckler-Stiftung). Sie ist Wissenschaftliche Mitarbeiterin am Zentrum für Literatur- und Kulturforschung Berlin und arbeitet derzeit zum Verhältnis von Epigenetik und Psychologie am Beispiel Trauma.

Claudia Luzar ist Diplom-Politikwissenschaftlerin und promoviert über die Übertragung und Erweiterung des Do-No-Harm-Ansatzes auf Konflikte in der deutschen Einwanderungsgesellschaft. Sie berät und evaluiert Praxisprojekte im In- und Ausland und ist derzeit als wissenschaftliche Mitarbeiterin an der Internationalen Akademie an der FU Berlin tätig.

Emilio Modena ist Arzt und Psychoanalytiker in freier Praxis in Zürich. Er ist Mitbegründer des selbstverwalteten »Psychoanalytischen Seminars« (gegr. 1977) und der »Stiftung für Psychotherapie und Psychoanalyse« (gegr. 1979) sowie Dozent und Supervisor; zahlreiche Publikationen zu Psychoanalyse und Gesellschaft, Faschismus, Aggression und Narzissmus.

Klaus Mucha, Dr. phil., ist Diplom-Psychologe und unter anderem Beauftragter für Betriebliches Gesundheitsmanagement, Suchtprävention und Ergonomie der Bezirksbürgermeisterin beim Bezirksamt Tempelhof-Schöneberg von Berlin.

Stephan Mühlbacher, Dr., Mag., ist Assistent am Institut für Angewandte Psychologie: Arbeit, Bildung, Wirtschaft an der Universität Wien. Seine Forschungsinteressen sind Steuermoral und Steuerhinterziehung sowie finanzielle und anderen riskante Entscheidungen.

Jakob Müller studiert seit 2006 Psychologie auf Diplom an der Universität Heidelberg und seit 2009 Bildende Kunst an der Faber Castell Akademie in Nürnberg.

Knuth Müller ist Diplom-Psychologe und Diplom-Pädagoge und promoviert an der FU Berlin.

Maja Tintor ist Gesundheitswissenschaftlerin in einer Unternehmensgruppe (Betriebliches Gesundheitsmanagement) und Doktorandin der Universität Osnabrück/Humanwissenschaften.

Daniel Weigl studierte Kultur- und Sozialanthropologie und Psychologie an der Universität Wien. Seine Interessensschwerpunkte sind Orientalismen, Postcolonial Studies und Migrationsdiskurse.

Michael Wolf, Prof. Dr. rer. pol., ist Sozialwissenschaftler, Hochschullehrer für Sozialpolitik und Sozialplanung am Fachbereich Sozialwesen der Fachhochschule Koblenz.

Markus Wrbouschek studierte Psychologie in Wien. Er ist Gründungsmitglied des Instituts für Kulturpsychologie und Qualitative Sozialforschung und lehrt an der SFU Wien sowie der Universität Wien (Lehrveranstaltungen zur Einführung in die empirische Human- und Sozialforschung sowie zu Qualitativen Methoden). Forschungsschwerpunkte: Rekonstruktive Forschungsmethoden, politische Psychologie, Orientalismus-Diskurs in österreichischen Printmedien.

Psychosozial-Verlag

Martin Dege, Till Grallert,
Carmen Dege, Niklas Chimirri (Hg.)
Können Marginalisierte (wieder)sprechen?

Christoph Bialluch
Das entfremdete Subjekt

2010 · 502 Seiten · Broschur
ISBN 978-3-8379-2038-3

2011 · 470 Seiten · Broschur
ISBN 978-3-8379-2103-8

Ausgehend von Formen der Marginalisierung und Ausgrenzung begibt sich dieser Band auf die Suche nach Möglichkeiten politischer Transformation durch wissenschaftliches Handeln: Können Marginalisierte (wieder)sprechen? Welches emanzipatorische Potenzial bergen die Sozialwissenschaften? Inwiefern können unterschiedliche Ansätze in einen mitunter kontroversen Dialog treten? Bei der Beantwortung dieser Fragen bilden insbesondere die sozialwissenschaftlichen Methoden, die Forschungspraxis, die Rolle der Massenmedien sowie die Bedeutung des Narrativ-Fiktionalen Schwerpunkte des Buches.

Die Frage nach Möglichkeiten einer politischen, politisierten und somit sozial handlungsfähigen Wissenschaftspraxis wird explizit gestellt. Die entwickelten Ansätze stehen nicht lediglich nebeneinander, sondern werden kontrovers diskutiert.

Das vorliegende Buch präsentiert eine groß angelegte Studie, die in kleinen Schritten und dicht an den jeweiligen Primärtexten die Freud- und Marx-Lektüren von Lacan und Derrida chronologisch nachzeichnet und gegenüberstellt. Dabei werden einige Texte, die noch nicht in deutscher Sprache vorliegen, durch Übersetzungen des Autors zugänglich gemacht. Im Zentrum der Untersuchung stehen Lacans Diskurs der Hysterika sowie die Auseinandersetzung Derridas mit der Figur des Gespenstes, die letztlich gegen die Vorstellung eines unentfremdeten, homogenen Subjekts in Stellung gebracht werden. Durch diese Zusammenschau werden die Möglichkeiten und Grenzen eines subversiven psychoanalytischen Denkens offenbar. Dieses Buch soll eine zukünftige Diskussion eröffnen, um die gesellschaftspolitischen Potenziale dieser dialogischen Lektüre zu erschließen.